U0952313

近代史资料

专刊

筹笔偶存

CHOUBI OUCUN

本书系山东巡抚衙门经办有关洋务交涉的文牍辑录，起自光绪二十五年四月（1899年6月），止于光绪二十九年二月（1903年3月）。本书对于山东拳教事件的时间、地点、人物及其经过情形均有记载，是一部研究山东义和团运动史的重要史料。

中国社会科学院近代史研究所《近代史资料》编译室 主编

知识产权出版社
全国百佳图书出版单位

内容提要

本书系山东巡抚衙门经办有关洋务交涉的文牍辑录，起自光绪二十五年四月（1899年6月），止于光绪二十九年二月（1903年3月）。本书对于山东拳教事件的时间、地点、人物及其经过情形均有记载，是一部研究山东义和团运动史的重要史料。

责任编辑：兰　涛

图书在版编目（CIP）数据

筹笔偶存/中国社会科学院近代史研究所《近代史资料》编译室主编. —北京：知识产权出版社，2013.1
（近代史资料专刊）
ISBN 978-7-5130-1659-9

Ⅰ.①筹… Ⅱ.①中… Ⅲ.①义和团运动—史料—山东省 Ⅳ.①K256.706

中国版本图书馆CIP数据核字（2012）第255006号

近代史资料专刊
筹笔偶存
中国社会科学院近代史研究所
《近代史资料》编译室　主编

出版发行：知识产权出版社

社　址：北京市海淀区马甸南村1号	邮　编：100088
网　址：http://www.ipph.cn	邮　箱：bjb@cnipr.com
发行电话：010-82000860转8101/8102	传　真：010-82000860转8240
责编电话：010-82000860转8325	责编邮箱：lantao@cnipr.com
印　刷：知识产权出版社电子制印中心	经　销：新华书店及相关销售网点
开　本：787mm×1092mm　1/16	印　张：44.5
版　次：2013年1月第1版	印　次：2013年1月第1次印刷
字　数：662千字	定　价：135.00元

ISBN 978-7-5130-1659-9/K·149(4512)

出版权专有　侵权必究

如有印装质量问题，本社负责调换。

再版前言

《近代史资料专刊》是由中国社会科学院近代史研究所《近代史资料》编译室主持编辑的专题性近代史资料的总称。《近代史资料》编译室以整理发表近代历史最新资料为职志，也是国内从事近代史料整理编辑工作最早的机构。自 1954 年组建以来，经过几代学者不间断地努力，先后编辑出版了 120 余期的《近代史资料》刊物、数十部《近代史资料专刊》及《北洋军阀》等大型专题史料集，为新中国近代史学的建立和发展、为新中国史学工作者的成长都做出了应有的贡献，在海内外均具有较大影响。

《近代史资料》编译室最初叫《近代史资料》编辑组。近代史研究所成立初期，为推动中国近代史学科的建设与发展，在所长范文澜先生主持下，于 1954 年成立了以荣孟源先生为主编的《近代史资料》编辑组，负责近代史料的搜集整理，编辑出版《近代史资料》期刊。郭沫若院长亲自为《近代史资料》题写了刊名。除“文革”时期曾一度被迫停刊外，数十年来《近代史资料》编译室坚持为近代史学术研究与教学服务为宗旨的办刊理念，陆续整理刊出 1840 ~ 1949 年间中国政治、经济、文化、军事等各方面的档案文献史料，受到广大读者的肯定和欢迎。因《近代史资料》期刊每期的容纳量仅有 20 万字左右，针对篇幅较大、期刊无法容纳的专题性史料，从 1957 年开始又创办《近代史资料专刊》，专门发表专题史料，不定期出版。以

《近代史资料专刊》名义出版这些专题史料，不仅选题精道，而且篇幅容量较大，内容充实丰富。某个专题的新史料一次性大量公布出版，往往会对于相关领域或专题的研究起到极大的推动作用，如《太平天国史料》、《山东义和团案卷》、《辛亥革命先著记》以及《一九一九年南北议和资料》等。可以说，这些《近代史资料专刊》的整理出版，都曾为推动相关领域的研究发挥过重要作用，许多都已成为该领域研究必不可少的基础史料。

因为种种原因，20 世纪 80 年代中期以后，《近代史资料专刊》的编辑出版一度中断。但是实际上编译室的同仁并未曾停止专题性史料的整理工作，也陆续整理出版了《梦蕉亭杂记》、《民国人物碑传集》和《翁文灏日记》等，只是未加以专刊之名。近年来，在所领导的支持和学界朋友的鼓励下，我们在坚持编辑《近代史资料》期刊的同时，尝试着恢复了这项传统工作，先后又以《近代史资料专刊》的名义出版了《抗战时期西北开发档案史料选编》和《倪嗣冲函电集》。然而，对于那些由于出版年代较久，如今已流传较少的专刊史料，精选其中部分重新再版，于学术研究及文化保存也是一件很有意义的事情。此次重新整理再版的《近代史资料专刊》，最早出版的一本是 1957 年由科学出版社出版的《辛亥革命先著记》，距今已超过半个世纪，最晚的是 1984 年由齐鲁书社出版的《太平军北伐资料选编》，距今也近三十年了。因为出版时间较久，特别是早期的版本现在存世很少，随着社会经济的发展和对历史文化的重视、中国近代史研究者的更新换代，以及研究思想与方法的变化等因素的影响，许多旧的历史结论已经成为陈迹，在审读史料中重构历史，解读其中未曾被重视的历史信息，已经越来越为新的研究者们重视。因此重新整理发表这些珍贵史料，也具有重要的学术价值和不可替代的作用。

此次再版《近代史资料专刊》，不是简单的旧籍重印，而是将过去50余年中陆续刊出的史料予以重新整理，并按照近代历史发展时序重新编排。各卷目次、初版时间及出版社名称如下：

《鸦片战争时期思想史资料选辑》，中华书局 1963 年版。

《太平天国资料》，科学出版社 1959 年版。

《太平天国文献史料集》，中国社会科学出版社 1982 年版。

《太平军北伐资料选编》，齐鲁书社1984年版。

《山东义和团案卷》（上、下），齐鲁书社1980年版。

《义和团史料》（上、下），中国社会科学出版社1982年版。

《筹笔偶存》，中国社会科学出版社1983年版。

《庚子记事》，科学出版社1958年版，中华书局1978年再版。

《杨儒庚辛存稿》，中国社会科学出版社1980年版。

《辛亥革命先著记》，科学出版社1957年版。

《鄂州血史》，龙门联合书局1958年版。

《云南杂志选辑》，科学出版社1958年版。

《云南贵州辛亥革命资料》，科学出版社1959年版。

《辛亥革命资料类编》，中国社会科学出版社1981年版。

《华侨与辛亥革命》，中国社会科学出版社1981年版。

《徐树铮电稿》，中华书局1963年版。

《一九一九年南北议和资料》，中华书局1962年版。

《秘笈录存》，中国社会科学出版社1983年版。

《五四爱国运动》（上、下），中国社会科学出版社1979年版。

《五四运动回忆录》，中华书局1959年版。

《陆海军大元帅大本营公报选编》，中国社会科学出版社1981年版。

《陕甘宁边区参议会文献汇辑》，科学出版社1958年版。

以上凡22种25册，约1000余万字。

再版整理工作采取极为审慎的态度，并遵循以下基本原则：

1. 初版之时的序、前言或编者说明之类的文字原则上不再重印，由再版整理者重新撰写编辑说明，对初版整理工作给予必要的介绍和说明。

2. 对于原稿或初版时因印刷等原因存在的明显讹误之处，再版整理者径加改正；对于校勘修订之处，均于舛误文字后加正文，并以〔　〕号标明；脱字或无法辨识者，标以□号；漏字增补者，以【　】号标明；疑问处加（?）标明；原稿文中加注之处，原为双行排印者，均改为单行排印，或加（）标明，或用小字排印；原始资料行文或署名中并列双排者也均改为单行，个别文件除外；疑有脱字或衍文者，于页下脚注标出。

3. 个别史料中，同一人名、地名前后用字不统一的现象，记录史实前后矛盾或表述不一致的现象，均保留原样未予擅改；清朝或北洋政府文献中对革命党、起义民众等污蔑诋毁之词，也都一律保留原样，以存历史之真，均请读者使用中注意。

此次能将几十年间陆续出版的《近代史资料专刊》重新整理出版，要特别感谢知识产权出版社这种嘉惠学林的眼光与勇气。兰涛编辑不辞辛劳，往来联络指导，以及各位编辑的认真工作，都应该得到学界和社会的掌声。

参加此次再版整理编辑工作的有，《近代史资料》编译室的刘萍、卞修跃、孙彩霞和李学通。由于整理者水平有限，其中如有不当之处，尚请读者批评指正。

李学通

中国社会科学院近代史研究所
《近代史资料》编译室　主任
2012 年 9 月

编辑说明

《筹笔偶存》是清末山东巡抚衙门经办洋务交涉的文牍辑录，是比较全面和系统记录山东义和团运动的历史档案文献，是研究义和团运动的重要史料依据。该书初版由本室和中国第一历史档案馆合作整理编辑，中国社会科学出版社1983年出版。

筹笔即文件草稿草案之意。《筹笔偶存》内容主要是光绪二十五年至三十年间山东巡抚衙门中每日收到的来文要点摘录、草拟的批答、函电、咨文、告示，乃至奏议的初稿。在《筹笔偶存》初版序言中，荣孟源先生推断这是山东巡抚衙门中一位专办对外交涉事宜的师爷的工作日记。朱金甫、庄建平先生则依据笔迹推断，可能是曾任山东巡抚衙门文案委员的徐辰抚。现在保存下来的《筹笔偶存》并不完整，只残存有一至三，五至七，九至十五，二十五、二十六和三十一等16卷和无卷号的两卷，共18册。因为《筹笔偶存》辑录了这位师爷经手的所有山东洋务相关各案的文件，而这一时期山东洋务最突出的首先是有关拳教案件，因此它就成为研究山东义和团运动最重要的档案文献史料，而且因为有关案件的时间、地点、人物，以及经过情形在《筹笔偶存》中有比较明确具体的记载，它也是研究义和团运动不可或缺的史料依据。

朱金甫和庄建平在《筹笔偶存史料价值初探》一文中特别指出，《筹笔偶存》内容十分丰富，它至少在以下几个方面为义和团运动研究提供了新的材料和思考：（1）为考查义和团的源流提供了线索；（2）为研究山东义和团运动的性质提供了大量佐证；（3）为分析山东义和团的起因提供了确切依据；（4）记录了山东义和团运动参加者与反对者的概况；（5）可以从中正确了解山东义和拳与直隶义和团之间的关系；（6）可以说明山东义和拳并不“盲目排外”，等等。

如今，《筹笔偶存》已经与《山东义和团案卷》等专刊史料一起成为义和团特别是山东义和团运动研究最基础、最重要的史料，相信它将继续成为一代又一代史学研究者的源头活水。

《筹笔偶存》初版整理之时一律原文照录，未加改动，个别地方编者略加说明。文件按原稿卷数顺序排列，按日分节，每日内文件亦按原顺序编号，其中一个文件的来文摘要、批示或复文，均归入一个顺序号内。同一人名、地名前后用字音同字不同者，均仍其旧，望使用中注意。本次再版重印之时，对初版中个别文字、标点舛误之处略加修正，尽可能地订正了初版时遗留的部分讹误。由于水平有限，不当之处请读者指正。

编　者

2012年12月

目　录

卷一[1]光绪二十五年五月初一日起至九月末

五月初一日

一、批统领嵩武亲军中军三营遇缺题奏提督瑚松额巴图鲁尤成章禀

来牍并单均悉。已札饬威海交涉局委员妥速商办，并另文照会矣。希即酌商办结。此复。

二、札严道威海交涉局

为札饬事。前据该道电禀：嵩武中军前营哨官冯春山在威海租界拿获逃勇石得胜拒捕格伤毙命，英员移请关提讯办一案，当经本部院电达总署查核在案。兹据嵩武军统领尤成章禀称，逃勇石得胜系抢劫研山于姓案内首犯，经宁海州知州张树勋拿获从犯宇前胜当堂供明，移营协拿，由前营后哨哨官冯春山在威海附近地方将石得胜拿获。因该犯拒捕格斗，继又情急投海，移时始克就获。当将该犯送至威海王巡检处，验明后押解来营，不料行至酒馆地面，该犯因拒捕格斗受

---

[1] 本卷封面残缺，无年数和卷数。卷内记有日数，但多无月数。据文内所引奏折及上谕，核之中国第一历史档案馆有关档册，姑定为自“光绪二十五年五月初一日起至九月末”。据下卷封面题为“卷二”，定此卷为卷一。原卷内日数或在文前，或在文后；而在文前者均无月数，今统一在文前记月日，月数为编者所加；文后月日照旧。各文前顺序号为编者所加（下同）。时山东巡抚是毓贤。

伤，兼被海水浸灌，遂致毙命。禀由该统领移请宁海州张牧验明，归入正案核办。旋经该道据英员刚德移请关提赴威讯办，碍难解送各等情到本部院。据此，哨官冯春山赴威海租界拿犯，不预先知会英员协拿，致与租界章程不符，其粗率自难辞咎。惟查拿犯虽在威海附近，而该犯因拒捕格斗受伤，情急投海，又被海水浸灌以致毙命则在酒馆地方。酒馆不在租界之中，是英员只能责其不应捉拿，而于该犯身死缘由，仍□毋庸过问。且该犯以中国逃勇结伙抢劫，罪在必死，当场拒捕，复投海，亦是自知无可幸逃之处，故非与凌虐冤囚可比。中西刑律虽殊，而除恶惩凶则一。似此抢劫首犯，如不由中国尽法惩治，万一威海附近有土匪游勇相率效尤，动辄抢劫，英国兵弁杂居其地，亦势必有所不能相安。再查冯春山在威海拿犯时，曾经解赴威海城王巡检署中验明后起解。英国议租威海条约，威海城仍由中国官员自行治理。此案既经王巡检验报，仍是属我自行治理之权，亦与原约无甚歧异。即谓先未照会英员协同拿解，稍有不合，尤领官曾将哨官冯春山及所带往勇丁等分别责惩，并声明以后如遇拿犯，必先知会英员查照，不得再蹈前辙，似亦情法两得其平。应由该道查照前因，知会英员，婉为解释，仍请毋庸提解，以敦睦谊而申治权。如谓该弁在租界获犯，未经知照，稍有不合，责惩尚嫌从轻，本部院现已札饬尤提督即将该哨弁等革退离营，以免久滋口实。除檄行该统领外，合行札饬。札到，该道即便遵照，妥速商办。仍将商办情形随时报查。

再，据该统领禀称：英国招募华兵二百余名，大半系烟台宁防各营逃走勇丁，并查有犯案剧贼，前经搜捕，借为藏匿之所等情。是否实有其事，并仰该道严密确查。如果属实，应即由该道另文照会英员，毋得率行招补，致与所订议租威海条约及钦准招充巡捕章程不符。切切。此札。

三、为照会事。案准贵军门牍称，嵩武中军前营后哨哨官冯春山，在威海附近拿获逃勇石得胜拒捕身死，英员移请关提，碍难解送等情到本部院。准此，除札饬办理交涉委员严道道洪妥速商办，前据该道电禀云云至章程等因印发外，合亟照会。为此，照会贵军门，请烦查照札饬所开各节，妥酌施行。

四、批贺守禀添拨勇队

据禀已悉。曹、兖一带盗匪，竟敢抢劫河工营委官项衣物，并拒伤勇丁，殊属不成事体。该守禀请在曹、兖两镇调拨马勇三十名，步勇四十名，系为慎重□□□□□起见，应准照办，以资巡缉。仰候咨商曹、兖两镇酌量调拨。其应支饷项马干等项，仍由原营汇领转发，另檄饬遵。缴。

五、为咨会事。案据督办上游河工候补知府贺福元禀称云云至等情到本部院。据此，除禀批示等因印发外，合亟咨会。为此咨请贵镇与曹、兖镇各所部内酌拨马勇十五名、步队二十名，交贺守调用，以资巡缉；月支饷项马干，仍由原营汇领转发。其上游河防并希转饬各营员弁督带兵勇，于原扎地方认真缉捕，务将迭次□□□教案为首各犯，务各弋获惩办，毋任稍纵。

五月初二日

一、北京总署钧鉴：效电肃陈即墨周令所禀王一勚闹教押办乡民聚众一案，谅邀钧鉴。现据莱州府曹守电禀，督同胶州张牧驰往查办，即令解散，民教安谧如常。○○查周令前后所禀情形既属两歧，而证以张牧前禀起衅缘由暨东路官绅所述，亦多与周令原禀不合。现又札派候补知府郝廷珍前往确查，俟查明再核办。谨先电闻。○○谨肃。

二、北京总署钧鉴：上月二十电商移营扼要严防一节，尚未奉复。现因日照德兵已退，实扼登防东北两路要冲，已由○○电饬夏镇率两营回登州原防，仍留一营驻扎日照。青州所驻两营，仍留原处。又于烟防四营内拨一营移驻潍县，期与东西两路直接相通，随时饬令各统将等认真防范弹压。谨电闻。

三、北京总署钧鉴：前据登州府暨防营管带禀报，德舰开赴登州庙岛海面，并派员登岸游历，已迭电饬加意防范。旋据该员等电禀，德舰仍不时游弋往来。现在夏镇已率两营回防，○○仍饬督同严密防范。特电闻。

四、致田镇

鼐臣仁兄大人麾下：昔者承台从过省，匆匆未及叙离承教，极为歉仄。返署后起居当安和胜常也。昨据上游督办贺守以曹、兖一带盗匪抢劫河工营委官项钱物，禀请添募马勇三十人、步勇四十人，以资防护巡缉之用，或就曹、兖原有各防营调拨亦可。弟以经费支绌，添募碍难照允。贵部相距较近，因咨请酌拨勇队数十名，调赴河工，就近防巡。其月支饷银，仍由尊处汇发。勇数多寡，亦由麾下酌裁。东省营队无多，调拨零星，操练更难得力。盗风之炽，全在责成营县认真整顿捕务，有案必破，有犯必获，毋稍宽假，或可盗风稍止也。

五月初八日

五、复景月汀

月汀仁兄乡世大人执事：顷奉复教，借审禔福崇绥，至为欣慰。黄河水势湍急，一泻千里，既少藏舟之壑，徒存御盗之名。来教谓利少弊多，拟请将炮船三支改为救生船之用，具征实事求是，至为钦佩。弟亦尝谓图治之道，只在循守古人之成法，处处以精心果力持之，积久自有实效。凡古人所不为者，皆如来教所谓利少弊多之事，非其智虑反在今人下也。今日之患不在内讧，不在外忧，而在人心陷溺。人心陷溺则凡遇□□公家之事，而无不有以□，即是所以自便其私图无事。黄河添置炮船，犹其小焉者耳。

贵省炮船能改作救生船，工料当甚坚实。东省水道之船，则并改为救生船而亦不能，且事经前任奏明，如议革裁，尚待审酌。计维有俟押解已革原副将到案追赔后，再徐为补救耳。该革员不知是否已回原籍。此案既经奉旨勒缴，务求迅派妥员催提押解东来，俾免日久远飏，悬宕不为奏结。弟则闻该革员有与张愚箴同回江苏之说。如原籍不得其人，责令该革员家属押交，或向张愚箴问其行止，均祈酌量办理。不胜感祷之至。五月初八。

五月初十日

一、北京总署钧鉴：亥前接漾电。奉旨：崔廷桂办理河工，闻其蚀款甚巨，著即拿解交刑部讯明治罪，并将该革员寓所资财严密查抄等因。钦此。〇〇当即不动声色，星夜密派妥员，分投查抄拿解。

现经查明禀报，该革员于四月十二日自曹起身，由水路回江南铜山原籍，尚有大车四辆，装载箱包共五十四件，内有衣物器具等项，寄存单县巡缉营李万昌处，当经委员如数查出解省，贮候变价归公。省城附近至东昌、济宁两处寓所，均无寄顿，容再委员确查。又悉得该革员铜山原籍有田三十余顷、柿园一顷有余；所造市房，每月约收租钱七十余千。应请饬下江苏督抚就近严拿查抄。单县抄出各件，另行开单详细具奏外，谨先电请代奏。

二、奏为遵旨拿解革员，业已先期回籍，谨将寄顿东省资财严密查抄，恭折仰祈圣鉴事。窃于光绪二十五年四月二十三日，承准总理衙门电传谕旨：崔廷桂办理河工，闻其蚀款甚巨，革职不足蔽辜。该革员是否尚在东省，著〇〇迅即饬拿解交刑部，讯明治罪。并将该革员寓所资财严密查抄，毋得延纵。钦此。奴才因闻该革员交卸镇篆后，即往东昌一带，当即不动声色，是夜密派准补茌平县知县豫咸、候补知县季桂芬驰赴东昌，会同署东昌府知府王荩修、候补知县徐广照、程寿武驰赴济宁，会同署济宁直隶州知州汪望庚分段查拿。并将该革员寓所寄顿资财严密查抄，勿稍延纵去后。旋据豫咸等禀称：该革员未到东昌，城内并无该革员房产，亦未开店铺。其子（候补知府）崔正鼎早年出嗣，析产分居，有捐照分关可凭。当经该印委等验明，并据崔正鼎声称，该革员交卸镇篆后，即由曹州返回江南铜山原籍，未到东昌，正鼎寓中亦并无寄顿资财。遍询同城官绅及附近左右邻，均与崔正鼎所言大概相同。惟据汪望庚等禀称，查得该革员在汶上县盐店存放生息银六千两，请札汶上县知县锡元查提。旋据锡元禀称，此项存银询据盐店司事面称，崔廷桂近日实未存银，惟于光绪二十一年存放市平银五千两，陆续支还三千一百七十四两一钱六分，尚存银一千八百二十五两有奇等语。提阅账簿收支数目相符。查得崔绥五即崔正鼎。经委员程寿武会同复查，此项存款亦系崔绥五出嗣之后，可否免其查抄，禀候核办等情。奴才查崔绥五即崔正鼎，既经出嗣分居，例无连坐。其在东昌寄寓资财，自应恳恩免其查抄。惟查有汶上县盐店之一千八百余金，事在光绪二十一年该革员承办郑工以后，其为侵蚀工款可知。虽据该印委等查明盐店账簿实收入崔正鼎名下，其中难保无影射蒙混情形，似仍应一并查提解公，以重工款而儆贪墨。又据徐广照等禀称，驰赴济宁，会同密查该革员前住大宅一所，实系租自孙姓。该革员实未置有房屋，亦未收开商店。亲赴早开各店挨查，亦并无寄顿银钱。惟闻西□客店内尚有随该革员之差官王九州一名未去，经该印委详细盘诘，据云，该革员于四月十三日由曹州起身，十六日随带大车四辆，在济宁迤下二十余里之新店登舟回籍。其后尚有大车四辆，装载箱包多件，存送单县巡缉营李万昌处寄顿。又云该革员江南铜山原籍有田二十余顷、柿园一顷，有所造房屋，每月收租值大钱七十余千文等语。徐广照等当即星夜赶赴单县，在李万仓寓所查出该革员寄存木板箱、布包、竹篓等项，共计五十四件，由该委员等公同启视，内装战裙□□□书籍□衣等项件。面询李万仓，此外有无寄顿资财，李万仓面称，如有隐匿，日后查出，愿甘治罪。并所具李万仓甘结，一并呈送前来。奴才现已饬令该印委等，将搜出各物运解来省，督同善后局司道估价，变卖充公，以重工款。其战裙等项，则发交军械所留备各营领用。谨将所开各物数目查抄清单恭呈御览。奴才前闻该革员于省城虽有房屋，俟经查明实系租自丁姓，并非该革员之产。其省城附近有无寄顿资财，容臣再随时派员严密侦查。惟查该革员自事卸交付信篆后，即已先期回籍，原籍必有财产甚多，随带车辆亦复不少。相应请旨饬下江苏督、抚臣，就近查拿解部，并将所有财产一并查抄归公，以为化款遂私者戒。除将大概情形电请总理衙门代奏外，所有遵旨饬拿革员、查抄资财各缘由，理合恭折覆奏，伏乞皇太后、皇上圣鉴训示。再，该革员之亲子崔○○现以道员在河南候补，与该革员未经分析，应否一并查抄之处，合并请旨。

三、总署钧鉴：亥。愿电谨悉。嘉祥民教滋事，未据该县禀报，现已电查。如有其事，当饬令拿犯，并随时保护弹压。○○谨肃。咸。印。

四、济宁

汪直牧览：顷接总署愿电，德使照称，嘉祥县匪徒滋事，八处村乡所居教民均被抢夺，恐将攻击教堂，请饬弹压拿犯，并保护教堂。又：安主教拟于本月十六日至省，与巡抚及彭道会商，请电知尊处和衷商结各案等语。希查照妥办，并电复。愿。等语。速饬该县查明，如有其事，一面弹压保护，毋任滋生事端，并即电复。〇。咸。印。

五月十五日

一、北京总署钧鉴：亥。愿电谨悉。彭道昨日来省面递商结沂属教案节略。兰、郯、费所毁教堂及所失粮物，安主教原禀仅恤款共京钱十八万吊有奇，约合银八万，彭道拟给三万六千一百五十两。莒、日、沂所毁教堂及所失粮物，安主教所索领恤款共四万四千一百两；彭道拟减半酌给，安主教尚未应允，拟俟到省再行面商。又兰、郯、费共伤毙教民十三名，受伤教民二名，安主教原议伤毙者每名给恤款一千五百吊，伤重者六百吊，轻者减半；彭道拟给伤毙者每名三百两，伤重者每名一百两，轻者减半，共须给恤款四千两有奇。以上三款，皆由彭道与安主教极力磋磨，总共约须抚恤银六万二千二百余两。如莒、日、沂三属恤款安主教不允减半酌给，则须八万四千二百余两。安主教十六日到省，是否即令彭道照所拟和衷商结，应请酌核示遵。

又查德商慕兴立前在兰山境内枪毙张狗利等两名，又伤重之李振传现亦身死，李传亦受重伤未愈。德兵在日照伤毙于文福一名，其弟文明亦受重伤。又法兵在即墨伤毙矫扶平等三名。又韩家村等处民人王□□等被德兵焚烧房屋粮物等项，除房屋经估价外，所烧粮物等项，彭道委员确查，共估价值四万七千六百二十二两四钱，列册呈报，均系减而又减之数。并据称该处民情实属困苦异常。现在沂民所拆德国之教堂、所抢教民之粮物，以及教民之毙命者，均已议拟赔款。是德兵所焚沂民之粮物及所戕之人命，自应比照议给赔款，庶足以昭公允而辑邦交。计毙者共七名，又受重伤者两名，共应赔恤款银二千三百两；连韩家村所烧粮物，并计共应赔恤款银四万九千九百二十余两。是否即在此次沂属教案内如数扣抵，抑分案议结，应请贵署迅与德使妥议赐复，以便遵办。并请将商结教案情形，择要代奏。〇〇谨肃。

二、径启者：顷接五月初六日来函，借悉一切。筹办铁路矿务，既经贵国照会，均系按照约章办理，两国交谊愈征辑睦。本部院与贵大臣亦均是为利益商民、辑睦邦交起见，有何相难之处，仍望贵大臣遇事和衷商办。至于前送七条办法，来函云系按约应享之理；又云亦即东省路矿之根本，具见持论明透。既为路矿根本，则议订之时，不能不格外慎重。既云系按约应享之理，则凡与原约不相符之处，不能不量予裁酌。总之，本部院既与贵大臣所办之事，均是国家之事、商民之事，与自己毫无干涉，决不存私意于其间，但求两国商民彼此相安，如贵大臣所谓意在立一公平妥善之策，以免将来另生枝节，是则本部院所甚欣望者耳。

再，现在已准工程司查勘沿路地势及相距三十里内之煤矿，久已札饬地方一体认真保护。昨闻高密附近有小工与乡民互相争扰情事，想系开办之始，民间未及周知。小工均系土人，或因平时微嫌，借事挑衅，均未可料。本部院闻信后，即已电饬该管道、府、州、县分派兵役，认真弹压，并严饬此后不准再滋事端。昨闻贵大臣又派兵赴高密弹压。本部院当即发电劝阻，谅已查悉。现当查勘路矿之始，必须使百姓知开办之有利益，方能主客相安。如遽以兵力迫之，则百姓视路矿为畏途，非地方之福，亦非公司之福也。且而该处民情强悍，良莠不齐，万一群起为难，地方官虽欲派勇保护有不可得。贵大臣通达时务，慎重交涉，自接电信之后，当知本部院认真保护之意，可勿庸遣调兵队入内地也。

五月十六日

一、北京总署钧鉴：亥。昨接愿电，当将彭道所拟议结沂属教案情形电陈，谅已邀鉴。安主教于十五到省，彭道当与接见，云十六日未刻来署面商，即可完结定案。并递来节略一纸，与彭道所拟办法大略相同。惟商减恤款银数，稍有出入，俟其来时，再为增核，仍可酌行完结。讵意安主教误听人言，又图悔议，本日巳刻忽云今日不来接见，俟将办法议妥，再行面商。揣其私意，或是不肯减恤款，亦未可知。现仍饬彭道与之婉为磋磨，俟一二日商妥议结时，再行电达。

二、径启者：顷接五月初九日来函，承示贵国商人罗德并地比各司等禀称，现均欲赴东省潍县马思各处游历，已由贵大臣发给护照，函请保护等情。本部院现已札饬地方官查案保护矣。惟当查勘路矿之始，虽经地方官明白晓谕，乡民僻处偏隅，一时仍恐未及周知。务乞贵大臣坚嘱该商人等赴内地游历时，先将所领护照就近呈送地方官查验，以便派人沿途护送，庶可彼此相安无事也。专此布复。顺颂时祉。

五月十八日

北京总署钧鉴：亥。据高密荀令巧电禀称，德兵十七至密境。迤南有底洞庄聚有多人，于地围上架有大小地枪，当德兵过时有开枪者。德兵即开枪伤庄民数人，庄众悉逃。德兵遂驻是庄。十八巳刻进城，驻书院，尚无骚扰。据德员面称云，专候大员商办路务。又据胶州张牧电禀，德署现又派兵九十四名往高密，长驻吕大庄，乡民已经该令一再劝谕。又称叶督云，大吕庄案赔款二千二百四十五两，伤小工四名四百两，营兵赏与四百五十两。又现添兵每日一百二十，并令保固全县铁路等语各等情。〇〇现已添派候补知府石祖芬驰往该处，会同莱州府妥速商办；一面又调拨潍县防勇前往弹压。应请贵署照会德使，转饬德员，俟石守等到时，务须和衷持平商办，并速将兵队撤回，以免再滋事端。

五月十九日

一、复叶世克信

径启者：顷接五月十一日来函，借悉一切。查前次屡接函牍，均只言锡乐巴前往应筑铁路一带地方丈量地基，查勘沿路情形暨附近各矿，并未牵涉购地在内。即所送办法七条，虽与购地略有牵涉，亦未经本部院议准。故本部院屡次札饬地方官，均系遵照总署来电办理。凡遇锡乐巴查勘路矿等事，自当妥为保护，并未提及购地一层。诚以购地是在查勘以后、开工以前之事，须俟贵公使与总署照约订立合同章程，然后可以通行照办。就是照贵大臣之意，在东省先定一权宜办法，亦须候贵国辅政司来省与洋务局和衷妥筹。如前函所谓，立一公平妥善之本，以免将来另生枝节，方于两国商民胥有利益。查各国兴办路矿等事，均是于未经开工之先，公同立一妥善购地章程，方免滋事。就本国而论，东三省、广西各处，现已由俄法承办路矿，均是事前由两国派员商立妥善章程，然后议及买地等事。是此等办法，亦是与贵国公理公法所同，并非本部院一人之私意。久闻贵大臣是欧西有名望之人，办事极有条理，何以不候议立妥善章程，专据锡乐巴所禀之言，即欲买地？现在高密境内仅止插标测量，无知愚民业已与小工互相争殴，致烦贵大臣又派兵队前往保护，如再于买地之事不先由两国派员妥为议订办法，将来纠葛诚恐更多。东省民风劲强，地方官即欲尽其保护之心，亦难处处照料得到。筑办路矿，是两国所定约章应有，本部院亦甚乐观厥成，断无阻难，亦断无不准贵国公司买地之事。惟买地必须预先议定，交一个准当办法，或□北京商订，或由贵大臣派员前来会商，立望从速示复，以便公司可早日买地开工也。

高密大吕庄一案，本部院先派莱州府前往查办，持平议结。现又添派候补知府石守祖芬驰赴该处会商，请即转饬在事人员，和衷议结，以敦睦谊。

再，州县官管理地方甚大，应办之事极多，于路矿各事虽有保护之权，究难时时妥为照料。东省初办路矿，公司又求效太急，乡民不知其中底蕴，往往沮于疑似，致起争端。本部院现拟专派石守照料沿途路矿一切事宜，以便随时开导乡民，联络主客，庶可渐臻安谧。但能两国商民同沾实利，此本部院所欣愿，当亦贵大臣所欣愿者也。

二、为札饬事。前据高密县知县葛之覃电禀：德官查勘铁路地势，已至该县境内。本月十一日，大吕庄民与插标小工口角互殴，拔标多根，欲围恩公司，经该令飞往解散，已保护洋人回城。又据胶州知州张承燮电禀：督办胶澳租界事宜叶世克，已派兵九十名前往高密保护路务。当经本部院电达总署阻其派兵，并电饬莱州府方守驰往该处，查明妥办在案。

旋据葛令电禀：德兵于十七日至高密境内迤南之底洞庄，聚有多人，于地围上架有大小地枪。当德兵过时，有开枪者，德兵亦即开枪。闻伤庄民数人，余悉散逃。德兵遂驻是庄。于十八日未刻进城，暂驻书院，尚无骚扰。德员面称，专候大员商办路务。又据称叶督云，大吕庄案给赔款二千二百四十五两，伤小工四名四百两，营兵赏与四百五十两。现又添兵每日一百二十，并令保固全县铁路，不保焚全境等语。又据胶州张牧电禀：叶督又添派兵队九十四名，拟长驻高密，保护铁路工段等情到本部院。据此，查德人此次因大吕庄乡民与小工互殴微嫌，辄陆续调派兵队，要挟多端，实有难于理喻之处。惟既据一再声称仅为保卫路矿起见，决不致碍及两国邦交，亦不能不曲示羁縻。亟应添派通晓交涉道府大员驰往该处，会同方守妥速议结，以免日久滋衅。兹查有候补知府石〇〇堪以委派，除再电达总署并分行外，合行札委。札到，该守即便起程，驰赴该处，会同方守，将德员所索大吕庄一案赔款等项，极力磋磨，分别准驳，酌量议结，以息争端而固邦交。至德方查勘路矿各事宜，以后交涉日见繁重，非地方官所能兼统，必须派有专员，随时会同地方官，与德员和衷妥筹，以期两国商民均有利益，不致另滋巨衅。其应如何筹议规条以纾后患之处，仰该守于大吕庄一案议结后，体查情形，详晰禀复，以凭核夺。该守应支薪水津贴，即由善后局具领。

五月二十日

一、北京总署钧鉴：亥。沂属教案，经彭道与安主教议定合同六条：（一）共给恤款银七万七千八百余两。（二）系兰、郯、费、莒、日五州县所有德国教案，一并作为完结。（三）嗣后教民有寻衅复仇及词讼等事，应由地方官拿办，教堂不得干预。（四）德兵带去日照绅士五人，俟电谕释放后再付恤款。（五）兰山、日照等处德兵轰毙人命，焚烧房屋等案，应派员与德官员另行洽谈。（六）除沂水由该县自了外，所有兰、费、莒、日、沂各款概作官论，已于十九日盖章议结。查安主教于十五到省后，任意要挟，屡议屡翻。〇〇婉喻之不从，势不能不以严词相拒，几至罢议。旋经彭道往返伸说，苦心调停，使彼就我范围。该道实属力持大体。除将所议情形另行奏咨外，谨先电闻，并请代奏。

二、敬肃者：顷奉钧谕，敬悉一切。嘉祥教案，昨据署济宁州知州汪望庚电禀：系教民前曾讹诈乡民，罚钱了事，后受罚者不服，欲向教民索回原罚之款，旋经庄长等调处完结。现在境内民教均极安静，并无八处乡村聚众滋事、掳夺攻击各情形。仍一面督饬各州县严为防范弹压。当经○○于二十一日电达贵署在案。查东省现在教民极为横肆，动辄以微嫌细故凌轹于乡党之中，偶不遂其餍求，即以抢夺攻击等情以耸教士之听。教士不察虚实，率然达于公使。一经查办，凡教民原报之案其情形毫不相关，询之则能证实者往往什不其〔及〕二三。诬枉习为固然，仇隙因而愈结。如不设法解释，民教更无相睦之日。此○○此次议结沂属教案，必于商订合同内载明：嗣后凡遇民教互控之案，必归地方官秉公讯结，教堂不得干预，全为以清其源而止其流也。安主教于十五来省，所议沂属教案，业已商结，合同底稿经○○督同彭道磋磨至再，尚觉两得其平。恤款虽有七万余金，而兰、郯、费、莒、日各属教案，一概作为完结，所以杜其垄断。现已将所拟合同底稿缮就，由彭道与安主教带去盖印。俟盖印缴呈到省，再将筹办详细情形另文咨呈。谨此肃复。

五月二十二日

一、胶州送高密曹太守、张刺史、葛大令均览：两养电均悉。查巧电内有德员云，专候大员商办路务等语。现已加派石守祖芬于廿二驰赴高密，会同商办，自应候石守到后，彼此和衷妥筹。来电云，限廿四付清赔款云云，与前电德员所云不甚符合。德人何至自相矛盾若此，当是该员等不善因应之故。事关交涉，总以据理衡势，不亢不卑，与德员反复辩论，持平办结为是。铁路合同十一款，究与原约相符否？开矿筑路均照允，其查勘并未包括买地在内。买地须候总署与德使议订章程、会同或由德督派辅政司来先议一权宜办法，方可准办。至庄社兵保护法，现无大扰，可望办行。此次底洞庄开放地枪，系属愚民轻举妄动。究竟如何办结定议，应俟石守到密后再行妥速会商，并酌告德员知之，公同酌议……

二、太原胡靳帅鉴：顷奉咨函，始知万镇所招新队已成军，率之东来，固所欣愿。惟东省库款奇绌，难筹此饷。现已电请万镇率所部径赴贵省，听候调遣。原招原带，似较得力。应请尊处附片奏留。晋、齐同为畿辅重地，其在晋即无异在齐也。〇〇。

五月二十六日

一、复晋抚胡[1]

蕲生仁兄中丞大人阁下：顷奉惠书，锋车北觐，玉节西旋，泽沛两河，庆周三辅矣。嘉慰维诚，颂祷何极。弟疆符甫领，交涉益繁，选将练兵，未容少缓。而东省饷源支绌，军储未充，添练大枝劲兵，殊难供亿。前者奏调万荣斋兄来此，亦是谋以原有旧队拨归统带，临淮壁垒，或可一新。初不知荣斋已由贵省饬赴樊域［城］招募五营，现已成军也。昨接大咨暨荣斋自郑州所寄书，始知所招五营现次郑州，不日可赴晋省。尊处拟俟荣斋到晋后，将所招勇队派员接统后，即饬荣斋东来，具见大君子不分畛域，只顾大局盛衷，极为欣佩。惟念荣斋长途招队不易，以自招之队移交晋省司领接统，其来东后又接统东省将领移交之队，兵将两不相习，殊非慎重防务之道。晋、齐同为畿辅重地，荣斋在晋治军，即无异在齐。敝省旧存各军，现均有人统率，选将尚可从缓，而尊处新招之队，一日无将便一日不能成军，此所以电商尊处，仍以奏留荣斋在晋治军为是。他日如海疆有事，弟仍可咨商调拨，以副唇齿相因之盛□也。专此布复，只贺□旌。敬请勋安，诸维霁照不宣。

二、复万荣斋

荣斋仁兄大人麾下：顷奉四月廿七日自新郑所寄手书，借悉一切。前次所寄两缄，只收其一，尚不知麾下所招新队已成军也。及奉山西咨文暨麾下此次来函，始知新军已到郑州。承示此次所招新军系由晋省奏派往招，自应仍交晋省，具见硕画精审，极为欣佩。而晋省来咨，仅声明钞录原片，并声叙俟新军到营，另行派员接统，再令麾下东来等情，亦未提及新军拨归东省一节。是晋军之仍应归晋调遣，自属正办，而且东省库款奇绌，五营需饷甚巨，一时亦万难措筹。弟

[1] 山西巡抚胡聘之，字蕲生。

暂以菲材，忝膺重寄，练兵选将，是其专责，何尝不欲麾下统所部东来，以资臂助。而饷源未备，兵食不充，是亦有迫于无可如何者。昨已电复麾下并胡圻生中丞，请麾下仍率所部径赴晋省，到晋后应仍归麾下统带，一时可暂缓来东。即请胡中丞附片奏留。盖齐、晋拱卫畿疆，均属险要，以麾下新招之队移交晋省将领，又以东省将领所带之队拨归麾下，兵将两不相习，殊非慎重防务之道。弟为人直率，上事君国，下顾私交，均处处相见以诚，决不稍涉客气，他日如海疆有事，当仍疏请麾下率所部东来，以共济时艰也。

五月二十七日

北京总署钧鉴：亥。顷准晋抚咨，前曹州镇万本华现招五营，俟抵晋省后，派员接统，再令来东。又据万镇函称：晋省电商该镇，请转商东省，可否即率所招五营来东各等语。查东省兵力单薄，添此五营于海防、地方两有裨益，惟饷项奇绌，万难措筹，一时又不敢请拨部饷。现电复晋抚及万镇，请将所招原队带赴晋省，仍由万镇在晋统率。原招原带，兵将相习，庶收指臂之功。将材困难，容再物色。请代奏。〇〇谨肃。印。廿七。

五月二十八日

奏稿

奏为沂属教案议结情形，恭折具陈仰祈圣鉴事。窃查东省沂属教案起自日照之街头村，系于光绪二十四年九月二十六日，有德国教士薛田资在街头村被人殴辱，当经官绅保护回城，给恤养伤，并由沂州府定成与教士福若瑟妥商赔偿教堂各款，议结完案。旋于十一月十一日，土山庄又有拆毁教堂情事，德国主教安治泰即借之为口实。复经兖沂道彭虞孙与之另行议订，允给恤款银二万五千两，并许以拿犯审处，缮立合同，于十二月初一日在兖郡盖印签字，分执完案。不意本年二月十九日，德国督理胶澳租界事宜叶世克，仍借口街头村教案未结，又派兵队分赴日照、兰山各处，肆行滋扰，勒令地方官拿犯赔款，将安治泰所已结之案任意全翻，实属借端生事。

奴才抵任后，迭奉谕旨，饬将所属教案督催彭虞孙详议了结，仰见朝廷柔远恤邻、息事安民至意。当即钦遵转饬彭虞孙迅与安治泰妥筹另结去后。旋据彭虞孙禀称：遵即驰赴济宁，与安治泰会晤。诘以已结之案，何以又翻？据安治泰云，日照街头村一案，确已议结，恤款亦经收讫。此次德国派兵来保护，并非专为街头村一案，实因兰、郯、费、莒、日、沂各属拆毁教堂、教民房屋，暨所抢衣物、粮食等项，估计至十数万金，但能将各案分别查明议赔，德兵即各撤退。并据安治泰与该道往返函商多次，索赔恤款为数过巨，一时未能成议。禀经奴才檄饬沂属各州县，会查教堂、教民被焚被抢实在数目，确切估计，以期印证。又据该道禀称：安治泰于三月廿一日由济宁至兖州，重商沂属教案，并拟合同六条，索赔恤银仍有十二万两之巨，并拟于兰、郯、费、莒各处添建教堂，仍照案拿犯各等情。当经奴才批饬该道悉心驳议，极力磋磨，不得任其垄断。旋经该道转据各州县禀报称，查教堂、教民所毁房屋、衣物等项，及伤毙人口各实在数目，互相印证，实无十二万两之多。安治泰始渐就范围，于五月十四、十五等日先后来省，订于十六日未刻与奴才会晤定议。迨至是日巳刻，安治泰又托故不来，仍由彭虞道（孙）往返申说，另拟合同。经奴才一再查访，饬令彭道于各属添建教堂一节，应驳斥不准；于酌给恤款一节，应于原议十二万内再行核减，减至八万余金。奴才又减去一分，实以七万七千八百两议结。所有沂属各教案一概完结，不得另生异议。于拿犯一节，应由地方官查办，教堂不许干预。于德兵在兰山、日照等处焚烧房屋、伤毙人口各案，声明实与条约不合，应与德员另行理论。所有德兵带去绅士，即责令电请释回后再给恤款。安治泰初犹梗议，经奴才坚执前说，不为所动，彭道又从中极力调护，始于十九日议定合同。旋即驰回兖州，与安治泰在兖州盖印签字，案遂议结。兹于二十日据该道呈送合同清单前来，谨将所立合同清单恭呈御览。

伏查德人狡诈性成，动辄因教案借端挑衅，实属居心叵测。即如街头村本系已结之案，只以议结之日，任彼要挟，未加驳斥，彼遂视为可以遂其欲而济其贪，故敢公然一再尝试。此次议结沂属教案，奴才惩于前鉴，故不惮烦琐，与之恤款虽有八万余两之多，而兰、郯、费、日、莒各属教案，大小多至数十起，一概作为完结。实较上年议结街头村一案恤款多至二万五千两，分而计之，所省实多。且于合同内详晰声明，亦可永杜后日再图翻案。至各属教案多至数十起，教民约失房屋财物多至七百余家，伤毙人口至十四名。论者不察，甚至谓平民欺侮教民殊属已甚，不知东省民教积仇日久，平民之为教民欺侮，因而损失财物、讹诈钱财、毁家赔偿、株累致死者，盖不知其凡几。今日之祸，皆办理教案之不持平者有以激而成之也。如不及时有所释其嫌、平其事，后祸终无底止。奴才之愚以为沂属教堂能结，即所以安辑民教之策，令不可复。❶

五月二十九日

一、再，查沂属地土瘠薄，物产无多，民情本极困苦。本年二月，德人借口查办日照街头村教案，调派兵队，分赴兰山，焚烧韩家村七处民房，村民悉数逃亡。德商慕兴立等又先于韩家村之黄河谷村枪毙张狗利、孙四、李振传三名，李传身受重伤。其在日照之兵，又于林家滩图奸于文福之妻未成，将于文福用枪轰毙，其弟文明亦受重伤，迄今未愈。其在即墨兵队，又于租界外之邑峪町强牵村民牧畜，用洋枪铁刀轰扎矫扶平、杨作湖、孙中明三名，因伤致毙。远近惶惑，尽室偕逃。乡民罹此凶残情形，实视教民被匪滋扰相去倍蓰。奴才迭次电咨总理衙门转电出使德国大臣吕海寰，诘责德外交部，交犯办罪。据德外部复称，俟查明议办。并一面由奴才饬属分别抚恤各在案。现经奴才派员复查韩家村被烧一案，除烧毁房屋文约未经估计外，所有王某等被抢粮食、衣物、器具、牧畜、树株、银钱等项，确切估计，实共值银四万七千六百二十二两四钱。又兰山、日照、即墨三案，共毙村民七名，受重伤者二名，以此次议赔伤毙教民恤款按名

❶ 下缺。原稿注有“另有稿”三字。据中国第一历史档案馆所藏原折，系光绪二十五年六月初十日由毓贤具奏，六月二十二日朱批：“该衙门知道。单片三件并发。”此系稿底，其文字及内容均与原折稍有出入。

计算，共应给恤银三千二百两，总共应给恤费银五万八百二十二两有奇。现由奴才咨催总理衙门照会德使，转饬德员比照议结沂属教案，责令照数赔给恤款。恐尚非一时所能完结，相形见绌，恐无以彰公道而安民心，奴才现拟暂由东省筹拨银万余两，先就印委各员查报应行抚恤银数垫发二成，交各该地方官切实照数查放，余俟与德员理论，将以上各案持平议结后，再照应得恤款，如数补发。庶几民心以定，积困少纾。是否有当，谨附片陈奏。伏乞圣鉴训示。谨奏。❶

二、已据禀分别奏咨立案矣。仰洋务局将所立合同清单存案备查。应给银七万七千八百二十两，候札饬布政司筹拨，交由该局转发沂州府收领，分别给发。绅士释回，再行付给，并移该道查照。此缴。禀抄发。

三、据禀悉。该道商办此案，苦心调剂，因应得宜，俾得就我范围，将沂属教堂各案一概作为了结，实属力持大体，有裨时局，殊堪嘉慰。所呈盖印合同清单，已发交洋务局存查，并据禀奏咨立案矣。仰即知照。缴。

四、再，复陈筹备练兵折内曾经声明，先准现筹之款招募两营，钦奉谕旨允准在案。当经奴才选派得力将弁，驰赴曹州一带，选募足额，于□月□□日❷到省，□月□□日由奴才照验成军，一律精锐，编为佐字中营两营，于是日照章开支口粮。奴才前咨调之补用都司张奉先，现已由直隶遵调来东，饬令统带佐字前营。所有中营管带，即派原招队伍之拟保参将、留东补用游击陈殿甲接充，仍由奴才率该将官等认真训练。该两营即令驻扎省城南关附近一带地方，以便随时督促操练，躬亲校阅，实力稽查，俾无空额蚀饷及顶换老弱诸弊。但期渐有成效，即可责成通省各统将援照新章办理，以归划一而便联络。奴才仍一面严汰浮费，期节饷力，但能多筹一营之饷，即拟添练一营之兵，以仰副朝廷整军经武、力图自强至意。所有佐字中、前两营成军日期及选派统带各员缘由，除咨部查明外，理合附片奏陈。

---

❶ 中国第一历史档案馆所藏原片，是六月初十日由毓贤具奏，六月二十二日朱批："览。"此系底稿，与奏入之片在文字上有出入。

❷ 日期原缺，下同。

六月初一日

一、北京总署钧鉴：亥。嘉祥等处教案，现据兖沂道等查报，系民间久受教民欺虐，积不能平，各习拳勇自卫，并非有意与教堂为难。惟闻有强梁之徒及外来游民附于其中，故作报复大言，以图快意。并于教堂附近学习拳勇，借以示威等情，亦是势所必有。教民等因而恐惧，即以红拳会滋事等重情耸动教士，函请地方官按名查拿。该处拳民不多，操之过急转恐滋事。安主教现至该处查看，并函致彭道，云系嘉祥叶令、汶上锡令查办不力，必须撤去各等语。查前闻嘉祥有民教滋闹情事，即饬田镇拨队巡缉。兹又添拨林秀金所带马队驰赴该处，会同地方官实力保护弹压，出示剀切谕禁，严拿滋事首犯；余悉回家安业，不得任意聚众滋事，致干查拿。一面仍严饬该道、府督同该州、县，将各处民教滋事实在情形，查明禀办，并随时抚辑民教，毋任再开衅端。兹特电闻。〇〇谨肃。东。印。

二、兖沂道禀批

据禀已悉。已檄派林提督秀金拨带马队驰往巡缉，并出示剀切谕禁矣。仰即督同地方官认真保护弹压，并将安主教函开各处教案，分饬查明实在情形，禀报查考。仍转饬署兖州府洪守、署济宁州汪直牧知照。此缴。折存。

三、径启者：顷奉来函云，据贵国工师施米杂禀称：欲赴东省内地各处游历，贵大臣已发给护照，函请转饬保护等情。查贵国游历人员，凡经贵大臣给予护照，本部院久已查照转饬保护。兹接函告前由，自当循照前案办理。请即转饬该工师，凡遇过境时，预呈护照查验，以便随时保护可也。

四、北京总署钧鉴：亥。据莱州曹守等禀称：德兵十七日在底洞庄共毙乡民十三名、伤者八名。十八日在县城东门口毁炮轰伤二人。又带马队赴刘戈庄巡查，闻亦有杀伤者，并捆带三名来城。书院器具书籍悉被焚毁。二十一日又到德兵百余人，四城由其启闭。廿二又据德员面称，大吕庄案议赔铁路工费、兵费银三千四百九十五两，限廿四日付清。又送来所定权宜办法之合同章程一纸，共十一条，云照此订议，兵即撤退。连日大雨，东路电杆被雷轰损，文报积滞，石守一时亦难到密。该处官绅因德兵滋扰过甚，情形危迫，公同议请曹守照所议允办，并将大吕庄赔款如数筹给。德兵旋即分两起退回青岛，仅留数人在密守护，案可议结各等情。查阅德人所拟权宜办法十一条，意在公买公卖，两不滋扰，尚可照办。惟在密轰毙乡民甚众，且又焚烧书院器物，搜括城乡枪械，种种凶横情形，如不与之理论，任其所为，后患何所底止！除将所拟权宜办法暨一切情形，另文咨呈外，应请贵署照会德使认真查办，以维大局。谨肃。

五、总署：亥。顷据莱州曹守等禀称：十八日德兵到城后，将城乡各项军器限三日缴齐销毁，如有隐匿，查出立予重办。现在城内团局并守城枪炮搜括已尽，数日内尚须挨户搜查。又潍县拨往勇队驻扎城西四十里之范家邱，德人云在边界百里内，便令退扎各等情。查营县乡团存有各项枪械，原有弹压土匪、巡缉盗贼之用，即民间冠婚丧祭，亦须声炮为尽礼之资。今德人一概搜查，居心实为叵测。现在勘办胶济铁路，沿途防营团局甚多，万难均照高密搜查，以致有碍大局。再，查胶澳划界条约，边界百里内只准德人过调兵队，原与租界不同，不许中国兵队驻扎，与原定条约不符。此两节关系重大，应请贵署迅与德使理论，并电请吕大臣速与德外部据约辩阻，并希速复为盼。

六月初三日

胶州送高密

曹太守、张刺史、葛大令览：廿二禀报均悉。所拟办法十一条，尚无大损，既已允办，应仍俟石守到后再妥商。一切善后事宜，但能于民间□□之处有可补救者，仍可随时增订，并非彼订定条款即不能由我另行增议也。德兵搜括营团枪械一事，于大局关系甚重，万不可再任其搜括，是为至要。书院各物被其焚毁，事后应饬该县酌量补修。

六月初六日

据详已悉。会议各节，均系就原约词意衡量而出，备亟详密，仰候与德员订议全省路矿公司章程时汇入。本部院前次驳斥十条中，一并据约辩论，以维大局。至高密大吕庄拔标一案，现在已由莱州曹守等与德员议结，所立合同十一条，系只就莱州一府从权商订，并未议及全省，有应议并增订各条款，仍可随时与德员和衷妥商。现已咨呈总理衙门查核矣。此缴。册存。

六月初九日

一、咨总署

为咨呈事。案查德商慕兴立前在东省兰山县境韩家村附近之黄谷河村，轰毙张狗利等三名一案，又德兵在兰山境内韩家村焚烧民房一案，又在日照境内林家滩轰毙于文福一案，又在即墨境内邑峪町轰毙矫扶平等三名一案，均经本部院先后电咨贵署查核。旋准贵署电复，已电达出使德国吕大臣向德外部理论，并由贵署照会德国海使，云俟查明议办各在案。旋经本部院札饬印委分投确查详估去后。据前任兰山县知县陈令电禀称：遵查洋人慕兴立至张狗利等致被轰伤身死等语，理合填格禀请查核。又据代理沂州府知府杨廷然会督委员候补知县吴锡洛、前任兰山县知县陈公宪禀称，窃卑职锡洛蒙兖沂道札委至会禀查考核办。又据委员候补知县房学礼会同调署兰山县事、前署日照县知县杨耀材禀称，窃卑职学礼接奉札委至理合驰禀鉴核。又据即墨县知县周永禀称，光绪二十五年三月初十日至驰禀鉴核各等情到本部院。

据此，德商慕兴立等在黄谷河村轰毙乡民张狗利等一案，系该德商等住宿该处，乡民围众聚观，所持物件系农具粪筐，并未执持刀械，其非意图抢劫可知。该德商等辄即开放洋枪，惨死多命。其枪子又多由后身打入，是该德商当场追赶乡民，必欲置之死地。其情形属实，其凶悍更可想见。其焚烧民房数百间，现经查明，除房屋各物不计外，实共估值四万七千六百二十余两之多，尚未令偿抵。该德商等又赴青岛捏报，致德员派兵赴韩家村。沂民生计本亏，何以堪此荼毒！日照伤毙于文福一案，现经查明，德兵因奸属实。于文福因伤毙命，其弟文明且受重伤，会验时均有伤格可凭，于文明现在已成废疾。德兵云被于氏兄弟殴打，会验并无伤痕。据德员译送供单，亦以有华人持棍追赶，并无殴打字样。是德兵借词反噬，不辩自明。其驳斥尸亲供词不符，系于传文未经在场，事后由于金氏告知，以致稍有歧异。其实于文祥所供六人分为两次击打；于金氏所供两兵先人室内，一兵在外看视，随后又有三兵到来，仍与六人之数相符。其为有意图奸，旋于奸所拒伤本夫情事属实。据该各印委等所禀，详查各案实在情形，均系德商、德兵有意欺害平民，无端构衅，显而易见。至即墨轰毙矫扶平等三名一案，系为强牵驴骡起衅，伤证确凿，更可无待再详查。且一月之中，于兰山、日照、即墨等处，先后轰毙乡民七名、轰伤乡民二名，又焚烧民房至数百间之多，情形实属惨酷。现在德员又以铁路公司小工与高密乡民口角细故，开枪轰伤底洞庄乡民十三名，受重伤者八名。刘戈庄闻亦有受伤者，尚未查报。其凶横日甚一日，如不咨呈贵署，恳请照会德外部秉公查办，迅将青岛带兵之德员酌量更换，兰山、日照、即墨各案交凶办罪，或援照沂属教案办法，分案赔偿，以资抚恤，非但无以安民命，更何以固邦交？除将高密滋扰一案另行查明核咨外，理合咨呈。为此咨呈贵署，请查照核办，并速赐复施行。须至咨呈者。

六月初九日

一、禀悉。已于杨令会禀中批示矣。仰即知照。缴。

二、据禀已悉。已参同兰山、高密各案，咨呈总署，迅与德使理论，并电达出使德国吕大臣照会德外部认真查办矣。仰按察司转饬知照。缴。

六月十二日

改定沂属教案折稿。

六月十三日

奏为东省酌筹饷项、添练劲旅，谨将遵旨议办情形，先行恭折复陈仰祈圣鉴事。窃奴才承准军机大臣字寄光绪二十五年五月三十日奉上谕：前因山东沿海地方紧要，电谕〇〇相机筹划，酌量添募四五营，择要扼扎。该抚前调之总兵万本华，现据电奏，已令将原招五营带赴晋省。惟该省办理防务，兵力究嫌单薄，仍著〇〇体察情形，应如何添练劲旅之处，酌筹饷项，预先布置等因。钦此。同日又承准军机大臣字寄光绪二十五年六月初一日奉上谕：有人奏，德国构衅侵权，亟宜妥为防范一折。所陈慎选守令，讲求约章，系为办理民教案件、华洋交涉起见；分驻巡兵，在附近胶州各邑及查勘铁路经过处所往来梭巡，于保护之中隐寓钤制之意。先事预防，不无裨益，应即查照办理。惟须慎选素有纪律之统将，申明约束，毋致滋生事端等因。钦此。仰见朝廷修明武备、慎重海疆至意，跪诵之下，感激莫名。

伏查东省沿海防勇共有十七营，内地防勇共只十四营，兵力实嫌单薄。奴才前于复陈练兵筹饷折内曾经详晰声明。迨奉电谕，饬令添勇五营，择要驻扎。奴才即拟遵旨酌量办理，只以东省饷力支绌，将材无多，猝募多营，恐乏实效，故先募佐字中、前两营，以资倡率，一俟筹有的饷，选有得力将领，即当陆续添募中、后营，合队并操，期成劲旅，以为预先布置妥着，决不敢稍涉大意。现在德人骄横日甚，叵测难防，屡劳宵旰忧勤，殷殷诰诫，奴才受恩深重，更不敢不力任其难。此次自恭奉谕旨后，连日督同藩运两司，悉心妥筹，饬于司库存拨各款项下极力腾挪。并严饬各局所裁汰浮冗诸费，务期多筹一营之饷，即可添练一营之兵。奴才一面仍物色将材，随时另行奏调来东委用。现在奴才出省查勘河务，应俟查竣回省，该司等筹措饷项就绪，再行选派得力将弁，仍赴曹州一带招募成军；或就原有各营酌量裁汰更换，另行妥善筹划，奏明办理。

再，有人条奏亟宜妥为防范一折，经奴才详晰阅看，内中如精选牧令、讲求约章各节，迭次恭奉寄谕后，久经遵旨切实奉行。现在莱州府属之即墨、高密两县，均以办理交涉不当，饬司另委明达干练之员前往接署。嗣后仍当随时查看，以期人地相宜。其分驻巡兵、遴员驻胶各节，前于德人派员至高密时，即经奴才酌拨潍县防营前往高密附近一带弹压；又添派候补知府石祖芬驰往该处，与德员商办路矿一切事宜。应俟石祖芬与德员商订妥洽时，再行酌量情形分别妥筹举办，以副圣主保卫东陲至意。

六月十四日

再，练兵固以勤操演为急务，而制胜尤以备军火为妥图。当兹饷项日艰，制造不易，欲求有事之日军火足用，必于平时预为整顿。现在饷项支绌，制造不易，枪械固须慎重，药弹更宜珍惜。东省海防、内地马步各营，除领用前膛枪不计外，共领用后膛枪八千三百二十杆。按照旧军每月操练五次，每次五出，共用去后膛枪子二十万八千粒。制造局经费有限，每年所造后膛枪子仅及其数之半，其不足者，皆于往年余存项下拨发。如不及时设法撙节，余存枪子不久即拨发殆尽，不但无以备缓急，且恐无以资挹注，殊非慎重丰储之道。奴才现已通饬各营将领，每月改操二次，每次三出，应分年增续，共月需后膛枪子四万九千九百二十粒。比较旧军，每月可节省后膛枪子十五万八千零八十粒。以每年十二个月计之，共节一百八十九万六千九百六十粒。以制造后膛枪子价估算，共节省饷银四万九千余两。即拟以此节省之款，为凑拨添练勇队、推广制造之用。务令所造枪子，按日积多，而每营月操五次，除两次用枪子打靶外，其余三次，仍责成各统将督率弁勇，演习托枪各式，以娴取准，俾得由熟生巧，不致虚縻子药，且可免冒领浮销诸弊，似于操防、制造两有裨益。是否有当，谨附片具陈，伏乞圣鉴训示。谨奏。

×月×日[1]

一、再，东省议结沂属教案，共给赔恤银七万八千余两，饬由藩司筹款发给，曾经奴才奏明在案。兹据藩司张人骏详称：日照街头村民教滋事一案，于光绪二十四年十二月内，由兖沂道彭虞孙会同德国主教安治泰议结，酌给偿恤银二万五千两，系由司库拨款发给。本年五月内，于议结沂属教案，共议给偿恤银七万八千余两，仍由司库拨

---

[1] 以下原缺日期。

发。在东省教案之有偿恤，自光绪二十三年曹属巨野开始。其恤银计二十二万五千两，初未报明由何款内筹拨。惟上年德国教士在菏泽县购买教堂地基，其屋价系在抚恤款内拨给，曾承准总理衙门电称，该价可以作正开销，却不宜动地丁等因。是于地丁之外，另筹藩司库款作为偿恤专案造报。兹议结日照街头村暨沂属各教案，两次共拨发银十万三千余两，均由司库暂行筹拨，详请奏咨立案前来。奴才查上年所议结日照街头村民教滋事一案，发给偿恤银二万五千两，前抚臣张○○未及奏咨立案，德教士旋即悔议另行议结，自应汇入此次议结沂属教案抚恤款内，分别造报，以清款目而便勾稽。除咨部查照外，理合附片具陈。

二、已据详咨立案，另檄钞稿行知矣。仰即知照。缴。

三、再，东省内地各营，于光绪二十四年三月间，经前抚臣张汝○仿照海防营制，每营募足五百人，一律操练兼事巡缉。勇弁所支口粮，亦照海防各营饷章支给，以归一律，均经奏明在案。其各统领、分统、营官，督率勇丁，认真操演，并不时分拨各处驻扎。所有添募教习、酌备行粮及随时犒赏津贴等项，需款较多，若仍照内地善后章程支发盐粮公费，实属不敷办公，亦经前抚臣张汝○仿照海防营制，酌加公费，统领月支公费津贴银二百两；分统月支减半，公费津贴银一百两；营官月支公费银一百两，均经于上年改定营制后，按月支发在案。惟此项银两前奏漏未声明，亟应查案补报。兹据善后局司道详请奏咨立案前来。奴才复查无异。除咨部查照外，理合附片具陈。

四、致直督裕、江督、江抚❶

寿帅○○大人阁下：近接㮋辉，时殷藿向。敬审荩祺怡豫，景茀绥丰，至为企颂。敬启者，顷接天津法国总领事杜士兰来函，据称有法国人充当上海税务司者，察看草蚕受病甚深，实于民间生计有碍，禀请两江制府、江苏抚院每年发给银六千两，分立数局，设法补救。又有法国商人名财纳者，在烟台滋大洋行办事，于山东蚕务甚为熟习，拟仿照上海税务司办法，在青州设立一局。核计当年经费，约须

❶ 函稿三通，今录致裕禄（字寿山）一通，致两江总督、江苏巡抚两通，只有首尾，可知内容相同，从略。

银二千金之谱，三年即可卓著成效，共只须经费六千金。杜总领事拟请尊处每年筹给银一千金，三年共筹给三千金，其余东省筹给之，庶有以成其事而竟其功等语。

德人在东省议筑铁路，动辄讧阻，青州又为铁路必由之路，民情极为浮动。如以外人创办蚕局，揆诸情势，诚恐两不相安。惟法领事既驰函相商，且谓江苏暨尊处均已拨款助办，敝处如拒而不与，又非所以柔远善交。今特修函敬询台端，是否实有每年拨给千金之事，法领事近居津会，是否曾以此事敬商，统祈示知详晰，俾免作复时互相参差也。至其函中备陈整顿蚕务，利益华民，此是彼族蚀我惯技。中国育蚕之利，盖有年矣，彼之皇皇为此者，特借以自利耳。其言利我者正所以敝我也。奈何？

五、石守禀会商铁路章程善后事宜

第一条：妥。小工有工头，应责成工头管束。凡向民间强赊、硬买、酗酒、赌博等滋事，均须禁约。

第二条：妥。

第三条：妥。租屋买物，似宜分为两节。租屋须载明年限，限满后续租与否应听业主自便。买土石木料及一切需用物件之价，领出交县中所派妥人代付。付给物价，仍以会同德工师亲手核发为是。

第四条：妥。应添叙凡有公司雇用工人及各项杂役人等，共计多少，应由工程师造一年貌簿籍，送地方官备查。并由工程师发给腰牌，或付以签字执据，或于衣帽上编具号码，以便稽考。

第五条：妥。

第六条：妥。购地于会丈估价之外，应添叙编号立据、纳税两条，统归地方官会同工程师办理。编有号数，以便稽核；立有契据，可免纠葛。立据应照缮三份，一份存署备案，其余两份交业主暨公司收执。

第七条：妥。购地、租地，公司既托地方官代为经理，即公司所用各项人等，不得于应用地亩之外，另向民间私购、私租，辗转居奇，并别酿招控诉。应将所买地亩充公；所租之地，仍退回原主。

租地一条，可并入租屋项下，拆屋迁坟固不得过于抑勒，尤不宜太迫。

增订条款

一、凡公司所购所租之地，应照该处田则，按年纳赋。

一、如系官地，应与地方官议定租价，仍照该处田则，按年纳赋。

一、购地时，如地内所种粮物不久即可成熟，或尚未成熟，公司亟须交地不及收割者，应于地价外酌估粮物所值之价，一并核发，以示体恤。

一、勘路插标，如有踏损民地所种粮物，公司酌量赔偿。一、填筑地基所需泥土，须由工程师责成工头饬令小工向远处地方购取，不得在附近田地内任便掘用，致启争端。

一、填筑道路、桥梁、井沟等事，凡与民间农田水利、坟茔大有关碍者，须与地方官会同勘明，妥商办理，不得率意兴工。

一、此次议订善后章程，仍系就莱州府属筑路、购地、兴工各节先行议办，以征妥洽。其余一切未尽事宜，有应增应改者，应候奉到总署与德公使所订善后合同，公同酌议。

一、总理衙门与德公司在京议定之合同，尚未颁行到东。倘颁到后，如比较与此次所议善后章程有应行增改之处，届时再行照会存案。

一、地方官政务殷繁，万一有不及躬行照料之时，应禀由抚宪酌派委员会同照料，以昭周密。

六、敬禀者：昨将石守所订筑路善后章程缴呈，谅蒙钧鉴。惟细绎石守原议，一切交涉事宜均责成地方官会同工程师和衷商办，系为绥辑内外，预杜纷争起见。综画本极详密，原极允善，似勿庸再参末议。一再审度，则以为筑路之一事，极为繁重，机〔均〕责成地方官，恐未必能一一照所议办理。不能照所议办理，则内外讧阻之事又将因之而起矣。敢就其原委而为大帅详陈之：如原议第一条，公司雇用华人，如有调戏妇女，应送交地方官惩治，此一事也。第二条，民人与小工口角，应由地方官讯办，此又一事也。第三条，租屋请地方官帮助商同，土石、木料并一切物件均托地方官购买，并代付价值，此又一事也。第五条，雇用小工，托地方官代雇，每日由工程司会同地方官亲手付给，此又一事也。第六条，有拔标滋事之人，由地方官妥为解散，此又一事也。第九条，拆屋迁坟，知照地方官查勘，并随时会同会商妥办，此又一事也。第八条，租地请地方官帮助，此又一事也。

查惩滋事之小工（第一条），审断口角之细故（第二条），弹压拔标滋事之人（第六条），妥商拆屋迁坟之事（第九条），此皆有关刑政，自非地方官办理不可，然已非干济者不能胜此矣。再加之以代为租屋、代为租地（第八）、代为雇小工、代为派人购买需用各物，地方官其疲于奔命，然犹以为有妥人可以派也。至于会丈地亩，每日由工程师会同地方官四处查勘；核发工价，每日又必由地方官会同工程师亲手付给，是地方官终日随工程师左之右之，而不略治一县之事矣。认真办公司之事，则地方之事废；认真办地方之事，则公司之事废，干济者恐亦无以胜此。德人与我集议，凡雇工、购粮、租屋、购地、发价各事，胥诿之于地方官办理，约法勿论已一不得法，或因任用非人，而有浮冒侵蚀之事，或为期令因公事所迫而有迟延贻误之虞，彼将执章程条约以难我，甚或恃兵力以劫我，其患何可究诘？然此犹就能者言之也。至于地亩房屋经官代为租购，吏胥有无勒抑，不可知。需用各物经官代为采办，村庄有无摊派，不敢必。甚或公司不用之地，差役指为必用，而开讹索之门；不迁之坟、不拆之屋，奸民指为必迁、必拆，而启纷争之衅；是其为患于民者甚大。公司倘再从而蹙迫之，则讧阻之事成矣。

以〇〇之愚，照料铁路之事，固必责成于地方官，而又不能独责成于地方官。地方官所可责成者，弹压抚绥而已。似须于地方官之外，另派委员一人，专司照料。凡章程所议会同商办之事，地方官所力不能及者，悉畀之于委员；委员所力不能为者，仍商之于地方官，相成亦相济也。〇〇非必谓委员视地方官为贤也。委员无催科抚众之劳，则其心逸；无簿书期会之迫，则其责专；无吏胥丁役之扰，则其集事自速；无仓库狱讼之寄，则其往来自如。以一人之精神体力，再辅之以翻译一人、随员二人、司事二人，从而左右之情形既熟，调和更当，则凡章程内所议之事，可一一见诸施行，而不为外人所挟矣。查委员、翻译、随员、司事并局用，每月至多不逾三百金。如需用护勇一二十名，可于潍县、青州防营借拨，仍食原饷，或酌加津贴若干，均于局用内支发。每年至多不逾四千金，可为民间省无穷扰累。俄人在东三省筑路，吉林、黑龙江设立交涉局，招防护工程队，每年共用十数万金，据云将来悉由俄华公司筹还。此次石守所订章程，德亦云县中所派妥人，由公司发给饭食。○○以为此项经费，如由德商筹给，未免有关政体。除采买各物应由德商照给途脚饭食外，委员等所需经费，似仍由善后局核发为是。前次侧闻大帅本有派员随同照料之说，具见爱民治国盛情。是凡○○之所沥陈，皆大帅所日夕筹维而尚待广思集益者也。是否有当，伏候钧裁。

七、为咨呈事。案查高密县大吕庄民人与德国铁路公司小工争殴一案，当将肇事暨事后议结各情形，先后咨呈贵衙门查核在案。旋访明高密县葛之覃禀报肇事情形，多有不实，复札委候补知府石祖芬就近密查，据实禀报，以凭核办。兹据该守禀称：到高密后，亲往大吕、底洞各庄密查。查得大吕庄距高密城东南十二里，底洞庄即堤东庄，距大吕庄仅里许。五月十一日，有铁路公司小工在集上买鸡，瞥见年轻妇女，肆行无理。是日适逢集期，致触众怒，群起殴辱。该小工回愬公司，德人即以拔标阻工等情，以耸其听。此系当时肇事实在情形。而公司小工及各项厮役人等，平日倚势横行，与民间积仇不解，亦非一日。肇事后，人多势众，拔标泄忿，亦难保其必无。高密县葛之覃既未能调和于事先，又不能补救于事后，徘徊观望。德员遂于十五六等日派兵来密。十七日路过大吕庄，民间并未阻拦。德兵遂由大吕庄到堤东庄。其时乡民闻洋兵远来，避圩自卫，并未先开枪炮。因洋兵见圩内悬有团练局红旗一面，疑为拒抗，遂先开枪。其实该庄团局仅有红旗，时时悬挂，并非故意敌拒德人。德人不知内地情形，见有红旗，即援向例开枪，攻入圩内，共轰毙民人十五名口，其余受伤甚众，至今尚未医痊者尚有三四十人。二十日在刘戈庄搜查军械，又轰毙民人五名。另有挑卖果子二人在庄外，亦被轰毙，迄未查出姓名。查以上所毙各庄民，均系老弱佣工之人，并非能执军械打仗者。猝遇轰毙，妇稚无依，情形极为惨酷。

再，十八日德兵入高密县城，借住书院，将书院所存书籍桌凳悉数焚毁，又向城乡各团局、民舍搜查枪械，扰累滋多，直至六月初一日，始全行退出。应请分别查办，并将各庄轰毙民人名姓，开具清折，一并呈送前来各等情。查此案前据高密县葛之覃禀称，系底洞庄民人架放土枪，致被德兵轰毙民人八名，与石守所查情形不同，讳匿已可概见。现在此案前经莱州府曹守榕与德员议结，共偿给□〔德〕兵共银四千五百余两。现在又经石守会同曹守与德国副工程司锡兴德续订筑路善后章程，以敦睦谊。如不将堤东、刘戈各庄伤毙人命之案与德员妥速商结，责令查照人数核给抚恤银两，以泯前隙而安民心，不但无辜民人含冤莫伸，且恐因怨成仇，民间仍与铁路公司为难，终非文告所能禁约。一经争讧，在民人固横遭惨死，在公司亦贻误要工，非所以计长久也。除收查军械一案，前已咨呈贵衙门电达出使德国吕大臣，与德外部辩论外，拟合咨呈。为此咨呈贵衙门，烦请查照，会商德使，迅将德兵于堤东、刘戈等庄轰毙多命一案，秉公议结，优给抚恤，饬属具领，以弭后患而全邦交。

再，据高密阖县绅民公禀德兵滋扰情形，并案咨呈，谨请汇入前由，一并核办。仍祈赐复施行。须至咨呈者。

附粘德兵轰毙高密各庄民人姓名清折一扣、高密阖县公禀一扣。

八、马主教阁下：顷奉华函云，据武城教士傅天德禀称：恩县洞四头、辛庄等处，有大刀会与教民滋扰。又平原、章邱、长清、阳信、沾化等县，亦有教案，函请查办各等情。查大刀会名目，迭经本部院出示严禁。其在曹、兖、济宁一带者，均饬由地方官设法解散，极力保护，以期民教相安。并通饬各属，一体查照办理。至济东泰武各属，民教尚称安谧，并未据该州县禀报有案。惟现据贵主教函称，现有滋扰情形，自当再饬各属，重申禁约，实力保护。现已札饬恩、平原县认真查办，添派兵役弹压。博平、章邱、长清、阳信、沾化各县，亦已据情札饬洋务局，转饬该州县等，将所出教案持平办结矣。贵主教在东省有年，办事平允，力顾大局，本部院向所深知。尚乞转饬各教士，约束教民，勿因口角细故，与平民结仇，以致互起衅端，不可因小事而酿大患，是则本部院所深望于贵主教者也。专此布复，顺颂时祉。

九、为札饬事。顷据马主教天恩函称系全函之言等因。据此，查该县洞四头、辛庄等处，是否有大刀会抢掠教民多家，向教民滋扰，未据该县禀报有案。除分行外，合行札饬。札到，该县迅即查明，据实禀报。如有聚众情事，务即设法解散，妥为弹压，毋任民教滋生衅端，是为至要。切切。此札。

十、为札饬事。顷据○○○等情。据此，查恩县、平原现有大刀会向教民滋扰，并未据该县等禀报有案。章邱、长清、阳信、沾化等县现在或起教案，均未据该县等禀报有案。除径札恩县、平原查明禀办外，合行札饬。札到，该局即便查照转饬章邱等各州县，迅将未清教案妥速议结，仍一面据实具报查考。切切。此札。

十一、为咨呈事。案查本年五月十一日，高密县大吕庄庄民与德国铁路公司小工争殴一案，先后咨送贵衙门查核在案。前经本部院札委莱州府知府驰赴高密，晤商德员，妥速议结。即于五月廿四日，先由曹守督同胶州知州张承燮等，与德员先就莱州境内酌议路工办法十一条，大吕庄案作为议结，德兵亦即彻回。

旋因访闻高密县知县葛令之覃禀报不实，又添派候补知州石祖芬驰往高密，会同曹守秉公确查。并饬令会商德员，将筑路购地一切善后事宜再行详议章程，以杜后患而息争端。兹据石守禀称：抵高后会晤曹守，检阅前与德员合订莱州府属路工办法十一条，即议附入前案所立合同之后。议结后，德员已全回青岛。该府该守接见高密绅士，查问起衅根由，佥云实系铁路小工在大吕庄集市买鸡，戏欺妇女起衅。该庄民等因各小工先在各乡村戏辱妇女，非止一次，激动众怒，群殴小工，顺便拔标，事诚有之。其时德总工程司锡乐巴自青岛赴高密，面限高密县补复标杆，查办殴工之人。该县葛令如能照此办理，尚可从权了结。讵葛令置之不理，锡乐巴遂折回青岛，恳请叶提督派兵保护路工。然其时仍有高密不动、德兵决不先动之言。葛令又不宣谕百姓咸使周知。迨至五月十七日，德兵将次抵境，高密合城绅士环跪于葛令之前，求请阻止德兵，暂驻城外，毋庸入城。葛令声言：本县业已允许，不能阻止，况德兵并不伤人，若有伤动一草一木者，惟本县是问。各绅士始号哭散归。及至德兵入城，毁炮、毁书院书籍，葛令始向绅士顿足后悔。似此一误再误，葛令咎实难辞。

惟查此案起衅于大吕庄，而德兵入境，先过大吕庄，该庄民以礼接待，一无骚扰。至底洞庄，德兵见该处插有红旗，因误以为庄民聚众抗拒。其实该庄并未先放土枪炮，迨德兵开枪后，该庄亦仅于圩内回放空炮一门。德兵旋即入圩，枪毙十三人，并伤五人，情形极为惨酷。十八日，德兵又去刘戈庄，抢去军械，轰毙七人，尤属无辜。应请咨商总理衙门，与德使熟商议恤，以全睦谊而安民心。至此后筑路购地一切善后章程，遵经会同莱州府曹守、暂署高密季令桂芬，会同德工程司锡兴德，悉心筹议，商得持平办法，□□并□□清单呈候采择。应否即请咨明总理衙门，俟与德贝使议立山东全省路矿合同章程时，参酌此次所议各条款，酌核汇订，咨明到东，以便通饬各州县遵照办理各等情。并将德兵轰毙庄民姓名及会议节略、购地善后章程清单，呈送前来。

本部院查大吕庄争殴一案，高密县葛之覃禀报不实，本部院已早有所闻。此次据石守所禀复查情形，并证以附近各官绅及各防营历次禀牍，如出一辙。葛令原禀谬多讳饰，情节显然。现已撤省，另行核办。所有底洞、刘戈两庄被德兵轰毙民命，多至二十人，受伤未愈尚不在其内，实属惨酷已极，自应会商德使，酌议抚恤，以重民命。现已备文咨呈贵衙门，谨请酌核办理。

兹查石守与德员副工程司锡兴德等会订筑路购地善后章程，所议平允，诸多可行，且与莱州府曹守商订路工办法十一条两不相背。本部详细查核，内有应增应改之处，均照原稿次第增改，理合将清单咨呈。为此咨呈贵衙门，照会德使，妥为商订。或先就此次所议善后章程通饬各州县，会同德工程司暂行查照办理；抑或由贵衙门与德使议订山东全省路矿详细合同，即将此次咨呈善后章程酌量汇入，详定办法，庶几各州县有所循守，与德员和衷商办，将来路务彼此或可相安。倘任听德员戕害平民，动即以大兵弹压，深恐民心不服，酿成巨患，固非平民之福，亦非德公司之福也。谨请酌核赐复施行。

十二、奏[1]为特参昏庸不职之知州，请旨革职，以示惩儆，恭折仰祈圣鉴事。窃于本年九月初十日，据调署济南府平原县事莒州知州蒋楷电禀：该县境南岗子李庄拳民滋扰教民，并有外来匪徒朱红灯等附合其中，乘机聚众招标，声称围城，请派兵即速查拿，以靖地方等情。当经奴才委派济南府知府卢昌诒，会同统带亲军营分省候补知府袁世敦，统带所部，驰赴该县，相机妥办。一面派员确查起衅实在情

[1] 中国第一历史档案馆所存原折，是十月初六日毓贤具奏，十八日奉朱批。此为底稿，与原折文字有出入。

形。访闻该处拳会均系安分平民，因屡受教民欺凌，始有习拳棒以自卫身家者，并未与教民寻仇。自本年夏间经奴才饬属示禁以后，拳会亦即解散。此次聚众滋事，实因该县二快总役陈德和向拳民借案讹诈钱文，又于岗子李庄教民李金榜被抢案内妄拿邱被子等六名，带城讯押，均系案外无辜之人，致激成众怒。外匪朱红灯等侦知其事，即率党窜入境中，扬言为拳民复仇，因复胁从多人，乘机抢掠。该署县率带勇役前往捕拿，匪徒率众抗拒，并伤勇役两名。该署县旋即电禀请兵。迨济南府卢昌诒等于十二日驰抵平原，查明此案起衅缘由，胥由该署县任听蠹役滋讧和讹赃而起，即将陈德和提案，严讯收禁；所拿之邱被子等六名，当堂保释。一面派生员方清洁率同里长等前往岗子李庄，持谕剀切开导，悉令解散。其拳民之被胁从者，均即潜散回家。外匪朱红灯据众抗官，聚而不散，于是日移窜田家坊。十四日又由田家坊移窜森罗殿。卢昌诒以该匪聚众抢掠，距城仅十余里，恐其愈聚愈众，致滋巨衅，遂于是日巳刻又派东平营把总乌希文，约同里长等前往劝谕，仍冀其醒悟解散。一面又商同袁世敦督队出城，至城西芝阴庄以东一带驻扎，示以兵威，借资镇慑。不意庄长尚未赶到，该匪即率党向东还逼，与勇队遇于中途，奋力拒捕，伤毙步勇三名。袁世敦麾队开枪捕拿，当场轰毙匪党二三十人。该匪见势不支，即率党渡河，向西南方□□□窜去，勇队分路追击，旋即弃械散逃。维时附近芝阴等庄民人以森罗殿近在咫尺，恐遭波及，纷纷迁避，行至半道，遭遇匪徒与勇队拒敌，互开抬炮之际，致伤乡民三人。是否为该匪击伤，抑系击匪之枪子飞落误伤，事出仓卒，殊难查实。现已由卢昌诒等饬属从优抚恤，并出示招抚附近平民、教民回家安业，地方一律平靖。匪徒朱红灯等分路四散，不知去向，通饬各州县一体截拿。一切大概情形均经奴才先行电奏在案。

惟查此次平原聚匪滋事，实由蠹役陈德和，始而纵役诈赃，借案讹诈，激成众怒，外匪遂得乘机窜入，酿成事端，舆情不洽；继而张皇失措，民变几成，昏瞶胡涂，其咎甚重。现据济南府知府卢昌诒禀由两司详参前来。相应请旨将调署平原县事莒州知州蒋楷即行革职，以示惩儆。至应否从重治罪之处，仍恭候圣裁。除札饬臬司行提该县二快总役陈德和至省，讯取确供，即行正法，以昭炯戒外，所有折参荒谬不职之知州，暨击散平原滋事匪徒，地方安谧各缘由，理合恭折具陈。

再，所遗莒州员缺，东省现有候补人员，应请扣留外补，合并声明。伏乞皇太后、皇上圣鉴训示。谨奏。九月廿七草，另有清稿廿八交上。

十三、为札饬查复事。前据该守禀称：所部亲军营在平原捕拿外匪朱红灯等，当场夺获土炮、抬枪、刀矛多件，开列清单，呈验来辕。经本部院验明，多系损朽无用之物，决非该匪等所用利器。旋经派员查明禀复，该营所夺大炮、抬枪、刀矛等物，实系朱红灯等由他处抢来，放在森罗殿庙中，败后未及携带，系由县差至庙中起获，转送该营。并查得在森罗殿庙旁有客店两家，该营有不法勇丁于匪退之时误指客店为窝匪地方，将店方所有物件任意抢夺。内有一家正在料理妇女，抢去衣物较多各等情。行军以纪律为先，亟应严切报究。札到，该守迅即查明是何哨、何棚勇丁抢夺庙旁客店物件，按名拿交，听候讯办。一面将前次呈报夺获土炮、抬枪、刀矛等件实在情形，明白禀复，勿稍饰延。切切。此札。

十四、美国耶稣教堂

沂水县西长峪等庄、日照县满堂峪、莒州柳村，三千吊。

莒州：拆毁教堂四座，念经房屋十四处，共约银五千两。

日照：【拆毁念经房屋】四处，共约银二千两。

沂水：【拆毁念经房屋】一处，约银百两。

莒州：教民被抢逃出，共给饭食约银二千两。

日照：【教民】自逃出，约银八百。

莒州：被抢教民一百九十七家，约银二万。

日照：【被抢教民】一百〇四家，约银一万三千。

沂水：【被抢教民】十二家，约银一千二百。

共四万四千一百。

兰山：教民万方魁、孙全喜、徐永成（杀死）。

郯城：【教民】田永元、徐玉山、张奎之母（烧死）、韩立福（杀死）、刘振海、杨继高、杨二（资遣回家被杀死）、于占顺（伤重）、于雨（伤轻）。

费县：【教民】苏利仔、苏有仔、谢朝运（轰死）。

兰山：拟给五千〇五十两（原索三万吊）。

被抢教民七十五家，所失粮物及被毁各处教堂、念经房价，又饭食川资等费。

郯城：二万〇五百五十两（原索十万余吊，二百三十三家）。

费县：一万〇五百五十两（九十九家，原索五万余吊）。

共给三万六千一百五十两。

卷二[1] 光绪二十五年十月初一日起至十二月初二日

十月初一日

一、致夏庚堂

庚堂仁兄大人麾下：密启者。尤提督成章统带嵩武亲军三营，驻扎宁海州之上庄，系海防东路冲要。该军人数是否足额，训练是否认真，尤提督治军驭下如何，有无克扣侵蚀诸弊，闻其人似有暮气，如遇缓急，尚足恃否，其营官闻有以文员承充者，尚得力否，当此钞匮兵单之日，养一营即期有一营实用，不能不随时考查。素佩麾下办事认真，希即就近密查，详晰示复，以资参考。盼甚，祷甚。只请勋安，诸维惠察不宣。

二、致东海关道

幼云二叔姻大人阁下：密启者。○○○以资参考。又孙绍襄近日病体已全愈否？其部下近日操练如何？军额如何？绍襄久病未兴，尚不致因而废驰否？烟台亦系海疆重地，必须布置周密，战守始有把握。二叔近在咫尺，该军情形必知其详，敬祈一并密示为感。专此布

---

[1] 此卷封面有“筹笔偶存卷弍”字样，但未注明年代。据内中所录奏折及上谕，核之中国第一历史档案馆原档，确定为光绪二十五年。本卷起自光绪二十五年十月初一日，讫十二月初二日。时山东巡抚为毓贤。

达，只请勋安。诸维吉察不宣。

三、致夏、孙、尤统领❶

绍襄、亥堂、斐然仁兄大人麾下：九月廿九日晚恭奉电旨，风闻意大利有暗调兵舰，欲截三门湾，又云欲占登州庙山。著密饬各军早为部勒，毋使乘虚而入，致有疏误等因。谨另纸恭录，驰函密达，不另具公牍矣。查意大利借端要挟已非一次，此次暗调兵舰，乘虚而入，欲占登州、庙岛等处，情极叵测，亟应钦遵谕旨，妥为布置，以占先著而固海防。惟庙岛孤悬海中，非有兵船游弋其间，似难杜其窥伺。弟现已函商北洋裕寿帅酌量调拨，以期兼顾。至登州与烟台、庙岛相距咫尺；烟台宁海两路，亦与登州互相犄角。督率弁勇，认真训练，兹为紧要。陆路筹防，更关紧要。台端请即钦遵电谕，不动声色，督率所部，扼要严防。此后即乞应行所有筹备战守事宜，妥慎图维，以期有备无患。

再，设遇意人有借地操兵，及登岸游历、侦视炮台营垒、测量水道地图等事，均即随时禁止，千万毋蹈章高元贻误青岛覆辙。开门召寇，至今言之寒心。久佩公忠，当能审机明信，为朝廷纾东顾忧也。一切布置情形，仍乞随时函示。

四、致东海关道

余同上。望别纸恭录，驰函密达，并分行东路各统将，转饬钦遵，妥为筹防矣。东路海防仅此十数营，兵力尚嫌单薄，而内地营队又不甚多，现在只好就东路原有防营，各就分防地方，扼要布置。如有战事，再行调拨。登州距庙岛甚近，夏庚堂仅存四营，兵力更单。其余两营在青州，一营在日照，能否调拨回防，尚待筹商。庙岛又孤悬海中，与陆路情形不同，似非有大枝水师，不能杜其观〔窥〕伺。弟现已函商裕寿帅，请其酌量调拨，以资兼顾。惟闻北洋水师成军未久，又须自固天津门户，能否调拨，亦未可知。意大利借端要挟，情殊叵测，但能持以全力，厚集雄师，鼓而歼之，亦可泄一公愤也。近日情形如何，烟台见闻较确，尚乞随时示知为感。

五、致裕寿帅

❶ 即夏辛酉，字绍襄，驻登州；孙金彪字亥堂，驻宁海州；尤成章字斐然。

寿帅大人阁下：敬启者。九日二十九日亥刻恭奉电谕：风闻意大利暗调兵舰，欲截三门湾，又云欲占登州、庙山。著密饬各营，早为部勒，彼此筹商，妥为布置等因。奉〔钦〕此。谅尊处当已同日恭奉矣。东省海防共十四营，烟台仅孙镇金彪四营，宁海仅尤提督成章三营，登州仅夏镇辛酉七营。而夏镇七营中，又于春间移两营驻青州，一营驻日照。孙镇四营中，又移一营驻潍县。陆路兵力，已嫌单薄。庙山距登州甚近，现拟于登州再酌添三两营，或以夏镇部曲调回原防，或由内地防营抽拨，尚待审画。因内地防营亦复寥寥无几，现值筹办冬防之际，青州、潍县一带又有路矿交涉事件，不能不借兵力弹压。续募新军，缓急难恃，东省饷项亦不易支持，现已严饬海防各营，就各处分防地方，不动声色，扼要严防。所有应行筹备战守各事宜，亦即妥为布置，以扼东省沿海之险。惟查庙岛孤悬海中，向未驻兵，泉美水深，于寄泊兵船，兹为便利。意人垂涎既久，难保不乘虚占据，以扼南北洋之冲。东省非但陆兵不多，无可抽拨，即使抽拨两三营置之岛中，外无水师为之声援，内无炮台可以凭依，似亦非计之善者。筹审至再，可否由尊处派拨北洋兵船，赴烟台、庙岛一带巡防，以壮声势而伐敌谋；一面严饬营防各军固守沿海地方，水陆庶可互相策应。（下残）

六、电奏

北京总署钧鉴：亥。廿九恭奉电旨，当即密饬海防各将领，不动声色，妥为布置，扼要严防。登州镇夏辛酉原统七营，春间移两营驻青州，一营驻日照，现只存四营，兵力顿单。或调青州两营回防，或于内地另拨三两营往登州，〇〇拟即斟酌办理，仍一面遵旨与直督裕禄彼此筹商。查庙岛孤悬海中，水深泉美，寄泊兵船兹便，又当南北洋冲要，意人久谋占据，更不可不兼顾并筹。惟东省向无水师，如拨陆兵驻守岛中，设遇敌围，恐成坐困。拟请旨饬下直督裕禄酌拨北洋水师前往庙岛一带巡防，庶可与登州陆兵互相策应。是否有当，伏候圣裁。请代奏。

七、马主教阁下：径启者。顷读来函，备悉一切。各属民教构衅之案，屡接函告，当即转饬地方官认真保护弹压。并有贵主教尚未来函，一经本部院访闻构衅情形，即行转饬地方官预为防范，并派拨营队，驰往巡防，以安民教而靖地方。其事均彰彰在人耳目，贵主教岂未之知耶？即以平原之事言之，本系教民欺侮平民日甚一日，外匪始托词为平民报复，抢掠教民数家，其实平民并不知情。本部院以教民如系善良，各安本分，亦照平民一律看待，一律保护，并不歧视，故特派兵队前往缉拿匪徒。地方现已安靖，教民均各回家安业矣。贵主教来函，谆谆以保护为请，谅亦不过如是而已。今接来函云，堂邑、长清、禹城、茌平等处，又有殴抢等案。尚未据该地方官等禀报前来，现已分饬确查，秉公办结，并令马队驰赴各处，认真巡缉，务令民教彼此相安。至谓莘县、茌平等处地方，大树旗帜，抢害教民等情，未据贵主教将村庄地名及被害姓氏详晰开列，无凭查核。山东民情强悍，因屡受教民欺侮，积不能报，多习技勇自卫身家，其事容或有之。至于聚众逞凶，只是外匪乘民教不和，从中挑衅生事。贵主教须分别言之，千万勿为浮词所惑。现今天气亢旱，年岁丰歉尚不可知，无论教民、平民，总以互相辑睦为是。各属如有匪徒滋扰，本部院定当严饬营县，认真拿办，以靖地方。教民中如有不甚安分之徒，往往以口角微嫌，动辄酿成巨案，甚或虚词捏报，以抢劫谋害等事故耸听闻，结怨愈深，为祸更烈，是在贵主教随时有以约束而谕导之。平民之幸，亦即教民之幸也。专此布复。

八、为札查事。顷据马主教天恩函称：堂邑、长清、禹城、莘县、茌平等县，又有刀匪抢夺教民衣物，并殴伤教民各等情。是否属实，亟应确查妥办，以安民教而靖地方。除分行并函复外，合钞函札。札到，该道局应即转饬各属，迅将函开被抢被殴各案，确切查明，秉公办结。并随时认真保护弹压，毋任民教滋生事端。仍将查办情形克日据实禀复，以备查考。切切。毋违。此札。一札济东道、河务局。

十月二十二日

一、马天恩来函

十月十三日茌平县北张家庄教民四十三家，教民共三百余名，并洋式大教堂，均被烧尽，毙教民张传禄、张传德、张学曾、张安居四人，掳去小孩张兆林两名。博平城北玉皇庙庄教堂并十九家教民住房均被烧。杭庄一家教民被抢。

二、马主教阁下：径启者。顷接十五日来函，备悉一切。查茌平一带，始因民教龃龉，继则土匪窃发，前闻不甚安辑，早经拨派马步队前往弹压，并通饬各地方官一体保护。此次茌平等处滋事，始闻民教龃龉，继则土匪窃发，冒称大刀会、义和拳等名目，以为民教构衅地步，实则多系外来游匪溷迹其间，可恨之至。本部院现又派队驰赴该处巡缉，并委济东泰武临道吉观察前往秉公查办矣。其查办情形，俟吉观察驰赴该处办理完竣后，再行函知。并乞先饬各教士告知教民，俟办结后再回家安业可也。

三、批博平王令禀

据禀已悉。查茌平一带，匪徒聚众滋扰，均系外来游匪假托义和拳、大刀会诸名目，向教民寻衅，故使民教积仇日重，若辈遽得从中煽惑，滋生事端。至于平民久受教民欺凌，被其胁从者固不乏人，然决非甘心从匪可比，全在地方官分别良莠，剀切劝谕，悉令解散。外匪无所诱惑，自不能窜入境中。来禀竟以茌匪自言，殊属非是。该县东北各庄，屡被滋扰，究竟是何村何庄，共抢掠多少户，情形是轻是重，均未据详晰声明。澈查禀报，不得稍涉含糊。至又称本月十五日向吴、杨二庄索银七百两，十六日又向该庄索银二千两，并各庄拟付银两等情。其银是否已照数付给，系由何人过付，抑不过仅有讹索空话，并未付给，其拟付银两之各庄是何庄，有银几何，均应分别查究。又禀内称拆毁小张庄周克纯、张兰新、张兰桂等房屋多间等情。另外周克纯等究系教民，抑系平民，该县是否亲往勘验，居民张万春并被匪用枪扎伤身死，该县是否诣验，亦应彻查禀复，以凭核办，毋得稍涉含糊，徒以传闻无据之词，一禀塞责。现在济东道已在长清胡家庄等处，将被胁良民劝谕解散，其在茌平者当可一律解散，以减匪势而免株连。并据吉道禀称，已分拨马步队各一哨驰赴该县弹压。该令奉批后，速即亲往禀内所报被扰各庄，详细确查，分别勘验，察核实在情形与原禀所报是否相符，据实禀复。如系传闻，尽可声明更正，毋得回护前禀，致滋贻误，是为至要。所有解散胁从，绥靖地方，一切应办事宜，一面禀承吉道妥慎办理。地方官有抚绥保障之责，遇事总宜处以镇静，实心尽力为之，自可消患未萌。一涉张皇，非所以保官也。此缴。

十月廿九日

一、奏❶为遵旨复陈东省现办教案并无偏袒，并历禁民间私会各情形，恭折仰祈圣鉴事。窃奴才承准军机大臣字寄，光绪二十五年十月二十六日奉上谕云云❷等因。钦此。跪诵之下，钦悚莫名。奴才查大刀会名目由来已久，俗传能避枪炮，直隶、山东、河南、江苏各省习者颇多。近年以来，平民因屡受教民欺凌，希图自保身家，更有创立乡团，学习拳勇，名为义和拳者。远近讹传，以东省旧有大刀会名目，遂指义和团为大刀会，或又指为新立之红拳会。其实该团成立于咸同之际，在洋教未建教堂以前。原为保卫身家，防御盗贼起见，并非结党聚众，故与洋教为难。窃维东省民教不和，胥由近年教堂收纳教民，不分良莠，致奸民溷入教内，倚教堂为护符，鱼肉平民，凌轹乡党，睚眦之仇，辄寻报复，往往造言倾陷，谓某人将纠党滋扰教堂，或谓某人即是大刀会匪。教士不察虚实，遂开单交地方官指拿。地方官不肯妄拿无辜，则耸令捏报抢掠焚杀重情，动辄请派兵队查办。遏抑既久，仇衅日深。东省毗东〔连〕直、豫、江、皖各交界地方，游匪奸民不时出没。诇知民教互有仇衅，遂乘机阑入东境，以闹教复仇为名，假托大刀会、义和团各项名目，专向教堂滋扰，意在构衅生事。奴才前在曹州府任内，以大刀会迹近邪术，即已严行查拿。迨二十二年在兖沂道任内，查办大刀会，将匪首刘士端、曹得礼拿获

---

❶ 奏稿第一稿题《复奏东省大刀会情形》，文字较繁，末有“十月廿九起草，三十日呈”字样。第二稿无标题，文字较简，末有“廿八起草，十月廿九日发”字样。今选第二稿付印，用第一稿作校注。

❷ 第一稿所录上谕全文：“近闻山东地方有大刀会、红拳会各种名目，多系不逞之徒，借闹教为名，结党横行，欺压良善。地方文武，弹压缉捕，俱不得力。巡抚○○又固执成见，以为与教民为难者，即系良民，不免意存偏袒。似此因循日久，必至滋生事端。该抚身任封圻，遇事总须持平办理，消患未萌，岂得沽一己之名，竟置大局于不顾。著即督饬所属文武各员查明各种会匪名目，严行禁止。倘敢仍前聚众，借闹教为名，结党滋事，并著从严惩办，以靖地方。将此谕令知之。”

正法后，该会遂即解散。上年闰三月教民又讹传大刀会聚众滋事，其时奴才在臬司任内，奉旨督队前往曹属，切实弹压。当即轻骑减从，驰赴该处，详细访查，并无大刀会聚众滋扰情事，惟曹、单、城武等处民教时有龃龉。究其起衅缘由，仍因教民欺虐平民，平民万难忍受，始有谋立乡团以自卫者。当经奴才出示谕禁，并通饬地方官，遇有教案，总须持平办结，不得稍存偏袒，别滋事端。禀由前抚臣张汝梅据情复奏在案。

本年三月间，奴才到任后，曾将民教不和均持平办理缘由，详细具陈在案。因上年沂属屡出教案，因又重申前禁，不准民间私立大刀会、义和拳诸名目，并不准设厂学习拳勇，以免聚众滋事。先后出示谕禁有八次之多，民间颇知改悔，有将拳厂次第撤散者。其所立乡团，自经奉旨筹办保甲团练，奴才即札饬地方官认真稽查，凡属私团，概行归官督率办理，以杜流弊。各属遇有教案，均立饬地方官确切查明，秉公办结。并酌量情形轻重，派拨营队分赴各处巡缉弹压，不得力者随时报〔撤〕换。九月初间，平原县境有外来匪徒朱红灯等抢掠教民，奴才即派济南府卢昌诒会同营勇，督队前往查办。该匪恃众拒捕，当场轰毙匪徒二三十名，朱红灯率余党分路窜逃。正在通饬截拿间，该匪胆敢勾同丁家寺僧人本明即杨天顺，重纠匪党，滋扰茌平县境之张庄教堂。奴才复派济东道吉灿升，督同游击马金叙，率领所部，驰往查办，勒限严缉。当在茌平境内将匪首朱红灯及僧人本明一并缉获，解省讯供严办。一面仍饬吉灿升督同营县查拿余匪，并出示解散胁从。旋据禀称，长清一带被匪胁从者均已陆续解散。曾于十月二十五日电请总理衙门代奏在案。复由奴才出示谕禁，凡被匪胁诱之拳民，业经遵谕解散者，不准散而复聚。如有旋散旋聚，及聚而不散者，即是甘心为匪，获案从严惩办，以杜煽惑而靖地方。此东省现在查办教案之实在情形也。窃维东省民教积仇已非旦夕，其中固难免无拳民被其诱胁，而亦有拳民绝不与闻者。此次所获之朱红灯及僧人本明，即有被其诱胁者，如不分别查办，诚恐株累太多。此奴才之愚以为筹办教案，只分良莠不分民教，即是持平办结而无庸畸轻畸重于其间也。伏查东省民风素强，民俗尤厚，当此时局艰难，外患纷沓之际，当以固民心为要图。百姓能知君亲大义为务者颇不乏人，设有缓急，必有可恃。具征民情固结，胥由朝廷深仁厚泽涵养而成。奴才渥承恩遇，待罪东圻，凡遇有筹办教案及各项交涉事宜与大局有关涉者，谨当仰体柔远之意，以重邦交。仍须导扬朝廷惠保之仁，以孚民志。故无论办理如何棘手，均是凛遵迭次谕旨，力顾大局，妥为因应，以期消患未萌，决不敢稍涉因循，略执成见，致滋贻误。除再钦遵寄谕，督饬所属文武严禁各种会匪名目不准结党滋事，以安民教而靖地方外，所有东省查办现在教案实在情形，理合恭折复陈。伏乞皇太后、皇上圣鉴训示。谨奏。十月廿八起草，廿九日发。

二、奏为复陈东省海防、内地各营筹备情形，恭折仰祈圣鉴事。窃奴才承准军机大臣字寄，光绪二十五年十月十九日奉电谕：现在时事日艰，各国虎视眈眈，争先入我堂奥。以中国目下财力、兵力而论，断无衅自我开之理。惟是事变之成，实逼处此，万一强敌见陵，胁我以万不能允之事，亦惟有理直气壮，敌忾同仇，胜败情形非所逆计也等因。钦此。又光绪二十五年十月十九日奉上谕：近闻山东各省实有匪徒借仇教为名，聚众煽惑，屡酿巨案。若不早加镇慑，势将滋蔓难图。著毓贤体察情形，密饬地方文武，加意抚绥弹压，务期消患未萌等因。钦此。仰见朝廷建威消萌、安内攘外至意。跪诵之下，钦佩莫名。方今时局艰虞，外患环伏，英、俄、德、法各据南北海疆险要，意大利以蕞尔之国又欲租借三门湾。如不早筹战备，不但无以言战，而异族诡诈百端，协以谋我，知我之全无准备，而狃于和议者众也。诚如寄谕，和之一字，不但不可出诸口，并且不可存诸心。圣谟洋洋，实为今日力图自强至计。凡属臣下，如能仰体明诏，感泣思奋，敌忾同仇，作其气而绸缪战守之策，外拒强邻，内消隐患，则国本立矣。奴才受国厚恩，谨将东省现在布置情形，窃为我皇太后、皇上陈之。

查中国沿海一万余里，山东实处南北洋之中枢。登、莱、青三府，周环千数百里，海口林立，而以登州、烟台、威海、胶州四处为险要之最。现今英租威海，则东海之险，我已与彼共之矣。德租胶州，则南海之险我又与彼共之矣。所存者，北海耳。而北海之登州有庙岛、长山岛诸险，莱州有虎头崖、三山岛诸险。欲据其险，皆非有大枝水师与陆师互相策应不为功。山东既无水师，北洋新设之海军难于兼顾。是就东省现有兵力筹备战守，势不能不舍海险而重陆路之防。重陆路之防，不但滨海要冲宜防，即后路亦属紧要。登州现有夏辛酉所部东字七营驻扎，兵力视他处较厚。而黄县为登州后路，亦须拨营设防，奴才现已函商夏辛酉，酌量办理。威海迤西之宁海州，现有提督李葆珠接带之嵩武亲军三营驻扎。烟台现有□口系孙金彪原带之嵩武中军四营驻扎。烟台可为宁防后路，黄县如设防亦即可为烟防后路。惟莱州现为北海堂澳，与登州、宁海、烟台诸处互相犄角，亦即为诸处之后路。潍县则又为自莱州至省会之枢纽。此两处似均不可不设防，现在仅潍县拨驻一营，应由奴才随时酌量情形，预为设备。惟现在海防兵队只有此数，欲求处处周密，实属不敷调拨。此外如武定各口，则可拊我天津之背，由日照海面下窥清口，则可梗我运道，断我江南之援。此两处滨海地方，似亦须预为设备。此次工部右侍郎袁世凯奉旨酌拨所部武卫右军操演军队，先赴德州，迤逦而前，绕往沂州一带相机屯扎。沂州距日照咫尺，奴才拟即咨商该侍郎，抽拨队伍，驻扎日照，以资接应。武定滨海各口，现在仅有河防营驻扎，以之筹守，恐难得力。该军能否兼顾，抑俟遇有战事时再由奴才酌量调拨营队前往驻扎，届时另行奏明办理。德州是直东交界腹地，相距海口尚远，似可不必屯扎重兵。惟该处为北路冲要之区，徒恃旗练各营兵丁亦难得力。武卫右军分段操演，俟操竣或即酌分一队屯扎，当可借资声援。此东省海防营队布置情形也。

至于东省内地营队，上年只马步十七营，本年奴才添募佐字两营，新旧共十九营。现在曹州镇龙□□统带五营分扎曹、济各处，兖州镇田思来统带三营分扎兖、沂各处，均为内地弹压巡缉保卫之用。马副将金叙统带三营，先在沂州一带驻扎，现又调赴茌平，随同济东道吉灿升查办教堂，尚未竣事。此外尚有济督粮道两营拨赴河工，协同工作。其余马步亲军营等及新募佐字两营，或令驻扎省城，更番督操，或分拨济东、泰武、济宁、临清各属，分段巡缉，以资镇慑，并就近保护教堂。至于外来匪徒，借闹教为名，聚众煽惑，屡酿巨案，奴才已札派济东道吉灿升，督同付将马金叙，率领所部驰往茌平一带，认真查办。现已将匪首朱红灯及僧人本明拿获解案，讯供严办。并一面出示解散胁从，地方逐渐安谧。奴才已将办理情形，另折陈奏在案。仍随时严饬各属文武，加意抚绥弹压。当此外患纷沓之际，决不任奸民积匪聚众滋事，致滋外人口实，别酿衅端。此东省内地各营布置之情形也。

伏查东省兵力甚单，饷项极绌，以沿海千有余里之海口，仅恃十四营扼要分布，虑有顾此失彼之虞。内地防营虽较海防为多，而巡查路工、保卫教堂、分治河防、协缉盗贼，处处均借兵力，一经抽调，恐有疏虞。此奴才屡次欲请添募勇营，而以库款支绌，筹拨不易，迄今犹未添募者也。奴才受恩深重，谬镇东圻，筹饷练兵，是其专责。欲求筹备周密，仍非及时添募不可。朝廷谆谆以筹守备战御侮为勗，奴才断不敢因兵单饷绌，稍存畏难苟安之心。惟有就现有各营，不动声色，妥为布置，激励将士，敌忾同仇，以期有备无患。所有东省现在布置情形，理合恭折复陈。伏乞皇太后、皇上圣鉴训示。谨奏。

十一月初九日❶

拳匪至禹城十甲屯与韩庄寻衅，戴贵勇队开至十甲屯、韩庄适中之司庄驻扎。初九晚，匪散去。教士高凤仪。❷

观城县与直隶开州南乐清丰交界禀

一心会匪于九月廿九赴距城十八里之王庄集与教民为难。当即会同管带抚标左营马队前哨哨长陈守备定邦带兵往捕，驻王庄集之左营马队前哨哨官马佩兰与该庄教民阎永祥等，击散匪众。教民韩朝林被火自焚，格毙匪徒六名。

夏津县：十月廿八早，朱红灯之六弟拳匪朱灯红、张国宝率领百余人，自称茌平、博平等处人，尚有在清平新集未到者百十余人，到齐即要动手云。

---

❶ “十一月初九”条原在封面下扉叶前半面。今按时间顺序移在此处。

❷ 此五字和上下文均不连。

十一月十四日

一、长清张瑞芬【禀】批十月廿二、廿三到，十一月十四批

据禀查复郑家营教堂并无烧毁缘由已悉。仰洋务局转饬该县，仍随时认真保护，毋任民教滋生事端。此缴。

二、陵县倪嗣冲【禀】批九月廿九日发，十月初八日到，十一月十四批

据禀已悉。缴。

三、代理阳谷县陈桀伦【禀】批九月二十五日发，十月初二日到

据禀已悉。现时被架之徐同兴是否找回，周化吉等伤痕是否平复，仰洋务局转饬该县妥速办结，禀复核夺。并饬会同营队切实认真巡缉弹压，毋任外匪阑入，以安民教而靖地方。缴。

四、恩县李维诚禀批九月二十四日发，二十九日到，十一月十四批

法国教士傅天德在武城设教，恩县洞回头等处教民【要求】保护。

【批】：据禀已悉。仰洋务局转饬该县，会同营队，认真巡缉弹压。仍严缉匪犯孙洛八等，务获究报。缴。

五、中字正军后营游击彭金山禀批九月廿三日发，二十八日到，九月初七、十一、十三均有禀

丈岭驻两哨，现已插标至安丘之峰山地方，再插二十余里，即抵潍县南流。昌、潍、安三县交界。再，高密插标，前由该县城西五里之老木田庄起，业于初七测至梁家埠后边六里、高家庄前边十里、迎风庄后五里、方头庄十四里。二十日高境标已插完，抵昌邑交界五里东之苗家土疃拨一哨驻南流。高密总办搿哈纳、工程司杨特尔均于廿一日到丈岭。

【批】：据禀德公司在高密境内插标完竣各缘由已悉。事关交涉，仰仍随时妥为保护弹压，并将德公司筹办工程各情形随时详晰具报查考。此缴。

六、马金叙【禀】批（提督衔升用总兵尽先副将额勒珲巴图鲁）九月廿六发，廿九到

据禀该部调回省防缘由已悉。缴。

七、李芳柳【禀】批十月初四发，初七到

据禀查复青州府属海口情形已悉。仰仍随时会督营县妥为防范。缴。

八、复武卫右军翼长姜军门[1]

〇〇仁兄大人麾下：顷奉惠书，过承奖注，回环展诵，惭慕奚如。敬维麾下以冠丰雄才，膺军戎重寄，殊勋伟绩，弟亦心仪久矣。此次振旅东来，得以敬接军容，借承明教，以匡未逮，其欢慰又奚如也。东省饷匮兵单，内地、海防共不过三十营，实属不够分布。弟受事后即拟添募，而筹饷选将均难猝就，故迟迟至今。今得贵部振旅其间，其有裨于全局也大矣。应用车辆等项业已饬属备筹。弟切盼晤教，当惟旦夕期之。专此载复。

十一月二十五日

清平禀未发下：教民刘昌栋被匪扒毁房屋。

十一月二十六日

一、寿光县王锡光禀

【批】：据禀已悉。访闻该处拳匪计有三股，人数甚多。该令所禀情形，恐有不实，仰再查明，据实禀复。毋得回护前禀，稍涉欺饰，致干严谴。该处马步兵队无多，不足以资弹压，本部堂现已札派吉道等驰往查办矣。此缴。

二、武城县龚致仁禀

昨日有百余人在夏津县署索钱。高唐城北黑狐李庄武生李泽家习拳，聚众二三百人，买白杨杆数百根。与苦水李庄李魁奇、恩县朱某三人商办。

【批】：据禀严禁拳会、保卫地方各缘由慰悉。但洋人入我内地，照约只准每人携带枪枝一二杆，该处教堂何得有如许之多，又何得备置大炮，殊属有违约章。仰即确切查验禀复，仍一面实力防范保护。

[1] 以下几条，均未记月日。

此缴。

三、札济东道有人禀

如果属实，亟应严密查办，以期消患未萌。为此札仰该道不动声色，确切查明，立即遣派妥员，妥速办理。但能缴械，将所买之杆严饬呈缴，毋任聚众滋事，并将查办情形克日禀复查考。切切。此札。

四、武城：十二里庄有华式天主大教堂，吕滑庄、吕洼，小教堂共三处，归费若瑟管辖。

五、彭金山禀

【批】：据禀已悉。仰仍督率弁勇在原扎各处妥为弹压，并将德公司筹办工程情形随时详晰具报查考。此缴。

六、阳谷县胡建枢禀

【批】：据禀请拨营队借资弹压各缘由已悉。现已札行马统带转饬李参将玉田，即拨济康营派一哨驰赴该县，择要驻扎矣。仰即会同哨官，实力巡缉，以资保护。此缴。行马统带、李参将。

七、平阴县【禀】

【批】：禀悉。已札行泰安府驰往该县弹压，并饬姜提督就近酌拨队伍前往防范矣。仰即随同潘守认真严缉首犯，妥速查办，毋任久聚滋事，是为至要。此缴。

八、长清县禀

以本地团练查拿本地会匪，良莠不致混淆，身家可以保护。

【批】：据禀已悉。各属拳匪滋事，已非一日，固恃兵力弹压，而其要仍在各牧令悬赏购线，严拿各该首要，以靖乱萌而孤匪势。该匪等倘敢抗拒，即督饬练勇剿捕。如所获系较著名首犯，所用赏资，准其核实具报请领，并随案声明出力团兵练勇姓名，给以功牌顶戴。并先以此谕知各团团兵练勇，当可奋勇协捕，惟不得挟嫌波累无辜。现在已派济东道驰往各属查办，并已另檄行知。仰该令即就近禀商吉道，妥慎办理，仍将遵办情形随时据实径禀查考。此缴。

十一月二十七日

一、马天恩函

二十五，将毛家铺教民抢掠数家，夜间又到白云峪。

二、平阴县禀

二十四夜，匪至白云峪，与教民接仗，匪毙四名，圩极坚固。

【批】：禀悉。已饬任统带率所部左队暂驻平阴，酌拨队伍会同该令保护弹压。仰即妥速查办禀复，毋稍诿延。切切。此缴。行任统带、姜翼长。

三、马金叙禀

十九，清平西八里张家庙聚匪四百八十余名，十里铺二百余名，堂邑游匪由梁家浅过河二百七八十名。二十，武城又来匪二百余人，故城来匪一百余名，并入张家庙、十里铺，共一千余名。二十二三，分为三股，一入西南博平南乡；一入东南高唐南镇；一入茌平、东阿两县交界之铜城驿，茌平东南刘来寺一带。其铜城驿一股声言要过河打平阴之白云峪，约二十九日在胡家屯演戏齐人，以作准备。仍要攻韩家庄等语。

【札】：查由同城驿过河窜入平阴又窜白云峪一股，现据平阴梁令禀报，已于本月二十四在圩外与教民接仗，毙匪四名，并受伤数名，仍未解散。本署抚部院已飞调武卫军马队任统带，率所部左队，并饬姜翼长就近酌拨队伍，驰往该处，会同县令保护弹压。其窜入博平、高唐、茌平、东阿等股匪众，尚未据该州县等禀报前来，即饬该道分饬各属妥为防范弹压，仍著查明四窜各匪情形，据实禀报，毋稍饰延。该匪等闻大军将至，不思敛迹，胆敢演戏齐人，以图抗拒。如果属实，殊属憝不畏法。应由该道督同马副将等妥为相机办理，毋任养痈贻患。除批示并分饬外，合行札饬。札到，该道著即妥速相机办理，毋任分途窜扰，是为至要。

四、茌平县禀有人禀

【批】：禀悉。禀称清平县境张家庙、十里铺一带聚匪，于二十二三两日分为三股，一股窜入博平南乡，一股窜入高唐南镇及茌平刘来寺一带，一股窜入茌平、阿城交界之同城驿。该令此禀系二十一日申发，是匪众窜入该县境内应在发禀以后。究竟现在是否仍据境内，抑又窜往他处，仰即查明，据实禀复。并一面会同邻近州县，不分畛域，切实弹压，毋任分途窜扰滋事，是为至要。

五、堂邑禀未发下

教民王金山与一门出入之王广有家被劫钱物。

六、长清县禀

十一月十八午后，匪首朱成明抢掠平民孔兆凤、孔兆吉等家（燕家窑庄）。十九日又抢平民关禄兴家（柴家洼庄）。

【批】：据禀县民孔兆凤等家被匪抢扰情形已悉。仰即会营督团，切实防范弹压。并遵照前批，悬赏购线，勒限严缉著名首要匪犯，务获究报。缴。

七、马天恩函

平阴城附近三里之山头庄，恶首贾士位，因前在茌平县抢掠得意，今又聚匪四百余名。临邑谢家庄聚有刀会三四百人，日日操练，俟请到首领，立即起手。

行吉道、济南府、东昌府、泰安府、马统带、任统带，照会姜翼长。

八、昨据平阴梁令禀报，该县白云峪一带，现有拳匪聚众滋扰，当即札派泰安府及任统带等驰往解散弹压，并悬赏购线，缉拿著名匪首，以遏乱萌。至临邑一带，已派济东道督同各营县实力防范。惟该教士函开是否属实，应饬地方官确切查明著名首要匪犯，再行拿究，不得以其一面之词，妄拿无辜。除函复并分行外，合行札饬。札到，该府、道、统带即便遵照、转饬、督同、会同各地方官，妥速相机查办，实力巡缉，毋任分途窜扰，以致民教胥受【其害】，而贻外人以口实。是为至要。

九、复马天恩

径启者：顷接来函，备悉一切。昨据平阴梁令禀报，白云峪一带现有匪徒滋扰，当即札派泰安府及任统带等督队亲往弹压解散，并悬赏购线缉拿著名匪首，毋任窜逃。至临邑一带地方，已派吉道台督同各营分别查办，亦以购线缉拿匪首为主。匪首就获，所从自散。

本署抚部院现又出示剀切谕禁，凡有匪踪之处，均已随即添拨营队，分赴各处实力巡防。兹接来函，复札饬各道、府、统、县妥速查办，认真弹压确查，严究首要。勿论在教、平民，均是朝廷赤子，本

署抚部院无不力为保护也。❶

十一月二十九日

一、平原县禀

【批】：禀悉。已饬洋务局转复马主教矣。仰即知照。缴。行洋务局。

二、东关教堂美教士韩维廉、包复祺、陆长乐等禀

禹城九庄，共抢教民二十一家：十一月十一，孙庄孙廷宣等两家。十一月初三，千户屯李金辰一家。十一月十一，窦庄张哲等六家，并讹索银钱马匹。十月二十五，九圣堂梁玉辉等两家。二十六，又抢李金亭、李金升等四家。九月十一，兴国寺庄高金亭等两家，长里庄李金升〔山〕等两家。十月二十，葛户屯庄许天顺一家。二十五，房家寺庄邵迎春一家，南店庄杨连中等三家，并烧民人孙姓房屋。

【批】：据禀齐、禹、长清等处耶稣教民被匪抢扰情形已悉。现已分饬查办，并饬由洋务局详复矣。此复。行洋务局。

三、九月十一，有刀匪王自隆、孙志太等纠匪多人，到禹城抢兴国寺教民高金亭、高云庆两家。同日抢长里庄李金山、李凤阁两家。匪犯王立言，茌平王磨庄人；王安宅，高唐人；潘长柱，长清赵官镇人。

四、泰安县禀

遵札指陈德国来文所称各节由。

【批】：据禀已悉。中西刑律虽不甚同，而审判重在供证则一。此案据该令先后禀称，验明尸伤，供证确凿，毫无疑义。而德国克使则照称诸多可疑，请将尸格文卷照送德国使署，以便转行青岛内刑衙门办理，自非造具诸证人口供，将当时殴打情形，于供内据实详晰声叙，随尸图一并咨送转供查核，以箝其口而服其心。再，查该县来禀，声明提集地保李忠诚等诘讯，佥称实系洋人用洋枪、帽筒、马棒所殴等。委员邵令原禀，亦谓地邻人等供与证同，是供词决非地保李

❶ 此信之后，有“愈少愈含糊愈妙”数字，似为拟稿者所注，非该信之本文。

忠诚一人可知。办理中西交涉要案，仰再提集要证，另具详明供词，备文申送。证人愈多愈好，所有尸主供呈亦应抄送。尸图二纸随批发还。即将各证人姓名于尸图内照式填注明晰，决不能任彼借词拖累证人。盖此案现经总署咨查，尸格文卷，应俟其照复德使后能否了结，再行酌核办理。如不能了结，仍须派员会审，秉公判办，亦不能归青岛内刑衙门专断查办也。尸亲供呈，亦应抄咨总署。

至苦主须妥为抚恤，诸证人亦须简便讯差。倘任差役人等借端需索，是助夷为虐，一经查出，定必严惩。

十二月初一日

一、英国安立甘会管理平阴教务马焕瑞禀

教士卜克司寄居平阴，于十一月初十由平赴泰安。二十七日复回平阴。二十八日过肥城境张家店街，突有刀匪数十人将卜克司拿住，执刀劈伤头额，并将鼻梁串透，用绳牵走，不知去向。刀匪在肥城肆扰已经两月，孝里铺教堂亦于是月二十五日被刀匪焚毁，县主并不查勘。

【批】：禀悉。已另檄严饬肥城金令暨该令随同吕守等妥慎查办矣。仰即会同金令先行设法将卜教士救出，毋任损害，是为至要。此缴。

行吉道、泰安府、洋务局。

初二补批禀：委员曾启埙带马队往办。

行平阴、肥城，行吴守备。

二、韩维廉函

恩县庞庄薄教士来电，现在夏津侯家屯地方教堂、教民被匪扰，官不管理。

【复】：来函备悉。现已札饬地方官严缉匪首究办，并饬营队妥为弹压矣。此复。署理山东巡抚部院泐复。

行洋务局、济东道、临清州、夏津县。

三、马金叙禀

二十四五日胡家屯马铺寺有拳匪七八十人。其张家庙十里铺窜匪之分趋东南者，由南镇、刘来寺接窜至徐家楼、潘家店，而趋赴西南之匪股，则窜由王官庙、谢家集而至于同城驿，于二十五日聚于东阿县境之姜家沟以北，齐过黄河，有要打（已打）白莲〔云〕峪教堂之说。

【批】：据禀现探匪踪并到茌平日期各缘由已悉。该匪等到处掳人勒赎，在平阴、肥城等处又有架抢英国教士一案，猖獗至此，殊堪痛恨。亟应责成各防营将领，于各州县冲要之地，不分畛域，扼为严防，严缉首要各匪，尽法惩治，或可冀有挽回。否则境内有匪即纷纷调兵，兵至匪窜，复各相安无事，任其分途窜扰，后患何所底止。该❶副将办事颇能认真，仰即会同各防营州县，迅速相机筹办。总以力杜奔窜，扼要严防，悬赏购线，庶或有济。毋任零星小股并成一处，致使滋蔓难图。否则处处有匪，处处增兵，兵至即藏，兵去复聚，安有如许兵力。

四、茌平县禀

匪首王成子等。

【批】：禀悉。已行司通饬截拿矣，务获究报。该匪等抢人勒赎，直与绑票匪徒无异。始则借口闹教，今且扰及良民，现又在肥城、平阴等处架抢英国卜教士一案，猖獗至甚。亟应责成各地方官会同防营，不分畛域，勒限严缉重要各犯，期其必获。一面悬赏购线，务获匪首王成子等，严缉讯办。仰即禀商济东道，会同各防营及□道各州县，妥速相机查办。总以悬赏购线，严缉首要是为要着，流为游匪，缉捕更难，后患何所底止。其拿获邻封滋事著名匪犯者，定即从优奖励。该县境内如有教堂及西教士往各处者，并饬一体严密保护，毋稍疏懈为要。

五、禹城禀

吴统带换防日期。

【批】：据禀已悉。仰即会同吴统带等，认真防范弹压。此缴。

---

❶ 此稿重复一份。“该”字以上基本相同。以下作：“该副将办事颇勤练，仰即就近禀商济东道，会同各所在地方官妥速相机办理。此缴。

十二月初二日

一、禹城禀

王游击马队到防日期。

【批】：据禀已悉。仰即会同各营，实力巡缉，并禀承济东道妥速查办。仍一面悬赏购线，严缉各著名匪首，务获究报。缴。

二、马金叙禀

探匪首罗洪英、于福堂，和尚徐发等，又在刘来寺号召伙党，仍图滋事。二十八日黎明，派许占标带马队至刘来寺查办，甫将于福堂拿获，而该匪辄纠聚二三百人，并有马匪十余名，列阵抗拒，枪炮环施。许占标不得已，排队迎战，县令差役跑至协攻，毙匪数名，生擒四名，匪即溃败。我军不肯多杀，遂不跟追，夺得马二匹、花枪七杆、来福枪二杆、长短抬枪六杆、马刀四把。

又探有堂邑游匪一百余人，现盘据于长清、禹城交界之杨家圈。

【批】：据禀查拿刘来寺踞匪情形，办理甚合机宜。所获匪首于福堂，并匪伙四名，仰俟济东道到境，讯明办理。仍一面派队于茌平附近一带相机查办，务获匪首，次第擒治，以散其势而夺其心。其余一切办法，统俟济东道到境面商妥办可也。

三、行济南府、历城县潮米店抢掠勒赎。

四、高唐州禀

皮户李庄武生李泽现已外出，人尚诚实，与平原祀砚田、恩县宋兰亭等，同有武功，多在宋兰亭家居住，并无在本庄聚众滋事。张家庙匪徒已于二十二分三股向西南散去。教民武生高善政指控高振耀等为匪一案，高善政现由庞庄回，呈恳和息，并具切实甘结。高振耀等实系务农。

【批】：禀悉。武生李泽等虽已外出，仍应随时严密查禁，不准在〔再〕借聚众滋事。至教民武生高善政指控高振耀等一案，既据呈恳和息，应准如禀销案，不准胥役有丝毫坐索，以杜扰累而弭衅端。此缴。嗣后遇有民教呈控案件，该牧务须妥速讯结。

五、长清张瑞芬禀

三官庙庄约地房衍庚禀：十一月二十二拳匪多人入庄民魏贞银家，声称不应奉教，抢去钱文衣服，牵去驴骡，砸毁器具。

【批】：禀悉。魏贞银是否入教，亟应查明，据实具复。并查照前批，督同团兵练勇严缉匪首，务获究办，毋任窜扰。此缴。

六、巨野县禀

六、七月拳会闹教，德国教士讷广训并教民等呈报烧拆教堂，砸掠器具衣物，两月之间，共计十有余起。除文家楼刘凤台呈报被汶上县会民李玉典等掠去钱物牲口一案，业经获犯禀详批府审办，其余各案亦经分别汇禀。济宁州移开匪首陈兆举业经讯明正法。该犯供认掳捉巨野事主蒋林魁、宗效端未得财，攫取蒋林魁牛驴家具，均被庄众截回，并听纠烧毁何家堂诵经房屋，劫得门帘布棚等物。又教民岳凤鸣及梁安平等呈报被匪烧毁教堂、掠去衣物二案，均指控陈兆举□□□。可否恳恩免照盗案办理，讯有确供，再行酌量核办。

【批】：据禀民教呈报焚抢各案缘由并折均悉。六、七月间拳匪陈兆举等在曹、济一带滋扰至两阅月之久，各属所出案件，后由通详禀办者，闻不及什之二三。本署抚部院现已饬由兖沂、济东两道转饬所属确切查明，据实汇禀，以凭查核而杜冒滥。该令禀陈闹教各案，均因宿嫌结衅而成，与寻常盗劫案件不同，亦非系实在情形，自应酌核案情轻重、起衅缘由，分别办理。惟一概免照盗案核办，转恐借词规避，积久必至捕务松弛也，亦非慎重刑狱之道。凡遇呈报闹教案件，仰候札行按察司议复饬遵。该县是否另有拳匪滋扰案件，亦即遵饬查明，据实补报。缴。[1]

七、平阴县禀初一

打白云峪之匪与讹借毛家铺张姓教民之匪即系两伙。卜教士由郡回平，雇柳姓青驴一头，二十八日早在肥城张家店街（距平阴地十余里）被匪卅余人连驴一并架去，向肥城下井庄一路而去。柳姓奔赴教堂告知马教士。

八、武卫右军左翼步队第二营花翎游击杨荣泰申文

本月二十九日在张夏行营奉姜翼长函令，开赴平阴，领左一、左

[1] 此批稿重。今从第一稿。

二后队两队，于十二月初一开拔，其余各队令帮统王金镜带往泰安。

行济东道、泰安府，平阴、肥城县。

九、行杨游击

为札饬事。兹据该游击呈报，遵于十二月初一日由张夏带领左一、左二后队两队即行开往平阴县境，会商地方官妥为弹压等情到本署抚部院。据此，查前于十一月廿七日，据平阴梁令石甫禀报，廿四日有拳匪一股往毛家铺抢掠教民数家。是日又有一股由茌平、东阿两县交界之同城驿过河，攻打白云峪教民。是处圩极坚固，教民合力抵御，当场毙匪四名并受伤数名，余众暂窝附近地处，尚未全散。又据马主教天恩函称，平阴城附近三里之山头庄，亦有拳匪图谋聚众滋事。当即照会姜翼长就近拨带驰往，又飞调任统带率所部左队一并开往平阴弹压。并札饬济东道、泰安府先后驰赴该属，会营督县，妥为查办，尚未据该道、府禀报到境日期。十二月初一日，又据梁令禀称，英教士卜克司于二十八日由泰安驰回平阴，行至肥城境内张家店街，被匪架抢。正札派候补知府曾启埙会同亲军马队领官吴守备凤岭星夜驰往查办，并设法先行救回，旋于初二日又据肥城金令禀称，卜教士已于二十八夜晚被匪戕毙。东正等营马付将金叙禀称，于上月二十八，派马队驰赴茌平刘来寺一带查缉拳匪，该匪首于福堂等胆敢列阵抗拒，毙匪数名，生擒匪首于福堂并匪伙四名，余众悉夺路窜散。又探得长清、禹城交界之杨家圈亦尚有匪数百人。平阴毛家铺之匪，则专注意白云峪一处。并据各防营、各州县、各教士先后禀称，清平、堂邑、武城、博平、高唐、临邑、东阿、夏津各州县，均有拳匪不时出没，分途窜扰，焚烧掳掠各等情。查该匪等自东昌、冠县梨园屯一带滋事以后，蔓延于曹、兖、临清、济宁各属，任意滋扰。秋后又自西南绕向东北，先扰平原、恩县、茌平、长清诸属，入冬又环绕泰安、济南各属，以达于东昌老巢。聚散无常，分合难定。始则借口闹教，继且扰害良民，今则专意图抢教堂，竟至架抢英国教士。掳人勒赎之案，层见迭出，遂成东三省绑票歪风。亟应设法解散胁从，以减其势；严缉首要，以锉其锋。否则势将牵我大局，后患何可底止。除分行各地方官知照外，合行相应札饬。札到，该游击于驰抵平阴，应即会同各地方官、各防营体查现在情形，就有教堂及西教士居住处所，扼要驻扎，认真巡缉，以资弹压而便保护。仍将到境日期报查，并速查明毛家铺、白云峪两处有无拳匪聚集。

十、肥城金令禀

二十五日，北隅石头沟庄拳会焚烧教民空房六间。二十八日早，拳匪三四十人，头裹红布，将洋人架走，至平肥交界之四槐树地方解散。不料平境毛家铺庄复来骑马拳匪，又将洋人架至毛家铺，系于教民张姓门首。初更后，传闻洋人死于四槐树西沟内（交界），距城四十里，首在尸旁。

【批】：据禀已悉。昨据平阴梁令禀称，英教士卜克司于十一月二十八日在该县境内张家店街被匪架抢。当即严饬该令等先行设法救护，并札派曾守启埙会同马队领官吴守备凤岭，驰往查办。兹据禀称，卜教士即于二十八夜晚被匪戕害。

十一、夏津县禀

十一月二十六日，东乡贺屯团长贺殿海送信云有义和拳匪（匪首董洛四，高唐州人；王介臣，茌平人）由高唐阑入该庄，抢掠教堂并教民贺殿寅、平民贺殿周家钱文、衣物、牲口始行散去，旋即复回，计二百余人，内有骑马者十余人，分持洋枪、刀械。队长王福元带马勇十名驰往弹压，管带东字正军前营前哨把总戴士元督带兵丁，冒雪齐进，因众寡不敌，即行退回。该匪亦退回高唐，尚有郑天佑、张海二匪未走，胆敢将贺殿周家妇女揿按倒地，抢夺首饰。庄众夺过刀棍，将其砍伤，郑天佑旋即因伤身死。

另单：张海供称，未抢以前，有高唐州十里堡人刘泽普为贺殿周说合，因贺殿周出银太少，刘泽普嘱令王介臣等领众抢掠。请严缉刘泽普到案，研讯究办。

批：禀悉。匪首董洛四、王介臣等已行司通饬截拿，并飞饬济东道暨高唐李牧、茌平谢令严缉务获究报矣。所有当场夺过刀棍、砍伤匪犯之庄民，仰该令确切查明，暂由该会垫发赏银一百两，准其作正开销，随后备文具领。并由本署抚部院另赏给六品功牌，以示鼓励。查办拳匪，只要地方官能联络绅耆，激励乡团，督率庄兵练勇，合力兜拿，首要必可次第歼除，胁从亦即陆续释散，不在徒恃兵力也。现在平阴、肥城一带拳匪，注意闹抢白云峪等处教堂，并教士卜克司在肥城境内平阴交界处所戕毙，实属玩法构衅，殊堪痛恨。该县密迩平、肥与济东各属，务须查明境内所有教堂，勿论如何，必须会同营队加意保护，毋任别滋巨案，是为至要。此缴。

另单禀陈：刘泽普勾同拳匪，到处讹诈一节，亦已札饬济东道并高唐州李牧严缉，归案讯办。仰即知照。缴。

十二、连日劝解，有十二庄不遵。闻昨张家大庄演炮，自伤一人甚重。今晨武生李金榜等率二百余人，执旗抬炮，越该乡境，拆烧铁草窝铺数座，抢去粮物各散。幸预嘱备敌，未伤工人。一面保护公司，一面率兵役赶散，未便开炮穷追。现允洋人请，调潍防镇慑，约限五日，挽人劝解。倘再不遵，及抢掠公司，作何办理，叩求电示。麾下彭、卑职季禀。东。

行莱州府、高密李令、彭游击金山。

十三、即墨许令禀

民教相安。

【批】：据禀民教相安缘由已悉。现在高密张家大庄等处，又有聚众滋扰情事，迄今尚未解散。该县密迩租界，仰仍随时妥为防范弹压。此缴。

十四、高唐州李禀

十一月十七日，清平县境拳匪到田庄（距城六里）田兆忠家（其族人田凤占，随入洋教，搬入城内居住），强借银两不遂，闯入屋内抢劫钱文、驴头。伊弟田兆同被匪掳至十里铺用刀砍伤头颅，伊往查看抬回。

【批】：据禀已悉。田庄距城甚近，该匪等胆敢聚众抢掠，砍伤事主，实属藐横已极。仰即勒限严缉匪首，务获究办，毋稍延怠。切切。此缴。

十五、安丘县属峠山东南五里之刘阁庄，与昌邑交界之下洼地六里许，复入安丘境。至潍河东岸二里，过一道河，至沙窝庄、王家埠一带，入潍境交界处花窝庄南止，计程七八里。安丘境内，仅插标约计十数里，一路停工，耽延时日。至十月二十四日，安丘境内一律插标完竣，惟水瓶测量至今尚未蒇事。嗣入潍境后，由米费斯接插至南流，正北之北流、车流现在插标，又折回东南，至二十里铺止。大约再接插马市，尚未定夺。兰山县南乡李家庄滨临沂河沙滩有金沙、金钢钻，洋人来沂买数顷，拟淘金。洋人马特等自雇马夫邓德铭、尹姓，赍送银两物件逃走。安丘县彭金山禀。

十六、直隶景州朱家河，十一月十六日有妖僧武修率义和团（大炮二尊）焚掠，与官兵抗拒。枪毙匪三十余人，战两时之久，夺炮二尊、大旗一对，获武修并伙匪八十余人，刀矛等项一百四十余件。景州一带安静，深、冀各处，故城、献县、阜成、东光等处，仍复滋扰。

卷三[1] 光绪二十五年十二月初二日起至二十六年正月初五日

十二月初二日

洋务局呈马天恩函

堂邑任家双庙教民被匪三百余人抢十四家，烧毁房屋六间、教堂一所，讹教民任德纯、任李氏银二百两。

行东昌府堂邑县。房稿。

十二月初三日

一、阳谷县胡令建枢禀初一到

十一月二十五，辛家庄教民李广武报，伊家前被匪徒扰害，九月二十四日，匪徒百余人，并将伊戚袁振峰拒伤。报蒙勘验，袁振峰回家至本月十四日身死。延烧邻人徐可振家草房数间，将徐可振之子同兴架走，旋即逃回。

【批】：禀悉。仰即填格录供通详，并勒限悬赏，务将此案匪徒缉

---

❶ 本卷封面残，只有“偶存”、“卷三”几字。另有记事几行，当为十一月末或十二月初所记。据其内容定本卷起于光绪二十五年十二月初二日，止于十二月二十二日，卷末又有二十六年正月初五日残页。时山东巡抚是袁世凯。

获究办。缴。

二、齐河朱鋆禀初一到

教民范景玉等家被抢情形，曾经驰禀在案。兹查得该教民等所有财物均已遵饬移藏别处，家用不过日用粮食物件。城子坡庄教民史有勤家被抢铺柜一口、锅二口、床一张、犁一张，已经首事地保买补。此禀甚长，另抄备查。

【批】：禀悉。查办各案，均尚妥协。所有竭力保护、垫给钱物之首事地保，应由该令查明嘉奖。地保苏济和既系遵谕前往救护，被匪裹胁，应准免其置议。李茂盛仰即讯明，从速具报。周玉环等，着赶紧勒限严缉。其余未勘各案，俟查传该教民回家安业后，随时认真捕勘。至于教民呈报失单，往往有以少报多情形，一经勘查，虚实自见。并饬对该县境内已勘未勘各案报失各物详细清单，分别据实开报备查。兹已据禀，先札行洋务局转复马主教知照矣。此缴。

三、咨总署

为咨呈事。案据平阴县知县梁石甫禀：敬禀者至〇〇〇批示只遵等情。并据英国安立甘会管理平阴教务教士马焕瑞禀同前由。当即札派泰安府知府潘守民表、候补知府曾守启埙会同亲军马队领官吴守备凤岭，驰往查办。并严饬肥城、平阴两县赶紧相机设法，先将卜教士救出，再行严缉匪徒，务获究办，以免戕害。正在催督查办间，本月初二日，又据肥城县知县金猷大禀称：敬禀者至〇〇〇查核示遵等情。当又札饬按察司迅派候补知府方守燕申驰往泰安府约同教堂英人马教士，验明尸身，妥加殓恤各在案。查肥城、平阴一带拳匪滋扰，本署抚部院到任后，即添派济东道驰往查办，并先后派武卫军马步各队，开赴平阴一带弹压。尚未到境，该拳匪等即于前月二十八日，在肥城张家店街将卜教士架向西去。初一日，据平阴梁令石甫暨教士马焕瑞先后禀报，当日又派员督队驰往救护。讵知该匪于上午架抢，傍晚即将该教士戕毙。事出仓卒，实属救护不及。而卜教士自泰安回平阴，又未通知地方官派拨勇役护送。除飞饬各地方官、各防营一律勒限严缉此案正凶，务获重惩外，俟验明后另行核咨。所有英教士卜克司被匪戕害暨救护不及各实在情形，理合备文咨呈。为此咨呈贵衙门，谨请查照核复施行。

四、洋务局详

兰山韩家村焚烧房屋器具，先提二成散放，约近万金之谱。

【批】：据详已悉。现值隆冬，小民饥寒无依，极堪悯恻，自应查明奏案行司，迅即筹款，派员驰赴该处，会同地方官妥为散放，以示体恤。仰即知照。缴。

五、为札饬事。案据洋务局详称：为据情转详事。至〇〇〇深为公便等情，到本署抚部院。据此，除详批示：据禀已悉。至仰即知照。缴。印发外，合行札饬。札到该司即便查照奏案，暂于司库细数造册具报查考，按照二成照拨抚恤。迅派妥员驰赴该处，会同地方官妥为散放。务须责成印委各员亲往核查，当面放给，将放过各户取具领状备案，不得假手胥吏，以期实惠及民。

六、电总署

北京总署钧鉴：宥密。前月廿四，据高密季令等电禀：车辋、坊岭两乡地洼民悍，以铁道阻水为名，欲与洋人为难。经官绅下乡劝导，公保浚河泄水，已有六乡遵劝等情。当电饬季令等洵力劝解弹压。初二，又据季令等电禀，连日劝解，尚有十二庄不遵，武生李金榜等率二百余人，执旗抬炮，赴该乡拆毁铁草窝铺数座，抢去粮物各散。幸预有准备，未伤工人。一面保护公司，一面率兵役赶散等情。又飞饬莱州曹守，督同季令，妥速查办。并电调潍坊彭营官全队开往弹压。并饬该府、县等严密保护公司洋员，无任聚众抢掠，以便曹守到密议办。再电闻。

七、包复祺函

卜教士与驻泰安府西关英国伯教士系属姻亲，祈将卜教士尸身送至该处收殓停放。

【复】：来函备悉。卜教士系英国人，名卜克司，年约三十余岁。上月二十七日，由泰安府回平阴，二十八日路过肥城张家店街，突遇拳匪数十人将卜教士架去。本月初一日，据平阴县及管理平阴教务教士马焕瑞禀报，本署抚部院当即札派候补知府曾守，会同马队领官吴守备，星夜驰往查办，并飞饬肥城、平阴两县，赶紧设法将卜教士救出，以免戕害。初二日，接肥城县禀报，始知卜教士于二十八日上午被匪架去，下晚即架至毛家铺，绑于教民张姓门上，初更后，即戕毙于四槐树西沟内。卜教士之首，弃在身旁，咽喉颈项略有伤痕，委系被匪戕害。当由肥城县闻报往验，丰备衣棺，妥为成殓。闻之祸出仓卒，殊堪挽恻。本署抚部院现又派候补知府方守于今日驰往泰安，会同马教士查验，并通饬各属，严缉正凶，照例惩办，决不令死者含冤。

兹接来函知卜教士是泰安伯教士姻亲，又已札知方守会同伯教士查验。并饬肥城县将卜教士尸身妥送泰安伯教士教堂。特此附闻。

八、肥城金猷大禀

焚毁石头沟庄学教房屋。

【批】：据禀拳匪焚毁学教房屋情形已悉。戕毙卜教士是否即系此股拳匪，仰即确切查明禀复，并勒限严缉匪犯，务获究办。缴。

十二月初四日

一、代署武城县龚敦仁、东字右营马游击祀兴同禀

右营开赴临清弹压，十一月十二日带哨挨次驰抵武城。教士请留兵保护，调一哨于十七到防，以半哨驻县境（哨长周千总志韶）。马游击于十八日回临清，再赴邱县巡缉。

【批】：据禀已悉。仰即会同营队于有教堂处所随时实力巡缉，以资保卫。并移令马游击知照。缴。

二、博平县禀初三到

查明前被拳匪焚杀抢掠各庄情形，逐一呈报由。

【批】：据禀已悉。该县续被拳匪迭次滋扰，均经团练堵御驱散，应由该令查明嘉奖。其著名各匪首，已札饬济东道转饬各属严缉矣。仰该令仍督饬团勇，实力查拿。如首要捕获，禀由本署抚部院发给赏银功牌，以资鼓励。

三、聊城县禀初三到

教民姚登瀛被匪讹借银两、马匹，查明县境拳匪人数姓名，并滋事情形由。

【批】：禀悉。仰即会同邻近州县，不分畛域，共缉匪首，务获究办，毋任聚扰讹借，扰害地方。

四、晓谕高密告示

为剀切晓谕事。照得德商公司开办胶澳至济南铁路，系照商结曹州教案条约第二端第一款办理，曾经奉旨允准通行有案。尔士民人等，食毛践土，仰沭国家二百余年深仁厚泽，自应共体朝廷柔远睦邻、息事宁人苦衷，彼此相安，毋得滋事肇衅。

本年五月十一日，大吕庄乡民与公司小工口角互殴，借势拔标多根，几酿巨祸。经正任抚院毓饬派莱州府曹守驰往该县查办，并派拨营队。旋由曹守查明起衅缘由，两造均有不合，当即督同胶州张牧等，与德商公司暂行商订合同章程八条。内中如买地须照原价，概不得勒抑；发款均交本人，不由通事，以及租屋购物各项，均须持平商办，均是为力保士民生计起见。自与公司订明以后，即由该府县等通行晓谕尔等在案。现在车辆、坊岭两乡庄民，只道以该处地势洼下，恐修铁道后于农田水利有碍，亦是为保生计起见。惟尔等即另有妨碍情形为原订办法所无者，亦应据实禀县详办，何得借端聚众，演炮撞钟，自与德商公司为难，且有焚毁铁草窝铺、抢掠粮食情事。县官遵饬劝解，浚河泄水，原可与德商公司和衷商办，不致有碍渠田水利，亦属体恤。甚至现在已有六庄遵谕解散，据□□〔季令〕禀称尚有十二庄不遵。查莱州各属民情向称驯良，何致一再聚众，其中必有刁讼主使之人。无知良民，胥受煽惑，不顾身家，殊堪惋惜。除再札莱州府曹守驰往该县妥速查办，秉公议结外，合行出示，剀切晓谕。

为此示仰该县士民人等知悉：尔等须知，凡与各国商订条约事件，均是奉旨批准互换，断非士民所敢阻止。尔等不遵条约，即是违背谕旨，予人口实，有损邦交。是以尔等一人之微，而失朝廷威信之重。即以尔等身家言之，五月大吕庄互殴一案，德国派兵入境查办，轰毙底洞庄、刘戈庄农民二十余名；书院器物，毁失无存；团局枪械，搜括殆尽，尔士民等反赔偿银三千四百五十余两，至今尤觉痛心。尔等须知多滋一回事，即多吃一次亏，稍明此理者，不待谆谆劝谕。办理一切事件，原须体察地方情形，订明章程，原有限制。约中第二端第三款曾载明，一切办法，两国迅速另立合同。果于尔等生计大有妨碍情形，此次尽可在莱州府曹守处缮禀详陈，俟将此案查明后，本署抚部院必派妥员驰赴该县，与德商公司另订详细合同，以期事事持平，既不妨公司之工程，又不碍小民之生计，方为妥善。

本署抚部院抚绥东土，自当体朝廷下安元元之至意，以安民业而顺舆情。惟德商等开办铁路，系照条约办理，即是遵旨办理，尔等勿论如何吃亏，总不得聚众抗官，动与德商公司为难，致贻巨衅，上误君国，下毁身家。本署抚部院于安分良民，必为保护；于顽梗，必为锄。尔等见示之后，务各解散，安分守法，一切商办事件，悉遵由曹〔莱〕州府〔曹〕守。倘敢执迷不遵，并有刁生地棍从中煽惑主使，一经查出，定照聚众抗官例从重惩办，决不宽贷。其各凛遵毋违。特示。

五、临邑禀刘思诚

查明境内并无匪徒滋事由。十余日内，风闻西南、东北两乡亦有数处习拳者，现已驰往查禁。

【批】：据禀已悉。仰仍随时查获，以免煽惑。缴。

六、夏津禀屠乃勋

十九日，戴把总士元带勇一哨到县。驻扎南关。拳民。

【批】：据禀已悉。仰即会同营哨实力巡缉。缴。

七、齐河禀朱鋆

县属教民方金章等家，被刀匪抢扰勘验情形十一月十三，刀匪多人自禹城至县境杜家寨庄距城七十里将教民方金章等三家衣物抢去。方金章不在家，失单系其家属投递。

【批】：禀悉。仰即勒限严缉，务获究报。缴。

八、札莱州府

为札饬事。照得高密张家大庄等处聚众滋事一案，昨已札派该守驰往查办，并拨营队弹压。并晓谕各庄居民，以期解散而便议结。兹特将示稿随札并发。札到该守即饬该县克日照式缮写多张，迅于阖境各村庄通行张贴，俾得家喻户晓，不致别滋巨衅。并将查办情形飞速转查毋违。此札。

计抄发告示稿一纸。

九、札曾守

初二初更到肥城，马队驻肥城城外。初三午刻禀，曾守赴平阴。

为札饬事。据该守等禀报，于本月初二日驰抵肥城，马队现驻肥城城外。该守赴平阴一带查勘情形，即行回省销差各等情。据此，查卜教士被匪戕害，自应严缉凶犯归案惩办，以申法律而符约章。本署抚部院已经奏明，钦派该守督同肥城、平阴两县，勒限缉犯。该守应即在该处督同缉捕，毋庸回省销差。如缉犯可以不用马队，即传谕马领官将马队开回省城，或留一哨随同该守缉捕。除饬善后局照章支给薪津外，合行札饬。札到该守即便督同该令等，悬赏购线，严密查拿，务将此案正凶，务速获报。

十、马天恩函

十一月廿八，贾士位率匪将平阴城北三里之袁儿庄教民抢烧一空，烧死教妇丁赵氏一命，烧毁教堂一所，且伤一平民。初一城东南三里之桥口教民、初三城南三十里王家庄教民，均被抢烧。城南三十里胡家坡亦聚匪三四百人，备有兵器马匹。白云峪、胡家庄并无兵。梅、范等两教士大危。

【批】：查现在英教士卜克司被匪戕毙，凶犯尚未报获。所有各处教堂及洋教士居住处所，亟应严密保护，以免别滋衅端。兹据马教士一再函称，胡家庄、白云峪等处均有匪踪，梅、范两教士甚有危险等情。迭据各州县禀报，亦云该匪等注意攻打白云峪教堂，更须防患未然，酌派拨营队分往各该处驻扎，以资弹压。

十一、吉道禀初四到

初一到禹城，分别布置大概情形。禹城附近一带，尚称安静。长清、东阿、肥城地面，闻尚有匪徒出没，已移令吴统带拨令右队游击黄宏泰步队二哨，暨马前队哨官魏明远，酌带马队，分赴各处，会同该县切实弹压。高唐、博平、清平、茌平、夏津、武城，前由马金叙分拨哨队驻扎。现据咨称，匪情飘忽无定，尚恐情事不实，不日亲赴各州县察看情形。禹城绅士倪抡升等，业经王付将世清会同向令，反复陈说。该绅等尚能领悟，允为转相告诫，以觇后效。高唐李泽等已饬查。韩教士云，夏津侯家屯被拳匪吓逼教民等情，已饬查。

【批】：据禀并抄录示稿均悉。示稿甚为妥善，亦颇周详。现在英教士卜克司被戕，匪势日见猖炽，应即饬各属勒限缉拿匪首，以清根本而免煽惑。平阴、肥城、东阿一带，已续派杨统带荣泰前往扼要巡缉。该道亲赴各州县察看情形，确保匪股究有多少人，应即会同各防营密度地势，究以何处为匪踪出没，是否勾结，抑是各不相属，各处现在匪势以何处为最重，其出没必经之地究在何县，还望会商各防营并饬各州县于该匪出没必经之处，扼要严缉，严密防范，不使分途窜扰，匪首自易就获，胁从亦可当即解散。但期于事有济，否则彼拿此窜，实难以办理，后患正无已也。此缴。

十二月初五日

一、高密县禀初四到

九月间该铁路标橛稍有挪移，逼近张家大庄即后毛家庄等庄低洼处所。遂有无业游民，借端生事，谓铁道一筑，水难宣泄，势必尽遭水患，必无生路。遂聚人吃齐心酒、磕齐心头等事。该公司在青岛电禀，毓帅有拨潍防两哨弹压劝解电谕，恐激成事端，以事属谣传，暂行电禀请止。连日下乡劝导，一面电请先拨一哨，由彭游击管带来高。彭游击于廿五日率后哨抵高，分驻东、西两关，保护该公司总局。一面与彭游击下乡劝导，一面请城绅商办。二十四五两日，有该乡社长李迪琚率同殷家楼在铁道插标以北六庄庄长来城，面允该六庄不随同滋事。令每人每月领京钱十千，以作帮同照料迁坟量地薪水，具结不再滋事，已有雷家庄具领。至铁道以南各庄，水患较重，已由城绅约其能出头者四人，应允二十八来城与绅士商量办理，不令聚众滋事。访闻前数日张家大庄等，每庄内有大磨两三盘，辗研火药，逐日撞钟，聚人演炮。有自打丈余长大抬炮，每家各出破锅，击碎以代枪子。二十七，有人进城买香火若干，各铺已缺。好在声言决不抗拒官兵。衙门间壁设一公局，城内公正绅士十数人，逐日见面，所有公司赁房、烧窑、买物、雇工等事，均由县代办，不令与乡民交接生事。现东南乡铁路动工，已筑土台有十余里，并未片刻停工。即城西北亦动工有二三里，已逼近张家大庄，不过十余里。洋人遇事一意孤行，不受商量。

【批】：据禀已悉。前据该县令东电禀称：武生李金榜等聚众滋事各节，已电饬即调潍防全队弹压保护，不得任其抢掠。并飞饬莱州府曹守驰往查办，一面电达总署各在案。初四日恭奉电旨，务须严饬派往营官，相机极力保护，毋任借滋口实等因。钦此。仰该令即禀承曹守钦遵，并移令杨游击妥慎办理。此缴。

二、肥城县禀

【批】：据禀已悉。吴守备凤岭所部马队准留该县协缉，并饬杨统带荣泰于平阴、肥城交界处所均拨步队协防。仰该令凛遵迭次批饬，速即会同营队认真悬赏购线，严拿戕害卜教士案内正凶，务获究办，毋稍延纵干咎。此缴。

行曾守、吴守备。美领事电行两司、三道、洋务局；英领事电咨总署，行两司、三道、洋务局、泰安府曾守、任统带、杨统带、马统带、吴领官。

三、马金叙禀

复陈下悃，并伸谢忱。正任毓札饬于东正前营抽一哨，赴武定听定守调遣巡防。

【批】：据禀已悉。缴。

四、马金叙禀

刘来寺匪徒败后，即经散漫，惟有三四十人向东南窜入杨家圈。此股遂已了结，惟罗洪英、于福堂、和尚徐福，实为此股首犯。亲兵营左哨哨官马新元报称，探得张庙、童家屯、董庄三处拳匪一百六十余人，马匪十三人，于十一月廿五夕，聚于十里铺，云要赴禹城攻韩庄。不意该日不赴韩庄，转赴夏津河家屯，将该屯洋教财物并大车一辆、骡子三匹抢掠一空，回至马桥分散。有奔走落后者，为洋教打伤三人，内死一人，逃归一人，余一人送县究办。董庄在高唐城南二十余里，有董七者，皆以先生称之，前在张庄滋事，即其人也。

【批】：据禀匪踪多寡情形均悉。匪首罗洪英等，昨已据禹城、博平王令等禀报，札饬济东道督饬严缉矣。堂邑游匪及刘来寺败匪窜入杨家圈，难保不乘隙扰害，仍饬该州县随时严密防范弹压，并会商济东道妥慎办理。此缴。

五、任统带、平阴县会禀

禀报马队到防日期，十二月初一申刻到平阴。

廿八九两日迭至城北之阮二庄，将各家教民全行搜括，并烧毁教堂一座、房屋三间。初一又烧东南乡桥口庄教民房屋。山头庄距城三里。

贾士位前在茌平抢掠。——马天恩函。余函在第二本。

【批】：据禀已悉。马主教称该县袁儿庄之教民被匪抢掠一空，焚烧教堂一所，并烧毙教妇丁赵氏一命，且伤一平民。本月初一又焚烧桥口庄教民之房屋。均与来禀大概相同。惟烧毙教妇丁赵氏一命及伤平民一节，禀内并未声叙，不得稍涉含糊。昨据马主教函称，袁儿庄与桥口庄均只距城三四里，闻亦有匪首贾士位等在该处聚众滋事。各庄既与县城密迩，该令何以事前漫无觉察，以致阖境皆有匪踪，殊属不成事体。现在任统带等既已督队来县，兵力稍厚，防范较严，该令务当振刷精神，赶紧会同肥城曾令等，凛遵迭次批饬，悬赏购线，严缉戕毙卜教士案内匪犯，勒限务获，以赎前失。一面将境内所聚各匪设法解散，分别查拿，以弭后患而清本源。该州县治匪安民系属专责，不得因有防营遂可置身事外也。并由该令移令任统带知照。缴。

六、屠乃勋禀

遵札驰赴贺屯（侯家屯、何家屯均即是贺屯）弹压拳匪，谕令勇役保护教堂由。

【批】：禀悉。已札行洋务局转复韩教士知照矣。仰仍随时保护弹压，毋稍疏懈。缴。

七、行洋务局

奉旨：戕毙卜教士一案，缉犯，查取疏防官员参处。

行两司，济东、兖沂道转行，行东海关、洋务局知照英美领事、各教士、行曾、潘守肥、平两县。

八、王用霖禀博平，初五到

请加营务处衔。

批：禀悉。缉捕禁防，为牧令专责。迨至派兵弹压，该牧令已属不能称职。营兵原为操练御侮，何能久驻外县为该牧等分其责任。现既暂时安静，即可乘此兵威，赶紧缉拿匪首，以清本源。倘兵队撤出，匪即复聚，定即惟该牧令等是问。至加营务处兼衔节，已札饬吉道查酌情形，就近饬知矣。仰即遵照。缴。

十二月初六日

一、文登县禀

【批】：据禀已悉。查英国议租威海专条，并无准其收缴各项税务明文。现已据情电咨总署核查，俟查复到日，再行饬遵。此缴。

文登陈署令禀报英员在威海收税一案，奉谕查明前后有无此项案据条约。查此案仅于廿四年十二月十六日、廿五年十月初一日两次，准总署咨送议租威海专条，此外则无另据条约，亦未准其缴纳各项税务。而所送专条内载，凡以上界内所有中国管理治理此地，英国并不干预，是未准其缴纳各项税务可知。惟英国议租威海，与俄国议租旅大之期相同，或其狡谋以俄在旅人征收税租，遂引旧约各国获利均沾之条，借为口实，亦未可定。似应电咨总署酌核就近与英使辩论。禀批拟是，请示遵办之。

再德国租胶澳，遍设海关收税，高于去内地常税厘金，仍请征收税单之款，并先将所缴代存。

二、统带马队第一营提督衔简放总兵任永清禀

初一桥口庄教民被烧，率十余人急往救护，遂未抢掠教堂，过山南去。平阴县境英法两国教堂共计一十七处，先已焚毁三处，均系平房三间。南关系英国总教堂，马焕瑞管理，现住县署。白云峪距城东南三十里，胡家庄距城南十五里，均系法国教堂，教士梅择民。另有三四百人渡黄东来，住于城西五里之山头庄，声言上月廿四日白云峪教堂炮毙伊等四人，誓相报复。【永清】于初三日只带六人至山头庄，窥其地势，逼进黄河渡口，为西来扼要之区。【永清】至大刀会所住店中，劝其解散，该匪等颇相悦从，有散在各乡者，有渡河而去者。是日下午两点钟，杨统带率左一、左二各后队开抵平阴晤商，遂将步队扎于山头庄店中。刻下平阴县会匪远飏，稍为平静。近闻长清、肥城一带尚有匪一二百人，屯聚处所，饬〔余〕再无踪。除俟确查，再行禀报。

【批】：据禀解散平阴县境山头等庄拳匪情形已悉。办理甚为妥速。仰仍会同该地方官严缉访查。惟各匪首要非严缉当不报获，仍一

面督队防范弹压，俾免再聚滋事。此缴。

三、茌平禀

查复匪徒窜入县境情形，并随同获犯于福堂等由。十一月二十二，匪首王成章等率领匪众，窜入刘来寺一带，劫掳文童赵宗仁家，旋于二十三东窜长清县。东阿同城驿系与茌平接界，距茌平城六十里，现据探报尚无匪徒屯聚。刘来寺自王成章走后，二十七复闻有匪蠢聚。二十八日闻东字营队驰往，拿获匪首于福堂一名，于步阁、于步竹、朱庆岭、蒋宗田四名，格毙数名。

【批】：据禀已悉。仰将未获首要匪犯，赶紧按名严缉究办。其已获之于步阁等速即讯明具报，毋延。此缴。

四、禹城禀

十一月十三，窦庄教民张哲、赵荣、王化亭等三家被抢，已报明在案。兹访闻同日又有教民孙廷宣家，亦被匪抢去牛一只、衣物数件。

【批】：据禀已悉。仰即严缉匪首，务获究报。缴。

五、总署电报

英使照称，泰安府城及平阴县尚有英教士住寓，请电饬认真保护，先事预防等语。希严饬各该地方官，凡有教士处所，务须严密防范，毋再疏虞。鱼。

行两司、三道、十府、二直隶州、洋务局、石守、泰安县。

六、马天恩函

十一月廿八，东阿县城西北四十五里东庄东庆盛之母东高氏，因习教被邻境聊城属之祁庄张连元等领刀会抢掠，并要烧屋，经庄长等说合，出钱一百廿千免烧。其妹赵东氏见匪势凶横，携子赵长江惊逃，至今查无下落。

又本月初一，聊城东南四十五里祁庄，有教民四家，亦被张连元纠附近魏庄刀会首领魏尚和、魏尚志，领匪五百余名，抢掠岳传兴、祁凤舞、祁孝之共三家。祁凤舞之弟被刀背砍伤，岳传兴亦受有刀砸、火烧多伤。烧岳传兴门楼两座、屋一座。其余伊所有住屋，被卖于东阿黄家集地亩社中。查首领魏尚和等，在附近魏庄之顾官屯玉皇庙内聚匪演刀。又该处有王官庙庄，共聚匪四五百人，在该庄六处庙内设场。其首领查有魏庄魏殿邦、魏殿仁、魏兆存，并牛王庄杨玉令等。

行吉道，吴、任、杨、马统带，分别严缉。

行东阿、聊城，何以不报。

七、韩维廉函初六到

春末夏初，拳会场在长清赵官镇、吕官屯等庄设立不下十余处。彼时常有谣言。秋间，抢天主教民，尚不抢耶稣教民。迨秋末，谣传更紧。于十月十一、十六等日，两次函请长清张令预为防范，张令函复遵办。至十月十九，拳匪遂抢长清西乡辛店屯、水坡等一案。即将滋事匪徒名单及匪立字据两纸，分呈长清县，并抄送洋务局查拿备案。该匪等旋于十月廿二纠党李连江、李开木等，到马官屯，要抢王京坤等六家，经人说处，逼拿京钱一百二十千。该匪李继浩旋于十一月初四，吓逼教民迎神赛会，更逼教民出教。更可异者，李继浩、李延生、王成章系长清著名匪犯，长清劫案均伊倡领。闻长清防营戴统领于十一月初二，到赵官镇李继浩家吃酒，以致李继浩倡纠宫东岭（系连官屯人）、王成章（系坞头人），到辛店东街张玉平家要抢，经人处说，逼拿现钱一百二十千。又于十一月初六纠匪汪昌元（系吕官屯人）、朱启明（系朱家楼人）、宫西岭（系梁官屯人），到辛屯东街李秉贵家要抢，经人处说，逼拿钱六十千。十一月十一同到王家老庄宋彦臣家，勒逼现钱二十千、酒席钱五千。以上所开诸拳多系长清县人。十一月十八，又纠高唐名匪王登云等抢劫燕家窨。二十二、三等日，啸聚五六百人，抢烧教民十余家。二十五，抢烧孝里铺。

十二月初八日

一、总署电

美使照会，保护美教士之在济南、泰安者，共廿二人。

行两司、首道、洋务局、济南府、泰安府。

二、曾守、吴守备、金令会禀

报获卜案凶犯吴经明即吴三、庞燕木。

【批】：据禀拿获戕毙卜教士案内凶犯缘由已悉。办理尚为妥速。

仰将吴经明等妥解来省，以凭归案，严行审办。此缴。

行两司、首道、登莱道、洋务局。

三、又禀

初七续获正凶吴方城。

四、德州宋牧电初八下午

德匪散未聚。直境兵多。东境无兵，难弹压，请就近拨腰站勇亦可。吉道远在东昌，已禀，恐来不及。即赴吴桥晤商梅劳❶。森荫禀。

行吉道酌拨队伍。

十二月初九日

一、本年夏、秋、冬三季教案节略，初七晨起稿，初九午交上。

行洋务局查原案送核。

二、彭游击、季桂芬会禀

十一月廿五，彭率队抵高，连日会同劝解，有张家大庄等十二庄不听劝导。现在做工之处，距滋事村庄尚有八九里。一面谕令工人勿与庄众对敌。该公司允限五天解释，如官兵不打，必调洋兵来打。

本月初一，武生李金榜等率十二庄无赖各二十余人，在张家大庄聚齐，撞钟放炮为号，麇集二三百人，拆毁梁家埠窝铺五座，并谣言欲烧城外公司总局。可否恳电致青岛铁路公司，高密东乡照常工作，并未片刻停工。西北乡愚民滋事，现已由彭游击调兵弹压，会同季桂芬竭力办理，必不致阻其工程。惟必须宽限三礼拜，俾可从容办理。我兵力足资弹压，千万毋再轻调德兵前来。

再，现在又挽出邻境赵某下乡与之解说究竟，该铁路阻水为患，或多留桥梁沟洞，以备宣泄；或与该公司缓商绕道，必须有章程可办。赵某许一二日间明回城。

再，密境毗连昌邑于家下洼，而系著名顽悍地方，现在练有乡团千五百人，前已出头与铁路为难。彭游击驻防丈岭曾往解劝一次。现在访闻该乡十二村庄，特为发□，有勾结于家下洼暗助等语。现函令

❶ 梅，当是梅东益，劳是吴桥知县劳乃宣。

昌邑王令，从速解劝。请再电饬于家下洼乡团，设法解散，勿与高密结党生事。

批：禀悉。筑造铁路，原可多留桥洞，何能阻水。昨接来电云已安静，自可勿〔毋〕须电致青岛德公司。至称张家大庄等有与昌邑于家下洼乡团勾结滋事一节，现已电饬昌邑王令确查防范，劝谕解散，以期消患未萌。仰该令等即会同王令商办，并移令彭游击知照。此缴。

三、电昌邑

潍县送昌邑王大令览：现高密张家大庄十二庄与铁路公司为难，现经拨队弹压，业已安静。惟访闻有勾结昌邑于家下洼乡团情事，互相勾结，谋与公司寻衅，不能不预为防范，应即查明，预为防范。并驰赴该乡剀切劝导，饬令解散，毋滋衅端为要。

四、为札饬事。本月初八日，据德州知州宋森荫电禀：吴桥拳匪勾德匪，在吴桥焚教堂、拒官兵，请饬禹城吴军门拨队数百来德弹压。直东同禀。初九日又据宋牧电禀：晤梅、劳。匪散，扬言来吴报仇。梅军驻直边，德有勇方免阑入。昨禀吉道拨队各等情到本署抚部院。据此，查昨据宋牧电禀，业已飞饬吉道酌拨队伍前往弹压。至吴统带驻扎禹城，一时未能调拨。兹据前情，应派督粮道尚道其亨会办行营营务，督带佐字中营驰赴该处会同。

行尚道、吉道、营务处、善后局，行德州。

五、马天恩函致洋务局

临清：费若瑟电称，临清各属拳匪揭竿灭教，不速拿办，必罹害，请电饬驻扎临清各营极为弹压。

堂邑：本月初二，堂邑县丁团寨教民安志良，被拳首李希魁、李魁头，皂班吴连科、王遵礼率众抢。同日又抢后杏园庄教民陈立荣、陈立本。又抢教堂。

清平：博平樊庄樊小驴、樊宗禹、樊宗峰、丁金宝聚三四百人，于十一月廿五抢清平魏【湾】教民王庆恒。

博平：本月初五，又抢博平田庄田庆堂与平民田玉德两家，王麻子庄刘兴太一家，至今麇聚未散。

【批】：行堂邑、茌平，行吉道酌拨队伍保护。

严饬茌平、堂邑。查该令前会同马统带查办刘来寺踞匪，据报获犯五名，办理匪案似尚认真，何致遽贻外人口实。惟现当钦奉严旨保护教堂之际，又据马函称抢掠教民多家，教堂亦被滋扰，并有差役通匪情事。该令务当实力防范，更不得稍涉疏懈，自取惩尤。

六、临清美国教士秦恒瑞、金发兰、甘雅各、侯理定公禀

高、博交界匪又唱戏聚众。

批禀：已飞饬济东道酌拨队伍驰往弹压，并电饬临清州妥为防范保护矣。此缴。

行吉道拨队，并电行临清州。

行吉道派员会审于福堂等四案，行马、吴统带，行高唐、茌平、平原、夏津。

行吉道，严缉匪首侯天顺、丁兆红。

十二月初十日

一、直督电

现在义和拳匪至，尚希卓裁。

行张奉先，中、前两营一并开往。行尚道，添派前营。行吉道，赴冠县查十八村有无匪巢。行营务处、洋务局。

二、洋务局详

十二月初六马天恩函，东阿东庄东庆盛之母东高氏等被扰一案。

【批】：据详已悉。已分行济东道并各统带确查严缉矣。仰即知照。缴。

三、平原禀

查明现时并无匪徒滋事。

【批】：据禀已悉。仰仍严缉匪首李长水，务获究报。缴。

四、德州禀初八

境内并无拳匪麇聚暨焚烧抢掠各情事，地方一律安靖由。

【批】：禀悉。据电禀直隶吴桥拳匪勾结德匪，在吴桥一带滋扰，已札派尚道督带佐字中营驰往该处会商查办矣。仰即随同该道妥慎办理。缴。

五、高唐李禀

查明李泽并无聚众滋事暨境内亦无匪徒窜入抢掠由。李泽是武生，人尚老成，与平原之祀家花园人祀砚田、恩县之中西头庄人宋兰亭练习武功，多在宋兰亭【家】居住，并无在本庄聚众滋事。李魁奇是苦水李庄首事至亲，年约六七十岁，外貌亦极诚实，似非多事之人。南镇并无踞匪。

【批】：据禀已悉。仰即会同戴营官扼要堵缉，实力弹压。戴守礼不日带队来境，分扎南镇、涸河，以拒窜扰。

六、肥城禀

【批】：禀悉。已将报解戕毙卜教士案内正凶吴方成、吴经明、庞燕木，被告白吉龙、李大成，地保路秀释六名，发交臬司，督同首府、县提审禀办矣。仰即知照。缴。

行臬司。

七、恩县禀

境内并无拳匪屯聚滋事，亦无焚烧教堂、抢掠伤人各情事。庞庄有美国洋式总教堂，刘王庄等处有法国总教堂。

【批】：据禀已悉。仰仍将庞庄、刘王庄等处教堂认真保护。仍随时会同营汛弹压，毋稍疏虞滋衅。

八、李玉田禀初九到

遵拨勇队一哨，驰抵阳谷防所。前、右两哨均驻博平，尚可抽拨一哨赴阳谷。右哨哨官胡永贵初三到防，初四赴七级驻防。

【批】：据禀已悉。仰仍转饬胡哨官会同阳谷胡令，认真巡缉防范，以靖地方。缴。

九、莒州禀初九到

目下并无回归被胁拳民，并民教相安情形。

【批】：禀悉。缉匪为牧令专责，原不能徒恃防营兵力。该牧自募壮勇、马勇，分段扼扎，借资缉匪之用，办法尚为妥洽。仰仍严行会同各道、州、县，严缉著名匪首，务获究报，以励官守而靖地方。缴。

十、济宁州禀初九到

奉札饬整顿号马，并以后如有聚匪之事，知会防营，克日弹压。

现在认真遵办。

十一、据禀已悉。缴。复吴桥劳乃宣信。吴桥劳禀拟抄。

十二、德州禀初十到

劳函称，吴桥南县时有拳匪设厂。棘科王庄王春华等，勾结德州排子庄李姓，在吴桥孙公庙内设厂。前月二十九夜，二三百匪将庞家桥教堂烧毁，并焚抢教民六家，伤教民二人，杀平民一人。经官兵购线，在赵庄获犯十余人，供出首犯系德州排子庄李发祥或名李庆海、李德海或名李振海、张开祥，暨赵家集郑凤亭四人。嘱即严拿解究，并派牟周树森带线过境会拿。查直、东两省，于光绪十五年间定有隔境联捕章程，且恐激则生变。初七又准劳令函称：初五又在该县辛集聚众数百人，意图窜扰。闻信调兵往捕，该匪列排迎敌，拒伤官兵。当场格毙数名，生擒十余名，讯供又系德州齐家桥人，李金荣、郑德茂为首。并传闻直东交界之都流口、邓家集等处，聚众不下二三千人，非两省派兵会拿，不能得手。查排子庄、赵家集、齐家桥三处系德州境，不无习拳之人，现未潜回，并无二、三千人；邓家集距城百余里，半属德州半属德平；都流口系在平原境内。

【批】：禀悉。又添派佐字前营，与原派佐字中营一并由尚道督带，驰往该处会商查办矣。仰即随同尚道妥慎办理。仍一面悬赏严缉匪首李发祥等，务获究报。缴。

十三、长清禀初九

武卫右军右翼何领官肥城第二营吴协镇：济东道准洋务局，刀匪多人，在长清翟家庄盘据滋扰，烧抢教民。右队黄哨官宠太到防初三到长清，妥商办理。查此起匪多系河西及茌、齐等县边界之人，多已四散。拟拨队驻河西之潘家店、赵官镇等处。

【批】：据禀已悉。既云匪徒逐渐解散，即可乘此实力捕拿著名首要，以清本原。不致兵至即散，走又复聚，其为患终无已时也。仰即认真查办，不得徒以空言塞责。

十四、韩维廉函初十洋务局呈

赵官镇拳匪日盛，会场愈多，吕家屯、朱家楼均有会厂。齐、长、平、肥等邑之害，俱由长清会厂而起。初三、四勒逼南方寺头庄鞠、李两家拿银，又勒逼娄家集李存珠家拿银。该匪又送到一信：翟家庄、三官庙、龙官庄等庄已抢之家，不日再到该庄捉抢。匪首李继浩、李延生、王成章均系此地要犯，屡请按名查拿。

【批】：行吉道、长清。

情词闪烁。是该教士函称匪徒仍聚该县境内赵官镇等处，自非无因。现当恭奉谕旨认真保护教堂之际，亟应严饬责成该令实力查办，以免别滋衅端。除分行外，合亟札饬。札行济东道□□□办。

行吉道，派员会审四案匪犯，行任、马统带，行夏津、高唐、茌平、平原会审。

十五、初十午办教案。东海关申请游历保护。行咨。

十二月十一日

密查长清能否胜任札。

札济东道、马金叙悬赏五百两拿要犯二名内稿。

札委何昭然会办平肥一带拳匪内稿。

行吴、杨两统带，行肥、平、长清、东阿、齐河。

咨总署房稿。叶世克电：特准兵队入高密境。并复电：殊不可解。办教案。东海关申请游历保护，江海关申请游历保护。行咨。

十二月十二日

一、泰安府督同肥城复验卜教士被匪戕害伤痕十二

【批】：仰按察司移令洋务局分饬知照。缴。

二、莱县禀十一

境内并无拳匪。

【批】：据详已悉。缴。

三、马天恩函十一亥

平原：十一月初七，刘家屯刘江官、董路口庄祖长贵、大孙庄孙跟子、赵里安庄刘安明、唐庄唐照子、崔家坊拳厂等首领，结队抢宋庄教民宋天贵、苇子茔教民李文举、老唐庄教民唐阶献、大王庄教民张姓。大王庄地保因阻被匪刀伤。前后指控，该县不准。

行吴统带派员往查。

四、恩县教堂美教士傅恒理、明恩溥禀二件，十一

为拳匪扰害教堂，沥陈情形，冀杜乱机由。

【批】：据禀已悉。现已派员驰赴各处督缉匪首，务获究报，并分饬各地方官一体认真保护矣。仰即知照。

五、拳匪迫害夏津教民情【形】屠令姑息养奸

【批】：禀悉。已分饬查办矣。此缴。行吉道派员查。

前任移交奏稿，奉朱批两件。

六、洋务局详

济南府属教堂六十余处，美国教士四名。

【批】：行济东道、十府、二直隶州。

据禀已悉。济南一府教堂何致有如此之多，是否均由传教西人盖造，抑是由教民集资营造，究属何人产业，其中共有洋式教堂几处，仰即分饬各州县密查，就近向诸教士询问明白，另行详复。照单开各处教堂及领有总理衙门凭单之各教士认真保护，毋得疏虞。至折开各府州县教堂、教士大概情形，一体分饬各地方官行各道转饬所属州县，详加查考，一并据实禀报。此缴。

七、马天恩函送十二月初八洋务局

新城莫绳武邢家庄，平阴梅泽民、范开正、庞高媲白云峪，东昌、临清费若瑟临清小庐，本省【城】苏经邦、罗类思城东洪家楼，本堂铎振声、布顺友。

八、彭运钊禀十一

【批】：据禀自泰安驰赴肥城缘由已悉。缴。

九、平阴禀

初二、三又至孔村之王家庄并罗山套等处，抢掠教民数家粮粒、钱物、衣服多件，焚烧柴草、教堂房屋。吴守备于初五、曾守于初六回肥城。

【批】：禀悉。孔村王家庄、罗山套等处教民被匪抢掠，究竟共抢若干家，粮粒、钱财、衣物等项共失若干件，柴草教堂房屋共烧若干间，仰即驰至该处确切勘明，据实禀复。后遇有拳匪聚众滋扰情形，务须于事前严密防范。万一防范不及，一经呈报，该州县守必须赶紧

会同营队，迅往掩捕。一面将勘明抢掠实在情形详晰具报。务将首要拿获到案，从严惩治，以肃法纪而清祸源。缴。

十、济东道夹单（十二）

博平王令用霖请加营务处衔。

【批】：据禀遵饬查酌缘由已悉。王令办事现尚勤奋，准如所请。仰由该道饬批札委。如能拿获著名匪首，再由本署抚部院加札，以示策励。此缴。

十一、济东道禀十二【到】初十高唐发

初七到高唐，由李牧送到十里铺贡生刘秉清到案，供称本名实是刘泽普，发夏津归案审办夏津张海供刘泽普过付。李牧拿犯刘金兰即刘福兰，该牧研讯，容续禀。高唐现无匪踪。马金叙称茌平亦尚安靖。已将驻禹城之亲军东正两哨调赴随行差遣，所遗即移吴统带拨队填札，总期滋事有名之匪悬赏购获暨设拳厂之处消灭无遗。临邑刘令禀复，该境谢家庄并无聚会之事，马天恩所称拳匪欲抢商河张庄，请饬查禁一节，亦无其事，该庄首事地方情愿出结。其获案之高八仔一名，是否匪类，饬即详审录供，径禀。禁拳厂，已移令马副将酌拨哨队赴德州。夏津屠令禀，直隶清河有匪阑入该境郑保屯，旋为该令率队逐出。又据马副将函称，东昌洪守函称，直隶威县、曲周匪徒欲至冠县梨园屯等处，意图报复，非有大队，不足以资镇慑。马金叙拟即率队前往，相机办理。窃惟山东西北一带，如德州、恩县、夏津、武城等处，均为直隶门户，处处可以阑入。高唐李牧查得罴狐李等庄李泽等聚众购械一节，李魁奇年六十余，安分；李泽即李鸿魁，现已外出，宅内仅竹杆数十根，购作搭棚之用，并无白蜡杆。○○发禀后，拟即驰赴夏津。宋兰亭恩县武生、祀砚田平原武生、李泽，平日颇取信于拳匪，拟招致三人，即着分途劝解，访办匪首，以仰副兼用绅士之意。

【批】：据禀现在办理匪案情形并抄呈示稿均悉。亦极妥洽周详。查禁拳厂以清祸源，严缉首恶以孤匪势，即是治本治标参互办法，具征硕画精密。其余筹办各节，亦均次第秩然。夏津既有直匪阑入境中，自应随时严密防范。该道到夏津后，仰即严密认真，与□〔冠〕县两处情形，轻重如何，会商马副将酌拨营队扼要堵缉，俾免勾结为患。冠县如较夏津吃要，德州一带已派尚道督同佐字两营驰往会防。

该道仍另檄随时会商尚道，妥速办理，总以解散弹压为主。但能将首要次第缉获，拳厂一律查禁，即可弭患于无形也。

十二月十三日

一、总署电

接燕电，即面商英使。现据复称，拟派上海副领事官甘伯乐前往会同审讯，大约十二天可到山东等语。即希尊处于该副领事到省时，饬臬司等公同妥为商办。文。印。

行司局。

二、济阳县详

并无拳匪。发房。十三。

三、张奉先禀十三

请将右、后两哨调回省东章邱等处，以补兵力。

【批】：如禀办理。此缴。

四、东昌洪守禀

访闻邱县长屯一带地方，近有匪徒啸聚，欲向冠县之梨园屯滋闹。该屯只有步队一哨哨官刁清禹，又分驻红桃园，兵力甚单。初八晚冠县程方德禀，并来府面称：直隶威县、临清州、邱县所辖之吴家寨、长屯一带地方，有匪徒二三百人，将赴梨园屯滋事，并闻约东路匪千余人，尚未到齐。勇目曹中明带勇一名，前赴长屯哨探，被其掟去。查梨园屯孤悬河北直隶境内，为南宫、威县、清河、曲周等县村庄所环绕，距县城百四十里，府城二百五十里，与邱县之长屯、小芦等庄较近。同治八年至今，民教屡经构衅，结怨甚深。此次意图报复。而临境小芦有洋式教堂，威县、曲周境内亦复教堂林立。当即函令马统带带队取道临清，驰赴该屯弹压。计程仅六十里。

【批】：据禀已悉。前准直隶督部堂电称：直吴匪勾结东拳匪滋扰吴桥等处，请由两省派队会同捕拿，并云梨园屯十八村亦有匪徒，请饬查办等语。当即札派督粮道督带佐字两营驰赴德州一带会同巡缉。并饬济东道酌拨队伍，驰往弹压，就近会商尚道，妥善办理。并饬赴冠县、夏津一带察看现在情形，督同该守等相机筹办。昨据济东道禀称，夏津郑保屯等处亦有直匪阑入，虽经屠令率队逐出，仍屯聚附近未散。该道拟即先往夏津督察。并据称茌平现尚安谧，马副将金叙已由该处驰赴冠县弹压等语。即经批饬该道俟由夏津驰赴冠县后，察看该两处情形轻重，酌拨队伍，分途扼要驻扎，毋任窜扰勾结为害各在案。兹据该府禀称，邱县长屯等处均有踞匪，长屯、小芦又距梨园屯较近，而小芦又有洋式教堂。按其情形，更较夏津为重。由县兼顾并筹，以臻周密。现又分饬济东道、临清州会同马副将金叙等，妥速查酌办理，并分咨直督部堂檄饬威县、曲周等县会同邱县、夏津、冠县兜拿，不分畛域，毋使分途窜扰。仰该府即就近禀商济东道，于毗连直境各紧要处所，酌派队伍，常川巡缉弹压。一面督同所属妥为劝谕，解散胁从，严拿首要，务获究办，以安边境而弭衅端。此缴。

行济东道、临清州、邱县、洋务局。

五、咨直隶督部堂

为咨呈事。案查山东各属拳匪滋扰教堂，已非一日。所有沂属各案，已于本年五月议结在案。五月以后，该拳匪等又在兖、沂、曹一带抢掠教民、教堂，前经法主教安治泰会同兖沂道彭虞孙确查商办，尚未议结。其中并有焚抢民人案件，拟俟结案时，分别办理。九月以后该匪等又在济、东、泰、武、临各属滋扰。体察拳匪滋扰教民因由，积怨使然。其中亦有不法奸民从中煽惑，不分民教，任情滋扰。各教士均先后呈报有案，已经行查，有未经止之者。本署抚部院到任后，迭经多次出示，剀切晓谕，一以解散胁从，严缉首要为重。并通饬各州县，凡办教案，必须按照条约，持平办理，以平其积怨而遏乱萌。又饬令各属查明境内共被拳匪抢掠民人若干家，教民若干家，教堂若干处，确查详勘，分别具报，以为将来议结教案、筹办抚恤根据，俾免各教士事后借端勒索。兹据各道、府、州、县、各防营先后禀报，济、东、泰、武、临各属抢扰案件共一百□【余】❶起，内中教民案一百多起，被【扰】之教民共二百二十□家，民人□❷家。又共烧毁教堂十处，掳架伤害教民、民人三十名。再内中有一百十案系

❶ 原稿空字。

❷ 同上。

由各州县禀报，有十六案系由各教士禀报。查各教士先后呈报案件甚多，原不仅止此数，除已据州县禀报毋庸复列，及其禀报不实，尚待查勘者暂不汇列外，故单内由教士呈报仅止十六案。此系就现在查明案件先行咨呈备案，嗣后如再有续报，及查有根据者，再另案汇咨。除严饬各属严缉匪首，解散胁从，以期□□【根株】外，理合具文咨呈贵衙。谨请查照核发施行。须至咨呈者。

六、马金叙禀

初九接洪信，小芦距梨园十二，常屯距梨园十八，于集十二。于集又名中兴集，请拨队直抵于集。逸匪阎书勤啸聚三五百人。高庄、孙庄亦系拳匪。匪首牛壑子、孙汉章、高珂、高小麻、高五杈子。

【批】：据禀拨队驰赴临清各缘由已悉。此案已据东昌洪守禀报，仰即驰赴该处，会同吉道、洪守等妥慎办理。昨据吉道禀称，夏津郑保屯尚有直匪阑入，经屠令率队逐散。冠县之梨园屯、邱县之常屯，与夏津郑保屯等处，皆为直东门户，匪徒处处可以窜扰。该副将等审量地势适中之处，扼要分扎，以期兼照。小芦闻有洋式教堂，亦须拨队驰往防护，毋稍疏虞。此缴。

七、为札委查办事。前于十一月二十四日，据季令等电禀：高密车辋、坊岭两乡地洼民悍，以铁路阻水为词，聚众滋事，焚烧铁草房屋，欲与德公司为难。经官绅下乡劝导，公保浚河宣泄，已有六乡遵劝。本月初三，又据季令等电禀，连日解劝，尚有张家大庄等十二村庄不遵，武生李金榜等率百余人，持旗抬炮，赴该处拆毁铁草窝铺数座，抢走粮食各散。幸预有准备，未伤工人各等情。当即札派莱州府曹守驰赴该处查办，并飞调管带东字后营彭游击金山，将潍防全队开往弹压。旋据季令等禀称，现已遵劝安静各在案。该车、坊等乡，于初九日进城具结，再办交涉等情。兹于十二月，又据季令电禀，前议已变，不愿进城，先议善后，必铁路改道，即豁免湾里各庄粮银，均碍难照准。德公司副工程司锡贝德等则勒令派兵驻张家大庄，否则自调德兵。同日又据彭游击电禀，十一月洋人开工，张家大庄十一日早，李金榜、孙文、孙成书各率众持械，三千余人，开炮拦阻。当将洋人保护。又据季令电禀，李金榜、孙文两支，该令在乡力阻，孙成【书】一支，则已阻止不及，回城各等情。复经本署部院据情电咨总理衙门并电达青岛德公司总工程师锡乐巴，请其暂停工程，以待商办。并电嘱亲来省会妥定章程，并继派委员会同勘造。一面电饬季令等出示晓谕，铁路原多架桥梁，必不至壅水成灾。倘成灾，本部堂必奏请豁免钱粮，妥办抚恤，毋得妄生事端。旋准锡乐巴电：现蒙派干员精兵弹压调处，是诚极善，即着舍弟贝德赴高商办等情。据此，亟应遴派妥员驰往高密，会同锡贝德妥速商办。并嘱赴张家大庄等处剀切晓谕庄民，设法维持，相机因应，以期从速了结，而弭衅端。兹查有该守于交涉事宜甚为熟悉，上次查办高密大吕庄滋事一案，亦颇妥速，自应仍准该员驰往查办。除行局查明外，合行札委。札到该守即便驰往高密，会同曹守等妥办，应带随员、翻译，准其禀请。所需薪津等费，已饬善后局照章支给，以资办公。仍将办理情形随时明悉报查。

札委石祖芬办高密路案十一日，李金榜、孙文阻回。孙成书开炮。

行善后局。

八、东昌禀十二日到

请派拨马队四哨，驻东昌、临清，以资弹压。

【批】：行吴统带向西移札、详议具复。行吴统带、前队领官王开福，请扎茌平。若于茌平驻马队一哨，可以兼顾高、恩、冠县之梨园屯与临清之小芦、红桃园等处。清平魏家湾地方与冠县、临清俱近，于该处驻一哨，即可兼顾临清。且现值粮艘冻阻，清平亦可借资弹压。郡城东南之七级镇，本属阳谷辖境，距莘县较近，该处盐贩匪徒悉由此以达莘县；而阳谷之坡里等庄，又为教中窟宅。

【批】：据禀已悉。马副将驰赴冠县一带弹压，茌平自是空虚，现已札调武卫右军马队前队领官王开福速率所部前往填扎矣。至魏湾、七级，该郡在同一之处，札饬济东道另拨队伍往扎。是以兵分则力单，且难照料，只可扼要安扎，多派侦探，遇有警急，迅即驰赴，或较得力也。此缴。

行吉道酌查妥办，行吉道转林秀全，马队调东昌听吉道节制。

九、聊城禀十一

十一月十二三，由东南东阿、茌平等县入境，窜至果子王庄，向教民韩良孝等家滋扰，勒令反教。致将韩良孝、韩养德、韩良忠、韩容德带去，说明翻教，即放回，并无关禁勒财及凌虐杀害情事，现均在家。

【批】：据禀已札饬洋务局详复法主教马天恩知照矣。此缴。

十、堂邑禀十一

十月廿六，双庙任家庄传教之茌平县人李芳亭呈报，该庄教民李玉奇、李敬成在一处奉教，于廿五夜被贼窃去衣物。并无抢掠教民十四家、烧毁教堂并勒索银两，其余教民十一家均被折卖各等情。

【批】：禀悉。已札行洋务局详复法主教马天恩知照矣。惟教民等讹索平民日甚一日一节，岂可听之！受讹索系何案，本署部院甫莅东邦，日以保民为务，该令务须遵照饬札持平办理。究系何人何案，仰即确查禀复，以凭核办。缴。

十一、平阴禀十一

肥城禀：上月廿九日，在毛家铺系平境，距张家店尚远被骑马贼杀害等情。卜教士被杀，即在肥境下井庄与四槐树之间，马教士悉知其处，本府亦知其处。被架被杀，均在肥境。

【批】：禀悉。已札饬泰安府潘守确查禀复矣。赶驴柳士仁为此案要证。现在承准总署电开，英使已派上海副领事官甘伯乐来东，会同审讯，大约十二天可到等语。仰该令即嘱令柳士仁来省候质，不得令胥吏借端需索为难。此缴。

十二、禹城禀十一

查明杨家圈并无聚匪。【该地为】东正前营右后两哨驻扎，茌、高、长、齐连界，西南要隘。

【批】：据禀已悉。仰仍随时会同防营，实力防范弹压。缴。

十三、曹县禀十二曹榕

准河南祥符县禀请委员押解东省流民到境转递情形由。商邱县自九月廿四至十一月初六，四次递回沂属流民大小一百卅九名口，点验仅有六十名口又复潜逃入豫。兰仪每名大钱五十、考城六十、曹县八十河南发。头起四百九十五、二起六百卅六、三起五百九十仅有二百卅五、四起二千四百五十九仅有一千八百九十四。

【批】：禀悉。饥民皆是朝廷赤子，往返解押，实属可悯之至。该饥民等因本籍毫无生计，为免作饿莩，故逃出境外谋生。如驱之使归，而无以为养，是陷之以死也，殊堪痛心。仰饬札行三司会议办法，再行遵饬收养饥民。缴。

十四、东平州禀十二

一体认真查拿首要拳匪，并地方安靖由。

【批】：禀悉。仰仍随时认真查拿著名首要匪犯，务获究报。缴。

十五、夏津禀十一

贺屯教堂一处。教民贺殿寅一家，至今未据开单呈报。平民贺殿周一家，钱文、衣物、牲口估计银五百余两。

【批】：禀悉。昨据济东道禀称：直隶清河匪徒阑入该县境之郑保屯，经该署令率队逐出，具见办事尚属认真。现在邱县长屯亦有匪徒迹象，仰仍随时严密缉获弹压，毋任土匪肆行为患。此缴。

十六、武城禀十一

境内并无匪徒窜扰。邻境直隶故城等县，拳匪甚多，难保不越境窜扰。

【批】：禀悉。现在直隶吴桥拳匪勾结德州拳匪滋扰。查吴桥等处、威县吴家寨拳匪，亦与邱县长屯拳匪互相勾结，意欲滋扰冠县之梨园屯，已派员督队会办。所有与直境毗连德州、冠县、恩县、邱县，仰即随时认真防范，毋任直匪勾结为患。此缴。

十七、清平禀十一

城内耶稣堂一所，系典民房教士躲避。各乡共耶稣、天主教民十四五家。十八日至冯传庄，五六十人，将王长贵家房屋拆毁，毁磨二盘。二十四日拳匪至许庄，取教民许芸磨一盘，此股即在博平蔡屯左近一伙，旋即散漫。十一月十七，张庙来匪百余人，东南越境十里堡亦来七八十人，十八日即归并张庙。十七夜至小刘庄拆教民刘昌栋空屋。十八日五鼓，马统领带队由博赴高，路经该处，匪扣留往探之王守备建之、巡查葛全兴、博平马夫，当即送回马营。二十一日一体散漫。惟有博兴接壤之兴安集一股，其所住庄外店房系博平所辖，现又散去。

十八、清平禀十一

查明拳会实在股数，据实禀复。

【批】：禀悉。仰仍随时会同邻近各州县，严密防范，实力查缉，毋任匪徒分股窜扰。此缴。

十九、[1] 直隶督部堂檄饬威县、曲周等属会商邱县、夏津、冠县等属，不分畛域，于各交界地方有匪聚集之处，认真设法兜拿。并仰该府即就近禀商济东道酌拨队伍，于毗连直境各紧要处所，常川分布巡缉，毋稍疏懈。一面督同所属妥为劝谕，解散胁从，严拿首要，务获究办，以安边境而弭衅端。此缴。

十二月十四日

一、左翼步队杨荣泰禀

择白云峪以北相距五里赵庄台，屯扎左二后队两哨。又官庄距赵庄台由小路通人处计十二里，官庄扎左一后队两哨。孔村距赵庄台、官庄均不甚远，即在孔村屯扎一哨，为犄角之势。惟胡家坡距白云峪、胡家庄为最近，风闻胡家坡拳匪亦有注意攻打白云峪之说。现在所带两队计五哨，已经拨防，尚虑不敌，札调驻泰左二左队领官聂汝清带赴东阿。

行杨统带、行聂领官。

二、东昌府洪禀

带队队目曹中明凌虐致死，勇丁张金得尚无下落。匪已入清河县境，请派队弹压。

【批】：禀悉。匪徒戕害勇目，势极猖獗，实堪痛恨。现已札行吉道，当遵酌拨队伍，会同直隶所派将吏，协力拿办。并已派骧武营林管带转令率马队前往矣。仰饬督同冠县程令等，严密防范弹压，并保护境内所有教士、教堂，毋任土匪窜入滋扰，别滋巨衅，是为至要。

三、洋务局马天恩函

茌平小张庄教民张岑儿，于八月二十二被匪刀伤四处，延至廿六毙命。控拿领匪行凶之马家沙窝营兵刘囤儿，供认不讳。豫令何以释放凶犯系城里五里庄刘太清、城北潘家庄潘妮儿二人。毙王冠杰之凶手，系茌平城东五里薛家庄贾兆瑞。薛家庄教民贾岚被抢，亦由伊勾

[1] 此稿为另纸夹单。

匪。田庄田怀德为神拳教习，代朱红灯为统领。平阴山头庄贾士位，至今未拿获。

行吉道、东昌，太安、平阴、茌平。明日禀复。

四、高唐州禀十一

遵饬兼用绅士。

【批】：据禀遵饬兼用绅士缘由已悉。仰候该团营等禀复到日，即行具报查考。此缴。

五、长清禀十一

查明杨家圈系禹城地方，距长清城八十八里，距长、禹交界之苔镇十八里。该处有无匪徒，无从查悉。

【批】：据禀已悉。该县距省咫尺，迭据控诉该县境内有匪徒滋事，并未据该令详细禀报，始终借词诿延。屡经批饬县令抚绥地方。仰即凛遵迭次批件，认真查办。倘再似此玩忽朦蔽，定即查办严究。此缴。

六、清平禀

查明张庙实无聚匪千人，现在亦无匪踪。饬仓长任承荣等剀劝解散之时，云不及三百人。

【批】：据禀已悉。缴。

七、泰安府督同金令禀十一

初四日，在平阴马教士处复验，与前验相同。惟分寸及零星各伤，因急于具禀，未及细报。除将详细情形另行禀报。

【批】：据禀复验卜教士尸伤大概情形已悉。已按正禀内批行司、局饬遵矣。仰即转饬肥城金令知照。此缴。

八、高唐州禀十一

【批】：禀报刘泽普移送夏津旧案质讯缘由已悉。已札饬夏津屠令速讯具报矣。此缴。行夏津。

九、高唐州禀十一

【批】：据禀查明董庄等处并无聚匪情形已悉。仰仍严缉匪首董洛四，务获究报。缴。

十、高唐州禀十四

【批】：据禀收录武生李泽充当队长缘由已悉。仰即督饬设法严缉首要。缴。

十一、长清禀十四

【批】：据禀本月十二日境内并无拳匪滋扰缘由已悉。缴。

十二、洋务局详

【批】：据详已悉。已札行济东道确查严缉矣。仰即转交韩教士知照。缴。

十三、冠县禀

探明长吉一带匪徒欲赴梨园屯滋扰。

【批】：据禀已悉。此案昨据东昌府洪守禀报，业已札饬济东道吉道驰赴临清、邱县、冠县一带，督粮道尚道分赴德州一带，会同直隶所派张道□□、杨统带□□等妥速筹办，协力查拿。并添派骧武之马队驰往东昌等处，听候吉道调拨矣。兹据禀称，逸匪阎书勤等，啸聚直隶威县之吴家寨、邱县之长屯等处滋扰等情。又札饬吉道、尚道等分移转饬各属，一体协缉，以杜窜扰而清祸源。行吉道、尚道。

十四、高唐州详〔禀〕

【批】：据禀已悉。仰将各案匪首勒限严缉，务获究办。缴。

十五、平原禀

讲武堂教习保选县丞陆建章带队到县，拿获拳匪王凤春、侯立志两名讯供，王，东全庄人。

【批】：此案已札饬济东道派员会同复讯矣。仰候讯明具复，再行酌核饬遵。

十六、泰安府潘民表，平阴梁石甫、任永清、杨荣泰督率队伍，分拨择要驻扎。

一城〔驻〕县城南关，专护英国教堂马教士。

一驻城南北官庄十五里，距胡家庄法国教堂三里。

一驻城南赵台庄二十五里，距白云峪法教堂五里。

梅、范两教士互相换驻。

一驻城南孔村卅五里，南路咽喉。

一驻城西山头庄距城三里，紧临黄河渡口。

【批】：据禀已悉。缉匪为守令专责，拨队驻防，只是一时权宜，不能经久。该守务督各属，迅将攻打白云峪教堂诸匪确切查明。仰即转饬，勒限严缉，务获究办。俾免兵至即散，兵走又聚，良民无辜也。缴。

十二月十五日

一、精健前营李长卿禀十五

遵饬稽查黄河渡船，不得任令该匪等南渡。如渡船有□缉匪首要犯者，立即禀解，定即从优奖赏。

【批】：据禀已悉。仰即督同弁勇，随时认真稽查防范，毋稍疏懈。缴。

二、河成前营詹占元禀十五

前由，批同前。

三、夏津禀十五

十二月初七酉刻，拳匪窜入郑保屯地方，三百余人，并未焚掠教堂、教民，仍回直隶清河县境。东字正军前营前哨戴把总士元，追至与清河交界之高唐地方，不见匪踪。闻已窜入清河境，为首者系一僧人，同伙均以大师兄呼之。

【批】：禀悉。此案已于济东道禀内经批示饬遵矣。现邱县长屯亦有匪徒啸聚，马金叙已率所部即往临清弹压。并饬吉道驰赴东昌一带，会同该县协办查缉，不分清河、夏津。仰该县令仍随时严查防范，俾免土匪窜扰为患。

四、昌邑县禀王成驹十五

禀于家下洼非与高密县境张家大庄接壤之区，查无与密人联络附和阻挠铁路情事。并请严切檄饬季令，赶紧设法解散。洋工程司米费斯九月初到昌邑。

【批】：据禀已悉。高密张家大庄聚众阻工一案，已札派石守祖芬驰往该处，会同莱州府曹守妥速查办矣。此缴。

五、吉道禀十五

邱县、冠县、武城均以邻境曲周、威县等处匪徒窥伺梨园屯一带，请派兵防御。

刘金兰供：与董洛四素识，曾伙拿于清水，又借骑董洛四之马二次，并未犯有别案。供词狡展，饬州录供解省，发审定谳。刘泽（秉清）为匪说合银两，则已大干例禁，饬夏津解回高唐，提取贡照详革严斥看管，俟获到王介臣对质。

吴统带派员在平原查获之侯立志、王凤春，是否即抚札侯顺天、王禅正身，已饬县先行录供报遵，再遴选委员会审。

十一日到夏津地方，尚属安静。十二日临清王牧探闻，窥扰梨园屯之匪，已被营勇会县逐散，击毙一名，擒获一名。马金叙云匪根必在常屯。高唐、恩县一带马队早已撤回，无从调遣，恳迅饬吴提督照拨。东昌洪守向孚民望，王副将世清胆识俱优，深明大体。

六、韩维廉函十五，十六改札洋务局，发还原信

长清李继浩、李延生。各州县未闻拿获一匪。

【复】：来函备悉。屡饬各州县确查著名匪首，勒行严缉。据高唐州报获匪犯刘金兰一名；夏津县报获匪犯张海一名；茌平报获匪首于福堂一名，又匪伙于求阁等四名；吴统带报获平原匪犯侯立志、王凤春两名，均已发交济东道吉道严行审办。戕毙卜教士案内肥城县报获匪犯吴方成、吴经明、庞蒸木三名，现已发臬司审讯。先后共获匪犯十二名，马统带等在茌平击毙拒捕匪徒数名，此次抢梨园屯之匪被□县击毙拒捕匪徒一名，另获一名，尚不在内。来函云未闻拿获一匪，当系传闻偶误。现在又分饬各州县一体严缉矣。此复。

七、泰安府【禀】十五

驰赴平阴，会同武卫马步统领查办英国卜教士被杀一案，解散拳民，保护教堂，筹办民教日久相安各情形。

又平阴城西之王蒿店，为平阿接壤之处，时有拳匪出入，令马军时往游巡。又城东之毛家铺，为长清来路，与肥城之桃花洞相距甚近，尤为拳民出没之区。昨闻已有驻肥城之步队移扎张家店。

【批】：据禀已悉。所陈妥筹民教日久相安办法，颇中肯綮，仰即督筹妥办。仍一面督饬严缉各案匪首，务获究报，以纾匪患而清祸源。

八、武清禀十五

清河滕科林军营地方，有匪二百余人，匪首是一僧人，纠同清河谢家楼匪众多名，欲赴武城吕滑庄、十二里庄等处教堂滋扰。

【批】：据禀侦探匪踪、预为防范情形已悉。仰仍随时会同张令及邱县李令、夏津屠令等，并饬同直隶、清河等县，不分畛域，协力查拿首要各匪，以安边境而弭祸端。此缴。

九、武城县密禀十五

恩县、夏津为中路，临清、清平为南路，故城、武城为北路。直匪如赴茌、禹，多由此三路，亦有由德州、平原而去者。本月初吴桥境内焚烧教堂，杀死教民，故城亦有抢夺。初七邱县常家屯被抢，约五六百人。此屯距武十二里庄约五十余里。清平张庄纠聚百余人。高唐三处有匪：一罴狐李庄李泽为首不实；潘庄潘皋兰、潘永兰纠同本境侯四，麇聚扁瓜桥，五日操演枪炮一次；郝家庙刘化普、高庄高玉林、崇礼纠众亦多。

【批】：据禀邻境匪踪各缘由已悉。仰仍会同邻近各州县实力查拿。并严密保护吕滑庄、十二里庄等处教堂，毋任窜扰滋衅。此缴。

十、临清州禀十五

邱县西北乡匪民胡安贞、马洛有等迭次聚众抗漕，禀蒙派拨东字正军游击马祖兴前往弹压。十一月二十七日到县，驻城内（邱县），谕令速完漕粮。十二月初五，地保庄长禀报，马洛有等因认真拿办，拟勾结直匪，并要挟乡民数百人昼夜不散，扬言截劫完粮米车，以致廒中并无完户。请移会马管带带队帮同捕拿，临清州移令马祖兴就近会同该令密查情形，相机办理。

【批】：据禀已悉。漕粮系天庾正供，岂容刁民聚众抗阻。惟现当拳匪滋扰，人心惶惑之际，如操之过蹙，转恐别滋事端。现已饬司会议妥筹办法，并迅派妥员，驰赴该县，协同办理。仰即转饬遵照。缴。

十一、洋务局详十四

委文案祝嗣隆。

【批】：（原文空缺）。

十二、洋务局详

查送各属滋扰案件。

【批】：据详已悉。缴。

十三、临清营禀报夏津贺屯贺殿寅被抢一案。十七札饬，属稿。

十二月十六日

一、平阴梅教士禀

向统带问及云：除弹压扎开数庄，并查拿山头庄贾首一人外，不得擅办。又上月二十五匪攻白云峪，遗下姓名账本一册。抚宪告示，章邱、茌平、东平州等县，均未张贴。又章邱、邹平、长山、淄川、东平州等属，近日匪徒亦滋事。聊城等教士禀称，聊城王官庙据匪三四百人，□官屯聚匪二三百人，公议闹教。又长清东南六十里三尖台，有教民三家，近日五峰山西马庄拳匪四人，勾党数十人要抢。

【批】：行姚守、藩司、善后局、莱州府、高密、彭管带金山、洋务局、石守、东海关。改委姚守钊往高密查办。

二、咨直隶督部堂。据东昌府洪守第二次禀。

三、即墨县王宝瑜禀十五到

查明蒙阴耆民董文明呈控洋教各节。

查得县北井王庄西南振子崖并城三处大教堂，德国所立，教士名佛尔璞，教民分居各庄，不下数百人。

龙谷峪耆民董文明，随安治泰习教多年，佛教士劝仍入教不从，因此结怨。二十三年七月，邻村丈八邱民葛振乡父子酗酒滋事，董文明与该族长等赴官责押。旋经其子董仲进等保释，罚令请客，共欠饭馆等账一百一二十千。董仲进先垫还，葛振乡后未清偿。由董仲进说合，将地典给族长等。所陈典价仍未还欠，经董文明手交伊族窑户开煤使用，没钱赎它。【葛】振乡于廿四年入天主教，即呈控董仲进，经亲友与佛教士说妥，酌令缴还典地之价三百千，以备回赎，并立字据，天主堂收执。具呈且未抄完，改日调卷再抄。

【批】：据禀已悉。查教士入内地传教，并不准其干预民间词讼，载在条约，至为明晰。地方官审办民教互控案件，不分民教，只论曲直，仍恐不事事持平办结。不积压，不逾夜，洋人自不得而扶持之，民教或可相安无事。否则民教仇杀，终无止日，教士固自取其咎，地方官亦无以诿其责也。即如此案，佛教士挟董文明以不肯入教之嫌，遂致屡次借故函请地方官详革审押。贿获后，又另函释放。忽押忽释，起灭自由，已属非是。葛振乡系顽梗之人，仅得收入教内，又得代赎地亩，交由教堂收执。其恃教诈财，亦非无据。其自撰匾额，馈送同类，而篇文无耻，有玷教规。更为异者，地方官甘受教士指挥，责押平民，不问案情曲直是非，但凭教士私函，便可定谳，于吏治民生，大有妨碍。现已飞饬蒙阴县速行确查，据情禀复。俟此案查办完竣，即行结案，通饬各州县遵办。仰即知照。缴。

四、方守燕申禀十六

【批】：据禀查明英国教士马焕瑞禀内事理各情形已悉。缴。

五、马金叙禀十六

初十到高唐见吉道。十一吉道赴夏津、赴临清，而绕道于夏津之贺屯，有教堂初六日拳匪饱掠而去，东正军驻夏防队移驻贺屯。十二抵临清，据东正右营营官马祖兴禀称，本月十二据刁哨官【报称】，十一日午后有拳匪数百来抢李阎儿，开放抬炮，该哨势不得不开枪抗御，击毙骑马匪一名，年约十六七岁，匪遂逃去。我队得马一匹，有手受炮伤勇丁一名。该营官闻信往视，冠县亦到，并在庄东窑内巡见击断右腿匪一名。据供杨计海，年廿六，南宫人；匪首阎书勤、王玉振、李玉可、董姓和尚共有五百余名；此次受伤十数名等语。

又据临清州移，据邱县李令禀：初十日探得会匪首犯系直隶威县拳民王洛金，即王玉振，带领数百余人，并有僧人及幼孩数十名在内。又胡章等有复传鸡毛传帖聚众来城之语。又该匪等于昨夜将常屯教民房屋焚烧，并将教民许姓割去一耳。恳请拨兵会剿，拟于十五六移驻于集。

【批】：禀悉。仰仍会同各该地方官确探匪踪，实力防范。并查得匪首阎书勤等，务获究报。缴。

六、长清禀十六

查明魏贞银并未入教。

【批】：据禀查明民人魏贞银被匪抢扰缘由已悉。仰即勒限严缉此案匪犯究报。嗣后所有民教纠纷、抢掳案件，均应比照盗案办理，不准以拳匪须抚，转以捕务废弛。

七、长清禀十六

【批】：据禀已悉。仰将各案匪犯勒限严缉务获，不得以一禀了事。缴。

八、东阿禀十六，李光华实缺

查明境内被拳匪抢掠若干家，境内并无外洋教堂。与茌平、聊城、寿张、阳谷交界。上月二十二大雪，有匪四十余人从茌平入铜成驿，立刻冒雪驰往，弹压劝谕。该匪业已直渡黄河，直扑平阴。吴统带拨魏哨官明元带马队一哨到县，扎铜城驿。

【批】：据禀已悉。调拨防营，仅可暂资镇慑，该令仍须会同邻近州县，协缉著名匪首，务获究办，以清后患而靖祸源。东庄一案并饬迅即查明，拿获毋延。此缴。

九、新城禀崔焕文，十六

禀复通饬督团拿匪，境内无匪。

【批】：据禀已悉。仰仍随时认真防范巡缉。缴。

十、高唐州禀十六

【批】：据禀本月十三日境内并无匪踪缘由已悉。办事在实际不在浮文，嗣后按月禀报，用白八行缮写，上封名印州印。信前毋电另加手版，以节縻费。此缴。

十一、长清禀十六

有无匪踪。

批同上。

十二、武举前署沂州营城汛千总娄云生禀十四

为民教相争，宜缓图以散其势。

【批】：所禀不为无见。本署抚部院莅任后，已一再出示，剀切晓谕矣。缴。

十四又禀：区别民教，以息争端，而弭患源。

【批】：平民、教民，胥是中朝赤子，何容区别。来禀谓以区别息争端，不知正所以导其争也。欲息争端，在于不分民教，但论曲直而已。缴。

十三、齐河：十二无匪。

十四、禹城：十二无匪。

十二月十七日

一、催贴告示札

为札查事。照得本署抚部院莅任后，曾经两次出示，剀切晓谕民教人等，以敦睦谊而弭衅端，均札由该管府、直隶州封发该县，照式缮写多张，通行张贴在案。迄今多日，未据各该州县呈报领到告示暨张贴各日期。经本署部院派人访查，并有未经张贴之处。是否未经奉到，抑未遵饬办理，亟应札饬查明。除分行外，合亟札饬。札到该州县即将奉到告示数目，暨张贴日期，迅速禀报，并将照式缮写若干张，及贴过若干村庄名目，汇具清折，一并呈送来辕，以凭核查。毋违。此札。

通饬百〇五州县贴告示具复。

二、长清县禀十六

初九下乡，封家庄教民陈大礼、陈大顺、陈大玉、陈大伦、陈曹氏、陈延凤、陈中田面禀：于十一月二十二日傍晚被匪抢去粮粒、衣物、器具，陈延凤并被烧房屋四间，并无撞门毁户情形。

【批】：据禀勘讯封家庄教民陈大礼等七家被匪焚抢情形。

行两司、三道、十府局、两直隶州。批照上拟，另稿。

三、长清禀十六

初九下乡，至李家庄，习教民妇王李氏面禀：于十一月二十二日午后被匪抢衣物粮粒。翟家庄教民李玉安面禀：于十一月二十六日早被匪抢拿衣物并牵牛只。经人处说，用银赎回，并无撞门毁户情形。

批同下。

四、长清禀十七

初十下乡，至辛庄，据县民刘存榜面禀：于十一月二十五日午间被匪抢去车辆、衣物、器具，并将伊工人张希苓殴伤，暨将伊弟刘存训掳去，勒令用银二百两赎回。薛庄县民房庆台面禀：于十一月廿八日午被匪抢去银钱、衣物。

【批】：据禀勘讯辛庄民人刘存训、薛庄民人房庆台被匪抢掠掳架两案，大概情形已悉。已于勘讯封家庄教民陈大礼等七家被匪焚抢案批示矣。缴。

五、札到该道、司、府，即便知照，转饬所属各州县一体遵照。嗣后如遇焚抢掳掠案件，勿论平民、教民，须立即勘讯禀报，勒限缉匪。再有饰匿漫散情事，一经查出，定即照讳盗例严参办理，并将该令先记大过三次注册。长清张令先记大过三次。仰仍凛遵批饬，迅妥办理。

六、复吉观察

顷奉惠书，敬承起居渐臻安善，甚慰。惟天气寒冷，雨雪载途，尚祈精调寝饮，以微康复。慰甚念甚。洪守、王副将已加札随同台端办理，借资臂附。但执事巡缉东郡，恩信相孚，首倡感化。现在济南各属已渐安谧，似宜趁势以阁下之勋望，抚而安之，可以一竟全功。阁下以公忠之诚，必可扶病勉留，仍请少缓再议还归为是。

七、韩维廉函十七，此案廿三复到

禹城北乡十都六屯一带，并平原界马家坞地方，拳匪肆行。禹城属修家庄匪厂聚众滋闹。本月十二陈家楼匪首陈芒仔纠勾马家坞拳匪马训、王智等，到路〔卢〕家庄卢秀山家逼勒钱文，声称不日要抢后卢家庄教民等语。

行吴统带、平原、禹城。

八、平阴：十四无匪。

肥城：十三、十四无匪。

禹城：十四无匪。

九、东阿禀十七

查明东庄教妇东高氏年过八旬，甚贫，奉教未及三年，仅被匪勒去钱文，并无抢掠重情。四十余匪由聊城窜来，给匪首京钱十五千。其女赵东氏，幼嫁聊城小店子庄赵文元为妻，久未归宁，并无携子惊逃之事。东阿河北与聊、茌、寿、阳唇齿相依，中亘黄河，城偏在东陲，其东北又接平阴境界。武卫右军马队现奉饬调回禹，马金叙拨济康副中营步队两哨下县，不日可到。上月十三，胥家寺庄民人胥盛才、齐培传、齐学纯、刘瑞云、王长兴五人，数年前曾随教，后反教，今被聊城境匪勒去京钱五十千。上月二十五，八里堂庄民杨金城，平日喜供神会，经匪疑为洋教中人，勒去京钱一百千。两起匪徒均向聊城窜去，均无抢掠重情。

【批】：禀单均悉。讹索胥家寺、八里堂两庄民人胥盛才等钱文案内匪首，仰即勒限严拿，务获究报。该令仍不时亲往各乡，认真巡防，以期弭患无形。所有查明东庄习教东高氏被匪讹索一案，已札饬洋务局转发马主教天恩知照矣。此缴。

十、武城县禀十七

十二里庄教堂，近因匪扰，置备枪炮，以防不虞。该教堂有四十响洋枪一杆，系教士自行备带。又十三响洋枪三十余杆，又单响洋枪九十余杆，有事分与教民，无事则存教堂。又有架炮十余尊，支架在教堂房顶上。

【批】：据禀查明教堂置备枪械缘由已悉。教士共有几人，是何国，是何名姓，到该县传教若干年，是何教派，收储洋枪至一百余杆、炮位十余尊，是何年运入堂中，由何处运来，该令是否亲赴教堂勘查，所储枪炮究竟是何名目，数位口径大小奚若，子弹数目多寡奚若，平时是否操练，均未据该令详晰禀明，殊失本署抚部院饬查本意。禀中又称该堂有四十响洋枪一杆，外洋并无此物，足征所禀多系传闻之词，殊不足据。现已另行派员确查矣。嗣后凡遇派办事件，如不能得其要领，尽可据实申复，千万不可敷衍塞责，转滋贻误。此缴。

十一、禹城禀

十二日巳刻准韩维廉函送教民张哲等被抢报呈，所列被告褚侯林、褚守义、褚正立等，查明实系良民，因去年春间庄中打醮，褚侯林等向张哲、赵廷光敛钱不给口角。赵容、赵先、赵端均系已故赵廷光之子，并未分家。张哲、赵容、王化亭三家被抢，并无赵廷光等家被抢之说。

【批】：据禀悉。已札饬洋务局详复韩教士知照矣。

十二、青岛高密来往电报，特准兵队驰入百里外一案。上次咨过，叶世克来电，抚帅复电。

行两司、洋务局、咨总署。

十三、案查高密张家大庄等处民人聚众阻工一案，闻派拨潍防全队驰往该处弹压。按照曹案条约第一款末段，先与德国会商办理。旋据德国督理胶澳租界事宜大臣叶世克麻电，有特准该营兵驰入胶澳百里外一语。当经本署抚部院电复诘问，并将来往两电咨呈总署在案。又于初六电饬高密季令查复，初七日据季令电复。十三日又据叶大臣世克来电两次，本署抚部院又寄电两次，均系剖明特准驰入胶澳百里外一语，“特准”二字措词不当。彼一次复电注明百里外界即是胶澳海面潮平周围一百里内之意。“内外”二字，关系极大。有此一番剖辩，为免我误会，实则杜彼狡谋。与洋人筹办交涉，一字之差，谬以千里。即如此次剖辩，以“特准”二字为重要，而其实则重在百里“外”与百里“内”两字。既经彼认明，即可不致别启衅端。“内外”二字所关甚大，固不敢不为之剖明也。所有来往各电，亟应粘抄，分别咨行。为此札仰该司、局即便知照。此札。

十四、长山县禀十七

据报并无匪踪。

【批】：据禀境内并无匪踪缘由已悉。日后须按日具单呈报，尽可用白八行纸缮写，毋庸另加手版，以节糜费。仰即知照。缴。

十五、高唐州禀十七，十四日报单

【批】：仰即查照十三日报单批示办理。

十六、长清禀十七到，十四日、十五日

批同上。

十七、夏津禀十七到，十二、十三

【批】：如在白八行报单上盖用印信，可杜抽换涂改诸弊。

十八、河定后营补用参将刘振兴十七到

【批】：据禀已悉。仰即随时督同弁勇，认真稽查防范，毋稍疏懈。此缴。

十九、禹城：十五无匪。

十二月十八日

一、德州禀十八

十一月廿九在吴桥庞家桥焚掠教堂教民，旋又拒敌官兵案。初九在吴桥避雪店，与梅提督、劳令商议。十一、十三等日，拿获拳匪赵幅祥、李德海即小李仔、郑凤亭等三名。讯供狡展，解归吴桥质讯。请咨明檄饬归案审办。并匪势渐戢由。并查明齐家桥人李金荣即李壮头，已在吴桥辛集被官兵击毙。

赵幅祥、郑凤亭系赵家集人，李德海系排子庄人，均听从县属棘科王庄匪首王春华等纠约，已解交劳令点收。

【批】：禀悉。已分别咨行矣。仰仍严缉逸匪郑行茂等，务获究报。一面解散胁从，以免株累而清本原。缴。

二、聊城禀十八

祁庄四十五里，与东阿之东庄毗连教民岳传兴等，未被张连元纠匪抢烧砸伤，亦无魏尚和等在顾官屯等处屯聚各情事由。庄内教民岳传兴即岳保太、祁凤舞、祁孝之、张二即张传兴四家。祁凤舞与张连元比邻，张二是张连元堂侄。祁凤舞与张连元有宿嫌。张传兴与其母入教，传兴之妻张吕氏不愿入教，祁凤舞从中拨弄，将吕氏送回女家，后经张连元劝回。

十一月十三，有刀匪数十人由东北边境一带阑入，庄众央说，供给面食二百余斤，凑川资制钱六千，匪遂散去，并未抢掠放火、烧扰岳传兴房屋，祁凤舞之弟凤魁亦未被匪砸伤，该庄亦未呈报。本月初一实无其事。附近魏庄距祁庄六里，并无魏尚和等人。顾官屯系聊境。王官庙系聊城、东阿、阳谷三县交界，十一月十三刀匪数十人曾至庙中借宿，十四起身，路过顾官屯，亦未逗留，并无在各庙内屯聚、设厂、演习情事。并无匪徒在内屯聚集并牛王庄杨玉令等滋扰情事。

【批】：禀单均悉。已札饬洋务局详复马主教天恩知照矣。缴。

三、胶州禀十八

禀送到，函件日期初二，并叶世克收条一纸。

四、邱县禀十八

前禀匪首马洛有聚众抗漕。抗漕匪民胡章等复行聚众扰害乡民及常家屯忽来神拳、大刀等匪，现已逃窜，教民尚无被害由。十六、十七日，该匪等抬枪火炮，直逼城下。当将城门关闭，率领在城绅董登城谕话。该匪首刁生胡安贞又名胡章，素习洋教，前梨园屯拳教滋事案内即有此人。声称：“县民无米完纳，求官代垫。”谕令次日约同各庄绅董来城妥为商办。该匪民等勉强应允，暂时退去。马祖兴带中左两哨于前月二十五日来县弹压，匪因兵至，不来围城。西廒征米，逐渐踊跃。本月初三、四、五等日，迭据李庄、聂楼、贺家堡等庄地保禀报，该匪马洛有等勾结外匪，并要挟乡民数百人，聚而不散，硬向各庄索要粮草，勒令乡民入伙，复扬言截劫完粮米车。数日以来，廒中并无完粮花户。初六日早陡然散去，传闻有往迎神拳、大刀等匪来县滋扰。初八午后，据常家屯距城百有余里绅董禀称，神拳、大刀等匪，于初六晚聚二百余人，赴该庄与教民为难，经跪央，未曾放火。

马营官步勇一营，分拨临清、武城，冠县小芦、红桃园等处，此间仅有中、左各半哨，共一百余人，而中哨又缘马营官各处弹压，随带队勇，不能留防。会商留其在城弹压，一面调拨附近常家屯之红桃园、梨园屯等处防营前往救应。○○星夜驰赴常家屯，尚无被害教民，仅将冠县队勇一名带走。

【批】：据禀已悉。刁生胡安贞等聚众闹漕一案，前据临清王直牧转禀，已分饬司道会议缉办并另檄饬遵矣。常屯虽暂时散去，该令仍应会同营队，严密防范弹压。一面勒缉各案匪首，务获究办。

五、札拨亲军马队一哨赴东昌听候王镇世清调遣。内稿十八。

六、札派王世清兼充抚院稽查营务处。内稿十八。

七、济东道禀十八到

十八村匪巢分隶东昌、临清派直隶州州同曹光楷前往确查，另派侦探以资考证而洋式教堂尤宜保护。十六日查阅清平一带，至于博平，亦无滋扰之处。

戴守礼代统东正三营，稳练朴诚，才识稍逊，以之暂代，原无不可。第此时外联直军，内抚地方，诚恐竭蹶，转贻宪廑。马副将所遗左管管带一缺，委转令蓬仙代理。

拟以东正三营顾东昌北面，再抽出随带之亲军中、后两哨，即令郭升堂由临清北路进扎，以顾临清之北。将来林营官到彼，即以骧武马队会商洪守、王直牧扼扎，以为巡缉之活兵。职道拟即赴茌平，审明各犯，以期早结此案。冠县一隅，外连直隶，民教结仇已非一日，现虽暂安，非有如王副将世清其人以坐镇其间，联络内外，安抚百姓，不足以资大安。

【批】：据禀驰赴各属督同筹办事宜及布置大概情形均甚妥洽。仰即督同各防营、州、县，勒限严缉各案匪首，务获究办。并集已获各犯，讯明禀办。此缴。

八、复吉观察

创华仁兄大人执事：顷奉惠书，借审起居安善，寝膳珍适，甚慰。承示布置情形，面面俱到，亟为周洽。宏才硕画，具见一斑，甚佩。现在济东一带渐次安静，匪患似已少戢，所患者各营兵丁坌集杂居，漫无统纪，稽查稍懈，恐反以保民者扰民，殊非绥靖地方本意。弟现已派王镇世清兼充行营稽查营务处，饬其认真稽查，并拟议结归并，扼要屯扎，似乎稽查较妥。今读惠教，亦以视查各营责成王镇为请，可谓不谋而合矣。惟议王镇驻防冠县一节，尚待商榷。弟以此人宜令其周历各属，省校各营将士勤惰、士卒甘苦，并随时会商各地方官筹办一切缉匪事宜，较为得力，似不宜株守一隅。以弟之愚，拟请执事函商尚□□观察，饬派张奉先往扎，或径由执事饬派李玉田往扎，均无不可。执事妥慎督商，拨亲军营前哨步哨，由东平、东阿等处开往东昌，听候洪守调遣。又拨亲军马队一哨，则归王镇世清调遣。仍冀执事总其纲要，而指挥之，当可一收指臂相维之效。执事勚劳王世，倏忽兼旬，雨露载途，极为惓顾。请俟各处布置就绪后，可于二十四、五日暂回省城，借资商榷东昌一带事宜。拟札派洪守会同王镇世清，督同各州、县、防营，妥慎办理。

九、据禀驰赴各属督同筹办事宜，布置大概情形，均甚妥洽。仰即督同各防营、州、县，勒限严缉各案匪首，务获究办。并集已获各犯，讯明禀办，以【昭儆戒】而靖地方。此缴。

以东字三营顾东昌北路，亲军两哨扎临清北路，再以骧武马队为居中策应之兵，布置极为妥善。

十、章邱：十五无匪。

齐河：十三无。

东阿：十三无。

十一、为札饬事。照得亲军中后两哨已由该道饬令进扎临清北路，东字正军三营亦拨赴东昌北路。东昌郡城附近一带亟应另拨驻扎。现特札派东平之亲军步哨勇队驰往东昌驻扎，听候洪守调遣。除分行外，合亟札知、饬。札到，该管带、道、守、牧即便转饬前哨哨官，遵札立即开往，并将日期及哨官何名，声查知照。

十二、为札饬事。照得前据该统带擒获平原匪犯王凤春、侯立志两名，业经札饬济东道派员会讯在案。兹经本部堂访闻，王凤春二月间曾□其妹王文明，并在森罗殿率众拒捕其弟王四子，腿被击伤。侯立志八月间曾抢本庄张浩庭、张凤回等家，亦因在森罗殿拒捕击毙，其非侯堂之子等情。据此，亟应札饬该管带就近派员确查禀复，以凭核办。为此札仰该管带即便迅速遵照办理，毋违。此札。

十二月十九日

一、札发首府十九

王金兰一名，高唐州申解。

二、兖镇禀十九，彭道函

嘉祥城北姚家庄教民高纯和，于本月十一日架往汶上之门管集。福若瑟函称，嘉祥又有刀匪，同时数起，与教民为难。汶上马村济中营哨官宋清太禀，十一日有刀匪四五十人，在孟姑集欲与南乡教民为难，带队往弹压，该匪架得嘉祥小姚家楼教民高二在方官屯藏匿，随追至方官屯，匪将高二架走。再追，雪泥太滑，马失前蹄，该哨官左膀跌伤，遂令勇队追拿，获靳德良、靳方成、靳传扬、岳成业四名，交汶上收审。再，十三日亥刻，曲阜朱令禀，本月十一突来行踪可疑之人百余名，盘踞石门山一带。为宁曲两界，四面皆山，距两县均只八十九十里。当即派马队及宁阳分防马队前往巡缉。十四日戌刻，驻宁哨官庄弼东禀称，初十日早晨，匪架宁阳距城八十里步南村马姓家老幼三人，勒索纹银二千两，送出宁境，始将马姓三人放回。

行兖、曹镇，行兖沂道，兖、沂、曹三府，济宁州，洋务局。

三、伯夏理英教士、马焕瑞禀

【批】：禀单均悉。查戕毙卜教士案内凶犯先后已获多名。兹据禀称案内情形各节，已分饬认真查办矣。此缴。

行泰安府、济东道、布政司、按察司、洋务局、平阴县、肥城县。

四、茌平禀十九

获田怀德一名到案，并准济康营获匪犯李怀珍、陈令亭二名不认。

【批】：据禀已悉。仰即会同济东道所派妥员，提集该犯等，讯取确供，禀请核办。俟讯明后，将获犯勇役分给奖赏，以示鼓励。并由该令移令李参将玉田知照。缴。

五、夏津禀十九

十四日无匪。聊城：十五无匪。

蒙阴禀十八：无匪（单）。又禀：十八无匪。

长清禀十九：十六无匪。齐河：十五无匪。十四无匪。

高唐禀十九：十六无匪。东平：十四无匪。

新城禀十九：十五无匪。东阿：十四无匪。

六、电报局徐懋昭禀十七

章邱县境电线一再被匪割断，禀恳檄饬该县勒缉，并通饬所属随时保护。

【批】：据禀章邱县境内电线被匪割断缘由已悉。已札饬该县查缉矣。并通饬各属一体保护。此缴。

七、高唐州禀十九：二十补行济南府，另文申。

【批】：据禀已悉。匪犯刘金兰经该牧申解来辕，已札发济南府审办矣。所立赏格，仰俟定案后查明获犯姓名，禀候核填六品功牌，赏银并准如数赴局请领，以示鼓励。此缴。

八、石祖芬禀十九

移交各项公文。

九、茌平禀十九

马金叙禀：来茌探消息，将马撇下，马夫张庆马匪，请即开释。张天，镐庄人二十岁。

十二月二十日

一、总署电

英员会讯卜教士一案电计达。顷英使函称：上海副领事甘伯乐，于本月二十日乘坐轮船到胶州登陆，赴潍县，由大道晋省，请饬地方官照料等语。即希转饬地方官，探明该领事经过之处加意照料护送，

并电复。□印。（查武城教堂改札尚道委员查）（送查核泰安县全案卷宗并办法）

行济、莱、青三府，洋务局。

二、韩维廉禀二十

沥陈教民苦况，恳请抚恤。

【批】：据禀教民被匪扰害情形，实属可悯。现已札行两司，督饬各州县，不分民教，将被匪扰害各案均先行详细查明禀候酌量抚辑矣。此批。

行两司、洋务局。

三、长清禀二十日到：十七无匪。高唐禀二十：十七无匪。

清平禀二十：无匪。恩县禀二十：初一至十五无匪。

阳谷禀二十：十四无匪。夏津禀二十：十五无匪。

临清禀二十：无匪无日期；又禀二十，无日期。

四、彭道禀二十

本月十二，德国总司铎福若瑟、司铎裴德礼面交说帖一纸，内开：本年秋间，巨野曹庄会匪曹作胜，主谋，纠匪首王昆伦、曹传江等。十一月间，曹作胜分党赴汶上张家垓，又赴柳林堡，纠匪陈月科等六百余人，复抢各处教民。幸曹州、单县队伍冲散。十一月十二日，抢菏泽之刘家庄习教各家，抢架一人。十六，会匪程学周等率党捆缚六营集教民张林汗，殴伤，勒逼钱财。又将曹庄习教各家器具抢去，焚烧柴草罄尽。已饬曹州邵守督饬菏泽巨野确查。

十二月十六，福若瑟面称：十一，嘉祥姚家庄教民高纯和被匪架往汶上之门管集，未知存亡。

又函称：管理嘉祥教务德天恩函称，嘉祥程家庄、湖起山、陶官屯、大庙、李庄同时被匪滋扰，勒罚教民酒席钱文。已饬济宁州督饬叶令查办。

汶上孟姑集有匪。嘉祥高纯和，小姚家楼人，【被】架至方官屯。获匪四名。架高二案内犯靳德良供，系与在逃之姚玉更素识，姚玉更与其表妹高纯和有嫌，起意诱架讹钱；靳传扬供系事后趋至调和。

十二月初十，宁南埠南村事主马登云等二名被匪数十人掳赎。济字营步队一哨驻宁阳，请镇台拨马步两哨驻扎与贼踪相近之柳沟村，派余都司通今带队去。十四，安子沟村事主宿润淑被匪百余人掳去。

【批】：据禀嘉祥、宁阳等县迭出抢掳重案，并在汶上拿获匪犯靳德良等四名，解交该县讯供各情形均悉。查济东泰临各属，既已逐次安静，逆料该匪等必南窜兖济一带地方。前据禀称各情，具见该匪等现已南窜。仰即会同田镇督饬兖州王守、曹州邵守、济宁汪牧酌拨营队，认真防范弹压，断不可再令南窜扰害。一面将各案首要匪犯务获究办，并将各教士函报案件，确查具报，毋任纵延。所有拿获靳德良等之宋哨官，记大功二次。其在事出力勇丁，查明汇报，赏给功牌，并加赏银一百两，先由该道传到该营弁勇，当堂发给，以示鼓励。随即备文赴善后局请领归垫。此缴。

五、汶上禀二十

【批】：据禀提讯掳架嘉祥姚家庄教民高纯和案内匪犯靳德良等四名大概情形已悉。仰即勒差严拘姚玉更，务获质讯。一面提集该犯靳德良等，再行严切研讯，务取确供，照例详办，毋任狡延。此缴。

六、平原禀二十

每县匪踪情形按日禀报由。

【批】：据禀已悉。仰即遵饬按日开单具报，毋庸另具印禀。缴。

七、陈瑗禀二十，此禀另行调查

【批】：据禀查复长清各案缘由已悉。缴。折存。

八、临邑禀刘思诚

复查临境内拳匪若干，抢掠若干，前已禀复。兹查郭家集、兴隆寺等庄，间有曾习拳会数人，劝禁具结。

十二月二十一日

一、洋务局详

马天恩函送平阴白云峪匪徒名单。

【批】：据详已悉。现已分饬确切查明，分别缉办矣。仰即转发马主教天恩知照。缴。

二、济宁州禀二十一

禀报境内无匪。

【批】：据禀境内现无匪滋扰缘由已悉。缴。

三、嘉祥禀二十一

【批】：禀悉。境内民人被匪掳架，该令漫无察觉。迨经营弁获犯靳德良等四名，解至汶上。该犯靳德良等均已供认不讳，并备文解交。详核该令所禀，殊属支离糊涂。仰该令务当认真防范弹压，勿滋贻误，是为重要。

四、乐陵县禀廿一，何业健

境内并无民教不安情事。

【批】：据禀已悉。该举人等办日讲三年，似已著有成效。仰济南府转饬历城县传谕知照。缴。禀抄发。

五、粮道禀二十

马天恩函称，谢家庄有刀会三四百人，谋灭教。

风闻谢家庄、兴隆寺有学习拳会之人，正查禁间，据马主教函称，谢家庄现有拳匪，欲抢商河之张庄教民，请为查禁等语。小张家庄与谢庄系属切近联庄，素有嫌，虑其报复。又据教民李兴范以勾匪报仇呈控高八仔等案，查讯亦无实据。

【批】：据禀悉。已行洋务局转复马主教天恩知照矣。仰仍随时认真巡缉防范，毋稍疏懈。此缴。

六、阳谷禀二十到

十二月初十禀：王家坑庄事主肖仕高被匪二三十人劫去钱文衣物，当场追获匪犯吴心传、吴心宽、吴际柱、周起山、谢传为、范得举、李学义、辛京安、潘金贵、胡京堂、黄登发、李如广等十二名，该犯李如广旋即因伤身死一案，勘验讯供情形。请饬属一体截拿。

【批】：据禀悉。已通饬截拿逸匪，务获究办矣。此案匪犯吴心传等十二名，经该令督同营团，逾境协拿，办理甚为妥善，著记大功二次。在事出力之庄长、团丁、勇役等，迅即查明汇报，给予功牌、顶戴，并先赏银二百两，仰即备文赴局具领。一面出示晓谕各庄团勇，一体努力。并饬再行提具该犯吴心传等，分别研讯，务取确供，迅速禀复，以昭儆戒。仍勒缉逸犯，毋任逸匪窜扰各处地方。缴。

七、布政司详

【批】：详悉。已札饬赈抚局筹拨具复矣。并候奏咨立案另檄抄稿行知。缴。

八、临清营报、禹城详报

夏津郑保屯有匪，焚烧韩庄。验尸拳民八人、教民一人、平民一人。

九、夏津县禀二十一

张海解省审办。

札发济南府，行夏津县。

十、宁阳县禀李镜江禀二十

十二月初十，埠南村事主马登云等二名，被匪数十人掳往泗水境内之梧桐山。十二月十四，又至安子沟、石桥村、黄家庄等处，先后骚扰攫取财物等情百余人。

【批】：据禀该县埠南村、安子沟等处，被匪掳架抢掠各案缘由已悉。五月之间，迭出匪案多起，实属疏于防范。仰即勒限严缉各案首要匪犯，务获究报，毋稍饰延。一面迅将安子沟等处被匪抢扰各案勘讯情形报查。请拨勇营会同弹压一节，已札饬兖沂道就【近】会商田镇拨派矣。此缴。

十【一】、临邑会同候补都司王开福禀二十

境内现在并无拳匪，及逗留外匪，及办理情形由。并据于新庄文生姜贯一，力任解散拳厂。督操营务处陆提调建章，访获曾习拳教高八一名，带回作线。

风闻郭家集张书升已具结不习、兴隆寺李聋仔外出有习拳情事。

【批】：据禀已悉。仰仍随时认真查禁，俾免日久生玩，以杜煽惑而清本源。并由该令移令王都司知照。此缴。

十一〔二〕、冠县禀程方德二十一

梨园屯被匪寻仇，会同防营击退，地方未遭蹂躏。探明匪已逃散，现复商添马队，以资镇摄。妥为招抚教民。并请马祖兴拨中哨一哨、左哨半哨赴梨园屯驻扎。初八将勇目架往清河之谢楼，初九添邀拳匪二百余人，连前共四五百人，复回常屯。十一日午后，探明匪众来犯，当督饬府县队勇，会同马营官，督同后哨刁哨官、中哨大旗王明德、左哨哨长左廷贵，集队出庄。经刁哨官枪毙一人，领头骑马者一人，勇队一齐开枪追击，匪势不支，将掳去勇丁张金得拥至阵前以挡轰击，砍伤该勇丁头骨已断。攻击约两时之久。当场拿获受伤步贼一人，杨计海南宫人。该匪受伤身死者，约计复有六七人。我军追至于集，又将勇目曹中明夺回，匪始奔溃。杨计海供，该匪首内有王裕振威县人、李裕珂冀州人、阎书勤梨园屯人、牛霍子邱县常屯人，并不知属处之宋万山。十二日，探明该匪十一夜窜赴直隶清河之小屯暂歇，旅即逃散。是夜，该匪行至冠县王世公庄东三里古堤上，将由邱县常屯捉来教民许德兴，尸子许金贵报同前由。

【批】：禀单均悉。此次匪徒回扰梨园屯，经该署令会同马游击祖兴、刁哨官清禹督勇立即驱散，未被扰害地方，办理尚为妥速，惟未擒首要各犯。准先为该三员各记大功一次，俟获匪首再加奖赏。所获匪犯杨计海，应仍由该署令妥拨勇役，解回严讯禀办。另请协缉逸匪阎书勤等，已分别咨行矣。此缴。行营务处、按察司、洋务局，咨直督。

十二〔三〕、长清禀❶：十八无匪。济阳禀：无匪；又禀：无匪；又禀：无匪。

历城禀：无匪。高唐禀：十八无匪。

蒙阴禀：无匪。东平禀：十七无匪。

茌平禀：无匪。

十三〔四〕、尚道禀

十四抵德，派员劝谕禁止拳厂，先由德州办起。冠县，帮带张玉山率勇一哨，驰往查缉。恩县庞庄，中营派队一哨。德州刘智庙，大道紧连景州，张奉先带队二哨。德州边临镇，南通陵县，北接吴桥，为出没要路；甜水铺，湖路大道，与恩县、故城接壤，驻一哨。前营二哨，分设各防，尚未到齐。留二哨驻扎城乡，以资调遣。

【批】：据禀布署情形甚为周密。仰仍督饬各防营、州、县随时认真查禁拳厂，严拿首要，以安良善而靖地方。缴。

十四〔五〕、马金叙禀廿一

十五马金叙至梨园，【匪】窜赴距梨园五十里直东交界之油坊地方渡河，不知去向。冠、邱、临清均无匪踪。直隶清河、威县有苏营

---

❶ 此处及以下每一“禀”字下均注有“二十一”字样。

官分队驻防，约于本日在于集会哨。

【批】：据禀临清、冠县一带现无匪踪缘由已悉。缴。

十五〔六〕、禹城报单二十一

留吴统带。行吴统带、向令。

十六〔七〕、滕禀二十一

【批】。据禀筹办缉捕巡防情形已悉。仰仍随时认真弹压查禁，以勤治理而靖地方。缴。

十六〔七〕、林秀全禀二十一

骧武左营遵饬开往东昌。

【批】：据禀移防日期已悉。缴。

十二月廿二日

一、邱县禀廿一到

遵饬查明境内聚匪若干，抢掠若干。本月初六常屯来匪二百余人初七窜清河，与教民为难，再三央恳，未烧房屋。初九夕复来，匪首系威县拳民王洛金即王玉振。是夕放火烧教民房屋，并将教民许兴发捉去，烧毁法国华式教堂一所十一间，及教民随文明等七家房宅，拆毁魏永思等六家房宅，共七十九间。

【批】：禀悉。已札行督粮道、济东道移令直隶将吏一体协缉逸匪王玉振等，务获究办。并由该道等酌拨队伍，驰往该处驻防矣。仰该令仍随时会督营团实力巡缉，毋稍疏懈。其被匪扰害各教民，即由该令详细查明，禀候饬司酌量抚恤。此缴。

二、平阴：十九无匪，十五十九到无匪，十七廿一到无匪，十六无。

肥城：十九无匪典史程鼎臣代禀，十八无，十七无，十六无，十五无。

高唐：十九无匪。

禹城禀：十九无匪，十五无廿一到，十七无，十六无。

长清禀：二十无匪，十九无匪。

陵县：二十无匪，二十一无，十九无匪，十八无匪，十七无，十六无。

聊城：十九无匪，十八无，十七无匪廿一到，十六无廿一到。

博平：十八无匪，十七无，十五无。

平原：十八无匪，十七无，十六无匪十九到，十五无，十四无。

济宁：十七无匪，十六无。

滋阳：十六无匪。

邹县何枘：十六无匪十五申发。

东阿李光华：十七无匪，十六无廿一到，十五无。

齐河：十九无匪，十六无。

蒙阴：无匪十九到。

堂邑十九到：无匪。

章邱：十八无匪二十二到，十七无匪廿一到，十六无廿一到。

三、发房申文

平阴申：遵贴告示奉二张。

海丰县申廿一到：送手铳、海图。

善后局申廿二：送告示一千张。

高唐营报抢禹城张哲等二六千廿二到。

洋务局申文：报祝令嗣隆到局日期。

东海关请咨保护游历英教士斐恩溥、驻烟英领事孙德雅廿一到。

寿张营详廿四：冠县击匪梨园屯。

济宁州申廿四：本道发卅二张，转发金、嘉、鱼九十四张。

沂水申文十二月十六：十一月分无洋人游历。

东平州申文廿七：酌立期限，查报被抢实数并无。

四、左翼步队第二营前队领官何宗莲申文十二月二十到

十二月初五奉翼长函开：带健勇一哨中哨赴肥城缉匪。初七日由泰到肥，在县城西南，中哨驻张家店。初九奉帅檄拨队归并杨统带驻扎，同日又奉檄仍留全队驻肥弹压因金令请拨队伍。调左、右两哨来肥，帮统王金镜带来交收，十二到肥。十三派右、左哨驻张家店西南三十里石横庄、西北五十里孝思铺。

【光绪二十六年】正月初五日

一、肥城县禀暂记初五，周郑表

伯夏理、马焕瑞禀卜教士被戕案内各犯。此禀待钞。

【批】：据禀英教士伯夏理等禀陈卜教士被戕案内各犯分别查缉缘由已悉。此系交涉巨案，凡该教士控为卜教士被戕案内各人，均应缉送来省，归案质讯。若知系诬攀，不妨酌给川资，妥为照料，但能到省，一讯无事，即可开释。如不为传人，伊将执以有词。至此案以外各人名，即不必照此办法。仰即遵照。缴。

二、德州禀初五

与直隶吴桥劳令等十二月廿八在避雪店会哨情形。

【批】：据禀已悉。仰仍会同直隶将吏并本省邻近各营县，严密协缉匪首，查禁拳厂，以收实效而安边境。缴。

三、聊城禀初五

奉饬报案并查匪。此禀待抄。

【批】：据禀已悉。即[1]

[1] 原本以下残缺。

附　　录[1]

十一月二十五日

致德国督理胶澳事宜叶世克函一件，告知到任日期。

十一月二十七日

一、马副将金叙禀廿五发

清平张家庙、十里铺一带匪徒于二十二三两日分股出窜情形。

批禀：行吉道。

二、平阴梁令石甫禀

二十五子刻，拳匪至白云峪，与教民接仗情形。毙匪一名。

批禀：行吉道。行任统带武卫军马队拨所部左队驻平阴。照会姜翼长酌拨队伍赴平阴。

三、茌平豫令咸禀

境内尚无拳匪滋扰。

批禀：查复。

四、长清张令瑞芬禀

匪首朱成明等抢掠平民孔兆凤等。

批禀：缉匪。

五、马天恩函

平阴、临邑等处拳匪滋扰。

复函：已分饬查办。

---

[1] 此卷连封面只有十页。封面残，无题字和卷数，也未注明年代。从其所记之内容考察，均系光绪二十五年十一、十二月间之事，大都与卷二并卷三所记相重复。且所记较简单，似随手提要目录性质。惟因其中也有一些内容系卷二、卷三所未记者，故予附录于卷三之后，以供参考。

行济东道、济南府、泰安府、东昌府、马统带、任统带，照会姜翼长。

十一月二十九日

一、平原承令泗禀

禀复平原民教现尚安谧。

批禀：行洋务局。

二、美国教士韩维廉禀

齐河、禹城、长清等处教民被匪滋扰情形。

又函：恩县庞庄美国传教士来电，清平拳匪至夏津侯家屯抢劫教堂，并将预备传教士房屋毁坏。

【批】：禀函并复。行济东道、洋务局。

三、泰安朱令钟琪禀又详一件

德教士福若瑟殴毙民人李二全，遵饬造送尸图。

十二月初一日

一、英国安立甘会管理平阴教务马焕瑞禀

平阴教士卜克司在肥城被匪架走。

批禀：行平阴、肥城。委候补知府曾启埙带马队驰往查办均内稿。

行管带亲兵马队领官吴守备凤岭，行吉道、洋务局，行泰安府，行司、道、府初二补行。

二、美教士韩维廉函

恩县庞庄薄教士来电，夏津侯家屯教堂、教民被拳匪滋扰。

【批】：函复。行济东道、济宁州、洋务局、夏津县。

三、马副将金叙禀

现探匪踪情形并到茌平日期。

批禀：行博平，饬查马匪张姓。行洋务局，布政、按察司，转饬各属，遇有西人到境，派拨勇役护送，并由局函知西教士。

四、平阴梁令石甫禀

英教士卜克司在肥城被架。

批禀：行布政、按察司，兖沂道，济南、泰安府缉匪。行善后局发曾守薪津。

十二月初二日

一、行洋务局饬查阖境教堂及传教洋人内稿。

二、行济东、兖沂道转饬各属，查明被焚被抢之教堂、教民实数。函致济东道，派队严防有教堂、教民诸处内稿。

三、禹城向令植禀初一到

吴统带到防日期。

批禀：会营防范。

四、茌平豫令咸禀

赵宗仁家被匪强劫一案。

批禀：缉匪。行按察司通缉。

五、巨野县详初一日到

教民梁安平等家被匪掠去衣物。批司。

又详：教民蒋林魁家被匪攫去牛驴。批司。

又详：何家堂教堂被匪烧毁房屋。批司。

又详：教民岳凤鸣家被匪掠去牛只。批司。

又详：事主宗效瑞家被匪攫去烟土。批司。

六、咨正任毓抚部【院】

收到沂属教案合同。

七、行洋务局

饬发帮办书吏吴勋臣、韩锡庆饭食。

八、马金叙禀

现探匪踪情形。

批禀：办理甚合机宜。

九、禹城向令植禀

王游击马队到防日期。

批禀。

十、行历城县、济南府

历城潮米店仇玉福、仇学礼被拳匪抢掠，并架仇玉福勒赎，饬缉匪。

十一、高唐州李牧恩祥禀初一到

查探一切情形暨教案已结缘由。教民高善政控高振耀等为匪，现恳和息。

批禀：不准胥役有丝毫需索。

十二、长清张令瑞芬禀初一到

乡民魏贞银被匪抢掠。

批禀：缉匪。

十三、巨野许令绍俨禀

汇报拳匪陈兆举等闹教各案清折。

批禀：饬令补报。行按察司核议，可否免照盗案详办。

十四、杨游击荣泰禀

管带左翼步队第二营，自张夏开往平阴日期。

批禀：摘录近日匪踪札知。

行济东道、泰安府，平阴、肥城县。

十五、肥城金令猷大禀：卜教士于廿八晚被匪戕毙于毛家铺。

批禀另饬：行藩、臬、三道，洋务局缉犯。初三补行。

行按察司委员赴肥城会验，行候补府方燕申。

十六、夏津屠令乃勋代理禀

拳民抢掠教民贺殿寅等家，登时格毙郑天佑一名，生擒张海一名。另单：高唐州人刘泽普勾引拳匪抢劫，请拿办。

批禀：赏格匪庄民银二百两，并给六品功牌。

行吉道缉匪，行按察司通缉，行高唐州、茌平县均缉匪，行善后局发给赏银二百两，行洋务局知照。

十二月初三日

一、即墨许令涵敬禀初一到

民教相安情形。

批禀：妥为防范。

二、高唐李牧恩祥禀

田兆忠被抢，其弟兆同被砍伤。

批禀：勒限严缉。

三、阳谷胡令建枢禀初一到

袁振峰被匪砍伤，医治不痊。

批禀：照例通详。

四、齐河朱令鋆禀初一到

查办程子坡庄教民张彦中等家被扰。

批禀：分别讯缉。行洋务局，复韩教士。

五、咨总署

英教士卜克斯被匪戕毙一案。

六、总署咨

美国商人阿德模赴东游历。

【批】：行两司、三巡道、洋务局转饬保护。

七、洋务局详

兰山韩家村等处被德兵焚烧房屋器具一案。

批详：饬司委员会同地方官散放。

行藩司备款委员。

八、包教士复祺函

请送卜教士尸身至泰安西关伯教士处停放。

【批】：复函告知一切办法。行方守约同伯教士查验五百里。

九、马教士焕瑞禀

催缉犯并陈金令袒匪。

批禀：已派员查办。行方守密查禀复。

十、肥城金令猷大禀

拳匪焚毁学教房屋。

批禀：是否即系戕毙卜教士之匪。

十二月初四日

一、武城龚令教仁禀

会同东字右营马游击祖兴禀报巡缉情形。

批禀：保护教堂。

二、博平王令用霖禀

查明前被拳匪焚杀抢掠各庄情形清折。

批禀：团练出力，嘉奖。行吉道严缉博平、禹城、聊城所报著名匪首。

三、聊城张令朝玮禀初三到

查明拳匪人数、姓名并滋事情形由。

批禀：会同邻近州县兜拿。

四、临邑刘令思诚禀

查明境内并无匪徒滋事。

批禀：随时查禁。

五、夏津屠令乃勋禀

戴把总带勇到防日期。

六、齐河朱令鋆禀

教民方金章等家被匪抢扰勘验情形清折。

批禀：缉匪。

七、札莱州府

札发晓谕高密张家大庄等处告示。

八、晓谕高密告示稿

九、候补府曾守启埙禀

会同吴守备禀报到肥城日期，并拟回省销差。

【批】：行曾守，奏明督缉。马队或全回或留一哨协缉，酌量商办。

十、马教士天恩函

平阴阮二桥庄、桥口庄、王家庄教民被抢被焚。

【批】：复函简复。行洋务局详复，行吉道、曾守、肥城、平阴查缉。

十一、济东道禀

分别布置大概情形，并呈送示稿。

批禀：统筹全局。

十二月初五日

一、高密季令桂芬禀初四到

各庄聚匪情形。

批禀：钦遵电旨，妥速查办。

二、电旨初四到

肥城命案、高密路案。

【批】：行两司、三道、十府、二直隶州全、曹守、彭游击、季令路案。行泰安府、曾守、平阴梁令、肥城金令。命案均内稿。

三、肥城金令猷大禀

禀留吴守备所部马队协缉。

批禀：准留。行曾守、吴守备。

四、英领事文电初四到

催缉凶犯。

【批】：复电初四，内稿。

五、咨总署

【批】：行两司、三道、洋务局、泰安府、曾守、平阴、肥城，行任统带、杨统带拨队驻扎平肥交界、马统带、吴领官。

六、美领事法勒电初四到

保护美教士人命财产。

【批】：复电初四，内稿。行两司、三道、洋务局。

七、咨总署

八、电谕初四

戕毙卜教士案内正凶严缉，疏防各官参处。

【批】：行洋务局，告知各教士；【行】东海关，告知各领事；行两司、济东道、兖沂道、泰安府、潘守、平阴、肥城。

九，马金叙禀

复陈下情。

批禀：妥慎办理。

十、马金叙禀

筹办情形。

批禀：查明杨家圈聚匪。行高唐州查拿董七先生。

十一、平阴县梁令石甫禀

会同任统带禀报到防日期。

批禀：确查详勘，并移任统带知照。

十二、夏津屠令乃勋禀

遵札驰赴贺屯弹压。

批局，行洋务局，复韩教士。

十三、博平王令用霖禀

请加营务处兼衔。

批禀：行吉道酌饬。行吉道缉捕是牧令专责，不得徒恃兵力。

卷五[1] 光绪二十六年正月二十一日起至二月二十二日

正月二十一日

一、东昌府洪用舟、前广西镇安协副将王世清禀十八禀

遵饬会商留防河西各营分扎扼要处所，并饬亲军步队拨赴河东长清一带屯扎由。

佐字前营移驻德州及四女寺、苦水铺、腰站、庞庄等处，以扼要路之冲，为恩县之蔽。佐字中营驻扎黄河崖、平原二十里铺、曲律店、森罗店、杠子李庄等处，镇慑平原余匪。东字左营分扎郑保屯、贺屯、武城松林等处，以顾夏津、武城。

东字左营分扎东郡东关、定水镇、莘县梁家浅、桐〔铜〕城驿等处，以扼郡城西南两路。东字前营驻扎临清干集、常屯、何村等处，居中调度，而于集一哨即可兼防梨园屯及红桃园。

济康营于茌平、禹城一带地方缉捕巡防情形较熟，该处拳、教均多，拟请暂留该营分扎茌平刘来寺、杨家圈、禹城桥、石家屯，以资得力。一俟防务稍清〔轻〕，即当禀请饬调。

---

[1] 此卷原封面有"正月廿一日起"字样，未注明年代。据卷内正月二十三日所记上谕，是清廷于光绪二十六年正月二十日所发，由此可知此卷之时间，是光绪二十六年正月廿一日起至二月二十二日止。

郭升堂所带亲军步队饬往长清一带，分部屯扎。

亲军马队，王世清带赴恩县巡防中冲，以便控扼各处。

骧武马队，除武定府张秋镇仍旧驻扎外，拟饬林秀全驻高唐。该州东至齐河，西至临清，南至东昌，北至德州，相去均止百余里，四面梭巡，皆可兼顾。

【批】：据禀已悉。所拟布置情形，甚属周密。仰即如禀分饬遵照办理。济康营只可暂留茌、禹等处，俟地方安定，仍须撤回。亲军步队，即饬开赴泰安、平阴一带巡防。长清现尚靖谧，似可暂不派兵队驻扎。武卫右军前队马队亦可暂在该处防缉要犯。此外步队各营，俟东军各营到防，即行开拔来省听调。并仰该守督饬各属认真缉捕，务将各处邪术拳厂一律禁绝，以靖民意而清祸源。凡河西各州县，均可随时督饬，实力查办。如有疲玩者，即著据实禀参，切毋瞻徇，致滋贻误。仍一面由该领等分饬各营，迅将队伍移防日期报查，并责成各员弁认真稽查。务即凛遵前饬，申明纪律，抚辑良善，毋得纵任勇丁别滋扰累。倘有约束不严情事，一经查觉，定将该管官从严究参，决不稍宽。即由该守移会王镇知照。此缴。

二、宁阳县禀廿一

探明安子沟村等处被扰案内贼匪，窜聚邹、泗、滕、泽交界一带藏匿。续获匪犯杜伯兴供称，同伙匪犯仍时来曲、泗、宁、泰交界地方游弋。

【批】：据禀展限查办积匪案缘由已悉。姑准展限十五日，以便认真分别查办。仰即知照。缴。

三、宁阳禀廿一：抢劫掳掠各案，均系随时禀报，不敢讳匿，亦无据报未经通禀案件由。

【批】：据禀已悉。仰照前批，详细查勘，即如限严缉各案首要匪犯，务获究办。缴。

四、为札饬事。照得前因拳匪滋扰，迹逾数府州地面，出没无常。曾经通饬各属，按日将本境内有无匪迹情形据实具单禀报，业经遵照办理在案。现在各属拳匪首要先后报获多名，胁从日益解散，地方已渐安靖，自应将此项单报一律停止，以省案牍。惟拳匪蔓延地面甚广，该州县等仍当随时严密查禁拳厂，侦缉首要，以弭后患而清乱源。如遇有拳匪窜扰案情，仍即飞速禀报，以凭核办，不得稍有饰匿，致滋贻误。除分行外，合亟札饬。札到该州县即便遵照办理毋违。此札。

五、平阴会同杨、任统带禀廿一

正月初三获匪张洛仓四十七、熊方岱武生，六十七，在张洛仓身旁收获单刀一把、神牌位一张。张与贾士位素识。十四又获葛道士葛人文，五十七、于成得二十六，均系洋人开单指控。

【批】：禀悉。报获匪犯张洛仓等四名，已札发臬司，会同济东道查办矣。仰仍勒限严缉匪首贾士位等，务获究报。并由该令移令任统带、杨统带知照。缴。

六、陵县禀吴明昭，二十

奉饬查案并缉匪，并无已报未禀、已禀未获犯各案。

【批】：据禀已悉。仰仍随时认真整顿捕务，毋稍疏懈。缴。

七、滨州禀二十

十二月十四、十五、十九三次奉到二十四张。照缮。

【批】：据禀已悉。缴。清折存。

八、洋务局详二十

【批】已据详分饬各属严密查禁，以遏乱萌矣。仰即知照。缴。

九、洋务局详十五

福若瑟造送济宁、曹县、金乡、嘉祥、菏泽、单县、城武、定陶、郓城、巨野、滋阳、汶上、宁阳。此详另抄。

【批】：据禀已悉。缴。清折存。

正月二十二日

一、巨野详廿二

教民李连和呈控李守江等。

【批】：据禀已悉。仰按察司速饬选差勒缉，并移令营汛、邻封一体协拿逸犯，务获究办。缴。结存。

二、章邱禀二十一

查复电线中断系在历境平陵城地内，拟募勇专司巡护。

【批】：据禀已悉。仰即随时督饬勇役，认真巡护，毋任再涉疏失。并勒缉割线匪犯，务获究办。缴。

三、恩县禀二十一

十四日奉札，以高唐、博平、恩县境内访闻有匪犯孟广文同党鸠聚，偷练神拳，私设暗厂，伺间滋事。今该犯业经缉获，所有附从余党，自应急行解散，且禁设拳厂，以杜乱源。饬即协同分防各营，严密查访，多方劝谕，并饬各乡长出具切结。

武卫军陈、阎哨长，正月初六获犯孟广文，年二十二，在武、恩交界居住，而习木作生理。

【批】：据禀遵饬查禁拳厂缘由已悉。仰仍随时认真查禁，毋任聚众滋事。缴。

四、郭升堂禀

【批】：禀悉。已饬王镇、洪守转饬该营开赴泰安、平阴一带，扼要巡缉，毋庸拨孙长清矣。仰即遵照。缴。

五、东昌府禀廿一

【批】：已于会同王镇禀内批示矣。仰即遵照办理。缴。

六、平阴县、委员殷志超会禀

【批】：据禀已悉。缴。

七、总署咨

美教士利伯家【赴】直隶、山东、山西游历。

又咨：美教士包复祺携眷赴直隶、山东、山西游历。

行两司、三道、洋务局。

正月二十三日

传见。又复话。上下午至洋务局见祝、王、潘、石。

一、福若瑟函

日照德国法教士被抢尚不确实。

【批】：行日照，委祝从恩查办。

二、洋务局详廿三重办

福若瑟函送菏泽等十三州县教民被扰清折。

【批】：已据详分饬布政司、赈抚局遴派妥员，驰赴各该州、县，不分民教，确查被匪滋扰各户口，量予赈恤矣。仰即知照。缴。

行司、赈抚局。

三、廷寄正月二十三到

正月二十日奉上谕：总理各国事务衙门奏，请饬严禁拳会一折。上年据山东巡抚电称，各属义和拳会，以仇教为名，到处滋扰，并及直隶南境一带。迭经谕令直隶、山东督抚派兵弹压。此种私立会名，聚众生事，若不严行禁止，恐无知愚民被其煽惑，蔓延日广。迨酿成巨案，不得不用兵剿办，所伤实多。朝廷不忍不教而诛，著直隶、山东各督抚，剀切出示晓谕，严行禁止，俾百姓咸知私立会名，皆属违禁犯法，务宜革除恶习，勉为良民。倘仍有执迷不悟，复蹈故辙，即行从严惩办，毋稍宽纵。至民、教同是编氓，凡遇词讼案件，该地方官务当秉公审断，但分曲直，不分民教，不得稍有偏倚，用副朝廷一视同仁之至意。将此谕令知之。钦此。遵旨寄信前来。

分行出示两司、三道、十府、二直隶州。

四、寿张、夏津、委员李诚保禀

教民贺殿寅家大口十一口、小口十口，平民贺殿周家大口二十五、小口一口。共京钱一百六十六千，〢〤〦，【合银】六十六两九钱三分五。[1]

【批】：禀悉。赈款已行局如数拨发矣。仰即会同委员李令亲自散放，不得假手胥吏，致滋弊混。仍将放竣日期报告，并由该令移令李令诚保知照。此缴。

五、齐河禀廿三

蒙宪台密饬，吴统带禀获千户屯教民李化金家案犯石永海一名即石砖头，送交禹城。讯据供出在会伙犯黄西雨等，令即购线缉获严惩。黄西雨外出不【在】家。流洪庄王可荣，前曾学拳，兹特带案在十二里阎庄当兽医，供石永海挟嫌诬攀。访闻王豆宝庄郭思兴有伙抢千户屯得赃情事，传案不认供。风闻周庄刘二、关金付等去抢属实。

【批】：另文报解伙犯王可荣，已发府提同石永海质讯矣。仰即分

[1] “〢〤〦”是二千四百七十文合银一两。

别勒缉伙犯黄西雨、刘二等，务获究报。缴。

六、吴金魁禀廿三

后哨哨官朱景荣函称，随王营务处在恩、夏、武、清等处梭巡，勇丁糊口无资。洪、王两营务处均令速请津贴。

【批】：已饬局查照向事核办矣。仰即知照。缴。

七、阳谷禀廿三

【批】：据禀已悉。赏项已饬善后局如数核发矣。仰即赴局具领。如奖给功牌为数太多，应减半，仍由该令酌减，禀候填发，造具年籍三代清册，随文申送，以凭汇咨。并即提集此案人犯，分别研讯，务取确供，禀详惩办，以昭儆戒。此缴。

正月二十四日

一、阳谷县禀

济康营一哨驻定水镇，保护坡李庄教堂。

【批】：据禀酌派哨队防卫坡李庄德国教堂缘由已悉。现即札饬东昌洪守等酌拨矣。仰即会同各营哨实力保护弹压，毋稍疏懈。缴。

二、查荣绥、平原县会禀廿四

请拨赈款。其禹城、茌平一带被扰四十八户，大口一百二十，小口九十九。【钱】一千〇七十八千，〢川亖，合银四百五十二两九钱四分。❶

批同前。

三、博平县会同委员杨荫堂禀

六十八家内有二十家不领赈。下余四十八家，计大口二百七十六、小口一百四十四，共【钱】一千七百九十二千，〢××，合银七百三十四两四钱二分六❷。

又有未经呈报二十三家，共大口一百〇四，小口三十二，京钱四百八十千，合银九十六两七钱二分。

---

❶ “〢川亖”是二千三百八十文合银一两。

❷ “〢××”是二千四百四十文合银一两。

【批】：禀悉。赈款已行局如数拨发矣。仰即会同委员杨令亲自散放，毋得假手胥吏，致滋弊端。仍将放竣日期报查。至续报各户，该印委会同讯查，并未被匪扰累，自应毋庸给赈。并由该令移令杨令知照。缴。

四、肥城会同委员吕昱禀廿三

孝山社、石头沟等庄二十三户，大口六十七，小口十五，【钱】二百九十八千，〢〤〦，合银一百二十一两一钱三分八厘。[1]

【批】：禀悉。赈款已行局照数拨发矣。仰即会同委员吕令亲自散放，毋得假手胥吏，致滋弊端。仍将放竣日期报查。另单禀称酌给民、教房屋修费一节，应由该令体察情形，量予发给，不可过多，亦不必由委员会发，俾免他处借口据引。并由该令移令吕令知照。缴。清折存。

五、禹城会同委员王宝瑜禀廿四

【批】：禀单均悉。仰候赈款拨发到县，即行归垫可也。清册存。并将散放村庄户口总数清册禀由赈抚局汇案核销。并由该令移令王令知照。缴。

六、冠县禀廿四

林提督督队到境会哨巡缉日期并地方安谧由。

【批】：据禀已悉。仰仍随时会同该营认真巡缉，毋稍疏懈。缴。

七、费县禀

奉饬曲、泗、宁三县交界之九山，有盗匪潜藏，札饬查拿。卑县西边乡一带，因闻兖属匪徒欲图窜扰，民情惊惶，现经会营连夜赶往亲督严防。十六日，忽闻西边乡一带，皆以兖郡官兵，在滕县上河地方，与贼数百人接仗后，该匪欲窜费境。又另有贼匪多人，亦欲来费抢扰。因之民极惊惶，而平邑一处为尤甚，致每天店铺有搬徙者。

【批】：据禀已悉。仰即会齐营团，严密巡缉弹压，勿稍疏懈。仍将察访近日情形飞速报查。缴。

八、肥城禀廿四

十九，甘伯乐到肥城。二十早，赴泰安。

---

[1] “〢〤〦”是二千四百六十文合银一两。

【批】：据禀英副领事甘伯乐出入县境日期已悉。缴。

九、肥城禀廿三

石头沟尚有延烧教民安长林土房五间、小厂棚一间；陈继长土房三间、小厂棚一间，屋顶已被烧毁，四围土墙未塌。匪首王登云，年三十余岁，面红色，高唐州城东北官屯庄人。

【批】：据禀复勘石头沟教民安长林等被匪滋扰暨随同何道查办各缘由均悉。仰即悬赏购线，勒缉匪首王登云，务获究报。并由该令移令高唐州，确查该匪是否回原籍，仍勒缉归案严惩。缴。

十、肥城禀廿三

查廿五年十一月廿五，距城七十里燕家庄教民燕凤梅等，被匪掠去衣物，勒索银钱，未经呈报。燕巨川、燕照川被讹。

【批】：据禀已悉。仰即勒缉此案匪犯，务获究办。缴。

十一、肥城禀廿三，此禀另抄

廿五年十一月廿五，袁家道口庄教民袁希有被刀匪架去，勒赎及掠卖衣物情事。

【批】：据禀已悉。仰即勒缉此案匪犯，务获究办。缴。

十二、吴统带禀廿四

禹城总首事贡生李茂先，年卅六。

【批】：据禀已悉。贡生李茂先急公好义，众论允孚，赏给奖札，以示鼓励。奖札随批即发，仰即转饬该贡生只领。清册申送。此缴。

十三、高密禀廿三，此禀另抄

洋工师来师伯居住城东南十二里鲁家庙。

【批】：禀悉。当场拒捕格伤之高八、李雨林两名，应将验讯缘由照例详报。此缴。

十四、高密李道等电禀

【批】：已电复饬查办矣。仰即查照前次电檄，会同防营，多派兵役保护路局，断不可听其抢掠，贻人口实。

十五、洋务局详廿三

【批】：已据详分饬各属，确查著名匪犯，严缉务获究办矣。仰即知照。缴。

十六、洋务局详廿三

马天恩函送茌平、博平、清平、邱县、聊城、堂邑、莘县、高唐、恩县、平原、平阴、肥城、长清、临邑十四州县。

【批】：已札委程牧文葆驰往分别确查矣。应领薪水，行咨即由该局照单核发，汇册具报，以资办公。此缴。

正月二十五日

一、复马天恩

来函备悉。所云青、齐传教章程，均是实在劝善息争，甚佩。各教若均能照此办理，何至再生事端。仍望随时饬各教堂认真办理。淫书诱人为恶，殊堪痛恨，现已饬属严禁，并查毁印本矣。特复。

行青州府。

二、总署咨

恭奉上谕，剀切出示，禁止拳会。

【批】：通行。

三、长清禀廿五

常玉魁并无其人。赵官镇只有常士魁，年迈不能佣工，卖花生、烟叶度日，与吴方成等并不认识。

【批】：另文申解被告常士魁，已发司归案质讯矣。解批另行挂发。仰即知照。缴。

四、长清会同匡令鼎颐、黑把总鸿升禀廿五

二十一日赈款解到。

【批】：据禀已悉。仰赈抚局转饬知照。缴。

五、莱芜禀

天主教堂共十处。

【批】：据禀已悉。缴。

六、禹城禀廿五

正月十七日，闻祝家桥有设立拳厂情事，会营获祝秉军一名。祝秉军，直隶景州刘林人。廿五年十月间，有博平人徐明禄、茌平人王清河至伊庄教拳，令伊书写神牌，管理账目。后因教民张会德与拳民寻衅，被拳民刘魁等将洋楼烧毁。伙犯张玉山、张铁锅二人，被景州获案。伊逃来德州姚家铺一带躲避，因魏西侯与之认识，住魏家借宿，不料被获。

【批】：禀获匪犯祝秉军，仰即详省审办。供招存。

正月二十六日

一、平阴县禀殷志超

五庄共十五户，教民十一户，平民四户。教民大百〇七口，小七十二口。平民四户，大十二口，小七口。共领京钱六百三十四千，〢8，合【银】二百五十三两六钱。[1]

批同上。

二、齐河、陈桀伦会禀

正月二十解到赈款，廿一二放竣。

【批】：据禀已悉。准即销差，仰赈抚局转饬知照。缴。清折存。

三、禹城禀廿六

解到赈款，归垫不敷京钱二十余千，捐廉凑足。

【批】：据禀已悉。仰赈抚局。

四、蓬莱禀廿六

铁路工师米费斯、马特、陆德、伯鲁克勤、波益斯五人，初六自潍起程赴烟，初十到登州，十一出境。

【批】：据禀已悉。缴。

五、张奉先禀廿六，此禀另抄

【批】：据禀查禁拳厂缘由已悉。仰仍会同地方官随时认真稽查弹压，勿稍疏懈。缴。

六、茌平禀廿六

禀解匪首董洛四即董兆山，正月廿一，协同武卫军在东阿贺家集拿获，并随同缉获商三平名永平、王安祥名庆臣二名，均供无为匪不法情事。王庆臣系被【误】拿，释放；商，再行讯。

---

[1] “〢8”是二千五百文合银一两。

【批】：禀解匪犯董洛四，已发府审办矣。王庆臣既讯明并非王安祥，应准即行保释。商三平仍由该令复讯明确，另行禀办。仰即知照。缴。

正月二十七日

一、英领事函

肥城石头沟案十一月廿四，平阴王家庄教堂一案十二月初二。

【批】：行臬司确查核办。

二、英领事函

查取肥城教案首从人犯名单。

【批】：前已饬司缮送，何未送到，今再饬速缮送。

正月二十八日

一、济南府禀廿七到

【批】：据禀已悉。此案已发臬司会同济东道复讯矣。仰候照律提讯详复，再行饬遵。

此案既经该府等讯明，该犯王立言即王利言，屡犯抢劫、掳掠、焚烧重案，实属罪恶昭著，法无可逭。仰按察司即行转饬该府等，查明不停刑日期，将该犯王立言即王利言绑赴市曹，即行正法，传首犯事地方，枭示具报。并将该犯所犯各案情出示晓谕。仍饬本籍查明该犯有无财产，照例追赃。至杨二长腿一犯，应再严讯确供，另行禀办，并候汇案具奏。抄稿另檄行知。缴。供暂存。

二、苏州鹿芝帅鉴：感电谨悉。已饬堤工局将陶城埠淤浅处所赶紧挑挖矣。勘。印。

三、清江松峻帅鉴：沁电谨悉。已饬堤工局将陶口挑挖矣。勘。印。

四、咨总署

为咨呈事。查德国驻办胶济租界事宜叶世克函称，查勘矿务德员发给护照，请饬属保护一节。前经本署部院据约驳诘，并请将来往函电呈贵衙门查核在案。兹于本年正月初四日，又据该员函请通融办理等情，仍经本署部院辩驳。除俟德员布乐德等来省另行商订章程外，合将来往函件先行抄稿咨呈贵衙门，谨祈查照施行。须至咨呈者。计粘抄来往函件二纸。

五、驻烟台法领事电：

东省西北教友受难，至今该管官尚未保护，尚未赔补。

【批】：行东海关道详复该领事。

六、洋务局详

【批】：已札饬候补知县茅令乃厚驰赴日照，会同地方官查办矣。应支薪津，由局照章支给，汇册具报。缴。

七、马天恩函洋务局送来

【批】：行稽查营务处王、洪。

查梨园屯换防队伍已否驰往驻扎，有无阎书琴纠党图扰情事。

行泰安府、东平州，正月初四日勒限半月缉拿抢田庄匪犯，并查王甫集等处有无匪徒出没其间。

正月二十九日

一、英领事函

孙来明闻已就获，为差役私匿，系因同奉在理教所致云云。

【复】：来函备悉。已札饬肥城县即行查解矣。特此具复。顺颂日祉。

行肥城县。

二、胶州禀此禀另抄

乐安县民人张桂祥、州民纪长春并被德兵轰毙。正月二十夜五更，州民范玉祥被伤。

【批】：一面电饬该署牧验填伤格，讯录供词，先行移送德员叶世克一书。并另派员交涉，即行竭力伸理，妥商办法，不得玩视民命。

三、咨总署

为咨呈事。案据〇〇〇。据此，查此案当据该牧电禀，即经电商德员叶世克，请派员会验查办。旋据该牧先后电禀，由叶世克派德员夏礼辅来胶，与其兵官特尔会同查办。二十二日，该牧已会同夏礼辅等会验，刀炮伤痕均实。二十三日又同讯邻证尸亲，供词如一。二十五日，叶世克又派刑司格尔弗格来胶会审，按名复讯，仍与前供相同。翻译德文供词，亦与初讯无异。格尔弗格又约同该牧复验尸伤，确有洋枪子伤，余与前填尸图伤格均符各等情。当经本署部院电饬该牧，迅向该德员等催查凶手。该牧即遵饬电催，德员未复。二十五日酉刻，格尔弗格传尸亲张沈氏等到营，将驻胶队兵排列，令各指认凶手。张沈氏等均答洋兵装束略同，昏夜之中，难认面貌，随即遣去。二十六日，又往催问，该刑司复以来胶仅能会同验讯，如何办理，仍应禀由叶世克查拟。随即回岛各等情。旋经本署部院电催该德员迅将正凶按律严惩。据该德员复电：派赴胶州查办之刑司刻未旋青，究竟如何办法，候有确闻奉布等情。兹据该牧呈送供词尸图伤格前来，核与前后电禀情形相同。除俟该德员复到另行认真办理外，相应将该牧原禀及供词图格先行咨呈贵衙门。谨请查照。

批：据禀咨呈总理衙门查核矣。仰即知照，缴。

四、济南府禀廿九

陈芒仔、马训两犯，讯无纠同王智等赴路家庄路秀山家逼勒钱文情事，请局函致韩教士，将原告齐友于三日内交出，发府质讯。否则，将陈芒仔、马训等释放。

【批】：据禀提讯陈芒仔、马训，委无纠伙向路秀山家逼勒钱文情事，请交出原告，提同质讯缘由已悉。仰候该局函嘱该教士查照办理。缴。

五、平阴禀廿九

查照单内所开各犯，又续获吕明德、王振江、尹敬典、邹庆芝四名，并教民所控唐茂易一名，并无为匪情事，各乡长邻佑共保。

【批】：禀悉。已饬局函详该洋人，限五日内指明证控，以便发县提同质讯。不到，即将吕明德等省释，俾免罪尔无辜。仰俟详复到日另行檄饬遵办。缴。

六、茌平会同委员候补知州黄仁政禀廿七

三十八村庄百九十户，大口七百八十七，小口三百十七。【共发】

京钱三千七百八十二千，〢〤〦，合银一千五百三十七两三钱九分八厘。[1]

七、高唐州会同知县吴金鼎禀廿七

十九户，大口一百十四、小口四十九，均禀报有案。耶稣教士明恩溥单开八户，大口卅九、小口十口，无案可凭。共二十七户，大口一百五十三、小口五十九，合京钱七百三十千，〢8，共银二百九十二两。[2]

【批】：禀悉。赈款已行局照数拨发矣。仰即会同委员吴金鼎亲自散放，不得假手胥役，致滋弊端。并将放竣日期报查。至禀称王贵方延烧耳厢二间、西土房二间，郭安良被烧东厢棚二间，应否加抚一节。查各属民教被匪焚烧房屋，均未另行加抚，自应查照办理，以归一律。并由该牧移令吴令知照。缴。

八、清平县会禀杨令荫堂

六庄教六户，平一户，大口卅七，小口十一。

发放一百七十千，〢8，合银六十八两。[3]

九、任永清禀

中哨哨官孟绪曾挑派中三正兵孙绪昌，正月二十五日在恩县靳妪店拿获匪犯曹玉琢。

十、英领事函

昨闻肥城已获一名姓吕、姓陆，约系案中要犯，请速饬送案。

十一、复英领事

来函备悉。已移饬肥城查明所获被告究系姓吕、姓陆？提省质讯矣。

十二、英领事函

缉匪、审案全在华官承当。

【批】：并复函。行司。

十三、巨野详正月二十八到房办

---

[1] “〢〤〦”是二千四百六十文合银一两。

[2] “〢8”是二千五百文合银一两。

[3] “〢8”是二千五百文合银一两。

七月初十刘成止家被会匪掠去钱物。马凤林格伤，旋即在监病故。王化其年终保释。

又详正月廿六到：李家楼七月初二李省思被匪掠去钱物。

又详正月廿六到：七月初三孙家庄孙丙南等被掠钱物，孙为南等共十四人呈报被掠。

十四、总署咨正月廿五到

奉旨严拿拳会。

【批】：通饬。

十五、为咨呈事。光绪二十六年正月廿五日，承准贵衙门咨开：光绪二十六年正月二十日，本衙门具奏至〇〇〇勿稍稽延为要等因。承准此，查本署部院上年十一月到任后，即经刊刻严禁拳会告示，札发各属张贴在案。兹准前因，自应遵旨再行剀切出示。除恭录转行外，合将示谕底稿随文咨呈贵衙门，谨请查照施行。须至咨呈者。计粘钞示谕底稿一纸。

十六、为遵旨剀切出示晓谕安良事。光绪二十六年正月二十五日，承准总理衙门咨开：光绪二十六年正月二十日至〇〇〇勿稍稽延为要等因。承准此，查本署部院上年十二月间，曾经刊刻《严禁拳会告示》，札发各属照缮多张，于各府、州、县村庄通行张贴，以期家喻户晓，力挽颓风。一面委员会同地方官缉获首要多名，讯取确供，分别拟办。并令亲诣各乡，严密查禁，不准无知愚民人等仍复潜行设厂习拳。当取具各庄长首事等切结存查，并严饬由各营县先后剿获首要拳匪多名，胁从次第解散，地方均渐安谧如常。具见尔等虽然迷罔于先，尚能悔悟于后。本署部院但期尔等迁善思过，亦不概予深究。惟本省地面辽阔，拳会党羽浸多，诚恐日久玩生，又复借端煽惑，私立会名，聚众倩事。亟应恭录谕旨，再行剀切谕禁，以弭后患而清祸源。除通饬各府、州、县仍随时认真查禁，并咨呈外，合再出示晓谕。为此谕仰军民人等一体知悉，尔等务须父诫其子，兄勉其弟，凛遵谕旨，勉为善良，毋得仍被邪匪煽惑，私立拳会，而足戕身家，致蹈刑戮，上负朝廷惠养之德，下贻株累之忧苦。本署部院现派得力勇弁驰赴各属，会同地方官严密访查，倘仍执迷不悟，复蹈故辙，定即遵旨重治尔罪，尔其无悔。其各凛遵勿违。特示。

十七、荣成禀廿八

奉到石守祖芬弭患条议两条，奉通饬并告示十张，禁止拳教七张，晓谕民教共守法度三张。

美教士在石岛租民房三间，设堂传教，而信从者鲜。洋教士亦时来时往。

【批】：据禀已悉。缴。

十八、娄生云禀廿九

【批】：据禀已悉。仰即来辕祈候考验。缴。

又禀

【批】：已于另禀批示矣。仰即遵照。缴。

二月初一日

一、济康营禀

正月二十二三，中禹：杨家圈、前茌：刘来寺、左禹：石家屯、后禹：禹城桥四哨，先后到防。右，仍留定水镇。

【批】：据禀已悉。仰即督饬弁勇，认真巡缉，毋稍疏懈。缴。

二、潍县禀廿九

路标尚未插齐，地价从未支给。上年十月，米拉来县勘办，拟自东南乡与安丘接壤之花窝庄起，趋向西南之马恩庄、二十里铺一带，转而北行，以抵县城，长约八十余里。而路标上年仅插至王松庄，计离县城尚有五十余里，犹未测准。置标究需占用民地若干，并无定见，故地价亦未支给分文。

【批】：据禀已悉。缴。

三、平源禀廿九

拿获拳民曹玉山讯供。

【批】：禀悉。曹玉琢已由武卫右军马队弁勇在恩县靳妪店缉获解省审办矣。仰将其弟曹玉山解省候质。缴。

四、长清会禀匡令

平民房庆台家道殷实，不领。拨给教民陈大顺一户。

【批】：据禀已悉。仰赈抚局转饬知照。缴。

五、滋阳禀廿九

正月十七禀，奉饬查案并缉匪。

六、临邑禀廿七

奉饬查案并缉匪，有两案不是拳匪。

二月初二日

一、安丘禀沈文熙

锡乐巴等出入县境日期二十一日入境，布德乐随带洋人四名、翻译人等。

【批】：据禀已悉。缴。

二、冠县会同委员秦令瑨禀廿九

赈抚局札委赴临清、冠县查被扰村庄，照章抚恤。上年十月及十二月，两次被匪潜图滋事，经会同防营将匪击退，该处民教均未被害。常安、许德兴被戕，应由邱县查办。发禀后秦令即赴临清。

【批】：据禀已悉。仰赈抚局转饬知照。缴。

三、临清州禀廿八

马天恩函称：临清北仓家庄教民姚金城等被匪勒借钱二百千由。仓家庄距城七十里，与直隶清河、威县接壤，该庄共有教民十九家。十二月初十，匪十九人至庄，经教民姚金城、张同举、房兴盛、王廷桂等四家出钱二百千息事，未报案。

【批】：据禀已悉。仰即勒限严缉此案赃匪，务获究办，毋稍延纵。缴。

四、平原禀初二

马队第一营左哨哨长吕长顺拿获祖五升，年二十四岁，父故母存，不供。

【批】：禀悉。仰即签派妥役押解该犯祖五升申解来省，贮候发审。此缴。取供发。

五、齐河禀廿七

查明境内美国各教堂。奉札饬以教士包复祺开送教士姓名、教堂处所清单。大冀庄葛文祥家，系由教士韩维廉自行建造教堂三间。郑可荣家北屋三间，给韩教士作为书房。程子坡有教堂一座。余如杜家寨、丁家庄、辛家庄、苏官屯等处教堂，均系在教民家设立，并非教士买置建造。其洋人教士亦不常川住堂，并无被匪扒毁焚烧情事。

【批】：据禀已悉。该令此次所查均系美国耶稣教堂，境内是否有别国耶稣教堂及天主教堂，仰再确切查明详复。书房、学房者，不得以教堂论，应另列一册，以示区别。并将置建教堂年分及归何人管业，一并声明，以凭查核。仍随时认真保护弹压。缴。

六、布政司、赈抚局会详

委员查滋阳等十三州县被扰各户口。

【批】：如详办理。仰该局移会布政司知照。缴。

七、邱县禀赵惠霖代理，廿九

【批】：据禀递报境内有无匪伙缘由已悉。此项单报，前已檄饬一律停止，仰即查照办理。缴。

八、胶州营禀廿八

正月十五日，莱州府到胶。德官毛威等数员，带领德兵百余名到胶州，书院驻一哨，西关马王庙驻一哨。

【批】：据禀德兵到胶暂驻情形已悉。仰即督率弁兵在州城内外各处，不时梭巡弹压，以免滋生事端。缴。

九、又禀廿九

二十酉刻又到马队数十人，遥扎东关关帝庙。

【批】：据禀德兵轰毙民人张桂祥等一案缘由已悉。此案前据张牧电禀，已电商德督叶世克派员会验，并查犯严办矣。仰即会同张牧督率兵役，实力防护地方，保卫居民，无任借端滋衅，是为至要。此缴。

十、滋阳禀廿九

正月十七日禀：奉饬查案并缉匪。六月，外匪欲赴孟家村教堂滋事，当经勇役阻退，并未进庄。七月，匪徒赴鹅鸭厂教堂滋事，立即拿获李文义等八名，分别监禁责释。此两案已具报，此外别无已报未禀及未报之案。

【批】：据禀已悉。仰即勒限严缉著名首要匪犯，务获究办。缴。

十一、禹城禀初二

洋务局转据马天恩函称，在茌、博、禹城等县，匪徒不时聚散。

【批】：据禀已悉。缴。

十二、淄川禀廿九

正月十八禀，奉饬查案并缉匪。

【批】：据禀已悉。仰仍随时认真巡缉弹压。缴。

十三、潍县禀廿九

布乐德等二十一日到潍。

十四、禹城禀廿八

首事李茂先、李万善请奖。

【批】：禀悉。据吴统带长德禀，首事贡生李茂先前已核给奖札矣。李万善现与李茂先同赴四乡，竭力劝禁拳会，解散胁从，不无微劳可录，自应查照前案，赏给五品顶戴，以昭激劝。奖札随批即发，仰即转给具领，并由该县注册。此缴。

十五、沂州美教士方维廉、高维思禀

请饬地方官贴告示。

二月初四日

一、周永陈请录用初三到

【批】：行司查明核议详夺。发房办。

二、滋阳详

张聚田在监病故。初二到，批司。

三、总署咨初三到

美教士葛赍恩赴山东游历。

行司、道、局。

四、费县禀

会同巡缉情形。

【批】：据禀已悉。仰仍会督营团严加防范，毋使匪徒窜扰为要。缴。

五、冠县详

邢东雪病故。批司。

六、聊城会禀黄仁政，此禀另抄

十六村庄五十六户，大口二百〇四，小口八十一。【发放】九百七十八千，‖×⊥[1]合银三百九十七两五钱六分。逃归者亦给赈，故比报案较多。

批同前。

七、郭升堂禀初四

四哨初三一律起程，驻平阴之山头札村、肥城之张家店、泰安南关，一哨驻长清。

【批】：据禀移防日期缘由已悉。长清距省甚近，可以毋庸拨驻哨队，即以此哨移驻泰安。仰即遵照。缴。

八、陈殿甲禀初四

中营移扎平原之腰站左哨、曲律店自带中哨、二十里铺帮带张玉山右哨等处。恩县庞庄一哨前哨、乐陵朱家寨一哨后哨，仍照旧驻扎。

【批】：据禀移防日期缘由已悉。仰即凛遵前檄，严行约束所部勇丁。如有滋扰等情，即惟该管带是问。并一面会同地方官认真巡缉弹压。缴。

九、茌平禀初三

【批】：据禀已悉。田玉贵等四名，在事出力，均赏给六品功牌。郛长帧、杨得胜既已领有六品功牌，应准查照成案，递赏五品功牌，以示鼓励。功牌随批即发，仰即酌给具领。并取具该勇目等籍贯、履历造册呈送，以凭汇咨。缴。

十、电报局禀初二

历城县五里堂电线被割。

【批】：据禀历城县五里堂电线被匪窃割缘由，并另单均悉。现已札饬该县勒限二十日，严缉此案匪犯，务获究办矣。仰即知照。缴。

---

[1] "‖×⊥"是二千四百六十文合银一两。

二月初六日

一、英领事函

伯教士函：大刀会之离卦道门匪徒纠众约于二月内抢新泰县属之南王庄、灵沙教堂。该二处有新造教堂一所，并再造一所，购备料物甚多。

行泰安府、新泰县。

二、校勘铁路章程。

二月初七日

一、泰安禀初五

总理衙门电开：英使函称，贼匪各处滋扰，抢劫货物，日甚一日，地方官不肯拿贼等语。查明并无前项情事。

【批】：禀悉。候汇案咨发总理衙门查核。缴。

二、邱县禀初五

常屯十五户，大口六十，小口三十，【发放】三百千，刂8，合银百二十两。❶

【批】：禀悉。赈款已行局照数拨矣。仰即会同委员李令诚保亲自散放，毋得假手胥役，致滋弊端。仍将放竣日期报查。至教民许发兴被匪杀死、恳求抚恤一节，饬局核明饬遵。

三、禹城禀初四

济康营正月二十四日到防，中哨驻杨家圈、左哨驻石甲屯、后哨驻禹城桥。

【批】：据禀已悉。缴。

四、平原禀初四

【批】：曹玉琢已解省审办矣。仰即知照。缴。

五、署鱼台禀史恩绾，初四

❶ “刂8”是二千五百文合银一两。

西界曹属南与丰沛接壤，有任、魏、王三团，与沛境各团毗连，率多郓、巨等县寄居种地之人。加以湖河环绕，团之东、南、北三面，汉港分歧，昭阳湖又系江省所辖。前宪李任内派驻防军三哨：一驻湖团之阎家集，一驻濒湖之谷亭，一驻城关。近年阎集、城关两处哨队调往他处。管带济字新副中营二官：副将衔尽先补用参将李家成、都司衔尽先补用守备崔玉江，应否量予嘉奖，以示鼓励。

【批】：据禀已悉。仰候咨行兖州镇道查明详复，另行檄饬遵照。缴。

六、林秀全禀初五

督饬弁勇巡缉清平、博平、堂邑、阳谷、寿张、东阿、聊城、莘县各州县地方，并移防高唐州日期。前、后哨带赴高唐驻缉，正月二十八日到防。中哨驻郡城东关。二十三日，中哨哨官郝千总廷壁在冠县赵柳家庄捕获巨盗六名，夺获洋枪五杆、九龙袋八个、银两衣物等件，解交东昌府审讯。

【批】：据禀已悉。仰即督饬弁勇，认真巡缉，严加约束，毋任扰众生事，致干查究。缴。

七、金乡禀初四，此禀另抄

奉饬查案并缉匪臬司咨兖沂道。上年七月，拳匪李夫礼等，讹索羊山教民刘学孟银两一案。即经会同防营登时击散，并获首从各犯十九名，讯供禀办。此外并无已报、未报、未禀案件。

【批】：据禀已悉。仰仍随时认真防范巡缉，毋稍疏懈。缴。

八、长清禀初三

查明单开之李继浩等，均非著名首匪，现仍严拿。

【批】：据禀已悉。仰即分别查拿究办。缴。

九、平原会禀

原查四十八户，内有董吉善一户赴省，尚未具领。乜得平一户，坚不具领。二月初三日一律放竣。

【批】：禀单均悉。教民王甸有等既经禀结有案，张题枵等二十余户又无被扰实据，何须概予恤赈。仰即移令查令一并知照。缴。

十、总署咨初六

英主教史嘉乐、教师孟鹤龄由京师赴山东德州、恩县、高唐、茌平、平阴至泰安府游历。

行两司、三道、洋务局。

十一、刊刻告示歌词

行善后局。

十二、明恩溥函洋务局交来，初七日到

夏津屠令不办案。恩县西南管庄有痞棍管东汉，自谓赴桃花山洞中，神仙授许多法术，屡次聚匪排炮，摇惑人心，威吓本庄教民数十家。平原头目张玉琢、史砚田、李长水等未拿办，承令多留一日，平原一带教民永无平安之日。

【批】：行王镇、洪守、王领官开福前往巡缉平原、茌平、恩县、高唐。

二月初八日

一、陶大臣电初八到

接准正月十八日来文，备悉一切。查勘界事关紧要，由威起程，至迟不过二月二十日，请饬李道、林管驾务于二十日前到威。先电文后复英办事大臣。陶电。此电另抄。

复电：电悉。但李道因要事在高密，昨始由高来省，尚未到，大约本月底必可抵威，请稍候为盼。

二、善后局详初四

出防勇丁，向无发过津贴成案。

【批】：据详已悉。缴。行吴金魁。

三、日照禀缪润绂，初八

查明土山教堂并无被匪烧毁（德国恩司铎博仁函，据文总铎转据正月初六法司铎函称），请函知该教士，毋预词讼，以利民教由。此饬另抄。

【批】：禀悉。教士干预词讼，殊与条约不合。已据禀札饬洋务局转告该总教申斥矣。仰即知照。缴。

四、蓬莱禀初七

查明境内教堂处所，及教士姓名、村庄里数。

【批】：据禀已悉。仰仍随时认真保护。缴。

五、夏津禀初七

县民于四并非著名首要，亦无勾匪抢劫情事。

【批】：禀悉。于四纵据讯无勾匪抢劫情事，惟既查明平日不甚安分，应暂行管押，准其取保开释。仰按察司转饬知照。仰即遵照核办。缴。

六、博平申文初三

洋务局详马天恩函：临、武、夏、邱、茌、博、禹城等县匪徒不时聚散。查明并无设厂习众【拳】情事。

【批】：行局知照。

七、洋务局详

韩维廉请发告示六十张。

【批】：据详已悉。韩教士请领告示六十张，随批即发，仰即照单填给。此缴。

八、洋务局详此详另抄

马天恩函廿八办。

【批】：已据详札饬东平州，勒限半月，严缉抢掠田庄案内匪犯，务获究办矣。冠县梨园屯本营队伍，就近札饬洪守等依令核拨，迅往该处驻扎，妥为弹压防护，毋任外匪窜乱滋衅。仰即知照。缴。

九、洋务局详初六：

胶州禀民人张桂祥等被德兵轰毙一案。

【批】：据禀已悉。此案前据该州电禀，已电商德督叶世克委派德员都司布德乐从权会同验讯，并迭催查明凶手照律惩办矣。仰即知照。缴。

二月初九日

晨，传见，见高密王世职玉璋，见藩宪送铁路章程，见孙绍襄。夕，见荫午楼送铁路章程，取交涉章程。

一、胶州禀初三

禀两次会讯供词。

【批】：已据禀咨呈总理衙门核办矣。仰仍就近催商德员，速即查凶治罪，毋任诿延。此缴。

二、总署来电初九

英使称：威海会勘租界，已派副将包尔、参将班罗斯为委员。希查照。佳。印。

行李道、严道、洋务局、林游击，布、政二司。

三、陶大臣电初九

复电悉。勘界事承嘱缓，李现拟改于三月初三日启身。

行东海关道。

四、昌邑禀初七

布德乐由昌邑出入日期：正月二十一巳刻到，是日午刻出境。

【批】：据禀已悉。缴。

五、福山禀

德公司米费司等于正月十二日到烟，二十日乘轮回青岛。马匹、马夫人等为数较多，改由陆路前往，亦于是日启程。

【批】：据禀已悉。缴。

六、平阴会同委员殷志超禀初八

初三在城外泰山行宫散放，现已一律放竣。

【批】：据禀已悉。仰赈抚局转饬知照。缴。

七、肥城会禀吕昱，初八

由县先垫发。正月二十九散放，二月初一放竣。

【批】：禀单均悉。仰赈抚局转饬知照。缴。

八、夏津详文初七

境内并无设立拳厂。

洋务局详称：费教士面称，临、武、夏、邱、茌、博、禹城等县，匪徒不时聚散。

【批】：据详已悉。仰仍随时严密查禁，毋稍疏纵。缴。

九、恩县禀初九，此禀另抄

二月初四奉饬查案兼缉匪，前已禀过一次。再禀：讯明胡庄教民杨兴邦、杨桂芳两家，被匪讹索，据实禀复，请批示只遵。李殿辅等虽非籍端讹诈，访察平日亦不安分，立即严行责押，俟有切实妥保，再行准予开释。

【批】：如禀办理。缴。

十、禹城禀初九

呈送首事李茂先履历。

【批】：所送该县首事李茂先履历，存候汇案核咨。缴。

十一、张奉先禀初七

到防日期正月二十九到防。

前营：自带中哨，由郑口移驻德州西南关真武庙；前哨由外委升告，仍驻德州南关关帝庙；暂兼左哨万守备凤林，仍驻留智庙德州西北，距城十八里，直、东交界；右哨李都司清安，由甜水铺移驻临边镇德州东，距城五十里，直、东交界；后哨张都司登云，由郑口移驻四女寺恩县西北五十里，距德州西南二十里，住关帝庙，兼防郑口运河一带。

中营：陈殿甲带中哨，由德州移驻曲律店平原西北，距城三十里，距德州东五十里，系官道，兼防黄河涯；前哨徐守备荣桂，仍驻庞庄恩县北，距城三十，距曲律店西三十，距德州五十，保护教堂兼防甜水铺；左哨郭都司起龙，由临边镇移驻腰站平原西南，距城五十，距曲律店六十、德州一百，兼防岗子李庄。

帮带张玉山、右哨哨官杨把总承恩，由德州移驻二十里铺平原东，距城二十，距德州一百，兼防森罗殿、李家寨；后哨郝耀宗，仍驻乐陵朱家寨乐陵西南五十里，距曲律店百五十，距德州百八十，保护教堂。

【批】：据禀移防日期缘由已悉。仰即督饬营队各勇弁认真巡缉弹压，并严加约束勇丁，遵迭次批饬，毋任扰累生事，致干查究。切切。此缴。

十二、按察司详初七

巨野禀报，匪首陈兆举掳捉事主薛林魁等家，各按轻重，酌量办理。

批列后：悉心酌议，应请仍饬该县将折开各案并此外果否另有拳匪滋扰案件，逐一查明有无确被盗贼窃劫抢夺之案在内，据实禀复。一面责成该管知府随时访查。嗣后属员遇有不端，捏饰规避处分，即照讳盗例详请揭参，勿稍徇隐。如此核实办理，庶几泾渭分明，而趋避可杜，捕务得以整顿矣。

【批】：据详已悉。酌议办理盗匪案件，分别酌办，并责成该管道府随时稽察核实办法，已据详分别札饬各道府查照矣。仰即转饬该县遵照，并通饬一体查照办理。此缴。

十三、临清州会同委员秦令瑨禀十一办，此禀另抄

仓家庄教民姚金城等四家，其大口二十一，小口十口，【发放】百〇四千，ǀ88，【合银】四千两七钱八分四厘，由王直牧捐输。

【批】：据禀已悉。该直牧捐谕赈款，具见好义急公。仰赈抚局转饬知照。缴。清折存。

十五〔四〕、代理东字正军左营转令蓬仙禀初七

中哨驻郑保屯；前哨驻贺屯二十五日由郑保屯移扎，抽出两棚，分扎县城南关；右哨驻武城二十五日由红桃园移扎，二十六到，驻西关河西；左哨驻松林。张松桢原驻常屯，绅民禀留，仍暂驻。令临清与郑保屯两处防队约期会哨。

【批】：据禀前、右两路移防日期，并左哨暂缓移防缘由已悉。仰即督饬弁勇认真巡缉，并不时驰赴各哨防所，前去稽查约束，务期兵民相安。此缴。

二月初十日

一、英领事函本日

催建堂等费九千两，另原议乡人所集立碑费五百两。

【批】：行司垫发。复函。

二、英领事函本日

催肥城南关地保并孙来明、吕姓等。

【批】：行臬司催解。复函。

三、平原县申文初十

批：挂发。祖五生发府讯办。行局。

四、平原县申文初十

【批】：曹玉山发府质讯。行局。

五、沂州府禀初九：日照土山教堂现无焚抢情事。

【批】：据禀已悉。查明日照县教堂并无被抢情事，法教士现已回

归。韩教士干预词讼，结怨乡民，乡民向其要索，反将焚抢重情捏报并函报署，殊属不合。同日照会法教士：似此任意捏报焚抢重情，设或将来遇有何种情事，岂不反滋贻误。现已饬局诘问该教士矣。仰仍督饬所属随时认真缉获弹压。缴。

六、日照禀初九

【批】：据禀已悉。前由该令禀陈法教士干预词讼，即经行局函嘱该主教申斥在案。兹查明土山教堂并无抢劫情事，今见该教士亦安然无恙。似此任意捏报，到来必致反误真事。

又据后土山教堂并无焚抢等情，法教士赴郡有事，后回日照，殊与该教士函报不符，其为任意捏报可知。设或如果真遇有焚抢等情，咸以为又属捏报，无足轻重，岂不反误真事。现又行局诘问该教士矣。仰仍随时认真弹压防范，毋任借资口实。缴。

七、戴守礼禀初七

右营分扎东郡定水镇，改扎聊城七级镇、莘县梁家浅、桐城驿。前营驻扎临清于集、常屯、河村等处。左哨改扎红桃园兼顾梨园屯。正月二十二率前营及左营后哨马队由南镇起程，二十三抵临清。

【批】：据禀已悉。仰即督同各营兵弁，约束勇丁，各于分防处所实力巡缉，毋得稍行扰累，致干查究。此缴。

八、滕县禀

获犯韩清祥、韩玉香。此禀另抄。

【批】：禀悉。已札饬博平县归案审办矣。在事出力勇役，俟审实确系著名要首后，再行核奖。仰即知照。缴。

九、禹城禀初九，此禀另抄

洋务局札饬韩教士函开清单各节。据首事李茂先等按名确查，禀请鉴核。著名者勒缉，不著名无案者确查禀复。

【批】：禀单均悉。已饬局向该教士彻底根究，切实诘查，以杜刁风而弭后患矣。仰即知照。缴。

十、嘉祥禀初十，此禀另抄

奉饬查案并缉匪。

【批】：据禀已悉。仰仍勒限随时严密侦缉各案首要匪犯，务获究报。缴。

十一、鱼台禀初十，此禀另抄

奉饬查案并缉匪，并无教案。

【批】：据禀已悉。缴。

十二、宁阳禀初十，此禀另抄

奉饬查明境内拳匪滋事、民教被扰各户开折呈报。教民李炳来等共十八户，平民罗福合等共七户。

【批】：据禀已悉。仰即勒限严缉未获各案匪犯，务获究办，不得徒以一禀塞责。此缴。清折存。

二月十一日

郭升堂禀初十，此禀另抄

左哨驻张夏，后哨驻泰安南关，中、前两哨分防平阴南关山头，右哨驻肥城张家店。

【批】：据禀移防日期缘由已悉。仰即督饬弁勇，认真巡缉，实力弹压，不得扰累生事，致干查究。此缴。

照会姜翼长，行左一后队：泰安有队，由小道开赴青州。

二月十二日

一、滕县申文初十

奉饬查案缉匪。

二、东阿申文十一

洋务局详马天恩函称：临邑将武卫军所获高八开释。东阿境内只有王宗汤庄民人曰尤石头，亦无牛石头，年只十五岁，与聊民张连元有葭莩谊，均无练习神拳情事。

三、江西抚松咨

英教士库茂枝、贺得恩游历山东。

四、九江道明征申

前由。

五、东海关道申

英教士石佩韦由烟台赴直隶、山东、山西、河南、江苏，女教士司敦由烟台赴直隶、山东等省。

六、东海关道申

日本领事官田结铆三郎，商人宫田仁吉、松冈竹次郎，赴登、莱、青、沂一带游历。

二月十三日

一、彭金山禀初十，此禀另抄

【批】：据禀已悉。该游击办事甚有条理，殊堪嘉尚。现在业已办结，仍旧开工，仰即会同地方官随时妥为保护弹压，俾免再启衅端。此缴。

二、王世清禀十三

初十洪守在南镇来函，初十午刻，有拳匪四五十人由博平之司家营窜入清平境，将教民郭芹之次子，及其戚苗立邦架去。营县同赶至高唐军户李庄，距清城八里，该匪即由此至高境之袁王庄、武圣庙等处。此处正有会场演戏，踪迹遂不易寻。据路捕探禀，该匪约三四十人，在夏津之张屯吃晚饭。该匪二更始到张屯，有赴武城之说。张屯距贺屯只五六里，有东军一哨驻此。洪守闻信后，即请林营官率队往追。据称该匪只有刀矛，并无枪炮，间有骑马二人领头，余皆村农打扮。王领官探明徐、薛两匪，并刘凤有等，共四五十人，向西北一带窜走，大约必至夏津、武城左右。现已函知佐字、东字两营统带相机堵截严拿，分饬驻防各哨留心踹缉，妥为保护该处教堂。并派蔡元海等带亲军营马勇二十名，往夏津、武城一带严密巡查。

【批】：行林管带，记过一次。

三、茌平禀十一，此禀另抄

本月初七午后，匪首徐福率党五六十人，由长清胡楼地方阑入县境王路店。由团长等分路防堵，该匪不敢停留，即窜赴博平胡子屯。于初八日早，复由该处西窜，不知何往。

【批】：禀悉。已行司通饬各属一体截拿该匪首徐福等，务获究办矣。现据王领官开福等会禀，该县境内窜聚匪徒业已四散，核与来禀，尚属相符。仰仍遵照前檄，会同邻近各州县、防营，不分畛域，严密兜拿首要匪犯，期在必获，毋任窜扰滋患。

【批】：此缴。行按察使、王镇、洋务局、洪守。

四、清平县禀十二，此禀另抄

初八许庄架抢教民郭芹之次子，并其戚苗【立】邦。

批：屡经申戒，不啻三令五申，何至又有抢掳重情？先将该令记大过一次，勒限十日，务须拿获。逾限不获，定即严行参究！行王镇、洪守、王领官，均记过一次。勒缉。

五、洪守禀初三

刊刷歌词，委员张贴散放，并亲历各州县巡缉稽查，兼察看地方情形。

【批】：据禀已悉。歌词极为剀切，最能化导愚民。现在匪首徐福、薛四秃子等，又由长清、茌平窜往博平、夏津、武城等处。清平许庄教民郭芹之次子、其戚苗姓被该匪等架抢，至今尚未找回。似此纠党行凶，殊堪痛恨。亟应遵旨严行惩办，以弭后患而遏乱萌。该守现已驰抵茌平一带巡缉，仰即会商王镇严饬各防营、州、县，侦查匪踪所在，不分畛域，扼要堵截，相机兜拿。一面遵贴示谕，设法解散胁从，惩劝并施。此缴。

六、彭金山申文十三

获李金榜案内，请发出力勇弁胡天德等六名功牌，张德华、崔长太、刘桂林、王银棠、高文光。

【批】：札发。

七、洋务局详十二

韩维廉请发给即墨教堂耶稣，郭显德告示十七张。

【批】：据详已悉。韩教士代即墨教堂郭教士显德请领告示十七张，随批印发。仰即由局照单填明，转给具领。此缴。

八、德州禀十二

佐字营到防日期。

【批】：据禀已悉。仰即会同防营，认真巡缉保卫，毋得稍涉疏懈。此缴。

九、平阴会同亲军营中哨守备沈树云、前哨游击彭殿元禀十二到防日期初四到。

【批】：据禀已悉。仰即会同防营该哨官等，严密巡防，实力保卫，毋得稍涉疏懈，致干查究。并由该令移令彭游击殿元、沈守备树云知照。缴。

十、乐陵朱家寨教堂教士罗伯逊函初十

【批】：行局代复。张分统。

十一、长清禀夹单，十一、此禀另抄

【批】：据禀会营弹压查询缘由已悉。该县境正西潘家店东南野鹊窝，又有拳匪余党聚众图扰，已经访实匪首系僧人徐福并薛四秃子并刘凤有等，共数十人，由潘家店胡家庄窜至茌平、博平一带。近又西窜往夏津、武城、清平，并出抢掠重案。迭据各州、县、防营纷纷呈报，该县来禀情形不甚相符。匪徒现虽已窜散，该令仍应查照前檄，会同防营认真巡缉，毋庸饰词搪塞。来禀既称段德义附和拳匪，应即责成该令查缉匪首徐福、薛四秃子等，务获究办。段德义现据查明附和拳匪，亦应一并查缉，毋得再涉饰延。此缴。

二月十四日

一、为通饬事。照得东省民教积不相能，推究本源，实由地方州、县各官平时为传教洋人挟制，不能按照约章，持平办案。遇有交涉案件，但凭教民一诉，或教士一言，即签派传人，纵役勒索。到案后又不分曲直，往往抑制良民，希图易结。而教民转得借官吏之势力，肆其欺凌。良民上诉，亦难伸理，积怨成仇，有由然也。地方官非不习知其弊，而苟且偷安，终不能设法以平之。良民郁极思逞，乃起而与教士、教民为难。官正亦苦无如教何也，亦思借民以快报复；有仇教者，不但不肯查禁，或对众讽煽，不啻潜导而阴驱之。迨教案既成，强邻执约以相诘责，则又张皇失措，听容所为。多一教案，即增一漏卮，无益于民，徒病于国。

东省自德人因教案构衅，租割胶澳，输偿巨赀，贻累公家，已非浅鲜。而上年春间，沂属教案偿款十万余金。夏间曹济各属教案，德教士安治泰拟索六七万金，迄今尚未议结。秋冬以来，济东各属，焚劫大小教堂十处，抢掠教民三百五六十家，掳害教民二十余名，蔓延十数州县，较之沂、曹两案，滋扰弥甚，将来索偿，更不知几何。以公家有限之财力，一年内再三输偿，其何以供！是则官吏不能持平办案，致使良民激于一逞，而重则割地，轻亦输金。犹之父兄平时不能约束子弟，纵令在外为非，而父兄卒受科罚之累。权衡得失，似非公忠谋国之计，而犹津津曰："民教积怨，公愤难平。"试问积怨从何而生，公愤因何而起，孰酿成之，使至于此，诸官吏当未有以辞其责也。适有不逞之徒，乘间滋事，结伙聚徒，当知良民之为教民欺凌也，辄诳诱乡愚，勾引报复，焚毁教堂，抢掠教民。继因各处著名教堂，如禹城之韩庄，恩县之庞庄，平阴之白云峪，皆设备固守，屡攻弗克，转遭杀伤。益复四出抢掳，波及良善。综计扰害平民之案，据报者已二十余起，共三十余家，民人之被掳架伤毙者十余名。该匪等虽托名仇教，而观其举动，实只在于纠众劫财。得财稍多，则蓄马购械；分赃不匀，或互斗交殴。乃犹立帜大书，侈口于洋人可灭，借以行其耸动号召之私。而不知其伎俩毫无，曾以四五百人攻一教堂尚不能克。前经正任抚院毓，迭派副将马金叙等，在平原、茌平、高唐等处，连次击败，擒获匪首朱红灯、于清水、僧人心诚、董元邦等，分别惩办。是该匪等一经勇队抵御即不能支，况能举强盛之洋人而灭之乎？就使真能纠合百十万人，鞭挞五洲，尽驱彼族，而该匪等势成燎原，不可响迩，国家又将何以制其后。且胶澳、威海，逼处强邻，倘骚扰过久，洋人借口助剿，派兵深入，则山东全省必将震动。远之如胶澳一案，近之如曹、沂两案，犹前鉴之较显者也。

本署部院到任后，曾经一再缮发告示，分行张贴，以期家喻户晓。又刊刻约章，转行颁发各属，饬令遇有教案，国家持平查照办理，以治其本。又严饬各防营、州、县悬赏购线，先后报获匪犯王立言等三十余名，讯供拟办。其胁从勒令解散，一概不予深究，以治其标。惟勿论治本治标，民教不能调和，滋扰案件仍一日不能止绝。亟应再行通饬各州县，洞悉民教构衅缘由，力求补救办法，庶有以□□□而清其源。除分行外，合行札饬。札到该道、州、局、府、县即便转饬各属，一体查照办理，切毋忽视，再酿衅端，致干参究。切切。特札。

二、英领事函十四

函催平、肥两县焚抢案件。

【批】：函复。前已饬查，尚未复到，再札催。行司、局、平阴、肥城。

三、王世清禀十三

二月十五日

英领事函

寄往天津英领事信件。

【复】：来函并寄往天津包封信一件，均已收到。俟有便邮，即行转递。特此布复。顺颂日祉。

二月十六日

一、复英领事函

正月二十六日接到来函，将肥城、平阴两县焚抢情形，并匪人姓名详细开请查办等情。当于二十七日函复，并据函札饬臬司转饬查办。尚未据该县等禀复前来。二月十四日接第二次来函，旋又札饬臬司，并速札平、肥两县，限两日内确查详复，妥为办结。俟该县等禀复到日，再为详细布复。惟查肥城石头沟庄一案，前据该县金令猷大禀报，系于上年十一月二十五日，被外来匪徒将该庄学教房屋烧毁。并勘明仅烧土屋六间，屋顶已被烧毁，四围土墙未塌，亦未被抢失物件。讯据房主，即毗邻陈继孟供称，此系伊以京钱五十五千典与学教之马孝连，作为学教房屋。所有屋内物件，因闻茌平等处闹教，久已携移他往，并未损失。迨周令郑表到任，饬令查明禀复，亦与原禀情形大概相同。惟据禀称，复勘后，当以尚有延烧教民安长林土房五间、小厂棚一间，陈继长土房三间、小厂棚一间，屋顶及梁、檩、门窗等件，均被烧毁，四围土墙未塌。安长林等先因无甚器物，自愿不究。又复讯房主陈继堂，据供称伊将房典与教士时，注明五年为满，现已届期，求给钱赎回等语。现已饬令陈继堂自向教士妥商，俟商明再与安长林等被烧各屋一并由县酌给钱文，以资体恤等情各在案。

是石头沟学教房屋被匪烧毁一案，已经该县等先后勘讯明晰，仅烧陈继堂典与马孝连之土屋九间，又延烧教民安长林土屋六间、陈继长土屋四间，此外则无抢失物件情事。现已由县饬令陈继堂自向教士妥商，备价赎回。其安长林、陈继长被烧之屋，该县亦拟酌给修葺钱文，当可就近了结。除俟该县等查复到日再行布复外，特将查办此案情形先行附闻。即希查照。顺颂日祉。

二、马天恩函十六

【致临清电】临清王直牧：马主教函称临清丰庄、夏津石家堤教民七家，被匪焚抢，又附近不知已否被抢，请饬查办保护等语。仰即督饬各县勒限严查，一面保护弹压。倘再有疏虞，定惟该管官是问。抚院袁电。咸。印。

【复马天恩函】

来函备悉。已电饬临清严缉匪徒，妥为防护矣。昨据营务处王镇世清禀报，于本月十三日派马队在武城、夏津一带追拿匪徒，当场枪伤要匪二十余名，生擒匪目八名，并夺获抬枪八枝、刀矛三十余件。现已札发东昌府归案严讯。该匪等既经此番惩创，地方当可渐次安谧也。特复。兵部侍郎·山东巡抚部院兼理各国事务衙门大臣袁具复二月十六日。

札洋务局、东昌府、临清州、王镇，即便会同临清王牧，确查夏津石家堤被匪焚抢情形，并查明此股匪徒。

三、札藩司、泰安府、洋务局、肥城县

为札饬、札知事。照得英国卜教士在肥城境内被匪戕毙一案，现经议给恤款，作为造堂等费银九千两。又另之所费五百两，业经饬司垫支，交由该洋务局转送英领事核收在案。此外议在平阴县给地一方约五亩，为造堂之地，仍由教会选择。昨据英领事函请转饬查照办理前来。合亟札饬。札到该县、府、司、局即便查照，俟该教会到县，拨给五亩地方，以为造堂之地。即便转饬该县查照办理。并由该局函令英领事知照。地如需价购，应即禀明，即便赴局支领。

行两司、洋务局、泰安府，平、肥两县。

四、总署咨十二到

美教士贾芮游历山东等处。

五、夏津禀初七

查明县民于四并非著名首要，亦无勾匪抢劫情事。

【批】：据禀已悉。已行局函知该教士，限于五日内查交原告到案备质，以便提同复讯。逾限不到，即将于四保释，以免拖累。此缴。

查于四一犯，既据该县讯明实非著名首要，亦无勾匪抢劫情事，该教士何以列入各属紧要匪犯单中，是否贺殿寅挟仇从中刁唆，抑或该教士别有确实证据，应饬由该局函知该教士据实呈复。并于十日内迅将指控于四之原告交出，以备提案质讯。如逾期不能交出原告，即饬该县将于四保释，以免株累无辜。除禀批示外，合行札饬。

六、峄县禀初十

奉饬查案并缉匪。

【批】：据禀已悉。仰即勒限严缉首要各犯，务获究报。缴。

七、武城详十四

八、邹县禀十四

奉饬查案并缉匪。境内教堂只六处，教民尚不甚多。

【批】：据禀已悉。仰仍随时防范弹压，毋稍疏懈。缴。

九、夏津禀十三

【批】：据禀已悉。此项赏银，前已札饬善后局核发矣。仰即备文赴该局具领归垫。此缴。

十、莱芜禀十三

奉饬查明境内现无贼匪滋扰抢劫情事。

【批】：据禀已悉。仰候汇案咨呈总理衙门查核。缴。

二月十七日

一、临邑会同委员王宝瑜禀此禀另抄

府委奉抚宪饬赴临邑等县，确查县民李悦泉等，有无仍学义和拳及聚众滋扰情事，据实通禀。

【批】：据禀已悉。仰济南府转饬知照。缴。

二、孟恩远、赵秉钧禀十六到

报获薛四秃子，博平薛庄人。并请饬魏、刘两哨官仍回在平，随同办案。

【批】：薛是否首要，始到又去，未免太疲，就近用右队、前队马兵可也。犯可交东昌府。

三、平原禀十五

查明拳匪曹玉琢被控案，据教民王付有、王国治，平民李维兴、王恒钧先后呈控，批饬赴省投质。

【批】：禀悉。已饬济南府归案质讯矣。缴。

四、按察司详初七

【批】：据详已悉。无论何项匪徒，但系纠众持械抢掠，即应查照盗案定章办理。何得因事主随教，遂议以盗案为教案，借词掩饰，避重就轻。该司详议：责成该管知府随时访察，嗣后各属遇有借端捏饰、规避处分者，即照讳盗例详请揭参，洵属核实办法。仰即转饬该县，并通行各属，一体遵照办理。缴。

五、洋务局详初九

马天恩函：博平樊庄拳首樊宗禹、樊世恩，与王麻子庄刘三、飞腿陈二、大辫子蔡屯杨等，在该庄买马十余匹，聚匪六十余人。

在平北境关王庙匪首刘琳，现今来省探信，家中匪徒数十人。王末庄王立芳，于王立言被获后，充为总办，昨在王立峰、王立台家设场，恶心未降。王立言等抢勒银钱，均在伊手管理。

临邑谢家庄拳伙照旧演习，且另设数处。为特将各县现今拳厂首领一并具单呈明，以便弹压。

再，博平、清平兵已撤去，务望严饬各州、县专派兵役常川驻扎巡查。

【批】：据禀已悉。仰即由局分饬各州、县分别查办。并饬会同防营认真巡缉弹压。倘有疏虞，定惟该地方官是问。此缴。清单存。

六、布政司详十四

高密季令尚无浸蚀地价。

【批】：据详已悉。缴。

七、英领事函

托寄信件系紧要，如无专便，请交还。

复：咋接来函云，如有便邮，托为转寄，是以照复。今既云系紧要信件，已交马拨专送矣。

八、武城详十四

正月廿六札饬：洋务局详，费教士等面称临、武、夏、邱、茌、博、禹城等县，匪徒不时聚散。现在境内安谧，并无演习神拳及匪徒不时聚散情事。

【批】：据详已悉。仰仍随时严密查拿，禁设私堂，以革恶习而正民风。缴。

九、昌邑禀十二，此禀另抄

民人范希聪被德人沙拉克轰伤一案，德员慕兴立会验情形。

【批】：据禀已悉。仰就近照德文迅催德员将办理情形见复，转报来辕，以凭核夺。此缴。

十、东平州禀十三，此禀另抄

境内安静，仍无拳匪踪迹。马主教据梅教士函称，东平州菜店庄刘锡龄聚匪灭教。田家庄教民十八家，并无被抢情事。汶上县王甫集亦无匪徒聚散。据实禀复。

【批】：据禀已悉。缴。

十一、周村电报：分省补用知县盛津颐禀十三

正月间临淄齐陵地方，被乡民胡姓、刘姓毁坏电杆一根。

【批】：已据禀札饬临淄县确查毁坏齐陵电杆贼犯，获案惩办，并责成认真防范矣。仰即知照。缴。

十二、肥城禀十三

庞家道口庄民拾刀，抵张少柱欠账。

【批】：据禀查讯庞继芳拾刀抵欠各缘由已悉。庞继芳等既经讯明委系安分乡民，实无与刀匪通气情事，应即准予保释，以免拖累。此缴。抄禀存。

十三、张奉先禀十五

旬报分防处所。

【批】：据禀分防处所按旬具报缘由已悉。缴。

十四、夏津会禀委员李诚保，十五

放竣抚恤钱文日期，并续添三口，由县垫发。续添三口，共京钱

百七十八千。二月初七一律放竣。

【批】：据禀已悉。仰赈抚局转饬知照。缴。

十五、日照县、茅乃厚会禀

十六、至荫都护处交铁路章程

十七、甘领事函十七

来东之意，查勘全省交涉两国教案起见，并非专办卜教士一案。

【批】：复函。行司。

十八、芜湖关申十六

英教士米发兰赴浙江、福建、湖北、江西、安徽、河南、陕西、山东等处游历。

十九、钜野详十二，房办

二十五年七月初四日，一心会姚娃等，率众入庄，声言抢劫教民刘崇臣。因不奉教，让其吃烟喝茶。讵姚娃等入院，将伊粮食、衣物、牛车、门、床等物，掠取一空。并将神主、祸〔锅〕碗等物砸毁。又刘成止一案另详。

【批】：仰按察司速饬选差勒缉，并移令营汛、邻封一体协拿逸匪姚娃等，务获究办。缴。

二月十八日

至荫都护处，拟矿务电报。

一、武城禀十七

匪由茌平赴博平、清平、夏津，一路阑入。十三日杨庄当场格毙二十八名，内有匪首王玉振、头目朱士和、陈光训、邢殿五。王领官部下哨长阎风鸣、东字正军哨兵许正标各带马队跟踪堵截。游击蔡元海、把总陈金荣、东字左营右哨外委李文成、戴营官守礼获犯十一名：朱西蚣受伤、王姓即孙加章、段凉山、翟如春、张光祥受伤、王姓即王黑伤尤重、张小、于长城、段玉兴、范小因伤身死、陈卷。我军伤亡勇丁杜金标、眼线马玉河。该匪等胆敢当场拒捕，轰伤官兵，实属顽梗已极，愍不畏法，亟应从严惩办。

【批】：禀单均悉。此条前据稽查营务处王镇禀报，已饬令查明伤亡勇丁，禀候优恤。仰将所获匪犯，即行派妥役解赴东昌府洪守收审。仍会同邻封营、县勒限将匪首徐福并党伙匪犯，务获究办，毋稍纵延。缴。

二、夏津禀十七

十二日带勇役往东南乡与清平、高唐接壤处所弹压。是日申刻，接函西乡师堤庄距城四十五里于十一日更定时有拳匪百余人入庄，将法国教堂三间器具砸毁，并将教民李士典、李兴典、李庆祥、王永信、王金、王九思、王保成等七家大小三十八口，每名给京钱二千钱文、衣物抢去，焚烧李士典草屋二间。十二日午刻，追至三屯地方，据民人云，已于十三黎明分窜武城县境，并有临清勇队跟追。

【批】：据禀已悉。各属拳匪解散之后，即经迭饬营县仍随时严密查缉，毋得稍涉疏忽，致蹈兵至即散走又复聚之弊。谆谆诰诫，不啻三令五申，何至为时未久，又有此等砸毁教堂、焚抢教民案件，是该令其查缉不力，已可概见。应先将该令记大过一次，勒限十日，严缉此案首要匪犯，务获究办。一面将严讯缘由照例录供通详。逾限不获，定即严行参究。懔之，慎之！缴。

三、博平禀十七

讯韩清祥、玉香供词。

【批】：禀悉。已札饬东昌府提审矣。仰即知照。缴。

四、林秀全禀十七

禀清平县匪徒滋扰情形，赶急督饬弁勇前往查拿。该管带追缉此股贼匪，半途折回，已将该管带记过一次。

【批】：据禀已悉。此股贼匪既经探明由清平窜往夏津一带，该管带即应督队跟踪追缉，何以又由清平绕赴茌平、高唐一带驻扎，殊不可解。昨已专札记过，勒限缉匪。仰即穷追得获，如限严缉首犯，务获究办。倘再稍涉延纵，定行严办不贷。切切。此缴。

五、清平禀十七

禀报被掳郭芹之子郭太典亲友说情放回与苗立邦右耳均被割去业已放回，拳匪亦已出境，会同营汛巡缉勘讯。十一日探称，复由夏津边界阑入十一日黎明窜入西乡松林庄距城五十五里，傍晚迅即查拿，匪已远遁。午后即往夏津祖家楼，转向河西一带逃窜。

【批】：据禀已悉。该县东乡许庄教民郭芹之次子郭太典，与其戚苗立邦，于本月初九日被匪架抢。该令不能跟踪严缉此案匪犯，致令该匪等将郭太典、苗立邦右耳割去。十一日，该匪等又窜入西乡松林庄滋扰，该令仍不往捕拿，反以闻风远避、业已出境等情，任意欺瞒，殊堪痛恨！至谓此次拳匪滋扰缘由，教民郭芹欺压乡愚，亦由苗立邦平日主使讹诈等情，无非借此规避处分。否则欺压究由何事，讹诈究系何案，是否被人告发，何不随禀声明！掳人勒赎，兹干禁例。该令身任地方，不思除暴安良，反谓事主咎由自取。此种言语，适足以酿巨衅而长刁风，殊属庸暗已极。仰即遵限严缉首要匪犯，务获究办，毋再饰词延纵，致干参究。切切。此缴。

行东昌府。

六、新泰禀十七

查明县属王庄教堂并无匪徒图扰情事。伯夏理函：大刀会离卦道门。

【批】：据禀已悉。仰仍随时严密巡缉，认真保护，毋稍疏懈。缴。

七、乐安禀十七

查明境内教堂座数。

【批】：据禀已悉。缴。

八、恩县禀

该庄管姓最多，民教不一，且距夏津之辛庄相近，更属民教杂居。明恩溥函。

【批】：据禀查明管东汉系管庄首事又系庄长委无聚匪情事缘由已悉。缴。

九、平原禀十五：

明恩溥函，张玉琢、史砚田、李长水等未严拿究办。李长水原系拳匪，张玉琢、史砚田并非著名首要，亦无为匪实据。

【批】：据禀已悉。仰即勒限严缉李长水，务获究办。缴。

十、日照会禀委员茅乃厚，十六

【批】：已据该县前禀札饬洋务局诘问该教士矣。仰即移令茅令乃厚知照。缴。

十一、洋务局详十六

善后局垫支一千五百二十三两。

【批】：据详已悉。该局经费既无余存，所有善后局垫发查办教案各员川资等项银两，仍由该局咨商善后局暂缓拨还，俟筹有的款时，再行归垫可也。此缴。

十二、济南府禀十八

【批】：据禀讯明王逢春等委无为匪不法情事，著交案内要证质讯缘由已悉。仰候札饬洋务局函复该主教查照办理。缴。

二月十九日

一、平原县民王富有呈【控】曹玉琢；王恒筠、李仁、李亮呈【控】祖五升；董吉善呈【控】祖五升、王凤春等。

二、总署咨十七

英教士马焕瑞游历山东、直隶、河南、江苏等处。

【批】：行两司、三道、洋务局，咨直隶、河南、江苏。

三、肥城禀十八

英领事函称，闻李明海、徐奉顺、赵连文三名经前任肥城县获案，乃被同党差役趁新旧交接之际，私行放走。

致英领事

敬启者：前准贵领事函开，闻李明海、徐奉顺、赵连文三名经前任肥城县获案，乃被同党差役趁新旧交接之际，私行放走，请饬查解。又准贵领事函开：卜教士被抢案内人犯尚有孙来明一名，闻已就获，为差役私匿，请即饬查。又准贵领事函开，闻肥城县已获卜教士被抢案内一名，姓吕、姓陆未悉其详，请饬解审各等情。均经本部院先后行该县饬查详复去后。兹据署理肥城县周令郑表查明禀复前来。李明海系石头沟庄地保，并未引匪讹诈；徐奉顺系代教民了事，尚无不合，于十二月十七及二十一日等，由前县金令准予保释。赵连文一名，并未获案。委无同党差役私放私遁情事。吕金魁一名，前已传解，并无另有拿获吕姓、陆姓之人等情。除候该县获传赵连文前来，务获质讯外，兹将该县复禀钞送贵领事，务即查照为荷。顺颂日祉。

附抄肥城县禀一件。

【批】：据禀查明李明海、徐奉顺、赵连文、孙来明并未归案缘由均悉。已据情函复英领事查照矣。仍严缉赵连文、孙来明，务获解质。缴。

二月二十日

一、肥城禀十八

查明孙来明等。

【批】：抄禀，函知英领事。

二、总署咨十七

复德使开办路矿事件。

【批】：抄咨函知叶世克。行两司、洋务局、石守。

二月二十一日

至荫都统处。

复叶世克信上稿。各项章程划押下午六点。再定办理匪案通饬。

一、王世清禀十九

发禀后即赴武城、夏津一带巡查。

【批】：据禀马队在武城境内杨庄查拿、斩获匪徒详细情形已悉。所获匪犯朱西公〔蚣〕等，已分别交东昌府洪守讯办。仰仍会同洪守遵限勒缉匪首徐福等，务获究报。另单禀陈查明管东汉、张玉琢、史砚田并无聚匪图扰情事，自应从宽免究，已据情札行洋务局知照矣。此缴。

二、高唐州禀十八

匪徒过境，立即追捕，地方安静。初九午后，匪徒四五十人架得两人，由清平来，路过高唐袁王庄、长屯，即向西北夏津一带而去。

【批】：据禀已悉。此股匪徒经派出马队跟踪追缉，于本月十三日在武城境内之杨庄，当场格毙首要二十八名，拿获十一名，已发交东昌府讯办矣。仰即会同邻封严勒，勒缉匪首徐福等，务获究报。仍一面妥为防范弹压。缴。

三、兖州府详十五

据寿张县禀，境内教堂被焚并民教被抢，抚宪饬查教堂被焚几处。七月十四五日，绅民被抢百〇四家，教民李忠臣等三家，余均平民。洋式教堂仅梁山一处，余皆民人土房。八月初七日，吕押口教民吕善行，控其堂弟吕善来勾匪，烧毁教堂空屋三间。被烧属实，责令里长人等照旧盖还，函复德教士贺德满知照。

【批】：据详已悉。仰即转饬该县勒缉各案首要匪犯，务获究报。缴。

四、济南府禀十九

平阴县职员孙郁钊等禀恳公保熊方岱一案。

【批】：已据禀札饬洋务局函知该教士等，限三日交出原告，提案质讯。逾限不交，即由该府发州保释，俾免羁累。此缴。

五、益都禀十九

英德两国现设教堂处所。美教士包复祺呈送教士姓名、住址清单。

【批】：据禀已悉。仰仍随时认真防护。缴。

六、长清禀十九

马天恩函，辛甸寺聚匪三百余名。查明并无其事。

七、长清禀此禀另抄

会同委员程文葆会查德主教马天恩函送单开各庄教民被匪滋扰。

【批】：据禀已悉。仰即移令程牧文葆知照。缴。

八、聊城会同委员黄仁政禀二十

本月初九一律放竣。

【批】：据禀已悉。仰赈抚局转饬知照。缴。

九、邱县会同李诚保禀十九

同上。折状存。

十、聊城禀十八，此禀另抄

查明红庙寺等处地方委无高传和等设厂聚众习拳洋务局转据马主教天恩函称。

【批】：据禀已悉。缴。

十一、齐河会同委员曹和浚禀十八

奉本道委赴各州县查禁拳厂。

【批】：据禀已悉。仰济东道转饬知照。缴。

十二、金乡禀十八

赴乡劝谕民教，并将示稿抄呈。

【批】：据禀已悉。仰仍随时认真劝谕，以期民教相安。缴。

十三、清平禀杨荫堂，十八

本月十一日放竣，下余放利，未领京钱二十六千，易回库平银十两四钱，交赈抚局收款。王玉衡家道殷实不领。本月十一日放完。

【批】：据禀已悉。余剩息款银十两四钱，仰赈抚局饬该委员查照该局兑收，并仰该局转饬该令知照。缴。

十四、博平委员杨荫堂禀

刘兴泰小康不领。大口五十三口，二月初七日放完。应存京钱二百十二千，合八十六两八钱八分，由博平县清缴。

【批】：据禀已悉。仰赈抚局移饬该县将剩余赈款银两批解该局，并饬该委员杨知照。缴。

二月二十二日

一、行局刊印铁路章程，并附印曹州教案条约。

二、札委石守总理会同勘办华德胶济铁路事务。

三、行知司、道、局，济、登、莱、青四府。

四、行善后局刊关防。

五、札发莱州府，即、胶、高、昌、潍五州县

为札饬事。照得曹州教案条约第二端第一款内载，允准德国在山东省筹造铁路二道：其一由胶澳经过潍县、青州、博山、淄川、邹平等处往济南及山东界；其二由胶澳往沂州，及由此处经过莱芜县，至济南府。又第三款内载，一切办法，两国迅速另订合同等因。该华德铁路公司前开办胶济铁路，未及照约议订合同章程，遽行动工。其大量购地等项事宜，概无一定准则，民心因而被激发，高密大吕庄及张家大庄两次聚众拔标，阻工扒棚毁路，几滋巨衅。现经本部院先后饬派东海关道李道□□□□□□□督饬各该地方官暨各防营，迅将张家

大庄聚众阻工一案办结。一面电催德国督理胶澳租界事宜叶大臣世克，饬派都司布德乐、华德铁路公司总办锡巴乐，来省议订交涉铁路章程，并由本部院委派都统荫昌与之议订。磋商二十余日之久，共议铁路章程二十八条，呈由本部院再三驳改，极力争辩。稿凡四五易，又发交各司道核议，始于本月二十一日议定，画押盖印。旋即照章札派候补知府石守祖芬总理会同勘办华德胶济铁路事务。一面将所订章程发局刊印，以便颁行各地方官及铁路各员，尽咸周知，统饬照办。惟刊印尚需时日，各项章程既经议订，自应及时颁发。特先行照抄一份颁发该府县查照办理。除将交涉矿务各项章程，俟由德员盖押后再行刊印颁发外，余俟该令勘办铁路到境时，即便会同石守查照所订铁路章程，与该管事人等妥慎商办。并即一面饬催各县出示剀切晓谕，并将所议章程附列示后，务使阖境民人，咸知议订章程，并派有专员会同勘办。一切悉由官绅会同公司照章秉公治理，不致稍有……❶

六、【山东告示】

为出示晓谕事。照得曹州教案条约第二端第一款，允准德国在山东省筹造胶济等处铁路。又第三款内载，一切办法，两国迅速另订合同各等因。此约系经总理衙门与德国驻京海公使议订，奉旨允准，曾经通行晓谕在案。旋因德商在青岛设立华德铁路公司，承修胶济铁路，未经照约另订合同章程，辄于即墨、胶州、高密等处查勘丈量，先行开办。该地方官又未明白晓谕，以致民间疑沮。加之购地迁坟诸事，均无一定准则，奸民讼棍，从中架唆。民人各以保卫身家田产为重，遂起而与该公司为难。此高密大吕、刘戈等庄，濠里、车辋等乡，先后聚众滋事所由来也。

本部院到任后，悉心体察。莱属民情，本极驯良，何肯不顾身家，无端与该公司构衅？该公司以数千万金成本兴修铁路，原为振兴商务起见，又何肯结怨与本地民人，故滋衅端？揆厥由来，固由奸民两面架唆而成，实亦由于未经议订章程，办事不能一律平允。本部院前经饬派莱州府等先后驰赴高密，迅将濠里聚众阻工一案办结。一面电商德国总督胶济事宜叶大臣，委派都司布德乐、华德铁路公司总办

❶ 原稿止此。

锡乐巴，来省商订铁路章程。并委派记名副都统荫，与该德员会商，共商订铁路章程二十八条，曾经本部院再三审定，凡有与国家利权、民间生计有关碍者，均与该公司极力辩驳，期于处处持平，两无偏倚而后已。其为原约所有者，由本部院另派候补知府石守祖芬总理会同勘办华德胶济铁路事务，并仍商由札饬地方官一体办理。除札行出示晓谕外，为此谕告沿路绅民人等一体知照，以后尔等应各安生业，不得仍前聚众滋事。即遇有为难事情，仍可赴官禀明，与该公司商办。自经定章之后，一切均照定章办理，自与从前漫无准则情形迥不相同。德商承修胶济铁路系奉谕旨允准，尔等毋得抗违。况华德公司原系华商、德商公同集股开办，华商如附股分仍可入该公司会同办事，此路并非专属德商。嗣后铁路修成，商务畅兴，于尔等尤大有利益。所有购地迁坟等事，均由印委会同该等妥为商办之后，价值当面付给。如有胥役人等借端克扣讹诈等情事，准即指名禀官，提案重办，决不姑宽。倘使有聚众阻扰等情，一经查觉亦即从严拿究不贷等情，均载在章程。特将章程抄列示后。为此示仰同[1]

本部院抚治此邦，视百姓之事与本部院之事无异，故尔等须知此次议订铁路章程，均系保卫尔等身家，扩充尔等利益起见，已为尔等一一筹画周备，尔等查阅后开所议章程便悉。

七、摘录孙绍襄来函

为首滋事头目人李金榜、孙成书、孙汶、杨广兴、杨克明、张福广六人，上三人地高，下三人皆被水灾之地。

前毛家庄毛长伦、毛启端二人，于十四二更来城，先见彭营官。由彭送来禀报云：张家大庄及附近各庄复聚众，拟于今晚至姚沟庄聚齐。已走两起，拆关外公司分局并毁高密境内铁路等情。

十五日由王分统拿获之七十六人送县讯供，分别首从，妥善办理。

高民心齐而笨，二三百人抢南柳庄，被四洋人以手枪击退。鲁家庙分局亦二三百人，被七勇击退。俱伤有人。十四晚姚沟庄已聚三四百人，被勇拿获七十余人，俱未伤一勇。其末次之请兵保护，系李道

[1] 原文如此。

主之，职镇固未尝请也。

张家大庄与前毛家庄相去只隔一沟，故居民皆以毛家庄呼之，实则前毛家庄并不附和。其十四夜报信之毛长伦等，即前毛家庄人也。

昌邑勘道亦屡勘屡迁，除先看一道，又已易三处。移棺之价，仅一柩二两，地价每亩大千三十千、杂费三千。潍县城边地价，向在百千以外。将来一经动工，势必多费唇舌。

卷六[1] 光绪二十六年二月二十三日起至三月二十八日

二月二十三日

一、茌平禀廿一

禀复拳匪讹扰县民杜翠华家实在情形。二月十九奉札饬查。二十五年不记日期，罗洪英等匪徒多人闯入前后院内，欲进各屋抢掠，经庄众金林台等拦劝说，给银三百两、京钱二百五十千，该匪等始未入室。

【批】：据禀已悉。缴。

二、查此三犯，前发臬司会同济东道讯办。据该司道禀称，讯明该三犯聚众持械，讹索教民唐小雨等家钱物，得赃多次。合依山东省匪徒结会、结幅，聚众至四十人以上，带有军器，窥视殷实人家，讹索得财，不论赃数多寡，首犯拟绞立决例，拟绞立决。罗会英一犯，曾经帮获首犯于清水，并拟量予末减，供单禀候札办等情。当经本部院详核各犯供词，均只供认讹索各事主钱物，与该教士函报抢劫重情不同。旋即分饬各属查该犯等有无入室抢掠实据。兹据前情，仍只是

---

[1] 此卷原稿名为“《筹笔纪略》卷陆”，而非《筹笔偶存》。惟其笔迹、体例与《筹笔偶存》完全一致。封面又题“二月二十三日起”，系紧接《筹笔偶存》卷五之后，前后皆能衔接。故可确定其与《筹笔偶存》名异而实同，系出于同一笔者之手。本卷止于三月二十八日。

聚众讹索，并未入室抢劫。该教士等既称该匪犯为著名首要匪犯、抢劫重案，必有事主可以质证。应限十日内交出事主、证佐到案，提犯质讯，以成信谳而免轻纵。逾限不交，即就提讯供词照律拟结。除由该局函知该教士外，合行札饬。札到该局即便函知该教士等查照办理，毋违。此札。

三、济南府禀

【批】：据禀讯明祖五生〔升〕并无讹诈抢掠暨逼教民反教各缘由均悉。现已饬局函知该教士查照办理矣。仰俟复到再行饬遵。此缴。

四、为出示晓谕事。照得英教士卜克斯于光绪二十五年十一月二十八日在肥城境内四槐树被匪戕害一案，当经本部院电奏。十二月初四日奉上谕：袁世〇〔凯〕电奏：山东平阴、肥城两县匪徒聚众滋事，将教士架至毛家铺地方。该署抚多方设法购救，并派马队兜拿，卒以防护不及，教士被匪徒杀害等语。览奏殊深惋惜。各国传教，载在约章，迭经谕令各该督抚督饬地方官，随事随时认真保护，奚止三令五申。乃山东地方竟有教士被害之事，该地方文武各员事前疏于防范，已属咎无可辞。若不即将凶犯赶紧缉获，尚复成何事体。著袁世〇〔凯〕迅将疏防之该管各官先行参处。一面勒限严缉凶犯，务获惩办，以靖地方而敦邻好。钦此。当即恭录转行在案。

查各国教士在各省传教，载在约章，迭饬地方官随时认真保护。此次卜教士由泰安回平阴，行至肥城张家店，猝被匪徒架抢至四槐树戕害，殊深惋恻。据平阴县梁令石甫暨马教士等先后禀报，本部院即札派候补知府曾守启埙、武卫右军营队吴领官凤岭星夜督率所部驰往该处，会同地方官设法购救，并派队兜拿。卒以防护不及，该教士竟被匪徒架至四槐树，为匪戕害。据肥城县金令猷大禀报前来。闻之殊深惋恻。当即据实奏奉谕旨，即恭遵明旨严缉凶犯重惩。

旋据肥城曾守暨金令等先后报获匪犯孟洸汶、吴方成、吴经明、庞蒸木、李同观等五名解省，当经发司查办。并承准总理衙门电咨：英国驻京窦公使委派上海副领事、调授梧州领事甘伯乐来东观审。旋经臬司提犯集讯。据孟洸汶供认，起意会同吴方成等，将卜教士致死，用刀割落卜教士头颅。吴方成供认下手加功。孟洸汶合依谋杀人造意者斩律，拟斩监候；吴方成合依谋杀人从而加功者绞律，拟绞监候，均各刺字。该两犯秋审均应入情实。案关交涉，情节较重，已经奏明请旨，提前惩办，以昭炯戒。吴经明供认，听纠共殴刃伤，当孟洸汶等诛杀卜教士之时，并未在场。合依刃伤人者杖八十、徒二年律，拟杖八十、徒二年。本当照例定地充军，惟该犯素不安分，迭滋事端，应监禁示惩。庞蒸木始而同往，继因脚病不行，并未帮殴，惟既在场目击，合依同谋共殴人因而致死者，原谋杖一百流三千里、余人杖一百律，拟杖一百。李同观虽未听纠共殴，第途遇跟同往来，亦属多事，合依不应为而多事从重者律，拟杖八十。该犯业报病故，应毋庸议。地保路秀绎，既不竭力救阻，又未从速报官，殊负委任，应革除地保，永不准复充，无干省释。在逃余人二名缉获另结。议给卜教士恤费银九千两，作为造堂费用，又该处乡民另给立碑费银五百两，均由司库先行垫发，交洋务局送英领事核收。此外应在平阴县给地一方，约五亩，为造堂之地，亦已饬县拨给。所有疏于防范之该地方文武各员，查照另行恭折奏参。所有议结情形，查照总理衙门奏定章程，附片奏明，请旨交部，照例议处。除再严饬各地方官认真保护外，合行出示晓谕。为此谕仰军民人等，一体知悉。

尔等须知，各国教士入内地传教，系奉谕旨允准，亟应共效辑睦，相安无事，以仰副朝廷柔远善邻至意。而孟洸汶、吴方成等逞其私愤，纠众持械，故与教士为难，致成谋杀重案，卒至身罹重辟。毋得再有纠众寻衅情事，致干严办。其各凛遵毋违。特示。

五、东昌府禀廿一，此禀另抄

巡缉查看情形，暨访押修理洋枪转卖之黄万兴，并遵札移扎梨园屯哨队，并将匪首韩清祥等押解回郡。

堂邑张令于十二月间获盗犯赵二麻子等五名。

月前洪守又拿大盗赵秃子窝家及著名匪盗赵三麻子、王十等六名。

莘县西南界接朝城及直隶清丰地方盗风甚炽。

于集一哨移驻梨园屯。

在临清获修卖洋枪之犯黄万兴修理钟表，柜内有新旧整破洋枪二十余杆。

【批】：据禀已悉。武卫军东字正军各马队在该县境内地方拿获正犯朱西蚣等十一名，已饬该县解府讯办。仰即提集该犯等，并滕县段令报获之匪犯韩清祥等两名、该府抄获之盗犯赵秃〔子〕等六名，严讯拟办。仍会同王镇督饬各营县勒缉匪首徐福等，务获究办。其修枪转卖之黄万兴，已饬临清王牧就近讯办矣。此缴。

行临清王牧。

六、茌平禀十九

查明大张庄被烧情形：法国天主教堂十二年造，归费若瑟吕宋国人管理，或住一二日即去，有教民张兆起常年住堂。被烧时费教士在郡城。该庄居民共四十四户，均习教。原查十六间，系照间架痕迹核算。现勘明钟楼东尚有更衣所一间，共计十七间。除钟鼓三楼，余皆平屋，均止轰去屋顶，四周墙壁并未损坏。此外尚有华式瓦房客厅三间，设门土屋二间，土门房五间，并西边一带土屋六间、草棚二间。以上顶屋亦均被烧，土屋间有坍裂。

【批】：据详已悉。缴。

七、总署咨二十

美教士陆长乐、韩维廉、柏雅各携眷游历山东、山西、河南、江苏、江西、浙江。

八、总署咨二十三，此咨另抄

行文胶抚审办张桂祥案。

行两司、登莱道、莱州府、洋务局、胶州。

九、茌平禀，此禀另抄

十三日一律放完。

【批】：据禀已悉。仰赈抚局转饬知照。缴。清折存。

十、布政司详二十，此详另抄

据长清禀，查明教民陈大宝失物多与报案不符。

【批】：据详已悉。缴。行局。

十一、高唐州申文二十

洋务局详，明恩溥函称管东汉等情。查明凭〔冯〕官屯系茌平管辖，州境并无马兑人氏，无凭查讯。

十二、高唐会禀二十二，委员吴金鼐

分放钱十七千五百二十，十二日放竣。由州补足。

批同前。

十三、胶州营禀二十一

初八、初十等日，德兵撤回青岛，尚有二十名在城外西关赁民房驻扎。

【批】：据禀德兵撤回青岛缘由已悉。缴。

十四、清平禀二十二

【批】：据禀已悉。缴。

十五、方致祥禀十九阵亡正勇杜金标领烧埋银两。

【批】：据禀阵亡正勇杜金标应领烧埋银两，已饬善后局照章核发矣。仰即备文赴局请领。此缴。

十六、郭升堂禀十八

【批】：据禀驰赴平阴确查有无匪徒滋事缘由已悉。仰即会同地方官妥为防护弹压，毋任匪徒窜聚滋患，是为至要。此缴。

十七、方致祥禀十七

【批】：禀单均悉。张守礼已札委兼办该军营务矣。仰即知照。缴。

二月二十四日

一、平阴禀二十

查明英领事甘伯乐单开被焚被索各案，分别拟办。

【批】：禀悉。已函复英领事查照矣。仰即勒缉白见刚等，务获质讯。缴。

【复英领事函】

敬启者：前准贵领事函称，前日面谈肥城、平阴二事，今将焚抢情形、匪人姓名详细开请查办等因。当即分饬各该县等确查详复核办，并先将肥城县查复情形函请贵领事查照在案。兹据平阴县梁令石甫禀称，查明王家庄教民自置学教房屋并未被焚，胡家坡亦未被抢。邹庆芝、尹敬典、王振江、吕明德四名均经该县讯明，委无随匪闹教及存放赃物情事。白见刚、邹庆余外出未获，熊方岱前已解省审办各等情。除再严饬该县勒缉白见刚、邹庆余，务获讯究外，特将该县复禀抄送贵领事，希即查照为荷。顺颂日祉。

附：抄平阴、肥城县复禀一件。

二、马天恩函：

教民李有富等到案质讯情形。

三、查教民王姓被匪勒索一案，据教民王桂保供，系自托尹敬典说合，当未允许，亦无过付钱项情事。又张庄张姓被匪勒索一案，讯据教民张绪达供称，系白见刚说合，交熊方岱。❶

四、李道、孙镇禀二月初八，此禀另抄

【批】：据禀已悉。该道等督饬营县议结濠里等庄聚众阻工一案，所有堪定前埠口至鞠家村铁路劝惩首顽，办理尚为妥洽。华德铁路公司总办锡乐巴已来省商订铁路章程，现已议定签押，另文颁发。仰即督饬该府县等查照，将所定章程妥慎办理，俾免再滋衅端。所有勘定由前埠口至鞠家村一段铁路，既经该道等查明所压坟墓无多，又不至穿破村庄，应即仍照原勘，毋庸另议，并已另檄饬遵。其迭次拿获张家大庄从犯五名、姚沟从犯二名，如该庄现愿遵示具结完案，准由该县分别责释。仍严饬勒缉逸犯孙文务获究惩。并由该道移函孙镇查照。此缴。

五、高密禀此禀另抄

莱州府督季令续报高民滋事情形及办理解散取结缘由，并将现押各犯请示核办。

【批】：据禀已悉。高密濠里各庄既经遵示具结完案，所有报获之张家大庄从犯五名、姚沟庄从犯二名，应准分别责释。孙成书尚知畏法悔罪，亦即从宽免究。惟逸犯孙文屡次纠众滋事，实属憨不畏法，应仍由该府严饬营县，悬赏觅线，务获究办，毋得轻纵等因。此次铁路总办饬锡乐巴等来省商订铁路章程，业经议定签押，另文抄发。仰即督同各州县查照抄录章程，妥慎办理，俾免再滋衅端。并由该府转饬季令知照。此缴。

六、即墨禀二十二，此禀另抄

查明公司占用民地，支发地价等项数目日期。并前立合同，每丈

---

❶ 原稿将全段勾去，此照录。

地百亩付价一次。九月至十二月两次支地价京钱一万五千九百二十九千八百四十二，迁坟费银百〇八两，又京钱十八千八百十二，津贴地禾等项京钱五百〇三千一百三十八。

【批】：据禀已悉。清丈百亩，地价应即派绅具领，从速核发，毋得假手胥役。仰饬汇案咨呈。缴。清折存。

行石守。

七、胶州禀廿二，此禀另抄

前由。

批同前，行石守。

八、高苑徐寿彭禀

【批】：据禀抽拨营队保卫地方各缘由已悉。缴。

九、高密详廿二

鲁家庙公司分局滋事村民高八等被格致伤，高八越日身死。

房拟批：据详已悉。仰按察司转饬知照。缴。

二月二十五日

按察司、济东道会【禀】十九，此禀另抄

会审高唐、茌平等州县申解闹教匪犯董洛四等一案讯供。会审高唐、茌平等州县申解闹教拳匪田怀德等一案讯供。

【批】：据禀已悉。关东岭、张海罪应斩枭，既已据报在监病故，应免其戮尸枭示。李会先、杨二长腿亦病故，应毋庸议。惟查该张海供词内有伙同刘金兰们抢掠夏津县贺屯教民贺殿寅家钱物等语。张海既拟斩枭，而另禀拟办董洛四等犯案内，刘金兰应拟绞决，并声明帮获首犯可否量于末减等情。刘金兰既与张海同系抢掠，厥罪维均，殊属两歧。前后两禀，殊觉不甚符合。仰再提集该犯刘金兰，严切研讯确供，另行拟办。倘有情节可原之处，无不量予从宽。田怀德等五名应行查各州县有无另案，查明是否另有洋人呈控，分别立限候质。限满无人质讯，再行发回监禁。于步阁等五名，既经讯明并无为匪情事，应准发县保释。仰即分别查照办理，并由该司移令济东道查照。此缴。供折存。

二月二十六日

一、直督咨廿四

英教士韩荫士甘霖赴山东直隶游历。

分行。

二、荣成禀廿五

英人索取温泉都四里等处钱粮及村庄户口。

【批】：禀悉。已札饬东海关道查办矣。仰候该道会同英员勘界完竣禀复到日，再行另檄饬遵。一面谕饬各首事等，妥为因应，曲与周全，毋任乡民阻扰滋衅，是为至要。此缴。清折存。

行东海关道。

三、莒州招远矿务候选知县李家恺禀廿六

夏令水盛停工，秋后暂缓开办。

【批】：据禀已悉。缴。

四、郭升堂禀廿六

【批】：据禀左哨移防平阴赵庄台二月二十四日到防，距城二十余里缘由已悉。仰即督饬该哨弁认真巡缉，申以约束，毋稍徇纵。缴。

据禀查明平阴境内无会匪滋事缘由已悉。仰仍随时会同该地方官实力巡缉，认真弹压，毋稍纵延。缴。

五、茌平会同委员程文葆禀廿四

马主教函送单开茌平十四州县教案。按照单开各庄会查，有曾被扰害者三十一处，其余所开村庄均未被扰，并无后张庄、李孟庄、毛庄等名。又单内未载原报有案者七庄。张庄教堂地基共三亩三分七厘一毫，十五年过拨天主堂完粮。刘占鳌庄、张庄、姜庄、雷庄、八里庄等处被毁教堂，查明均系土屋，规模甚隘，均非天主堂承粮。

【批】：禀单均悉。即由该令移令程牧文葆知照。缴。

六、肥城会同程牧文葆禀廿四

下井庄戕毙卜教士一案、石头沟庄一案、袁家道口一案、燕家庄一案，并未扰及张家店。

七、平阴禀程文葆

五庄十一户，核与原报相符。

批同上。

八、平阴详廿四

查明县境并无拳匪滋事。

【批】：据详已悉。仰仍会同防营随时认真查缉，实力保护，毋稍疏懈。缴。

九、张奉先禀廿五

军机大臣字寄二月初六奉上谕：练兵为当今急务，迭经谕令各直省认真训练，勒限具奏。本年入秋以来，除远省另行派员校阅外，其余各直省定当次第调取来京，逐加阅看。倘所练各营并无起色，定惟该将军督抚是问等因。钦此。

河间府任丘县拳匪滋事，该县王令、城守营张同往弹压，胆敢不服，恃众抗拒。十五日河间府王守与驻扎景州之梅统领、范统领、张营务处俱开往任丘弹压。

【批】：据禀亲赴各防督饬巡缉缘由已悉。直隶任丘拳匪阻教，聚众滋事，应饬各营哨于边界一带严密防犯【范】，认真侦查，毋任勾结窜扰滋衅。此缴。

十、冠县禀廿五

河北梨园屯、红桃园换拨防哨到境日期，并会同巡缉，地方尚称安谧。

【批】：据禀已悉。仰即会同各营哨认真巡缉，并勒缉逸匪阎书勤等，务获究办。缴。

十一、清平禀廿五

马天恩函：夏津城西石家堤有拳匪百余名，将该庄教民抢掠一空，烧房五间。又附近该庄之孟店已否被抢，尚未可知，行令确查。查孟店距城六十五里，距石家堤二十五里，入教之民止有李桂一家，查明拳匪并未阑入。

【批】：据禀已悉。仰仍随时实力巡防，并勒缉各案匪犯，务获究办。缴。

十二、朝城王蕴时禀廿五，此禀另抄

美教士包复祺单开各教堂，就近询问各教士，境内并无美国教堂。惟德国前在境内价买民房数座，统归阳谷县教士卢国祥管辖，偶然来往。

【批】：据禀已悉。缴。清册存。

十三、临邑县会同营务处委员千总马朝臣禀廿五

会查临邑境内现无拳厂及习拳之人，取具首事人等甘结由。

【批】：据禀已悉。仰仍随时认真查禁，俾免日久生玩。并由该令移会马千总知照。缴。

十四、茌平禀廿六

查明三里堂等处并无匪徒聚集及散帖情事（马主教天恩函）。

刘宗成系有名匪犯。琉璃寺蒋宗岭、马家沙窝李怀清均无不法确据。徐福法名绪福，俗家姓白，博平白庄人，自幼在三里堂出家。二十四年潜回原籍，与族人争继涉讼，被师广鉴查知，逐令还俗，遂流而为匪。

【批】：据禀已悉。仰仍勒限严缉匪首徐福等，务获究报。缴。

二月二十七日

重定示稿。

二月二十八日

札善后局刊印告示章程。

一、大英钦命驻扎威海刘公岛等处办事大臣统辖文武陆路总镇陶【照】廿七到

照复：本大臣现派统领华勇营宝参将、统领工程营裴游击，在威专候会办勘界事宜。李、林二员务于二十前到威。

【批】：照复。行李、严道，洋务局、林游击。

二、高密季令电

【复】：季令密宥电悉。章内密达按布政尺比较量定，该县尺或较小，故不符。总之，尺大价多，尺小价减，但须在价上核清，居民即

不吃亏。至已量定之地，仍可照旧。其续勘地段，应照章办。石守携有布尺去，候到妥商定章，何可轻勘。抚院。勘。印。廿八。

行两司、登莱道、莱州府、石守、洋务局、胶、即、安、昌、潍。

三、为札饬事。照得议订济胶铁路章程第三款内载，该公司寻查修路地段，应由巡抚专派官员，会同勘办。并同该地方官，或该处绅衿，帮同办理等因。业经照章札委该候补知府石祖芬总理会同勘办华德胶济铁路事务，另檄饬遵、知在案。查沿途照料保护，仍是地方官专责，不得因派有专员之故，致涉推诿，亦不得各执成见，致涉纷歧。所有一切应办事宜，应由该守会同石守恪遵抚示，妥慎办理，以昭慎重而专责成。除分行外，合亟札饬。

行石守，济、青、莱三府沿途各州县。

四、为札委、知事。照得议订胶济铁路章程第三款内载，该公司寻查修路地段，应由巡抚专派官员，会同勘办等因。业经照章札饬该候补知府石守祖芬总理○○○〔华德胶济铁路〕事务，以专责成在案。兹查第十六款内载，倘在百里环界外有须兵队保护铁路之处，应由山东巡抚派兵前往，不准派用外国兵队等因。现在百里环界内外，均有兵队驻扎，应委该石守并充行营营务处，遇有弹压保护事案，附近各处营兵均可商调，俾免贻误事机，以期迅速而重巡防。除分行札委外，合行札知。札到，该守……

行石守、吴统带、王分统，宿、彭营官，照会孙夏镇、姜翼长。

五、复英领事

来函备悉。已分饬各属严缉戕毙卜教士案内余犯王姓、张姓等究报矣。俟拿到即咨呈总署转达窦大臣知照。特此具复。

又复：来函备悉。告示已查照添改，并缮印二十张送呈，乞查收转发。至片参肥城文武官，须俟本国政府议明。

又复：来函备悉。该匪托名闹教，实则平民亦被该匪滋扰。即如寿【张】县报百〇四案，内中仅教民李忠臣等三家，其余均系平民。又曹县、长清、茌平、博平、齐河等县所报匪案，亦系平民居其大半，非专抢教民可知。前已迭经分饬各该县查拿，现仍再饬查拿，务获惩办。肥城孝里铺一案，亦已再饬该县查明商结矣。

六、【片奏】

再，查接管卷内准户部咨：御史张荀鹤奏，东海关苛敛出洋华民，请饬酌减定章一折。恭奉谕旨：著调任抚臣毓贤转饬该关道妥定章程，严行裁减等因。钦遵咨行到东。调任抚臣毓贤未及核办，移交到臣。伏查海参崴系俄人屯兵海口，并非通商埠头，山东人领照前往后，其正宗商民，大率往作苦工，雇给俄人修筑铁路。该铁路造成之迟早，自视工作之多寡为衡。此项工人，实属无益大局，然又未便设法禁止，赖有此领照一事，尚可防范稽查。向由该关道与驻烟台俄领事会印签押，与洋关素无干涉。每年前往该处者至多不过一万余人，并无十余万人之众。护照之费，俄领事收至二千六百文，自亦不肯核减。该关道所收亦只二千余文，自光绪二十三年以后迭次酌减至一千七百五十文，较之俄员所收，减数已为不少。如我再减而俄人议加，我反自失其利，而与民人无益。况此项照费先后由该关道提出充公，上年其续行清厘税务，每年凑集银二万两，仍在此照费内提措筹支。本省办理交涉人员薪公等项，大半亦持此挹注，自亦无从核减。惟有遵旨督饬该关道查照定章，出示晓谕，并严禁吏胥人等影射苛敛，违即重惩，以杜扰累而安行旅。谨附片具陈，伏乞圣鉴训示。谨奏。

七、【批】：禀悉。此项照费，既已提充公款，自可毋庸核减。现经本部院附片具奏，仰候另檄钞稿行知。再该道禀称，拟在此项照费内提拨四成，充作本省交涉员弁薪公等项经费，应即照所收实数提存，按季批解，以济要需。并将领用护照及可收照费各数目，列册报查。此缴。

二月二十九日

一、文登禀廿八，此禀另抄

辛汪、二里、凤林集等一百十五村庄，岁征地丁银一千五百四十三两八钱五分八厘，耗银二百十六两一钱四分，开折禀报停征有案。辛汪、二里、三里、四里各村庄，草庙等处绅士禀称，距威海六十余里，威海卫租界，英十里合华里若干，恳求批示只遵。并请饬交涉委员照会英员，俟租界划清，催征钱粮。

【批】：禀悉。已札饬东海关道查办矣。仰该道及严道、林游击等会同英员勘界完竣，禀复到日，再行另檄饬遵。该令仍督饬各庄首事等，妥为劝谕，毋任乡民妄滋事端。此缴。

改订折稿。

二、明恩溥、博恒理禀廿八

夏津于五一案，乡长贺殿海作证。

行临清州亲提，洋务局函复。

三、交还英领事函二封

英领事函二十八：查拿肥城卜教士案内余犯王姓、张姓、王四利、常玉魁、孙来明、谢银灯、赵三马虎、赵得胜。

行司、局、肥城县。

又函二十八：肥城孝里铺一案。又各属匪案。

行肥城勒缉。

又函二十八：添改告示，并要二十张。

四、总署咨二十八

钞咨两次与德使来往照会。百里环界内准驻兵队先商德抚一案。

五、高唐州禀廿七

西关并无教堂，只民房数间，系教民杜友柱在彼居住，并无呈报被抢案据。刘秉清捐贡斥革，患病取保。李鸿魁随同劝散拳会。高振东、高振岳均系务农乡民。

【批】：据禀悉。仰仍勒缉匪犯王介臣等，务获究办。缴。

六、聊城、程文葆会禀廿七

【批】：据禀已悉。即由该令移会程牧文葆知照。缴。清折存。

七、莘县程文葆【禀】廿八

上年八月由朝城窜入南边乡境，在王家庄、齐家路口逗留。据教民赵永和、陈玉德赴县呈报，林营官由阳谷县督队至境，一律击散。

批同上。

八、黄县禀廿七

境内教堂房屋及教士姓名。

【批】：据禀已悉。缴。

九、临邑禀廿九

县民王老八等均先期出外，在籍并无为匪情事。马主教函称傅庄民人王老八、范克义系刀匪滋事首领。

【批】：据禀已悉，仰俟范克义等回家，即行传案讯究。缴。

十、济宁州曾西屏会禀，此禀另抄

二月十三到济宁，教民窦永贞等三户殷实，不领。五十二户，大口二百二口，小口一百三十九，【共发放】一千八十六千四百四十八两七钱六分。

【批】：禀单均悉。此次查放赈抚钱文，勿论民教，总以曾否被匪扰累为断。梁有恒等四十一名，应由该印委等确查有无被扰实据，酌核办理。所垫发银两，已饬赈抚局照数核发矣。仰即知照。缴。清折存。

十一、东昌府详廿八

马天恩函：聊城李家仓庄李继绍等练习刀拳，仍议起事。

仓庄并无李继绍之名。韦庄即魏庄，该庄之高传和在家务农。索家集之冯立身已故十一年，冯立旺系文生课读。齐庄即祁庄，张连元平日安分。

【批】：据禀已悉。仰仍督饬各州县随时认真严禁设厂习拳，俾免聚众滋衅。缴。

十二、总署咨廿八

二十六年二月二十二日，美国康使来署面称，山东拳匪现在临清庞庄，高唐、夏津、平原各地方，每日演拳，恐吓教民，与前数月无异，可见中国并未弹压拿办。夏津县官屠乃勋、高唐县官李恩祥、平原县官承泗，皆办理不善，派驻兵丁有愿拿匪请赏者，该县官每从而阻之。平原之张玉琢、史砚田，高唐之刘秉清，皆系时常滋事应拿要犯。夏津、清平两处拳匪，且有掳人勒赎情事，均未见该县有拿办之意。恩县亦有拳匪滋事。距临清二十里之小村，有天主教民五家，被匪百余人于初九夜抢掠。请贵署速即电行东抚，认真弹压拿办，否则我当电请本国自行设法办理等语。并缮节略一件，面递前来。本衙门查贵抚巧电称，初十后清平、夏津一带有百余人乘隙蠢动，绑架抢焚伤人，当经马队跟蹑至武城界，会同县汛兜捕，拿获九名，余匪逃散等因。是康使所称二月初九夜距临清二十里之案，尚非无因。其余所称各节，是否属实，除已摘要电行外，相应咨行贵抚查明核办。并声复本衙门，以便照复康使可也。

行司、道、局查复。

二月三十日

一、日照禀卅

白总教明德复干预词讼，请咨明总署，抑作何办法。

【批】：据禀已悉。教士不许干预地方词讼，载在条约，亟应严行责诘，以儆效尤。饬将该案详细情形暨两造供词，该令如何判断，该教士如何干预，并讯明该教士系何国人，逐一详细声复，以便分别咨行，认真查办。缴。

二、总署咨

美教士费习礼携眷游历山东、河南、江苏、直隶四省。

三、东海关申

英教士孙岳瀚赴山东等处游历。

四、【札饬】

查前据荣成赵令昉熙、文登陈令景星先后禀报，英人在荣成县境之温泉四都等村庄，文登县境之辛汪、二里、三里、四里暨草庙各村庄，索取钱粮各等情。当经飞饬该道、该游击妥速查办在案。兹奉谕旨，著会同查明，认真办理等因。除恭录分行外，合亟恭录札知。札到该游击、道即便会同于令勘【查】租界【条】约，务须援照议租威海专条内载，所租之地系刘公岛并在威海湾之群岛，及威海全湾沿岸以内之十英里地方等语，会同英员，详悉地势尺寸，期于无讹，细心省勘，不得任其恫喝要求于专条所订界址之外尺寸地界。又查专条内载有以上所租之地，专□英国□□等语，并无该处钱粮准归英员收纳明文。应于划界时与英员据理力争，不得迁就了事。此系交涉重大事件，该道等务须钦遵谕旨，妥慎办理，慎勿再蹈从前覆辙，致干重咎。并将遵办情形，飞报查考。切切。毋违。此札。

五、廷寄

有人奏，英人自威海以外占文登、荣城两县地方，张贴告示，令界内居民向彼完粮，并强派华绅四人充当粮总，代为催收。此次划界，请饬审定疆界，以固人心，毋蹈从前覆辙等语。著袁〇〇详审地势，据理力争，毋得迁就了事，致启效尤。另片奏，高密县属濠里地方，洋人修造铁路，阻塞田间水道，有碍小民生计，因而拦阻，洋人枪毙数人；日照县地方亦有德人击死农人情事，请饬责问等语。并著该抚详晰查明，认真办理。原折片均著钞给阅看。特此谕令知之。钦此。二月二十七日【发】，三十日到。

三月初一日

一、历城详廿七

长清人犯李会先病故。

又详廿七：长清人犯关东岭病故。

二、东海关电

卅电敬悉，懔遵。查总署原奏，有划界原图进呈。此图未奉发下，可否请发原图，俾有依据之处，伏乞钧酌示遵。〇〇禀。先。印。

三、【复电】

威海李道台鉴：先电悉。查总署并无划界原图，应会同严道查照专条所载界址，详细勘办。

四、咨复总署

为咨呈事。光绪二十六年二月廿八日，承准贵衙门咨开：二月二十二日，美国康使来署面称，山东临清拳匪现在临清庞庄，高唐、夏津、平原各地方，每日演拳，恐吓教民，地方官并未弹压拿办等情。是否属实，相应咨行查明核办等因。承准此，查此案前准贵衙门漾电内开：美使面递节略，当经本部院查明，各属现均安静，委无别案等情电复在案。兹准前因，查济东泰临各属匪徒，上年十月间纠伙遍处滋扰。自经本部院到任后，迭派文武员弁悬赏购线，擒捕首要，又一面出示晓谕，解散胁从，并责成地方官会督营县查禁拳厂，取具各庄长首事甘结。凡有教堂处所，札令切实随时认真稽查。又拨派各防营分散驻扎，来往巡缉。一面派员驰赴各州县，确查被匪滋扰户口，不分民教，均予抚恤，久已一律安静。惟二月初九日，据临清禀报，小村有抢掠教民五家情事。并于是月初十日，清平许庄；十一日，夏津师隄庄一带有百余匪徒抢掳绑票，抢焚伤人情事。据报后，当即飞饬营队会同该地方官跟踪追剿。十三日，兜捕于武城境内之杨庄，互有伤亡。当场拿获匪徒九名，交东昌府讯办，余匪即已逃散无踪。此后则无滋扰案件。该使所云夏、清两处拳匪有抢人勒赎情事，当即指此。至庞庄系归恩县管辖，现派有佐字中营哨队在彼驻扎，地方亦属安静。该处美教士明恩溥、博恒理等，并管平原、临清等处教务，时有函禀，由洋务局转呈。备述平原之张玉琢、史砚田，高唐刘秉清，夏津之于五，系滋事要犯，恳请查办等情。迭经移饬该员查办。于五一犯，前由夏津屠令乃勋提案讯明委无为匪情事。刘秉清前由高唐州李牧恩祥札移转夏津归案质讯，亦无勾结匪徒滋扰实据，现仍发回高唐管押。张玉琢、史砚田前经平原承令泗查传严究，均系安分良民，未便以该教士无据之词，株累良善。查自上年十二月查办匪徒以来，各属缉办匪徒，极为认真。如该使所称，高唐、夏津、平原等州县先后报获匪犯，均属有案可稽。如高唐州李恩祥会营报获匪犯于清水、董元梆。夏津屠令乃勋督同报获匪犯张海一名，又当场格毙匪犯郑天佑一名。又平原禀获匪祖五生、曹玉琢等，各先后发府讯办，并非查缉不力可知。除再札饬司、局转饬各州县认真查缉，俟详复即行汇案咨呈归案外，所有现在匪犯、地方安静各缘由，相应咨呈贵衙门，候饬查照施行。须至咨呈者。

三月初三日

一、彭金山禀初一

【批】：据禀分赏拿获李金榜案内出力弁勇各缘由已悉。仰仍督同该弁勇随时妥为防范弹压，以弭后患而竟前功。缴。

二、洪用舟禀三十

遵饬查明堂邑教民任德纯家，委系被匪讹索银两，并无焚抢等情。教民陈立荣家，系属被贼行劫，实非被会匪扰害。

【批】：据禀已悉。堂邑文童陈立荣家既系属被贼行劫，应饬该县勒限严缉归案，赃贼务获究报。缴。

三、明教士恩溥等禀

张玉琢、史砚田承令延入花厅等情。

【批】：据禀史砚田、祖五生等均系著名要犯，请饬查究缘由已悉。现经札饬济南府查办矣。此批。

行府。

四、清平会同程文葆禀初一，此禀另抄

上年被扰村庄虚实情形。

批同前。

五、堂邑禀程文葆，初二，此禀另抄

批同前。

六、夏津禀初二

杨吉升并无其人明教士函开。管东汉及单内马兑等并非县民。

【批】：据禀已悉。缴。

七、东昌府禀初二

查明茌平、聊城等县并无阻止教民报案，教民亦无被匪戕害等项重情。宪札据洋务局据马主教函。

【批】：据禀已悉。仰仍督饬各州县随时严密巡缉，认真保护，以辑民教而靖地方。缴。

八、潍县禀初二

南流庄复来德人，先行拨队驰往弹压。

【批】：据禀已悉。仰即会同防营随时认真保护弹压。缴。

九、初三，办威海、胶澳界务。

十、马天恩函

莘县堂邑未抚恤。

行洋务、赈抚局，复函。

三月初四日

一、【收电】

济南抚帅钧鉴：密奉冬电敬悉。查二月十七据文登陈令景星禀称：县属辛汪里并草庙集各绅民禀称，有英人贴示催粮情事。当函询英员陶德，并派局绅王丞前往文、荣各乡探访。旋据陶德函复，并无催粮情事。又据王丞回称，查询乡民，曾有英人下乡送册，预为稽查户口之事，并非催粮。所见英人告示，亦无催粮等语。惟乡愚近因划界，捏造谣言。革道道洪道、卑职云翰等查无实据，未敢冒昧渎禀。再查距威十六里之张村寺，因谣言四起，乡民惊聚，借团聚众。即于二十五日派王丞前往开导劝解。英员诚恐滋事，于二十六日带兵前往探视，即将团首崔寿山等三人带回刘公岛，并传谕在团各村长，初三来威面谕开导等情。拟俟讯明各情，再行据实禀报。至威地划界之事，英员催嘱甚急，一俟李道来威，会商如何办理再当电禀。革道道洪、卑职云翰谨禀。江。印。

三、【办事大臣陶电】

济南抚院袁鉴：接奉来电，殊深诧异。文、荣两县所禀毫无影响，划界以前实无意征收租界钱粮。承饬李道赴威，以欣以感。尚祈札饬文、荣两县来威见李道，诉其所禀贵部堂之语有何依据。办事大臣陶电。

行李道，行文、荣两县。

三、【青岛电】

青岛叶大臣鉴：布君回青，想已以鄙意代达。交涉章程签押后，请即寄来，以便照办。沙拉克等在昌邑范家邱殴伤民人范希聪一案，贵国兵丁在胶州击毙民人张桂祥、纪长春、殴伤范玉祥一案，均经派员会同验讯明确。又傅士代在泰安东向庄殴毙民人李二全一案，全案亦系供证确凿。请即秉公究办示复，以昭睦谊而重公道。

四、石祖芬禀初四

遵饬酌议开办胶济铁路，请给委员人等应给薪水津贴，并卑府薪水公费略仿河工章程，缮具清单，呈候鉴核。

知县姚光浚、凌咏川×，州判郑瑞骏Ⅱ×，县丞杨本权、江瑞珍、萧俊生伴食六两，差官四人十两，字识二人六两，公费一百，薪水一百，护勇四、马四、步四。

【批】：禀单均悉。即照所议办理，暂于藩库租课项下借支，准三个月具领一次，仍照章按月报册。所调委员候补知县姚光浚等五员，已行司札委矣。仰即督饬各员迅赴差次，妥慎经理。仍将到差日期报查。缴。

五、委翻译沈琦随同石守前往。

早
下午 呈 威海
胶澳 界务 钱粮附
钱粮附 又呈交涉命案。

三月初五日

莱州府、高密县电

近城铁路往北稍移。(行石守)

复叶世克贺信四六。

三月初六日

改订总署咨文，发缮。

一、总署咨初六

恭录上谕即是三十日廷寄上谕。

行司、局、登莱道、登、莱、沂三府，石守，高、文、荣、日照四县，彭、崔、王三管带，林管驾。

二、胶州海关阿理文禀初四

二月二十发。

【批】：来牍均悉。已据情札行各邮政局及沿途经过之各州县出示晓谕，并妥为保护矣。此批。

胶州、即墨、平原、潍县、青州、邹平、济南、泰安、蒙阴、沂州、济宁、滕县又申呈初四

莒州境西云门庄外被劫挂号信一件、要包一个，被劫物价及费用之款共计京钱九十四千二十五年十二月十二日。

【批】：来呈备悉。已札行莒州查缉。此批。图存。

三、德州禀初四

二十日奉到歌词、告示。二十五，府发八张，照式翻刻。

【批】：据禀已悉。缴。

四、滋阳禀初三

毋庸给赈。曾西屏奉委下县查赈。

五、惠民禀初三

一千二百余村新旧义学二十处，乡学五〇余处。前海丰县口北道汤豫诚川南圣谕俚歌，该令拟为自刊。五言札示与所书劝民息讼歌，与五言歌词同刊刷颁发。

【批】：据禀已悉。劝民息讼俚歌期刊成帙，颁发阖境，各县令著亲至❶

三月初七日

傍晚传见。

法领事业照会署理烟台、营口领事官

为照会事。光绪二十六年三月初六日，准贵领事照开：前奉东海关监督李照会内开，贵抚台札云，外国人失物，只可拿贼追赃，并无赔补之例等语前来。本领事查条约第三十六款末言，并无此意，请贵抚台详查条约办理等因。准此，查中法条约第三十六款内载，将来大法国人在通商各口地方，为中国人陷害凌辱骚扰，地方官随在弹压，设法防护。更有匪徒狂民欲行偷窃、毁坏、放火大法国房屋、货行及所建各等院宅，中国官访闻或领事官照会，立即饬差驱逐党羽，严拿匪犯，照例从重治罪，将来听凭向应行追赃著赔者责偿等语。详核约义，是专指大法国人居住通商各口地方而言，并与内地教民无涉。教民虽奉西教，仍是中国百姓，自应照中国盗窃案件办理，应行拿贼追赃，则无论□□□。即就法国人而论，约中所谓向应行追赃著赔者责偿，亦只是严拿匪犯到案，向该匪犯追赃著赔，亦无令地方官著赔偿之例。参看第三十四款内载，倘承缉之人或不能获盗，或不能全起赃物，照中国例处分，但不能赔偿等语。法国人之在通商各地方者，尚且定为不能赔偿，何况教民是中国百姓，其不能赔偿更可不辩而明。本部院查东省各属，民教积仇已非旦夕。上年夏秋间，外匪乘隙以闹教为名，良善□□，其实平民被匪扰害极重。经本部院严饬各府、

❶ 以下文字不清。

州、县先后购获该匪犯多名，杀死民教、焚抢教民房屋重犯朱红灯、于清水、心诚、王立言等均已讯明正法，余亦照例分别治罪，并分别追赃。又一面委员驰赴各属确查被匪扰害各村庄户口，不分民教，概行酌给赈恤。并出示劝令回家安业，仍饬地方官随时实力保护。遇有民教焚抢案件，悉令认真查缉。并准拨各队营勇分道驻扎，遇有教堂处所，加意弹压。其有承缉不力各员，分别参处办理。

一切办法与原订中法条约均相符合。兹准前因，想系传闻异辞，未悉本部院一切办法，特将现办情形照复贵领事查照。

再，同日准贵领事照开：上年教民被抢各案，格外重大，已禀请贵国驻京大臣与总理各国事务衙门商办等因。准此，贵领事既已禀由贵国驻京大臣核办，应候总理各国事务衙门咨行到东，再行商办可也。须至照会者。

三月初八日

一、咨呈总署前案事电报二件、照会三件

为咨呈事。光绪二十六年正月二十八日，前据驻扎烟台法领事电称：东省西北教友受难，至今该管官尚未赔补等情。当经本部院电复以赔补一节，容饬东海关查照条约详复。旋即札饬东海关李道，以查照条约，外国人失物，只可拿贼追赃，并无赔补之例等情照复各在案。兹于三月初四日又准该领事照称，查条约第三十六款末言，并无此意，请详查条约办理。并另文照称，此案已禀报法国驻京【大臣】，会同贵衙门商办各等情到本部院。据此，除再由本部院据约驳复外，相应【将】钦使来往电牍底稿咨呈贵衙门，谨请查照知照法使。此案现已办理完竣，以符条约而杜纷扰。仍希赐复施行。须至照会者。

计抄来往电稿二件、牍稿四件。

行两司、三道、洋务局。

二、历城详

张海病故。

【批】：房拟。

三、总署咨

游历人赴地方官衙内验照，各国公使照复不允。

四、直督咨

英教士史礼门、孟恩赐、雷实礼、费古约翰，由津赴河南、山东、直隶游历。

五、韩教士函初六

札发告示，教堂不能张贴。

行洋务局。

六、临清州禀初一

会禀临清小芦附近之贺村、梨园屯等处，均驻有哨队，可以兼顾，现在无须添拨队伍驻扎由。

房批：禀悉。应仍随时会同严缉逸匪，务获究报。仰临清州移令王副将及东昌府知照。缴。

七、长清禀初七

匪犯明延生前供，听从关东岭等抢勒禹城等县教民李二牙等家银钱，此外并无另犯抢掳焚烧别案，暨事主李秉贵不愿晋省备质由。

【批】：据禀已悉。缴。

八、戴守礼禀初七

禀谢兼办全军营务处。

【批】：据禀已悉。缴。

九、平阴县会同亲军营左哨哨官千总马新元禀报

于二月二十六日到防距城十五里，驻扎官庄，中前两哨驻南关马村。

【批】：据禀已悉。仰即会同各营哨随时认真巡缉弹压，即督同该令移令马千总新元知照。缴。

十、齐河禀初七

查明石来法并无被人呈控案据。

【批】：据禀已悉。缴。

十一、东平州禀初七

二十三日奉发劝谕勿立邪会告示、歌词，二十四日贴。

【批】：据禀已悉。缴。

十二、汶上会禀候补知县朱檀，初七

详查被匪扰害共六十六户，又洋教师开呈七十七户，共百四十三户。分三等支发：高经普六户情形较苦，即照大小口数散放；王昌年六十户，情形较轻，每户给京钱七千；韩履进七十七户，情形最轻，每户给京钱二千，共需七百〇六千。檀令于二十八日起程，驰赴宁阳，会同李令查办。

【批】：据禀已悉。仰赈抚局即将筹垫赈款照数核发，并转饬该印委等知照。缴。禀折抄发。

三月初九日

一、房办。济南府禀

匪犯祝秉军解赴直隶景州归案审办。

咨直督。

二、东海关申

驻烟英领事谭得乐、英教士保阁勋赴东省各府州县游历。

又申：英女教士李崇光赴山东、直隶、江苏游历。

咨直督江抚，照例分行。

三、夏津会同候补知州文烺禀

臬司札，奉上谕严禁拳会；奉谕严禁拳厂。

【批】：据禀已悉。饬按察使俟各属会查完竣，汇案详候奏咨。并飞饬该印委司知照。缴。

四、临邑程文葆会禀初八，此禀另抄

五、邱县禀程文葆初八，此禀另抄

六、茌平禀初八

田恒德曾在博平讹扰属实，惟朱红灯等在兴境分股抢掠焚杀，均无该匪及张洛仓、石来法、明延生等在内。于福堂在刘来寺仅为拳匪牵马。

【批】：据禀已悉。缴。

七、肥城禀初八

给陈继孟京钱四十千，安长林京钱二十千，陈继长十五千，均作添补修屋之用。

【批】：据禀酌给陈继孟等房屋修费，并由马教士另行商结各缘由均悉。仰俟该教士到县会商时，妥为酌办了结，俾免别滋口实。此缴。

三月初十日

辰传见。抄查交涉命案各件。传各缮书钞卷。

附片：奏明东海关照费提充交涉公费。咨北洋大臣会稿。行布政司、洋务局、东海关、石守。

札发章程告示各一百张本，昌、潍、胶、高、即。

札催石守速往高密，该处又滋事。

三月十一日

一、为札饬事。照得高密车辋等乡武生李金榜暨孙汶、孙成书等聚众阻工一案，前经本部院饬派莱州府吉守驰往督同查办。旋于十二月二十日恭奉电旨：饬迅速筹办，分别首从，严拿惩治毋徇。迁延日久，德人兵至，多伤民命等因。钦此。当经钦遵，电饬该守令等勒限妥速筹办。旋据禀称，已于二十八日将李金榜拿获，孙汶等仍联众观望。本部院又添派登莱道李道、陕西汉中镇孙镇等，驰往查办。旋即❶……各在案。兹于二月初八日又据该守令等电禀，濠里各庄又有置备枪炮、勾结外匪情事。初十日又迭据电禀，初九日探有千余人自昌境太保庄、下洼等处来，均集于绳家庄，今午探闻出庄。彭管带整兵前追，胆敢放枪拒敌。伤其一人，搜出符咒一本，并佩带黄纸符一张，连犯一并送城。该营仍相机剿守。此勾串外匪已有确据，并闻该匪有后膛枪数百杆。同日又据彭管带电禀，初九西乡各寨聚众，声称初十、十一拆窝棚攻城，百姓外逃不少各等情到本部院。据此，查此案甫经议结，前据该府县二月初三电禀，据称近城铁路往北稍移，绅董皆愿，该公司似可照办等语。何以数日之内，又有聚众滋事情形？

❶ 以下原有一行空白。

查核该府守、县等前后所禀，诸多不符。□□□□□□□未知起衅缘由，究竟仍系乡民聚众，抑系匪徒居间煽惑？昨已电饬查明禀复。但该处距胶澳密迩，倘不及时认真查办，难免又酿成巨衅，恐将牵动大局。亟应遴派司、道、该守，驰赴该处，便宜行事，妥筹办理。除附片奏明并分行外，合亟札委。札到该司即便克期前往，督同各府县防营相机筹划，认真查办。如有勾通外匪抗阻官兵情事，应即遵旨严缉，分别首要，解散胁从，妥速办结，毋使日久别酿衅端。并著酌带妥员，随同差遣。仍一面迅将起衅缘由及查办情形随时飞速报查。一切均准便宜行事，本部院不为遥制。

二、咨总署

复陈遵旨严禁拳会片稿。

三、烟台法领事咨文改信。

四、札发司、道、府、州、县铁路章程。

咨送三镇、孙镇、姜翼长。

为札知、饬事。本月初八日，据莱州府曹守、高密季令电禀，濠里各庄又有置备枪炮、勾结外匪情事。初十日，又据电禀，初九日探有千余人自昌境太保、下洼等处来，均集于绳家庄，今午探闻出庄。该营整兵前迎，胆敢放枪拒敌。伤其一人，搜出符咒一本，并佩带黄纸符一张，连犯一并送城，该营现仍相机剿守。此勾串外匪，已有确据。同日又转据该彭管带电禀，初九西乡各寨聚众，声称初十、十一拆窝棚攻城，百姓外逃不少各等情。据此，查该县、高密车辋、濠里等乡，武生李金榜暨孙汶、孙成书等聚众阻工一案云云。除札委并抄电分行外，合行札知、饬。札到该令、守、管带即遵电饬，妥速查办。并饬胡臬司仍将起衅缘由及经过情形飞递报查。倘任日久迁延，别滋[1]

三月十二日

一、廷寄。三十日奉粘钞原折片，行两司，兖沂、济东道，洋

[1] 原文止此。

务局。

二、为札饬事。前承准军机大臣字寄，光绪二十六年二月二十七日奉上谕：另片奏，高密县属濠里地方，洋人修造铁路，阻塞田间水道，有碍小民生计，因而拦阻，洋人枪毙数人。著该抚详晰查明，认真办理等因。钦此。遵旨寄信前来。当经恭录转行，并将原折片一并粘钞行知在案。查原片内称，中国毙一洋人，必抵偿数命，抚恤巨万；而洋人毙华人，如屠犬豕。百姓何辜，遭此涂炭等语。自是为民生、国体起见，亟应遴派该司驰至该处，详晰查明，认真禀办，以重民命而伸治权。惟查高密各庄民人，自上年五月至今，与华德公司彼此滋衅已非一次。原奏所称洋人枪毙平民数人，是否即系本年濠里各庄聚众滋衅案内情事，抑系上年大吕、堤东、刘戈等庄滋衅之案，互相牵连，均应分别彻底根查，以凭核夺。除分行外，合亟札饬。札到该司即便钦遵详细确查，督同各地方官妥为申理，毋得稍涉迁就，致启效尤。切切。此札。

三、郯城禀初九

境内并无事主被抢经报未禀各案。

四、安徽抚院邓咨初九

英教士德广余由芜湖前赴安徽、江西、江苏、湖北游历。英教士米发兰由芜湖前赴浙江、福建、湖北、江西、安徽、河南、陕西、山东游历。

五、镇江关道长恒申初九

英女教士李氏由镇江往江苏、安徽、江西、山东等省游历。美国人柏雅如由镇江往江苏、江西、山东、浙江等省游历。

六、胶州协禀十二

浮山所[1]汛把总王冠先、青岛口炮台经制外委王鸿翥禀：被德人驱回。

【批】：据禀已悉。青岛口、浮山汛既在租界以内，自不能不移出租界外驻扎，以符原约。前据德督叶世克函，应同该员会同地方官详晰查明，禀候饬遵。送登州中右营饬知二件，随札发还。仰即移令该

---

[1] “所”字疑为衍文。

营并分饬该弁勇知照。至浮山汛把总、青岛口炮台经制外委应移驻何处，已咨行登州镇议办矣。此缴。

七、潍县禀十二

禀廿九日亲诣南流面见德人，前居南流者三名，新来者一名，陆德伯、麻甲第、波益斯、爾读，奉公司总办函谕前来收料。

【批】：据禀悉。已行知石守查照矣。铁路章程现已颁布施行，嗣后公司所用办事各员，应遵照铁路章程第十五款，应有地方官与公司合印之凭单，以便稽查。其在山东内地往来者，即照第十四款办理。

八、陶大臣照会

荣城有二事违约：一、于家庄人于永远在该县因案被押。一、该县典史随带人役至租界境内征收钱粮。

行李道查复洋务局。

九、日照禀初十

木商姜士艺等抗不纳税一案，现据烟台华信洋行日商松冈竹二郎持执照扛讼生事，应恳查核照会日领事惩办。至梧桐木段，系制无烟火药，并请咨明总署通行各关查禁出洋。

【批】：据禀已悉。日照并非通商口岸，日本商人松冈竹二郎串同奸商姜士艺者，在内地私运梧桐木段出口，抗不纳税，并敢持执照扛讼，实属违背条约，自应认真究办。惟领事体制向与关督平行，交涉事宜亦应与关道商办，本部院未便照会。仰候札饬东海关道照会日本领事，秉公究惩，以重税课而儆效尤。至违禁货物，载在税则。梧桐木一项，是否在违禁，并候饬遵查明办理。此缴。

三月十三日

一、叶督电本日

行泰安县传提原告李继山、李大全，地保李忠诚来省。

二、郓城详初十

姜三绿巨野县在监病故巨野惠二哑吧案内监禁五年。

房批同前。

三、按察司详初十

【批】：如详将该犯庞蒸木饬发寿光县，到配折责充徒，限满报明递籍安插，并取具收管送查。缴。

四、金乡详

房批同前。

五、单县禀初十

盗案均随时禀报。臬司咨道。

【批】：据禀已悉。仰仍勒限严缉各案逸匪，务获究报。缴。

六、直督咨十二

各国海船旗号章程三部。

行两司、洋务局、东海关。

七、镇江道申

英教士文格理赴山东等处游历。

行司、道、局。以上房办。

八、高唐州禀初十

奉到严禁拳会告示歌词三十八处。

【批】：据禀已悉。缴。

九、巨野禀初十

并无已报未禀件。臬司咨道转饬。

【批】：据禀已悉。仰仍勒限严缉各案逸犯，务获究报。缴。

十、清平禀十二

美国康使来署面称，夏津、清平两处拳匪滋事，查明并无拳匪滋事。

【批】：据禀已悉。仰候汇案咨呈总理衙门查核。仍严缉逸匪徐福等，务获究办。缴。

十一、德平禀十二

奉饬据高唐州知州李恩祥、候补知县曹和浚会禀，奉委查禁拳厂等情，饬即一体查禁。

【批】：据禀已悉。仰仍随时督同各庄首事、庄长，认真查禁，毋任日久生玩，以革歪习而正民风。缴。结存。

十二、城武禀会同陈尔延

查明并无拳会各厂。臬司札委。

【批】：据禀已悉。仰按察司转饬该县，随时督同各庄庄长认真查禁私设拳厂，以杜煽惑而靖地方。并饬陈牧尔延知照。缴。

十三、海丰禀十二，管得泉

照式缮写五十张严禁拳会告示。

【批】：据禀已悉。缴。清折存。

十四、平原禀十一

查明匪犯田怀德等并未被人指控有案，现已出示招告。

【批】：据禀已悉。缴。

十五、日照禀十一

白总铎干预，教民孙长禄、韩瑞臣、溥千、孙兆祥等，听唆砌饰妄告四案，现已讯结。

【批】：据禀已悉。民教互控案件，只在地方官能持平审断，从速划结，可省无限讼累，固非该教士等所可得而干预也。此缴。

十六、巨野禀会同陈尔延，初十

批同城武。

十七、宁阳禀会同朱檀，十二

查放抚恤钱文完竣，西乡一带共二十五户，大六十三、小三十七，京钱三百二十六千。

据禀已悉。仰赈抚局即将该县所垫抚恤银两照数拨发汇案核销。并转饬该印委等知照。

十八、菏泽禀王宝瑜十二

四十七庄百四十七户，大【口】百九十九，小【口】二百七十三，〢8〢[1]京钱一千五百四十二，【合】银六百十一两九钱〇四厘。

三月十四日

核对交涉命案七起。

转行复陈遵旨出示严禁拳会片三月十二日出奏。

转行办理高密阻工一案情形，并进呈铁路章程折三月十二抄章，北洋

[1] “〢8〢”是二千五百二十文合银一两。

大臣咨总署、户部。

转行派臬司赴高密办阻工一案片，咨总署。

一、濮州详十一

二月初十教民刘支秀家被窃，伊子刘振江并被拒伤。

【批】：仰按察司速饬选差勒缉，并移令营汛邻封一体协拿赃贼，务获究报。届限不获，照例详参。缴。

二、历城详十一

委验人犯李潼关病故二月十四故。

三、总署咨十三

美教士德礼赴山东、河南、江苏、安徽四省游历。

四、直督咨十二

英教士青李连、怀其仁赴直隶、山东、山西、陕西、河南游历。

五、湖督张咨十二

英教士邵涤源赴湖北、山西、山东、河南、陕西、甘肃游历。

六、芜湖道申

英教士林春荣赴安徽、江苏、山东、山西、直隶、江西游历。

七、高唐州申报十一

田怀德等犯，州境并无人指控，其事均在博平、禹城等县。

宁海州申送教堂处所十二。

商河县送教士住处十三。

平原县申十一：奉洋务局饬复张玉琢、史砚田并无为匪实据。

八、洋务局详十一

马天恩函称，茌平教民杜翠华现已来省，愿与罗洪英对质。又高唐城南徐官屯教民徐凤仪，被董洛四纠抢，可以质证。惟该教民远去，俟数月后始能到案。

【批】：据详已悉。即由该局径饬济南府提案质讯拟办可也。此缴。

九、赈抚局详十二

补放堂邑、莘县抚恤钱文。知县沈瑞祺。

【批】：如详办理。缴。

十、洋务局详十一

韩教士函复，禹城县各教案诸多不符，请饬提王立东等来省质对一案。局饬禹城县查复。

【批】：据详已悉。缴。

十一、即墨申文十三

府发直督批发酌拟查缉拳匪章程。

十二、即墨详十二

教民杨国仁、刘洪瑶被冯作金、刘本栋等殴伤两案。

【批】：据详已悉。仰洋务局转饬该县随时查传冯作金等到案，秉公办结，以期民教相安。缴。

十三、程文葆禀十四：

马天恩单开，茌平等十四州县教民被拳匪滋扰各村庄，令即驰往各该处会同地方官，分别确查，禀候核办。单内所开临邑、恩县各村庄，实无被匪扰害之家；莘县、堂邑各境，虽有民教挟嫌滋扰三四户，案情甚轻，是以各该县均未禀请抚恤。

【批】：据禀会查教案情形，暨责成各庄长查明教民所失器物，酌量远近，分别偿赎各节，办理均尚妥洽。仰洋务局转饬一并饬知，即查照所拟办理。惟如系抢掠原犯，有真赃可凭者，则应一体追赃著赔，不得任其影射假混，以儆效尤而杜口实。并行该直牧知照。缴。

十四、蓬莱禀十三

奉到歌词、告示十张，照缮十二张，刊印成书。

【批】：据禀已悉。仰即随时认真办理。缴。

十五、潍县禀十三

锡洛巴二十三由省起身二十八到潍，宿北关，二十九宿南流庄，三十早出境。

【批】：据禀已悉。缴。

十六、青城禀朱俊十三

奉到歌词告示二十张，城内二七集期延生员范同铎讲说。贴过百张。

十七、武城禀十三

本道札饬，奉饬查明究竟教堂焚掠几处。

【批】：据禀查明民教被抢家数姓名各缘由均悉。仰仍勒缉各案逸犯，务获究报。缴。教堂四处，教民百三十八家，平民二十九家。

十八、肥城会同候补同知张曾科禀十四

臬司札委查禁拳会。

【批】：据禀已悉。仰按察司转饬该县随时督同各庄长认真查禁私设拳厂，以杜煽惑而靖地方。并行张丞曾科知照。缴。

十九、武城会同知州文娘禀十四

臬司札委赴临清所属查禁拳厂。

批同前。

三月十五日

一、韩教士信

禹城北界临邑所属之田家口地方，在杨朝俊店中聚匪众百余人，竖立黄旗，声称要抢临近习教之家。

【复】：来函备悉。已分饬禹城、临邑等县及各该处防营查缉矣。此复。

二、为札委密查事。照得前于本年正月二十三日，据洋务局转据代理德主教福若瑟函称：日照县土匪聚众滋事，将法教士曾否抢去，至今杳无下落等情一案。当经本部院札委候补知县茅令乃厚驰往该处，会同日照缪令□□〔润绂〕确查妥办。旋于二月十六日据缪令会同茅令禀复，地方安谧，并无土匪聚众滋事情形；法教士现回沂州，委无被抢；各教堂亦均安然无恙。又于正月二十九日、二月初二先后据缪令禀称，此案起衅缘由，委因法司铎干预地方词讼各等情。又经本部院批饬，迅将此案详细情形暨两造邻证供词，该令如何判断，该教士如何干预，并查明该教士系何国人，逐一详晰声复，以凭查办各在案。兹于三月十一日又据该令禀称，白总铎干预，教民孙长禄、韩瑞臣、溥干、孙兆祥等听唆砌饰妄告各词讼，逐起勒差传集人证，现已次第审断明确。所具两造甘结附卷，并开具清折禀报前来。查教士干预词讼，自应严词诘责，认真查办，以符原条约而儆刁风。查平民、教民均是中国百姓。地方官遇有互控案件，但能持平审断，只论曲直，不分民教。查近年内各处迭出教案，几酿巨衅，因由于该教士等骄纵生事，操纵失实。即如此案之法司铎、白总教等控报土山教堂被匪烧毁，饬查无下落各等情，希图控制，实属不安本分。东省断不能容此不遵约章、不循理法、不守教规之各教士！一经查实，自应认真查办，严加申斥，以儆效尤。

惟详核该令前后禀辞，亦恐有不实不善之处。如正月廿九所发禀内称，白总铎明德自青岛来函，以据法司铎函称，正月初九在土山教堂有数人，口称丁奉琦著借银千两，当经婉言推走，闻炮声回城等语。请传丁奉琦开导，业由该令函复在案等语。该令究竟如何开导，如何函复，均未据随禀声明。而此禀及二月初二所发禀中，则又有法司铎自往土山，该处愚民因该司铎代吕守信说情事，心颇不满，当有数人见教士，以借钱相要，闻护役到，遂散之语。是法司铎在土山教堂确有被人讹索之事，而此数人是何姓名，索借之款是否过付，究竟曾否放炮，仍未据声叙明晰。查既有讹索之事，该令即当认真查办。含糊了事，置之不问，予该教士等以口实，此中必别有轇轕情形。又禀内声称吕守信与邹懋德回城滋闹一案，受有微伤。究竟所验伤痕是轻是重，如何讯结完案，该司铎代吕守信关说，有无凭据，该令系如何驳回，亦未据详细声明。又二月二十二日、三月初一日两禀内称，该等教民孙长禄、韩瑞臣、溥千、孙兆祥等四案，并白总教明德干预各案一节。此案前经本部院批饬，迅将两造邻证供词暨该令如何判断、该教士如何干预，暨并查明该教士系何国人，此次所递词讼，仅有判断大概情形，其两造供词未经遵饬递送。该教士究系何国人并如何干预之处，前此两禀亦未据实声明。仅凭其任意颠倒是非，究竟是如何颠倒，孙长禄等如何诬控，亦未指实。且查讯结各案是否平允，未据报送。

再，据该令于二月三十日禀称，日本商人松冈竹二郎串同奸商姜士艺等，在内地私运梧桐木段出口，抗不纳税一案，亦经本部院批饬东海关道查明，照会日本领事究办。惟原禀所叙情节，详核该令前后禀词，颇多任性，殊以为过，亦不可谬于成见，过于草率。且该处距胶澳甚近，久为外人垂涎，应相因从事为宜，更恐患生意外。除行局支发薪津外，札到即便起程，驰赴该处，不动声色，按照该原禀及访得各节，逐一详晰查明，据实禀复，以凭核夺，毋稍饰延。切切。

此札。

三月十六日

夜归家。

一、直督咨十四

日本驻津领事郑永昌函称，驻京武员陆军中佐青木宣纯随带学生小村俊三郎往山东德州、济南府、沂州府，并江苏之淮安、镇江、上海等处游历。

二、东海关监督申十三

日本驻烟领事田结铆三郎函称，商人山田政治往登、莱、青、沂各府一带察看商务。

照例分行。

三月十七日

晨见李光耀。出西关接差。下午四点老太太入署。夜办委查日照教案札稿。查令荣绥。行洋务局。

三月十八日

午至洋务局见潘观察，见金慎卿，公送酒席。小兄至家过谈。

一、高密禀十三，房办

被匪抢劫各案均已禀报。本府转蒙宪台札饬，东省盗匪充斥，捕务废弛，奉饬查案并缉匪。

二、海丰禀十二

奉饬。二月二十四日奉本府转蒙本道札开，二十七日转奉宪台札开：近来各属抢劫重案并匪徒借端仇教滋事案件，层见迭出，地方官率多讳匿不报，限文到五日内，逐一确切查明。并无案件。

【批】：据禀已悉。仰即随时认真整顿捕务，毋稍疏懈，以安良善而靖地方。缴。

三、即墨禀周永，十五

请将垫赔之京钱四千六百千文饬由司库发还。

【批】：据禀已悉。该员在即墨任内垫发之款，当时并未立案，事后又亦未禀请发还，延至今日，始行补禀，未便核饬。仰即知照。缴。

四、滋阳详十五

宁阳匪犯宗巧云在监病故三月初二，系拳匪蒙批解郡审办之犯。

房批。

五、俄领事招商投票，购买大麦二千五百吨，合四万二千石，运至旅顺。积粟备荒，乃各国常事，然以旅顺一隅而购麦如是之多，实属骇人闻听。其居心叵测，不问可知。吾愿清国毋忘运粮出口之禁，及其未集，严为之防，方足以杜其异谋。盖不独荒歉堪虞，而以粮供敌，尤可虑也。学生何守仁谨译。

行东海关查禁。

六、泰安县禀

禀带同李继山等来省。此禀另抄。

【批】：据禀带同李继山等来省备质缘由已悉。此案本部院拟即派员驰赴胶州，与德员会讯。该令应提共同干证，仰即起程前来毋迟。现值农忙，可酌给养赡存恤其家，以示体恤。至令德员押犯来省会审，殊多不便，且现拟商令德员由青岛押犯至胶州城会审。

七、泰安县禀

【批】：已将呈送文卷格图咨呈总理衙门照覆德使，并行东海关照复法领事，依令复讯严办矣。仰即知照。缴。

八、潍县禀十八

毵读于二月杪回青岛。初八，陆德伯、麻甲第、波益斯同赴丈岭。初九，陆德伯由丈岭回青岛，麻甲第，波益斯二人于初九午后回南流。探闻警信，初十日同翻译蒋寿闻一同来城，寓北关客店。马司庄矿厂尚有德人，并派勇往护。

【批】：据禀已悉。仰即会商防营随时妥为保护弹压，毋得稍涉疏虞。缴。

九、武城禀十四

购得《义和拳源流考》一书，可否发刻。奉到歌词、告示，饬匠照刻，刊印多张。

【批】：据禀已悉。《义和拳源流考》存候发刊。

十、朝城禀十五

并无已报未禀案件臬司咨道。

【批】：据禀已悉。仰仍勒缉各案逸犯，务获究办。缴。

十一、肥城禀十五

奉到歌词、告示二十张，照缮四十张，又饬匠刊刷歌词。

【批】：据禀已悉。办理尚属认真，仰即随时剀切劝谕，以革歪习而正民风。缴。

十二、商河禀十八

奉到歌词、告示二十，又缮写多张，又饬匠刊印成书。近年始设小教堂七处，皆系借赁民房，规模隘小。每堂教民至多不过二三十人。

【批】：据禀并呈送刊印歌词样本均悉。所拟分期办法，尚属认真切实。仰即督同城乡绅耆人等，随时认真经理，以期挽正民风。缴。

十三、滋阳禀十六

奉到歌词、告示二十，又饬匠刻印成书，又缮写多张。

【批】：所拟分期讲解，办理尚属认真。仰即督同城乡绅耆因势利导，默化潜移，积久当可收实效也。

十四、张奉先禀十五

【批】：据禀各营哨仍驻原防各缘由已悉。缴。

十五、汶上会同知县蔡宝箓禀十八，臬司委

境内并无拳厂。总理衙门。

【批】：据禀已悉。仰按察使转饬该县，随时督同各庄庄长，认真查禁私设拳厂，以安良善而靖地方。并行蔡令宝箓知照。缴。

十六、博平禀十六，此禀另抄

查明田怀德所犯各案，事主均不愿对质。

【批】：据禀已悉。仰候汇饬臬司核办。缴。

十七、长清禀十七

奉到歌词、告示，刊板刷印一百五十张。

【批】：据禀已悉。缴。清折存。

十八、单县禀知县奎光，十五

查放单县钱文，六十余户，折实大口二百余口，放过卅九户一百二十六千。又二十三户，百六十六千。不愿领暂存库。

【批】：禀单均悉。所议抚恤钱款已由该县捐廉散给，具见好义急公。仰赈抚局转饬知照。

十九、茌平禀十八

【批】：据禀已悉。商永平准予保释。缴。

二十、陵县禀十六

高唐州李恩祥等查禁拳厂，饬仿办。

【批】：据禀已悉。仰仍随时认真查禁，俾免日久生玩。缴。

三月十九日

一、韩维士函十九

田家口、王家寨拳匪聚众滋事。

行洋务局，吴孟领官凤岭恩远率所部前往查办临邑、禹城、陵县。

二、统带马队第一营提督衔记名总兵尚勇巴图鲁任长清禀

【批】据禀查明田家口拳匪聚众滋事缘由均悉。已另檄饬遵矣。仰即知照。缴。

行任统带、吴领官、孟领官。

三、卜教士道成禀临淄教士

士寓青州，劝教临淄，设立几处艺学教堂。前月富绅路振龙纠众闹教，闯入艺学书房，摔毁器具，焚烧书笈，将先生、学生硬行打散，至今不敢回馆，控县不理。

【批】：来禀备悉。已札饬该府县确查严禁，并随时妥为保护矣。此批。

行洋务局、青州府、临淄县。

四、临淄禀十五

齐陵地方电杆，查明系于十一月初十，胡道成将茔树卖给刘日明

修理教堂使用，伐树之时，风大扯断绳索，以致树梢压卧，挂损电杆少许，并无毁坏瓶线、压倒电杆等情。断令刘日明等出缠杆铁线工价钱四千，庄长地方四次向守杆巡勇赫姓调处，讵伊坚称非给钱五十千，万难了事。该民实无力措缴。

【批】：据禀已悉。仰按察司转饬知照。缴。

五、总署咨十八

德使送来办法五条。

分行司、道、局。

六、三月十八电传上谕：各省乡民设团自卫，保护身家，本古人守望相助之谊。果能安分守法，原可听其自便等因。钦此。

出示晓谕二十。发善后局刊刻告示。通饬司、道、府、州。

七、禹城禀十九，此禀另抄

本月十四，有拳匪在临邑田家口距禹城边界十余里打尖，半日而去。❶击死匪徒二十一人，生擒一名，又被捕役追获二名。

【批】：据禀已悉。济东各属拳匪聚众滋事，恭奉谕旨严禁，并由本部院迭经查照，剀切出示晓谕，何啻三令五申。不意解散并无移时，仍敢纠党抢扰，实属愍不畏法。此次该令会同防营驰往追捕，办理极为迅速，甚堪嘉尚。惟来禀所称李营官昌顺，查无其人，或系匆遽查讯，致有差误。仰即确查在事出力各营县兵弁勇役，暨受伤之官弁兵丁等，究竟系隶何营，详晰禀复，以便酌量给赏，并一面妥为医调。至该匪首李传和等受此惩创，当亦窜逃不迭。除分司通饬截拿外，应即勒限十日，由该营等会同各防营悬赏购线，务须获案，尽法惩办，以儆邪歹而安善良。其当场拿获之匪徒李凡仔等三名，迅即研讯确情，录供禀办。各村庄被匪抢扰之户，分别勘验详报，均毋稍延。切切。此缴。

❶ “半日而去”之后，空白数行。另页从“击死匪徒”起。参看页三月二十二日《八、张玉山禀》。

三月二十日

一、单县会同陈尔延禀十九

查明现无拳会各厂。

【批】：据禀已悉。仰按察司转饬该县，仍随时督同各庄庄长认真查禁私设拳厂，以杜煽惑而靖地方。并行陈牧尔延知照。缴。

二、定陶县会同陈尔延禀十九

查明现无拳会，城关四乡共五十八村庄。

批同上。

三、金乡十九，会同大挑知县庞子玉禀

查明并无被扰案件，请免查办抚恤。上年羊山一役，多系外来匪徒，维时尚未到庄，闻信即驰往会营，登时击散，并获首从各犯十余名。居民安堵如常，并未被扰。

【批】：据禀已悉。仰赈抚局转饬该印委等知照。缴。

四、大挑知县郭宗麟禀十六

【批】据禀目前实在情形，颇有见地。惟言之匪艰，行之维难。官绅士民，联络一气，悉在积诚相感。一切智术秘谋，皆无所用云。本部院愿与诸友相劝勖者，亦只在诚实而已。此缴。

五、东昌府详十七，此详另抄

查明管东渼并无为匪一案，明恩溥全函所称均查无其事。

【批】：据详已悉。仰仍督饬所属各州县认真巡缉弹压。并饬平原县严拿李长水等，务获究报。缴。

六、兖沂道详十八

候补知县张检充洋务局分局委员，候选县丞邹鸿诰充缮写机密文牍。

【批】：据详已悉。缴。

七、洋务局详十八

韩教士代乐陵朱家寨耶稣教堂请领告示百三十二张。

【批】：据详已悉。随即批发告示百三十二张，仰即填写地址处所，札发各该州县张贴，具报查考。缴。

八、洋务局详十八

福若瑟函送阳谷、寿张、范县、朝城、观城。

【批】：已据详札饬赈抚局查照前案办理矣。仰即知照。缴。

九、洋务局详十八

博〔明〕教士上抚帅禀，夏津禀复博〔明〕教士恩溥所禀各节。

【批】：据禀已悉。缴。

十、洋务局详十八

高唐州查无演拳恐吓教民。刘秉清前经讯明详革，现仍严押。

【批】：据详已悉。仰候汇案咨呈总理衙门查核。仍饬该州严缉逸匪王介臣等，务获究报。缴。

十一、洋务局详十九

沂水县禀明红石桥等处金矿暂缓开办。

【批】：据禀已悉。此案昨又据该廪生□□禀陈试办情形，已另札饬该局派员确查矣。仰即遵照办理。缴。

十二、沂水县禀十五

【批】：禀单均悉。此案昨又据该廪生沥陈试办情形，附近居民均极愿批出，以凭开采。现已批给地工权，立有文契为据，股本亦均汇齐。独有王吉从中阻挠。已饬洋务局委员驰往确查矣。仰俟复到再行酌核饬遵。缴。图说存。

十三、周玉方禀十八

【批】：禀悉。已札洋务局委员驰往该处确查矣。仰俟查复到日，再行酌核饬遵。此缴。

三月二十一日

一、东海关照费提充公款一片，奉朱批：知道了。钦此。行布政司、洋务局、东海关、石守，咨总理衙门、户部、直督部堂。

二、即墨禀二十

现接德界胶海关税务司移，请在皋县大赵村设立分卡。查系越界违约，已先申明移查，俟复到核办，恳请批示。大赵村在白沙河北岸，距青岛约六七十里，距沟塔埠约五六里，为青岛等处运赴内地货物往来经过要路。

【批】：据禀已悉。胶海关系中国所设，于光绪二十五年五月二十四日开办，曾经行知东海关札饬在案。该关现拟在大赵村设立稽查分卡一处，稽查税务，是否相宜，于地方情形有无窒碍，已札饬东海关道查议详复矣。俟复到日再行另檄饬遵。缴。行李道。

三、通饬

为通饬事。案据惠民县知县柳令堂禀称：敬禀者至[1]

查此次遵旨剀切谕禁拳会示，后附刊五言歌词，原为浅近俚俗，仰民易知易明起见。故必以延派讲生切实讲解，颁发学塾，便于讽诵。为其非如寻常文告，一经张贴便已了事也。前据惠民柳令、肥城周令先后禀报刊刷歌词，并遵办一切情形，甚为核实。当经批饬如禀照办在案。兹据李令禀称前情，并呈送刊刷歌词前来，具见办事认真，殊堪嘉尚。其须费无几，所益甚多，各县令均可勉力照办。凡事皆当如是。除禀批示并分行外，合亟札饬。札到该州县即便查照办理。仍将遵办情形稽查毋延。此缴。

通饬二直隶州、十府、百〇五州县。

四、马天恩函

商书年抢掠吴官屯等处教民，三月初间由监提出，是否取保，亦未可知。

【复】：来函备悉。已移饬茌平县查复矣。俟查复到日，再行函知。特复。

五、莘县禀二十

被害教民与不被害出外避匿之户，应否一体抚恤。

【批】：已饬赈抚局详委候补知县沈令瑞祺驰赴该县，会查被匪扰害各户，照章给予抚恤矣。其未被扰害之户，各属均未抚恤。仰即查照办理。缴。

六、临邑禀廿一，此禀另抄

田家口距城四十里。追至盘河镇，该匪向张丙寅家吓诈钱文，尚未到手，即经驻禹防营追至。查明已死尸身十具，尚有数具在陵县

[1] 以下空白。

地面。

【批】：据禀已悉。逸匪李传和等于临、商等县交界地方，聚众滋扰，迭经派队拿办，胆敢当场拒捕，实属憨不畏法，殊堪痛恨。此次经各营县跟踪追缉，格毙匪徒二十余人，并生擒李凡仔等三名，而首要迄未拿获，应勒限半月，由该县等严缉匪首李传和等，务获究办。并自应随时妥为防范，认真巡察，遇有匪案，立即驰往擒捕，知会防营就近协缉。缉捕是州县专责，安能有许多兵队节节驻防，所请酌拨营队驻扎盘河镇一节，应毋庸议。此缴。

七、任永清禀二十，此禀另抄

【批】：据禀右队左哨哨长在盘河镇缉办匪徒情形已悉。受伤之张维、谷魁宾等，应饬孟领官妥为医治。其在事出力之吕哨长长顺，暨济康营后队马哨官占元等，仰候禹城许令查明禀复到日，再行分别给奖，以示鼓励。李凡仔等仍饬该领官等会同各该地方官，妥为擒缉弹压。并勒限严缉此案匪首李传和、王世开等，务获究报。缴。

三月二十二日

一、巨野详

李家庄教堂，被田明一等砸毁教堂、教民器具。

十九又详：李家庄教堂、教民被孔升阶等烧拿器具。

二、聊城详二十

韩清祥二月二十五日在监病故。

三、汶上详十九

委验寿张会匪王得钰在监病故大刀会匪，禀明提省审办之犯。

四、总署咨廿一

美教士宝安美、方德廉携眷赴直隶、山东、河南、江苏四省游历。

又咨廿二：英主教史嘉乐、教师孟鹤龄、教会先生卫乐连，于三月十九由京启程，经过保定府、祁州、河间府、献县、景州，入山东界德州、恩县、高唐、茌平、平阴，至泰安府游历。

六、李道呈送美领事照会一封二十

【批】：据禀呈送驻烟美领照会缘由已悉。缴。

七、美领事照会一件

沂州府抢劫等案日见加增，济宁州情形相同。

又一件：外委王全胜同兵丁三人现已释放二兵，余在沂州府管押在圣母塚打死匪徒一人。行兖、沂、按察、洋务。

又一件：教士游历，酌派勇役护送，未便遵照。

行两司、三道、洋务局。

又一件：用“据该、等情”字样不合。

八、张玉山禀廿一，此禀另抄

【批】：据禀侦缉田家口等处匪踪缘由已悉。此案匪徒虽经禹城陈令会同武卫军马队右队右哨哨长吕长顺等，当场格毙二十一名，并擒获匪徒李凡仔等三名，而匪首李传和、王世开迄未缉获。仰即会同各营县随时妥为防范弹压，并勒限半月，严缉该匪首等，务获究报。缴。

九、候补府经历汪纶章禀廿二

和洋御洋十六则。

【批】：据禀已悉。缴。

十、潍县禀廿一

风闻高密县境铁路开工，做工之人沿途搭盖窝棚，作践田禾菜蔬，庄民愤恨，聚众滋事，防营彭副将弹压不服，以致开仗伤人。又闻有沂州等处做工之人赴高做工，被高民阻挡，夺留衣物铁锹。下洼庄内现有生员八九人，决不至于妄为。太保、下洼一带庄民实无赴高聚众滋事。

【批】：据禀已悉。缴。

十一、即墨禀廿一

并无事主呈报被匪抢掠未禀之案，地方安谧。

【批】：据禀已悉。仰按察司转饬知照。缴。

十二、邹平禀廿一

【批】：据禀查明英国教堂坐落处所缘由已悉。仰洋务局查核该县所呈情形与教士等开送清单是否相符，即将清单抄录一份，札发该县，以便核查。如有不符，应饬该县就近详询该教士等修改更正。并洪聂教士稽查之清单一并呈递，俾有稽考。缴。

三月二十三日

一、按察司详廿，房办

祝秉军解归直隶讯办。

【批】：查此案前据济南府具禀，已移咨直督部堂查照办理矣。仰即转饬知照。缴。

二、按察使详二十

【批】：已据详将该贡生刘秉清咨部斥革，仰即转饬勒缉王介臣到案质讯究办。缴。

三、文登禀廿一，此禀另抄

【批】：据禀并呈送英员告示均悉。查英员告示均系于上年十一月间张贴，示内只载有租界之内应征春秋两季钱粮归彼征收，仍于本征之前妥议汇拟，再行出示晓谕等语，并无立即催粮字样，与该令先禀情节不符。其余所禀各节，亦多可疑，已仰李道确实详复矣。仰同该道妥慎办理，毋得稍涉朦饰，致滋贻误。此缴。

四、荣成禀廿一，此禀另抄

【批】：禀悉。已札饬登莱道查办矣。英员索交于永远一案，前据该英员照会，即经札饬登莱道查复核办，尚未据该道复函。惟此案既在勘界以前，毋论在租界内界外，均可不交，即由该县妥速讯结可也。再该令现患腿疾，何能偕同杨典史分驰各庄？显系捏饰。特饬。此缴。清折存。

五、博兴禀廿二

禀报教堂处所。

【批】：据禀已悉。缴。

六、寿张禀廿二，刘文奎会同臬司委蔡宝篆

并无拳厂，庄长出结。

【批】：据禀已悉。仰按察司转饬该县随时认真稽查，毋任日久生玩。并行蔡令宝篆知照。缴。

七、临清州禀廿二

会同文焜臬司委，奉上谕禁拳会。

【批】：据禀已悉。仰按察司汇案详请奏咨，并转饬该印委等知照。缴。甘结存。

八、长山禀廿二

本道札高唐州查禁拳厂，饬照办。

【批】：据禀已悉。仰济东道转饬该县随时认真稽查，毋任日久生玩。缴。

九、临清州禀廿二

洋务局札，总署咨康使面称。

【批】：禀悉。已汇案咨呈总理衙门查核矣。仰仍随时妥为防范保护。缴。

十、城武禀廿二，会奎光

不愿领者二十一户，下余共一百四十六户，大二百四十五。放过五十四户九十八口，三百九十二千，未放九十二户一百四十七口，五百八十八千。托词不领，又恐领致祸。暂行存库。

【批】：禀单均悉。仰赈抚局转饬该印委等知照。缴。清折存。

三月二十四日

一、威海加急【电】

【批】：李道亥漾电并递图均阅悉。威海全湾按图详考，似应在乙线迤东第二尖为止。所注甲至戊一线在城湾口外，自不得统为威湾，请查明驳争。再总署与英艾使原议，曾谓图由英人绘交，不足准据，仍须会勘定等语。应守定威海湾沿十里为妥。二十四。

写致李严森信。

二、直督咨

驻津德领事艾思文函称，本国士人葛乐由津赴直隶、山东、盛京各处内地游历。

三、耕堂、幼云仁兄大人阁下：径启者，昨接来牍，并图均悉。当于二十二日电复，谅已邀台览矣。查此图系总署与英艾使订议专条时，由英人给交，原不足与准据，仍须会勘时详慎履勘，总以守定沿威海湾十英里一句为要。来牍亦谓必须考证明确，众心愈服，然后再与英员订期合勘。具见擘画精详，甚为佩慰。惟弟详勘图载界线，如甲至戊系湾外之地，湾内仍应从庚至卯，至多亦不过从壬至寅，特就图改划界线寄呈，尊意以为然否？应请于划勘时，极力辩争。又丁至申一线，似应从海岸划起，由北迤南。外海凸凹不齐，如沿海岸计算，其界址当较原图为少。核图内惟乙至己、丙至庚两线，其相距里数与专条所载十英里尚相符，其余有溢出十英里之外者，特就鄙见所及专函驰商，惟关系较小，推算仍须于会勘时详细建立。凡有可以辩争之处，务祈援据与之力争。事关交涉，冀收得尺则尺、得寸则寸之效。一切统恃鉴照外，弟不为遥制也。专此。

四、吴领官禀廿二

哨长吕长顺、济康营哨官马占元、捕役吴振标、壮役马宗鳞，尤为出力。

【批】：据禀查明吕哨长等缉办匪徒情形均悉。该哨长等缉捕认真，殊堪嘉尚。候稽查营务处王镇世清查复到日，再行核办，著分别给奖，以示鼓励。仰即知照。缴。

五、为札知事。案据该统带呈称，转该部右队领官孟恩远呈称，于本月十八日在临邑县属之盘河追缉拳匪接仗情形。该队哨长吕长顺会同禹城许令、济康营马哨官占元等，该匪等胆敢恃众抗拒，当场轰毙悍匪二十一名，并【获】匪徒李瓦仔一名，又搜获被伤之李日南一名，经该统带提讯后送交禹城县许令归案查办。并将当场夺获之长枪十一杆、铁叉一杆、腰刀四把、神像一轴……

行任统带、禹城县。

六、郭升堂禀廿三

于驻防孔村之前哨拨勇四十名分防东阿之旧县，因系往来大道，潘守函请拨队。于驻防平阴有三哨赵庄台之左哨，拨赴东平州之戴庙、寿张集两处驻扎，亦系往来通衢。

【批】：据禀拨队驰往东阿、东平境内驻防缘由已悉。仰即分饬该哨弁丁会同各该地方官，认真巡缉弹压，并将到防日期报查。缴。

七、嘉祥禀廿三，委员庞子玉

邱怀经等五名一呈，前折漏未叙入。民教四十九户，大二百二十六，小一百二十二，京钱一千一百四十八【千】。内有韩盛德等十五户云，须奉教主命始敢领。已领三十四户，放京钱五百六十千；未领十五户，三百八十八千，存候领。

【批】：据禀已悉。仰赈抚局即将垫放银两照数核发，汇案核销。并转饬该印委等知照。缴。

八、李玉田禀廿四

查明庞河剿办拳匪情形。

【批】：据禀已悉。该哨弁等缉捕得力，殊堪嘉尚。仰候稽查营务处查复到日，再行分别给奖，以示鼓励。仍勒限严缉匪首李传和等，务获究报。缴。

九、邹平禀廿四

奉到歌词、告示二十纸，府发五纸，照缮多张，捐廉刷印一百张。

【批】：据禀已悉。缴。

十、平原禀廿四

邻境匪徒滋事，移营分防。

【批】：据禀已悉。仰即会同防营认真防督弹压，并勒限严缉匪首李传和、王立东等，务获究报。

三月二十六日

一、平阴禀廿六

拨给教堂地基五亩，在南关，与教堂毗连。地主田景良已于二十年间外当，每亩当价京钱九十五千。卖价须加一倍，共九百五十千。

【批】：据禀拨给造堂地基五亩，既与马教士选定与南关教堂毗连，所有地价即由该县请领公款转给。仰即知照。缴。

二、福主教函廿六

函请查办各案。

行兖沂道、洋务局，兖、沂、青、莱四府，济宁州。复信。

三、罗伯逊函廿六

函请仍留郝哨官驻防该处。

行张奉先。复信。

四、【致】东海关道【函】

幼斋兄台大人阁下：径启者，前请为烟台海洋出口进口货物数目，确查示知，不知已查明否？如查明，请即开一清单，加封寄来。再海关税务司各季均有册报，所列进出口货数目及所收税项，均甚明晰。尊署谅有刊本，并请将近三四年各季关册检寄一份，亦可并资印证。东省地瘠民贫，生计日蹙，亟须设法补救，以济我方利源而杜流卮。否则入口之货日多，而出口之货日少，况德人现在胶澳铁路深入，民力消耗年复一年，为害滋大。❶

三月二十七日

一、胡臬司禀廿七，此禀另抄

遵札查明高密铁路聚众阻工缘由，并拟办理大概情形，请批示只遵。

【批】：禀单均悉。查高密车辋、濠里等处乡民，聚众阻工，几酿巨衅。迭奉电旨，严饬迅速筹办，久系宸廑。该守令办理数月，迄未就绪，酌派李道希杰等会同查办，亦未能长久相安。特奏派该司驰往办理，以该司为本省大员，兼总理营务，有统辖全省兵刑之权，遇事可专自办理，本部院决不遥制。以期妥速办结，一劳永逸，不致再生事端。今据来禀所陈办法，极为详细周妥。该司道亲往五龙河、柳沟河、濠里等处查勘形势，所见自更确实。仰即就近督同官绅，会商德员，相机酌量办理。省会距高密甚远，往来请示恐多迟误，应仍遵前札，一面知照该司便宜妥筹。但期无扰于民，足以餍众心又能折服德人，不至构酿衅端，斯为尽善。

至初得青等审理冤毙多命一案，关系綦重，应由该司逐一彻底核查，认真究办，另案具报。

该公司不给地价，掘毁麦田、菜圃，擅行刨挖坟墓等情，系属违

❶ 以下字迹不清。

背定章，应督饬石守责诘该公司分别赔偿，不可稍涉迁就，至启效尤。彭金山竟不免骚扰，季令诸多办理不善，亦应确切查明，据实详参，以资惩戒。此缴。

行洋务局。

二、为札饬确查事。兹据该司禀称：高密西北乡车辋、坊岭两社百余村庄，地势洼下，本为高阳、五龙、柳沟等河环绕经行之处，俗曰濠里是也。夏秋山水暴涨，一片汪洋，俨成泽国。今公司修造铁路，横亘其中，势必阻塞去路；纵使多留桥孔，亦恐宣泄不及。水患关系民命，此次改道，所议仅在近城左右，濠里一段仍旧不改，人心本已不平。本司窥度情形，濠里铁路由城北小青山西北一带移改，绕过濠里，俟锡乐巴来高，将再与商议等情。到本部院。据此，查高密铁路改道一事，自上年十二月至本年三月，迭据曹守、季令暨李道、孙镇等先后电禀，核与现在该司所查勘情形不尽符合，移核季令三月初三日来电，并有此路即该公司初办时原指之路，坟墓甚少，于村寨民风而无妨碍，绅董皆愿，亦出自该等本心，似可照办等语，何以不久又滋事端？其中【难】保无隐匿欺饰情形。亟应抄禀札该司迅即按照所禀各节，分别确查，据实禀复。该守、令、镇、道等所禀如涉欺饰，应由该司指名禀揭，以便严行参办。一面由该司查照所勘改道情形。除札示外，再札饬妥速筹办，据理力争，而顺舆情。札到该司即便❶

三月二十八日

一、按察司详二十五

肥城戕毙卜教士一案。

【批】：已据详核咨。缴。咨总署，吏、刑部。悬赏一百两，严缉匪首牛霍子即牛洛海，常屯人。

二、张奉先禀二十七

【批】：据禀遵饬查缉缘由已悉。仰仍督饬各营哨遵饬严缉匪首李

---

❶ 原文止此。

传和、王世开、牛洛海等，务获究报。缴。

三、马队第一营后右队领官吴凤岭孟恩远禀廿八

【批】：据禀所获匪犯宋殿荣移交陵县讯办情形已悉。宋殿荣是否即宋海量，已饬陵县严讯具报。仰仍会同各该地方官遵限严缉匪首李传和、王立东等，务获究办。缴。印收存。

行陵县。

四、张玉山禀廿六

【批】：据禀查明庞河镇缉办匪徒情形已悉。仰即遵限严缉此案匪首李传和、王立东等，务获究报。缴。

五、陵县禀廿六

路家庄卢姓家并无被匪抢劫。

【批】：据禀已悉。仰仍勒缉匪徒王立东等，务获究办。缴。

六、冠县禀委员韩作霖，廿六

复审匪犯王十即王洛双，禀请就地正法。

交刑名办。

七、巨野禀委员候补知州丁福昌，廿六，此禀另抄

查被扰民教应恤村庄户口一百七十四户，鸣凤等保、大碾王等庄民教刘连台等二十五户不领恤款。共百四十二户，教一百十五户，民二十七户，大六百三十五，小三百三十九。共合京钱三千二百十八千。前次禀折漏开四户。

【批】：禀悉。仰赈抚局即将应需银款照数拨发，交巨野茅令会同委员丁牧亲手散放，不得假手胥役，致滋弊端。仍饬【照】数放竣，以期银钱户数开列清册，呈由该局汇案核销。缴。

卷七[1] 光绪二十六年三月二十八日起至五月初三日

三月二十八日[2]

八、赈抚局详廿五

派员查放阳谷、寿张、范县、观城、朝城等县抚恤钱文。纪钜湘阳、寿朱鸿保、范、观、朝。

【批】：据详已悉。缴。

九、菏泽会禀陈尔廷，廿六

【批】：据禀已悉。仰按察司转饬该县督饬各庄庄长，随时认真查禁，毋任日久生玩。并行陈牧尔延知照。缴。

十、矿务公司送到矿务章程三月十七日发，廿八到。米海里、司米德。

十一、【复函】

米司总办阁下：径复者，顷由专差送到惠函并华文、德文矿务章程各一份，均已收到。当将他份章程经本部院签押者，换交来差带呈，即祈查收。此项章程，现经本部院咨发施行，所有合同商办之要员，应俟派定再行奉告。久闻贵总办深明矿业，洞达时务，办事又极公允，嗣后开办矿务，必一切事宜均查照章程办理，俾贵公司与本省

---

❶ 本卷封面题"筹笔偶存卷柒"，又题"叁月二十八日起"。上一卷止于三月二十八日，和本卷衔接。本卷止于五月初三日。

❷ 本卷开首第一页，未标月日，现定为三月二十八日，其文件编号与上卷相接。

商民均沾利益。本部院有厚望焉。专此布复，顺颂日祉。

三月二十九日

缮改叶世克书，张桂祥案，内稿。

一、致叶世克信三月二十五日发

敬启者：昨接三月十五日所寄惠函，聆悉一切。泰安民人李二全被殴身死一案，前接来电，当即札饬泰安县查传原告李继山、李大全、地保李忠诚三人到案质讯，现已于二十九日来省，本部院拟即遴派妥员，用特驰赴胶州会审。并带同该原告李继山等三人同往，以便质讯。特先函知贵大臣，即乞酌派妥员，由青岛驰赴胶州会审。并请饬该被告傅士代等，速即投案候讯，以便两国所派官员秉公讯办。所有自省起程日期，候派定妥员后再行电闻。胶州民人张桂祥、纪长春二人被戕一案，现已另文详复，并希查照，认真办理。昌邑民人范希聪被伤一案，前曾由贵大臣派员会同该地方官验讯明确，实系沙拉克用枪轰伤。应请转饬刑司，速传沙拉克到案讯明，照律惩办，不得任其以患病拒延。贵国刑律素称严明，亦断无以伤人要犯而听其来去自由之理。再，沙拉克实属荒谬已极，如任其安居内地，不加约束，万一别酿事故，地方官殊不能任保护之责。特此布复，顺颂日祉。

二、王世清禀廿八

查明十八日盘河镇距王家寨十二里缉匪实在情形。兵役共五十人，匪百余人。与匪接仗在盘河西南三里许小张庄之东、三梭王庄之南、大杨庄之北。该匪抢禹城王彩武庄教民任康家，抢临邑张好百家庄教民张秉寅，抢陵县路家庄教民卢秀山，在王家寨住宿距王彩武庄三里。

行王世清。赏银三百两：善后局二百，捐廉一百。吕长顺、马占元、许源清各记大功一次。吕长顺、记名哨官张维六品功牌，谷魁宾七品功牌。营汛督捕不力，摘顶。

三、臬司电廿九

行司局。

四、吴凤岭禀廿五

【批】：据禀查明禹城、临邑等处被匪滋扰情形已悉。仰即会同各该地方官认真搜捕，毋任首要漏网滋患，务获究报。缴。

五、吴、孟领官禀廿九

【批】：据禀查缉受伤拳匪缘由已悉。缴。

六、吴长纯禀右翼步队第二营升用总兵两江补用付将禀廿九

据马队魏得清、步队管带杨善得禀，二十日穆医生自丈岭至马思，旋又折回，不要人护送，并怒骂相向。二十二日护送德人郭达来丈岭，住店时在街闲游，并在铁轨外绘图。

行石守查明迅复，并一面诘责各洋人无礼。

四月初一日

夕传见

一、夏津详廿七

拳匪砸毁师堤庄教堂器具，并抢掠教民李士典等七家钱文、粮食、衣物，烧毁房屋一案。

【批】：仰按察司速饬选差勒缉，并移会营汛、邻封一体协拿匪首徐福等，务获究报。缴。

二、临清营详廿一

前由。

【批】：仰按察司速饬夏津县抄录禀批，移令该营转饬遵照。缴。册存。

委候补直隶州朱钟琪充洋务局提调，兼按察司发审官。行按察司、洋务局。

三、福若瑟函

另行。

摘出分行：兖沂道、莱州府、济宁州、赈抚局、洋务局、曹州府、兖州府、沂州府、汶上、宁阳、濮州、滋阳、菏泽、高密、即墨、嘉祥。

四月初二日

辰传见，下午又见，傍晚回家。

行李葆珠委员暂行代理中营；核钞改正各军员弁清单、饷单。

一、按察司禀初一，此禀另抄

濠里水患甚深，铁路不能大改，酌议疏通水道，以资保障而便宣泄，并请迅赐批示饬遵。

【批】：据禀已悉。高密濠里一带铁路既不能统改，自应疏通小道，借资补救。该司拟将界河、□虚河次第挑挖，以泄高阳等河，再将杨家、高阳河南北岸一律挑筑，又于家河以南、原有民坝以西，呼家庄迤北五龙河下游淤塞之处，亦一并挑通，具见擘画精详，应准照办，以资濠东、濠西水患均可因之而纾。该两乡民情困苦，即照所议，已饬赈务局查照东平州开河成案，拨银五千两恤抚。仰该司即就近承商，以期迅速蒇事。并转饬莱州府裘守来高督同官绅，妥速经理勘竣复该司，即为按质验收，稽核查考。札缴。图存。

二、昌邑胡令禀廿九，此禀另抄

境内工段长六十里，共插二百二十余标桩。前订合同每亩京钱六十六千，弓尺系三百二十五米里密达。

【批】：据禀已悉。仰仍随时剀切晓谕认真弹压，毋任滋生事端。至先交地价一节，统□□董办田土者及前订合同所载各节，应同该令就近禀商石守与该公司妥办。此缴。

三、日照禀初一

查明白总教系德国人白明德，法教士【系】奥国人法来维。

【批】：据禀已悉。缴。

四、莱州府督同高密季令禀初一

匪徒率众自西北邻境突来高密滋事，击退散遁各情形。

【批】：已派臬司驰往查办矣。此缴。

五、禹城禀初二

查明追捕出力弁勇，前缮错误，请更正缘由，暨研讯拿获匪徒切实供词，开折禀呈鉴核。

【批】禀悉。在事出力员弁分别给奖，已另檄饬遵矣。昨据吴领官凤岭、孟领官恩远会禀，在陵县嗛场店续获匪犯宋殿荣一名，交陵县收管。现已札饬陵县吴令，即将该犯解交该县归案审查办，并行司委员驰赴该县，会同严讯。仰俟该委员到县，即行会同提讯。另，前获之匪犯李瓦子、李得子、管风起、毕守昌暨陵县移解之匪犯宋殿荣，隔别研讯，务得确情，分别照示拟办，毋涉枉纵。仍一面严缉匪首王世开、李传和等，务获究报。缴。

行司、府、局。

四月初三日

一、吴、孟领官会禀廿八

报获匪犯宋殿荣，并在德平查缉李传和未获。

【批】：据禀查缉匪犯情形已悉。仰再展限半月，务获匪首李传和、王立东到案严办，以安良善而靖地方。此缴。原禀、供、结存。

行陵县、禹城，宋殿荣解禹城讯办。

午传见。

二、为札委事。案查泰安县民人李二全被殴身死一案，于三月十三日准叶大臣来电，查传原告李继山、李大全、地保李忠诚三人到案质讯，当即转饬查传。现已据报查传到省，应即遴派明干道府大员，带同该原告等驰往胶州，会同质讯。并函复叶大臣，请其饬传该被告傅士代等，速即投案。并遴派妥员由青岛驰往胶州，以凭会讯。

又昌邑民人范希聪被伤一案，前经本部院电叶大臣，遴派德员慕兴礼会同该处地方官验讯明确，实系沙拉克用枪轰伤，案情甚重，亦已函叶大臣请其饬传沙拉克速即投案候讯。

又胶州民人张桂祥、纪长春被戕一案，前由叶大臣委德员夏礼辅、格尔弗格，会同该处地方官验讯明确，实系德兵用枪轰扎致死。供证确凿，毫无疑义。迭经本部院电催叶大臣查凶治罪。昨准叶大臣另函称：此案初疑麦姓兵丁系凶手，继经承审各员研讯之后，佥称未有确据，应即释放，本大臣暂时亦无善策再行究办等因。实系代为开脱，亦经本部院照函议驳，仍须认真查办，应即一并委员驰往胶州，会同德员就近查传原告暨此案凶手，秉公会讯，以律惩办，以重民命而慎邦交。兹查该守系洋务局提调而兼按察司发审官，除函达叶大臣派员会讯外，合行札委。并钞三案卷宗暨来往电报稿，一并札发。札到该守即便束装起程，驰赴胶州，会同德员，务将此三案次第认真讯办。并传泰安民人李二全被枪〔戕〕案内之原告李继山、李大全、地保李忠诚等，随同前往，以便质讯。

行朱守。

三、叶世克函三月十一。又复函，咨总署，行朱守、洋务局，行布、按二司，登莱道、胶州。

四、为札饬事。照得泰安民人李二全被戕一案，胶州民人张桂祥、纪长春被戕一案，昌邑民人范希聪被伤一案，迭经本部院饬地方官会同德员验讯，并函请德督叶大臣世克查办治罪各在案。迄今案悬未结，亟应遴派妥员，驰往胶州，会同德员秉公研讯，审断完案，以重民命而慎邦交。兹查有候补知府朱守钟琪堪以委派。查该守昨经委办洋务局，旋调兼按察司发审委员，业已分札饬遵，应由局刊发按察司发审官兼洋务局提调关防，以昭信守而专责成。除径委外，合行札饬。札到该局即便饬匠刊刻，克日呈送来辕，以凭札发。毋延。此札。

行善后局。

五、韩维廉函

禹城窦庄一案，原证来省候质。

【复函】

来函备悉。王立东是著名匪犯，已饬各营县勒限严缉，务获究办。褚候辉前据禹城县查复，并未为匪，应候查传来省质讯可也。特复。

行洋务局、禹城县。

六、德平禀廿八

【批】：据禀讯明赵周亭等并未匿匪缘由已悉。仰仍随时侦缉匪首李传和，务获究报。缴。

七、冠县禀廿九

王孟春即王喜。飞虎前营折报，二十五年三月获，事主马玉林家被劫案内，讯无为匪不法，业经保释，奉札行查。

【批】：据禀已悉。缴。

八、东海关禀初一

羊角沟开通商埠不甚合宜青州府禀。广济停泊，离岸几及十里。

【批】：据禀已悉。缴。

九、乐安禀

照缮百七十张，又刻本。

【批】：据禀已悉。仰仍随时认真办理。缴。

十、清平禀初一

照式刊刷多张。

【批】：据禀已悉。仰仍随时认真办理。缴。

十一、朝城禀陈尔延，初二

并无拳会。

【批】：据禀已悉。仰按察司转饬该县随时督同庄长认真查拿，毋任日久生玩。并行陈牧尔延知照。缴。

十二、濮州会禀初二，陈尔延

批同上。

十三、观城禀陈尔延，初二

批同上。

十四、平阴禀张洛仓，初二

并无焚杀重情。

【批】：据禀已悉。缴。

十五、禹城禀初一

田怀德并无确据，李化金不愿赴质。

【批】：据禀已悉。缴。

十六、任永清禀初三

【批】：据禀右队查缉匪犯一时实难就获缘由已悉。仰再展限半月，转饬该队官赶紧设法购缉匪首李传胜〔和〕、王式〔世〕开等务获究报。缴。

十七、洋务局详

恩县禀，并无康使照称拳匪滋扰。

【批】：据详已悉。仰仍汇案咨呈总理衙门查核。缴。

十八、邱县禀廿九，文

并无拳厂。

【批】：据禀已悉。仰按察司汇案详请奏咨，并行饬该印委知照。缴。结存。

十九、林秀全禀廿九

【批】：禀单均悉。仰即督饬各哨弁认真巡辑，毋稍疏懈。缴。

四月初四日

一、临朐禀初一

境内并无已报未禀案件。

【批】：据禀已悉。缴。

二、徐大臣咨

奏中韩约本已经互换，派员（朝鲜总税司柏卓安，英国人）赍送进京。各折片。

行布、按司，洋务局。

三、东海关详

日本商人锅岛吾三郎拟往登、莱两府及奉天凤凰厅等处察看商务。

布、按二司，东海关、洋务局，咨盛京将军。

四、九江关道明征申

英领事雷夏伯函，本国教士鲍哲俊、梅占春二名，由九江赴江西、湖北、湖南、山东四省游历。

五、东海关申

法领事业国麟于三月二十六日启身来省。

行局、济南府。

六、致叶世克

敬启者：前接三月十一日、十五日两次惠书，当即分别布复，并声明俟派定妥员后再行奉闻。兹由本部院派定按察司发审官兼洋务局提调朱守钟琪驰往胶州，会同讯办泰安县民人李二全被戕一案。又昌邑县民人范希聪被伤，胶州民人张桂祥、纪长春被戕两案，前经贵大臣派员会同各该地方官验讯明确，迄今尚未办结，即饬该员一并会讯。即请贵大臣迅派妥员，由青岛驰往胶州，将此三案次第会同讯结。所有李二全案内之原告李继山、李大全、地保李忠诚三人，即饬令随同前往备质。张桂祥、纪长春案内之原告，可去胶州就近查传。范希聪案内之原告，候定期会讯之前，由该员行文至昌邑查传投案。至被告傅士代、傅本得、倪没奈、沙拉克，又张桂祥、纪长春案内之凶手，应请贵大臣分别查传到案，以便两国所派官员从速会讯办结。昨接三月十九日复函，谓本部院有意欲将现在窒碍难明各事办结，殊与贵大臣之意相符等因。具见贵大臣敦睦邦交盛意，极为钦佩。务望贵大臣转饬所派之员，秉公会讯。各案如系供证确凿，毫无疑义，即按照中西律例照律断结，俾生者不致积恨，死者不致含冤。贵国军法严明，刑律允当，庶于各项交涉事体，彼此均有裨益。贵大臣办事秉公，当亦以鄙言为然也。

七、为札饬事。照得曹州教案条约第二端第四款内载，允准德商于所开各道铁路附近之处相距三十里内开挖煤斤等项，及须办工程各事，亦可华商德商合股开采。其矿务章程，亦应另行妥议等因。前经华德铁路公司总办锡乐巴代矿务公司拟订章程二十款，携回青岛，交矿务公司总办米海里·司米德签押。兹于三月二十八日由该公司总办专差呈送来辕，并已于章程后面签押。亟应刊刷颁行各属，咸使周知，俾与办矿各员按照所订章程，妥慎办理。除俟撰拟告示另札行抄稿发刊外，合将矿务章程先行札发。札到该局迅即饬匠查照铁路章程板式，刊刷一千本，克日呈送本辕，以凭颁发各属，一体遵照。毋延。此札善后局。

八、为札委、饬事。照得山东华德煤矿公司开办矿务，现已议订章程二十款，饬局刊印颁发在案。查所订章程第三款内载，该公司应办勘查开采以及试办各事，应由本省派定妥员会同商办，或并得绅衿帮同办理等因。亟应照章派员驰往该处，会同该公司承办人员妥为勘办。兹查该守堪以委派总理会同勘办华德煤矿事务，按月支领薪水银一百两，以资办公。其应支公费等项，候由该守到差后察看情形，再行妥议，禀候饬遵。并饬局刊给关防，以专责成而昭信守。除札委并分行外，合亟札委。札到该守即便详议具复，并即驰往。札到该局即便饬匠照式刊刻该员关防一颗，克日呈送来辕，以凭札发。毋延。札知、札到该道、司、府、县，即便转饬知照。

此外，该处须将勘办矿务各处，随时会同华德煤矿公司承办人员查照，议定章程，妥慎办理，勿负委任。并将启用关防日期报查。切切。毋违。此札。

九、嘉祥禀廿九

禀刊送歌词样本。

【批】：据禀刊发劝谕歌词缘由已悉。仰即督同绅董随时认真讲劝，以清祸源而正民风。缴。

十、诸城禀廿八

同上。

【批】：据禀已悉。风化转移，全恃牧令。牧令肯事事认真办理，亲为督劝，愚民自易知易从，文告犹其浅焉者也。此缴。样本存。

十一、郭升堂禀初三

左哨二十三自平阴赵庄台抵东平，以四棚扎州西三十五里之戴庙，以四棚扎州南十八里之安山。由孔村拨赴东阿旧县之四棚，于初十日驰抵该处，仍调回孔村。由肥城右哨拨四棚扎旧县。

【批】：据禀哨队换防缘由已悉。仰即督饬各弁，认真巡缉，毋稍疏懈。缴。

十二、曹县禀初三

府奉臬司、本道，并无已报未禀案件。捐廉募马勇二十名、步勇四十名。

【批】：据禀已悉。仰即严缉前案未获匪犯，务获究报。缴。

十三、东昌府禀初三

堂邑张令缉捕劝善，教养兼备，应准记大功三次，注册存记，以昭激劝。仰布政司转饬知照。缴。禀抄发。

十四、曹县会禀堂邑

王宝瑜三月二十四抵曹县。教士培渥兰。二十五村庄，王小楼、白庙两庄有教民二十余户不愿领。放过六十九户，大百十六口，小二百零三口，【发放】八百七十千，【合银】三百三十四两六钱一分。王小楼庄被烧民式空教堂四间，不在抚恤之列。

【批】：据禀已悉。仰赈抚局即将垫放恤款照数拨发，汇案详销。并转饬该印委知照。缴。

十五、宁阳会禀蔡宝箓，初三

【批】：据禀已悉。仰按察司转饬该县随时督同庄长，认真查禁，毋任日久生玩。并行蔡令宝箓知照。缴。

十六、肥城禀初四

【批】：据禀筹办石头沟学教房屋一案，情形尚属因应得宜，然总以潜助陈继孟从速办理为是。至于立碑建亭，与该教士婉商，即附于平阴所建教堂中固善，否则仍须查照原议，在卜教士被害地方，拨给购价，报明具领。碑文拟即行告示刊刻，当可以照办。此缴。

四月初五日

叶世克函十五日发，二十九日复信。

又初五致叶世克函，派朱守会审。

抄行两司、登莱道、莱州府、胶州、昌邑、洋务局、朱守。

洋务局四月初五委王翻译良登。行司、局。

四月初六日

委祝令、王翻译随赴胶州会审案件。行局、朱守。

东昌府禀初五

查明林营官并未与匪相值。又王镇调度有方，请销去前次记过，并请奖励。

【批】：据禀查明林营官并各营县缉匪情形均悉。该守暨王镇督捕得力，前次记过，应即一并销去。仰候另檄行知。缴。

四月初七日

一、费县禀廿九

教民魏幸被杀身死。

二、东海关申

日本商人细井长次郎赴登、莱、青、沂等处察看商务。

三、江西抚院松咨

英教士鲍哲俊、梅占春赴江西、湖北、湖南、山东四省游历。

四、东海关详初三

查明英人现无在文、荣两县催完钱粮，亦未强派华绅充当粮总。

【批】：仰候汇案奏复。另檄抄稿行知。缴。

五、东昌府禀初五

武城出力【勇弁】开折禀请优奖之禀未见。

【批】：据禀查明松庄缉匪案出力弁勇，酌给赏银缘由已悉。仰即照禀分赏，以资鼓励。缴。

六、章邱禀初四

奉到五言歌词，赴省借版刷告示二百张，又刊刻成书。

【批】：所禀遵办情形，均尚认真。仰仍随时实力稽察，亲为督率，以收实效而裨治理。缴。

七、陵县禀初五

研讯宋殿荣。

【批】：前已饬将宋殿荣移解禹城归案讯办矣。仰即遵照前檄办理。缴。

八、高唐州禀初五

并无匪徒演拳恐吓教民情事。

【批】：据禀已悉。仰仍汇案咨呈总理衙门查核。缴。

九、济南电报局初五

请领三月份官报，一百三十二次，半费洋五百三十二元，⊥〢，合银三百八十三两六钱一分六。[1]

春季分缮书津贴银三十两。

【批】：已据详札饬善后局核发矣。仰即赴局具领。缴。

十、张奉先禀初六

【批】：据禀赴东路巡防并与直隶防营会哨各缘由均悉。仰仍随时认真巡缉，按旬具报，以凭查考。缴。

十一、高密禀初七

赏银一千两全数归彭营。

【批】：据禀已悉。缴。

十二、乐安禀初六

并无已报未禀案件。

【批】：据禀已悉。仰按察司转饬知照。缴。

十三、堂邑禀沈瑞祺，此禀另抄，初六

双庙任家庄教民任德蕴等十户，大卅、小九。张家屯教民王金山一户，大十五、小七。后杏园教民陈立本一户，大十三、小二。梁家浅教民田占魁一户，大九、小四。【共】十三户，大六十七、小二十二。三百一十二千二百四十二，合银百二十八两九钱二分六。

【批】：仰赈抚局照数拨发，汇案详销。并转饬该印委知照。册结存。

十四、临淄禀初五

【批】：据禀已悉。既系教士干预词讼，应候即派员前往查办，以息纷争而期折报公允，不可迁就了事。此缴。

四月初八日

两江督部堂鹿，初六咨送第一期《商务报》三本。

总署咨初六

内阁学士兼礼部侍郎桂春派出使俄奥大臣。

一、胡臬台禀初六

---

[1] “⊥〢”是七百二十千文。

商办改道，劝解濠民甘心具结完案由。

【批】：禀单均悉。此案由该司督同印委各员，将濠里一段铁路商允华德公司总办锡乐巴向北少移一二里。又商定优给地价，多建桥梁，添雇土工，俾顺舆情，以释群疑。各庄均相继来城具结，公司仍旧开工。又据该司电称已将孙汶拿获，全案前已办结，实属宽枉中肯，深堪嘉慰。至营官金山经该司查明，功过尚可当抵。季令成功少而□计多，仍饬另行查核办理。初行青州，控称多冤毙多命一案，证据查无，咎由自取，毫无冤抑，均属生事，应如所禀办理。挑修河道，以纾全邑水患，关系綦重。除由本部院电饬外，应仍由该司迅召袭守到工，并先责成吴令迅速经理秋审事件，候该司回省再行核办。仰即知照。缴。

二、石守禀初七

铁路工作繁兴，详查利病，议筹办法，分条缮请查核。

【批】：禀单均悉。该守随同臬司查办濠里聚众阻工一案，节经臬司禀陈，次第议结，筹办尚为妥速。公司所用通事黄姓等如果查有扰累讹索实据，当即照章严办。第一条所请酌派学生译员二名，派荐习练铁路工程，即为该公司传译语言文字，事属可行，业经札饬本武卫各军营务处，遴选派往。第五条谓添派委员二名、第六条请开支电费，亦均著查照所拟办理，已分行司、局查知矣。惟另禀所称请假就医一节，无此办法，则难照准。铁路甫经开办，全在该守印委力任其难，以顾大局。仰即知照。缴。

三、叶大臣函初六

【复函】交涉章程须候公使核定。

敬复者：顷接三月二十四日所寄来函，备悉一切。前者布君来省，代贵大臣商订交涉章程，原如来函所云，欲设立善法以弭滞碍未尽事宜，彼此意见均各相同，谅贵公使亦必以为然也。仍请早达见复，以便两国办理交涉官员有所遵守，邦交因而敦睦。

再，同日接到三月二十五日来函，内开商人毛哥拉与因廉达等，前赴济南、兖州、济宁等处游历，请饬保护等因。查此项护照，前于正月复函内未经本国官员会印，暂时碍难转饬，曾于正月二十七日前函内切实声明。本部院既系为遵守两国条约起见，实非有意留难。一俟交涉章程议定，即按照章程办理，当可省却许多滞碍也。

四月初九日

一、临清州禀初五

修理洋枪私售之黄万兴。

【批】：如禀准将该犯黄万兴照拟监禁三年，俟限满查看能否悔过，再行禀明办理。仰按察司转饬遵照。缴。

二、直督裕咨初七

天津英领事贾礼士、英教士鄂理司赴山东平阴游历。

三、大理寺少堂盛咨

缉窃线贼匪。

行按察司。

四月初十日

查缮教堂清单，二更后交。

一、王领官禀初十

初七日由省回茌，探闻南六十里之白庄有外匪伙聚。是夕两点钟到城南三十里堡，晚住姚张庄。教民禀报，拳匪六七十人晚宿双营，该匪等赴姚张庄借钱。初八早四点，往张庄。四点半匪至张庄，调队团围，匪欲抗拒，旋退至东北张家楼。又带队前进，遣正目高青云等晓谕。朱其运口诉，吾等五十四人，分隶东阿、长清，被匪首朱士明裹胁。该匪叩头恳恩免究。豫令亦到，将枪刀器械收回存库，酌给路费，派役分起押遣回籍。

【批】：查该营县等此次赶散张家楼胁从余匪，办理尚为妥速。惟匪首朱士明胆敢沿途诱胁，妄图滋事，亟应获案严办。限十日内务将该匪首报获。悬赏银二百两，有拿获该匪者，一经查实，即照数给赏，以示鼓励。除分行外，合亟札饬。札到该……

行王镇、茌平县、洪守、王领官。

二、临清金发兰、秦恒瑞禀初十

郭芹之子及其戚苗立邦被匪掳架，当经札派营县追捕此股匪徒，在武城相应地方格毙匪首王玉振等二十余名，并生擒朱西崧等十一名。

【批】：来禀已悉。又禹城、临邑一带，前有外来匪徒窜扰，复经本部院札派营县追捕，在禹城、临邑、陵县交界之盘河镇地方格毙悍匪二十余名，并擒获李瓦仔等四名，余匪四散各处，现已一律安谧。应即传谕教民，均各安家回业，毋庸再生碍阻。至清平梅令商令以后值来清传教之时，妥为保护，尚无不合。今已据禀行知该县，俟到境时妥为保护矣。此批。

三、洪守禀初十

【赏】哨兵阎凤鸣二十、马玉河/杜金标家属四/四十、东左右哨兵队六/亲军马队六十、东字/右军马队四/四十。

【批】：据禀分给杨庄在事出力各营弁勇赏款缘由已悉。该守督捕宣勤，不当再摊赏款。仰仍遵照前札，具领归垫。缴。

四、石守禀初十

遵查穆医生因疑畏兵勇押走，并非怒骂。已函致吴副将照旧保护。

【批】：据禀单均悉。仰即督同印委各员查照章程，认真办理。并将回工后情形另行饬报。缴。正禀漏盖关防，发回查明补禀。

五、定陶禀知州丁福昌，初九

被扰教民一百十四户，事前未报教民十五户、平民九户。二百三十八户，大三百九十九，小四百二十。京钱二千四百三十六千，〢〤〨[1]，合银九百八十二两二钱五分八。

六、临邑禀

刊板刷印多张。

【批】：据禀已悉。缴。清册存。

七、湖督咨

---

[1] “〢〤〨”是二千四百八十文合银一两。

汉口英国法总领事、英女教士法德贞游历湖北、江苏、安徽、四川、甘肃、河南、山东、直隶、山西、陕西。

四月十二日

总署咨：美教士章嘉理、贺乐迪游历山东等省。

总署咨：法使咨派业领事来东，系议定之事，不能复改。

行司、道、局。

四月十三日

一、荣中堂咨送先锋队关防十二

咨复荣。行布、按二司，全省营务处、善后局、粮饷局，户、工、兵三部，聂、董、米、张、陈，登、兖、曹三镇。

片稿，启用关防期。

咨荣中堂、北洋大臣，户、工、兵三部，布、按二司，全省营务处、善后局、粮饷局。

二、任统带禀十二

高密院后庄距城七十余里，毗连胶州，有土匪三百余人，聚众抢掠。三月二十九日，派队同县至张应庄、大寺庙、院后庄三处。初四早至庄，拿获匪首宫三等十六名，东军由西路进张应庄，亦获土匪五名。初五早在绳、王两庄获孙汶。

【批】：据禀左队魏领官协捕高密匪犯缘由已悉。此两案前据胡臬司等禀报，已将该领官记大功一次，并将在事出力之勇弁分别给赏。仰即知照。缴。

三、荣成县禀十二

查明英人索取钱粮各情，据实禀复由。

【批】：据禀已悉。缴。

四、莱县禀十二

【批】：据禀已悉。邮政局司账只管收发信件，何得屡次借端滋事，勒索陋规，殊属不安本分。仰将该司账员滋事情形，函知卜尼司，限半月内另换妥人接管。并将该司账提案质讯，按律拟办。倘逾限不换，即行拿解来省，听候讯惩。毋稍纵延。缴。

五、文登陈、荣成赵令览：自丁酉德租胶澳，戊戌俄租旅大、法租广州湾后，英即议租威海，以相抵制。曾经总署王大臣与英国赛使议订租威海专条，奏奉谕旨允准，互换颁行在案。本年经总署咨请，本部院派李道等会同英员勘立界石，系照两国议订专条办理。所谓沿岸以内十英里地方，专归英国管辖，亦系专条原文，图说亦由总署颁发，断非本省官员所敢擅专，亦断非该处民人所能阻止。该民人等误听谣言，聚众滋闹，并擅将李道挽留作主，不但使公家蹈爽约之讥，且为乡里贻身家之祸。徒自贻戚，终莫能补。愈闹而受害愈烈，愈闹则吃亏愈大，前车可鉴后祸。仰该令即将议租威海系奉旨订约，暨德租胶澳、俄租旅大、法租广州湾现均照约划界各实在情形，剀切晓谕，代印出示，俾咸周知，毋再滋闹。抚院袁。印。

六、为密饬事。本部院现派人赴胶州一带公干，所有禀报事件，封固加盖用图章，交由该州加封排递，以期迅速而昭慎重。除将图章发交盖用外，合行札知。札到该牧如见此项图章函件，迅即加封排递来辕，毋稍延泄。切切。此札。

札发图章式样一纸。

七、为札委、知事。照得前派朱守钟琪驰赴胶州，会同德员讯办泰安民人李二全被戕、昌邑县民人范希聪被伤、胶州民人张桂祥、纪长春被戕三案，并札委祝令嗣隆、王翻译良登随同办理在案。查会讯案件，事务殷繁，亟应添委该营德文法律翻译，以任各项律例文牍赞佐。兹查该营有前候选从九品温德魁，堪以委派充洋务局德文翻译。除分行札委外，合行札知。札到该委迅即束装起程，驰赴胶澳，随同朱守妥慎办理，毋负委任。每月支薪水银两，由洋务局支给，出差应领津贴由朱守照章给领，以资办公。具报。

八、为札委、知事。兹据武卫右军总理督操营务处汇启，呈送遵饬、遵知，派归石守练习铁路工程之德文学生，查有六品顶戴、八品荫监生姚济苍，五品顶戴尽先拔补把总贾德懋，暨该监生、把总二员德文熟习，汉文通达，堪以委派等情到本部院。据此，饬发、札委该守查照外，合行札委、饬。札到，该监生、把总立即束装起程，驰赴高密工次，听候石守派调，到工练习铁路工程，并代办翻译事件。应领薪俸，即由石守商明公司，酌情办理。该员仍归该守督率，该监生、把总等在工程须恪遵石守指示，勤加练习，并与公司外办各员，暨石守所派委员、通事，和衷妥慎商办，毋得稍涉大意，致负委任。切切。此札。

九、利津禀十一

本道奉札查案并缉匪。

【批】：禀悉。仰按察司仍饬勒限严缉各案逸犯，务获究办。缴。

十、冠县禀十一

本道批饬查禁拳厂通禀。

【批】：据禀已悉。仰仍随时认真查禁。缴。

十一、茌平禀初九

【批】：禀悉。仰洋务局函会马主教天恩查照，并行该县知照。缴。

四月十四日

一、为出示剀切晓谕事。照得自光绪二十三年德国租胶澳、二十四年俄国租旅顺、大连湾、法国租广州湾后，英国即议租威海，以相抵制，于二十四年五月十三日，经总理衙门王大臣与英国窦大臣商订议租专条，载明所租之地，系刘公岛并在威海湾之群岛，及威海全湾沿岸以内之十英里地方。以上所租之地，专归英国管辖等因。奏奉谕旨，批准互换。两国大臣将此专条画押盖印，承准总理衙门咨行到东，转饬遵照在案。本年又承准总理衙门咨，饬本部院派登莱道李道等会同英员勘立界石，即系照两国大臣议订专条办理，图说亦由总理衙门颁发，断非本省官员所能擅专，亦断非该处民人所能阻止。该民人等误听谣言，聚众滋闹，使公家蹈爽约之讥，生民罹惨烈之祸，徒自贻戚，终无补救。愈闹而受害愈烈，愈闹而吃亏愈大。本部院极为尔等惋惜，恻忍不为。兹特奏明另派妥员，会同英员，仍照原订专条，详细履勘。每英里合中国里三里三分，如果英员所划租界在沿岸十英里以外，与原订图约不符，不但尔等不愿，即本部院亦断不肯迁就了事，自当据约驳阻。若实系查照图约勘划，其地均在沿岸十英里以内，即是遵照谕旨办理。尔民人等应即候所派勘舆官员，将勘定村庄□□□□，毋得再滋事端。除札饬文、荣两县随时督同绅耆妥为劝导外，合再出示剀切明谕。为此谕仰两县士民人等，一体知照。尔等食毛践土，受国厚恩，须知时局日见艰难，邦交亟宜敦睦。德国议租胶澳，俄国议租旅大，法国议租广州湾，均已照约划界完竣，民间并无异言。胶澳近在本省，德国派员会同勘定租界一切情形，尔等久居其间，当有共见。英租威海，事同一律，照约勘定，何能阻止。尔等均系良民，总以钦遵谕旨，顾全大局，最为紧要。但能安分，本部院自当随时认真保护，决不任尔等吃亏。若尔等再行阻抗聚众滋闹，因而吃亏受害，本部院亦无法诰诫安全。其细思之，慎勿负本部院谆谆劝谕苦衷。特示。

二、为札发事。照得会勘威海租界，系照议订专条办理，昨经电饬出示晓谕在案。兹又将拟就告示随札印发。札到该县迅即派役，于相距威海四十里内各村庄择要张贴。一面饬承照缮多张，挨庄张贴，以期家喻户晓，借释群疑而弭衅端。仍将张贴村庄日期暨名目汇折报查。文、荣两县。

三、为札饬事。照得会勘威海租界，系照两国大臣议订专条办理。诚恐民间未及周知，亟应出示剀切晓谕。除钞发文、荣两县查照办理外，合将议就示稿发局刊刷。札到该局即便饬匠照式刊刷□□千张，克日呈送来辕，以凭核发。毋延。此札。善后局。

四、韩教士信

教民失去农器衣粒，请查找给还。

行洋务局。十四复。

五、马主教信

茌平、博平又有拳匪开厂习拳，请查禁。

行茌、博，王领官、东昌府、洋务局。十四日复。

四月十五日

一、济宁州禀十三

查明城关并无抢劫之案，现在布置情形。

【批】：禀悉。仰仍随时认真经理，并饬属遵办。缴。

二、菏泽禀十三

城东隅天主堂裴德礼于三月初间被窃，窃去衣服并银二百两，估值二百三十两。

【批】：仰按察司速饬将勘讯缘由录供通详，一面勒缉赃贼，务获究报。并由司通饬截拿。缴。

三、安徽抚院邓咨十三

芜湖英领事麦迪莫一、英教士扶国清【赴】安徽、江苏、河南；英教士李俊德【赴】安徽、江苏、江西、浙江；英教士林春荣赴安徽、江苏、山东、山西、直隶、江西【游历】。

四、马天恩函

阳信张教士禀，商家店、水落铺、刘化冯庄等处，学大刀会者甚多。由直隶清〔庆〕云县传来，一日能传十余庄。

【复】：来函备悉。已札饬阳信县严密查办矣。特复。

五、照得本部院前派登莱道李道等会同英员，查照总理衙门王大臣与英国窦大臣议订租威海专条，勘划租界。该处民人不知此条系由总理衙门王大臣与英国窦大臣议订专条，奏奉谕旨批准，误听谣言，聚众滋闹，以致与英军互斗，轰伤民人多名。其事极愚，其情可悯。亟应函示明白晓谕，迅派妥员前往文、荣一带，挨庄张贴。并会同各该地方官妥为劝谕开导，俾免再滋衅端。兹查有大挑知县何令金龄堪以委派，应支薪水川资即由该洋务局照章支发。除分行、札委，合行札知。札到该令即便来省起程，驰往文登一带，妥慎办理，毋负委任。切切。札到该司、该局、该道即仰知照，遵照办理。札到，该县即便会同何令妥慎办理。札何令金龄，文、荣两县，布、按、洋务局。

六、札委陈牧寿清、王令杨芳充先锋队文案。行粮饷局、布、按司，东昌府、营务处。

札发粮饷局关防。

七、莱阳禀

行司道局，禀见前邮政局司账索取陋规。

八、齐河禀初十

刊刷五言歌词。

【批】：据禀已悉。仰仍随时认真办理，以劝治效而厚民风。缴。样本存。

九、高苑禀十四

共二百三十三村庄，每庄发四张。

【批】：据禀已悉。仰仍随时认真办理，以革歪习而正民风。缴。告示式样存。

十、堂邑禀初九

六百二十一村庄，分为大小九十四团，刊刻告示，又刻歌词。

【批】：据禀已悉。该令于禀文后即将告示歌词分别刊刻，又捐廉选派讲生，按期宣讲，办理甚属认真。来禀有视民事如家事，推民心为己心二语，切实做去，其治效必卓然可观也，是为州县第一。仰仍随时督劝抽查，以收实效而劝治理。缴。

十一、方致祥禀十一

马勇八名，每名十两；步勇四十名，每名三两。杜金标恤赏百二十两。

【批】：据禀核发杨庄缉匪案内恤赏银两缘由已悉。

四月十七日

一、金州副都电

平度州崔玉堂银铺做假银钱。

复电。行平度州密缉。

二、金乡禀十四

自去秋截至现在，勿论洋人、教民、平民，并无抢劫巨案。美国领事照会沂州、济宁抢劫等案，日见加增。

【批】：据禀已悉。仰兖沂道转饬知照。行知登莱道、美领事知照。缴。

三、平阴禀十四

拨给教堂地五亩，所有粮赋应如何办理，价值应向何处请领。

【批】：据禀已悉。候行司核议饬遵。缴。

四、莘县禀沈瑞琪，十四

教民三户，大十九，小五。

【发放】八十六千，〢×〣，合银卅四两九钱五分九❶

【批】：仰赈抚局即将垫放抚恤银两照数核发，汇案详销。并转饬该印委等知照。清册存。

五、荣成禀十二

【批】：禀悉。已出示剀切晓谕矣。仰即查照另檄办理。缴。

六、豫咸禀十四

【批】：禀悉。此案前据王领官开福禀报，已檄饬该县悬赏勒限，严缉匪首朱士明，务获究办矣。仰即查照前檄办理，并候行司道饬截拿。缴。

七、济宁州禀十四

续报被扰教民浮冒滋多，无庸抚恤。

【批】：如禀办理。仰赈抚局转饬遵照。缴。

八、沂州府禀十三

保护沂水教堂、轰毙人命案内之王全盛等，业已遵批开释。

【批】：据禀已悉。仰候汇案行知登莱道，函复美领事知照。缴。

九、任永清禀十一

【批】：据禀前队王领官解散张家楼余匪缘由已悉。此案前据该领官禀报，已批饬悬赏二百两，勒限严缉匪首朱士明等，务获究办矣。仰即转饬该领官遵限缉办。缴。

十、长山禀十五

【批】：据禀已悉。仍随时认真办理，以革恶习而正民风。缴。

十一、东平州禀十四

---

❶“〢×〣”是二千四百六十文合银一两。

大小教堂二十余处。奉禁《义和拳汇录》劳乃宣刻。

【批】：禀悉。仰仍随时认真办理，以劝治理而正民俗。缴。样本汇录存。

四月十八日

【附片】：再，高密濠里各庄，于三月初八日又经聚众滋事。当即委派按察使胡景桂驰往弹压，设法谕解，曾经附片奏明在案。旋据该臬司禀，系于三月二十一日驰抵高密，查明此次聚众阻工，实因华德铁路公司屡议改道，致有碍濠里水利。实因办事不遵章程，挖毁麦苗、菜蔬；遇有坟墓，不待迁徙，即行刨掘；地价又未预发；所雇华工，复遇事借势欺压乡民，乡民愤恨已久。逸犯孙汶遂乘机煽惑，传帖纠众，远近胥起而响应。三月初十、十一等日，又有焚掠公司窝铺之事。幸经该营县督队弹压解散，未滋巨衅，铁路工程亦即暂行停止。此濠民前已具结，现复滋衅之实在情形也。该臬司督同总理铁路事务候补知府石祖芬，与该公司商明，以后兴办工程，必须先发地价，再兴土工；应迁坟墓，必须先给迁费；应雇小工，必须参用土著乡民。又于濠里路工，一再议遵多架桥梁，以资宣泄。该臬司又查明濠里水患，请拨放五千两挑濠。附近界河、五龙河淤浅之处，已次第挑挖疏通。另将杨家河、高阳河南北两岸，一律挑筑。又就于家庄原有民堤概予加增，以纾濠东、濠西水患，民情称便。于是濠里附近各庄，于初一、初二等日，陆续来城具结息事。又于四月初五将逸犯孙汶拿获，常传钦、李玉科一并拿获，其余胁从，一概免究。铁路公司即于初三、初四两日照常开工，地方均已安谧。为濠里铁路设法改移土工已经接修，道路碍难再改。再三磋商，始允将濠里一段向北少移一二里，再北则坟墓反多。至多建桥梁，优给地价，添雇土人作工，预发迁坟诸费，该公司均允查照章程办理。该臬司以改道业经应允，除饬该牧令办理外，该臬司即于十三日回省等情禀报前来。臣复核无异。除再檄饬候补知府石祖芬，令督同该县认真办理外，所有缘由理合附片具陈，伏乞圣鉴训示。谨奏。[1]

四月十九日

一、王富有呈初八

父王明被匪梁盆仔、王海、龙仔、高守耀、萧筠等墩伤，并抢掠一空，恳饬提凶严办。

【批】：案已饬府质讯拟办。仰济南府查明，应否摘提梁盆仔到案质究，由府酌核办理。并即录案详报查夺。

二、马主教函十八

在平商书平传省质讯，原差杨兆香请释放，平原捕总陈得和请释放。

行局办，商提省，杨兆香候讯结酌办，陈得和未便省释。该主教亦不应干预。

三、沈廷杞、徐世光禀十八

委派粮饷局各员衔名，并略增薪水等款，添用差弁书号人役，制造采买冯庆恩候选县，收发石振陧、周忠清县，文案马钟之未入。

【批】：禀请各员已经委赴局当差矣。所议酌增薪水及添用差弁号房均悉，人役均照准。仰即知照。缴。

四、方燕申禀

【批】：已据禀行司核议详复矣。仰俟详复到日，再行另檄另遵。缴。

行司。

五、即墨禀十八

划归租界二十村庄、县街，共征地丁正银三千九百四十六两四钱九分四。

【批】：据禀查明德国租界钱粮数目缘由已悉。缴。

六、宁海禀十八

[1] 此系山东巡抚袁世凯于光绪二十六年四月二十一日所上奏折内的附片底稿，其文字与原片出入甚大。

【批】：据禀探闻文登近日情形已悉。缴。

七、郯城禀十八

拟刊歌词告示。城乡近年设小教堂三处。

【批】：据禀已悉。仰仍随时督饬，实力奉行，毋任日久生玩。缴。

八、乐安禀十六

【批】：据禀已悉。仰仍随时认真办理，以劝治理而正民风。缴。

九、巨野禀十六

【批】：据禀查明王昆山等公送前任许令牌匾缘由已悉。此次旗伞牌匾，许令既未收受，应毋庸议。仰即知照。缴。

十、郯城禀十八

除葛万清控案之外，亦无另有教民呈控。甄其云等纠众罚钱案，据查乃著名匪犯。

【批】：据禀已悉。仰即饬差勒传葛万清呈控杨振坤等全案原被人证，研讯明确，秉公办结，以纾讼累而杜口实。此缴。

惟高银胜是匪抑系良民，禀内未据提及，仰再确查禀复，以凭核夺。此缴。

十一、张奉先禀十七

【批】：据禀遵饬严缉匪犯缘由已悉。仰仍随时督饬营哨，认真查缉匪首牛霍子等，务获究办。缴。

十二、方致祥禀十六

【批】：据禀更换右营后哨哨弁缘由已悉。缴。

十三、滨州禀十七

分五路，共一百七十三保一千〇五十四村庄，照缮多张，并刊印成本。每路延讲生四名。

【批】：据禀已悉。仰即随时督饬，实力奉行，以劝治理而正民风。缴。清册存。

十四、寿光禀十六

本道准臬司奉饬查案并缉匪。

【批】：据禀已悉。仰按察司转饬知照。缴。

十五、魏得清禀十八

【批】：据禀协缉孙汶并匪犯宫三等两案缘由均悉。该领官此次缉办要案，尚称妥速。前据胡臬司电禀，已将该领官暨杨、段两领官各记大功一次，以示鼓励矣。仰即知照。缴。

四月二十日

一、敬启者：承示石守电稿甚善甚佩。石守原禀亦已阅悉。请即谕知石守，该公司如不查照章程办理，必须据理力争。此次派该守会同勘办铁路事务，原为保守定章起见，不可不认真也。石守原禀送达，祈查入。附请大安不另。

二、为咨呈事。案查泰安县民人李二全被戕一案，昌邑县民人范希聪被伤一案，胶州民人张桂祥、纪长春被戕一案，所有办理情形，均经先后咨呈贵衙门查核在案。旋于本年三月十三日，准德国总督胶澳租界事宜叶大臣来电，查传李二全案内之原告李继山、李大全、李忠诚三人投案备质。当经本部院转饬查传来省，应即委派明干道府大员，带同该原告等驰往胶州，会同德员秉公讯办。又昌邑县民人范希聪被伤一案，前经本部院电商叶大臣，遴派德员慕兴礼会同该处地方官验讯明确，实系沙拉克用枪轰伤。又胶州民人张桂祥、纪长春被戕一案，前经本部院电商叶大臣，遴派德员夏理辅格尔弗格会同该处地方官验讯明确，实系被德兵用枪轰扎致死。情节均甚重大，迭由本部院函复叶大臣，请其查凶治罪。兹既委派专员会讯泰安李二全被戕一案，应将范希聪被伤，张桂祥、纪长春被戕两案，饬由所派之员会同德员一并秉公讯办，以重民命而敦睦谊。旋查有按察司发审委员并洋务局提调、候补知府朱钟琪堪以委派，饬即带同翻译随员人等，于四月初九日由省起程。一面函知叶大臣，请即派员赴胶会同讯办，并电饬查传各案被告投案。旋于四月十二日准叶大臣来电内开，已飞催傅士代等赴胶候讯，惟该矿师等旅居沂州府附近邻村，往返恐延时日，请饬朱守钟琪抵胶稍待，俟该被告等至胶州时，本署臬司即乘轮前往会讯。其昌邑一案，业经臬司饬传被告来青到案亲办。此复等因。准此，除仍饬知朱守候德员抵胶，即将李二全等三案认真查办，秉公议结，勿稍迁就。所有派员会讯情形，相应咨呈贵衙门查照。须至咨呈者。

三、为咨呈事。光绪二十六年四月初八日，承准贵衙门咨开：前准咨称，兖州教堂地基事，当经本衙门照会该使克林德转饬安主教遵照办理去后。兹据克使照称，前安主教因张庄地方有不便之处，言明于兖州城内另拨十亩地，与德国教士自行建堂，并不索钱。如此议定，万难更改。今甚愿于所买之地旁拨地十亩，交与德国教堂等因前来。相应抄录往来照会，咨请体察情形，酌量办理等因到本院。承准此，查兖州府城内地本无多，断难拨给十亩。且原议本在张庄地方，今以乡庄之地易城市之地，其贵贱轻重相去不啻百倍。该主教与贵衙门暨前任张抚院言明一节，本衙门无案可稽，自不能作为案据。今如不愿领钱，只可仍照前议，在张庄地方拨地十亩，以符原案。至该主教所称，彭道拟将应拨张庄地十亩按照该处地亩价值，折价银两，由其自行酌置购买，已属格外通融。张庄不便，请以城内之地相易，而本省官绅均谓城内不便，应请仍照原议办理。勿论商办何项事件，必须彼此两便，始昭公允。该主教如只顾一己之便，不顾本省之不便；本省亦可只顾一己之便，不顾该主教之不便矣。照此办法，实属十分公允，且系遵照原约，该主教当亦无可辩驳。除札饬彭道查照办理，相应咨呈贵衙门，谨请照复德使，转饬该主教电照办理。须至咨呈者。

总署咨，行司、道、局。

四、为札饬事。照得改练武卫右军先锋队，并改定沿海防军暨左右翼防军各营，应行刊刻关防，均经该局饬匠刊就，呈送来辕，业经验收在案。兹查沿海防军五营，因地制宜，尚须量予变通，所有前刻关防，应另行刊刻。合亟抄单札知。札到该局即查照清单，饬匠照式刊刻木质关防四颗，克日呈送来辕，以凭札发。勿延。此札。

五、蓬莱禀三月廿八

永绥局董事报，日本东京丸商轮在县境长山岛洋面触礁失事三月初二，会同员弁救护详细情形。救出中外客商大小男妇共一百二十一名，均已拯救得生。溺毙中国搭客陕西人李姓，厨役宁波人王金相、李阿茹。

【批】：据禀已悉。该令等躬涉海险，督救日本触礁轮船中外客商大小男妇一百二十余名，实属见义勇为，殊堪嘉尚，自应照章给奖，以昭激劝。仰东海关道查明各该员履历职名，造册详请具奏。至出力之董事傅作霖等，应择其尤者酌给六品功牌□张、八品功牌□张，随批饬发。并即查收，分别转给收执。缴。

六、莱阳禀十九

【批】：据禀税司派员查明邮政局司事劣迹，拟即更换缘由已悉。仰仍遵照前批办理。缴。

七、阳谷禀十七，此禀另抄，委员纪巨湘

较重大四小半，较轻大三小半，最轻大二小半。共三十三户（九户不领）。大一百三十四，人六十。京钱五百三十四千五百。

【批】：仰赈抚局即将所放抚恤钱文照数核发，汇案详销，并转饬该印委等知照。缴。

八、高密季令禀十八

【批】：据禀已悉。此案前据臬司查明禀复，该令所称改从大、小王家两庄中间穿过，即向沟头、窑头村迤逦而西，至鞠家村西之濠里埠归入原路，仍防返城一节。铁路与濠里毫不相涉，现在已由臬司商允该公司，将濠里一段环绕向北少移一二里，并允多建桥梁，优给地价，添雇土工。其余一切悉照章程，认真办理，全案遂即议结。至近城铁路，大、小王庄绅民公禀，现今所议之道既阻水通又损大茔过多，力求再改。迭经调处，绅民仍力求再改，该公司以土工所费不赀，势难再改。是该令前次电禀绅董皆愿之词，不甚可靠。而公司以议改多次，未允照办。[1]

九、总署咨廿一

铁路章程奉朱批：依议。钦此。

行三司、道、洋务局、石守。

十、禹城详十八

二十六日，拳匪李得南即李得仔病故。

十一、户部咨十七

奉上谕：各省设团自卫，保护身家。

---

[1] 以下字迹不清。

行按察司、抚济三营、青州副都统、三镇。

十二、致矿务总办米海里、司米德：

米、司总办阁下：敬启者，前交专差携呈复函一件，并华德文矿务章程各一份，谅已早邀台览。查函内著明所有会同商办之妥员，俟派定后再行奉告等因。兹经本部院派定候补知府方守燕申总理会同勘办华德煤矿事务，饬令酌带翻译随员驰赴胶、莱一带，随时会同贵总办和衷商办。嗣后贵公司遇有应办勘查开采以及试办各事，即祈贵总办会同本部院特派之员，查照议定章程，妥商办理，以期贵公司与本省商民互敦辑睦，均沾利益。本部院殊有厚望焉。

再，方守曾经随使出外洋有年，办事亦甚和平结实，本部院特派此等妥员会同贵总办商办矿务事件，盖因必能彼此相得益彰。除由本部院札饬各州县一体知照外，并望贵总办转饬办矿各员查照办理。专此布达。

十三、莱芜禀二十

刊刻歌词、告示。法国教堂十处，均是赁民房。

【批】：据禀已悉。仰仍随时督饬，实力奉行，以勤治理而正民风。缴。

十四、郓城禀二十

刊印劝谕民教告示、五言歌词告示。

【批】：据禀已悉。该令于奉文后即将劝谕民教、严禁拳会各告示，分别刊刷，挨庄散给，躬为督劝，并责成庄长出具切结，实力奉行，办理甚属认真。东省吏政偏颇，民俗庞杂，其弊只在各牧令等令申，若视饬谕为具文，粉饰因循，致成痼习，但得有三五贤有司，矫其弊而祛其习，民俗以正，吏政以平，固本部院所乐与讨论者也。此缴。

十五、前高密禀二十

垫发彭营拿获李金榜案内赏银一千两，已取候领，恳请行司拨收，俟入交代作抵归款。

【批】：据禀已悉。此项垫发赏款应否拨收归入交代列抵，抑由司照数拨发该令具领归垫，仰布政司核议饬遵。缴。禀抄发。

十六、郓城会禀委员知州丁福昌

禀报有案者七十八户，被扰贫民六十三户，教民五十五户，平民八户。大一百四十八，小一百十九。京钱八百十四千，〢8〢，合银三百二十三两一分六。❶

十七、郓城禀二十：

查明实在情形，并无送教民被抢各案。

据禀已悉。仰仍严缉各案未获首要匪犯，务获究办。缴。

十八、昌邑禀二十

铁路公司通事蒋式如查明县民并无初六日将公司工头王锡藩捉藏，请饬属一体查明。

【批】：据禀已分饬裘守、石守札办。仰即遴派干役，切速查访王锡藩等实在下落，并商该公司嗣后所用工头毋得黉夜外出，致滋事故。此缴。

十九、黄县禀二十

美领事照会。

【批】：据禀查明教士赵烜并未推诿不管缘由已悉。仰候札饬登莱道函复美领事知照。

二十、胶州禀十九

旧弓丈地，每百亩视新弓统计约长地十六亩余。事竣后，与公司结算后，按每地百亩，补发新弓所长地价十六亩余，拟从宽照十七亩补发。是虽照旧弓丈地，按新弓核价，前后参酌，终与新章吻合。

【批】：据禀已悉。旧弓丈地，每百亩视新弓统计约长地十六亩余。该用地已量丈完，再用新弓复丈，恐涉纷歧，拟俟事竣，与公司结算，每地百亩补发新弓所长地价十六亩余，拟从宽照十七亩补发。是虽用旧弓丈地，仍按新弓核价，与新定章程并不相背，原可照此通融办理。丈地弓丈新旧不同，而购地价值则前后如一。多丈一分地，即多加一分之价；少丈一分地，即减少一分之价。其事仍是操纵在我，何致吃亏。惟乡民只知旧弓大于新弓，不知弓大价亦因之而大，因而碍阻观望，须由该牧出示明白晓谕。一面按照新弓所长地亩，饬僚赶紧核算清楚，分别补发。至各州县未经丈量者，或用新弓以符既

---

❶ “〢8〢”是二千五百二十文合银一两。

定章程，而免周折。仰即知照。缴。

行石守、布政司、洋务局。

应由石守随时督同各州县积极办理。

二十一、阳谷禀十九

【批】：据禀均悉。仰即随时督饬，实力奉行，以勤治理而正歧趋。另单请饬查禁淫邪小说暨一切有干例禁之书，殊与治体大有关系，已通饬各属一体严密查禁矣。此缴。

二十二、吴增励禀十九

【批】：据禀已悉。该局每年究能出煤若干，获利若干，实在报效若干，仰即查明，据实禀复，以凭核夺。此缴。

四月二十二日

一、臬司查办高密庄民滋事情形一片，廿一出奏。

行司、局、登莱道、石守，咨总署。

二、为札发事。照得曹州教案条约第二端第四款内载，于所开各道铁路附近之处，相距三十里内，允准德商开挖煤井等项，及须办工程各事，亦可德商、华商合股开采。其矿务章程，亦应另行妥议等因。该华德煤矿公司，前拟勘查各处矿产，未及照约议订合同章程，即禀由德国总督胶澳租界事宜叶大臣函称：煤矿公司派员前往山东内地各处丈量插木，请饬属示谕保护等因。当经本部院据约驳复，俟派员议订章程后再行开办各在案。旋经华德煤矿公司请铁路公司总办锡乐巴来省代为议订矿务章程，并由本部院奏调记名副都统荫昌来东帮办交涉，与该德员妥为议订。旋经议订矿务章程二十款，并由本部院逐款详细改驳，再三增损，往返磋商二十余日，稿凡数易，于三月二十一日议定，由铁路总办锡乐巴携回青岛，交由煤矿公司总办米海里、司米德签押，并寄往德京之总管矿务处签押，以昭慎重。一面将已经该总办签押之华、德文章程一份，专差于三月二十八日呈送来辕。当将送到章程钞稿札发善后局，饬匠刊刷，以便通饬颁发。并照章委派候补知府方守燕申经理会同勘办华德煤矿事务。兹据该局刊刷一千本，备文申送前来。除将矿务章程奏咨立案，并分行外，合亟札发。札到直隶、司、局、道、府即便转发，一体遵照办理。札到该守即将此项章程带赴工次，遇有该公司勘查开采以及试办各事，即于附近地方发给州营镇民人等，一体遵照办理。毋违。切切。此札。札发山东矿务章程。

三、齐河禀十九

孟继策以赃匿邻境等情控李茂盛。

【批】：禀悉。仰按察司速饬分别关传叶乘龙到案，提同李茂盛等，确讯详办。缴。

四、直督咨廿一

津领事贾礼士、英教士麻委良、罗威灵赴直隶、山东、河南游历。

五、韩教士函廿二

请派兵役护送卞医士至恩县。

行中军、历城县。

六、韩教士函

请缉李继浩、艾连昌等。辛店屯庄勒逼教民王鸿庆一案、水坡张家庄勒逼李延贞一案。

复函。行洋务局、长清县。

七、为札饬事。照得各属拳会，迭经本部院出示剀切晓谕，解散胁从，并悬赏购线，严缉著名首要匪犯王立言等多名，分别讯办。又遴派妥员会同地方官查禁私设拳厂。所有拳民均已陆续弃邪归正，地方一律安谧，迭经各营县先后据实呈报在案。兹访闻又有外来拳匪，煽惑愚民，传帖诱引，希图滋扰情事。亟应札饬各该地方官，迅即出示，剀切晓谕乡民人等，须知拳会胥是邪术，并不能自保身家。该民人等前被拳匪诱胁，业已身受其害，现已弃邪归正，即是安分良民，千万不可再被煽惑。倘遇有外匪入境，传帖设会，煽惑诱胁者，准该民人等拿获送官。如距城较远，即送附近防营，转送地方官讯办。不但该民人等，即前曾附和拳会之事一概免究，每拿获外来拳匪一名，经讯实后，赏银一百两，仍赏七、八品功牌，以示鼓励。各营县如遇民人等捆送匪犯，立即捉拿，放民人等回家，勿使在城久候，以杜煽惑而安良善。如须质讯，随时再传。勿论该民人等是否入过拳会，或被所获匪犯诬报妄指，不予株连。速派勇役，严密侦缉，务使外匪无藏匿之所，拳民有自新之机。除分饬外，合亟札饬。札到该府、直隶州州、县、守、镇即便遵照，妥速办理。

八、昌乐禀十九

歌词、告示二十张，府发三张，照钞多本。无刻字匠，拟托邻县代刷。

【批】：据禀已悉。仰仍随时督饬，实力奉行，毋任日久生玩。此缴。

九、蓬莱禀十九

【批】：据禀已悉。仰仍随时督饬，实力奉行，以勤治理而正民风。缴。

十、即墨禀十九，此禀另抄

栾村铁路，现已会同德员勘议向南改移不及二里，水路业已让出，开折绘图，呈请立案。

【批】：据禀已悉。栾村铁路经该令会商德员向南改移五百密达，水路无阻，办理尚为妥速。仰石守转饬该令随时会同公司，查照章程经理，以顺民情而敦睦谊。各牧令肯多尽一分心力，百姓即少受一分扰累也。缴。

十一、胶州禀十九

【批】：据禀已悉。仰候汇案奏复。另檄钞稿行知。缴。

十二、张奉先禀十七

【批】：据禀中营勇丁四十名，经陈参将带往山西未回，拟另募补缘由已悉。此项勇丁，须准候调任抚院毓函牍到东，始可募补。仰即知照。缴。

十三、宁海州禀十八

【批】：据禀文、荣乡民聚众滋事情形已悉。仰仍随时妥为谕禁弹压。缴。

十四、福山禀十九

刊刷告示多张，又刊成本。

【批】：据禀已悉。仰即随时督饬，实力奉行，以勤治理而正民风。缴。清册存。

十五、海阳禀

照缮歌词、告示五十张。

【批】：据禀已悉。仰仍随时督饬，实力奉行，毋任日久生懈。缴。

十六、洋务局详廿一

【批】：据详已悉。该局经费支绌，准自本年五月起，每月添拨银一百一十两，以资办公。仍暂由藩库一并借支，俟东海关报解四成照费，再行酌拨归还可也。仰即知照。缴。

四月二十三日

一、东昌府禀二十

【批】：据禀筹议防营更番调操缘由已悉。仰候酌核另檄饬遵。缴。

二、前兰山县禀二十

【批】：据禀查明王金胜现已开释缘由已悉。仰候汇案行知登莱道，函复美领事知照。缴。

三、茌平会同委员豫咸禀二十

【批】：据禀已悉。仰按察司转饬该县，随时督饬首事、闾长，认真查禁。遇有外匪诱引煽胁，立即会同队营严密捕拿，毋任日久聚众滋事。并饬冯牧德华知照。

四、奏复并咨呈总理衙门

迅催德使，并请电知出使德国吕大臣照会外部，分别妥议办法，以重民命而敦睦谊。缴。清折存。

五、文登禀廿，此禀另抄

英员自埋界石，与乡民争斗伤人滋事情形，现已解散。马井泊村初七毙十五名，草庙初八毙二名。

【批】：据禀已悉。愚民误听谣言，聚众滋事，全在地方官随时竭力劝谕弹压。该令既不防范于先，又不能消弭于后，致令惨毙多命，迭滋衅端，殊属办理不善。仰即查照节次电檄，妥慎办理，毋任再滋事端。此次英员不听□劝，酿成衅端，惨毙多命，其责应归英员。仰候汇案咨呈总理衙门，照会英使秉公议办。惟该令有地方之责，于乡民群聚械斗，既不能预为防范，又不能曲予维护。于后袭毙民人□□，经登莱道饬其家属领埋，该令亦并未诣验，按格详报，殊属办理草率。应仍查照迭咨电檄，妥慎筹办，剀切晓谕，毋任再滋衅端。此檄。清折存。

四月二十四日

一、观城禀委员朱鸿保

教民六户六十六千，〣×❶，【合银】二十七两五钱。

【批】：仰赈抚局即将垫发放款恤银钱照数拨发，汇案详销。至孙锡范等二十一人，既未报勘有案，自应毋庸抚恤，并转饬该印委等知照。

二、朱钟琪禀二十三

十六日到胶州。

【批】：禀悉。仰候德员到胶，即将三案秉公会审，妥速办结，以重民命。缴。

三、海来禀二十三

刊刻歌词、告示。

【批】：据禀已悉。仰即随时督饬，实力奉行，以勤治理而正民风。缴。

四、平度州禀二十三

刊刻歌词成本。

批同上。

五、荣成禀二十三

照录成本。

【批】：据禀已悉。仰即随时督饬，实力奉行，毋任日久生玩。缴。

六、洋务局详二十三

胶州禀，铁路颁到新章。

❶ "〣×"是二千四百文合银一两。

【批】：此案前据张牧禀报，已另檄行局知照矣。此缴。

七、总管巡修东省电线工程、五品衔候选县丞徐仲哲禀廿四

【批】：据禀修理济南等处电杆动工日期（四月二十日开工）已悉。仰候行知经过沿途各州县妥为弹压照料。缴。

分行历城、长清、泰安、滋阳、宁阳、济宁、菏泽、曹县、嘉祥、巨野、东平、德州、平原、禹城、齐河。

八、吴统带禀廿三

【批】：据禀德员任意戏辱殴人，并请派兵看橛各缘由均悉。该德员等不遵路章办事，殊属非是。嗣后凡遇此等事，应一面迅报，一面径移石守诘责议办。另前禀称王锡藩等查无下落一案，已据昌邑胡令禀报，亦已批饬石守查明办理。此等事照章皆归石守商办，该德员不能在本部院处核同照会也。仰即督饬各队勇照章妥为保护。缴。

四月二十五日

一、阳信禀廿五

马主教函称，商家店等处学习大刀会者甚多。各处皆有，系由庆云县传来。

【批】：已据禀行局知照矣。仰仍随时严密查禁，勿任日久生玩。此缴。

二、为札饬事。兹据禀称，该守禀昌邑丈岭工作纷繁，请饬胡令不时驰往该处，妥为照料，并饬邓县丞移驻丈岭，系为弹压地方起见，已由本部院分饬遵办。至邓县丞电称，每月由该守支津贴京钱二十千。又丈岭听差乏人，该守已拨东字兵勇三名，每月添给伙食共京钱十千。又东字中军后营张哨官拨驻濠里，分营窝棚，每棚需银四两零，已先由该守允给京钱八十千。又高密无锐马，该守请自行买马二三匹。又谓添拨有马差弁二名。均准照办，分别支取。又请于每月例支经费外，再多给拨一二千两，事竣据实报销，现已电令借拨。惟勘办铁路，事属创始，所有请领款项，暨筹办各项事宜，统须汇案核销，宜随时由石守预具印章，或用夹单径行请示本部院，分别准驳，方有底案可查。即如该守此次禀请添派委员二人，仍须由该守另补禀

调，方可行司札委。

四月二十六日

移委左翼翼长夏镇【为】左路统领，兼带前营，并节制前路。

札委左路后营王来魁、左路左营谷得先、左路右营于月清、前路后营李玉田、右路后营彭金山。

移委曹镇统左翼防军四营。

移委兖镇统右翼防军四营

四月二十七日

移居金菊巷。

核复奏义和团稿，核奏调唐绍仪等。奉朱批。

一、韩教士函廿六

【复函】：来函备悉。张哲等与褚侯麟质讯一案，已行府查办矣。特复。

二、石守电廿六

丈岭拔标，锡屡责言。迭饬胡令认真保护，大声疾呼，饰词禀复。芬昨在濠又接锡丈来函，仍旋钉旋拔，限三天严办。并吓凌令云，如再不管，伊自来人看守。胡令似此懈玩，恐误大事，请雷厉电饬。昨谕遵添员，已函请卢守代陈，盼速行。

【电】：昌邑胡令：丈岭屡次拔标，该令任意懈玩，倘酿事端，咎将谁归。应将该令记大过一次。倘再玩忽，定即严究。宥。印。

奏请将前署高密季桂芬摘顶察看。

三、范县禀委员朱鸿保，廿五

本年二月间，始据杜金岭、许保年先后补报前来，被扰属实。七户七十四千文。

【批】：仰赈抚局即将垫放钱文照数拨发，汇案详销。并转饬该印委等知照。缴。清折存。

四、东阿县禀廿五

境内随教者不过数人，并未设有教堂。大小义塾十处。刊印歌词多本。

【批】：据禀已悉。劝禁邪会，振兴学校，胥是图治之本。该县幅员辽阔，大小义学仅只十处，未免太少。盖不入于邪即归于正，其理固相因也。仰即随时设法添办数处，并先就原有之义学，整定功课，慎择学师，由该令不时稽查，善于劝惩。并仍督饬兴学庄长将所发劝禁邪会歌词，实力奉行。

五、茌平禀廿五

府札奉面谕，杜翠华被讹赃银，据罗洪英供称，在石尚义手内。应即札提，追赃给领。

【批】：据禀已悉。仰即勒限严缉石尚义到案，追赃给领，毋任远飏。缴。

六、李葆珠禀廿六

牍称查探威海近日情形备悉。希仍随时妥为防范弹压。此复。

七、禹城会禀委员吴观敬

禀李得仔已死，拟斩枭应毋庸议。提审李瓦仔，监禁五年；管凤起妥保开释；毕守昌即行保释；宋殿荣监候待质。

【批】：据禀已悉。前以该县办事尚属认真，故将当场拒捕匪犯李瓦仔等会案发交该县讯问，何亦沿染积习，竟纵以因伤身死，而已死之李得仔，仍得拟斩枭乎？殊属非是！惟现据该县等禀称，均系研取确供，照章禀办，应准如所拟办理。李瓦仔著监禁五年，限满后查看情形拟办。宋殿荣解归陵县监候待质。管凤起候其取保再行开释。毕守昌即予保释。仰按照章程，饬该印委等知照。缴。

八、张奉先禀廿六

【批】：据禀兼报地方情形已悉。仰即严缉匪首牛霍子，务获究报。缴。

四月二十八日

一、臬司详廿六

【批】：已据详将该武生李金榜移咨学院查照斥革。仰即转饬讯办。缴。

咨学院。

二、长清详

匪犯王黑在监病故。从匪首王玉振学习神拳，抢架教民，经东昌府讯明，监禁五年，发回原籍。

三、卜道成禀廿七

【批】：来禀备悉。此案前已札饬洋务局委员驰往确查，秉公办结矣。

四、韩教士函廿八

【复】：来函备悉。已行洋务局分饬酌查矣。来信附还。特复。

四、禹城会禀见前禀

【批】：据禀已悉。前因该县办事尚属认真，故将李瓦仔等全案发交该县讯办，何以于五犯内，独将因伤身死之李得仔拟以斩枭，余悉分别监禁保释，未免过于宽纵。失之过严固非刑狱之道，失之过宽亦足以酿滋事端，殊属有意开脱。惟既据该令等禀称，均系会同研取确供，李得仔又已因伤身死，无可质讯，姑准将宋殿荣一犯，发归陵县监候待质，李瓦仔一犯，照原拟监禁五年，仍俟缉获李传和到案，质讯明确，分别拟办；管凤起、毕守昌讯无为匪不法情事，应准照所拟保释。仍由该令移令吴令观敬知照。缴。

四月二十九日

为札饬事。照得用兵全资利器，而军器最忌纷杂。武卫右军先锋队现已先成六营，所用枪械均须改革以归整齐而资便捷。已饬善后局督饬军械所委员于所存毛瑟步枪中择其实在可用者，提存一处，移商机器局派员率匠前往会同查验。一面移令左右翼长并各营营官，于□伍后，移送兵册到局，按照每兵目一名，均换给毛瑟枪一枝。如该营本系领用毛瑟枪者，亦须知会该机器局，当随派工匠详查。若验其有不堪用者，皆交该机器局修理，饬同军械所按照人数，分别找发满额。各枪均佩齐刀头，以资操练。其学勇等人应用短枪、腰刀，应由左翼翼长夏翼长与右翼翼长孙镇酌商核定，移请核发具领，均归一律。移夏镇，行善后、机器局、全省营务处、营务处、右路四营、右、前路后两营。

五月初一日

一、朱守禀廿七

【批】：据禀会讯泰安李二全被杀、昌邑范希聪被伤两案，供词暨归结情形均悉。仰仍查照前次电饬妥慎办理。至胶州张桂祥一案，德员既云无可商办，应候将全案验讯缘由咨呈总理衙门，电达出使德国大臣，照会德外部秉公查办。缴。

行司、局。

二、济宁电报局委员

东河候补同知许广身、知州谢庭芝、分省补用知县叶蕃。

【批】：已据禀分饬济宁等州县勒限严缉窃锯电线、电杆匪犯，务获究办。并会同该局随时妥为巡护矣。仰即知照。缴。

三、即墨详

福若瑟函称境内有被匪剿抢情事。并无教民被匪抢掠之案，亦无接准福主教函请查办事件，显系该主教传闻错讹。

【批】：据详已悉。缴。行局函复福若瑟。

四、文登禀廿七

【批】：据禀已悉。仰候汇案咨呈总理衙门照会英使，秉公查办。仍由该令督饬绅董，随时切实劝导弹压。缴。尸图存送，并再造呈一分备案。

札催荣成。

五、洋务局详

委员赴在平等十四州县查勘烧毁教堂。

【批】：已据详分饬各州县会同委员确切查勘，有无烧毁教堂文凭，据实禀复核夺矣。仰即知照。缴。

六、吴长纯禀二十九

【批】：据禀悉。已严饬昌邑胡令查照前与洋员议定章程，妥速举办。仰仍督饬各府随时妥为缉获弹压，俾免滋衅端。此缴。严行申斥胡令。

七、为移令事。查商就东省海防内地原有各营各别裁调，即新练武卫右军先锋队二十营案内，曾经商调贵部东字中正五营来省改归新军；嵩武中军前营、嵩武亲军中营归新军操练在案。兹查威海一带，民情尚未十分安谧，宁防相距咫尺，多留中军前一营以资弹压，即改调登防东字中军左营来省，归入新军，以符原拨二十营数目。除分别移行外，相应移令贵镇、统领请烦查照。登防只酌留登荣练军一营，其东字中军左营即饬杨管带青山即日遵调来省；宁防应酌留嵩武亲军左营、中军前营两营，其嵩武亲军中营即转饬该管带即日遵调来省，以便拨为新军操练，望切施行。

八、为札饬事。照得改练武卫右军先锋队二十营划拨月饷案内，曾经抄单行知在案。兹查单开海防酌留五营，系烟台留嵩武中军右、后两营，登州留登荣练军、东字正军各一营，宁海留嵩武亲军左一营。现因宁防密迩，威海民情尚未十分安谧，应再留嵩武中军前一营，以资弹压。改调登州东字军一营，以抵原拨二十营数目。除分别移行外，合亟札饬。札到该局即将改拨饷项清单分别更正，余仍查照前檄办理。毋违。此札。

九、为札饬事。照得海防酌留五营，改为山东沿海防军，分左、右、前、后、中五营，业经饬局刊刻关防在案。兹查登防只酌留一营，所有原刊统带山东沿海防军中左两营兼带中营关防，应即改刊管带山东沿海防军中营关防，以便札发分行外，合亟札饬。札到该局迅即查照改定字样，饬匠刊刻木质关防一颗，克日呈【辕】。

十、为札、移委事。光绪二十六年三月二十三日至分别咨明在案。其改练武卫右军先锋队二十营，业经陆续调省操练，应归另案分别办理。其余海防酌留各营，亟应遵旨通盘筹划，择要驻扎，遴选之得力将弁派充分统，加意操防，痛除从前积习，以期练一兵得一兵用。兹查登州应酌留登荣练军一营，即改为沿海防军中营。烟台酌留嵩武中军右、后二营，右营即改为沿海防军右营，后营即改为防军后营。宁海酌留嵩武亲军左、中军前两营，亲军左营即改为沿海防军左营，中军前营即改为沿海防军前营。前左、后右两营，应仍移委贵军门统带，兼带前右营。除汇案奏咨并径札饬委外，相应移委。分别移行贵军门统带沿海防军前、左两营，并刊换关防，以昭信守而专责成。希即督饬各营，一体查照向来营制饷章办理。并就原有弁勇，汰疲去冗，认真整顿，加意操练，以仰副朝廷督军经武至意。仍将启用关防日期，并驻扎处所遵改营名报查。原关防随文缴销。毋违。切切。此札。

〔十〕一、为札委事。照得登州酌留登荣海军一营，即改为沿海防军中营；烟台酌留嵩武中军右、后两营，即改为沿海防军右、后两营；宁海酌留嵩武亲军左营、中军前营两营，即改为沿海防军前左两营，遴派统带、管带业经另文行知在案。惟查该五营分驻三处，亟须委派沿海防军营务处，以资联络而便约束。兹查有登莱道李道堪以委派。除分行、札委外，合亟札知、委。札到，该道统、管带即便会同各将领，将海防查防一切应办事宜，妥商办理，毋负委任。遇有海防一切应办事宜，即就近会商该道，妥慎办理。

五月初二日

未办事，赴府署祝寿。

五月初三日

一、齐东禀廿八

刊刻歌词、告示。

【批】：据禀已悉。仰仍随时督饬，实力奉行，以勤治理而正民风。缴。

二、高密禀廿七

【批】：据禀现将李金榜、赵纺荣提禁管押缘由已悉。缴。

三、济宁州禀廿九

福主教若瑟函称，查放抚恤一案。

【批】：据禀已悉。仰候行知洋务局函复福主教查照。缴。

四、济宁州禀

福主教若瑟函称，呈递呈词至今未批。

批同上。

卷九[1] 光绪二十六年五月三十日起至六月二十一日

五月三十日

廿九日下午一点钟

一、吴统带电

晚六点，县南耶稣堂有恶人哄闹。该堂函知，速带兵往压，见火起势猛难救，洋人无伤南逃。派人往马思访护。另禀。纯标同叩。艳。印。

行莱州府、潍县、吴统带。曾令记大过三次，勒限缉犯。

二、查各州教堂，迭经饬令加意保护，何以又有聚众焚烧情事，殊属防范不力！应将曾、该令、吴统带各记大过二次，勒限一月，严缉此案首要匪犯，务获究办。一面遣派勇役驰往马思一带，访觅洋教士，送赴通商口岸暂避。并由曾、该令查勘教堂被烧情形，详晰具报。如尚有余存房屋及什物等件，应即添派勇役前往巡护，毋任匪徒乘机抢夺。所有铁路公司、局所，迅商原防营拨队驰往巡缉弹压，俾免再涉疏虞。除分行外，合亟札饬。札到该守、令即便遵照办理。毋违。此札。

三、为札饬事。照得省城重地，门禁宜严，启闭应照定章，出入

---

[1] 原封面题“筹笔偶存卷玖”，又题“自五月三十日起”。

必须检查，迭经札饬各该管官遵照办理在案。现当整顿营纪之际，自当重申禁令，以清内宄而重城防。除分行外，合亟札饬。札到该营即便会同检查城门委员，申明定例，认真稽查。各城门均于黄昏落锁。南门驻扎营勇，时有因公出入、递送公文等项，亦只准展至二更为度。输送公文，验明凭据执照，始准放行。

四、为札饬事。照得东省民教积仇，已非旦夕。始则教民借教堂之势，欺压平民；继则平民为会匪所惑，凌轹教民。忿争不已，激而狱讼；狱讼不已，激而械斗；械斗不已，激而抢掠；抢掠不已，激而焚杀。至焚杀则积仇可谓甚矣。小而言之，足以累身家，大而言之，且可启中外之衅。直隶之事，其前鉴也。教民、平民均是中国百姓，必以卫君国保身家为重者也。竟时时若此，虽曰积仇有以激之，而实则会匪有以惑之。直隶之事斯其谓也。直省民教积仇情形，与东省相若，而壤地又与东省相接。直匪势甚猖炽，拆毁铁路，力攻使馆，戕害教士、教民甚众。各国派兵保护，大沽因以不守。西兵集于近畿凡万余人，今且执会匪而逐散之矣，其不能恃以卫君国保身家可知。然而欲杜东省之患，则首先于平民教积仇；欲平民教积仇，则首先于只分良莠，不分民教。平民、教民之为良善者，皆饬地方官保护之，其莠恶则严惩之以法。教民中如费县教民魏兴水，杀弟诬人；兰山天主堂教民李家秀等结伙盗本堂银钱[1]□□□□□□□

六月初一日

一、马天恩函初一，洋务局交来

茌平、平原、博平行洪守督县查办，行方统带派兵捕办。

二、方致祥禀初一

二十七日四更，直境张宽庄突来拳匪百余人，至武城县吕滑庄抢掠，砍死吕克忠一名，吕克德亦被砍伤。团丁格毙匪一名，获一名。

【批】：据禀已悉。现当直匪窜扰之际，该统带务当督饬各营哨，不时亲赴边境，认真梭巡。倘有匪股窜扰，即行迎头捕剿，以遏乱萌

[1] 以下字迹不清。

而安大局。缴。

三、陈令毓崧禀初一

【批】：据禀已悉。乐陵现已安静，仰即赶赴惠民、海丰、青城一带，会同各该地方官巡缉搜查，以安边境而遏乱萌。

行海丰、惠民、武定府、青城、洋务局。

六月初二日

一、致各道府督饬州县办匪六月初二缮发

○○仁兄大人阁下：径启者，直匪北自京城，东至天津，西至保定，南至河间，周匝千有余里，均被滋扰。勒派各村供粮，其中不尽教民，亦滥遭焚杀破坏。国家所设电线，斫毁值数百万金。又焚毁洋房、民房无算。屡奉谕旨解散，抗不遵旨。且要挟钦使，请杀新城、涞水两知县，聚众至天津官局，勒索军械子药。匪首为李来中，系山西人。闻所至□，令司道大员跪迎道左，并盘踞县署内，政令惟其指使，官长为其指挥。偶不遂意，即以杀戮相要挟。竖其旗帜，动以“助清灭洋”号召远近。以致外敌深入，大沽炮台竟至不守。各国兵队屯扎近畿者已有数万，而以轮船运载者陆战兵更络绎于途。近日洋兵与匪战于津沽以北，匪徒屡战屡北，陆续窜散，进入内地，于无洋兵之处，恃邪指麾。其为邪术不足为保卫可知。

东省密迩直疆，现在盐山城内闻已聚匪数千，时有窜扰乐陵之意。幸经右军及各防营领官巡缉得力，并在王家堰拿获匪犯孙济泉等十一名，始暂敛迹。武城吕滑庄亦有土匪突入滋扰，经团众击散，并毙匪一名、获匪一名，共伤两匪者在案。此外如惠民、海丰、青城、聊城、茌平、博平、濮州、巨野、菏泽闻亦有匪徒抢掠煽惑。万一与外匪勾结，滋患焚掠，牵动全局，何堪设想。亟应请阁下督饬所属各州县，认真查办，千万不可稍事姑息。直省匪势已聚，如再与山东勾结，阻隔南北，全局震动，此其害之在于国家者也。东省威海驻有英兵，胶澳驻有德兵，如任匪徒焚掠教堂，焚掠路局、矿局，戕害洋教士、洋工师，杀戮教民，英德两国必执为口实，派兵保护，而入内地。此其之害大出于山东者也。同寅诸公，各有亲属寄居官署，万一全城为匪所踞，如直隶据城挟官故事，凌辱逼迫，惟令是从，取辱孰甚。即不甘其辱以身殉国，而朝廷以城社人民寄之有司，不能为朝廷保守，任为贼有，亲属家孥陷于危地，似亦非一死所能塞责。此其之害二中于一身者也。[1] 另有稿。

六月初二日

一、为札饬事。照得东省各县电线，迭经札饬各该州县认真巡护在案。现当筹办防务之际，东南各省军报全恃山东电线传递，关系极为重大。亟应札饬各该州县，添派勇役，会同电局巡勇随时严密防范，妥为保护，以维大局而广邮传。除分行外，合亟札饬。札到该州、县即便饬行遵照办理。倘再有任匪徒偷窃电杆、瓶线等，致蹈迟误者，定即照贻误公务例，从严参办，不稍宽纵。切切。此札。初三改稿出示，告以电线系中国自办，并非洋人之物。

行按察司、洋务局、历城四十七州县。

二、委方致祥统带后路四营兼带前营。委戴守礼带后路后营。委李万仓带后路右营，暂归夏镇节制。委宿延庆带前路右营。委张奉先帮统右路，加公费银一百两。委王来魁帮统前路，加公费银一百两。

三、马主教信

【批】：已出示谕禁，并派弁兵巡防矣。

六月初三日

一、委朱钟琪先赴潍县一带筹办团练，并会办东路巡防营务处。

行莱、青州府，朱守，吴、段统带，宿管带、全省营务处。

二、函洪守

兰枵仁兄大人执事：昨布一椷，谅邀台览。顷闻茌平甚不安静，又有会匪蠢动情事，应请执事酌带队伍，亲往该处督同程令妥速查办，并希将查办情形随时示知。而汉官二千石，以捕治盗狱著闻于史

---

[1] 以下约四十字，字迹不清。

册者，什居七八，执事祈其选也。

三、青州郭教士禀初二

【批】：来函备悉。已札饬该府县随时保护矣。特复。

行青州府益都县。

四、朱守禀初二

请调查令荣绥、沈琦。

【批】：据禀已悉。查令荣绥已径札饬委矣。沈翻译琦现在铁路局当差，甚属得力，不能派往。仰札饬右军营务处另行遴派精干妥员，随同该守办理。缴。

札委查令荣绥，行知局、司，行右军营务处遴派绘测学生。

五、齐河黄笃璜会禀

臬司札委。外来匪徒吞符诵咒。

【批】：据禀已悉。仰按察司转饬该印委知照。缴。

六、洋务局详廿八

马主教函请派队驰往武定各属弹压。

【批】：已先后札派右军马营队、先锋后路左营步队驰往武定府属巡缉弹压矣。仰即知照。缴。

七、洋务局详廿七

马主教函请饬聊城速办要案并缉匪。

【批】：已据详札饬武定府督同该县缉办矣。仰即知照。缴。

八、平原详廿六

讯结姚民、姚方田呈控刘金保等抢罚一案。

【批】：如详销案。仰济南府转饬知照。缴。

九、滨州禀廿六

现在尚无设立拳厂暨马四小讯供大概情形。

【批】：据禀已悉。仰即添传马学文等到案质讯明确，秉公办结。一面会同防营，实力巡缉，毋任另滋重案。缴。

十、长清禀廿六

黄笃璜奉臬司委。外来匪徒吞符诵咒。

【批】：据禀已悉。仰按察司转饬知照。缴。

十一、沾化禀丁熙，廿六

奉饬查外匪吞符。

【批】：据禀已悉。

十二、宁阳禀廿六

本府奉札。外匪吞符。

【批】：据禀已悉。仰兖州府转饬知照。缴。

十三、高密禀廿七

奉札，谕旨青岛码头盗贼肆出掠劫。获李怀珠、怀得胜等供：来往胶澳，三月间，胶州张应集。蒙臬司面谕季令会同张牧捕获盗二十六名，由张牧带回讯办。原片所称张营店或即张应集之讹。

【批】：据禀已悉。仰候汇案奏复。另檄钞稿行知。缴。清折存。

十四、郯城禀廿六

外匪吞符诵咒。

【批】：据禀已悉。缴。

十五、武定府廿七

海丰禀酌拨防营。

【批】：据禀酌拨营队驻防海丰、乐陵等县各缘由均悉。已札饬先锋后路左营张管带勋酌拨分驻矣。仰俟考竣即行亲诣各州，会督营县妥为巡缉弹压。缴。

十六、海丰禀廿七

法领事函称：马主教函，武定府张教士等会禀，武定各属均习神拳。境内尚无开厂习拳之事。

【批】：禀悉。已札饬先锋后路左营张管带勋酌拨队伍，分驻该县巡防矣。仰即会同勇队妥为防范弹压。缴。

行张管带勋。

十七、海丰禀廿九

拨营下县驻防。

【批】：已札饬先锋后路左营张管带勋酌拨队伍，驰往该县巡防矣。仰即知照。缴。

十八、郯城禀廿六

刊刷歌词。

【批】：据禀刊刷告示、歌词缘由已悉。缴。

十九、清平陈养源会禀

被扰教民亦应会同一并详查明确，再行分别抚恤。

【批】：据禀已悉。仰洋务局转饬知照。缴。清折存。

二十、乐陵禀廿六

奉饬境内拳匪与教民为难，分别劝禁拿办。

【批】：已派先锋后路左营张管带勋督率所部驰往该县巡防矣。仰即会同该管带妥速缉办，以固边圉而遏乱萌。缴。

二十一、清平陈养源会禀廿六

令查法国教堂。

【批】：据禀已悉。仰洋务局汇案详复，并转饬该印委知照。缴。

二十二、临淄禀廿六

侯玉晟讯供情形。

【批】：已将该犯发交济南府讯办矣。仰即知照。缴。

二十三、菏泽县禀三十

外来拳匪。出示谕禁。

【批】：据禀已悉。仰曹州府转饬知照。缴。示稿存。

二十四、寿张禀廿八

德教士卢国祥称，郑家垓教堂于本月二十一日被贼进院，将圣体搬出，砸毁金爵一尊、铁锅一口。梁山前集精健营张哨官殿甲获犯郑清邦教民、李如见民人二名。郑清邦供，窃铁锅一口，估值银八钱。郑清邦依窃盗已行但得财并赃论罪一两以下杖六十律，拟杖六十，折责发落，并于右小臂膊上刺“窃盗”二字。

【批】：据禀已悉。仰按察司详核饬遵。缴。

二十五、平阴禀廿八

文契移交马焕瑞收执。

【批】：据禀已悉。缴。

二十六、夏津禀廿九

商令教士至通商口岸。

【批】：据禀已悉。缴。

二十七、阳信禀廿九

韩把总送来歌词、告示五十张。

【批】：据禀已悉。缴。

二十八、沾化禀廿九

查明流钟口、小张庄均无习拳。

【批】：据禀已悉。缴。

二十九、观城禀三十

外来吞符匪现无。

三十、恩县禀廿九

庞庄教士于二十七日一同起程。教堂医院房屋家具，值银五万两，已留佐家营一哨守护。

【批】：据禀已悉。缴。

三十一、德平禀廿八

告知各教士暂避并无。

【批】：据禀已悉。

六月初四日

一、东昌府详

教民张锡盛家被劫。房拟批。

二、江西抚院松咨廿九

英女教士贺索珍、曹安春江西、浙江游历，安美香江西、山东游历。

三、东昌洪用舟禀初四

请添拨两三营来东昌。

【批】：禀单均悉。胶防火急，实无多营可以分拨，现仅有孙镇所部先锋右路四营驻扎德州。该部相距较近，如有股匪窜扰，可以随时商调协缉。然仍在该守督饬各牧令勤密侦查，巡防缉捕，以期消患未萌。缴。

四、张勋禀初四

【批】：据禀乐陵前获胁从拟请从轻办理缘由已悉。乐陵所捕匪首，现经孟领官等击毙，所获胁从应准暂行看管，以后究办。仰候札饬何令遵照办理。缴。

五、清平禀初四

【批】：刑名书房代批。据禀外来匪徒闯入县境，查拿逃窜缘由已悉。查东省与直隶交界一带，冒充拳民而实为匪者甚多。现经本部院分缮谕单，派员饬赴各属剀切示谕。果系忠愤义民愿为国家效力，谕令其驰往天津等处，帮助官军，齐心拒敌，以伸同仇之诚。倘畏葸不前，仍复结党横行，抢掠滋事，即系乱民，而非义民，应即严捕渠魁，照土匪章程惩办。如敢拒捕，格杀勿论。除另檄饬知外，仰东昌府飞饬所属一体查照办理。缴。

六、张勋禀初四

盐山拳匪充斥，附近之孙家寨、旧县及庆云县东界，均有匪踪。

【批】：如禀办理。缴。

七、孟恩远禀初二

【批】：据禀所部马队暂缓调省缘由已悉。乐陵一带防务紧要，该队应酌暂缓来省，即留该处巡缉。仰仍会同张管带勋暨该地方官，认真筹防，毋稍疏懈。缴。

八、沂州府禀初二

【批】：据禀该郡预为筹防缘由已悉。仰即督饬各州县，激厉乡团，认真防范。一面添派勇役，随时勤探迅报，以资策应。现在东北两路防务紧急，营队无多，一时恐难饬拨也。此缴。

九、方致祥禀初三

直境范家寨掠杀教民三人，距梨园屯五十余里，闻已传帖不日赴梨园屯。侦报近日沿边情形。

【批】：据禀已悉。仰即会同各该地方官严密防治，认真巡缉，毋任窜扰滋患。缴。

十、潍县禀初四

廿九午后，东关外三里庄美国教堂方维廉轰毙平民王兆甫右眼泡有枪子伤一处，伤教民朱东光、教民刘作哲木铁器。着人至南乡坊子德人矿局面晤方教士无恙，昨日带女眷二人逃至该处。

【批】：据禀已悉。仰将验讯缘由，照例填格，录供通详。并勒限严缉此案首要匪犯，务严究办。缴。

十一、方致祥禀三十

认真巡防，边圉内境并无设厂习拳。

【批】：据禀已悉。查东省与直隶交界一带，冒充拳民者甚多，应饬该统领会同各该地方官酌派弁勇，于沿途要隘严密缉查。果系忠愤义民，欲为国家效力，即谕令迅往天津等处，协助官军，齐心合力，以伸同仇之忱。倘凭义和拳之名，仍复结党横行，希图窜扰内地，即系乱民，应即严捕渠魁，照土匪章程从严惩办。如敢拒捕，格杀勿论。仰即转饬各营防一体遵照办理。缴。

十二、清平委员徐鋆会禀

五月三十四更，外来拳匪四十余人，扰及卑县境内刘庄，将教民刘昌栋之族人刘兴永与工人刘庆立架走。追至清博交界十里铺，放回。

【批】：据禀已悉。现在津沽洋兵麇集，拳民均应前往御侮，何至窜入内地滋扰，显系土匪冒充拳会。仰即稽拿，照土匪例严行惩办，以固边圉而遏乱萌。缴。

十三、武城禀初四

五月二十七日，距城十二里吕滑庄窜入拳匪百余人，由清河境张宽庄等处，突至教民吕成武家，幸有备，劫去衣物无多。格毙匪徒一名，捉获受伤一名姓冯，并长枪单刀等物。教民吕克忠、吕克德被匪拒伤，克忠因伤殒命。

【批】：据禀已悉。现在津沽洋兵麇集，拳民均赴前敌努力抵御，何至窜入内地抢掠，显系土匪冒充拳会，扰害地方。仰即会督营团严拿此案逸匪，照治土匪例惩办。并将勘验缘由照例详报。缴。

十四、兖沂道禀

【批】：据禀商结教案，并令教士暂避通商口岸各缘由均悉。仰即随时相机办理。教案已暂停议，俾俟大局平定后再行筹办。缴。

十五、方保松禀三十

二十六日由巨拔队赴省。

【批】：据禀拔队缘由已悉。缴。

十六、惠民禀初二

【批】：据禀筹办情形甚为妥洽。仰即督同团练认真巡缉，以固边圉而遏乱萌。缴。

十七、洋务局详三十

滨州尚无习拳。

【批】：据详已悉。缴。

十八、又详

海丰并无习拳并请拨队。

【批】：已饬先锋后路左营张管带勋酌拨队伍驰往该县巡防矣。仰即知照。缴。

十九、乐陵马德华会禀

【批】：据禀已悉。仰按察司转饬知照。缴。

二十、方守燕申禀初二

米海里信函。

【批】：据禀已悉。既据该守续禀米海里等已回青岛，此函可勿庸议复矣。仰即知照。缴。

二十一、方守禀初三

米海里三十回青岛，大王庄租房已给房价一百千文，不必退租。并寄存粗重物件，派华厨役看守。黄家庄矿师郭尼司楼夫函称，交存房东李姓物件淄川县黄家庄矿师二人。

【批】：据禀煤矿公司总办米海里等暂回青岛各缘由均悉。筹办甚为周妥，仰即分饬查照。缴。

二十二、方守禀初二

德文章程有他矿字样。

【批】：据禀已悉。所谓酌改关防各节，候军务平定，该公司仍回青州开办后，再行檄饬遵办。缴。

二十三、照得本部院风闻直隶保定、河间一带，有义和团聚会，多各自称能避枪炮，可御强敌。现在天津津沽等处洋兵麕集，被扰孔激，该拳民等应即克日前往，奋勇助战，以践前言，决不至窜回东省。倘有畏葸不前，托词观望，分窜山东沿边一带，必是土匪冒充义和拳会名目，希图结党滋事，乘机抢掠，是为乱民，并非义民，应即查拿渠魁，严加惩办，以靖地方而安良民。如敢逞凶拒捕，照例格杀勿论。除派员驰往沿边一带侦缉，并分饬驻屯外，合行札饬。札到该府、州、县，须知拳民、土匪本有区别，迅往天津前敌助战者，即是拳民；回窜内地滋扰者，即是土匪。盖当此时局艰危之际，果是义民，必有赴汤蹈火而惟恐后者，何肯扰害地方。其到处扰害地方，必是土匪无疑，万不能因其冒充拳民，遂从宽典。该州、县等应于奉饬后立即出示，剀切晓谕。仰乡民人等，知拳民、土匪不致牵混，即不至诱惑。一面会同防营速派勇役，认真侦查。遇有冒充拳民之土匪，即行严拿惩办，毋稍宽纵，以别良莠而维全局。切切。此札。通饬司、道，各府、州、县，咨三镇、孙镇。

二十四、电报总局盛咨三十

创办德律风。

分行。

二十五、菏泽详三十

天主教堂被窃。另批。

二十六、致复田镇、洪守

蒲臣、枵兰仁兄大人麾、阁下：密启者，顷奉惠、手书，备悉一切。东省民情强悍，好勇斗狠，相率效尤。土匪、会匪，互相角逐，其今充斥，几至支蔓成祸。当此匪势方张之时，亟须力主剿办者也。幸赖诸公督同营县认真查办，渐就安谧。现在直省匪甚猖獗，势较土匪为甚，互相勾结自在意中。屡次函请预为剿捕，是亦履霜凌冰，公不能不预为戒鉴者耳。时事艰危，□于不□。鄙意以为，现在办法总以不牵动东省全局为第一要义，而欲不牵动全局，则非先弭内患不可。好在拳民、土匪，本有区别。拳民自谓设坛读符咒能避枪炮，能御强敌。现在津沽西兵麕集甚众，拳民亦麕聚甚众，是该□忠义之民执干戈以卫庇厦者，即指天津所聚之拳民言之也。各处拳民，胥以忠义自负，亦必先后驰往天津前敌助战，方不失同仇敌忾本意，是所谓真拳民也。其余托词观望，往来直东边境，借词纠众，借端滋事，以为地方害者，是为土匪。以土匪而冒充拳民，仍以从严惩办为是，千万不可姑息，致酿内患。内患一成，则大局糜烂不可收拾矣。弟前与鉴帅、恒帅、香帅暨沿江各省督抚合词密奏剿匪，现已恭奉廷寄，有拳匪势众，患生肘腋，朝廷有万不得已之苦衷等因。是于初乃是一时权宜办法，大约不久即须戡定。恐麾、阁下不知其中底蕴，故驰函密陈。希仍督饬各营县认真巡缉，妥为防护，缉办土匪。麾、阁下忠勤闳济超凡，所以维大局而利民生者，必有以见其大者。弭内患即以弭外衅，其中利害本是相因而不其相悖。彼如违约自当□□，苟不违且与和。仅修学❶

二十七、观城禀三十

颁发严禁拳会告示。

二十八、平原会禀三十

查明被扰家数。

二十九、滨州禀初一

马队到防日期。

三十、沂水禀初一

外来拳匪；送官赏银；刊刻歌词、告示。

三十一、武城禀廿八

防堵直匪。东字正军右营右哨哨官李文成。

三十二、恩县会禀王万甡，初一

查明教堂教民被扰。

三十三、临清州禀王万甡，廿八

法国教堂文据。

三十四、禹城禀初一

现无外来匪徒吞符。

三十五、东昌府禀廿七

函费教士，教民赵文元等革除，交由府办理。

三十六、聊城禀萨承钰三十

查明被扰教民未赈清折。前查十六村庄，五十六户，大小一百八十五口，尚有牛王庄等九村庄，共十三户，大小五十三口，未经得赈。

三十七、莘县会禀

教民被扰情形并请抚恤。

❶ 以下字迹不清。

三十八、观城禀

飞虎中营步哨哨官魏把总宪章扎谷疃集，距城二十五里。

三十九、照会夏翼长

左路前左右前路左四营帮带副哨官调回。

行先锋督标营务处、粮饷局。

四十、为照会事。案查青州防务紧要，前曾照会先锋队左翼翼长夏镇，督率所部移防青州，并将青潍所统各营队概归夏镇节制调遣，以专责成。当经分别移行查照在案。现在青州防务改派贵镇督率所部驰往筹办，夏镇即可不赴青州。所有改驰青潍各营队，应即改归贵领节制调遣，以一事权。除分别移行外，相应照会贵镇，诸烦查照。

照会姜翼长，分行各营处局。

办土匪，札长清县，派吴领官凤岭，札孟恩远、张勋，照会孙镇、龚元友。

六月初六日

一、江海关申初二

瑙瑞总领事哈勃克、瑙瑞国女教士恩复而、冷殿赴山东、山西、陕西、直隶四省游历。

照例分行。

二、青州府禀初六

寿光县禀请拨兵保护。

【批】：据禀已悉。现在东北两路防务紧要，实无营队可以分拨。仰即督饬各该县筹办团练，认真防范弹压。并与该县所驻防营互相联络，以期声援而严守备。缴。

据禀已悉。现在津沽洋兵麕集，拳民均赴前敌，努力御敌，何至窜入内地滋扰，显系土匪冒充拳会，扰累地方。仰即会督营团，严拿焚抢韩庄案内之首要匪犯，照土匪例从严惩办。如敢拒捕，格杀勿论，不得稍涉宽纵，致酿巨患。并一面出示剀切晓谕。切切。此缴。

三、兰山县详初三

韩家村被焚，请饬德人赔偿。

【批】：已据详咨呈总理衙门核办矣。仰布政司转饬知照。缴。

四、长清禀初六

初三日早风闻胡家楼、朱家庄一带，又有拳匪仇教，自北率众阑入情事。巡勇至朱家庄撞遇四五十匪，将巡勇捆缚。初四日，经人劝解，始放回。

【批】：据禀胡家楼等处又有土匪滋扰情形已悉。津沽洋兵麕集，拳民均赴前敌助战，何能窜扰内地，显系土匪冒充拳会，扰害地方。昨已札饬该县会同派出营队，认真缉办矣。仰即查照前檄，妥速办理。缴。

五、海丰禀初六

【批】：已据禀札饬张管带酌拨矣。仰即知照。缴。

六、观城禀初六

【批】：据禀已悉。现在东北两路防务吃紧，本省兵力又单，实无营队可以分拨。仰即会同现有县队，认真巡缉。如遇有土匪窜扰，就近禀商曹牧，酌拨队伍以资应援。魏哨官贻误要事，已咨行方镇申斥，倘再不知振作，应准禀请更换。此缴。

七、济南电报局禀初六

【批】：前已拨派哨队巡护德州报局矣。仰即知照。缴。

八、滋阳禀初五

咨宁镇派兵防护教堂。

【批】：如禀办理。缴。

九、高唐州陈养源，初二

会查教堂文契。此禀另抄

【批】：据禀已悉。仰洋务局汇案详商，并转饬该印委知照。缴。

十、禹城陈养源会禀初二，会查教堂文契。此禀另抄。

批同前。

十一、禹城会禀

会查被扰户口。

【批】：据禀已悉。仰洋务局转饬知照。缴。

十二、平度州禀三十：

会匪王茌传等阑入州境，煽惑滋扰。

【批】：据禀已悉。仰即悬赏购线，严缉会匪王在传，务获究办，毋稍稽延。该牧身任地方，责无旁贷，亟应认真查缉捕获，以清匪患而遏乱萌，不得以一禀通缉了事。缴。清折、抄件存。

十三、聊城禀三十

【批】：已据禀饬洋务局函知马主教天恩查照办理矣。仰即提案赵文成等严讯严办，秉公议结，以息纷争而弭衅端。

十四、武定府禀初五

【批】：据禀查境内匪徒，并请拨营队各缘由均悉。现在津沽洋兵麕集，拳民均赴前敌奋勇助战，何至窜扰内地，显系土匪冒拳充会，扰害地方。仰即札行各州县会督防营，遇有滋扰土匪，捕拿照土匪例从严惩办。如敢拒捕，格杀勿论。其有纵令幼童、幼女练习邪术者，罪坐家长，以消隐患而遏乱萌。至请拨营队一节，东北两面防务吃紧，一时实无营队可以分拨。前饬先锋后路左营张管带勋酌拨两哨，驰往海丰分驻。而乐陵与盐山接壤，亦时有土匪出没其间，兵力若行分驻，即致顾此失彼。应由该守分饬各属选派公忠绅士，赶办团练，以辅兵力之不足。仍随时察看情形，迅速禀报。但有营队可拨，自当酌量拨给，以期兼顾东北门户也。此缴。

十五、高唐州会禀陈养源，初二，会查教民被扰。此禀另抄

【批】：批同禹城。据禀已悉。若无被扰破坏处，即可毋庸办理。仰酌饬知照。缴。

十六、阴平禀萨承钰，初二

会查被扰教民。

【批】：据禀已悉。缴。清折存。

十七、邱县会禀王万甡，初二，会查教堂文契。此禀另抄

六月初八日

一、益都禀初八

郭泽民坚不离青。

【批】：据禀已悉。马主教天恩现已离省，郭教士泽民如实在不走，亦不便强其速行。仰仍随时会同防营妥为保护。缴。

二、博平禀初六

五月二十九日，路樊庄报，清平县十里铺有拳匪，路樊庄黄家沙窑教民樊士芹等家已被抢掠，樊士芹之父樊宗堂并被架去，夺回。

【批】：据禀已悉。现在津沽洋兵麕集，拳民均赴津沽御敌。其在内地抢掠滋事者，概系土匪冒充。仰即严缉此案首要匪犯，照土匪例从严惩办。如敢拒捕，格杀勿论，以安良善而遏乱萌。缴。

三、法领事电初八

请保护教士。

分行。

四、乐陵会同陈令毓崧禀初五

西北、东北与盐山、庆云、南皮、宁津、沧州接壤；孙长星等三名格毙，张泽林等六名格伤，孙洛泉等十五名报获。步队驻盐山里许之三间堂庄外防堵。

【批】：禀单均悉。匪犯孙洛泉等既经讯系胁从，又经绅耆联名具保，应准严禁待质，从缓讯办。惟拳民均赴津沽御敌，其在边界窥伺希图扰害者，显系土匪冒充，应由该印委等随时会同防营，实力防范，认真巡缉，毋任土匪窜入境界，扰累良善，是为至要。并由该令移令陈令毓崧知照。缴。

五、武城禀初七

广平之肥乡、永年、清河以及武邑、枣强、南宫、故城等处拳匪遍地，三面界直，仅东字左营右哨步队一哨，昨又拨一哨来作为游击之师。十二里庄、吕滑庄、吕洼等处均有法国教堂。郑家口为直东水陆通衢。

【批】：据禀已悉。现在内忧外患接踵而起，东北两路防务异常吃紧，分队散布，断无如许兵力，惟有扼要驻扎，相机策应一法。拳民均赴津沽助战，其在内地窜扰者，概系土匪冒充。倘有在县滋事情形，应即会同队营驰往迎头痛击，自可戢其凶焰。一面就近呈报先锋右路统领孙镇、后路统领方副将致祥，拨队接应。并已分别咨行该统领等查照矣。此缴。

六、惠民禀初七

【批】：据禀已悉。现在东北两路防务吃紧，一时实无营队可以分拨。海丰、乐陵驻有营队，该县境如有土匪窜扰滋事，仰即就近移商拨队前往弹压。一面飞速先行呈报来辕，以凭酌派营队接应。

七、海丰禀初六

催派兵队。

【批】：已饬张管带勋督率所部驻该县巡防矣。仰即会同该管带认真防范弹压，以固边圉而遏乱萌。缴。

八、聊城禀初六

【批】：据禀已悉。北路电杆传递军报，关系紧要，迭经饬令严加巡护，何至焚烧电杆至二十根之多，殊属巡护不力！仰东昌府转饬该令详查放火实在情形，迅速禀办，毋稍稽延干咎。仍督饬所属各州县一体认真巡缉，毋得再涉疏虞，致干参办。切切。此缴。禀另发。

九、清平禀初四

五月三十日五更，匪四十余人由博平路樊庄一带扰及卑境刘庄。

【批】：此案前据该营会同委员徐令鋆，已批饬勒行严缉，照土匪例惩办矣。仰即查明前批，妥速缉办。并随时认真防缉弹压，以固边圉而遏乱萌。缴。

十、石守禀初四

郑瑞骏、江国珍销差回省。

六月十一日

一、安徽抚院咨初五

英教士宓尔修赴山东等处游历。

二、洋务局详初二

海丰请拨队。

三、昌邑县丞邓廷魁禀初五

【批】：据禀已悉。仰莱州府查明，据实禀复，以凭核办。并转饬知照。缴。

四、朝城禀初四

外匪煽惑，出示悬赏购拿。

五、临邑禀王万甡，初四

教民被扰情形。

六、肥城禀初五

马焕瑞抄约，地尚未买妥。此禀另呈阅。

七、商河禀初二

现无外来匪徒。

八、青城禀初四

现无拳匪。府委惠民蓝县丞会禀。

九、曹县禀初四

现无匪徒。

十、海丰冯德华会禀初六

尚无拳匪。

十一、定陶禀初五

尚无拳匪。

十二、德州黄笃璜会禀初二

现无外来拳匪。

十三、高唐州徐鋆会禀初二

并无外来拳匪。

十四、高唐州禀初六

查防邻境拳匪。

十五、平度州禀初八

无名揭帖，初八三更到州境七里河抢杀教民。

十六、长山禀初八

教士蔚蓝光出境，请饬英县丞、钟外委保护教堂。

【批】：仰洋务局分饬英县丞等，会同妥为看守，毋得推诿，致有遗失。并行该县知照。缴。

十七、城武禀初五

刊刷歌词告示。

十八、阳信禀初八

现有拳匪，请派兵弹压。初五访闻东北乡一带有拳匪百余人，声言焚劫教民。

十九、方守燕申禀初八

查办潍县矿局并未被焚。

【批】：据禀已悉。办理均甚妥洽。仰即分别移行知照。缴。

二十、方守燕申禀初五

由金岭镇遵札起程初二。

二十一、沂州府禀初五

日照吕守信等案，审断均极平允。

二十二、济南府详初二

王富有呈控梁盆仔等。

二十三、芜湖道申初三

英教士赖恩赐赴山东游历。

二十四、朱守钟琪呈缴关防。

【批】：饬洋务局查销。

二十五、遵照谕旨，出示严拿假托冒充义和团滋事之匪徒。

二十六、济宁州禀十一

初六日车十辆，初八日车十五辆。福主教与各名西人全行起身，由邹、沂一带赴青岛。

【批】：据禀已悉。福主教等均经该牧劝令驰往通商口岸暂避，又据稽查局委员进入该堂居住，借资弹压，办理甚妥速。本部院并派烟台德领事来电，亦云尚有西人未去，想系不知该主教等均已日内启行。该牧既准德领事来电，即将现在防护□□各种情形，查复该领事知照可也。此缴。

二十七、嘉祥县禀初十

请派兵队。

【批】：据禀筹办乡团暨请拨营队各缘由均悉。现在内忧外患接踵而兴，东北两路设防均属异常吃紧，又遵旨抽调六营北援津沽，一时实无勇队可以分拨。该令所陈激励乡团办法，甚有见地。仰即遴选公正绅士，设法奖劝，认真筹办，以辅兵力之不及，而地方亦可徐孚其望。时局艰危，饷源奇绌，全在三五贤有司努力化导，于所办事件次第整顿，共济时艰，庶亦或于有补也。

六月十二日

一、惠民禀十二

直隶逃入东境教民数百人，赴郡城强求保护。如遇拳匪，恐难相容。无兵弹压，解散为难。

【批】：据禀已悉。东北两路防务吃紧，现又抽调六营北拨，一时实无勇队可以分拨。惟该县为武定附郭首邑，既有直省教民纷纷入城，力求保护，亦不能不妥筹兼顾，以期消患未萌。仰分饬先锋右哨张帮统奉先暨后路左营张管带勋酌量办理，该令即录批径行函商可也。此缴。

二、海丰会禀张勋十二

初七启程，是日九点半到海丰，左右两哨北关暂驻。

【批】：据禀已悉。仰即会同认真巡缉弹压，冒充拳会、借端滋事之匪徒，照土匪例从重惩办，毋得稍涉轻纵，以别良莠而靖地方。并由该令移令张参将勋知照。缴。

三、观城禀十二

东省西南门户与直隶开州、南乐、清丰暨与清丰毗连之大名、元城等县，俱有聚众均粮之匪。

【批】：据禀已悉。内忧外患接踵而兴，现已抽调营队驰援津沽，而本省东北两路设防又极吃重，军马步队仅止四营，实属不敷分拨。仰候咨令曹镇酌量抽调防营，以期兼顾，已于初六日禀内批示矣。仰候曹镇拨队到日，倘有冒充拳会聚众滋事之匪窜入境内，应即会督营团，迎头痛击，毋任窜扰滋患，是为至要。切切。此缴。

四、聊城禀初九

【批】：禀悉。查该县境内电杆屡被焚锯，殊属不成事体。仰即设法严缉匪犯，务获惩办，缴。

五、登莱道会同林严禀初一

【批】：初七洋务局详前由。已据禀咨呈总理衙门查照矣。仰即知照。缴。图说存送。

咨总署。

六、济南府禀初七

【批】：禀悉。查该犯商永平即经该府讯无为匪不法情事，自应发回原县，取具妥保开释，以省拖累。仰按察司转饬遵照办理。

七、高唐州禀初六

请领赏格银两。

【批】：禀悉。查该犯刘金兰，前据臬司等会讯禀报，当经批令再行提县严讯确情，另行拟办在案。仰候禀复到日，另檄饬遵。缴。

八、电报局详初七

领五月份官报半费银七百六十九两一钱八分三厘二毫。

九、菏泽详初七

宋钰仙窃锯电杆一案。

【批】：仰按察司饬再研讯云云。

十、委窦从周管带抚标前营，陈万清管带抚标左营，饬善后局刊刻关防。

行善后局、全省各军营务处。

十一、兖镇咨十一

钜野大刀会头目姚三少、赵会一等谋聚众寻闹金乡教堂及羊山一带教民。

【批】：咨兖、曹两镇迅饬标防各营认真捕办。行巨野县。

十二、恩县禀初十

【批】：据禀已悉。津沽外兵麇集，拳民均赴前敌助战。其在内地游弋，希图借端滋事者，概系土匪冒充拳会。应即钦遵本月初五日谕旨，严行查拿，照土匪例从重惩办，以别良莠而靖地方。仰即知照。缴。

十三、荣成会禀何金龄，初九

【批】：据禀已悉。仰洋务局分饬知照。缴。

十四、铁路委员凌詠知县、钮树勋巡检、邓廷魁昌邑县丞会禀十二。

【批】：据禀已悉。铁路现已停工，凌令、钮巡检应准暂行回省销差，邓县丞仍回县城供职，仰石守转饬知照。应领薪津等款，由该守照章核发，以示体恤。缴。

十五、【批】：据禀暂赴莱州各缘由均悉。游民现已解散，地方渐就安谧。仰仍随时相机办理。缴。

十六、石守祖芬禀初四

【批】：禀单均悉。已一并补行藩司备案矣。仰即知照。缴。

十七、石守申初四

四月份支销清册。

行司。

六月十三日

一、焦守禀

请吴县丞树生、乔主簿世良。

二、莱州禀初三

拿获造假洋钱要犯崔玉堂。

【批】：仰按察司速饬研讯确情，录供详办。缴。

三、盛京将军咨初八

严拿正犯崔玉堂。

行按察司。

四、田恩来信

济宁州城有拳厂多处。又有济宁拳会不得力，单县将聚万人北上之说。

行济宁州、曹州府、单县，咨曹镇。

五、李洪琨禀初十

【批】：据禀已悉。该令立志报国，可嘉可敬。现奏派夏镇台往援天津，即委该令随营差委，月支薪津饬由先锋队粮饷局照章核发。仰即迅速前往，听候另遣。并已咨令夏镇查照矣。此缴。

咨夏镇，行粮饷局。

六、张勋禀

【批】：禀单均悉。该管带在海丰南关剿捕冒充拳民之土匪，竟能以少胜多，并当场击毙匪首杨子明，实属奋勇可嘉，应记大功三次。银二百两、功牌二十张，分赏在事出力弁勇，以示鼓励。仰俟张牧到该处堵防后，即带所部驰赴滨州一带，认真查缉。如有冒充拳民之土匪恃众拒捕，即遵本月初五日谕旨，照土匪章程严行拿办，以惩凶暴而安善良。另单请协缉匪首王之臣、郑伯川一节，该匪等既窜匿境外，应由直隶省县吏查缉。仰即知照。缴。

七、张勋禀十三

【批】：据禀已悉。现在添募四营，正无枪械可拨。所请添领临乞开斯枪一百杆，碍难照拨。其□□□洋枪十杆暨枪子，又临乞开斯枪子，已饬善后局查明核发。补领七月份饷银，又借领七月份饷银两项，已饬粮饷局照数核发，并派妥员运送，以济要需。仰即知照。缴。

六月十四日

一、偷砍电杆，照土匪例办。行各县。

二、茌平禀初九

翟万盛、马春霖拿获贾士位出力，各赏给六品功牌一张。

三、益都禀初九

刊刷歌词、告示样本。

四、王令汝汉禀初十

请饬机器局委员验收机器。

行机器局。

五、按察司详初九

贼犯李笼等听纠抢夺。

【批】：已据详核咨。仍饬严缉逸犯岳大摆等，务严究办。缴。图结存送府，详并发。

六、高密详初十

初得清等呈请开释刘学义等。

【批】：据详已悉。仰莱州府转饬知照。缴。

七、王令汝汉申初十

解春夏二季报效银五百两。

行善后局。

八、又申

解春夏二季机器凭价银五百两。

行机器局。

九、乐陵县禀十三

【批】：禀悉。已改派张都司奉先督带右路左营驰往该县巡防矣。仰即会同巡缉弹压。檄。

十、滨州会禀冯德华，十三。

【批】：据禀已悉。本部院风闻该州境内土匪甚众，何以禀称尚无滋事情形？现当时局艰危，土匪猖炽之时，全在地方官随时分别良莠，认真缉办，庶可防患未萌，千万不得再蹈讳饰故习，致滋贻误。现派张参将勋督率所部，自海丰开往滨州一带巡缉。仰即会同合力查缉。倘有冒充拳民借端滋事之土匪，窜扰四境，毫无顾忌，应即钦遵本月初五日谕旨，严行查拿，按照土匪章程，从重惩办，毋再因循宽纵，致干查究。切切。此缴。并由该令移令冯牧德华知照。

十一、曹州府禀十三

初八日午抢劫城内教堂。

【批】：据禀已悉。郡城教堂猝被拆毁，该守属防范不及，应记大过三次。仰仍会督营县，实力防缉弹压，毋任聚众滋生事端。此次折毁究系何国教堂，有无外来土匪混迹其中勾煽，仰一并密查详复。缴。

十二、巨野禀十三，此禀另抄

汶境马村、靳家庄会匪三百余人，于初八日至巨野磨盘庄焚烧教堂，经教民竭力抵御，只烧教民赵秀迎等家房屋二十余间，又延烧平民赵秀连等家房屋十间。

【批】：据禀土匪焚烧教民赵秀迎等家房屋各缘由均悉。现已派方管带前往该处缉办矣。仰即会同该管带，钦遵本月初五日谕旨，务将此等冒充拳会、借端滋扰之土匪，严行捕拿，按照土匪章程从重惩办，毋稍宽纵，以戢凶暴而靖地方。缴。

十三、洪运同锡湛禀

【批】：据禀驰抵东昌日期暨地方情形均悉。缴。

十四、嘉祥禀十三

汶境马村匪首张玉朋等，初七晚仍由南旺至寺前庄距城五十里，向民人张敦才家滋抢，因教长赵玉柱与匪首吴恒谦等系戚好，赵玉柱搬赴南旺巨嘉交界，在县境之西居住，勾引来庄滋扰，从中调处渔利。请拨队。

【批】：据禀匪徒张玉明又至寺前庄滋扰，并请拨队缉办各缘由均悉。现在抽调营队北援天津，而本省东北两路设防又极吃紧，一时实无营队可拨。倘有土匪窜扰滋患，仰即随时奉商兖镇，就近设法拨队策应。仍一面会同邻道各防营从严兜拿匪首张玉明、吴恒谦等到案，按照土匪章程办理，以戢土豪而安善良。缴。

十五、济宁州禀初九

【批】：据禀州境近日情形已悉。速练团防剿办护德，为今日第一要政。具见实心任事，擘画精详。仰即督饬所属会同合境绅耆，妥速筹办，始终勿懈，以维大局而济时艰。该直牧宜能努力图之。此缴。

十六、德州禀十一

初五日拳民王玉书天津人率拳民百四十人，自津至德，携有北洋大臣令箭，云来查黑团，并招拳民，限十二日回津，共打大沽洋人。次日黎明，仍坐吴桥原车回去。

【批】：据禀已悉。仰仍随时严密巡探缉查，如系冒充拳民之土匪窜入境中，应即知会防营阻截，俾免勾结滋患。缴。

十七、方燕申禀十一

与潍县美教士问答言语。

【批】：据禀已悉。仰洋务局转饬知照。缴。禀抄发。

十八、濮州禀十一，此禀另抄。

查明民教滋闹一案，（白庄集）现已办结，并开具甘愿出教之王金玉等各姓名。

【批】：据禀已悉。缴。清折存。

十九、长清禀十一

初二日，多匪入袁家庄教民赵蓝田、赵希功两家，拒杀身死。

【批】：据禀赵蓝田、赵希功被匪拒伤身死缘由已悉。仰将验讯缘由照例详报。一面会同营汛勒缉此案匪犯，务获究办。缴。

二十、长清禀初六

拳匪窜入禹城境，去至姜家庄李姓教民家勒索钱文京钱百二十千，订于初七送至丁家寺。探报有八九十人，屯聚长清、禹城、茌平交界之和睦寨寺。初七追至，已远飏，已至茌平之张庄。随即前往，正遇三四百人围攻张庄甚急。吴领官开枪抵，格伤匪三名，擒八名交保释出，余匪四散。另获陈孝卷一名，系教民指控之犯，带县讯供查办。

【批】：据禀查办张庄一带土匪缘由已悉。仰仍会同吴领官、李令保祥等，严加搜捕冒充拳民拒捕滋事之匪徒，务获严缉惩办，以安良善而靖地方。缴。

二十一、茌平禀十三

马天恩函，王莫庄王青山等传帖邀人，抢杀张庄等处。五月廿七，赵庄、张刷子庄被匪搜括一空。同日枕庄亦被抢等语。王青山北去未回，并无传帖邀人情事。张刷子庄、枕庄教民均未被抢。赵庄只有教民方传玺家，于廿七日夜被贼窃去钱物牲口。

六月初二，外匪烧阎屯教民王立方家土房二间。

初三、四，贾庄教民贾景运、姚张庄教民李福汉被抢烧。

初七下午，多匪在大张庄外截杀教妇张李氏等二口，距潘家店只二十五里。该处防营驰往缉办，枪毙两匪，并将旁观平民崔圣谟误轰致伤身死，匪随四散。

【批】：据禀已悉。外兵麕集津沽，拳匪均赴前敌助战，其在内地聚众，迭酿焚抢无辜，概系土匪冒充，殊堪痛恨。应即钦遵本月初五日谕旨，严行查拿，按照土匪章程，从重惩办，以戢强暴而安善良。仰即会同邻近州县防营，一体钦遵办理。缴。

二十二、济南府禀十一

保董元邦。

【批】：如禀办理。仰按察司转饬知照。缴。

二十三、陈令毓崧禀十一

【批】：据禀已悉。仰即会同各该地方官认真巡查。缴。

二十四、冠县禀十四

红桃园、梨园屯、中兴集各防哨，因临清小芦有警，均已开赴临清。

探闻邱县、馆陶，直隶威县、清河等处均有匪，将窥河北。

【批】：据禀已悉。该县防务已饬方统带致祥兼顾并筹，红桃园等处防队开往临清小芦，必系该处情形吃紧。小芦与梨园屯相距甚近，保小芦即是保梨园屯。设有大股匪徒分道窜扰，应即就近会商方统带，酌量情形办理。该令仍一面激励乡团，互相声援。现在遵旨抽调营队北援天津，而本省东北两路设防亦极吃紧。一则委实无营队可拨，方统带所部本系预备游击之师，临清、冠县必当兼顾，如专于一隅，于事无济也。

六月十五日

一、德州禀初十

遵饬保护电线，应付驿马。

二、泰安会禀吕申，初九

现无拳匪。

三、寿张禀十一

奉发严禁拳匪告示。

四、宁海州禀十一

奉发严禁拳匪告示、歌词。

五、栖霞禀十一

奉发严禁拳匪告示、歌词照刊。

六、郓城禀十一

德国齐教士恩来于初二日至济宁，同赴通商口岸。

七、商河会禀冯德华，臬委，初九

现无拳匪。

八、邹平禀十一

请加营务衔。

【批】：另札饬遵。

九、济宁电报局禀十一

电杆被毁，请饬惩治匪犯。

行聊城县。

十、长山禀十二

由本府转奉钧函，有练勇十余名，不敷分布，拟再捐廉添募练勇多名。

【批】：据禀筹防外匪以靖内患缘由已悉。仰仍随时切实巡防，毋稍疏懈。缴。

十一、蓬莱禀十二：海圻、镇海在蓬莱。

【批】：禀单均悉。筹办地方巡缉事宜，均甚妥洽，甚属认真，殊堪嘉慰。仰即会督营团实力筹防，始终勿懈，以靖民心而固海疆。缴。清折存。

十二、邹平、高苑、滨州、青城禀十二

【批】：据禀已悉。仰仍随时会同，认真巡缉。并由该令移令滨州、青城、高苑各牧令知照。缴。

十三、益都禀十四

本府函，勒令教民反教。

德志修等三名，于六月初十辰刻起程，赴寿光羊角沟。

【批】：据禀已悉。缴。

十四、方致祥禀十三

初十日有数十人在武城境内砍锯电杆，朱泉屯及杨庄亦有砍锯电杆情事。

【批】：据禀已悉。现在抽调营队驰援天津，而本省东北两路设防又极吃紧，实无营队可以添拨。该统领所部后路四营，右营分驻潍县一带，左营分驻海丰、滨州一带，一时亦难归并。即以左营在海丰缉拿匪徒言之，当其时亦仅止抽调两哨，其余三哨队仍在乐陵。张管带勋率两哨勇丁力战大股悍匪，卒能歼其渠魁，驱匪四散，是亦用兵在精不在多之证。该统带素有胆略，其所带前后两营又系两路游击之师，外匪如率众窥逼，应即酌量情形，迎头痛击，相机剿办，以其久练之卒，而击乌合之众，全在该统带布置调度得法，本部院断不遥制。惟于沿边数百里内处处设防，到处设戍，兵力愈分愈单。❶

十五、复田镇台

❶ 原文止此。

鼐臣仁兄大人麾下：两奉惠书，敬承一是。当此时局艰危之秋，我辈受国家恩任，惟有任怨任劳，勉尽心力之所能尽者，以期有所补报。流俗毁誉之言，不足斤斤也。承示济宁设有拳厂百处，单县亦有蠢聚情形，又另牍示知巨野大刀会，复有纠党窜扰堂所之耗，均经先后严饬各州县认真查办，但不知能弭患未萌否，尚冀麾下随时督饬将弁，会同巡缉，能多杀几名首要，即可少聚几股土匪。地方之幸，亦大局之幸也。嘉祥、巨野、禹城、茌平、长清均有□□匪徒窜扰，乐陵、滨州、海丰等处亦时有外匪窥伺其间。幸而后路左营张管带勋在海丰南关迎击匪徒，竟能以少胜多，并将匪首杨子明当场轰毙，擒获悍匪数十名，夺获器械。兵到匪散，海丰一带可以稍资安谧，而直省匪势猖炽如故。大局一日不定，内讧终一日不能平也。专此布复，顺颂筹安。诸维□鉴不具。

十六、徐令鋆禀初十

会查高唐、恩县、清平、博平各情形。

【批】：据禀会查高唐、恩县、清平、博平各实在情形均悉。仰按察司转饬该令，即将未查各州县迅速会查禀报。缴。

十七、洋务局详初十

茌平十五州县，会同查勘德国教堂被匪毁掠情形。

【批】：据禀已悉。缴。

十八、蓬莱禀十一

【批】：据禀筹办防务情形已悉。北洋兵轮应商令开赴南洋归队。方教士等现仍拟在登州暂住，如有匪徒蠢动，□□均应随时护送烟台。仰即酌量情形办理。缴。

十九、滋阳禀初九

教堂料厂砖窑被无知贫民窃取。

【批】：据禀已悉。

二十、夏津禀初九

于五父子请保释。

【批】：据禀于五父子准具保开释。缴。

二十一、掖县禀初九

美领事法勒电，掖县欺害教民，并将刘福才与尹姓提府。如掖县仍照仇办，必滋事端。

【批】：据禀已悉。仰按察司转饬。缴。

二十二、冠县禀初九

中兴集处河北北部，与直省之威县、南宫、清河等县毗连，其南则梨园屯相距该集八里，距西南十二里即红桃园也。

【批】：据禀已悉。缴。

二十三、冠县禀初九

奉札如遇结伙入境，立即率队堵剿。

【批】：据禀已悉。缴。

二十四、武城禀初十

七里亭电杆被锯。

【批】：据禀已悉。仰即勒限严缉此案匪犯，按土匪章程从重惩办，以重军报而儆奸宄。缴。

二十五、姚近元盐课大使，初九。【禀】

【批】：禀悉。当由官查断看管，经各州县先后禀办矣。此缴。

六月十六日

一、两广总督咨十二

美教士贺乐迪携眷游历直隶、山东、江苏、广东。

二、杨荣泰禀右翼第二尽先游击，十六

【批】：据禀益都、寿光等处土匪纠党情形已悉。青州府城重地，匪徒公然来往，任意横行，殊属不成事体。仰即会同该守等严行查缉，并按照土匪章程，从严惩办。倘敢拒捕，格杀勿论，以消隐患而遏乱萌。缴。

三、武城禀十五

郑家口故城境内距德州六十余里至县城五十余里，拳民愈聚愈众，现已竖旗。

【批】：据禀悉。已派后路后营彭管带会同督率所部驰往巡防矣。仰即会同该管带严密布置，认真防守，倘有冒充拳民借端滋事之土匪入境窜扰，立即迎头痛击。如有拒捕，格杀勿论，以戢奸宄而固边圉。缴。

四、武城禀十六

探闻临清以南有土匪抢掠，有占据河西街与十二里庄教民开仗情事。

【批】：据禀已悉。节节分防，安有许多兵力。如有土匪入境窜扰，仰即就近禀商右翼翼长孙镇派队应援。仍一面激励乡团，扼要堵缉，以维声援而靖民心。缴。

五、济宁州禀十四

【批】：据禀拨队巡防缘由已悉。现在抽调营队北援天津，而本省东北两路设防又极吃紧，如西南两路亦须节节防守，安有如许兵力。仰候咨令曹兖两镇酌派队伍，扼要巡防，集中策应。遇有冒民借端滋事之匪徒入境窜扰，迅即就近飞报方镇，酌核拨队擒拿，钦遵本月初五日谕旨，按照土匪章程，从严惩办。一面仍责成认真整顿保甲团练，以辅兵力之不足，而清奸止暴亦即寓于其中。该直牧办事颇持大体，当能移轻援急，借以保障。缴。

六、金乡禀十六

【批】：据禀筹办防剿外匪各缘由均悉。该县兵力单薄，准即添募马勇五十名，以资巡缉，应领饷款准于作正开销。仰即募补精壮，扼要分布，认真训练。仍一面会商公正绅士，整顿保甲团练，以消伏莽而靖乱萌。缴。

七、邱县禀十六

与广、威、元、曲五县接界，马庄事主张淑德家被匪抢去钱文衣服。团长孙三才等集团兜拿，格毙匪三名。

初六日午刻，曲周著名匪徒郑洛耀率游民数百人至马庄报仇，放枪滋抢。次日午刻，复来有千余人，县队与团丁力御。嗣因天黑，各按兵不动。

初八，分东北、西北两路而去，并声称有先赴小楼再至马庄之说。并蒙本州移令戴守礼拨队，未到。

初十，探得距城二十五里馆陶县属张官寨有外匪千余人冒称大刀会，以赴津灭洋为名，沿途抢掠马匹军械。坞头、榆林二村，亦被抢掠马匹器械。

十一日，张官寨匪徒不睦，各自分股，或一二百人，或七八十人不等，四散分窜抢掠。或路卸车骡，或闯村抢粮，或向富户借钱。

【批】：禀单均悉。已飞饬方统带致祥速拨营队，驰往拿办。仰即督领乡团会同防营，合力兜拿，按照土匪章程严惩，胆敢拒捕，格杀勿论，以戢凶暴而靖地方。仍一面将查办情形飞速报查。切切。此缴。

八、清平禀十四：

查有二百余人盘踞清、博交界之所。

【批】：据禀土匪盘踞清、博交界，勾结滋患各缘由均悉。已派李令保祥会同马步各营队驰往巡缉弹压矣。仰即知照。缴。

九、阳谷禀十六

坡李庄教民请电饬暂避。

【批】：据禀已悉。教民亦华民，且皆土著，将令迁避何处？办理不善，徒滋纷扰。仰候札饬兖沂道查看情形，妥筹办法，就近转饬遵照。缴。

十、张勋禀十五

【批】：据禀已悉。已于前禀批示矣。仰即知照。缴。

十一、方致祥禀十五

委派前营酌拨队伍弹压邱县一带匪徒。

【批】：据禀已悉。该匪徒等既不赴津助战，饥民往投，见无器械者不收，又向各处掠取马匹、军械、银钱，其为土匪冒充拳民可知。应即钦遵本月初五日谕旨，严行查拿，按照土匪章程从重惩办。当场拒捕，格杀勿论。现据武城袁令、邱县赵令一再飞禀请援，匪势均甚猖獗。仰即分拨营队兵勇驰往各该处，会同袁令、赵令妥速缉办，毋稍纵延，以防内讧而固边圉。缴。

十二、张奉先禀十六

十二日下午五点到乐陵。

【批】：据禀到防日期已悉。如有土匪窜扰滋事，仰即督队迎剿，按照土匪章程从严惩办，以固边圉而遏乱萌。缴。

六月十七日

一、嘉祥禀十七

沈哨官金和、李城汛长吉，十一往西乡杨家楼与茅令会哨。初十匪徒曾二条、张留所等纠领数十人，至西南乡顾家庄滋扰，焚烧麦垛，工人王俊起被匪格毙。

十二日，北乡王家桥、东北乡凤凰山各聚土匪百余人，勒索不遂，即焚掠。两处是一股匪，在王家楼勒索京钱三十千，即由长沟豆腐赵、大张家等庄滋扰转至凤凰山。沈哨官带队赶到，匪即四散。经团众拿获匪首阎统钦，扎伤阎绳云，又追获阎速、计王兰、陈怀良五名。

十三，土匪数十赴杏花村李廷彩家，搜括一空。李城汛会团扎毙一匪，扎伤两匪倒地魏现亭、魏乐仁，当场擒获七匪魏义亭、梁远心、魏银才、魏广顺、宋之云、高化常、魏先亭，余匪各逃。

【批】：据禀会督营团缉办土匪各缘由均悉。该令此次会同沈哨官金和、李城汛长吉督率各团长，捕获匪首十九名，余党散逃，办理甚为妥速，殊堪嘉尚。该令暨李城汛应记大功二次，沈哨官记大功三次，各哨队并赏银二百两、功牌六张。团兵奋勇出力者，可查明禀候另赏功牌，以资激励。赏银具文赴善后局具领，并通行各属查照办理。所获匪犯阎统钦等，既系当场拿获焚劫良民、抗拒官兵正犯，仰即确切讯明，按照土匪章程，禀候就地正法，毋庸解勘，以昭炯戒。仍严缉匪首曾二条等，务获究办。缴。

二、龚镇元友禀十七

十四夜，探报有匪五六十人，冒充拳民，在张李庄等村滋扰抢掳，放火烧民房，下午始趋王家坊而去。帮统曹锟带前队中、右两哨一百二十人，于十五日十点钟至王家坊放枪拒敌，拿获为首匪目一名、从匪十二名，格伤一名，夺获鸟枪、抬枪、大刀、砍刀各项数十件，马二匹。

【批】：据呈缉办禹城王家坊土匪缘由备悉。曹帮统锟勇于任事，应记大功一次。在事出力勇丁赏银一百两，以示鼓励。赏银即由善后局具领转发。所获匪犯交地方官从严讯办。希即查照办理。仍督饬各营队认真防范弹压。此复。

三、方致祥禀十七

郑洛耀系巨盗曲亭高之党羽，刻已集有三四千人，在馆陶、冠、邱一带麕聚。

【批】：据禀已悉。各处分防营队拟即调归一处聚扎，遇有冒充拳民借端滋事之土匪窜扰滋患，即行合队痛击，自可保全许多生命。应即遵饬办理。兼顾后路，亦是用兵良法。已照会孙翼长相机筹办矣。此缴。

四、巨野禀十七：

磨盘庄教民二次初八、初九被扰，请添拨营队。

纠集汶境马村、孟堌拳匪千余人，统被焚毁一百余间。教堂内门窗木料及什物，俱已拆运一空，教民先期走避。

十二日南城外聚集拳民四五百人，进城与教民郭姓为难，再三开导，十三四日早始渐解散。闻此辈尚在附近聚集。

【批】：据禀悉。已派方管带致祥率领队伍前往巡缉矣。该匪徒等两次赴磨盘庄滋扰，延烧平民房屋多间，又复纠众进城讹索要挟，显系土匪冒充。该令应俟方管带率队到县时，会同认真缉办，不得任听土匪以拳民借口，稍涉宽纵。再本部院屡次批札文牍，亦有其招抚拳民之说，所谓依令赴津助战，亦系专指真正拳民，此事与此项土匪无涉。该令办事似此颟顸，殊属有负委任。仰即钦遵本月初五日谕旨，凡系假讹冒充拳民之匪徒，务即按照土匪章程严行拿办。倘敢拒捕，格杀勿论，以戢凶暴而安善良。毋再误干咎。切切。此缴。

五、城武禀十三

捐廉募马步五十余名。

【批】：禀悉。已咨商曹镇酌量拨队巡防矣。嗣后如获纠众焚抢匪犯，应准按照土匪章程，从重惩办，以戢凶暴而靖地方。缴。

六、孟领官恩远禀十七

朱家寨与宁津甚近，聚匪二三千人，焚抢附近各庄，渐及朱家寨。十四日，见有多匪径赴朱家寨。乐陵西界之旧县镇，聚有匪徒两千余人。十四日卯刻，中哨哨官吕长顺同哨长马玉魁，距朱家寨北五里，与匪相遇，分三股约共八百余。恐烧洋楼，向东北败退，并派兵来乐请援。约退五里上下，始开枪。该匪见官兵不满三十，抵御甚猛。再退五里余，天已过午，王哨长带兵驰至接应，贼始不支。孟领官又同何令所派杨家顺、汛兵张立祥等继至，贼乃各向庄寨藏匿，未便搜捕。当场共击毙悍匪二十余名，夺获腰刀五把、花枪四根、八卦手旗一面。

【批】：据禀缉办朱家寨附近土匪，暨请毋庸拨防来省各缘由均悉。此次该领官督同吕哨官长顺等，率领马兵三十余名，在朱家寨东北地方击散土匪八百余，并当场轰毙悍匪二十余名，夺获刀械多件，实属勇于任事，殊堪嘉尚。吕哨官尤为出力，应记大功三次。该领官暨乐陵何令、城汛千总丁富荣，哨长马玉魁、王德成应各记大功一次。并赏银二百两、功牌十张，由孟领官查明在事出力弁勇，分别给赏，以示鼓励。功牌随批即发，仍取具各弁勇衔名履历，造册呈供奏咨。赏银由乐陵县令先行垫发，一面备文赴善后局请领归垫。仰仍会同张都司奉先认真防范，实力巡缉，以备旧县等处土匪乘隙扰犯。各村庄乡愚无知，应令何令随时剀切开导。此项土匪不过以仇教为名，其实只是图财，教民抢完便及平民。直隶各州县被匪扰害甚酷，足为前鉴。务须官绅士民联络一气，以固边圉而纾匪祸。无负本部院谆谆告诫。此缴。

七、为札饬事。照得前据该领官武卫右军马后队领官吴守备凤岭，会同长清县知县张令瑞芬禀报：于本月初六日带队至潘家店缉办匪徒，匪已窜至茌平县之张庄，随即驰往，正遇该匪三四百人围攻张庄甚急，将队扎住，遣令本地土人传谕该匪头目，晓以利害，饬令散走。该匪见勇队无多，意图抗拒，执旗分队蜂拥前来，先行开炮遥击。该领官见匪势猖獗，遂传令开枪抵御，轰毙悍匪三名，伤匪八名，当场拿获八名，余匪夺路窜散。查询所获八名，多系茌境被胁愚民，交与该庄长分别保释。另获陈孝卷一名，系教民指控之犯，由张令带回归案质讯审办等情到本部院。据此，查该领官所率勇队无多，竟能击散大股匪徒三四百名，并当场轰毙悍匪三名，格伤十余名，茌、长一带地方逐渐安谧，办理甚为妥速。该领官暨长清张令应各记大功一次，并赏银一百两，即赴善后局具领转发。并查明在事出力弁

勇，呈候酌赏功牌，以示鼓励。除禀批示分行外[1]

八、潍县禀十三，此禀另抄

方德堡教堂云需银三万七千两，物件在外。

米海里暨石姓、郭姓三洋人并通事一名，亦离坊子，初四午刻起程回岛。共计洋人通事男女二十二名，绕道安丘至景芝镇直达胶州。所遗存者，坊子机器矿局一处。附近之岭上庄、埠头庄东三十里、井子、东辛庄、北埠头庄、南柳沟庄东等六处，各有井眼，房屋机器或有或无。马司有租赁民房一处，存有家具。南屯有租赁民房一处，存有机器。

德国铁路工师白伦克等向居南乡南流庄，于初一日由南流回青岛。

【批】：据禀已悉。仰仍会同防营切实巡护，毋稍疏懈。缴。

九、洋务局详十五

出差人员仍照旧章。

【批】：如详办理。缴。

十、方燕申禀十五

六月初六日，坊子煤井焚去草屋七间。据庄长等交犯，由卑府商同曾令从权交保候传，并事竣回局。

【批】：据禀坊子煤井草屋被焚，酌令交犯取保并事竣回局各缘由均悉。该守先后筹办各案，均尚妥洽，应即如禀办理。仰曾令详报来辕，再行批饬遵照。缴。

十一、兖沂道禀十六

【批】：据禀地方现在情形已悉。仰候飞咨兖曹两镇酌派营队，定期会哨，扼要驻扎，以清伏莽而遏乱萌。缴。

十二、武城禀十五

曹官里六月初十日有头缠黄巾、身束红布、骑马者十余人，随农人打扮者五六十人，大呼北地电杆已经砍没，赶紧下手，随喊随跑，俄顷之间，电杆均被毁坏。占官里、大田里、南朱里、洪官里、祝官里禀同前由。北自恩县交界之朱家圈起，至夏津交界之吕洼止，计长

[1] 原文止此。

九十里电杆线全被毁坏。

【批】：据禀已悉。该县境内电杆被匪砍锯殆尽，实属防范不力，应先记大过三次，勒限一月，严缉此案匪徒，按照土匪章程，从严惩办。逾限不获，定行照例参办。仍添派勇役，会同电局认真防范，毋再涉疏虞。切切。此缴。

十三、东昌府禀十六，此禀另抄

馆陶禀：张官寨一带约有六七百人，带有枪械，所至强索盘川、马匹并防夜器械，分往西北、正西、西南等乡，昼夜滋扰。

冠县禀：馆境河西尖庄匪徒二三百人，各带枪械，在河西近庄劫掠勒索庄民出借马匹。

博平沈官屯、冯家营、白虎寺各啸聚二百余人。

在平腰站一带，有前进者、有盘踞庙内者。

聊城王官庙、红佛寺及四乡亦时有匪徒聚集。

【批】：禀单均悉。所撰简明告示甚为妥洽。妖民罗风贞、张文明讯明即行正法，办理尤善。现在土匪充斥，非亟用重典不能惩凶暴，非曲为劝谕不能散胁从。东省兵力本单，近日杨营、曾营北援天津，而本省东北两路设防又极吃紧，各州县纷纷请拨兵队，几有顾此失彼之虞。现与各将领熟商，惟有将队伍调齐，扼要驻扎，一处有警，即合力驰往缉捕，严行剿办。否则处处增戍，节节设防，统派无此兵力，即有之亦愈分愈单，予匪以隙。团练固不足恃，然当此内忧外患流匪交窜之际，亦不能不设法整顿，期化无用为有用。仰即督饬所属随时斟酌，妥筹办理。缴。示稿存。

六月十八日

一、委祝令从恩帮办发审局。

二、盛京卿【函】

沙河至烟台双线均阻，劝令各村董保护，量给薪费。

行四十七村县。

三、盛京将军咨

饬拿铸假银人犯崔玉堂一案。行按察司。

四、张勋禀十八

十四日拿获海丰距城八里牛庄匪首牛三标右队谢哨长允卿，【获】花枪四杆、大刀一把、腰刀两把、黄包巾四十条、红黄腰带六十六条、护身符红兜十二个。

八里庄匪首杨庆云、杨树林，阳信匪首张太，小谢庄匪首大师兄贾树田，共八百余人。

【批】：据禀已悉。该管带督同哨长谢允卿拿获著名匪首牛三标一名，具见缉捕勤能，殊堪嘉慰。谢允卿记大功一次，并赏银一百两，以示鼓励。此项赏银已饬海丰管令先行垫发，一面由该令备文赴善后局请领归垫。匪首牛三标既系著名首要，仰仍札饬管令，按照土匪章程，即行就地正法，以昭炯戒。仰仍会同管令、陈令勒缉逸匪王其昌，务获究办。缴。

四、海丰会禀陈令毓崧、张管带勋，十七

【批】：禀单均悉。张管带勋会同该令拿获匪首牛三标，又起获刀械包巾多件，提讯供认为匪不讳，其为真正滋事匪首无疑。况经其父兄到案质证，他人何能具保。仰即查明不停刑日期，验明正身，绑赴市曹，即行正法，以昭炯戒。行刑时并迭令防营添派兵队，妥为防护弹压。仍勒限严缉匪首王其昌、杨庆云等，务获究办。后路左营哨长谢允卿捕获要犯，应记大功一次，赏银一百两，以示鼓励。此项赏银即由该令先行垫发，一面备文赴善后局具领归垫。并移令陈令毓崧、张管带勋知照。缴。

五，乐陵禀十七，此禀另抄

十四日，直隶宁津土匪窜入张家桥等处，烧杀教民。

沧州聚二千余人，于十五日夜分窜入李名扬庄，焚毁教民房屋数处，生捆教民十数人，携至三间堂，齐行斩首。马步队开往，该匪已窜回庆云。闻有先往海丰后攻乐陵之说。

十五日，又报宁津土匪复有二千余人分三路而来，直逼朱家寨。午后，探得县属东北乡之大许家庄，突有盐山拳民马步队数千，来此盘踞，隐有合股攻县城之势。

前有孙家偃击毙孙长星等之事，今复于范家屯击杀多名。

【批】：据禀已悉。已饬张帮统奉先、孟领官恩远督率马步队，相机扼要节节增援，断无许多队伍可资添拨，惟有合力剿办。步队设伏，而以马队诱之，匪如追逐，则以步队阻其前，马队断其后，前后夹击，匪必溃败，及其败再图聚而歼之。但能痛惩一次，匪徒即畏退不前。较之处处设防□□□□为非计也。仰即会同张帮统、孟领官相机妥筹办理。缴。

六、曹守、曾守会禀十七

【批】：据禀已悉。该匪徒等挟制官长，劫掠平民，一切凶悍情形，无异当年发贼。该守等何不力为驱禁，殊不可解。曾守系归本部院外派之员，深知土匪滋扰地方之害，职守所在，全在督饬所属各州县，消患未萌，决非以竭尽心力等言词所能搪塞。更事益多，深知利害所在，更当会同曹守赶紧筹办，以免燎原。该守等岂于调兵之外则无一策耶！现在杨、曾营队北援天津，而本省东北两路设防均极吃紧，各府州县如均须派兵分驻，焉有许多兵力。现在乐陵有马步两营，海丰、德州有步队一营，均尚得力。各属闻有警报，该守等尽可随时商调。[1]

七、章邱又毁电线十二档，钩碗无算。

札章邱县。

八、德州宋牧览：据电局禀，德至济南三线均阻。八里庙东线五里、杆三根，均被窃毁。现将头线暂停通报等情。德州电路关系甚重，仰即添勇加意巡护，获犯照土匪章程严办，毋再疏虞。

九、济宁送曹县

曹令览：自曹至汴，电杆被毁九十余里，尚未修好。如有要电，应由该令派专马递送。一面添拨勇役，加意巡护，毋再疏虞干咎。获犯照土匪章程严惩。

十、嘉祥禀十八

十五日，西南乡距城四十里突来匪众一百余人，往砍电杆，团勇被匪拒伤不少。八百十六号起至八百四十一号止。获匪一名。

【批】：据禀督同团丁拿获砍取电杆匪犯缘由已悉。该防团勇缉匪甚为得力，该令恩信相孚。为此仰即查明出力团长、团丁，分赏功牌

[1] 原文止此。下又有一稿，系此编之修订稿。但字迹不清，无法抄录。

四张、银一百两，以示鼓励。其被匪拒伤团勇，拨医妥为调治。所赏功牌随批即发。银由该令先行垫发，一面备文赴善后局具领归垫。当场所获砍毁电杆匪犯一名，讯明后即照土匪章程，就地正法，以昭炯戒。仍督饬乡团巡护电杆，以重军报而维大局。缴。

十一、吴督办煜禀十七

【批】：禀单均悉。该道拟将中游上下两段河安、河定等七营，共抽调五百名，分驻齐河、雒口两处操演，系为兼顾工务、军务起见，原可照办，惟以五百勇丁而派两营官，似与营制不甚相合。仰再悉心妥筹，按照东省营制，或于雒口所驻队伍派一管带，于齐河所驻队派一帮带，平时责成督同操练，遇有征调，号令专一，亦可为得力。此系照该道所议各节变通办法。惟于七营每营或抽调百名，或抽调六十名，共凑成一营，而又分驻两处，将弁兵勇各不相习，强为凑合，恐转于军务、工务两有妨碍，有操练之名，而无操练之实。查河安左营本系以精健前营裁改，河安右营系以济字前营裁改而成。本是内地练防营队，饬赴中游帮同工作，似不如专调河安左营，仍照该道原议，分驻齐河、雒口两处，即派本营管带、帮带督率操练。该营所遗工段，即于六营中挨次匀拨。是抽练仍只一营，而一转移间，化散为整，似于军务、工务两有裨益。此上两项办法，仰由该道查看情形，另行酌议详复。余悉照所议办理。缴。清折存。

十二、彭道禀十八

【批】：据禀曹、济匪徒滋事，暨请拨营队弹压各缘由均悉。昨据巨野茅令禀报，磨盘庄被匪扰害情形，已饬方管带保松率队前往缉办矣。惟该令禀内有奉文招抚拳民一节，当系误会函札文义，业已严行申斥。嘉祥叶令督同乡团拿获匪犯阎统钦等十四名，亦须分别给以奖赏，并饬将阎统钦等讯明，按照土匪章程，就地正法，以昭炯戒，均已另文行知。禀称汶境马村，济境长清、嘉祥、巨野各处，在在均须设防。至该道拟请添调马步队各一营，择要驻扎一节，现在抽调两营北援天津，而本省东北两路设防又极吃紧，一时实无营队可拨。现已咨商兖镇酌量情形，设法抽调。如兵力实嫌单薄，或由兖镇添募一营亦可。然总须调齐队伍，于各州县适中之地，扼要驻扎，四路策应。一闻警信，即率队驰往搜捕，会同痛剿，自比节节分防较为得力。仰即就近会商同僚，妥筹办理。

六月十九日

未办公，赴齐河见李鉴帅。

六月二十日

一、济南电局禀十八

【批】：长清连次被窃电杆，记大过二次，限十日内缉匪。仿照冬防窝铺办法，前已通饬。

行布政司、长清县。

二、杨统带荣泰禀二十

十六午后，拳匪百余人赴大堂，逼令要刀。旋即窜赴北关外张家庄，刀伤教民仆妇二名甚重。

【批】：据禀益都土匪聚众滋扰缘由已悉。此等冒充拳会、挟制官府之匪徒，仰即会同该地方官严密查拿，以警刁风而维法纪，毋稍纵延滋患。缴。

三、朱守钟琪禀十九

【批】：据禀已悉。仰即督同印委会商绅耆，妥议章程，迅速筹办，以安良善而靖民心。缴。

四、曾守启埙禀十九

【批】：据禀筹办团练并请拨营队各缘由均悉。现在抽调夏镇所部前去驰援天津，德州所驻防营亦经先后拨往海、陵、登、青、潍等处驻扎，以固东西北三路门户，实有防不胜防之势。如再处处添队驻扎，断无如许兵力。况议办团练，所以辅兵力之不足，应由该守会同曹守督饬各州县赶紧会商绅士，议决劝办，以防内讧而靖民心。一面商同乐陵、滨州一带防营，扼要巡缉。闻有警报，迅即挥戈率队，驰往擒捕，合力痛剿。凡武定境内所驻营队，均可就近缉办四境土匪，原无畛域可分。再一面督饬各地方官，遇有外匪勾结煽诱者，立即查禁驱散，毋任逗留境中，亦可消患未萌。曲突徙薪，是在该守等，其与焦头烂额何如，善为之。此缴。

五、齐河禀十八

十四日百余匪至大冀庄，将教民葛金荣杀害。又葛金荣等十一家一层屋烧毁，拴去葛武祥与葛立、付二仔三人。又赴北辛庄将教民孟继贤等四家房屋烧毁，拴去孟继贤之子孟大仔一人。

【批】：据禀已悉。杀人放火，掳人勒赎，律有明禁，其为土匪狂民冒充可知。况教民亦系华民，即有讼争，亦应禀官讯断，何得任意擅杀，并烧毁房屋至十余家之多。此种刁风，断不可长。仰即勒限一月，严缉此案匪犯，从严按律究办。一面将葛武祥等四人设法找回，并将勘验详细情形照例详报，以申法纪而重民命。缴。

六、阳谷禀二十

十七日下午，有拳匪在阿城街持帖拜会。据称拟二十日攻坡李教堂，已到三四百人，随后尚有万余人日内即到，并沿街张贴告示。

【批】：据禀已悉。该县团勇前经苑令激励整顿，甚为得力。此次既有土匪窜扰信息，应即会督县团，认真查办，毋得遇事张遑。仰候速饬兖镇派队弹压，并行兖州王守督同该令妥为筹办。缴。原函件存。

七、孟领官恩远禀二十

十六日午前，正南来直匪六七百人，哨长执黄色龙旗。哨官吕长顺同哨长马玉魁共带马兵二十六名迎敌。西北又来匪四五百人，抄入朱家寨，焚毁教堂。正东又来匪四五百人。申刻，贼溃。共格毙匪百二十余名，生擒田玉一名，夺获黄龙旗一杆、抬炮二杆、刀矛无算、青马一匹，送县收管。

十八日，孟领官、哨长孟德成、吕、马同至直境边界王木腿庄，拿匪目张姓，衡水县人，逃逸入庄。获抬枪三杆，又四杆，二牛送县，二骡存营。当场格毙悍匪三名，生擒溃匪王长会、陈仲五、杨正兴、杨景文、孟兆先，孟兰阁六名，送县审办。又在于大邦家庄外，突来匪三人逞凶抢差，经王哨长诱获，讯问为李文德、卞宝先、卞增瑞。李文德所持腰刀，鲜血淋漓，想系在附近有抢杀案件。全队调回乐陵。

【批】：据禀各队迭获土匪，交县讯办，并调队移驻县城各缘由均悉。该领官督同吕哨官长顺、马哨长玉魁、王哨长德成，以次剿捕悍匪一十余伙，战胜悍匪千余人之多，当场轰毙匪百二十余名；又在王木腿庄格毙悍匪三名，拿获匪犯王长会等六名；又在于大邦家庄捕获匪犯李文德等三名，实属胆略超群，奋勇无匹，殊堪嘉慰。该领官胆略必膺奇赏，著记大功三次。马哨长玉魁、王哨长德成各记大功二次。有出力弁勇赏给功牌十张，随批即发，由该领官查明填发并加赏银一百两，以示鼓励。此项赏银已饬乐陵何令先行垫发，一面备文赴善后局具领归垫。所获匪犯王长会等，已饬何令确讯严办，以昭炯戒。朱家寨一带饬办防营不易，即将队伍开赴县城扎驻，所筹甚是。惟兵力单薄，宜聚不宜散，时常整队勤走。现已札饬张管带勋督率所部，驰往乐陵助防。该匪如再窜扰，应即会同该营，探得匪情，迎头痛剿，以弭匪顽而靖边陲。缴。

八、巨野禀二十

【批】：据禀拨队南临兖济等处巡缉缘由已悉。北援之师，改援津沽，现已由省城开拔。其驻防德州，亦先后抽调分防乐陵、武城、青、潍等处地方。本省兵力本单，加以东西北三路设防，支绌情形已可想见。如再于南路添拨营队，更有顾此失彼之虞。方镇所部七□，右翼防军四营，兵力自是单薄，然际此饷糈支绌军械匮乏之际，欲另添游击劲旅，并亦戛戛其难。惟有将分防各哨亦各化散为整，即以驻防之队作为游击之师，或是一时权宜办法。然办土匪与拿办外敌不同，其要即在地方官亲历四乡，不避艰险，不妄劳空行，与绅耆庄长共筹抚辑良善、惩治奸莠之法，恩威并济，上下通情。人人知匪之为害甚烈，为患滋大，自不肯庇匪从匪。匪身无可匿，或可渐渐革面洗心，匪必无可自存，是亦为纾兵力之一策也。再擒其渠魁，置诸极刑；散其胁从，使安恒业，可毋庸重烦兵力矣。

九、临清禀十七

曲周匪徒郑洛耀等，聚众思逞，经该县赵令率队集团堵御，该匪首始纷纷散去。

【批】：据禀添拨营队缘由已悉。现在抽调营队驰援津沽，而本省东北两路设防又极吃紧，一时实无营队可拨，前已一再批示饬遵矣。仰即会同方统带随时相机筹办，妥为弹压。该州印务虽已委员代理，该直牧一日在官，即有一日应尽之责，不得稍涉观望，致滋贻误，是为至要。此缴。

十、恩县禀十七

【批】：据禀已悉。彭营官金山所带右路后营，本系随同孙镇驻防德州，现抽调饬分赴该县暨武城查办匪案。该员暂行兼顾，当难长守一隅。仰候照会孙镇体查情形，暂行分拨营哨队，以资镇慑之处，妥筹酌办。缴。

十一、恩县禀十七

本月初十，四女寺一带电杆被匪窃毁二百余根。

【批】：据禀已悉。该县境内电杆被窃毁至二百余根之多，殊属巡护不力，应记大过二次。勒限一月，严缉此案匪犯到案，按照土匪章程，从重惩办。一面添派勇役，会同电局，设法认真保护巡防，毋得再涉疏虞，以重军报而维全局。缴。

十二、沧州禀十四

找回公文马匹。

十三、兰山禀十五

教民事主李清平在途被抢。

十四、郯城禀十五

初八日，教士戈巴德赴峰对口，民众入堂观看洋鸡，窃取物件。捉获马湘云等十二人，讯供。

十五、蓬莱禀十四

六月初四日，美国大铁甲驰至庙岛、珍珠门迤北四五十里之洋面触礁，一万二千吨。初六、七等日，先后有铁甲四艘英、美、法、俄驶赴鼍矶岛迤北，来此救护。

十六、昌邑禀十三

初二日，在高密土新庄五龙河一带被抢车辆，并高境柳沟河一带有聚众情事。

十七、惠民禀十三，冯德华

查缉外匪。

十八、阳谷禀十五

札发悬赏购缉外匪告示遵办情形。

十九、又禀

教士卢国祥于初三启行。

二十、巨野禀十三

刊刷歌词告示。

二十一、费县禀

教士伯德禄六月初七由清江赴上海。

二十二、洋务局详十三

济南府禀，在平申解商书平发县省释。

二十三、又详

叶继寿查在平豫令被法领事函指纵匪。

二十四、石祖芬申十三

送五月份经费支销。

行司。

六月二十一日

一、济南电局禀

德州，十七晚至省三线均被窃割，暂将头线接起通电。十八晚复被割断。

【批】：记大过二次，德州、德州营咨孙镇，勒限十日缉犯。行两司注册。

二、沙河、周村电局请保护。

【批】：掖县、平度、莱州营参将记大过二次，勒限十日缉犯。

三、长山县饬保护周村电局。

照会姜镇，行两司注册，行中军参将转饬长山营汛。

四、致德州宋牧

玉堂仁兄大人阁下：径启者，顷据电局委员禀称：本月十七日申刻，有当地居民二百余人，蜂拥入局，意图抢劫，幸经营、州拨给勇役保护，始免于危。而是晚自德至省，三线均被窃割。因线已用尽，暂将头线接起通报。不意十八晚复被割断，只得将报寄省转发等情。当即另具公牍布知矣。查德州为水陆要枢，不但关系全省安危，且与大局安危互相联系。驻兵于此，原冀与阁下会同筹御外匪，查缉内匪，以资保障。阁下行法有年，政绩昭然可观。当此时局艰危之秋，全赖二三循吏勤以政事，教化乡民，以消患未萌，俾不至有干法纪，沦为盗贼。用兵剿办，所伤更多，斯所以成其忧也。德州毗连直境，伏莽之多，遍地皆有。砍毁电杆，滋扰电局，不□□□。如任其滋扰，任其砍毁，而不之禁，则祸机之发是有不可逆料者矣。十七日电局被扰，幸能无恙，具征任事甚勇，保护甚力。然聚众多至二百余人，匪乱之深，而当场不获一首要，事后又未缉一匪徒，言者有谓防营查办不力欤。是其防营于前固不为阁下助也。今谋商之阁下，如犹能会同防营设法查办匪案，固属甚善，否则拟将各营一律调回省城督操，而以德州防事专归阁下办理，或可不添兵力则操胜算，亦未可知。夫以前饷项各费之难，募兵又如是之难，而今其不能缉一匪、办一事，不但无以纾官厅忧，更何以副□□□。故不如调回督操之为宜也。山东库银支绌，筹拨不易，各属所毁电杆及房屋产业若有议赔者，拟概归各地方官赔偿，是亦迫于时势之无可如何，而不能并此怨耳。

五、致孙镇

绍襄仁兄大人麾下：前奉惠书，敬承一是。彭营官兵队拨往恩县、武城巡缉，只是一时权宜之策，其实仍是德州吃紧，兵力单薄，不能不先其所急耳。龚分统巡缉平原、禹城一带，亦甚吃紧。十五日在禹城王家坊缉办土匪，拿获匪首一名，匪党十三名，格伤一名，均已发县讯办。现在仍有匪徒窥伺，犹须扼要筹防，万难分拨。后路统领方参将致祥所部前、后两营既驻临清，本归麾下节制。所有筹备后路之请，已另牍咨商，可就近兼顾并筹，以期联络一气。惟现据德州电局傅委员来禀，十七日突有二三百人入局滋扰，是晚暨十八日晚，又将三线一齐砍毁，现在无可修接，将暂交省转发等情，斯为第一大患。应请麾下确查砍毁杆线匪徒究竟从何而来？是否即系滋闹电局之犯？当时既经营县局保卫，当场何不捆拿？希将一切详细情形查明示知，一面督饬各防营会同宋牧设法缉办。总以严拿匪犯，力保杆线为第一要义。曹州、临清、莱州各路杆线多被砍毁，实于全局大有关系，公其何以教我？前接密电，已请使臣于英、俄、日三国分递国书，现闻英、日、法等国有电报来京，语气亦甚和婉，且均愿从中维持。现岘帅、香帅与沿海沿江各督抚又合词吁恳再补递德、法、美诸国国书，并请力认保护使臣暨各省所传教人等生命财产。又请明降谕旨，备达德使被戕极为惋惜之意。倘邀俞允，大局当可转圜。惟我处于□直之间，不能不极力备战耳。张奉先在乐陵不甚能办匪，逍遥河上，奈何奈何！承示将恩县教民送至省城，再约定由小清河至牛角沟航海赴烟，似无此办法，且恐匪徒滋纷扰。应请转饬彭营官一意办匪，此等事置之不问，斯可矣。天暑伏维为国珍重，不尽所裁。

六、馆陶禀二十，郑德立

正南、西南、西北一带均与直隶元城、曲周等县毗连，而正西虽隔邱县，犬牙相错，亦间有与直隶相接之处。水路则又有卫河直达天津。自春徂夏，雨泽衍期，麦收歉薄，秋禾迄复未种。月之初四得雨，间有可以布种秋禾之处。

六月初九日，窜入馆陶张官寨等村庄约有六七百人，带有抬枪、抬炮并枪刀等械，分起向各富户强索盘川马匹，及防夜器械，富户酌给钱文。

【批】：禀悉。已飞饬方统带致祥酌派队伍，驰赴该县相机剿办矣。仰即激励乡团，会同防营，认真查缉。一面出示剀切晓谕，解散胁从，以别良莠而靖地方。缴。

七、寿张禀二十

前禁刀匪多名。范子椿等十二名，讯系胁从，可否准予保释，仰或分别递籍？

【批】：据禀已悉。该令如能保其不再滋事，应可酌办。仰即知照。缴。

八、夏津禀十九

初十、十一、十二等日，自横河口起至半壁店距城三余里止，被贼锯去电杆三百四十二根。

【批】：据禀已悉。该县境内电杆被匪窃锯至三百四十余根之多，殊属防范不力。现当军务吃紧之际，似此因循贻误，咎将谁归。应将该令先记大过二次，勒限十日，严缉窃锯杆线匪徒获案，按照土匪章程，从重惩办。一面会同营汛暨电局委员，添派兵役，酌设窝铺，按段昼夜巡护，妥为防范弹压。倘再疏虞，定即从严奏参不贷。缴。

九、邱县禀十九

十一日三更，外匪数百人马庄，直扑监生张俊德家，刨开钱窖二个二窖底尚存散钱千余串，饬移入城内钱铺，抢去钱文。迨庄众鸣锣齐团，匪始携赃四散，并放火延烧房屋数间。十三日四更，又有匪数百人至张俊德家，因驻队与团丁竭力堵御，互有受伤，未曾得手，随放火而逃。现募士兵百二十名，暂护目前。

【批】：禀悉。已行方统带致祥迅派防营，驰往该县设法剿办矣。该令不亟先事预防，致酿掠抢重案，应记大过二次。仰即激励团勇，会同防营，认真捕拿，无任窜逃滋患。一面将该匪抢掠民人、焚烧房屋情形出示剀切晓谕，俾阖境咸知实系土匪冒充拳民，扰害良民，集各团互相接应，合力兜拿，以殲匪势而靖浮言。此缴。

十、阳谷禀十七

【批】：据禀筹防坡李庄各缘由均悉。业据前禀分行兖州府王守等，督饬该令妥为筹办，并行方统带参将拨队弹压矣。仰即照前批办理。缴。

十一、夏津禀十五

初十巳刻，有百余匪聚于南关，声称欲赴北京助战，并欲将前抢师堤教堂监禁之张洸详保出同行奉文监禁五年。十一日申刻，即往西北而去。

【批】：据禀已悉。嗣后纠众持械同行者，即是拳民，亦当立刻勒令出境前赴津沽助战。倘敢借词延滞，并勒保监禁人犯，必是土匪假托冒充，应即会督营团认真查办，以防内讧而靖浮言。至张洸详既系奉文监禁五年重犯，何得任保，该令预为请示，殊属冒昧。特饬。缴。

十二、沂州府督同兰山县禀十八

沂郡南关美教士方伟廉、富维思洋式教堂各一座，医士章嘉理、女医士明恩美医寓、商人福时戴寓所各一。六月初五日，陈泽霖所部武卫右军三营过沂，歇南关。午后勇丁入方教士教堂暨章医士寓所攫取衣物，拿获民人李维清等九名，讯明省释。营务处王提督凤鸣查获勇丁郭长发一名，供甚狡展，并原物盆架一、磁盆一、洋铜勺二、铜叉一、半截铜圈二、铁棍二。民人石怀秀等四名亦起有破玻璃、洋线毯等物，供在路旁拾获。

【批】：据禀已悉。仰即督同兰山杨令提集郭长发等，研讯确情，录供禀办。并传饬知照。缴。

卷十[1] 光绪二十六年六月二十二日起至七月初五日

一、临清禀十二

前禀获犯于二、黄兴、于黑三等，讯明就地正法。

七月二十九日又获王风山、张二两名，正法。

二、郯城详十一

李郭氏与子李盛才被火烧死。

【批】：近日各处土匪乱民焚烧劫掠，扰害良民，尤属不成事体。著各督抚及各统兵大员查明实在情形，相机剿办，以靖地方，六月二十一日。

六月二十二日

一、【英、美、法领事来电】

勒令教民反教具结，并将各教堂房器一律归官。现见掖县遵照函示，并拿教民多名，用刑苦拷。英

莱州府吩咐各州县，凡有教民，悉令反教，且查考教堂房屋器具，一律归公，有掖县告示为凭。并拿美国教民多人，大为惩办。美

[1] 封面题“筹笔偶存卷拾”，又题“自六月二十二日起”。封面又有记事二则，似为事后补记，今列在卷首，不记月日。

掖县告示，内中系詈骂洋人，勒令教民反教——西历七月十七产业概行充公。此事果否出自尊谕，俾可电达敝国政府。法

二、致莱州府

训臣仁兄大人阁下：径启者，顷接驻烟英、法、美三国领事先后来电，均谓尊处暨掖县现出示谕，痛诋洋人，并将教堂产业器具概行充公。又勒令所属各州县教民具结反教，有不从者，则用刑苦拷，请查明，俾可电达各国政府等情。兹特将原电钞呈尊览。现在迭接密电，谓已派驻扎各国使臣于英、俄、日国分三递国书，并接俄、日、美等国回电，词气亦极和婉。但能将匪党解散，并保护各国使臣，及各省洋商以及教士、教民，仍敦友谊，并愿从中极力维持。大局当可转圜，卫我国体。自应仰体朝廷万不得已之苦衷，仍遇事照约妥慎筹办，不予人以口实，庶几易于收束。至查封教堂，尽行充公，原系一时义〔意〕气，仍不失保护之意，尚可复电剖明。惟教民反教一节，只宜婉为劝谕，从否原当听其自便，并无饬令逼迫及用刑苦拷之说。阁下当然以固国保民为重，大约不至出此，恐系各牧令误会。现在正在命我回札，此事关系甚大。而且莱州孤悬东海，无兵无械，不但阁下有守土之责，亟宜万分慎重，即以官绅士庶之身家言之，似亦宜计出万全。总之，各国既不扰犯东省，因是东省亦即不可故为挑衅。南北枢纽，全系山东一隅，我辈委曲图全，上以保疆域，下以免生民锋镝之苦。顷接盛京卿来电，天津已被各国用毒药炮轰破，全城伤亡极惨，甚可鉴也。望即密饬所属各州县查照办理，并迅速示复为盼。

三、诸城禀廿二，耀甫，另函

查封教堂缮报请示。

【批】：禀单均悉。教堂暂行标封，所有书籍等件暂储县库，俟该教士回堂时，仍须照数发还，毋庸变价，以杜口实而弭后患。缴。清折存。

四、【复英领事电】

烟台。英国谭领事官鉴：电悉。勒令永远反教，本部院断无此项文饬。掖县事已饬查办，并令收回原示。抚院袁。祃。印。廿二。

五、【电】莱州

裘守、瓛令：各国领事来电，谓该郡出示勒令教民永远反教，有

违条约，呶呶不休。果有此示，应收回。袁。祃。印。廿二。

六、札饬青州府、益都，行两司、洋务局。

为札饬事。照得本月十六日午后，有冒充拳会借端滋事之匪徒一百余人，闯入该县大堂，逼令要刀。旋经防营调队弹压，该匪即窜赴北关外张家庄，刀伤民妇二名甚重等情。当经飞饬该府，该令督同益都崔令勒限严缉在案。迄今数日，不但未据报获匪犯一名，并无只字禀复。以郡城重地，任听匪徒哄堂塞署，勒索军械，已属法纪荡然。况又窜赴张庄，刀伤民妇二名，视民命于草菅，视官府若弁髦。该守令等竟甘心容隐，讳饰如前。如再不即往弹压，势必至重蹈直隶覆辙。查直隶暨京畿一带，土匪聚众滋事，其初亦皆假托拳会，侈然以忠义自居。地方官不悟其奸，亦即以忠义之名归之。始则掳掠乡村，继则凌辱官府，终且聚于辇毂之下，竟敢抗逆朝命，逼开衅端。推究祸源，无非由三、五畏葸庸懦之地方官，但以其不扰衙署、不据城池，仅止为自便身家，自顾考成，而其下扰良民，上欺君国，则皆可置之不问。甚或从而联络之、馈遗之，俾张其势而长其奸。此直隶一省，处处蔓延，酿成燎原之祸所由来也。

山东界连直省，实为南北奥区。而自济南以达青莱，又实为东路进兵运械要道。前经本部院拨派重兵，驰往驻扎，原冀与地方官会同筹办，以备内缉土匪，外御强敌。又迭经函札该守、令，告以中外交涉一切机要，及应行筹布各事宜，三令五申，几于唇焦舌敝，而该守、令仍然置若罔闻。似此疲玩因循，若不量予惩处，其何以肃吏治而固海疆。应将益都崔令先行摘去顶戴，并将该守记大过一次，仍勒限督饬严缉，期在必获砍伤该妇凶手并滋扰官署之首要匪徒，按照土匪章程，从重惩办。仍一面会同标防各营，亲赴境内各村庄，严密缉查。但系执刀械，聚众出入城乡地方，即行拿办，毋稍宽纵。倘再逾限不获，及仍以聚众滋事别酿焚杀巨案，定即从严参办，以为贻误地方者诫。凛之慎之！毋违。特札。

七、札济南府长山县

为札查事。照得本部院访闻该县境内，现有冒充拳会，借端滋事之匪徒，分股窜聚，扰害地方，并于大道劫夺行人。周村电局一夕数惊，亦有聚众砍毁杆线之谣。迭经札饬认真巡缉弹压在案。迄今多日，仅据禀报添募练勇，并未报获匪犯一名。该县为东路用兵运兵转饷要区，而周村电局转递东路军报，关系尤甚重大。倘该令不知振作，力图补救，致酿焚抢巨案，或将电杆砍坏，以致梗塞运道，贻误大局。除径行札饬道、府查照外，合亟札查。札到该府即派妥员驰往该县，严密侦查有无匪徒聚众滋事情形，据实禀复。一面严饬该令亲赴各乡，实力巡缉，认真防护。札到该令立即驰赴各乡，严密侦查所聚匪徒是否解散，据实禀复。一面会督营团，实力巡缉，认真防护，但有执持刀械纠党出入城乡地方者，即行拿办，毋稍宽纵。一面出示剀切晓谕，务勤习演。

六月二十三日

一、益都县禀二十一

【批】：据禀已悉。孙连开冒充义和拳会，逗留聚众，自系土匪无疑，应立即拿办，以遏乱萌，何以迟至今日始行禀报。仰即会同杨副将荣泰酌带勇役，不动声色，驰往设厂处所，将该犯拿获到案，按照土匪章程，即行正法。倘敢拒捕，格杀勿论。不得认为引线，纵令远飏。

二、武定府禀廿三

【批】：如禀办理，已饬司立案。仰即转饬所属各州县遵照，从速招募。请领军械即行善后局酌拨，并行司立案矣。但有兵必须有办法，如坐视养痈，多亦何用。该守令既知匪祸甚烈，作此万不得已之举，或能有所补救也。此缴。

筹半年饷。募马队一哨、步队两哨，月须银一千二三百两，共六个月，连置办军装，共须银八千两。

府捐一千二百八十。

惠、商、阳、乐列第一等，各九百六十。武防练军军费，分五年摊完。

海、滨、利列第二等，各六百四十。

青、沾、蒲列第三等，各三百二十。

庆云黑牛王庄有匪数千，在彼散帖，定于廿五滋事。盐山一带有津沽逃回之匪徒二三百人，执持洋枪，恣意焚杀。

三、二十一日奉上谕：缉办土匪。通行分咨。

四、二十一日奉上谕：天津失陷，裕禄革职留任，宋庆交部议处。

咨夏镇：暂行驻扎候调。

五、夏津禀二十二

十六，茌平来义和拳民百余人，马十数匹，青边黄旗二杆，在西南银子王庄地藏寺、张官屯、韩庄一带盘踞。清平、武城等县亦有拳民二股：一股三百余人，聚集双庙庄；一股百余人，聚集与高唐交界之马桥。均不知作何举动，惟茌平窜来一股，声称欲寻教民焚掠，声称来城寻仇。南关勇一哨，方调往郑保屯。

【批】：据禀已悉。现在窜扰东省各州县之匪徒，迭酿抢掠焚杀重案，直是土匪，该令切须辨明。本月二十一日，恭奉上谕：近日各处土匪乱民焚杀劫掠，尤属不成事体。著各督抚及各统兵大员查明实在情形，相机剿办，以靖乱源等因。钦此。仰即会同防营钦遵，妥速办理，毋再纵延干咎。现在窜扰东省各州县者，即是此等土匪乱民，并已飞饬方统带迅派队伍驰往剿办矣。此缴。

行方。

六、东阿禀廿二

六月十四未刻，有匪三四十人，由茌平窜入边境八里堂庄距城三十里，索供盘川，否则放火烧屋。齐集团丁，彼此相持。〇〇适在附近之西程铺，闻信立即带领勇役驰往弹压。该匪先开放洋炮，刀矛砍毙团丁杨成功一名。因见勇队踵至，始退出庄外。督率团勇力追，被团丁格伤匪徒二名倒地，余众纷纷向西北逃散，亦有负伤而遁者，时已昏黑，未便穷追。格伤两匪丁三、郭崇兴即郭以得又名郭二，系首犯，茌平人，受伤较重，十六日均死。夺获刀一把、长枪一杆、包袱一个、淮军正勇红羽毛号坎一件、账簿一本、传单四纸。

【批】：据禀已悉。该令督同团勇格伤匪首郭崇兴、丁三两名，余匪旋即逃散，办理尚为迅速。该令应记大功一次，出力团勇加赏银五十两，即由该令赴善后局具领转发。并著查明团兵目勇，呈候赏给功牌，以示鼓励。本月二十一日恭奉谕旨：各处土匪乱民，焚杀劫掠，扰害良民，尤属不成事体。著即查明实在情形，相机剿办等因。钦此。仰即钦遵查照办理。嗣后倘再遇有此项土匪乱民聚众滋事，应即会督营团实力剿捕，以戢匪势而靖乱源。缴。

七、潍县禀廿一

铁路工师已走，乡民即将路标拔去。上年自东南乡与安丘交界之花窝庄起，插至王松庄止，本年自县城西南之擂鼓山起，趋向东南接插。

【批】：据禀已悉。仰洋务局转饬知照。缴。

八、驻防嘉祥沈金和拦截大股会匪，拿获五名。

鸡黍集哨官邱鹤升又击走田口庄会匪数百名，擒获十四名。

九、为札饬事。准兖州镇田镇呈开：右营马队李福云，分防泰安、沂州一带地方，绵长数百里，实觉防范难周等情到本部院。准此，查自泰安至沂州一带，实为南北运兵运饷转输要道，关系极为重大。现当军务吃紧，土匪充斥之际，亟应责成该管带认真查缉，常川梭巡，以保运路而维全局。除咨兖镇查照外，合亟札饬。札到该管带即便督饬所部队伍，扼要分驻，按段抽查。遇有执持刀械、纠党同行之土匪乱民，钦遵初五暨廿一日两次谕旨，严行查拿，送交地方官，按照土匪章程，从严惩办。一面具文禀报，定将出力勇弁等人酌予奖赏，以示鼓励。仍将巡缉情形，按十日呈报一次，以便查考。毋违。此札。倘不实力缉办，一经查出，亦即分别报参。本部院信赏必罚，著即传谕各将弁一体遵照。切切。

十、查前据各州县先后禀报，时有土匪乱民焚杀劫掠，扰害良民。当经本部院钦遵本月初五日谕旨，饬令严行查拿，按照土匪章程，从重惩办在案。除恭录转行外，合亟出示晓谕。为此谕仰阖省军民人等知悉：尔等须知谕旨查拿严办，仍是为保全尔等身家性命起见。尔等务须仰体朝廷德意，互相劝诫，勉为善良，不得误听土匪乱民妄言。遇有著名首要，知其踪迹者，立即报官擒拿，分别给予奖赏。其余胁从及为匪诱惑者，仍酌量予以自新。此次被土匪扰害者，几于到处皆然，务即同心协缉，剿办土匪。本部院现统领马步营队，多所剿获，似此乌合之土匪，何难悉数剿除。惟念其中被胁愚民，不无可悯，故再出示剀切晓谕。但能革面洗心，改邪归正，见示立即解散或被胁未久即欲改邪归正者，本部院仰体朝廷宽大之恩，均准网开一面，予以自新。如再执迷不悟，甘心为匪，仍敢聚众焚杀抢掠扰害良民者，务即派队严行剿捕。尔等如知该匪踪迹，立即详明报官捉拿，一经讯实，分别给赏，决不株累。如敢匿匪不报，一经查实，即照土匪乱民惩办，决不姑宽。其各凛遵。

代行。

十一、德州禀十六

教民反教。

十二、平原禀十六

并无冒充义民滋事。

十三、茌平会禀徐鋆，十六

督团格杀拳匪二名。初七外匪入大张庄，截杀教妇二口，督团格杀匪二名。

十四、莘县会禀徐鋆十六

并无外来拳教惑人。

十五、郯城禀十六

地方紧要，请拨队巡防。

十六、邹平禀十七

英教士聂德华、医士巴德顺等，于五月廿六、卅等日由小清河赴烟。

城乡房屋以及教堂共三十余座，多系华式。城内新筑大礼拜堂一所，系华式，高七八丈。又黄山前有医院一所。

十七、沂水禀十七

城西北三十余里王庄有教堂。德教士文安多至莒州。

十八、蓬莱禀二十

狄考文、伟利美森带同女眷幼孩，于十一乘轮开赴烟台。

又禀十九：美教士路思义、海雅西、文约翰、聂会东、吴姓教士，带同各眷属，于初六、七、八由日本兵轮赴烟。

十九、黄县禀十七

美教士浦其维、司提反，携眷于初六由登赴烟。法教士田安民尚未动身。

又禀：外匪吞符诵咒尚无。

二十、按察司详十六

马教士院控茌平徐令扶同拳会。

二十一、朝城详十八

教士佛尔璞于六月初四赴坡李庄。

二十二、安徽徽池太广道申

芜湖英领事麦迪莫来【函】，英女教士廉福爱、廉德爱二名赴安徽、江苏、浙江、山东、河南游历。

二十三、安徽巡抚咨十七

英教士赖恩赐赴山东、安徽、河南、湖北、江西、江苏等省游历。

以上代行。

二十四、濮州禀廿二

【批】：据禀遵饬缉办匪徒缘由已悉。本月二十一日恭奉谕旨：近日各处土匪乱民，焚杀劫掠，尤属不成事体。著即查明实在情形，相机剿办等因。钦此。仰即钦遵查照，会督营团认真查办，以安民业而靖乱源。缴。

二十五、济宁州禀二十二

风闻已设拳厂多处，明目张胆，白昼演与人看云云。廿日以后，闻有曹州一起会匪，约有五六百人，从济宁偷过，旋即北去。

【批】：据禀查明境内尚无会匪缘由已悉。本月二十一日恭奉谕旨：近日各处土匪乱民，焚杀劫掠，尤属不成事体。著即查明实在情形，相机剿办等因。钦此。是匪徒扰害闾阎，久邀圣明洞鉴。嗣后倘再遇有此项土匪乱民窜入境内，煽惑滋扰，仰即会督营团认真查拿，从严惩办，以戢凶暴而靖地方。缴。

二十六、城武禀周家齐，二十二

定、巨等县多有匪徒聚众滋事，渐有窜入县境者。时或纠领数十人、百十人，借仇教为名，在边境一带游弋，要挟多端。偶不随意，抢架勒赎，无所不为。

【批】：据禀已悉。本月十一日傍晚，马庄教堂被焚，由官暂行看管，并劝令教民悔教，仍是隐寓保护之意，亦并非真正查封充公。本月二十一日恭奉谕旨：现在兵事未弭，各国洋商、教士在通商各埠及各府、州、县者，按照条约，一体认真保护，不得稍有疏虞。至近日各处土匪乱民，焚杀劫掠，尤属不成事体。著即查明实在情形，相机剿办等因。钦此。业经恭录通行。仰即钦遵查照，妥慎办理。细阅来禀，据称该匪或纠领数十人、百十人，游弋过境，要挟多端，稍不遂意，抢劫勒赎，无所不为，地方盗命案件因之而多等情。是该县境内必已迭酿焚杀抢掠案件。现当奉旨严办之际，应即将匪徒滋扰各案，详加勘验，据实补报，以便酌量情形，转饬相机剿办。毋得稍涉宽纵，致滋贻误。该县兵力单薄，亦不以寻常盗案相混也。切切。此缴。

二十七、馆陶禀二十二

该匪等蜂屯蚁聚，执持枪械，猖獗愈甚。以前止强索硬取，目下则恣意剽掠，甚至放火伤人。居民徙避，又复沿途截抢。加募勇队，新旧共六十名，现经捐廉，并饬绅商捐助的款，迅将紧要团防事宜充实整顿。

现又窜入西南之南馆陶、正东之大章堡、汪家堤等处一带。十二三两日，据各庄民米富荣十数家呈报，被匪入室搜劫一空，拒捕伤人，并放火烧死米富荣三岁幼女。

典史苏宗柱带马步练勇在城西南范堡、窝头等村，率领团兵，当场拿获土匪谭宗顺等十四名、马五匹、枪炮器械多件，派拨团丁六十名护送到案。当经分别给赏。

【批】：据禀已悉。该令捐廉添募马步勇队，交由苏典史宗柱率领，并督同团兵、团丁等，在范堡、窝头等村，当场拿获土匪谭宗顺等十四名，并马匹枪械等多项，办理甚为妥速，殊堪嘉慰。该令著记大功一次，苏典史著记大功二次。并加赏银二百两、功牌六张，查明在事出力弁勇、团长、团丁，分别给赏，以示鼓励。功牌随批印发。此项赏银，先由该令垫给，一面备文赴善后局请领归垫。土匪谭宗顺等，焚杀良民，抗拒官兵，法无可贷，讯明后即按照土匪章程，就地正法，以昭炯戒，仍照例录供详报。前于本月二十一日恭奉谕旨：各处土匪乱民，焚杀劫掠，不成事体。著即查明实在情形，相机剿办等因。钦此。业经恭录转行。仰即钦遵查照，境内如尚有此项土匪乱民盘踞未散，迅即会督营团，认真剿办，毋稍宽纵。并飞饬方统带致祥迅拨营队，驰往接应矣。此缴。

二十八、高密县禀廿一

【批】：据禀地方一切详细情形已悉。现当防务吃紧之秋，应由该令认真稽巡，以资得力，仰即知照。至于焚抢情形，本部院亦所洞悉。现当防务吃紧之时，应同该令认真缉捕，以资得力，毋庸汲汲求代也。

二十九、孙金彪禀廿一

六月十七，探有拳徒三十人由景州来德，当派钱令锡霖率所部一哨，潜赴河干伺候，拟半渡而击。嗣据宋牧面称，拳众仅三十人，内有幼童八九岁者二十人，声言邀其师兄入京；东昌人居多。十七晚十点钟在南关之南拿获梁成一名，又在附近墙林中拿获五名。

【批】：来牍备悉。前营前哨副哨吴彦斌著记大功一次。所获砍毁电杆匪犯梁成等六名，已饬德州宋牧讯明严惩。希仍转饬各营将弁，严密侦缉，加意防护，以重军报而维大局。此复。供招存。

三十、钱锡霖禀直隶候补知县，二十一

【批】：据禀已悉。准如所请。探兵马文郁、张振中、高瑞尤为出力，均著赏给六品功牌；于连三、陈华堂、郑文祺、王寿林亦甚出力，均著赏给七品功牌，以示鼓励。功牌随批印发，仰即具领转发。仍造具该官员等履历、清册，呈候汇咨。缴。

三十一、兖沂道禀二十一

【批】：所议甚属妥善，已分别咨行遵办矣。仰即会督营县随时妥为防范弹压。缴。

六月二十四日

一、【电美英法领事】

烟台。美、英、法领事台览：据莱州府县查复，尚无勒令反教及刑责情事。告示现已收回，仍照约一体保护。掖县所押教民二人，亦已饬令开释。该县办理有不合之处，殊为歉仄。抚院袁。印。

二、【电袭守等】

莱州。裘守、璬令同览：祃获两电均悉。所押刘维廉、丁立楣等，即酌量开释。〇。敬。印。

三、武城禀廿四

拳匪盘踞运河以西者千百余名，而瓦子庄、塔坡等庄亦有千余名，声称攻打十二里庄教民。教民将阖邑在教壮丁收集该庄，守御颇固。拳众往攻，无不死伤退败。教民因拳众屡败，领队在各庄打粮，任意焚杀。以十二里庄为巢，聚则坚守，散则掠民，以掠杀良民为快。

【电方统带等】

武城。方统带、袁令同览：廿二禀悉。不分拳教，但有真正挟制官长，焚杀良民者，即行剿办。惟现奉旨保护教士、教堂，如教民专只聚众御拳，并无焚杀良民情事，则不可孟浪从事，恐滋口实。望确查妥办，仍电复。〇。敬。印。

【批】：据禀已悉。土匪冒充拳会竟敢入城焚杀良民，强借号马，又赴营逼借枪械，似此种种凶悍，该统带等如何不率队剿捕？本月二十一日恭奉谕旨：各处土匪乱民焚杀劫掠，扰害良民，尤属不成事体。著即查明实在情形，相机剿办等因。钦此。业经恭录转行。仰即会同防营钦遵查照，迅即督队剿办，无任疏虞。

据禀有十二里庄教民恃有利器，掠杀良民，果系实在情形，亦应一并捕治。惟现奉谕旨，著保护各州府县教士、教堂，该教民等如仅止防御匪徒，并无焚杀良民情事，则应设法解散，不得孟浪从事，致滋口实。该令等务即遵照电饬，确切查明，分别妥办，以弭后患而靖乱源。并由该令迅移方统带知照。此缴。

四、复曹镇

觐宸仁兄镇军大人：两奉惠书，并密函二件，均已收到。借悉台从已抵曹州，甚慰。承示茌平一带均有匪踪，现已派队前往巡缉矣。田玉春以一吏胥，而敢勾结土匪，谋毁教堂，实属胆玩已极。微麾下布置，饬派管带防范严密，指挥侦查，得以将匪众拿到。所以为曹州福者，固不止折一兵，公之造福该曹民者大矣。现在土匪充斥之时，拟严办首要数人，以资镇慑，具征硕建精详，甚为佩服。昨奉廷旨，亦以各处土匪乱民，焚杀劫掠，不成事体，饬即相机剿办等因。当经恭录分别咨行，希即会商郡守，遵旨认真剿办，以安良善而靖乱源。

公□固不啻大旱之沐甘雨也。

前函拟出示严行拿获冒充拳会之土匪，并剀切劝谕解散胁从，亦是恩威并济办法，希即酌量办理。弟处现亦拟出示谕禁，俟撰就当咨送尊处。盖剿办乃万不得已之举，终恐所伤过多，先以文告谕告之，俾其互相劝勉，或可改过自新。其不改者，则从而刑之，虽死不怨杀者，是亦与麾下严办首要数人之意相合耳。敝处需用马队甚急，能从速募齐最善；否则先就贵部挑拨，随后再行募补亦可。左翼防军马队拟照先锋队章程加给饷项，应即照办，以资得力。仍希分别补其公牍，以便存案。

天津于十七日失陷，裕、宋两公移驻北仓，夏庚堂已过德州，飞饬改道河间，率以入卫。行军车辆章程，亦已饬令拟现又议矣。

昨接密示已悉。该出使各国大臣于英、俄、日、德、法、美等国分递国书，各国回电词气亦极和婉，均以辑睦邦交为言。似此情形，大局或可转圜，惟收束恐不甚易易耳。专此布复，只请勋安。

五、【电朱钟琪】

潍县。曾令代收，专马探送朱守收览：现委阁下代理青州，速即赴郡接印，以便筹办各事宜。毋迟。○。径。印。

六、清平禀廿四

先锋马队后哨尹裕水带十名勇驻县城。十五午后，百余匪由博境三空桥窜入魏家湾距城三十五一带，有砍毁电杆情事。自魏家湾起至十里井庄止，共电杆百十五根。此股匪徒多窜入赵官营、戴湾各庄。梅令亲往开导，该匪向临清一带奔窜。自赵官营、戴湾起至二十里铺止，共毁电杆百〇三根。十七，窜至丁马庄距城三十五里，抢劫平民丁永远家衣物，经团丁追回原赃。十八，又在家坊游弋，尹哨官马勇上前获匪犯刘金春、滕连和、曹魁选、赵安康放回博平开释，“替天行道”大黄旗一杆。余匪四散，均系博平人。

博平沈官屯人孙庆有、大刘庄人刘玉臣、尹庄人尹东海，均系头目。刘玉臣在博平李桥宣元始天尊神像，制造“替天行道”黄旗，到处滋扰。

【批】：据禀拿获土匪刘金春等，讯供分别惩办缘由已悉。该令会同尹哨官裕水、范把总景山在家坊一带拿获抢劫良民、砍毁电杆之土匪刘金春、滕连和、曹魁选、赵安康四名，并起获令箭、令旗、刀枪多件。提案讯明刘金春、滕连和、曹魁选三犯，实系当场拒捕匪徒，禀由东昌府恭请大令，即行正法；赵安康一犯，被逼同行，并未抢劫，亦并未拒捕，情有可原，遂即开释，办理尚为妥速。该令暨尹哨官、范把总各记大功一次。出力勇丁赏银一百两，功牌四张，以示鼓励。功牌随批印发。赏银由该令先行垫给，随即赴善后局具领归垫。并会同左汛暨邻近州县严拿匪首刘玉臣等，务获究报。所毁电杆，赶即会同电局筹修。

再，嗣后遇有此项土匪乱民扰害地方，应钦遵本月二十一日谕旨，迅即会同营团，赶紧剿捕，毋任稍延，致滋贻误。即如此次，该匪于十五、十六、十七三日迭扰魏家湾、十里井庄、赵官营、戴湾、二十里铺、丁马庄等处，延袤凡数十里，何以不赶紧捕治？迨至十八日始捕之于家坊，未免稽迟。本部院善善从长，故不肯十分苛求。然以该令职守言之，见匪即须剿办，剿匪愈速，则乡民受害愈少。为牧令者安能不见之于此。缴。

七、金乡禀二十四

会同城汛把总冯寿椿、右翼防军后营后哨哨官邱鹤升。六月十五，武城刀匪二三十人至鸡黍集，闻欲分窜。十六日到田口庄距鸡黍集七里，距城二十五里，有刀匪百余人，赴教民李运举家抢掠，并入教【民】李瑞勤院内取街上摊晒麦粮。督团往捕，匪开枪轰伤民妇李赵氏一人。邱哨官登时率队格毙一名，枪伤数名匪犯贾建荣头颈两伤一处。韦令与冯把总驰至，追获匪犯肖心荣游勇等十四名。

【批】：据禀已悉。该令会同邱哨官鹤升、冯把总寿椿率勇役团丁在田口庄缉办，匪徒胆敢开枪拒捕，当场格毙匪犯一名、格伤数名并拿获肖心荣等十四名，办理甚为妥速。该令暨冯把总寿椿著各记大功一次，邱哨官现据该令禀称，首先出力，著记大功二次。出力之勇丁团丁，共加赏银二百两、功牌四张，以示鼓励。功牌随批印发。赏银由该令垫给，随即赴善后局具领归垫。匪犯肖心荣、贾建荣、于振海现经讯实抢劫民财，抗拒官兵，于振海并供系游勇，应照土匪章程，均即就地正法，毋须归州审办。仍照例录供详报。刘大小等十一名，均非甘心为匪，准即重责递县讯明，如无为匪不法情事，取具的保管束。仍会同营汛暨邻州县一体协拿此股逸匪曹景元等，务获究报。缴。

八、钜野禀廿四

李家庄民人李体固家被匪滋扰白布三匹、白布小衣裤各一件，余物夺回。驰往围捕，调集团丁捉获拳匪刘巧郓城徐堌屯、刘法郓城王堌屯二名，从徐堌屯人郭其芝学习。余匪带伤逃窜。

【批】：据禀已悉。该令督同营团拿获冒充拳会抢掠良民之土匪刘巧、刘法二名，缉捕甚属认真，著记大功一次。见批印发功牌二张。并饬善后局核发赏银五十两，由该令备文具领，查明出力勇团，分别给赏，以示鼓励。正犯刘巧、刘法肆意抢掠，甘心为匪，应照土匪章程，均即就地正法。仍严缉逸匪郭其芝，务获究报。缴。

九、武城禀廿二

十四日，拳民烧大盐村教民房屋。十七八烧掠吕滑庄、吕洼、徐窑庄、潘庄、杨庄、董庄、草口庄教民七十余家，杀死民教已知者二十余名，勒令督销盐局保放私贩，逼东字营，且有令县开库放钱之谣。二十午后，突来千百余名，声称攻打十二里庄教堂，即在西关外山西会馆聚集，并入城焚烧东门里教民房屋十余间，杀死反教教民二名，向县官立索马匹、刀械，盘踞如故。

十、为札饬严办事。案准孙镇呈称：窃于六月至合并声明等情到本部院。据此，查前据该令迭次禀请派拨兵队，驰往协缉。当经照会孙镇，饬派右路后营彭管带金山督率所部前往。迨抵境后，该令□云该匪并不与良民构怨，有方统领派来一哨在彼弹压，尚称安谧等情。该营遂于十九日二更回防，而该县又恳孙镇调赴一营，常川驻扎。一面又禀报本部院云，前营所拨之彭管带应拨队伍已为恩县截留，并未下县布置。前后禀词歧异，已多不实不尽，尤可异者，先据称并未与良民构怨，而二十一日禀中则云杀死。详阅前后各禀，相去不越十日，始则诿为无匪，越五日则认为有匪矣，然但只扰教，而不扰民。再越三日，则扰教之匪且扰良民矣。再越一二日，则不但扰教者扰民，而被扰之教民一旦从而扰民矣。再越一日，则所谓扰教者不但扰民，而且挟制官长。先则故作镇静，后则过于张遑，而其实只是惯以巧作伪语，不办真事。无营队则请派拨营队，有营队则又谋一队，缉捕之责，尽诿之于防营。彭管带到防未久，即日开拔，不及会商布置。而方统带率队继至，似可以会同商办矣，何又任匪烧大盐村，抢吕滑庄、吕洼、徐窑、潘庄、杨庄、董庄、草口庄，戕害民命无数，焚烧房屋无数，甚至纠众入城，勒索刀械，逼放私贩。即该令亦迭为匪徒所窘，而终一筹莫展。是亦责于统带未布置乎，抑有从而截兵者乎？畏葸无能，已足误事，参以庸惰，则又何以以补。□□更多，似此昏愦糊涂，若不量予惩处，其何以肃吏治？应将该令先行摘去顶戴，勒限半月，会同该营认真缉捕境内匪徒。倘再因循推诿，率行饰讳，定即从严究参，以为玩忽令申贻误地方者戒。仍即据实明白禀复。

十一、为出示剀切晓谕事。照得直东两省，近年有一种奸民创立私会，潜习邪术，妖言惑众，冒充大刀会、义和拳。其实此辈并不习拳，只是专以演诵符咒能避枪炮，可以保卫身家。乡愚无知，或一人立会敛钱，开厂聚众。入其会者、附其厂者，必先令祀神诵咒。旋而谬言神灵附体，舞枪弄棒，若疯若迷，其技遂成。而其所祀神则如王禅、杨戬、武松、马超、黄飞虎种种怪诞不经之名，并有老祖师、大师兄、二师兄诸位号。论尊卑则以入会之先后、纳资之多寡为差。直东两省各州县村庄，几于无处无之。上年本部院到任后，严行拿办首要多名，并迭经出示剀切劝谕，被胁愚民始陆续解散。而直隶则传习如初。迨至本年春夏间，邪会愈立愈多，匪徒亦愈聚愈众。自天津、河间、保定一带，遂成燎原之势。自封忠义，谬诩神奇；名为闹教，实则扰害良民。乃至窜聚京畿，抗拒朝命，恃众拒官，统将被戕，入城纵囚，守令被胁，镇属州官商民无不受其荼毒。甚或焚劫之案，岁不可以数计。甚至借端构衅，入召外兵。该匪徒等群集天津，名为助战，而五月二十一日大沽失守，本月十七日天津失守，该匪等始终并未出战。其有出战者，均于头上缠黄巾□巾，腰系红袋并佩一黄符，为首者率众向东南方叩头，口喃喃诵咒作法，即谓可以掣敌。而敌各枪炮交作，仍轰死匪徒无算。贻误大局，罪难悉数。

东省临清、武定、东昌、曹州四属匪徒，仍又复聚集滋事，迭据各州县禀报，纷纷抢扰地方，焚杀良民，言之殊堪痛恨。本月初五、二十一两日，恭奉谕旨，严拿冒充拳会滋事匪徒，暨各处土匪乱民，严行查拿，相机剿办。均经恭录出示晓谕在案。本部院现统马步劲旅，于此等妖言惑众之匪，何难悉数歼除，惟念其中多有良民被匪煽惑，如不剀切劝谕，分别究办，未免池鱼殃及，所伤滋多。本部院爱民惜众之心有所不忍，因特再行出示剀切晓谕阖省军民人等及被匪诱胁者，一体知悉：尔等须知，例载凡妄布邪言，书写张帖，煽惑人心者，为首者斩立决；为从者皆斩监候左刺。又凶□招徒纠众，商谋计图抢财，放火烧官民房屋，并到市镇人居稠密之地，已经烧抢夺财物者，均照强盗例，不分首从，拟斩立决。定例何等森严。山东本为礼义之邦，孔孟教泽久贻，迄今未堕。《论语》载明“子不语怪力乱神”。《孟子》亦有“正人心，息邪说，讵诐行，辟淫词之说。尔等既读孔孟之书，亦当遵孔孟之教。如该匪等□□谬妄，总不外乎怪力乱神，而其邪说诐行，亦实于世道人心大有关系。孔孟所不为者，而该匪为之，是为悖圣。王法所不容者，是为犯法。自示之后，务各父诫其子，兄诫其弟，勉为良善，毋再为妖言邪术所惑，至蹈法网。倘再甘心为匪，定即遵旨派营队驰往查办，按照定例，从严缉办，决不姑【宽】。

十二、庚堂仁兄镇军大人麾下：顷奉惠书，借悉大旗已抵沧州矣。昨闻天津失陷之信，极为忧愤。当即电知麾下，改道河间，入卫京师，并附片陈奏在案。今午恭奉廷寄，又令麾下率所部仍赴天津，会同北洋诸军，以图规复。故不另具公牍，希即钦遵查照办理。惟天津既为敌据，我军势难以孤军转战而前，惟有先在沧州与梅筠如军门熟商，由青州、静海之间，取道文安大城以达天津北仓，俾中途不与敌遇，庶可养此精锐，以图规复。静海距天津甚近，当有敌骑侦查，贵部沿途多派探兵，勤探勤报，相机前进，但能由间道以抵北仓，会合诸军。是为第一难差。但不知裕帅等能回守北仓否。北望析津，忧愤至极。天暑道远，祈能为国珍重，不书所裁。

六月二十六日

一、海丰陈令、张勋会禀廿三

北营地方距城六十里，均系回民，共二百余家。该处本多马贼。

十七日上午，盐山、庆云假拳匪聚三千余人，围击北营，夜半竟遭焚戮。率领前后两哨，四更至该庄，拳民窜回庆云。尾追毙十余人，余均逃匿。共焚毁房屋十分之八，杀大小男女三百余口，三尺幼孩亦被诛戮。抢去牛驴粮食衣物无算。筹借京钱八百千抚恤。

【批】：据禀已悉。查知盐山、庆云土匪攻掠北营，惨杀甚众。经该令等督队驰往搜捕，格毙悍匪多名，余匪窜逃，并筹款分别散放急赈，办理尚为妥速。北营被匪焚抢一空，困苦情形可以想见，自应酌量加抚。仰即查照，即行筹款，派员散放，以示体恤。仍会同防营严缉此案匪徒，从严究办。缴。

二、海丰陈令会禀廿四

请饬张管带暂缓赴沧州。

【批】：禀悉。沧州如尚安静，即暂驻海丰，饬令酌量办理。行张管带矣。仰即知照。

三、海丰陈令会禀廿五

【批】：禀悉。现据张管带禀报，已率所部由乐陵开回海丰矣。仰即会同认真巡缉弹压。缴，

行张管带。

四、张勋禀廿六

二十二日由海起程，二十三至任家桥，距海丰四十里庆云地界，见拳匪四千余人，有马四五十匹。相持一点钟，单骑向前呼匪首至前答话，匪首下马请安，并排队相送。九点到乐陵。

【批】：禀单俱悉。现在海丰情形既较乐陵更为吃紧，应如所请，仍率该营暂驻海丰巡缉。该管带在任家桥晓谕匪众，暨到乐陵筹布一切事宜，均甚妥善，殊堪嘉慰。并与乐陵马步各营互相犄角，可以壮声势而资得力。北营庄如有大股外匪再往劫掠，应即率队痛剿，借资惩创。此缴。

五、张勋禀廿三

十七日率队回往北营捕匪，击毙二十余名，带伤者不计。乐陵中兴店一带匪多，三间堂为咽喉，去后为匪踏平，遂为匪据。拟于二十四日密出八成队，往中兴店及西北一带村庄走队。

【批】：据禀单均悉。该管带率队毙捕匪徒甚属得力，应记大功一

次，以示鼓励。现悉该州吃紧，又经印委一再禀商，仰即督队暂驻海丰，认真追缉。俟有外匪再来窜扰，务即督队严密究拿，毋任远飏滋祸。缴。

六、恩县禀廿一，此禀另抄，尚未细阅。

【批】：据禀已悉。勿论民教挟何仇怨，犯何罪名，均应禀官诉断，断不准其纠众擅行杀戮，迭经严行谕札在案。如敢违抗，即系乱民。杀人放火、聚众抢劫报复均有明律。土匪拒捕，格杀勿论。本月二十一日恭奉谕旨：各处土匪乱民，焚杀劫掠，扰害良民，尤属不成事体。著即查明实在情形，相机剿办等因。钦此。应即钦遵查明，遇有此项乱民土匪，即行遵旨，会同防营严密剿捕。一面出示剀切晓谕，解散胁从，以宽济猛。是在牧民者悉心国事，无不知其然也。缴。

各庄拳匪，按庄开具姓名，俾有稽考。县境西北均以运河为界，电杆之拔实由故城王令开释一奸僧而起。僧本籍山东，自幼在城某寺出家，去年不知因何收禁。六月初，有拳会多人拥至该县，挟制多端，亲至监门见该僧，约同行。僧初狡婉谢不去，王令虞其生变，示意取保。闻其当堂省释，该僧狂悖无状，王令无可如何。三数日内，滨河电杆拔毁殆尽。该僧现已逾千人，游弋故城边境。

西南乡三十五里有一华觉寺，门临大道，为湖路赴津必由之所。前次拳匪过留于此。十三日，忽南来拳民数十至寺附近黄庄，与教民斗。教民死三伤二，拳死二伤一。十五日又有拳三起自东来，多三十余，少亦十余，分住东南北三关厢，北上不停。北关一股行至二里外，将教民王立山夫妇杀死。

七、武城禀廿三

兹有二百余匪盘踞郑家口故城境内，间有过河在县境内游弋。十四晚，大盐村距城三十五里有匪二百余，入村抢掠教民刘学思、王文泽，并刘学思之戚王万年衣物粮食，焚烧门窗器具。刘学思并其妻刘马氏，其子刘双荫、刘振江，子媳刘王氏一并杀害。匪往西南而去。

【批】：据禀已悉。该县境内迭出焚抢重案，实属捕务废弛，应先记大过三次。勒限严缉此案凶手，务获归案究办。仍将勘验缘由照例详报。缴。

八、禹城会同龚元友禀廿五

六月十二日到防。初四、初六等日抢姜庄、苗家林教民姜文选等家两股匪徒，均已闻拿出境。

十四日，县境张里店反教之民李文魁家有被匪焚掠勒赎情事。在王家坊拿获匪徒八名，又搜获五名。

大冯庄民任安荣，于初五日被此股匪徒入室，将伊捆缚，勒索纹银四百两始行放回。现闻获匪补报。

访查张尚业系属首犯，王逢一七名被逼附从。张二仔等五名皆年幼，且均有人具保。刘兆吉并有公正绅士具保。

【批】：据禀已悉。曹帮统等赴王家坊捕拿匪徒，该令现在各庄整顿保甲，何不驰往会同缉办。迭经解犯到县，饬令提案严讯，迟延旬日之久，不能细心推鞫，仍以饬府提审等词巧为搪塞，殊属荒谬！案未讯明，冒昧求奖，况以当场拿获之犯，不能明正其罪，反而纵匪徒纠众报复，是其庸懦无识。仰再提集该犯张尚业等八名，分别研讯，务得确情，照章拟办。毋稍枉纵，致干重咎。孙九仔等四名，该令现禀请保释，亦可照准。惟嗣后该犯再滋事案，必将具保之人提案一并科罪，即该令亦难置身事外也。此缴。

九、朱守钟琪禀廿二

【批】：据禀筹办潍县团练情形已悉。所拟章程八条，均甚妥善。已饬登、莱、沂、武等府一并酌量地方情形，查照办理。该守现代理青州府篆，仰即督同所属各州县，认真筹办，以别良莠而壮声援。拟请拨勇一营或二三百人，即由该守统带，以资巡缉之用，应准照办。团练关防，已由善后局径发矣。仰即知照。缴。

十、禹城禀十五

【批】：据禀密抒管见缘由已悉。无论如何办法，总须州县官不避劳乏，实力奉行，庶几于事有济。否则纸上空谈，陈陈相因，所谓祸胎存于无形却治于有形，未□不止也。

十一、张星源禀廿二，济阳

【批】：据禀查看济阳、齐东、惠民各县情形，并商办缘由均悉。仰即会同各该地方官认真劝督，妥速查办，务将一切实在情形详晰禀复，以凭核办。毋得扶同徇隐，徒以循例会禀了事。此缴。

十二、为札饬事。照得本部院访闻该县境内多有十数岁幼童念咒请神，倏即附体，持棒舞刀，神去即倦。彼此传习甚广，父兄叩头，并不禁止。有云系利津沱船上人所传，又有云系由直隶之盐山、庆云传染而来。不及一月，遍地俱有。究其传教之人，亦无知者。然有赴庆云之黑牛王家庄挂号者，据云若非正神，彼处不收。彼收者仍须用功，初次试刀，二次试枪，其术乃成等情。查例载，妄布邪言，煽惑人心者，为首者斩立决；为从者斩监候。定例何等森严，该匪徒等以此诱惑幼年，致入迷途，殊堪痛恨，亟应查拿究办。其父兄家长，究有约束子弟之责，纵令为非，查明亦应并坐。该县等身为民牧，境内民人，传习邪术，妖言惑众，不知查拿，实属有忝厥职。应即勒限一月，一律确查严禁，以挽颓俗而弭祸源。除分行外，合亟札饬。札到该令立即出示晓谕劝禁，并责成庄长及各家之父兄，应亦严加约束，不得仍前稍纵，亦不得任差役地保借端扰累，致干并究。仍将遵办情形克日报查。缴。

十三、惠民县禀张星源，二十六

暂行筹款练勇四十名，捐廉制备旗帜、号衣、器械。

【批】：禀单均悉。海丰、乐陵现在情形均甚吃紧，后路左右两营分驻该两县，一时不能移防。该县已募有练勇四十名，武定曹守又募步队两哨、马队一哨，暂时可资巡缉。如有大股外匪窜扰，再行随时商调左右两营驰往接应。至平时查办匪案，全在印委不避艰险，亲赴各乡督同绅耆庄长，挨庄稽查，剀切谕禁。有阳奉阴违者，查实即治以应得之罪，不稍姑息，庶可惩一儆百，相率不敢再犯。否则愈姑息愈恣肆，迨至用兵剿办，则伤者更多，贤有司当不出此。缴。

十四、武定府禀廿六

六月二十三傍晚，利津各处教民聚有数百人，自蒲境三义而来，并闻山洼地方，外来教民有千余人，定于二十五日起事，均来利邑抢掠，亦有云与拳匪复仇者。三义在利津西南，距城三十余里。山洼在西北，系沿海苇地，距城百余里。反教教民孙在田，于今日被拳民捉去杀害。

【批】：据禀已悉。仰候飞饬曾守驰往查看情形，据实禀复。无论是拳是教，但有抢掠行凶、抗官拒捕者，即照土匪例严办。仰即知照。缴。

十五、武定府、曾守会禀廿六

会查阳信情形，地方业已平稳。阳信教民最多。

【批】：禀悉。已饬后路左营张营统奉先仍驻乐陵，后路右营张管带勋仍驻海丰，随时防范协缉，不必拨赴阳信分扎，可期兼顾。仰即饬令曾守启埙知照。缴。

六月二十七日

一、裕长奏

派队缉办运河两岸匪徒。

二、廷寄二十五日奉旨

咨孙镇，行方统带，戴、彭、钱三管带。

三、札饬滨州摘去顶戴

行两司、利津县、武定府、张牧星源。

四、复孙绍襄：匪不来洋自不来，先剿防匪为要。宋牧偏于慈惠，误事。

绍襄仁兄镇军大人阁下：二十四、二十六两日所寄书均已先后接到，备悉硕画周详，荩筹精密，甚慰甚慰。德州密迩津沽，是为东省北路门户，筹办防务自宜慎重。然其要仍在先缉办内地匪徒。匪徒不来，洋兵亦不至分道东来，是内匪即万万不可不防也。薛家庄股匪，已据宋牧禀报。其意仍以一经痛剿，即恐糜烂等词推诿迁延，而又以添拨营队为请。现防东、西、南三路吃紧，无队可拨，即使拨往，该牧一味偏于慈惠，动辄掣肘，亦必误事匪轻。前营拿获之匪犯刘平、赵瑞田、张得明等三名，来禀亦未声叙。业已分札饬令严讯速报，断不任其姑息养奸，以误大局。当此时事艰难之秋，惟冀二三同志不避劳怨，共挽危局，不但鄙人拜公之赐，即全省绅民亦馨香祝之矣。武城袁令畏葸偾事，昨已严札申饬，摘顶记过，不知尚能愧奋否？钱令拨队赴武城会剿，未可久留，事竣即饬速回。承示暂留右军右翼第一队张领官允泰驻扎德州，合力防剿，已行龚分统查照办理。麾下先拟率队亲往小史庄缉捕会匪，是为上策。尚道宋牧等，商同州署，派人剿捕，亦是持重办法，惟匪等甚狡悍，恐未必招之即来。现在武定之利津、海丰，临清之武城、邱县，均甚吃紧，一时实无队可拨，只可随时调拨小史庄一队。如能□□□所获，□□办竣固善。否则俟钱令回防后，仍请麾下酌派队伍往剿。德州伏莽甲他邑，而又毗连直境，如不赶紧捕治，万一勾结外匪，必致滋蔓难图。此中消息，除麾下而外，而能共鸣者再无其人也。所存各炮，如不能用或不习用，留亦无益，已饬宋牧代雇大车，迅将五十七密里、三十七密里各炮运送省城。八密里二口径快炮二尊，祈即收留备用可也。

行德州，讯匪刘平等。行龚分统，留右翼第一营左队张领官允泰驻德州。

五、德州禀廿七

【批】：据禀已悉。薛家庄匪徒虽经解散，而孙翼长报获焚烧小史庄案内之匪犯刘平、赵瑞田、张得明各供认随同师兄刘旺，带徒众二百余人，在小史庄杀死史姓夫妇二人。并称刘旺即系薛家庄人，是薛家庄与小史庄必系互相勾结。现在小史庄匪尚未解散，仰即亲往该庄设法劝谕，解散胁从，以期消患未萌。仍著交出滋事凶手，否则定当令营剿捕。曹州武城、恩县等处，互相勾结滋事，未据各县禀报，亦断不能因虞其勾结滋事，遂置焚杀重案于不问，迁就因循。直隶各州县之糜烂，即误于因循迁就居多也。请添拨劲旅数营，微论处处吃紧，无可分拨，即多拨数营，亦复何用，不过坐观该牧姑息耳。缉捕乃州县官分内事，州县商有办法而后防营可札饬办理。以宽济猛，寓恩于威，庶几曲尽宽容，保全甚多。如一味姑息养痈，则未有不焦头烂额者，□□□所以杀之也。前营所获匪犯刘平等三名，已交该县讯办，来禀何以并未声叙？应遵另檄与前获斫毁电杆匪犯一并报案，分别严讯讯报，毋稍延纵。切切。此缴。

六、方致祥禀廿七

后营派左、后两哨往邱、冠弹压。后营戴管带守临清。十八日，赴夏、武一路巡防，数百匪聚夏津城关，队至四散。二十至武城，拟移师冠、馆，办曲亭高、郑洛耀一股。

【批】：禀单均悉。武城土匪胆敢挟制官长，焚杀居民，是非土匪而何。本抚院迭次札饬各州、县、防营，但有冒充拳会，借端滋事之匪徒，即按以土匪章程，从严惩办。并恭录本月初五、二十一两日谕旨，通饬将吏一体钦遵，查照办理，而武城袁令犹一再请示办法。仰即遵照前禀批饬，迅将武城匪徒严行剿捕。一面会同袁令，设法解散胁从，并十二里庄所聚教民。应俟武城股匪办理完竣，再行移师冠、馆，缉办曲亭高郑一股，以免顾彼失此。至请领账房暨预支下月饷银一千两，均已札饬允行粮饷局照发。再各营每月应预支柴馈银一百六十两，即照章随饷一并具领。右营勇丁所需铺罩、单衣、油灶、柴米等项，不难借资挹注也。此缴。

七、严饬

请通饬临清一带各属，勿论是拳是匪，如有逗留内地滋扰情事，即准照土匪聚众章程办理。如听驱赴津沽者免究。

八、齐河禀廿六

禹城县小杨圈庄民杨怀玉投称，近邻杨成素习洋教，将财物挪寄别处。二十二，拳匪多人赴杨成【素】家，抢未得财，至伊与堂祖杨树家抢得钱物车牲，并将胞叔杨彩凤及杨树架去。喊同庄邻追捕至齐河焦寨漫坡，互相格斗，将庄邻王玉柱、李玉香、杨琴杀死，杨彩凤等已先逃回。

【批】：禀单均悉。该县境内出有抢杀重案，出事既不报案，又未缉获凶犯，应将该令先记大过三次。仍勒限一月，严缉此案凶手，务获究办。仍将验讯缘由照例录供通详。所请拨驻防营借资巡缉，现东北两路防务均甚吃紧，并已无营队可拨。地方官认真分别良莠，勤加巡防，实力劝谕，自可消患未萌，未可徒恃兵力也。此缴。

六月二十八日

一、阳谷禀廿七

二十三晚，匪从南关外五里地方经过，全营驰捕，匪猝不及防，分逃。获匪王振心、赵广生、王克起三名。二十四，匪在老庄聚五、六百人，焚烧教民王兴邦房屋，肆行抢掠。会同汛官金把总士太[1]，

---

[1] 此禀的批文为金士泰。

率勇团弹压，晓以大义不服，首先冲阵，指挥勇团夹攻，开枪轰击二时之久。生擒刘广田头目等四犯，从犯李二等十名，击毙十余名，轰伤多名。夺获大旗两杆、洋枪十四杆、旧枪四十八、春秋刀八柄。勇役俞东河等五名、团丁王者照等三名，身各受伤。刘广田、王三虎、黄黑、姜勤书范、观、濮、朝人就地正法。在逃毕文祥起意抢坡李庄，邀集三百余人，二十二在侯家楼会齐。毕文祥为总头目，在逃之张凤海、郑兰堂、孙姓为副头目，李二、张二麻、董马兴、张四、吴三、宋现畛、张继汶、王钰青、高二、王永恩同前获之王振心、赵广生、王克起均系胁从，分别递押监禁。

【批】：据禀已悉。该令督同勇团两次剿捕焚杀抢掠之匪徒，当场格毙十余名，格伤多名，并生擒匪目刘广田、王三虎、黄黑、姜勤书等四名，又从犯王振心等十三名，夺获刀械多件。提讯刘广田等四名，均系著名首要，当按照土匪章程，即就地正法。从犯王振山等十三名，讯系胁从，分别递解，饬押监禁。办理甚为妥速。该令胆识兼优，洵称贤能，著记大功三次；城汛把总金士泰，著记大功一次，分别注册。并加赏银二百两、功牌十五张，仰即查明在事出力勇丁、团丁，酌量分赏。功牌随批印发，填给后，仍取具该勇、团等履历造册，呈候汇咨。此项赏银即由该令先行垫给，随即备文赴善后局具领归垫。受伤勇丁、团丁，拨医调治，优加赏恤。一面出示晓谕阖县乡团，以鼓士气而昭激劝。仍严缉逸犯毕文祥等，务获究报。缴。供招、清折存。

二、馆陶禀廿七

【批】：据禀已悉。此案前据该令禀报，业为该令记大功一次，苏典史宗柱记大功二次，并赏银二百两、功牌六张。并饬将匪犯谭宗顺讯明，即行正法，以昭炯戒。兹据禀称，提讯谭宗顺等十二名，各犯均已供认焚杀劫掠，并抗官拒捕各等情不讳，当即按照土匪章程，就地正法。其黄光照、张为桢二犯，讯系被胁，并未随同抢掠拒捕，应与各团先后捆送讯系被匪诱胁之杜八等十四名，分别严行责惩饬押，俟地方平静后，再行取保开释。具见治狱检慎，应即如禀办理，仍照例录供详报。该令有胆有识，不愧良吏，著再记大功二次。苏典史宗柱勇敢有为，不避艰险，著再记大功一次，并行司注册，代理州县优缺二次，以示破格优奖。仰仍会督营典，饬令练勇乡团加意巡防，以弭后患而遏乱萌。缴。

三、沂州府禀廿七

费县匪徒四出抢掠，派武卫右军右营哨弁孙得魁带队二十骑，至费县弹压。派府队二十，分赴沂水、莒州等处巡防。二十一日，沂水方令禀，文安多由青岛潜回，并带有军火，令教民私自办团，请其暂避，禁止教民立团。兰山、古城等处亦有抢教之事。郯城、日照一带不相安。拟添募马勇二十、步勇二十，与前募四十，捐廉，武卫右军右营马军六十、步队六十。

【批】：据禀派队赴沂水等处弹压，并添募勇队各缘由均悉。禁止教民私自立团，仍照常认真保护，办理极中肯要。本月二十一日恭奉谕旨，亦谆谆以保护洋商教士为诫。勿谓民教，良善即当保护，奸莠即当捕拿，原无所用其区别也。沂水、莒州、郯城、日照等处，均不甚安静，即均宜设法弹压，而日照尤须加意防范。勇队不敷分布，自系实在情形。该府慷慨捐廉，固属好义急公，然亦不能持久。招募不少，且亦无济于事。仰即酌量添募马步勇队数哨，即由该守统带，准其作正开销。如须请领军装，俟募成后迅赴善后局具领，以资缉匪之用。惟须慎选得力将弁耳。将弁得人，州县官又能勇敢有为，和衷共济，土匪不难清也。此缴。

四、武城会禀廿六，委办武城分局盐经历张汝炘

入城焚杀抢掳驿马，并要挟盐局，指为某某欠盐账已还，某某巡应去，勒放盐犯李鸿如。

【批】：据禀已悉。该匪徒猖獗若此，犹不会营剿办，迭次借词搪塞迁延，殊属庸懦已极！仰即凛遵前批，会同方统带致祥迅速驰往剿捕，毋再稽延干咎。运防营本系巡缉私盐维持运务，应准分拨驻守，俟札饬运司转饬遵照。

五、粮道禀廿七

请添兵。

【批】：据禀已悉。现在东西北三路防务均甚吃紧，实无营队可拨。仰即督饬德州宋牧实力巡缉，设法劝禁，以期消患未萌。缉办内匪与筹防外患情形不同，全在地方官不避艰险，不辞劳怨，联络绅

士，会合防营，事事以身先人，便可消弭隐患，固不系乎兵力多少也。即如德州电线连损多次，是岂兵力多少之过，实地方官查办不力耳。小史庄股匪无多，应责成迅速缉办，愈迟则所聚愈众，一旦勾结外匪，势必滋蔓难图矣。此缴。

六、兰山县禀廿七

捐廉募马步勇丁百余名。六月十九日，汤家屯村教民尤梁安等，被王景善等纠党抢掠钱文衣物，尤振东、尤义全与王连魁之子王道士，并被殴伤。

古城村被匪纠抢，该庄长等轰伤匪徒十余人，内有四人立时因伤身死。

【批】：据禀已悉。古城村庄长率团拒御匪徒，当场轰伤悍匪十余人，甚属奋勇可嘉。应赏银一百两、功牌二张，以示鼓励。功牌随批印发。赏银先由该令垫给，一面备文赴善后局具领归垫。仰仍严缉匪犯王景善等，务获究办。并随时亲赴各乡，剀切劝谕，认真巡缉，以安良善而静地方。队伍一时不能筹拨，容俟斟酌缓急，随时抽调。并已批饬胡守就近添募矣。此缴。

七、德州电局委员候选县丞傅锡熊禀

行历城、齐河、禹城、平原、德州。

八、巨野禀廿六

田庄一带聚匪意图滋扰，格伤拿获李真一名，格毙匪徒三名；团长田殿杰调集团丁往捕，拒伤勇丁一名，捕役一名。

【批】：据禀已悉。该令督同团长田殿杰等，往捕田庄一带匪徒，当场格毙悍匪三名，格伤多名，并拿获带伤匪徒田真一名，办理甚善，奋勇可嘉。团长、团丁、该令著记大功一次，并赏银一百两，功牌两张，以示鼓励。功牌随批即发，填给后仍造具该团长、丁履历清册，呈候汇咨。赏银由该令先行垫给，一面备文赴善后局具领归垫。匪犯田真，讯系焚杀抢掠、抗拒官兵主犯，应即按照土匪章程，即行就地正法，以昭炯戒。仍照例录供详报。一面严缉逸匪靳传经等，缉获究报。缴。

九、武定府禀廿七

二十三日，北营庄回民报称，本日有直隶盐庆一带假拳土匪约三四千人，将该庄围攻。该庄妇女老弱均已先行逃躲，仅留壮丁约七八十人守庄不去。并探明先到之匪首系二师兄耿姓，率领三四千人，后到之匪首系大师兄杨姓，率领四五千人，先后约计万人。

【批】：据禀外匪窥扰海丰北营庄，暨请添拨防营各缘由均悉。前据海丰夏令等径禀，已饬张管带勋督率所部，由乐陵驰回海丰，相机缉办矣。仰即知照。缴。

十、宁阳禀廿六

风闻曲阜、宁阳交界九山一带，潜聚匪人数百之多。

【批】：据禀已悉。现在东西北三路设防，均极吃紧，一时实无营队可资分拨。仰即就近禀商兖镇，参照酌量情形，居中策应，以期兼顾而免疏虞。缴。

十一、张勋禀廿七

板挞营距此二十五里，火烧铺距此二十二里，均庆云界。昨探知该处各有二千余人，明目张胆，头带黄巾，声称至此报复。

惠民柳令云，有见拳民装束者数千人，由西南分起，在城厢内外，肆意往东北游行。或云至庆，或云来海，传说不一。

【批】：据禀已悉。海丰防务较乐陵吃紧，该营自应仍暂驻海丰。军情瞬息万变，即在该管带随时斟酌缓急，妥慎办理，以期兼顾而免疏虞。

十二、惠民禀廿七

二十三日晚，由北来义民拳民数百人，城门已闭，若辈欲入城，以黑夜不辨真假，理谕止之，次早[1]即住北关。次早派差查访，多本境人，均极安静。谕开城门。据称候接大师兄、二师兄来。午后有轿车二辆自北而来，义和拳民排队迎接，穿城而过，一言不交。至南关入店稍停，二师兄刘介臣即来拜会。身着黄道袍，黄扎巾，以红带束之，足穿方头靴。待以客礼，悉与大师兄王胜元均盐山人。探其来意，欲在郡扎粮台，南剿教民。次早往拜，伊辞未见。是日过午，已起身仍回盐山。

【批】：据禀已悉。匪势猖獗至此，直不成事【体】。该令既拟拿

[1] “次早”二字疑为衍文。

滋事匪徒，讯明正法，应即赶紧设法捕拿，以期惩一儆百。否则愈姑息愈恣肆，滋蔓延甚，捕缉更难。风闻近日来往该县城厢各匪实有二三千人之多，而来禀仅言三四百人，仍多不实不尽。新往挂号者，闻亦踵趾相接。应由该令督同兵勇严密侦查，以缉匪徒而清祸源。

十三、曾守启埙禀廿五：

滨州、沾化接壤之流钟口，闻有冒充拳民百余人，聚散无定。张牧星源已带队前往查缉。

【批】：据禀已悉。仰即查照前檄，驰往利津查看三义、山洼等处情形，据实禀复，以凭核办。仍随时严饬各州县妥速举办团练，以辅兵力而靖民心。缴。

十四、长清会禀李保祥，廿一

查办茌、长、禹匪徒。吴领官、张领官。

【批】：据禀已悉。仰仍随时会督营团认真巡缉，毋稍疏懈。并由该令移令李令保祥知照。缴。

十五、吴凤岭会禀李保祥

【批】：据禀会查茌平等县现无匪徒滋扰缘由已悉。仰即绕赴商河巡查，再行回省。长清梁官屯所获匪犯已饬张令严讯□报矣。此缴。

十六、阳谷禀廿六

十八日坡李庄迤南小教堂被匪焚毁，教民李长春并被烧伤身死。派出勇队协团迎拒，轰伤多名，格毙数名。

【批】：据禀已悉。仰将勘讯缘由照例录供通详，并移会营汛邻封一体协拿此案凶犯，务获究办。出力勇团，已于缉办老庄匪徒案内，一并核明奖赏矣。此缴。

十七、济南电局委员徐令懋昭禀廿六

【批】：已据禀通饬各属一体认真缉查，并据闻设立窝铺矣。应由该令移令各州县切实筹办，以维电路而重军报。缴。

十八、朝城禀廿二：

西南与濮、范、观城接壤，正西与直隶之南、乐、元城元县尤甚等县接界。十三四，外匪百十成群，在西南乡观城、南、乐边界游弋。捐廉募马步勇三十二名。距曹州镇二百里，中隔大河。

【批】：据禀已悉。咨令曹镇查办矣。嗣后如有大股土匪入境滋扰，当即会督营团，认真堵缉。一面禀商曹镇，调拨营队驰往接应，以纾匪祸而固边圉。缴。

十九、张奉先禀二十六

二十二，马步队同到黄街，马队先到，步队继至。马队诱敌出，即施放洋炮，轰毙匪徒二名，伤五名。黄街、张家店匪徒均退出。

【批】：据禀剿办乐陵西路匪徒情形已悉。仰即会同孟领官恩远和衷商办，认真巡缉，以挫匪势而固边圉。缴。

二十、黄县禀廿五

电谕以闻卑县有匪将谋窜，莱令即查明禁办。

马家疃拿获马瑞桨等，供称习拳，并未滋事，暂予责押，复讯明确，再行办理。

【批】：据禀已悉。仰即会同绅士筹办团练，以清内讧。一面督饬认真严拿匪徒，以弭隐患而靖民心。缴。

二十一、昌邑禀廿二

法教士山志高于十四日出境，合并声明。

【批】：据禀已悉。所议缉办匪徒章程八条，均尚简易可行。仰即不时驰赴四乡，督同庄长首事，认真稽查，实力奉行，以收实效而靖乱源。缴。折存。

二十二、昌邑禀廿二

高昌一带滋事，并抢公司车辆。

【批】：据禀已悉。仰仍会同协缉聚众滋事首要匪犯，务获究办。并妥为防范弹压。缴。

六月二十九日

一、高唐州禀廿一

六月十二日，有形迹可疑五六十人由西路窜入境内，自称拳民，赴在平大张庄攻打教堂。十三日早，将前曾入教之于保林父子掳走，旋托人赎回。

【批】：据禀已悉。仰东昌府转饬知照。缴。

二、日照禀二十

遵饬查禁邪书。

三、陈令毓崧禀十八

会办情形。

四、潍县禀十九

柳沟煤矿商人刘惠林等恳缓议章程。王凤锡（双桂堂）、刘惠林（保善堂）各出股本六千两。机器亦作股本六千两。

五、泗水禀十九

境内并无设有教堂。

六、高密禀二十，此禀另抄

锡乐巴中途被抢。

六月初二日，昌邑朱阳庄洋人雇双把手车五辆，推载箱囊器物，遣华佣赵寿山押送。是日上午，行至沂塘西刚及高密边界，昌民突然追至，抢去车物。武卫军赶到，昌民放枪拒捕，勇队亦放枪，重伤一人，昌民抬走，仍向昌邑南枝屯等庄窜逸。

下午，铁路【总办】锡乐巴由东关公司骑马东行，后骑至张家埠地方，乡民群趋观视，经东字营勇冲散。查获犯袁维坤等五人，及千里镜等件，究竟车上失去何物，未准知会。是晚，锡总办宿于距城十二里之鲁家庙庄公司局。三更有匪众放火，烧局内草房七间。守门之朱姓因呼唤不应，【被】洋人放枪轰伤致死，并毙一马。经庙内道士王教善与庄长地保人等，暨东字营勇先后趋至，将火扑息。匪众抢去局内物件，逃逸无踪。洋人给王教善京钱五千，嘱将朱姓尸身掩埋。次晨锡总办偕众工师纷纷赴胶。营勇查获乔壮柱等九人，并衣裤鞋袜等物。当时局内遗存木头卅二块、洋灰筒一、铁筒五个、破木箱三十七个、石炭数百斤暨木棍等件，均交王教善收存。讯犯供坚不承认。函知锡总办并将起获各物解胶转交。至东关公局，尚有存留物件，概行封锁。

七、高密禀二十

上月杪，西乡一带渐有蠢动。齐集绅士设法解散，一面婉劝锡工司停工。迨至六月初，两日之间，濠里啸聚，千百成群，驱逐小工，搜杀洋奴，动则施放枪炮，更欲劫夺孙汶。初五日，武卫军队由范家、邱辛庄应调行至柳沟河边，乃被横截。匪首雷步云佯为说合，允队放行，刚过半队，匪人枪炮齐施。康家庄之勇往救，合力捕拿，当场格毙数十名，雷步云亦戮在其中，生擒十数人送县。初六日，奉谕斩孙汶。又会同营队分赴西乡，捕治首要。所过村庄，均已安谧。起获枪械子药存库。

八、定陶禀十九

拳匪势将蠢动，分别良莠拟办。

九、恩县禀二十一

近日地方情形，黄庄习教之人较多，聚众拒守，不愿反教。境内沿运河一带电杆，初十日夜被匪窃毁。匪人自河北直隶而来，仍折回河北而去。

十、曲阜禀廿二

境内并无拳民、教民。

十一、沂水禀廿二

各处无美教士传教烟台美领事照称。

十二、济宁电报局禀二十

【批】：已据禀行司，分饬聊城等县勒缉匪犯矣。仰即知照。缴。

十三、夏镇咨廿八

定于二十六日由沧州起程入都。

复夏庚堂

庚堂仁兄镇军大人阁下：顷接惠书，借悉贵部已行抵沙河桥，距河间计已过半矣。西路军粮筹办不易，弟亦虑及于此，故有改道河间入卫畿辅之奏。不意二十四日甫出奏，而二十五又奉寄谕，著麾下兼程赴津，当经飞电奉闻，一面又□□奏复，迄今尚未奉到朱批。昨接鉴帅来咨，拟调麾下再回道入都，与弟前议亦不谋而合。惟前奉廷旨有毋得迟延，而弟折片又尚未奉到朱批，并不知鉴帅已入奏否，究系如何，一时似难遽决。故昨日咨复鉴帅，亦未能代定行止。应请麾下一面办粮探路；一面候弟奉到批谕后，即飞移麾下钦遵查照办理。或鉴帅处奉到谕旨，亦可就近商办也。师行于兹，并希随时遴派妥员，就近采办，以赡军食为要。

十四、禹城县禀廿五

六月十五日，匪犯王连官抢油坊桥庄民张俊士家衣服驴头，并烧毁木梁等物。二十二，齐河窜匪孙书红率五六十人抢小杨家圈民人杨青川、杨怀宝家粮食衣物，用大车装回齐河，并将杨怀宝之父杨彩凤、杨青川、胞叔杨自恕捉去勒赎。

【批】：据禀已悉。该县境内窜聚匪徒，不及焚旬迭日[1]，作先案重多起[2]，并将杨彩凤等抢架勒赎，殊属不成事体！应将该令抢〔先〕记大过二次。仍勒限一月，严缉各案匪犯，务获究办。并先将杨彩凤等设法查回，一面将勘讯缘由照例详报，毋稍稽延。缴。

十五、戈什孙发祥禀二十二到

长清河西蛤蟆寺一带，黑拳夜聚昼散。二十四到平阴白云峪，被洋教将戈什获进庄去，半夜越墙逃回。

十六、金猷大禀

滨州北镇有拳匪，在玉皇庙设立拳厂，常聚众，包头执刀。

十七、茅乃厚禀廿四

原募马勇十五名、步勇三十名。

【批】：据禀筹备号马、添募勇队各情形均悉。现当土匪充斥、防务吃紧之时，该令犹能事事认真核办，亦不任令该令大为其难也。

十八、长清禀廿四，此禀另抄

马天恩函，六月初二，孟庄教民被匪抢，并杀教民刘太发。同日原庄教民亦被掠杀教民赵西功、赵兰田。孙庄、红张庄教民亦被抢。

李官屯隋传吉被烧，李官屯李达被烧并被勒索。孟庄刘凤义被烧房，庞富贵被烧房，刘凤桐被烧房。徐家楼徐长明、沈士茂、朱成明被勒索。红张庄李公堂被烧，张尚智被勒索。

【批】：据禀已悉。仰即严治各案匪犯，务获究办。并将勘讯缘由照例详报。缴。

十九、长山禀廿四

【批】：据禀已悉。本月二十一日恭奉上谕：各国教堂教士在各府州县者，按照条约，一体认真保护。当经恭录钦遵查照办理。教民反教与否，应听其自便，毋庸勒令反教，以杜口实而符约章。缴。

---

[1] “焚、迭”疑为衍字。

[2] “先重”疑为衍字。

二十、安丘禀廿一

安太社、孙泮庄教民乘失火被抢之案，解戈庄民张迎良、西召庄民潘景清复有控案，或牵去牲畜，或掠去衣物钱财，查系外匪为多。

【批】：据禀办理团练、保甲、城垣、示禁假冒及请兵弹压已悉。仰即随时会同防勇认真巡缉，实力劝禁，毋稍疏懈，以弭匪祸而靖乱源。

二十一、益都禀廿四

拳师于六月十五离境。石家庄距城十里教民石凤鸣，于六月十六日被匪砍伤，办饭女工李李氏、高韩氏移时身死，并抢去骡马衣物，砸毁器具。

【批】：禀单均悉。屡经札饬谕令缉办匪徒，均姑息因循不办，直至酿成连伤二命重案，始以疏于防范请予处分，究之于事何补？姑记大过三次。勒限一月，严缉此案凶手，务获究办。逾限不获，定即从严奏参。绿营本有地方之责，自难置身事外，仰即查取应议职名，迅速呈送，以凭核办。并先由该令移令该营汛一体严密巡防。缴。

二十二、济南府禀二十二

【批】：据禀已悉。仰按察使查核于福堂所犯案由，应否准于保释酌议详复、并径饬遵照。缴。

二十三、德州禀廿六

查拿溃团逃勇。

【批】：据禀已悉。刘明等纠党在小史庄杀死史姓夫妇二人，并烧房屋五家，赵元秋一家，何云并无焚掠之事。当此土匪充斥，到处窜扰之际，全在地方官认真缉办，消患未萌。否则愈讳饰亦愈猖獗，酿成巨患，不可收拾矣。仰即会同防营迅将小史庄匪徒刘明等设法捕拿，照章重办，毋稍延纵。切切。此令。缴。

二十四、乐陵禀廿七

六月十八日孟恩远至朱家寨缉匪，拿获王长会、陈仲任、杨正兴、杨景文、孟兆先、田玉、孟兰阁、李文德、卞宝光、卞增瑞十人。王长会等五犯学过，递解原籍并犯事地方，分别惩办。杨景文五犯未学，保释。

【批】：如禀办理。缴。

二十五、乐陵禀廿七

请转张都司留防。

【批】：如禀办理。仰候札饬武定府曹守知照。缴。

二十六、复孙绍襄彭金山为前敌，方接应钱令巡护河路，堵截窜匪。彭金山即于是晚一点率前左两哨，先赴武城东北塔庄拿匪。

绍襄仁兄镇军大人麾下：昨奉惠书，并据钱令来禀，知已于廿六晚共议剿匪，甚慰。武城股匪与庄民首事尚不甚通合，当易击散。应请饬谕方统带暨胡、钱两管带钦遵六月二十一日谕旨，相机剿办。廿五日谕旨请恭录运道一并妥筹。郑家口为运路冲要，必须遵旨认真清理，俾不至与武城附近匪徒勾结为患，且免贻误军电。武城股匪甚多，总以速剿郑家口暨塔庄等处著名聚匪之处，覆其巢穴，歼其首要。其余零星小股，自可不烦兵力，陆续自散。保全运道，稳顿地方，胥在此一役矣。夏庚堂镇军自天津失陷后，初议至沧州，取道河间入卫畿甸。旋奉廷旨，仍饬绕道赴津，规复郡城。昨有专电云二县办粮觅车甚难。而李鉴帅又咨调夏军北援。输转运途，行止尚未□□决定也。昨奉廷旨，各省屡次奏上条议，均甚喜纳。一谓与朝廷所议相同，现又电寄俄国国书，并电催李傅相，大局可望转圜。东省此时总以遵旨清内讧、保教堂、护电线为最要关键。德州宋牧太偏暗，小史庄迭酿焚毁重案，而来禀犹谓并无其事，是其派人缉匪仍是延宕之词。应请麾下斟酌缓急，妥筹办理。如小史庄尚无蠢动情事，应俟武城办有眉目后，再饬方统带移师筹办冠县、馆陶一路；饬彭、钱两管带筹办恩县、德州一路亦可，惟不宜过于迟迟耳。穆振准既瞻望不能办事，应即准假回省。专函布复。

二十七、复尚粮道、总局封

惠臣、玉堂仁兄大人阁下：昨接惠函，备悉一切。现在东路海防甚属吃紧，武定、沂州且时有土匪梗阻其间，营队均已拨完，实难另拨重兵驻德。但天津卫大小轮船驶抵德州，不过两三日，闻敌探已过静海，德防诚属紧要，自不能不兼顾并筹。应请督饬宋牧会同电局委员，加意保护电线，以速军报。一面远布得力巡探，以侦敌情。临时派队驰援，亦尚不至误事。所患者逃勇、溃团、土匪合而为一，为患滋大。内患既起，外兵必来，内外交乘，即调拨亦恐无及。是则弟所日夕惓惓不安者耳。但冀该牧令毋徇隐，毋沽名，毋瞻顾因循，亲赴四乡，惩劝兼施，恩威并济。如小史庄之聚众滋事，则将其首要处以严刑。如目前不是聚众，尚未滋扰，则散其胁从，责以改过。愚民感化与否，固不系乎兵力之多寡也。山东群盗如毛，如处处均须添派重兵始能办匪，则以现在兵力言之，阖省则无办匪之一日矣。近如阳谷叶令、馆陶郑令、乐陵何令均以自督勇役，会合乡团，便能办匪。张管带勋且以两哨勇丁而击散悍匪千余人。孟领官恩远、吕哨官长顺且以二三十骑兵击散七八百匪众。阳谷苏典史宗柱且以数营马步团勇拿捕匪众数百。且均各有斩获。是即兵不在多之明证也。天下事固不可不虑万全，亦不可过虑。虑之太甚，则不仅无可办之事，而祸患之来，且有出于思虑之外者矣。专此布复。

七月初一日

一、海丰会禀初一、张管带、陈令

二十三日晚，四五千匪又到北营庄滋扰，并毗连北营之崔家庄、武家庄在教回民良莠不齐者房屋一并焚烧，四更后匪去。此次被烧三十余家，并伤毙男丁五十，妇稚均远避。

【批】：据禀已悉。盐、庆一带土匪屡次扰犯北营庄，势甚猖獗，亟应严密防范，以免勾结滋患。昨已檄饬张管带勋督率所部，暂留该县驻扎矣。仰即会同认真巡防，相机剿办，以纾匪祸而靖边陲。缴。

二、方致祥禀初一

瓦子庄一股较远较多。塔坡一股较近。二十六四更进兵，相持时许，毙塔坡匪数十人，受伤逃亡者甚众，并击毙持刀骑马者贼目一名曹寅亮即曹继灏，武生，夺获刀矛多件。

夏津屠令飞报双庙又起土匪数股，盘踞不散，竟敢骑马来城，索借马匹钱粮。未入城，势甚岌岌。本拟即于二十七夜移师夏津，因孙翼长调钱令营回德州，一时又不能去。请速筹马步炮队来夏、武一带驰巡。

【批】：禀单均悉。该营驰抵武城六日之久，始缉办塔坡一股匪徒，为数无几。瓦子庄、郑家口等处悍匪均未缉办，殊涉因循姑息。

士卒尚能出力，赏给功牌十张，随批印发，以资鼓励。仰即查明出力弁勇，酌量填发。仍造具履历清册呈候汇咨。一面会同彭管带金山速将武城境内匪徒有抗拒滋事者，挨次剿办。倘再怯懦不振，致滋贻误，定惟该参将等是问。所请添拨马步各队，此时处处吃紧，实无营队可拨。孟领官恩远以二十六骑击败悍匪千余，张管带勋以百余人亦击败悍匪千余，且均各有斩获，如何并未禀请添拨兵队。该参将督率十二营而不能办匪徒，以扰累堪虑、进退维谷等词借口，何怯之甚也！此缴。

三、东海关禀廿八

【批】：据禀美领事所送示稿钞折转呈，暨密陈筹办各缘由均悉。谕旨明发何必通行出示，已饬代理青州府朱守转饬各属查照矣。该道所论极得大体，具见实心任事、忠勋卫国之诚。仰即委婉措词，照复美领事。仍就近督饬所属各州县，钦遵六月二十一日谕旨，凡洋商及教士在通商各埠及各府州县者，一体按约认真保护，毋得稍涉疏虞。缴。折存。

四、平原禀廿九

廿六日四更，曲六店有北来匪徒砍毁电杆一根。二十七，会同电局派匠修好。

【批】：据禀已悉。该县境内电杆为自德州至省必经之路，传递军报关系亟重，处分亦极重。此次姑念修整迅速，免予深究。仰即督饬勇役庄保人等，加意巡缉严防，毋任再有疏虞，致干并究。切切。此缴。

五、茌平会禀李保祥，廿七

【批】：据禀已悉。该县境内伏莽滋多，仰即随时会督营团，严缉首要，解散胁从，并不时驰赴各乡，于匪徒出没地方，认真稽查，剀切劝禁，以消隐患而遏乱萌。至教民悔教与否，仍应听其自便，不得勒令，以免别滋口实。并由该令移令李令保祥知照。缴。

六、安丘禀初一

朱守二十一到县，城关团练已办齐。二十三由景芝一带验团赴诸城。丈岭巡哨之王开福，自高密循景芝率马队三十而来。姜翼长派孟效曾率马队十余名由北至。

【批】：据禀筹办城工各事宜均悉。仰即会同防营，认真防范，实力巡缉，毋稍疏懈。团练不办则已，办则必须延派公正绅士，妥定简善章程，俾乡民易知所从，庶可收实效而纾兵力，或亦暂纾兵力之一策也。

七、冠县禀廿七

十一日威县、馆陶匪徒分路入境之小王曲，团丁人少，不敢抵御。十一起至十三止，将小里固、孙家庄、固献村、蒋家庄、陈固、陈家庄、红桃园、梨园屯、宋家屯、中兴集、赵村、小王曲、小庄、鸭窝等处教堂、教民房屋，分别焚拆无存。分股盘踞威县之沙兜寨及河北红桃园地方。

四股：一、冠县阎书勤；一、馆陶曲亭高；一、威县赵佃选；一、高小麻。每股或七八十、四五十不等。搜查县勇丁役，声言报杀王十之仇。

【批】：据禀已悉。该县境内连日迭被匪徒焚掠十余村庄，有北庄、小王曲等。虽云县队无多，众寡不敌，究属疏于防范，应将该令先记大过三次。仰俟札饬方统带致祥将武城郑家口一带据匪剿捕缉办完竣，清理运道后，迅即率队折回临清、邱、冠一带，探明大股匪徒窜聚地方，会同该令等严行痛剿，以资惩创。仍一面先行酌量布置，并饬乡团扼要堵缉，认真防范，毋任分道窜扰滋患，是为至要。此缴。

八、滨州禀初一，张星源

团长杜敏等、西路小张庄团丁张喜来城称，有外匪李元剩青州人，年廿一，在北镇妖言惑众。

【批】：据禀已悉。该令会同张牧星源督同团长杜敏等拿获妖言惑众匪徒李元剩一名，讯明即行就地正法，办理甚为妥善。该令暨张牧星源应各记大功，团长杜敏随批赏给功牌一张，以示鼓励。仰即领收转给，造具履历清册呈候汇咨。仍随时严缉此项匪徒，务获究办，以靖民心而清乱源。缴。

七月初二日

一、札派王世清督同各营剿办庆云、盐山匪巢。

行张奉先、张勋、孟恩远、武定府、曾守。

二、廷寄，二十七日所奉，清理运道。

行司道、济南、东昌、临清、德州、东昌、临清营。

三、札派何道昭然充行营营务处，督缉德州、临清、武城、夏津、冠县匪徒。游击蔡元海改抚标右，陈太交改抚标后。委陈参将万清统带左右两营。加公费一百五十两。

四、平原禀廿八

旧募三十名，添募七十名。以四十名设卡护送行旅，其余六十名保护电线。二十二日曲六店北来匪徒砍断电线一根，约有二三百匪。

【批】：据禀已悉。行龚镇酌派队伍驰往巡防矣。

五、齐河禀廿八

十二，多匪至王庄，诬指朱登仙吃教，庄众理说不听。获王加顺，巨镇人，送官。随获王盛林，王庄人。王盛林勾引分肥。

【批】：据禀已悉。王加顺、王盛林散布邪言，勾引煽惑，带同抢掠分肥，实属不法已极。应即遵旨照土匪例，即行正法，以昭炯戒，毋解省讯办。该令办理此案尚属认真，应将前记大过三次销去。仰即遵照办理。缴。

六、高唐州禀初一

队长李把总连魁禀，堤子张庄有二人进庄窥探，群向盘诘，庄外有匪五六十人进庄抢掠。练勇等上前捕拿，幸团长张兴旺、武童张观德带领团丁兜拿，格伤二匪倒地，一匪奔溃，一匪张凤林因伤身死。进庄二匪获一，名李麦，十五岁，曾习拳未成，供梁得功逼胁同行。

二十日又来一股，在迈官屯将胡丕泽雇工掳去，并抢骡马衣物。追获张西义一名，供崔连池伙同傅成龙等共二十余人，抢胡丕泽家得赃不讳。

二十五日，北乡五里铺有匪抢高凤至家衣物，督团合捕，格毙匪犯三名，格伤一名，倒地拿获，余匪四散。夺获刀械原赃多件。所获格伤之犯名张立池。为首李凤魁，同伙五六十人，由夏津一带窜入。张立池供：六月十三，入教之于保林、于十父子被掳，经于保林托人追说赎回，在卷。

【批】：据禀单讯悉。该令督同练勇、团丁迭获匪犯张西义、张立池、李麦三名，并当场格伤格毙多名，夺获刀械原赃多件，余匪散逃，办理尚属迅速，著记大功二次。出力队长、团长、练勇、团勇等，著银赏二百两，功牌六张，以示鼓励。功牌随批印发。赏银由该牧备文赴善后局具领。仰即分别查明，分别核给。匪犯张西义，既经该令讯明供认抢掠良民、抗拒官兵各重情不讳，应即按照土匪章程，即行就地正法，以昭炯戒。李麦准暂行监禁候质。一面严缉逸匪李凤魁等，务获究办。并迅速查找董德成回家安业。

七、长清会禀李保祥、吴凤岭，廿九

六月二十，有土匪三十余人，赴河西徐家洼民人金云凤家抢扰，即带队驰往，该匪已牵牛二只逃往梁官屯。及追至，匪在店内食饭，遂将队伍扎住，至店门首，令其头目出见。即率六七人各持刀械，向东南叩头，前来抗拒。用洋枪将该匪格毙，追获匪犯袁得普、孟五、孙干、王三、田照鲁、田照亮、李九、朱驼、王四、商和尚、郭见祥、田照凤、朱黑小，并夺原牛、刀械、黄旗、神像。

袁得普、孟五、孙干、王三监禁三年。田照曾、李九、田照亮分别责惩，押候具保。朱驼、王四、商和尚、郭见祥、田照凤、朱黑小省释。

【批】：据禀已悉。该令等会同拿获匪犯袁得普等多名，办理尚属妥速。该令暨孟统官恩远、李令保祥著各记大功两次。出力弁勇著赏银一百两、功牌六张，以示鼓励。匪犯袁得普、孟五既已讯明实系抢劫平民，应按照土匪章程，即行就地正法，毋庸解勘。余犯均照所拟办理。仍严缉逸匪朱启明等，务获究报。缴。

八、长清禀廿九

潘西等里内后小庄平民刘金声家，被匪多人掳架幼子刘升子，并抢牛驴、衣物、钱文，焚毁房屋。防营马队会同团丁踩捕，追获匪犯陈洪山等十五名，刘升子寻回。在逃武洪生起意扰教得财，陈洪山邀人共二十余人，行至中途，陈光兴、于三、路廷保、陈光道、陈洪喜、王振兴均畏惧落后，分别责惩，押候取保。入院王敬柱、刘京莪闻声先逃，监禁三年。李元升、李廷夏、张绰文、王敬禄、徐丙来往看误拿。

【批】：据禀已悉。匪犯陈洪山，既经该令提讯，供认焚抢掳架各等情不讳，应照土匪章程，即行就地正法，毋庸解审。余犯刘京莪等，均照所拟分别办理。仍严缉逸匪武洪生等，务获究办。缴。供招存。

九、恩县禀廿八

廿一上谕恭录出示。

【批】：据禀已悉。缴。

十、恩县禀初二

正南十五里高庄一股，高姓、朱姓、刘姓为首，附近各庄民从者数十人。据供先已散去。

迤西三十五里管庄，即华觉寺一股，管姓为首，附近各庄〔民〕从者约百余人。连日已散多人，现止四五十人。

再西五十里旧城一股，张姓、姚姓为首。该处毗连夏津、武城，时有外匪往来，共计百数十人。外匪已散，现止六七十人，陆续解散。

西北五十里四女寺一股，距德州、故城均十八里，街外即系运河。德州驻有重兵，北来之匪由河西至此，往来不时，多寡无定，又无头目。

六月二十八日，刘王庄距城四十余里拳教相斗。居民数百家。教民卅余家分居庄西，另筑一圩，排列枪炮，竖外国旗号。

二十七日午后，互相攻杀，拳民受伤数人，毙一人，当即散去。驻防队伍仅止二哨，又系新募之卒。

范家窑奸民李万德、李万杰，于十九日勾匪，将该庄之平民李唐氏、刘士功两家抢掠一空，并焚刘士功房屋。至庄外复回，将教民李四杀死。李万德站死。

二十一日，郭长太挟嫌勾人将刘贤庄民人刘长运家抢掠。郭长太已获案。

二十七日，城西孔庄民人傅善道呈报，匪徒马亭、刘庚、赵福捏立三合义和团名目，具帖分送各庄，令其出钱。否则即系教民，夜来搜洗。将刘庚获案。

【批】：禀单均悉。刘贤庄民教相斗，亟应出示剀切谕禁，不准挟仇相斗，扰累良民。再有先动手者即为匪徒，不分民教，抗便剿办。

仍一面督饬绅耆庄长议结，谕令解散，并随时妥为弹压。现在西援京津，东防登莱实无营队可拨。惟有随时禀商孙镇，酌派队伍，或待武城匪案办竣，彭管带即可率队回援。然总以解散弹压为第一要义。奸民李万德获案严惩，又续获匪徒郭长太、刘庚等，缉办尚为妥速。应将该令前记大过二次注销，仍记大功一次。出力弁勇随批赏发功牌二张。匪犯郭长太、刘庚，仰再提案讯明，即按照土匪章程，就地正法，以昭儆戒。仍严缉逸匪李万杰、王立德等，务获究办。缴。

十一、益都禀初二

临淄拿获孙连开。

【批】：据禀已悉。该令遴派缉役，跟踪追捕，在临淄县境内捉获匪犯孙连开一名，并在中途盘获张二成一名，尚知振奋，应即免其奏参摘顶处分，先将顶戴给还。临淄秦令协缉要犯，著记大功三次。匪犯孙连开解交益都归案，讯明按照土匪章程，即行正法。仰仍提集张二成获讯确供，另行禀办，并严缉案内逸犯，务获究办。缴。

七月初三日

一、龚元友禀初三

周庄匪一二百人，颇为滋扰。二十九日姜庄文生王书甲喊禀，被崔家寨土匪勒钱万贯未给，已聚众百余名，有抬炮、火炮各十根，刀枪无算，寻仇，求救姜文生被匪勒去津钱一千吊，焚瓦屋二十余间。初一上午十二点动身，于三点半到周家庄，分三路而进，胆敢擂鼓站墙抗拒。土围一丈余，深宽各丈余。兵入围后，纷纷溃逃，擒获二十余人，均保释，只留匪首二人。又我军留在县署马队十人，是日早来探，与匪交仗，打伤擒获二人。崔家寨系平原属，距周庄六十里，聚数百匪，围高壕宽，非炮不克。左队留德，此间只有前、右二队，右队左哨新兵多。

【批】：据禀已悉。该统带会同禹城许令剿办周庄土匪，胆敢闭圩抗拒，经勇队不避艰险奋勇直上，攻破土圩，当场格伤悍匪多名，又生擒二十多名，夺获械物多件，余匪始分路溃逃。办理尚为迅速，该镇著记大功一次。高帮统□□、右队张领官永成、许令源清各记大功一次。出力弁勇，著赏银百两、功牌六张，以示鼓励。功牌随批印发。赏银饬由禹城许令先行垫发，一面备文赴善后局具领归垫。所获匪犯，除已经讯明实系胁从业经保释外，所有周庄拿获匪目二名，暨马队在中途擒获匪犯两名，一并交许令讯明，即按土匪章程，即行就地正法。该镇奋勇身先士卒，为本部院所深知，殊堪嘉尚。惟缉办此等土匪，该镇须应格外持重，相机进剿。嗣后打仗切切以全队攻坚。现已改派该镇驰援德州，俟德匪平靖，再量力剿办禹境余匪。并已遣炮二营队驰往援剿矣。仰即知照。缴。

七月初四日

一、敬禀者：窃自上月天津失陷后，职镇迭奉钧谕，严防匪勇溃团窜赴东境，勾结土匪滋事，并认真清理运道等因。当经饬后路前、后两营遵照办理。并派右路后营彭管带金山率领所部，驰往武城郑口一带，凡运河两岸有匪窜扰之处仍令相机剿办各在案。据彭管带禀报，于廿七日击散塔庄一股悍匪，当场擒斩多名，余匪窜逃等情。饬令各营一律就近堵截缉拿。

讵于本月初一下午六点钟，探知有逃勇溃团勾结大帮土匪，于城东南一带扰犯德州。职镇当即亲督前营，并派管带钱令、右翼第一营领官张元泰等，向东抵御。见该匪等约有二千余人，各持枪械刀矛，胆敢列阵抗拒。职镇恐内多胁从，且距村庄太近，恐波及良民，当即率同前营帮带外委钮廷焕、右营营官钱令得霖、帮带张守备玉山等，仅率卫队上前，晓以利害，意为责令解散，仅拿获首要数名，大队仍在后听调。不料该匪等抗不遵谕，麾众往扑，枪刀并行。职镇等见匪已动手，赶即调队前进，一面督同该营官、帮带率领勇队等极力抵御。匪徒皆头系黄巾、黑巾，其为首者另有黄旗香袋等物，四面抄袭，愈聚愈众。钮外委廷焕、张守备玉山四面迎敌，奋不顾身，身负重伤多处，遂致阵亡。左哨副哨潘克随、右营前哨副哨徐伯征、先锋官都司衔守备孙明奎上前援救，亦同时冲阵被戕。大队随即趋至，麾众力战，当场轰毙黄旗香袋匪首两名，轰毙匪徒三十余名，轰伤匪徒多名，均即带伤分路逃散。职镇其夜因顾城防，未便相追。夺获旗帜、枪械、刀矛多件，旋即收队。我军共阵亡官弁五员，查点勇丁伤亡约三十余人，当即分别棺殓掩埋。

该匪徒等勾结逃勇溃匪，胆敢列阵拒捕戕害官弁，实属猖獗已极，应即分起剿捕，尽法惩治。当派队分起剿捕，以清祸源而靖地方。所有阵亡之帮带守备张玉山、外委钮廷焕、先锋官守备孙明奎并副哨官潘克、徐伯征等五员，皆系奋勇捐躯，忠贞卓著，应请大帅优赐恤赏，以鼓励余众。其余阵亡勇丁，应由职镇查取花名，再行呈报，仰求恩恤。至昏夜接仗，所打枪子均在荒野，无从检觅，并恳宪恩免缴铜壳。除查明确数，再行呈报外，所有初一日拳匪抗不遵抚恃众抗拒情形，理合据实禀陈。伏乞大帅俯赐批示只遵，肃□，虔请钧安，伏乞垂鉴。

二、莱阳详廿五

【批】：据详已悉。查该司事赵宝丰、姜瑞海既经该税务司查明斥革，严行申饬，伊等亦知罪戾，远出谋生，应准免再提回惩办，以省拖累。仰登莱道转饬知照。缴。正稿朱克振拟。

三、新练先锋队五月内一律成军。咨荣中堂，户、兵、工三部。

四、登州府禀廿一

督饬各属办团。

五、莱州府禀廿一

刘幅材等致伤降服，胞兄身死案。

六、潍县禀十九

德人在南乡坊子办理矿务，南至马司，北至二十里铺，需开井至六七眼之多，占地十余里之广。六月初五五更，坊子迤北三十五里火起。灭火，焚毁草房七间洋人盖房十三间，工人所居。余尚完整，仅存粗家具。匪逃未获。

七、齐河禀廿三

十四日，一千一百三十九号上南边第三瓶；一千一百四十号北边第二瓶，南边第三瓶，电线砍断，瓶亦砸毁。

八、平原禀廿六

保护电线情形。凡有设杆处所，即责成各地主实力保护。

九、平原禀廿三

宪札：访城关及小屯花园庄、韩庄等处，有设拳厂。均无。韩庄外庙内距城五十里，恩、茌接壤。右翼步队第二营后队宋道祺在平原。

十、平原禀廿六

恭录谕旨出示晓谕。

十一、蓬莱禀二十六

外国兵轮四只，于六月十六一律开去。

十二、黄县禀廿五

法教士田安民十六日赴烟。

十三、青城会禀冯德华，廿五

臬委会查左道惑人。

十四、德平禀廿六

府函勒令反教。

十五、陈天喜禀游击，廿六

查明中游渡口数目。

十六、江西抚院咨廿六

九江英领事乐民乐函，英女教士柳清芳赴江西、山东游历。

十七、滋阳禀初三

孟家庄教堂风闻汶境程村站拳匪欲抢该庄教堂，严行防护未抢。坡里庄六月二十三日早，汶境拳匪十余人至孀妇王张氏家，抢去牛驴骡头各一匹，并银耳挖一支。齐团追捕未获。匪过王大干门口，经其子王光嘉搬凳与匪坐歇片刻，并付给麻绳牵系牛驴，出庄逃逸。团众回庄，赴王大干家追问，入内未见一人，寻至小屋，见壁上张贴张蕴秀等名片三纸，片背注有汶境湖西坡南等字样，素稔皆非好人，恳请勘缉。事主亦呈控王大干等。会营拿获匪犯张永周、韩礼朝、张来秋、张新贞、张新平均系汶上人等五名，解道发府审讯。并饬拿王大干父子与事主王张氏等质讯，委系王大干并其子王光嘉勾抢。

【批】：据禀已悉。仰即提集匪犯张永周等五名，讯取确供，按照土匪章程，即行正法。王大干父子如果有勾匪抢夺情事，讯实后应即一并正法，以昭炯戒。仍会同营汛邻封一体严拿此案逸匪韩成兴等，务获究办。缴。

十八、禹城禀初二

六月二十一日，杨彩凤等乘其不备设法潜回全案齐河已报，见前。次日，该匪等复聚众往抢齐境与小杨家圈附近之孙庄。该庄人闻知，即就近联络三四庄，共集团丁二百余人，在齐河境与该匪等互斗。当即会同防营驰往救护，匪即远窜。据尸弟杨自敏喊报，杨自琴被匪杀害。

【批】：据禀已悉。孙庄暨附近三四庄互相联络，共集团丁二百余人捕拿匪徒，互有伤亡，匪即逃窜，殊属奋勇可嘉，著赏功牌四张，银一百两，以示鼓励。其被匪拒杀之杨自琴、王玉柱、李玉香等，即由该令会同齐河朱令查明，分别赏恤。功牌随批即发。赏银由该令垫给，一面备文具领归垫。该令未能预为防范，致酿焚杀抢掠重案，著记大过三次。勒限半月，会同齐河朱令严缉此案匪犯孙书红等，务获究办，毋稍诿延。此缴。

十九、兰山禀初三

六月二十，访闻西北一带有匪徒聚众滋扰教民情事。古城村于二十日午后，突聚匪徒多人，赴教民张景昆之戚王连恩家，以拿张景昆为名图劫。庄长率众抵御，登时击毙匪徒四名，余匪带伤逃逸。二十日傍晚，十字路、双湖、迭衣等庄教民教堂房屋被匪焚烧拆毁。古城村小教堂一座，并教民范登峰等十四家房屋被匪烧毁，范登峰并被架去。双湖、迭衣等庄教民杨守信、蒋兴贵等共四家，被匪焚拆房屋各数间。古城村民王连恩，被匪图劫未成。格毙匪徒四名。

再，青驼寺教民盛同法、宁淑柱、宁宗华于二十日被匪架至沂水王花鼻山，致伤身死。已移会沂水县查验核办。

【批】：已据禀咨令兖镇酌拨队伍驰往巡防矣。该令素称干练，当此土匪充斥之际，尚其努力整顿捕务，激励乡团，以辅兵力而遏乱萌。古城村庄长暨民人王连恩等，邀同团丁，当场格毙匪徒四名，实属有功，著赏银百两、功牌两张，以示鼓励。功牌随批印发，填给后仍造具履历清册，呈候汇咨。赏银先由该令垫给，随即备文赴善后局具领归垫。一面严缉各案首要匪犯，务获究办，毋任漏网远飏。被架范登峰速即设法找回。仍会同沂水方令查验青驼寺庄教民盛同法等三名，被匪架至王花鼻山被戕情形暨勘讯古城村十字路、双湖、迭衣等庄被匪戕害情形，分别详报核办。缴。

二十、郓城禀初二

曹镇拨中营步勇两哨到县。

南乡：六月十三日，南乡童家庄童月迎家被匪讹抢财物。会营往拿，正值该匪出庄，迎头围拿。当场格杀拒捕匪徒四名，擒获高明田、安克拱、郝奉寺三名，夺回原赃车辆、牲口、衣物并刀械二十余件。跟踪追获张贯习、牛春兰二名，余散。匪首牟石头、赵记学在逃，共五六十人。张贯习、牛春兰、王东成胁从不久，并未进庄。城汛何千总文标督团长宋开来搜获伙匪王东成，并查获李洸蒽、周玉月、李守月、王二、陈代、张四、张觉、刘鼎八名，均系荷、濮两邑边境民人，并未为匪。

东乡：六月十九日，刁家庄民骆长安、刘玉岗等家被外匪讹抢。会营往缉，邻佑刁倩标已被拒伤身死。进庄四面兜捕，队长韩永安、棚头李永胜拿获手执标旗匪首李黑、张仰善二名。何千总又追获刘心宽、祁懋材、李观材、侯兰成、高万城、魏希孔、王记七名，并夺回原赃，又刀械三十余件。跟踪追获贺三妮、孙洪潮二名，余匪逃散。李黑、张仰善供各自带二三十人合伙。刘心宽供系游勇。祁懋材、李观材、侯兰成、高方成、魏希孔、王记均供认入室搜赃。贺三妮、孙洪潮被胁未久，并未进庄。

西北乡：二十一日，匪首徐花山等率多人，图讹抢西北乡雷庄富户。二十二日，同何千总同往督勇团查拿，正遇匪进庄劫夺雷成秋家。什长齐景成阵斩手执黄旗骑马贼目一名，毙马一匹。勇团又格杀匪十二名。何千总自拿骑马匪首徐花山一名。什长葛怀忠擒骑马匪目马山成一名，并获马二匹。里长殷勤聚督团拿获侯丕沅、吴得成二名，并夺回原赃，又刀械五十余件。首事李广洋约庄众出助，中途截获贼目刁尚得即刁七一名。徐花山供，学习大刀会已四五年。当场格杀黄旗头目系万广先。已获之马心成、刁尚得系小头目，带百余人。侯丕沅、吴得成均认入室搜赃。

六月二十一日，高明田等十七人一律正法。张贯习、牛春兰、王东成、贺三妮、孙洪潮分递菏泽、汶上各原籍，酌量监禁二年，限满禀请开释。李洸蒽、周玉月、李守月、王二、陈代、张四、张觉、刘鼎八名，递籍保释。

【批】：据禀已悉。该令会同城汛千总何文标督饬勇役、团长、团丁，于东乡、南乡、西北乡迭次捕获匪徒多名，夺获原赃、刀械、马匹多件，首要悉数擒斩，胁从一律解散，地方一律敉安，生灵免遭涂炭，实属有胆有识，堪称能吏。何文标屡次追捕悍匪，身先士卒，奋勇在前，拿获著名匪首徐花山暨小头目多名，亦属缉捕勤奋。东省各州营汛如能悉如该两员认真办匪，何患一省不治。应将该令所禀暨嘉祥叶令大可、阳谷叶令汝源一并行司通饬，各属以此为法，以激励乡团缉办匪徒。该令著先记大功三次，存记保奏贤能。何千总文标著先记大功三次，咨明曹镇，遇有千总缺出，不排班次尽先升补，仍存记汇案奏奖升阶。韩永安著赏五品奖札。李永胜、葛怀忠、齐景成、殷勤聚、李广洋均著赏赐六品功牌，并赏银二百两，以示鼓励。功牌随批印发。赏银由该令先行垫给，随即备文赴善后局具领归垫。所有匪犯高明田等二十七名于讯明罪应斩首，均已先行就地正法，枭首示众，办理甚为妥速。余如张贯习等十三名，即照所报分别办理。仍均照例录供补详，并严缉逸匪牟丕项等，务获究办。缴。

二十一、曹州镇禀初四

后营后哨沈哨官得胜禀，于十六日在马王庙遇匪百余人，当即轰散。获匪王厂一名，并标枪数十根。

又菏泽金堤头赵庄一带，有匪数百余人，抢劫民人贾中义等数家。左哨国哨官万清于十七日带队遇匪，列阵抗拒，向空开炮一排，众皆轰散。夺获枪炮百余杆，原赃追回，并获犯姚留见、秦留凤、黄得金著名悍首送县、李成四名。

菏泽许家都田桥团长王岚峰，于二十夜，有贼三四十人自称刀会，抢掠一空。大车一辆、驴三匹。三百余匪。

中哨哨长赵勤礼获马贼杨守义并马一匹，周八八、李长志、李明新、马名重、许曾、马留记、岳继勤八名，标枪百余根。供匪首杨云飞有千余人之多有病在家。杨守义即云飞之侄。

二十六夜获云飞之子杨银山，并党羽萧毛、高田三名。许帮带荣福在龙王庙获著名悍首袁焕勤，标枪五十余杆。本拟一律枭首，因万寿暂停数日，再为分别办理。

拟将秦留凤、黄得金、袁焕勤、杨守义、杨银山五名正法外，余匪枷号三月，于四门示众。

【批】：来牍备悉。贵镇督饬营哨迭获著名悍首匪目，为地方弭患除害，实深快慰。贵镇记大功三次，各弁希即分别记功，发出功牌十张，并希查明出力弁勇填给。如有在标候补人员，缮写清单分行存记，遇有千、把缺出，酌量补署。并赏银二百两，以示鼓励。此项赏银已饬善后局照数报发，希即派弁具领。

所获匪犯秦留凤、黄得金、袁焕勤、杨守义、杨银山五名，既经讯实均系著名匪目，自应即就地正法，以昭炯戒。余匪亦即如所拟办理。仍希督饬各营哨严缉逸匪杨云飞等，务严究办，以固边圉而安民生。此复。

二十二、宁阳禀初二

二十三日，西乡黄茂村有外匪十余人来庄，约人入籍，无人附和。即至吴廷霖家索诈酒食，被庄众喊捕惊走，随手攫去衣物。西不及一里即是汶上境。

【批】：据禀已悉。兖镇仅止马步五营，各州县均请派援，势难遍及。姑俟咨商田镇，酌量筹拨，扼要驻扎，居中策应，俾附近各州县闻警均可驰援，以视零星分扎较有把握。黄茂村庄民不肯附和匪徒，尚知守法，仰即查明庄长名姓，迅即呈复，以便赏给功牌，俾资奖劝。并著出示晓谕，嗣后各庄长、团长有所率众捕匪不为匪所诱者，一经查明，呈报本部院，即随时给予奖赏；有窝匪及甘心附从者，亦即一并究治，以别良莠而明赏罚。缴。

二十三、邱县禀廿九

六月二十，后路后营左哨席守备得胜、后哨李参将春意管带两哨到县。二十二日，东昌府移以邱、冠、陶三县地面，有直匪郑洛耀等纠聚饥民，到处抢掠，令于到邱会办后移赴馆、冠一带巡缉，事竣即回临防。此股自馆陶张官寨分移后，散为十余股，不敢公然再聚一处，昼伏夜劫。所管村庄有插入直隶各县境之中者，亦有越直隶地方经接河南界者，系直省入东第一门户。

【批】：据禀已悉。东昌、临清兵力太单，恐难两哨概行分扎该县境内，仰候札饬方统带酌量筹办。该令总宜勤办勤报，一有警信，即可由队防驰往痛剿，游击之师固宜到处巡缉也。此缴。

二十四、观城禀初四

六月十四，外匪煽诱饥民，向姜庄教民赵心广、赵心朝两家焚掠，即亲督团长赵光弼等，带领民社团丁乘夜飞往袭拿。该匪放枪，轰伤团丁三人。附近庄村团丁合力攻剿，格杀枪毙悍匪二名，拿获格伤盗贼冒充会匪之王新河一名，饥民张大牛、张二牛、杜黑、靳兰、孟广疹、李二六名。史二狼欲向史家楼均粮。

【批】：据禀已悉。该令迭次督同乡团剿捕匪徒，当场拿获会匪犯王新河一名，枪毙悍匪二名，格伤多名，余匪悉散，办理尚属妥速。该令著记大功三次；团长赵光弼赏给六品功牌一张；团丁赵希圣、赵以廷、杨士照三名，各赏给七品功牌一张，并拨医妥为调治；出力团勇著赏银一百两，以示鼓励。功牌随批印发。赏银先由该令垫给，随即备文赴善后局具领归垫。饥民张大中等六名，是否安分，仰即分别核查。一面提审匪犯王新河，讯有确供，照章拟办。仍严缉逸犯王汶祥等，务获究办。所请派拨营队，已据禀咨催曹镇妥筹酌拨。缴。

二十五、张星源禀初三

【批】：据禀会查惠民、滨州匪徒设法解散缘由已悉。该令等责成首事募勇等情，现已札派王副将世清督率所部驰往海丰一带查看情形，不分畛域，缉办盐山、庆云一带悍匪，俾免窜扰过境。张管带仍饬令驻扎海丰，可以兼顾沾化。该令现既在惠民会同防御，所带勇队两哨应仍驻扎惠民，并随时商同地方官认真巡缉，一时毋须撤回省城。仰即知照。缴。

七月初五日

一、初二改委何令金龄、李令诚保查西、东路。

二、嘉祥禀初三

已正法阎统钦即阎贺，阎绳云、魏现亭、魏乐红、宋之云。

【批】：据禀讯明匪犯阎统钦等五名先行正法缘由已悉。仰仍提集余犯阎速、计玉兰、魏银才、魏义亭、陈怀良、梁远心、魏广顺等，分别研讯，务取确供，分别拟办。仍一面会督营团妥为防范弹压。缴。

三、德州禀初四

初一日接仗情形。

【批】：据禀已悉。匪徒聚众多人，该牧何至毫无觉察，致疏防范，姑先记大过三次。勒限十日，务将匪首刘旺获案惩办，毋再借词延纵干咎。缴。

四、济宁州禀廿七

美国贝教士于上月二十以前出境人极谨慎，向不干预公事。

【批】：据禀美教士离境日期已悉。仰候札饬东海关道照会美领事查照。缴。

五、禹城禀初四

【批】：禀悉。此案昨据龚镇元友分别禀报。□□□土匪不分首从，周立日、张先敏既经讯明正法；萧振清、萧付来已经提案严讯，务取确供，一并照土匪章程拟办，以昭炯戒。姜什长奋勇直前，应以哨长记名，遇缺即补，借示策励。其余悉查照前檄办理。缴。

六、武城会禀彭金山、方致祥初三

二十七剿塔坡匪。侦探该庄漏匪欲勾同瓦子庄及直境花十八庙等处土匪报复。右路后营于二十八日在城东一带防哨，获土匪刘敬岭、李阑池、刘汶岳、王金三、徐长成、李振海六名，并刀械十余件，枪炮四杆，查验刀血犹新。【均】夏津武城人，在直隶人曹姓手下习拳。由津逃来武城，在塔坡与曹寅亮击死[1]等设厂传教，有千余人，时去时来，焚烧房屋大盐村、吕洼、吕滑村抢案。二十七败后同戴大木到恩县邀人未允，戴大木又到平原邀人，今至瓦子庄合伙。于初一日午刻即行正法。

【批】：已据禀分饬平原、恩县严饬逸匪戴大木，务严究办矣。后路右营在城东拿获匪犯刘敬岭等六名，著赏银一百两、功牌四张，查明在事出力弁勇，择优给赏。彭管带、方副将暨该令并各记大功一次，以示鼓励。仍会同妥筹缉办。缴。

七、张奉先禀廿六

---

[1] 此处似有脱漏。

十七日朱家寨复来匪三股，千余人，并迫将教堂烧毁。毙匪四五十名，生擒十二名，保【释】四名，八名送县。

十八日，三间堂有匪徒复回，焚杀徐家。

旧县亦聚匪数百，三间堂两哨调回驻城。

城西北盐山、庆云一带，有大股二三千人，北面千余人，西面一千四五百人，距城二十余里，均有窥伺之心。

【批】：据禀续办朱家寨匪徒并筹备城防缘由已悉。此案前据何令业健、孟领官恩远先后禀报，已分别给奖赏矣。仰即会同何令查照迭次批饬，严查防范，认真巡缉，以遏匪势而固边圉。缴。

八、莱州府禀廿六

平度滋事，吴统带派魏把总明元带马队同赴平度西北乡，吴牧赴东乡分缉。至二十里铺，教民孙明显等纠领多人，分执枪械，匪在民人于好法门首开枪恐吓，行抢财物。擒获孙明显等十三名，并刀矛多件。

【批】：据禀已悉。仰即缉提匪犯孙明显等十三名至郡，分别研讯，务取确供，如何煽动民人，抗拒官兵。正凶即须按照土匪章程，就地正法，以昭炯戒，不问其教不教也。此缴。

九、秉彝禀廿三

派员招拳民押送王大臣点收约束。

【批】：据禀筹办土匪缘由已悉。现在恭奉[1]。缴。

十、峄县吴锡洛禀廿一，此禀待抄

六月十二夜，闻乡间谣传有灭洋人之说。是夜及次日，民间有受教民欺讹者，各处纷纷将其房屋器具毁坏，并将银钱衣物搜掠一空。出示弹压始散。

【批】：据禀督同弹压出示缉拿缘由已悉。该令所禀甚有见地，示稿亦甚妥。当仰即钦遵六月二十一日恭奉谕旨，凡教士教堂，按照约章，一律认真保护，以杜口实而靖民心。缴。

十一、长山禀廿八

奉饬查大道劫夺行旅，周村电局一夕数惊。六月初十日访闻北乡

---

[1] 原文如此。

槐行庄人杨光法、杨家庄人王练仔，均有学拳情事。差传到案，供仅止学武。

【批】：据禀已悉。杨光法等如仅止学习武艺，原可不禁，但其散布妖言，持诵符咒情事，仍当照例剿办。[1]

十二、临淄禀廿七

十六日南来大刀会多人，找教民王可传复仇寻衅，不在，众推门进内毁物。

十六南来拳匪十四人，由辛店寻教民毕姓未见，至庄南安乐店王姓、李姓各家，打毁门窗锅灶。

十七夕，辛店民妇李孙氏被匪大刀会七十余人，由曹家庄至伊庄教民毕宗仁家将其门窗器具全毁，伊夫李梅连在毕家门首卖粥，被匪用刀砍伤脑后身死。

【批】：禀单均悉。该令现在乡筹办团练，何以三日之内境内迭酿抢杀案件数起，竟不能督团捕拿，任令该匪远飏，实属缉捕不力！著记大过二次，勒限半月严缉此案内凶手，务获究办。仍一面将勘验缘由照例通详。缴。

十三、费县禀廿八

南乡一带已聚多人，反教各听其便；东乡探沂唐、雨林村两处教堂已于十三夕被拆；甘霖、升平庄两处教堂已于十五夕被拆，仅止桌椅等物。

查获不安分之张景春、刘玉、李巨、赵十成、王振东、朱玉成六名，从严责惩。

【批】：禀单均悉。各属教堂务须钦遵六月二十一日谕旨，按照条约，一体认真保护，不得再涉疏虞。所有此项拆毁教堂之匪徒张凤起、王意、朱凤杰等，现经该令访实，勒限十五日悬赏购线，严密查拿，务严惩办，毋任日久远飏。仍令督同实力缉防。缴。

十四、阳谷禀廿七

电局设阿城镇。

【批】：据禀已悉。电局仍归汛弁巡护，原无不可。而防范巡缉，

---

[1] 以下不清。

仍是州县官之责。当此土匪充斥、军报络绎之时，应仍责成各州县会同营汛，妥筹办理，不得稍涉推诿，致滋贻误。缴。

十五、高密禀廿六，此禀另抄，莱州府曹同禀

【批】：据禀已悉。仰候汇案核办，另檄饬遵。缴。清折存。

十六、邹平禀桂麟廿七

勒令反教。

【批】：据禀已悉。教民悔教与否，各听其便，毋庸斥令投案出结，以杜口实而弭衅端。缴。

十七、博兴禀廿七：

札饬催拳赴津。二十日七八十匪至北关投宿，有一孙姓名连阁者，来自益都，经过临淄，往津沽投效。二十一日因雨未行，二十二日起身未付房饭，县代付。

【批】：据禀已悉。缴。

十八、博平禀廿九

团练章程十条。

【批】：据禀已悉。所拟团练章程，均尚平易可行。仰即遴派公正绅士，认真筹办，实力奉行，以别良莠而靖地方。缴。

十九、利津禀初一

教民反教。六月十九日耶稣教民孙花龄、孙红亮至王小群店内，被匪徒高姓将该三人捉去，并抢王小群衣物，至北关庙内藏匿。饬差传案，孙花龄之父孙在田亦到，高亦到，勒令孙在田等反教，随将孙在田等留在内署。二十三日，盐山拳匪王姓带百余匪入境，与高姓结伙，直入县署宅门外，欲看孙在田等能否悔教。亲出开导弹压，该匪竟恃众势将行凶，不得已将孙在田等四名交给认看。讵知一见即悉数劫去，随即杀于城外，弃尸黄河边，幸未扰及居民。该匪等现盘踞戴家庄，邻境拳匪纷纷投入，约有二百余人。各班差役不足四十名。

【批】：据禀已悉。前据武守、曹守禀报，二十三日傍晚，该县境各处聚有教民数百人，自蒲境三义而来，并闻山洼地方，外来教民有千余人，定于二十五日起事，均来利津抢掠。亦有云与拳匪寻仇者；教民孙在田等现已被匪杀害等情。当经札派曾守启埙驰往查办。兹据该令来禀，自二十六日申发并无三义、山洼等处聚集教民情形，其为

造谣生事可知。而孙在田等四名被匪戕杀，则实有其事。该令平日既不能预为防范，临事又不能相机弹压，致令匪徒塞署哄堂，面交教民孙在田等四人，悉被劫杀。匪势猖獗至此，实属不成事体！应先为该令记大过三次，勒限半月，严缉匪犯高姓、王姓等，务获惩办。一面随同曾守妥为设法筹办，毋任愈聚愈众，别滋衅端。仍将匪首查办，□□名目，可据此□□。此缴。

二十、惠民禀初三

新添小队四十名。未知王、刘二匪首何以北去之速。兹查系曾守启身后，告绅士等赴省请兵，已为二拳首所闻。本境拳民又归入民团，促令归家，数百人刻已散去。欲追捕，因张牧已带队赴滨州。六月廿九日郡城东南隅滋事之张黑小驱逐后又来充拳首，声言有千人，以示挟制。当即设法诱获。北去勾来王、刘二匪。尚有段兆奎者，言语狂悖，应拿办。

【批】：据禀已悉。该令缉获匪犯张黑小，讯明即行就地正法，办理甚为妥善。当此土匪充斥之际，非用重典不足以资惩办也。劝说拳民归团，亦是解散胁从办法，仰即驰赴四乡，认真筹办。惟须统领约束有法，督率得人，方无流弊。段兆奎既属罪大恶极，仰即悬赏购线，严密查拿，务获惩办。多擒治数名首要，即可解散无数胁从。□□相因也。此缴。

卷十一　光绪二十六年七月初六日起至七月二十四日

七月初六日

一、夏统领禀初六

初二在任丘行次奉帅谕：仍由雄县拔队绕道霸州赴津。

初四行抵新城之昝各庄，奉鉴帅咨开：奉七月初一日上谕，李秉衡著帮办武卫军事务，所有张春发、陈泽霖、万本华、夏辛酉四军均归该大臣节制。初二日，本帮办又奏请贵军迅速来京，以资拱卫。当即面奉谕旨，饬催兼程北上，勿稍延缓。

二、【复夏辛酉】

庚堂仁兄镇军大人麾下：顷奉惠书，借悉一切。前者兹因，奏准北援，甚为快慰。驺从北发，弟亦以入卫畿甸较驰援天津为重，故于天津失陷后，辄即奉申前请，适与鉴帅所见正不谋而同。兹经新城改道赴京，大约初十前即可赶到。李晟戍灞上而两示防要，光弼趋京洛而折木以风。肤功伟烈，辉映前贤，东军与有光矣。鉴帅公忠亮节，一代无两，而又知麾下最深，所资相得益彰，大局之幸也。

计日当可抵都门也。所需粮饷一切，自当随时寄解。[1]

三、巨野禀初六，此禀另钞

---

[1] 以下字迹模糊。

六月二十三，探闻沙土集等处，集匪多人图扰，函会方保松督同阎哨官常胜各带勇丁往捕，获匪犯杨会彬等八名。又在太平集获匪王干容、蔡贵得二名，夺器械多件。

二十四，阎哨官锡镖在张家庄获倪贵喜、倪房喜、郭立祥、杨来明等四名，回署提讯。

杨会彬供：听从汶境靳家庄民靳传经邀同焦天元等，两次焚烧磨盘庄。二十三，同杨锡贵、王吉付、王吉西、李朝聘、何则钱等，同至沙土集，拟抢教民邹云海，未往被获。

邹玉安，巨野人，在沙土集开客店。

翟景印，汶上人，在客店住误拿。

王干容、蔡贵得，听从在逃之冯锡文赴太平集教民张姓家扰抢，正在拆房屋被拿。

倪贵喜供习拳未为匪。

郭立祥、杨来明供务农。

倪房喜赴张家庄探亲被拿。以上六名开释。

杨会彬即杨文卿，已于讯明后尽法严办。

【批】：据禀已悉。该令会同方管带保松等，于沙土集等处拿获匪犯杨会彬等多名，缉捕尚属认真。应将该令暨方管带保松、阎哨官常胜、阎哨官锡镖各记大功一次，并随批赏发功牌二张，以示奖励。匪首杨会彬既经讯明尽法严办。余犯杨锡贵、王吉西听纠焚烧磨盘庄房屋，讯系被逼胁从；王吉付、李朝聘、何则钱抢掠邹云海家事尚未成；王干容、蔡贵得听纠劫抢张姓教民，仅止拆卸房屋，亦非实在凶首，该令核其情节均有一线可原，仍候札饬按察司详核案情，分别酌定监禁，转饬该令遵办。至邹玉安、翟景印、倪贵喜、倪房喜、郭立祥、杨来明等六名，既讯无为匪不法情事，应准保释，以省拖累。仍严缉逸犯靳传经等，务获究办。并移会方管带保松等知照。缴。

四、平阴会禀初六

会同马队右哨哨官马守备铭锺（五十人）。

六月二十八，毛家铺来刀会百余人，欲与教民为难，均系附近各州县人。

耶稣教均反教，天主教均不反教，尚有男女两千余人，居白云峪、胡家庄两处最多，分别发给告示谕单。

七月初四又来会匪二三百人，至城北阮尔庄逗留，烧毁教民草屋四间，并杀害教民丁姓一人。营汛吕千总阻止，几被匪伤。营县回城，匪复追赶。匪共有八九百。

【批】：禀悉。已行李管带福云督率所部迅往剿办矣。仰候营队到后，即会同马守备铭锺一并驰往，相机剿捕，扼要堵缉，以遏乱萌。至教民悔教，应听其自便，不得差传勒比，更不得发给告示谕单。现奉谕旨保护教士、教堂，自当钦遵查照，妥慎办理。著即由该令移会马守备知照。缴。

五、夏津禀初六

七月初一巳刻，韩庄来土匪百余人，进庄将平民韩邦基、韩占荣家粮食、衣物、牲口抢掠一空，并将韩占荣男女五人以刀压项，逼索银钱，放火烧毁房屋两座。会同城汛把总杨鸿勋，带领勇团，格杀匪三名，内有骑马匪首一名、李得盛等三犯。生擒匪犯刘三【等】十七名，抬枪四杆、旗一面、刀矛七件、马一匹。方统带派马哨弁带队巡缉，协同兜拿。

刘三等供：听从田文龙纠邀焚抢拒捕不讳，共二百余人，攻打龙王庄，并未打开。七月初一，张三等带百余人来韩庄。

讯明后，即将刘三、姚洛八、张偏头、魏太平、张玉、吴迈、张骡驼、田东明、许保安九犯即行正法。张根、张柱、张凌轩、田秃、安驴、刘二、田二、邢小小，讯系被胁同行，情尚可原。

【批】：据禀已悉。该令会同城汛把总杨鸿勋带领勇役，调集民团，驰往韩庄剿办土匪，当场格杀悍匪李得盛等三名，拿获匪犯刘三等十七名，夺获刀械多件，余匪散逃。据刘三等九犯供认焚劫拒捕各重情不讳，当即照章就地正法。办理妥迅，洵属能吏，应将该令、杨鸿勋各记大功三次，杨鸿勋并以千总存记，尽先拔补。仍饬司通行各属仿照办理。并查明出力勇役，赏银二百两、功牌六张，以示鼓励。功牌随批即发，填给后仍应具履历造册，呈候汇咨。赏银由该令垫发，随即备文赴善后局具领归垫。经讯匪犯刘三等九名，供认焚劫拒捕各重情不讳，业经按照土匪章程就地正法，枭首示众，以昭炯戒，应仍照例录供通详。余犯张根等八名，讯系被逼同行，情尚可原，仍应分别酌定监禁年限后递籍管束，以示详慎。并严缉逸匪田文龙、张三等，务获究办。缴。

六、郯城禀初五

二十九日，前江苏徐州镇陈凤楼带元字两营过境，傍晚有勇数十人挤进教堂，砸毁器具，当捉住营勇周加其等四人。旋愈集愈多，持令箭者大呼奉令剿闹洋教，将堂中房屋尽行拆毁，立逼放回营勇四人。

【批】：据禀已悉。仰即就近禀报前江苏徐州镇陈镇立案。缴。

七月初七日

一、为札饬事。照得本部院访闻各该州县于境内教民悉勒令具结反教，并有发给告示谕单暨传案刑逼押办者，迹近抑勒，殊失饬令劝谕本意。查教民虽奉西教，仍是中国子民，但使安分守法，从教悔教，悉听其便，本无所用其抑勒。前者饬令劝谕，只是一时之权宜，并无勒令具结反教暨发给告示谕单、传案刑逼押办明文。

查匪徒不过以闹教为名，实则不入教之平民亦无不被其抢累。如不分别良莠，妥为筹办，即使劝令教民悉数反教，而抢劫焚杀之案，仍复日有所闻，无补事机，徒滋口实。况现在恭奉谕旨，照约认真保护教士教堂，是凡与教堂关涉之事，必须预筹归结地步，俾免外人借端要索。亟应通饬各属，一律遵旨保护教士教堂。其安分守法之教民，亦应照良民一体保卫；其有聚圩自固者，应随时谕令解散。至于悔教与否，各听其便，发给谕单告示，一律收回。民教词讼，仍随时悉心妥结。教民有聚众抢劫、抗官拒捕者，应即勘讯缉办，不得因事主系教民转滋以从匪抢掠，应照律从严惩办，以杜口实。除分行外，合亟札饬。札到该府、州、县即便遵饬、转饬所属一体遵照办理。

代行。

二、临淄禀初二

拿获匪首孙连开。

三、章邱禀廿八

并无拳会匪徒。奉札有匪徒自北而南。

四、利津禀廿九

并无外来匪徒传拳。

五、蒲台会禀廿九，马德华

现无外匪潜匿。

六、掖县禀廿九

刘维廉、丁立瑁取保回籍。

七、定陶禀初二

八、栖霞禀廿九

境内教堂系内地民人洋人赴通商口岸。

九、莱阳禀廿九

遵谕劝戒绅民通饬函件。

十、齐河详初一

孟继策呈控李茂盛等销案。

十一、邹县禀廿七

查明境内并无会厂。奉饬查。

十二、文登禀廿九

遵办团练。

十三、寿张营禀廿六

请拨兵队。

十四、洋务局详廿八

查勘清平等十二州县法国被扰教民王万牲、陈善源、萨承钰等。

十五、学院咨廿五

斥革武生李金榜。行按察司。

十六、临清营廿三、廿八

武城汛把总吴金成、夏津汛把总杨鸿勋记过一次。行营。

十七、临清营廿八

武城把总吴金成记过一次。行营。

十八、张勋禀初七：初二日九点钟，流钟口拿匪首靳盛然。

【批】：据禀已悉。该参将于各州县纷纷请兵告急，竟能持以镇静，不动声色，迅赴沾化流钟口，会同丁令煦、陈令毓崧等，追获滨、沾、阳、利、蒲各州县总拳厂匪首靳盛然一名，并胁从十二名，余匪逃散。起获枪械、旗帜、银钱、贮物、粮食、车马、牲口、妖符多件。并讯据靳盛然供认系第一干卦著名匪首，迭醸抢掠焚杀各重案不讳，当即照章就地正法。余犯十二人，讯系胁从，概予保释。棚厂即行拆毁，赃物给领，粮食留赈本地贫民，办理极属妥善。东省各将弁能悉如该参将之有胆有识，遇变不惊，任怨任劳，遇险不避，地方各渠寇既获案严惩，其附近散厂必可随时解散。该参将应以统带记名，遇缺即行派充。丁令煦、陈令毓崧各记大功一次。出力员弁勇丁赏银一百两，发功牌四张，以示鼓励。功牌随批即发，赏银先由丁令垫给，随即备文赴善后局具领归垫。该厂房屋饬县封闭充公。靳盛然系著名渠魁，既经获案正法，实足以寒贼胆而振正声。仰即趁此声势，会同滨、阳、利、蒲、沾五州县印委各员，分投查缉，务将附近各散厂一律封禁。该管带如须驰往利津，会同曾守筹办该处土匪，著即传谕陈令毓崧会同滨、沾、阳、蒲各州县，先行认真查办。遇有股匪窜扰抗拒，仍随时函令该管带会商妥筹，以期兼顾。并责成各州县出示剀切晓谕，解散胁从。该管带俟利津匪案办理就绪，再察看海丰、沾化等处情形，随时相机妥筹办理，以弭后患而竟前功。缴。

十九、石祖芬禀初三

【批】：已据禀存案矣。仰即知照。缴。

二十、石守禀初三

【批】：禀单均悉。已行司照数拨发矣。公司津贴既未支用，仍由该守自行送还。魏领官借拨银二百两，亦已行武卫右军粮饷局拟拨矣。仰即分别具领归垫。缴。原信发送。

二十一、石守禀初三

【批】：禀单均悉。已委该守署理泰安府事矣。仰将文牍卷宗等项暂行送洋务局收存。缴。

二十二、石守禀初三。

【批】：禀单均悉。已分行布政司、洋务局核办矣。仰即知照。缴。

石守申送六月分支发清册，行司核销。

二十三、临邑禀初七

六月初四，谢庄有拳民数人，勾结外境拳会，聚集多人盘踞。

【批】：据禀已悉。拳民均已赴津助战，此项盘踞内地希图滋事者，即是土匪乱民，仰即赶紧会督营团驰往捕拿，钦遵六月二十一日谕旨，严行惩治，毋稍延纵，致滋贻误。仍将查办情形飞速报查。切切。此缴。

二十四、张勋、陈毓崧、管得泉会禀初三

北营庄被扰之家共计二百余户，分三等抚恤。每户京钱四千，垫放八百三十五千〇六十。

【批】：据禀已悉。该员等筹办急赈，尚属妥善，已札饬赈抚局照数核发矣。仰即具领归垫，并移令陈令、张参将知照。缴。

二十五、乐陵禀初二

赏银一百两。

【批】：已札饬善后局核发矣。仰即知照。缴。

二十六、方致祥禀初二

十五日札饬拨营，派左、后两哨赴邱、冠、馆陶一带巡缉。

武城仅有南大屯等三四处尚在观望。二十六追捕，为匪党先觉远飏。是夕，剿塔坡获胜。

瓦子庄之匪，已勾结花十八等股匪为援。

【批】：禀单均悉。仰即查照前檄，迅将武城郑口一带匪徒妥速缉办，以清运道而靖地方。至直东两省会剿，此时碍难下手，凡事先求尽其在我者，毋庸诿之于人也。此缴。

二十七、临清禀初三

六月十三四日，自东南廿一里卫家庄起，至东北廿三里白家庄止，阖境电线电杆悉被窃毁。

电局吴司事亲存机器后，即携眷外出，不知去向。

十三夜，外匪至小炉，将教民教堂全行烧毁。戴营官因时在昏夜，匪势莫测，遂将队撤回。教堂华式瓦房九间，教民四十余户。

十七日，城外席厂街耶稣教堂被匪烧毁，东院大小三十六间，教民住房二十二间，西院医院一所，大小房屋十八间。

【批】：据禀已悉。该州境内电杆于十三四日全行被毁，小炉、席厂街两处教堂于十三、十七两日先后被焚，其事均在二十以前，何以延至今日始行禀报？殊属疲玩已极！应先记大过三次，并勒限半月，严缉各案匪犯，务获究办。至请添拨两营，此时实无兵队可拨。戴管带守礼率队至小炉，既见匪徒焚毁教堂、民房，不为捕拿，竟将全队撤回，其疲玩当可想见。地方官若此，防营若彼，再添营队，何补事机?❶

二十八、博平禀初四

十四日，匪砍朱官屯等处电杆，自朱官屯至梁家浅共砍九十八根。又官厅拔一株、郑庄一株、减水闸三株、土桥闸十株，共一百十三株。获犯冯五、康四、冯小二、冯万林、冯金玉五名。

【批】：据禀已悉。该县境内砍毁电杆至一百十三根之多，本应记过，姑念获犯冯五等五名，从宽免究。仰即添派勇役，设法保护。倘再有疏失，定即照例严参。所获匪犯，按照土匪章程严惩。余犯亦须分别究治，毋稍轻纵。并勒缉逸犯，务获究报。缴。

二十九、莱州禀初六

【批】：据禀查复孙田显等讯供禀办缘由已悉。仰即转饬平度吴牧，迅将孙田显等十三犯，连同全案卷宗，督派妥役一并解省，听候发审，以成信谳。此缴。

三十、商河禀初七

小张庄教民多家，与临邑解庄交界。初三酉刻，闻解庄聚数百匪，在庄外支搭账棚居住，携带枪刀，不时外出。商河刘染房庄，亦有募钱及索备供应情事。新募团丁百余名，初五日早，行抵魏家集，探闻小张庄已经被围，自解庄来者约有五六百人，马十余匹。庄内教房、民房均有火起，亦被庄内伤其数人。

【批】：据禀匪徒困扰小张庄情形已悉。该令事前不知妥慎防范，临时又不能奋勇认真缉捕，可谓懦甚。仰即会督营团，驰往该处，实力捕治，并就近会商孟领官迅拨队伍，查看情形，相机缉办，扼要堵截，以杜窜扰。仍一面商同临邑刘令，剀切出示晓谕，捕治首要，解散胁从。并于交界地方齐集勇役团丁，合力围捕而遏乱萌。缴。

三十一、青州府禀初三

【批】：据禀报获匪犯田小堂暨现在地方安谧情形均悉。匪犯孙过

---

❶ 以下约四十多字模糊不清。

开已于临淄境内报获，崔令摘顶处分已赏还矣。所有该守前记大过一次，应准行司一并注销。至孙过开、姜长、秦博老助□之实在情形，仰仍札行杨纪事呈春查明禀复。缴。

七月初八日

一、临邑禀初八

【批】：已据禀飞饬孟领官恩远率队驰往缉办矣。昨据商河李令禀称，该县解庄聚有匪徒数百，在庄外支搭账棚居住，携带刀械，四处游弋。该县之刘染房庄暨商河之小张庄均被该匪等围扰。不知与该令所禀谢庄匪徒究系一股，抑另是一股，来禀未据详晰声叙。仰即查明据实禀复。一面会商孟领官恩远、商河李令兆兰驰赴该处，不分畛域，合力围捕，毋任稍纵。并出示剀切晓谕，解散胁从，以孤匪势而遏【乱萌】。

二、东昌府禀初八

【批】：据禀已悉。前据清平梅令会同尹哨官裕水等禀报，拿获匪犯刘金春等三犯，讯明正法，当经分别给奖。旋据博平彭令禀报，拿获匪犯冯五等五犯，亦经批饬讯明严办。至赫虎臣等窜聚杨庄，虽无为匪不法情事，任其久聚，仍恐别滋衅端。该令酌给川资，饬令解散归农，办理甚属妥善。仰仍督饬各州县防营认真巡缉，实力谕禁，毋任匪徒时聚时散，扰累地方。并严缉逸匪孙庆有等，务获究办。缴。

三、嘉祥禀初五

德天恩六月初二离境，木箱寄县存放。

【批】：据禀德教士寄有物件并防护教堂各情形均悉。教民悔教与否，各听其自便，不得抑勒取结，所见甚是。

四、昌邑禀初七

【批】：禀单均悉。已饬高密吴令等婉商该公司从缓兴修矣。仰仍随时认真防范弹压。缴。

五、巨野禀初五

方保松三哨，镇宪派遣守备宝全接管。

龙堌、独山、安兴、田集等前由曹镇派队分驻，现将龙堌、独山等处两哨调回原地，于精健营三哨内酌拨两哨半分驻各处。三哨步队，拟一哨驻菏陶交界之观音、章缝两处；一哨驻城内；一哨作为游击之师。

【批】：据禀酌留哨队兼顾城防缘由已悉。仰候咨商曹镇，酌量留拨，以期兼顾。缴。

六、武城禀初二

【批】：据禀已悉。前据方副将等禀报剿捕塔坡匪徒，业经批饬酌给奖赏。现在海防紧要，实无队伍可拨，仰仍遵照历次批饬，会同防营，迅将境内麕聚匪徒次第捕拿，设法解散。毋任久聚滋患。缴。

七、莱芜禀初三

只有新旧教民三十九名，即三十九户天主教。

【批】：据禀防护教堂缘由已悉。仰即随时防查，相机缉办。缴。

八、益都禀初一

六月二十四日获案内杀人要犯田小杏按法□□。

【批】：据禀已悉。青州府获捉益都县正犯孙过开到郡，督饬崔令提讯匪犯田小杏，照章严办。并勒缉此案逸犯，务获究报。缴。

九、博平禀初三

赫虎臣称，拳民中有文拳、武拳，现聚五百余人，多系茌、博、长清等县人。武拳已由伊劝谕解散，约三百余人。文拳约二百余人，因有冒充拳民之人，伊欲拿获再散。

事主赵克明十四日被贼行劫，拒伤邻佑李文法。赫虎臣等协役追获冯五等五名，讯明正法。

【批】：据禀已悉。该令拿获抢劫拒捕匪犯冯五、康四、冯小二、冯万林、冯金玉等五名，并起获原赃多件，提讯供认不讳，当即按照土匪章程，从严惩办。缉捕尚属得力，应记大功一次，以示奖励。【赫虎臣】□既以东昌洪守，酌赏川资，饬令解散归农，办理甚为妥善。该令仍应随时留心查看，遇有该乡民纠党聚众，务随时劝谕解散，不得因未滋事，稍涉宽纵。仍严缉逸匪王遇春，务获究办。缴。

十、沂水会禀乙沛恩，初三

王庄教堂僻处山中，距城八十里，存留肄业小孩百余人，妇女二百余人，年老男丁百余人，年壮者各司工作，约七八十人。文安多现往莒州，不在王庄。

【批】：据禀已悉。仰仍随时妥为防护弹压，并移令乙令沛恩知照。缴。

十一、茌平禀初四

【批】：已据禀行知善后局核发矣。仰即赴局具领归垫。缴。

十二、章邱禀贺良翚，初一

臬司委济南以东有外来匪徒传授神拳。六月初旬闻大沟堐、临集、清口等处有匪徒阑入煽诱，委无其事。

【批】：据禀已悉。仰按察司转饬该印委知照。缴。

十三、滨州会禀张星源，初一

五路分四十九团。

【批】：据禀已悉。仰仍随时严密稽查，认真谕禁，以杜流弊而靖乱源。并移令张牧星源知照。缴。

十四、东海关禀廿六

申送美领事照会一件。

【批】：据呈送美领事照会缘由已悉。仰将收到日期六月二十六日照会美领事查照。缴。

十五、孟领官禀初七

宁津密探，大股匪徒在乐陵沿边一带村庄埋伏，步步为营，向民间借用大绳为绊马之用。派高哨官文贵带兵数名赴黄街迤西查探，直探至交界处所，尚无匪踪。出界不过四五里远，一系宁津属地，有匪千百或两三千不等，专事讹索。如县属之茨头堡、小吴家、张牌家、宋家集一带与匪巢毗连，均被扰。张牌家保练被匪割两耳，首事被殴重伤。该处庄民均已结团。

【批】：据禀查探毗连宁津边界情形已悉。乡民知有匪为己害，而肯亲附官军，匪自易办。但正当高粱繁茂之际，务饬该弁勇等沿途设防，严密搜查，切勿冒险轻敌，是为至要。盖将领视兵勇当如子弟，固无时无事不护协之也。此缴。

十六、日照禀

【批】：禀单均悉。东路筹防，西北迭援，兵力万分拮据，仰候队伍扼要备防。胶路务须实力防范，相机抚绥，毋令民教滋生衅端，别滋口实，以启内衅而召外兵。切切。此缴。

七月初十日

一、张勋禀初十

【批】：禀单均悉。直隶盐庆一带匪徒既无一定巢穴，姑从缓议办。仍即责成该管带会同陈令毓崧暨武定府属各州县，迅将各该处股匪及私设会厂一并相机次第封禁，并随时设法解散胁从，以期一律安谧。该管带请赴前敌自效，具见忠勇之忱，应俟各该处敉平再有调遣。海丰南关获胜案内，赏给护勇吴起恒等功牌，业已另文印发。逸匪赵玉庆应即会同丁令等悬赏购线，务获究办，毋任漏网。并候通饬各属，一体截拿。缴。

二、张勋禀初十

【批】：据禀已悉。后哨哨官徐万兴临阵张遑，本应正法，暂照所请，撤去差使，已属给予宽典，何得再行派差。该哨副哨官既不知其胆识何如，暂缓提升。所选后哨哨官，应即以打仗奋勇、颇有胆量之护勇李文胜升补，以示破格优奖。嗣后该营倘再有临阵惊惶失伍情事，仰即按照军法立斩，毋得稍涉瞻徇，以明赏罚而肃戎行。缴。

三、沾化张勋、陈毓崧会禀初十

【批】：据禀已悉。赵海龙纵子为恶，应勒令交出伊子玉庆到案，再行酌办。仍一面悬赏购线，严缉赵玉庆，务获究办，毋任远飏滋患。并由该令移会陈令、张管带知照。缴。

四、沾化会禀陈毓崧、张勋，初九

【批】：据禀已悉。该令会同张参将勋、陈令毓崧督率勇丁，在流钟口拿获滨、利、沾、阳、蒲五州县总会厂匪首靳盛然一名，并胁从十二名，余匪散逃。起获枪械、旗帜、银钱、衣物、粮粒、车马牲口、妖符多件。并讯据靳盛然供认系第一干卦著名匪首，迭酿抢劫焚杀各重情不讳，当即就地正法。余犯十二人讯系胁从，概予保释，棚厂即行拆毁，贮物给领，粮食留赈本地贫民。办理甚为妥善，张管带应以统带记名遇缺即行派充，该令暨陈令毓崧各记大功一次。

【批】：据禀已悉。此案昨据张管带勋禀报，已将该管带以统带记名遇缺派充，该令暨陈令各记大功一次，以示优奖。仰即查照前檄，妥速办理。缴。

五、兖州【函稿】

田镇台、彭道、王守同览：风闻曲阜近有匪徒左道惑人，传习邪术等情。曲阜为圣贤礼教之邦，孔陵重地，望即妥商查办。并由王守驰赴该处，督同地方认真谕禁，实力捕拿，毋任蔓延滋患。

六、鱼台禀初十

【批】：据禀已悉。各团所雇拳师暨习拳之团丁吴玉琴所习究系何拳，如何传授，是否邪教，禀内未据声叙明晰。此请赏给吴玉琴功牌，亟应查明据实禀复。至所获匪犯马作则等五名，仰即提案隔别研讯，果系抢劫李兴偕案内正犯暨攻滋阳镇南寨口匪犯，应即不分首从，就地正法。至境内教堂，应遵六月二十一日、七月初八日两次谕旨，仍照约认真保护。教民亦应一体保卫，当令各安生业，毋任匪徒纠众抄抢扰害。嗣后如有假托义民寻仇构乱者，著即认真拿办，以清乱源。仍将各案勘验讯办缘由分别详报查考。缴。

行济宁州派员迅查。

七、博兴禀初十

滨州城西北小范庄挂了号。杨官庄教堂爰天理不走，修圩筑寨，置备火器。滨、蒲、高、乐等处教民潜来此寨者数千，并有别国教士暗藏其间。

孙过开余党刘殿元，七月初二在兴复镇客店拿获。二三日之内，来匪三百余人，将刘殿元架去。

【批】：据禀已悉。该令坐视匪徒劫犯，不能会督营团追捕，实属怯懦无能！著记大过二次，勒限半月，严缉匪犯刘殿元等，务获究办。并候飞饬青州府查明情形，酌商杨统带派队剿办。该令应即会同防营妥速办理，以资保卫而靖地方。缴。

八、尚道督同宋牧禀初九

李玉金已当场击毙，刘旺亦畏罪远逃。初四日释放刘平、赵瑞田、张得明。

【批】：据禀已悉。缴。

九、肥城禀初八

中泉庄孝里铺等处，外来土匪二百余人，由茌平、平阴一带来，分窜入境，自称义和团，任意滋扰，往拿已窜逸。中泉庄教民王丕厚给钱五百千，附近荣庄教民赵姓等亦给钱数十千。

【批】：据禀匪徒滋扰中泉庄等处情形已悉。仰即会督营团严密侦缉，实力堵御，以安良善而靖地方。缴。

十、张勋、陈毓崧禀初七

【批】：据禀责成队营州县从速剿办匪徒缘由已悉。匪徒充斥，推原祸始，只是禁捕不力，且姑息养奸。该管带等所陈均洞中积弊。仰候严札武属各州县，会同防营妥速筹办，但能实心任事不惮劳怨，悉如该参将等，土匪不难治也。此缴。

十一、沂州府禀

陈镇凤楼队伍毁坏教堂，到李家庄打尖又抢教民数家。

【批】：禀单均悉。陈镇凤楼所部队伍沿途滋扰，已电南洋大臣严行申斥矣。文教士安多既促之不行，自应严饬该地方官照旧保护。仰饬陈统带万清率队到防后，酌商派队保护可也。谣言传单，妖妄不经，均堪痛恨，已通饬各属一律严拿报案，照散布妖言例从重严办。缴。

十二、临清营张大鹏禀初九

【批】：据禀已悉。此案前据临清王直牧禀报，已将该直牧记大过三次。该副将防范不力，亦应记大过三次。仍勒限半月，会同防营，严缉此案匪犯，务获究办，毋任远飏滋患。

七月十一日

一、行兖沂道、兖州府

照得本部院风闻曲阜县境内，现有匪徒散布妖言，传习邪术，持符诵咒，左道惑人，聚众滋事等情。如果属实，亟应认真禁缉。

查曲阜为圣贤桑梓重地，教泽留播，千古如斯。若任邪说诐行，错出其间，肆行滋扰，不但无以肃法纪，更何以冀圣教而正士风。应由该道会同田镇督饬该府该守，迅即驰赴该县实力谕禁，认真查拿。

如有会厂，悉予标封。除分别咨行外[1]

二、札委宋牧森荫办莱州团练

行司委员接署，行善后局、莱州府。

三、札发统领新左翼防军关防五颗

四、复龙镇

觐宸仁兄镇军大人麾下：昨奉惠书，备悉一切。所募四营，现已成军，即名为左翼防军新前、新后、新左、新右四营。统领暨管带关防已另文咨送冰案矣。行军车辆章程，前已饬属核议。马队勇饷已照办，所需账房已饬为匀发，先拨银二万两，亦已饬局派解。所有新募入营饷项，前承面示照东军章程支发；今接来示，请照先锋队章程支发，应俟拔队到省再行商订。惟现在饷项奇绌，筹募不易，当亦麾下所前知耳。至于率队北援，前次奏明仅止新募四营，兹承示随带五营，似与原案不甚相合。且曹州仍为麾下坐镇重地，战事告竣，仍须回防。现当土匪充斥之时，全恃麾下所部四营借资保障，多抽一营，即少一营兵力。曹郡民情拥戴麾下，不啻如当世生佛，知麾下亦必为曹郡之民策万全也。以敝兄之意，似仍以原有四营留防曹州，如北援不发。现在原募四营，士气方新，必可资训练。且朝廷亦甚知麾下添募营队为日无几，规矩草创，煞费经营，当亦不至十分催促也。西路匪徒甚多，似较东路更多阻滞，将来是否由东路，祈□明□后明裁。

许令勤于缉捕，殊堪嘉尚，前已批准存记汇奖，并已分别记功。出力之员弁勇丁亦已酌赏功牌。然亦皆麾下调度有方，始克臻此。前次麾下督饬各哨弁在菏泽金堤头、赵庄一带拿获匪犯秦留风等多名，办理甚属妥善，出力弁勇亦并案酌赏饷银功牌。麾下坐镇曹州，能为曹民兴利除害□□□。闻麾下北援而卧辙攀辕者相率于道，而不忍离也。专此布复。

五、济宁州禀十一

上海法总领事电，教士毕如腔因乱避至济宁，请送至胶州。

【批】：据禀护送教士毕如腔至兖缘由已悉。缴。

六、巨野禀十一

---

[1] 原文止此。

条陈黄河严行稽查，曹镇带队北援，新旧各半。

【批】：据禀条议稽查渡口、酌于拨队各事宜，甚有见地，已分别咨行核办矣。仰即知照。缴。

七、单县禀十二

绅士禀留左翼防军右营徐镛山。

【批】：已据禀咨商曹镇矣。仰即知照。缴。

八、武城禀初九，此禀另抄

自剿塔坡后，数日之内，已将南大屯、刘官屯等处拳民设法解散。

七月初四日，前在西关盘据之匪首宋怀带同两人，分持刀械，赴东乡一带邀人。会营拿获宋怀（武城人）、王忓梆、王荃伶三名，并获黄布头巾，上写干字暨八卦印布。同伙百余人，同张花时到各处打粮。张花时与教民打仗身死，伊即举为头目。

【批】：据禀已悉。该令会同方副将致祥、彭游击金山拿获匪首宋怀、王忓梆、王荃伶三名，并起获刀械印布等物，当即讯明就地正法，办理尚属妥速。该令既尚知愧奋，应准宽免奏参摘顶处分，即将顶戴赏还，仍与方副将、彭游击各记大功一次。塔坡庄首事增生曹寅恭指拿匪犯，著赏给六品功牌，以示奖励。仍会同防营严缉逸匪戴大木等，务获究办。并已行知龚分统暨各州一体截拿。缴。行司。

九、武城禀初九

【批】：据禀已悉。缴。

十、张奉先禀初九

黑牛王庄为集镇，在庆云十八里，距乐城五十余里，实系老巢。匪首耿姓，向聚有数千人，屡次伤损并自甘解散者尚有一二千人。

【批】：据禀探明黑牛王庄聚匪情形已悉。仰候汇案筹办。缴。

十一、青州府禀初六

【批】：据禀添募勇队缘由已悉。顾念军饷之艰、军火之绌，不□撒手而办数语，极中肯要，足见该守任事实心。惟驰赴所属巡缉稽查，自必较为得力。仰即查看情形，酌定招募勇队两三哨，准其作正开销。至应如何厘定饷章，即由该守自行酌议，另禀请示。所有本境巡防营务处仍著该守兼充。至会办团练一举，应否另派委员，暂即由该守督饬所属办理，一并核议禀复，以凭核夺。此缴。

七月十二日

一、行齐河查土匪确耗

二、为札委事。照得本部院于本年五月初七日，据德州宋牧禀报境内并无匪踪。十七日又据禀报直省股匪甚多，恐流入滋扰，请拨派马步营队，至德设防。二十日又续禀催拨队伍。当即札派武卫右军暨先锋队右路各营队先后开往。六月初二日，该牧又会同黄丞禀报境内现无外来匪徒。初八日又据该牧禀称，既虑逃匪潜窜为患，又虑内匪冒拳窃发，如从此不办【辨】真伪，不分良莠，一概议抚而不剿，势必内外勾结，遍地是拳，不可收拾。十一日又据该牧禀称，有直匪百数十人，于初五日带有军装器械，由吴桥来德州，云奉直隶督部堂派往山东，并有令箭。该牧验以后酌给馍饼，次日即押令出城，仍回吴桥。旋以天津失陷，饬令堵缉逃勇溃团。并闻该州附近，颇多焚劫案件未据禀报，严饬查报。廿四日又据该牧禀称，现已商办防堵事宜，挑选精壮团丁一百名，给以津贴，派赴各处常川巡查，迄今尚无溃团逃勇窜扰情事，辖境实未闻有焚掠之事。二十七日又据禀报，薛家庄聚众，经〔若〕遽行缉办，转恐激成祸端，该牧执持谕单，劝令解散。又小史庄有刘旺为首，聚众二十余人，焚烧房屋五处，并杀死史姓夫妇二人，若不赶紧相机剿办，势必无法收拾，惟一经痛剿，难保不勾结外匪，群起而来，转致糜烂。同日据孙镇金彪禀称，二十五日夜晚，中前营放哨勇丁拿获匪徒刘平、赵瑞田、张得明等三名，供认随同师兄刘旺，带徒众二百余人，杀死史姓夫妇，并称刘旺即系薛家庄人。当将匪犯送县讯办。此皆六月尚未滋事以前之情形也。

至七月初一日晚，该匪徒刘旺等率众扰犯德州。孙镇金彪率队仓猝抵御，昏夜中为匪所乘，当场伤亡将弁五人，勇丁与匪亦互有伤亡。当由本部院札派龚分统督率马步营队前往助剿，并于初三日电尚道暨该牧，以奉旨剿匪清运道，请先派员绅切实开导，免乡民误被胁惑。又据该牧禀报初一剿办情形，该匪等系来城劫索前获匪犯刘平等三人，该牧未及会营抵御，该匪已抵城外药王庙，由首事至署求释刘平等三人。该牧未及出城，防营驰行围捕，该匪竟放枪抗拒。初三日南关首事又来城代为求抚，请保匪犯，该牧未敢遽准，仍约从缓议。初四日，本部院又电尚道、宋牧，限三日如北上赴援为义民，解散归业为良民。倘不北上，又不归业，即是土匪乱民，即准旨剿办。令先出示晓谕。当日据该牧等电禀，探明花园、四女寺各属，果赴故城，可望解散。初五日又据该牧等电禀，拳匪畏服解散归农，缴刀械具结，永不设厂聚众。当日又电尚道、宋牧，未知缴械若干，解散几股，著详复。

初六日又据尚道、宋牧电禀，薛庄、大刘庄解散，余皆其纠合。械有案畏罪弃掷者，现缴数十件，仍勒退。初八又据尚道、该牧禀称，首事张子俊等来署代为乞抚，并求将刘平、赵瑞田、张得明三人释放。该牧随将刘平等三人交张子俊等保回归业，拟令各庄呈缴器械，改置农具，冀成卖剑买牛之风。初九日又电饬尚道、孙镇、宋牧等，昨已限满，当早酌派右军马步走队巡查。十一日据右军营务处王中书、英楷等电禀，宋牧来言，匪欲散恐剿，再展数日，渠言可议结。同日，又据孙镇、龚镇电禀，宋牧说再限三日不散再打。现匪聚吴桥，又在德州东六十里孙老庙，约各六七百人。惟孙庙系吴桥属。同日又据该牧电禀，薛庄受抚已散九成，因四女寺都保众绅乞恩施缓一二日，散净归农；如再聚，请痛剿。当即电复该牧。初五日接该牧电称，该匪解散缴械，愿缓具结，乃系该都保乞缓限，是初五日所禀似无其事也。姑加宽两日内不派队伍巡查各乡等因。此为七月初一既经滋事以后之情形也。

查该牧始则请兵剿匪，兵至则又云遽行剿办，恐致激成事端。迨匪徒刘旺等由薛家庄窜聚史家庄，则云薛庄之匪业经散尽，而于小史庄始终不置一词。该匪徒等焚杀无辜，始则讳匿不报，及至匪众扰犯来城关以后，始行补陈。而于防营缉获此案之正犯刘平等三名，迟延不办，窃锯电杆匪犯亦仍送还防营。直至初一日匪徒率众扰城，意图抢犯，该牧并不出城会捕，迨将弁被戕之后，犹允俟从缓酌议。是匪之猖炽者该牧之庸懦有此也。迨至初一以后，本部院以奉旨清理运道为急，又以爱惜身命为重，姑准限三日内一律散尽。如该匪不遵饬解散，自应据实禀复，以凭饬队剿办。该牧初五来禀则谓当已具结解散缴械，急于将拿获刘平、赵瑞田、张得明释回。而七日之□电又云解散恐剿，请展缓等语。似此荒谬畏葸，如同庇匪。当此多事之秋，德州又属重镇，若任该牧[1]前后禀词自相矛盾，其何以维大局而奖民生！除电饬各防营认真侦报外，合行札饬。札到该牧、该府即行驰赴该处，迅将该牧前后所禀各节彻底究查，迅速禀明。该牧究竟能否胜此紧要之任，并著速查据实禀复。一面会商孙镇、龚镇等查报该处匪势情形，究竟能否解散，抑须用兵剿捕之处，著即一并查明，妥为商酌，并迅即回省面禀销差，毋稍迟延。

三、恩县禀十二

初六缉役与刘王庄团长会禀有匪，当即会营。

【批】：禀单均悉。该令会督营团在刘王庄拿获匪犯马东一等九名，并缴获枪械原赃多件。记大功三次。讯犯供认抢劫德州观音寺不讳，应准照章即行就地正法，以昭炯戒。仍照例录供通详，并移会德州查照。仍严缉逸犯路长等，务获究办。缴。

四、益都禀十一

初二日夜四更，本城二街失火情事。南头路西有英国教堂置买草房三间，被贼由该房靠街土墙挖孔进内行窃，遗燃油捻燃烧草屋。

【批】：据禀已悉。屡次恭奉谕旨，保护教堂，该令何不加意保护，仍有行窃教堂，燃烧草屋情事，殊属疏忽！仰勒限十日严缉此案窃犯，务获究办，毋再纵延干咎。切切。此缴。

五、胶州禀十一

人犯四十余名，分寄平度、掖县。

行府、平、掖。

【批】：如禀办理。仰候分饬各该州县知照。缴。

六、肥城禀十一

初八日三更，石头沟庄来刀匪百余人，搜寻前为洋人教书之陈汉延未得，将其弟陈汉选砍伤身死，劫去衣物。

【批】：据禀已悉。现在东、西、北三路处处吃紧，筹拨兵队甚难，仰候设法筹拨。一面责成该令悬赏购线，务获此案凶犯，讯供惩

[1] 以下有15字不清。

办。一面探明匪踪确屯何处，迅即禀报，以凭核办。并将勘验缘由照例通详。缴。

七、滋阳徐令赓熙禀十二

【批】：据禀晓谕士林禁止谣传示稿办理情形均悉。风俗醇漓，存乎学校，学校兴废，存乎有司。该令剀切晓谕士民，以去伪存诚，□□□戒其为之，殊干治□。仰候札饬各州县出示告诫，以固根本而正人心。此缴。

八、东海关申十一

青岛税务司，德商礼和洋行禀请发给三联单赴沙河买办草辫。闻沙河现有抚院派员征税之说，请饬沙河查验放行。

九、复田镇

泗水解第二批钱粮三千两至泰安之安家庄白马庙被劫。

左哨沈金和后营李家成管，嘉祥于庄获匪一名；后哨邱鹤升，金乡田口庄两次【获】匪首肖心安【等】六名，又伙匪十二名。

所送福若瑟等马勇十二名已回防否，福教士等原信送还。

鼐臣仁兄镇军大人麾下：两奉惠书，敬承□□□□□□□□甚慰，甚慰！阿城坡李庄当在北岸，相距兖州较远，为阳谷、寿张两县汛地，又非贵镇所辖，自当改归曹镇，就近筹办，兹已备文咨会矣。

峄县境内逸匪，现已拿获十七名，有供认抢劫靳庄案犯在内，当有踪迹可寻。应请麾下随时会商徐州镇道拨队协拿，当可次第就获。右翼防军将弁颇多长于缉捕之材，再得麾下激励之，更可得其实用。如沈哨官金和、邱哨官鹤异〔昇〕皆其之铮铮有声者也。前据嘉祥叶令迭次禀报，沈哨官在于庄等处捕匪，颇有斩获。金乡韦令两次禀报邱哨官鹤升在田口庄等处，捕获匪首肖心安等，尤能以少胜多。当即分别给予优奖。出力弁勇并分赏银两功牌。当此内外讧阻之时，惟有申明赏罚以作士气，进退人材以孚众心，应或有可供济急用者，然亦麾下明耻教战之有以致之耳。派送福教士等之马兵，前函云有十二名未回防，不知现时已回否？甚念之。福教士等原信寄还，祈察收。昨闻曲阜有匪徒混迹，当即电咨麾下拨队弹压，谅已照拨。曲阜为先师故里，断不容邪说诐行者出入其间。尊师重道，扶正辟谬，我辈益具有责成矣。

七月十三日

一、行沂州府

查兰山所递妖言传单究从何处递来

二、滨州禀十二

小队只三十名

【批】：据禀已悉。前据该牧禀报境内并无外来匪徒，仅小范庄尚有三五幼童暗习拳技。当经批饬实力查办，不得讳饰因循。续经本部院访闻，现玉皇庙内有匪徒设立会厂，饬令查拿封禁。又据该牧查明禀复，并该营会勦情形，并据劫教匪犯李元剩一名讯明系由庆云回至滨州北镇地方，仍充师兄颁符惑众等情，当经批饬就地正法各在案。兹据来禀，北镇范庄又各外匪窜聚其间，然本地如无厂及附和之人，外匪何得煽惑？是该牧前禀境内玉皇庙并无会厂及小范庄仅有幼童传习，其为讳匿影射可知。若肯遵饬预为认真查拿，断不至引盗入室。似此因循贻误，亟应严行申饬并即摘去顶戴，以示惩儆。仍勒限十日会督营团，严缉此股匪徒，务获究办，并出示解散胁从。倘再逾限不获，以致匪徒愈聚愈多，别滋焚抢重案，定即从重撤参不贷。切切。此缴。

三、昌邑禀十三

【批】：据禀已悉。该令既知匪祸甚烈，应即会同防营认真稽查，擒缉首要，解散胁从，并出示剀切谕知，俾不为匪诱惑。断不可轻议招抚，招抚匪徒偶一不慎，未有不速祸者。仰候会同防营姜翼长、吴统带查明。缴。

四、德州营详初八

拿获窃杆之梁智合等四名。六月十八日，州营协拿获梁智合、姜殿魁，并防营拿获之梁成即梁茝，会同押赴市曹正法。

五、昌邑禀初七

昌邑禀留戈庄民肖恒与马队杨得标互殴致伤。平复。

六、兰山禀初九

六月二十四日梁家屯村民陶凤林等八家，被匪徒高把掊等率众分赴各家，抢劫物钱，烧毁房屋。陶风林之父陶景资追捕，彼此开枪互伤，陶景资旋即身死。

七、候补知县王澂禀陈管见八条六月十二日

八、临淄禀十一

【批】：据禀已悉。前据该令禀报，拿获匪犯孙连开，当经批饬解府讯办在案。仰仍遵照前批，签派妥役，迅将该匪犯申解青洲府。孙连开是否即系孙过开，应俟朱守提案讯明，以成信谳。缴。

九、王步清禀十一

【批】：据禀保护电杆、教堂情形已悉。仰仍会同地方随时认真防范弹压，毋稍疏懈。缴。

十、利津禀十一

刘龙生代办。

匪仍在戴家庄盘踞，五六百人，马十余匹。马步勇役只一百余名，追至距戴庄四里许大郭家，黄令首先拿获匪首高姓即高桀又名高双魁、纪大帚即纪运详、綦卯三名，即行正法。

【批】：黄令记大功三次，吴道、曾守记大功一次，兵丁赏银二百两、功牌三张。

十一、利津禀十二

曾守定于初十赴蒲、滨巡缉。王副将世清尚未到县。

【批】：严拿逸犯王文升。

十二、方致祥禀十三

前营获匪交州讯办。

【批】：禀单均悉。已行临清王直牧迅将所获匪犯邓金铎提案讯明，按照土匪章程即行正法，以昭炯戒。如该直牧有病不能讯办，即著移交防营讯办，俾免贻误。俟讯办后再查明出力弁勇禀候奖励。缴。

七月十四日

午见。

一、【致吴胡稿】

沙河送平度；潍县送昌邑。

吴、胡同览：驻烟法领事来电，阁下责罚平度州，而该员仍置不问。不但不保教民，反为与之为难。本领事难容此员，宜即去之。至昌邑竟不将东关道所发之告示张贴。法领事。

行莱州府、昌邑、平度。

二、【白总铎电】

济南袁抚台鉴：奉上谕照旧保教。诸城县庄拿办教堂司事及过往教民等严刑逼勒背教，实属不合。日照缪令与别处州县亦然。敬请札饬是感。白总铎。

行沂州府、青州府、诸城、日照。

三、张勋、阳信谭士绶会禀十三

【批】：据禀已悉。该参将督率营勇驰抵阳信，斩关直入，奋勇争先，进剿城内窜匪两千余人，当场轰毙五百余名，匪首王虎即在其中，又生擒五十余名，并夺获枪械一百余件，余匪散逃，地方一律安谧，实属攻剿得法，谋勇兼优。著先派为后路帮统，每月加津贴银一百两，并将击匪获胜情形通行各营一体知照，以资观感。在事出力各员弁，仰即查明分别赏给功牌，并存记汇保。汤帮带并先记大功三次。所获匪犯五十余名，据该本县等会讯，其中有被胁未久者，悉予保释。其折开之王连义等八名，既已供认为匪，应即会同提出验明正身，绑赴市曹，即行正法，以昭炯戒。出力兵丁共赏银二百两，以示鼓励。阵亡正兵姜富贵著赏葬恤银五十两。受重伤头目徐凤林著赏银三十两，受次伤正兵勾福堂、张凯顺、范义和、杨得胜、杜得安五名，各赏银二十两，仍均赏给功牌，随批一并印发。该令暨城汛沙外委全顺，姑息养奸，不知预筹城防，致使匪徒盘据城内，尚复成何事体，着均摘去顶戴，以示惩儆。倘再任匪徒踞城，毫无布置，定即参办。该参将料理就绪，仍回海丰驻防，俾免顾此失彼。所有阳信应行筹办各事，即责成该县妥为经理，并即移会该参将暨沙外委知照。缴。折存。

四、昌邑县禀十三

县属教民迭被外匪劫掠勘讯情形。

【批】：据禀已悉。仰即勒限严缉各案匪犯，务获究办，并将勘讯缘由照例通详。仍饬遵六月二十一、七月初八日二次谕旨，照约一律认真保护教士、教堂，毋再涉疏虞，致滋事端。缴。

五、大桃县何金龄禀十三

【批】：据禀查明德州土匪滋事情形已悉。现有密饬查办事件，仰即遵照另檄折回德州，严密确查，据实禀复，以凭核办，毋稍徇隐，致误要务。此缴。

六、乐陵禀十三

初八许家庄有匪十余名在庄内游弋，当经驱逐出境。阎家集英国教堂教民讲教。

【批】：据禀许家庄匪徒游弋，当经巡勇驱散缘由已悉。直隶盐庆一带土匪麕聚未散，不时越境窜扰，殊堪痛恨。仰即督率勇役会同防营不时驰赴沿边巡缉，以资防御。教民暂勿讲教，原可随时劝谕，惟不得任差役借端扰索，以致别滋事端。此缴。

七、【札饬】

照得现在筹办防务，捕治匪徒，军报络绎，文牍纷繁，皆得随到随行，不可稽缓。本抚院衙门文案处经派有委员经理，而缮书只有一名检查成案，实属不敷分派。兹于本署挑派熟悉公事书吏二名，暂充文案处清书。按照缮书潘金斗请领工食章程，每月每名准工食银六两，□□□赐，胥在其内，由善后局核发。合行札饬。该局即便查明办理，毋违。此札。

八、【抚署文案处呈稿】

敬禀者：前奉帅谕，以著酌添书吏数名，帮同缮拟稿件，仰见曲体下情，极为感佩。惟今日已当面复陈，遵谕挑选熟悉书吏二名，常川在内随同缮写稿件，遇有紧要及慎密事件，向由卑职自行经理，其照例转行及无甚关要之事，即交该书吏等经拟，仍由卑职酌改再行呈鉴，俾于快捷之中，仍应慎重之者，决不敢稍涉草率。惟该书吏常川在内当差，所有本房事宜即须另行添人办理，方免贻误。兹据该书吏吴□堂、韩少村面禀，进内当差，既不在本房办事，所有本房工食即为他人所有，禀恳大帅另赏工食，俾免枵腹从公。卑职查据所禀，尚系实情。惟欲按照内□□房及先锋队章程，每人每月具领八两，未免稍侈，应改照文案处暨办河工积件及各项文卷之清书潘金斗旧章，按月每名发给工食银六两，以资办公。是否有当，谨拟稿送呈，恭候训示。

七月十五日

夕传见。

一、张星源禀十五

十三早带队赴商河。

【批】：据禀驰赴商河查办匪案并请拨队伍缘由已悉。仰俟驰抵商河后迅即会同李令暨临邑刘令妥速缉办，毋任匪徒窜聚滋事。其惠民等处，现有曹守招募营队暨张帮统奉先、张帮统勋所部步队，孟领官所部马队，彼此声势联络，可资巡缉。一时实为无营队可拨，至于土匪乱民冒充拳会到处滋扰。六月初五、二十一，七月初八，三次恭奉谕旨，严饬认真剿办，不得稍涉姑容。五月下旬，亦系该匪徒等困聚□□，持众进挟；虑其患生肘腋，并非朝廷本意。迭奉廷寄，均已谆谆示谕并分别恭饬在案。愚民无知，全恃官长为之剀切劝谕，敬宣朝廷德意，庶可维持大局，绥靖地方。该牧于到商河后，务即会同该地方官等，剀切晓谕，以杜煽惑而靖民心。缴。

二、乐陵禀十五

十一，西乡魏家仓庄有匪。十一，东乡孔家庄有匪百余人抢民人高福远，许钱二百三十千，未付。匪在庄内。孟领官拨队十名同县队杨宝顺等五十名至孔家庄，匪即逃至庆、乐交界之刘双全庄。获匪刘义、王玉金二名，并骡马衣服四十多件。张都司奉先至魏家仓获炉主郭中孚文生并枪刀，匪四散。步勇追获陈梅等四名。孟领官绕至庄外，获郭林元等五名。

【批】：据禀会同张都司奉先、孟领官恩远，并派勇队分赴魏家仓、孔家庄两处拿获匪首郭中孚暨陈梅、郭林元、刘义等十一名，起获枪械多件，余匪散逃，办理尚属迅速。张都司此次首先拿获匪首郭中孚一名，其征勤奋有为。该令暨张都司、孟领官均各记大功三次。出力弁勇杨宝顺等共赏银一百两，功牌八张，查明分别颁赏，以资鼓励。功牌随批印发，填给后仍取具该弁勇等履历造册，呈候汇咨。赏银由该令垫发，随即备文赴善后局具领归垫。匪犯郭中孚等仰提案隔别研讯确供，其系抢掠居民、抗拒官兵者，均即就地正法，以昭炯戒。仍一面录供详报，并严缉逸匪，务获究报。张都司所部队伍，仍留乐陵驻防，一时暂不征调，并即移令该都司等知照。缴。

三、孟领官恩远禀十五

郭继凤父子勾同匪首郝廷轩，在附近任意抢杀，将徐家庄徐文明父子三人杀害，并砍伤七岁幼子。

【批】：据禀会同张都司奉先、何令业健在管上庄、孔家庄等处先后拿获匪犯郭林元等多名，起获枪械多件，余匪散【逃】，办理极为迅速。该领官并督队拿获匪首郝廷轩一名，尤征勤奋有为，殊堪嘉尚。该领官暨张都司、何令均各记大功三次。出力弁勇共赏银二百两，功牌八张，查明分别给赏，以示鼓励。匪犯郝廷轩、郭中孚等即饬何令讯明就地正法，以昭炯戒。该领官驰抵商河后，仰即会同李令暨临邑刘令、张牧星源等查明情形，妥速缉办抢劫首要，解散胁从，以安民善而靖地方。缴。

四、陵县吴明昭禀十四

县属东乡与德平、临邑交界，距城八十里之刘家寨天主教教民樊兆右等，招邻境及直隶宁津、景州教民，筑寨悬炮，迭经劝谕解散不听。初九日早有外匪三二十人，此股由德州吴桥而来，探闻在刘家寨左近游弋。吴令驰往劝谕，逐散出境。十一日夜探闻德州、平原一带有拳民四五百人，即前次在德州滋事者，欲来打刘家寨。四更将刘家寨围住，大有开仗之势。此禀在徐家店缮发，距刘家寨三里。

【批】：据禀已悉。刘家寨教民筑围自固，不过借以保卫身家，并未出外滋事，应由该令督饬绅耆庄长，妥为劝谕解散。至该匪徒托名仇教，聚众围寨，迭次故意寻衅，实系纠伙抢劫得财，自与土匪乱民无异。查六月二十一日、七月初八日两次恭奉谕旨，各处假托义民寻仇劫教者，即著分别查明，随时查办。当经恭录转行，亟应钦遵。张牧星源、孟领官恩远均率队在商河、临邑一带查办匪徒，现已据禀分饬就近查看情形，驰往缉办。仰即会同该领官等妥速拿办，认真弹压，毋任互相械斗，致酿巨衅。仍即剀切劝谕禁约，以期解散而靖地方。缴。

五、方游击禀十四

七月初十销差。

六、严道道洪禀十三

借拨秋饷东海关。

七、江南海关申十三

德总领事索泥勒、工师魏安恩由上海前赴山东一带。日本总领事小田切寿拳之助，商人三名：永井成一、大岛梅次郎、桥本兴一郎，日本博物馆委员安村喜当，赴山东游历；曾根原干代三一名赴山东等省。

八、札一件

方保松队伍交黑守备知全接管。行先锋粮饷局、全省各军营务处。

九、札一件

委把总鲍虎臣充抚标亲军马队。又谕委四副哨。

十、善后局呈青州团练关防详十一

十一、齐河详初十

六月十四日葛金荣被拳会烧害。前已禀过。

七月十六日

一、咨学院

斥革文生乐陵郭中孚归案讯办。

二、孙镇咨呈

阵亡勇丁十六及遗失器械清册。缓办。

三、肥城会同陈令毓崧禀十六

行泰安府、平阴县督同办理，行左翼第二营右队李领官天保率全队、代理马队张国泰率马百匹赴肥、平。

四、陈令毓崧禀十六

肥城、平阴、长清均有匪。

行长清查复。

五、通饬南北两路各州县

徐令懋昭禀十六，过路勇丁有砍线毁碗作耍，应责成地方官及各电局查明营官衔名禀报，以凭参办。

六、茌平禀十五

反教系听其自愿，并无勒令反教情事

七、致烟台美总领事函

烟台美国德领事官鉴：十六电悉。六月二十五日贵领事致贵国□大臣电，七月十四日电寄七月初一日贵领事致驻京九国公使电，是日抄寄均已收到。特布复。抚院袁。十六。印。

八、致烟台法领事函

烟台法国连领事官鉴：十六电悉。如有贵国署使□寄电到省，勿论明码、密码，自当照原纸字样从速转达，请纾垂注。至电费为数有限，业已代付，彼此均甚属□□，希勿客气。抚院袁。十六。印。

九、致烟台美领事函

烟台美国德领事官鉴：十六电悉。承示张家营教民一节，已严饬青州府益都县出示禁谕，并照约妥为保护矣。抚院。十六。印。

十、复叶世克

敬复者：昨接本月初二日惠函并抄附贵大臣致胶州张牧、即墨许令函稿，拜悉一切。当即驰电奉复，谅已早邀台鉴。窃准贵大臣敦笃睦谊，慎重邦交，共事年余，凡与条约章程相符者，无不彼此和衷妥筹，往返函电相商，以期贵国商民与东省商民互有利益。即本部院迭饬各地方官遇事照约认真保护，当亦为贵大臣所前知。今得来电，当即电饬该牧令查明办理，一面又飞札通行晓谕严禁滋事，以期彼此竭力筹防之意。专此布复，顺颂日祉。名另具。

七月十七日

一、益都禀十六

并无逐出看守教堂之人。

【批】：据禀已悉。仰仍随时认真保护。缴。

二、肥城、陈令毓崧会禀

行东海关照会英领事。

三、城武禀十六

城内设有华式德国教堂一所，规模极大。教堂房屋暂行由官看管，教民反教，并未抑勒。

【批】：据禀已悉。仰仍随时认真保护。缴。折存。

四、平阴禀十六

先来匪千余人，十五又来二千余人。四门关闭，业已多日。今来城边大声喊叫开门，强向借粮，如不借粮开城，即来大队人马攻城。徐游击正诚云，河工紧要，已将步队百人全行带回。李总兵福云仅带来马队百数十名，连马守备所带马队五十名，共兵勇不及二百人。

【批】：据禀外匪窜聚二三千人，肆行滋扰，殊堪痛恨。现已派大支勇队驰往剿办，仰即会同陈统带等妥速相机办理。但能一处得手，痛加惩创，则余匪望风而靡矣。此缴。

五、尚其亨、何昭然会禀十七

武城郑家口十二里庄及临清州、冠县一带纷扰尤甚。初九，龚镇斩获百余名。

【批】：据禀拟办大概情形已悉。仰即由该道等迅议章程，迅速禀候核办。一面会同各统领并督饬各将吏先将武城一带聚匪查明剿办，再以次推及临清。但能使各地绅民晓然于匪祸之烈，克知官之剿匪，为大局筹议，即是为该绅民身家，不复别拟他议，则匪祸或因此而弭矣。缴。

六、冠县详十三

被姚洛奇裹胁监禁五年之监犯张连玉病故。

七、又详十二

姚洛奇裹胁监禁三年之犯张东礼病故。

八、海丰详十三

牛三，就地正法。查例载，兴立邪教，比照谋叛定罪。又律载拒敌官兵者，以谋叛已行论。又谋叛但共谋者，不分首徒皆斩。又章程内开，现有军务省分及各省实系土匪抗拒官兵，形同叛逆者，讯明后就地正法。

七月十八日

一、电英领事谭

青州教堂查明并无匪徒作践。

二、孟领官恩远禀

督同左右两哨，十二到商河。十四探闻刘家集有匪四五百人，围攻甚急，迤西三里之天齐庙系匪后路，亦有匪一百余人。十五日早会同张星源、李令、刘令、裴帮带家兴在路获红巾匪探一名，讯明后先予正法。派右哨官高文贵诱战，派左哨长王德成、右哨长谢允卿由东西抄进，孟领官由正南接应，裴帮带派队节节设伏，以防抄袭。高哨官探得距寨南里许娘娘庙内有匪甚众，开枪诱向南退。孟至，见匪三百人上下横列一字，枪炮连声，势甚凶。王、谢两哨长已在两旁分击，贼伤虽众，不少却，相距二十步，依然猛进。孟率队突入，枪击刀刺，贼始不支四散，多被击毙，其余退守庙内。同裴帮带四围攻击，追至天齐庙，无一匪入庙者。高哨官同谢哨长又将天齐庙来援之匪五十余名追毙多名。击毙悍匪一百名上下，生擒庞言子等十一名。庞言子充内外首事之职，带回谢家正法，十名交县讯办。此次滋事匪首系临邑谢家之李元普、李元台父子，余党多德州人。元普已死，元台受伤，其子亦死。十六住商河，十七回乐陵。【拿获】大小旗帜二十二，手刺刀一把。

【批】：据禀会同张牧、李令、刘令、裴帮带剿办刘家寨匪徒，先于中途拿获匪探一名，立斩以徇，甚合兵法。该领官派高哨官文贵驰往诱战，王、谢两哨长由东西包抄，该领官自督队由正南接应，裴帮带派队节节设伏，以防抄袭，布置甚得机势。致将刘家寨天齐庙各股匪七八百人，先后击散并当场击毙悍匪一百余名，匪首李元普父子即在其中。又生擒匪目庞言子等十一名。庞言子认系内外首事，当于谢家正法枭示，其余十犯移交陵县讯办。又拿获刀矛旗帜多件，小口径毛瑟刺刀一把，余匪散逃，地方一律安谧，即率队于十七日驰回乐陵。该领官谋勇兼优，屡次以少胜多，殊堪嘉慰，应以帮统存记，遇有缺出即行升补，并月加津贴银三十两，由右军粮饷局核支。裴帮带、高哨官、王哨长、谢哨长，步队徐哨官、金哨长、王哨长，张牧星源、李令兆兰、刘令思诚均各记大功三次。高哨官诱战得法，应与该领官各加赏葛纱袍料一件。出力弁勇共赏银二百两、功牌二十张，查明分别给领，以示奖励。功牌随批即发。赏银由商河县李令垫给，一面备文赴善后局具领归垫。所获匪犯十名，仰札行陵县迅速讯明，即行就地正法，以昭炯戒。仍行知各防营一体知照，以资观感而励戎行。缴。

行各营，咨三镇各翼长，行善后局、张牧、临邑、商河、陵县。

三、沂州府禀十八

福教士若瑟等皆避沂境王庄教堂，现皆赴青岛。文安多亦匆匆成行。

四、泰安县禀十八

本月十五日早，忽有一百余人各持刀械，马二匹，旗二杆，上书“兴清灭洋”，由肥城小径越至县境西界，住马庄庙内，随即往跑马庄，架去教民男二名、女六口，烧毁教堂瓦屋七间，草屋一间。被架家属王锡尧等又持帖至侯村地方东庄教民家借银，不借即将焚架。

五、平阴县会禀十七

河定前营徐正诚带步队一哨，于十二日抵平阴。右翼防军营李镇福云带马、步队各一哨，于十三到平。自上月二十八至本月初七、八，约共有一千余人赴有教民各庄烧抢讹索，虏〔掳〕人勒赎，无恶不作。十三，来匪百余人到城南英国教堂，砸坏封锁，进内掠去零星木器等物，砸坏木器玻璃门窗。

六、定陶禀十六

保护洋商、教士，严拿土匪示稿五十张，札发到县张贴。

七、胶州协禀十七

七月初二，胶州东圄子外铁路上，不知姓名三人被洋兵枪毙。

八、蒲台县十八

十三，有东来义和拳民百数十人，由境内经过，弹压出境。十五，又有由北而来拳民在城北关玄帝阁上住歇，即系由东来之拳民，人数又多，三百余人，云北上为直境匪众阻道，是以折回，在此住一宿，明日即起程回青。次日并未起身，一时断难解散。

【批】：据禀已悉。县城附近既有匪徒麕集，亟应督饬绅董等设法解散，何得任其久聚，实属办理不善。仰候札饬督办下游下段河工吴道承恩就近查看情形，相机筹办。倘仍抗拒不散，即行拨队兜拿。仍一面责成该令妥为防范弹压，以固城防而遏乱萌。缴。

九、平度州会同马左队孟领官效曾禀十八

州属崔家营有土匪抗官拒捕，令带马队五十名驰往会办。十二到崔家营遇匪接仗，互有损伤。相持逾时，匪不能支，始行四散。匪犯唐小嫚首出持刀砍伤差役李开春右手背，又砍伤马兵刘殿魁。旋经张锺毓开枪轰伤唐小嫚额颅倒地，砍取头颅示众。督队折回麻湾镇。山西屯庄民刘同光捆送匪犯刘祥永。马家町屯并沙岭、七里河等处，聚有天主教多人，蠢蠢欲动。

【批】：据禀已悉，格杀匪犯唐小嫚之副目张锺毓、马兵刘殿魁暨捆送匪犯刘祥永之庄民刘同先，均著赏给功牌，随批印发，分别给领。匪犯刘祥永既已供认为匪，仰即复讯明确，按照土匪章程，先行就地正法，以昭炯戒，并一面录供通详。仍勒限严缉逸犯王仁传等，务获究报。孟领官效曾酌情暂留巡缉，断难久住。该牧于此等零星股匪不能设法缉办，只知诿诸防营，殊属庸懦太甚。当此多事之秋，各牧令亟应添募勇队，不时驰赴四乡巡缉，奸宄绝迹，地方【安靖】，方无【负】其牧民之责。不得仍前疲玩因循，致滋贻误。马家町、沙岭、七里河等处均距胶澳甚近，教民如系自行保护，并未滋事，即可不必过问，以杜口实而昭慎重。并由该令移会孟领官效曾知照。缴。

十、补十七日陈令毓崧禀

经过长清东南乡，距城四十五里之苾庄，访闻该庄东南十余里之程管庄、刘雪庄、大翟家庄以及河西一带村庄，拳风甚炽。初十日午后，距苾庄八里之土坑庄民曹姓被匪焚烧劫掠，并架人勒赎情事。

行长清查复。

十一、肥城、陈令毓崧会禀

十三来匪百余人，十四又来二百余人，均在南关一带驻扎。始欲保释监犯，继欲剿灭教民，终则欲地方官试验匪众能否避枪炮，并云大股匪队随后即至。派队长李传江出南关详细开导，令速解散，不遵，天明即出队剿捕，并诈语马队一到，必跟追杀尽而后止，该匪已诸明早散去。匪性多诈，恐难信以为实。平阴聚匪甚伙，谣传十八日攻剿白云峪庄。

十二、青州府禀十八

查复博兴劫犯情形。

十三、邹平县禀十八

禀田镇地方吃紧，拨队驻防。

七月十九日

一、青城县禀十八

十二日县属距城二十五里水牛李家庄教民焦文礼报称，滨境台子李家，天方明有匪聚众将教民焚杀。辰刻又烧南段家庄。过午，入滨青交界。水牛李庄三面皆积水，教民二十余户，前已自请反教，闻信均赴水中逃命，庐舍料已被烧。探闻匪徒甚众，已回滨境皂李家，已由皂李家西行，欲绕王家庄、田镇等处，拟折回王家庄调团同护该庄。谣传匪扰青城又折回县城。城全塌坍，马步俱无。

【批】：据禀已悉。匪徒窜扰，全在各牧令设法查缉，消患未萌。如动辄请兵，安有如许兵力。惟据称该匪等由滨境窜扰田镇等处，与邹平桂令禀报相同，已分饬王副将世清、张牧星源就近会商妥办，并分饬滨州扼要捕拿。仰仍会同邻近各防营州县，妥速筹办，合力剿捕，不得株守县城，坐待匪至，致滋贻误。切切。

行滨洲、张牧、王副将。

二、海丰禀十八

本月初二义门堆盖王家庄匪徒王金梁、宗玉领、李从善等至盖得胜家抢掠。盖天一被架至王家集总厂，次日在该庄东南里许阳信界内杀害。汤帮带会同县队在阳信边家庄拿获李从善，供由板荡营请香回归。

【批】：据禀已悉。该匪李从善胆敢纠党私设粮台，肆行掳掠，戕毙人命，实属目无法纪。既经该县会同张参将勋派队拿获，提讯明确，应即按照土匪章程，即行就地正法，以昭炯戒。仰即遵照办理，并将勘验缘由照例详报。仍严缉逸匪王金梁等，务获究办。缴。

三、陈毓崧禀十八

肥城拳匪闻已解散。

四、肥城县禀十八

拳匪解散。

五、张勋禀十八

拿获匪首李从善。

六、临邑县禀十八

七、田镇呈文十八

拿获靳壑子等。

八、武城会禀彭金山、方致祥

七月十一日与清河交界苑呈村有聚匪百余，当即剿办，匪已先散。瓦子庄、郑口两处匪徒最悍最众。瓦子庄与直隶花十八庙仅距七八里；郑口中跨卫河为界，河东武城，河西故城。后路后营前右两哨留防武城。方十六拨队回防。

【批】：禀悉。已派行营营务处何道昭然会同龚镇元友酌拨队伍，迅将郑家口一股匪徒妥速剿办，一律肃清，以通运道而固边防。仰该令即于境内分段巡缉，严防窜逸。彭管带金山暂行回防恩县，以杜旁扰，仍为德州、武城两路策应。方统带致祥既已率队回防，即责成迅将临清、夏、邱一带窜聚匪徒次第捕拿，合力剿办，俾免彼拿此窜，致滋后患。即由该令移会该统带、管带知照。缴。

九、孟恩远、前路前营帮带裴家兴、张星源禀十九

接仗两三时之久，击毙匪三股一百六七十人，中有匪首费讲仔、刘元太二名，皆解庄人。十五日早到解庄即谢庄，刘令在此守候。据庄民云，匪等抢劫小张庄后即往陵县地方去此十余里之刘家寨，围攻教民，被寨内击毙数人。现在麕聚约五六百人，三股，分扎刘家寨外店中寨、西南之齐家庙、西北之天齐庙，各相距一二里之遥。孟马队、裴步队，正拟发禀会帮带赴滨州相机办理，忽接到刘令来函，十六日晚有匪徒七八百人至刘家寨附近驻扎，又分窜至临邑北十二里地之庞庄，即昨所获庞烟子所驻之庄，约三四百人。匪党宁津人居多，而临邑、齐河、济阳等处人亦不少。孟恩远带马队第一路先至齐家庙巡哨，该匪出庙迎拒，毙匪多名。裴帮带带步队第一路踵至，匪势不支，入庙拒守。天齐庙、刘家庙外两股亦经马队冲到，步队接至。该

匪除分投迎拒外，复分马数匹、步匪多名来齐家庙救援，夹击我军。孟探知即以马队迎剿此股，步队围剿庙匪。孟将后来一股击散，一面搜缉并援应各处。裴以庙门坚闭，步勇上墙屋，匪被击尽入房内，我军复洞屋瓦下击，无一逃者。刘家寨、天齐庙两股亦被第二、第三两路马步军击败，尸遍地内。又在齐家庙搜获余党二十余人，胁从释放，留十犯交吴令带讯。孟十七回乐陵。

【批】：禀单均悉。刘家寨本非商、临两邑地界，该牧等不分畛域，迅速合剿，所见甚是，已于孟领官禀内批示，并分别记功核奖矣。至据刘令函称，十六日晚又有匪徒窜聚刘家寨附近暨庞庄地方，恐系谣传惊慌之词。仰即确切探明，量力往剿，毋劳兵力，毋挫锐气。如实有大股，即飞禀另就近拨队驰往策应。滨州既相距甚远，一时势难兼顾，现已改派王副将世清、徐丞际明驰往查办。该牧即留此会剿，姑待此股匪徒肃清再候调遣。并由该牧移会孟领官、裴帮带、刘令、李令等知照。缴。

七月二十日

一、张牧、临邑、商河会禀十九

剿办刘家寨匪徒。

【批】：此案已于孟领官恩远禀内批示，并分别记功核奖矣。仰即遵照前批办理。缴。

二、掖县禀十九

并未勒逼教民。

【批】：据禀已悉。仰仍随时认真保护弹压。缴。

三、滕县禀十九

初六，西湾村有匪百余人，向教民讹去钱文，并向奉教之外委张成格家行劫。成格集团，拒伤成格之父张立仲，胞弟张成桂、张成森，先后身死。又团丁张成堕等六名亦皆受伤。立即往拿，适防营哨弁李瑞光、沙沟营张都司志有会拿，格毙六名，余匪受伤逃散，追获刘大伤重身死、张大、李怀善三名。沛县交界之夏镇亦有匪徒，复会同夏镇方都司宝怡往拿，已散。初八，闻官桥地【方】又有匪犯丁三等聚众数十人，立即往拿。追至位庄村，获犯李田、王牛二名。

【批】：据禀会同李哨弁瑞成〔光〕、张都司志有驰赴西湾村拿获匪犯刘大、张大、李怀善三名，该令又在官桥地方拿获匪犯李田、王牛二名，缉捕尚属得力。该令与张都司、李哨弁各记大功一次，出力弁勇存候汇案给奖。仰即提案匪犯张大、李怀善、李田、王牛等研明确供，照章拟办。仍严缉逸匪丁三等，务获究报。缴。

四、大英钦命署理威海、刘公岛等处办事大臣步【照会】

五、【电稿】

河南裕中丞、任河帅，陕西端中丞、甘肃魏制台：顷接威海英国大臣照称，兹有英员华如纳与英员步哲同行，由上海沿江至四川，由四川至甘肃兰州、归化城、张家口等处道路赴京。兹闻步哲于本年五月二十八日在黄河内淹毙，如能将步哲如何淹毙情节确查见复，尤深钦感云，请饬属于沿河查明示复。○〔袁〕。号。印。

六、兖沂道督同兖州府禀十九

研讯匪犯韩立朝等。

【批】：据禀已悉。仰兖沂道迅即转饬分别录供，拟议详办。仍令严缉逸犯韩成兴等，务获究报。并行该府知照。缴。折存。

七、文登、荣城会禀十九

文、荣两县应划租界钱粮按庄核粮，以杜弊窦。是否可行，伏候迅赐裁夺示遵由。

【批】：已据禀檄饬登莱青道李道核议具复，应候禀报到日再行饬遵。仰文登县移会荣城曾令知照。缴。

八、方守燕申禀十八

【批】：已据详檄饬藩司查照核销矣。仰即知照。缴。各册存。

九、兰山禀十六

初四午后，十里铺村教民苗露湛呈报，匪徒数十人入伊家行劫，尚未失财。捕拿匪徒四人，并夺获枪炮三杆，三匪因伤身死，邢康年未死，听从逸犯尤秃爪龙伙抢。

七月二十一日

一、蒲台禀二十一

巳刻，南北两岸各有拳匪千余人，彼此挟嫌，亟欲构衅。各岸船只悉调别口，无从趟河。

【批】：据禀已悉。匪徒窜扰，全在各牧令设法筹办，消患未萌。乃竟迭以事在危急，实无良策等词率行禀渎。试问该令所司何事，先事不能预防，事起又一策〔筹〕莫展，实属庸暗。着先摘去顶戴，以示惩儆。仰仍遵前批，会同王统领、杨统带等妥速剿办，认真弹压。并一面会同南北两岸营委各员，严防渡口，毋任过河，以杜窜扰而免贻误。缴。

行两司、王、杨。

二、馆陶禀二十

教民远避，并未抑勒。

三、石守禀二十

请募马。

四、【告示】

为剀切晓谕事。照得本年春夏间，有匪徒奸民托名义团，妖言惑众，谓神拳会可避御枪炮，谓红灯照可保卫地方。愚民无知，多被蛊惑，附从甚众。该匪徒等伺民教相哄，因而竖旗聚众，大书“助清灭洋”字样，以仇教为借口，因助战而抗官。阳托忠义之名，阴行盗贼之实，到处任意焚杀，扰害闾阎。实则教民被害不过什之二三，而平民被害仍居什之七八。苛派良善，讹索富绅，商旅为之梗阻，四民为之失业。五月间因焚杀教堂、教民以及洋人，各国以违约相继遣兵据我大沽，陷我天津。本月十一日又进攻北仓，十二日进据杨村，直隶提督聂军门、直隶总督部堂裕制军先后战殁，各国联兵并迅径直北犯，京师危在旦夕。该匪等曾在津沽遇战，无不溃逃，死伤枕借。十七日官军恶其病民误国，曾共歼杀匪徒二万余人。即在东省窜聚匪徒，迭于武城、恩县、嘉祥、馆陶、阳谷、巨野、乐陵、海丰、阳信、沾化等处派兵剿捕，无不以百数十人而歼千数百匪，并先后格毙擒斩悍匪多名。未知该匪等所谓避枪炮者何在，保地方者何在，“保清灭洋”者又何在。徒足贻害宗社，荼毒生灵。凡我臣民，能无痛心疾首！

本部院兹特将该匪等愚恶无可逭，邪术无可恃各实在情形，出示剀切晓谕，以期已为匪所诱惑者早日改邪归正，未为匪所诱惑者毋再以身试法。本部院爱民如子，嫉恶若仇，凡尔等但能革面洗心，决不追其既往。见示后务即各自解散，回家安业，慎毋负本部院谆谆诰诫至意。倘再执迷不悟，甘心为匪，惟有钦遵六月初五日、二十一日、七月初八日谕旨，各处匪徒，凡有假托义民寻仇劫教者，即是土匪乱民，定行派兵剿办，严缉归案。毋谓本部院言之不预也。其各凛遵，毋违。特示。

五、陵县禀二十一

【批】：据禀已悉。勿论是教是会，但聚众滋事者即系匪徒，即当剿办。刘家寨教民筑围自固，不过借以保身家，并未出外滋事，自应随时劝谕安分。然当土匪围攻之际，如不办匪而但令教民解散，仍是导之以争，速之以死，势必不从。恭查六月二十一日谕旨，按照条约一体认真保护教士、教堂。七月初八日谕旨，各处有匪假托义民寻仇劫杀者，即著分别查明，随时惩办等因。是凡系匪徒必须剿捕，凡系教堂必须保护。煌煌圣训，敢不敬遵。迭经恭录转行，何该令来禀所陈犹多误会，殊不可解。况匪徒围攻刘家寨，系在陵县境内，自应责成该令驰往弹压，乃该令始则观望不前，继复张皇失措。十五日各营县率队剿匪于天齐庙、七圣堂，临邑刘令、商河李令均越境会剿，而该令并未会禀，亦并不在场，辄于事后偏信浮言，反以误伤平民等词，希图构衅。不知庙中道士既已窝匪，即与匪徒无异，何得指为平民。且查该令前后禀词，于匪之来，则请兵办匪，于匪之去，则谓办理不善；于匪之复来，则又请兵办匪；是防营专一为该令任过，而是非功罪，亦且因之而淆。关系一二将领之得失尚小，关系地方之安危甚大。势必匪势愈骄，皆该令之轻率矜矜之有以启之也。应即先行摘去顶戴，以示惩儆。仍责成严缉围攻刘家寨之匪，务获究办。倘任攻破，残害多命，即照从盗殃民例从重纠参。凛之慎之，毋误。切切。此缴。

七月二十二日

一、即墨禀二十一

七月初五，德兵马兵二十余人至城外，当即闭城。用枪轰击东门，误毙平民赵启一人。爬墙入城，至书院翻找团练各物。挟许令出城，见德员、汉翻译等，云顺道过访，告述铁路情形，并无别意，兵不知礼，务乞原谅。

【批】：据禀德兵进城，该令极力保护并轰毙人命缘由已悉。查该邑在环界内，照约伊可任便往来，只有如此办法，免启衅端。一面将勘验情形填格录供通详。缴。折存。

二、青城禀二十一

滨境台子李家拳匪前回河北，复纠伙数百人，于十六日晚黄夜渡河。七月十七卯初，焚烧王家庄教民房屋。该匪头起数十人入城，即坐大堂，问其来意，据称大师兄徐姓系河北人，住距城八里之魏家庄，请往见。朱令不允。头起去，二起复来，如是者数起，先后约五六百人。红巾红带，高举黄旗。云其师兄已至城内客店。问其来意，云索前获齐、邹拳民腰刀五口。朱令谕以师兄应来见官，腰刀应由原保首事庄长来案具领。坦然不惊，夷然不惧。正在相持之际，忽有惠境赶集数人云，青城是青官，官言有礼，不可干犯，汝辈宜速回。匪遂退去，十八日全行出境。

【批】：据禀已悉。查前据该县具禀，当经分饬王副将世清、张牧星源就近会商妥办在案。该匪恃众要挟，尚复成何事体。仰俟该副将等到日，迅即会同妥速筹办。遇有大股匪徒，务须合力兜拿，免致窜扰滋患。至渡河地段，究系何营管辖，并即查明禀复。缴。

三、平阴会禀二十一

匪聚三千余人，在城外讹索借粮，并劫城南英国教堂木器等物。十六日，一千余匪赴距城四十里之罗小套庄围攻石圩。幸此圩全在山顶，圩外山路崎岖，教民等站圩垣上居高守险，用枪炮石块格毙匪徒十余人。会同营汛驰往捕拿，用枪轰毙二十余人。马守备铭钟首先领兵捕获王亭居、谢梅魁、谢金魁三名，腰刀一把，余匪逃散。【供】：

听从大刀会总头目郝虎臣、散头目杨得心抢过聊城内王家教民，现又入散头目邢兆陆、邢兆复伙内，共有四五百人。郝虎臣尚未到此，有一千余匪随后即来。

【批】：据禀会同拿获匪犯王亭居等三名，并轰毙多人。该令等果能如此出力，尚属勤奋有为，候饬石守查明具复，再行分别记功给奖。至匪首郝虎臣等，已行司通饬截拿矣。仰即提案匪犯王亭居等研讯确情，录供禀办。仍严缉逸犯郝虎臣等，务获究报。缴。

四、长山禀二十一

郑家庄地方被匪锯毁周村电局电杆，业经会同电局委员盛令津颐禀报，并将探闻匪徒情形续行禀陈各在案。此禀概未见。

本月十九日，访闻北乡尹家庄地方有外来匪徒多人四五十人，杀毙教民李士荣。将其女人杀害，李士荣拖走之。该匪已远飏。并嘱首事等将教民房产速行变卖，送往新城宋旺庄总团局以作团费。未见尸迹。

【批】：据禀已悉。匪徒聚众寻仇劫杀，并砍毁电杆多根，猖獗至此，而该令漫无觉察，实属防范不力，著记大过二次。仍严缉此案凶犯，务获究办。本部院风闻邹平北乡与该县交界之打鱼李庄亦有匪徒麕聚，并不止新城宋旺庄一处。现已派队先赴青城一带剿捕，以清其源。仰候王副将世清等折回该县时，再行会同认真查缉。仍一面责成该令先将境内私设会厂零星匿聚之匪次第封禁，严密兜拿，毋任合成大股，以纾兵力而【靖乱源】。切切。此缴。

行新城、王副将、徐丞。

五、李诚保、祝延琛禀二十一

作为风闻。昨由章邱曾上一禀，谅已邀鉴。

札饬邹平，记大过二次。邹平东关朱二设厂授徒二十余人。

札饬长山邹平十六发禀派兵剿办。

邹平[1]，行两司、祝司务、李令诚保。

六、恩县禀二十一

教民反教，并未抑勒。

七、诸城禀十九

---

[1] “邹”字前疑缺字。

捐助军饷银一千两。行布政司。

八、行张勋、海丰、阳信

防滨州一带土匪窜扰。

九、行陈万清、李天保、张国泰、李福云

俟剿匪完竣，开赴莒州，由长清巡缉回省，开赴泰安。

十、行平阴

马哨官佩兰一哨驻扎平阴，马铭钟一哨驻扎平阴。

十一、行东昌洪守

匪徒渡河窜扰东昌，速缉办。

七月二十三日

一、张牧星源、商河县禀二十二

临邑庞庄三四百匪，内有幼童二百余，来自宁津。在庞庄停留未久，即赴德平之梅村屯聚，而梅村亦聚有千余人。

本月十二，有匪二百余人至德平县署，向官强索布施，并于铺户勒派供应。县发两队，被谢庄匪获住，旋放回。

临邑谢庄仍聚有百余人未散。陵县徐家店亦聚有三四百人。吴桥孙老爷庙亦有千余人。

【批】：据禀德平、陵县、临邑等县均有匪徒麕聚缘由已悉。现值各路设防，分途剿匪，实无大支营队可以调拨。仰即会商张牧、裴帮带暨邻近州县查看情形，择要驻扎，相机剿办。但能将大股匪徒痛加惩创，余匪自可次第解散矣。并由该令移会张牧星源等知照。缴。

二、高苑禀二十二

大官庄与滨州水牛李庄、蒲台北镇毗连。

【批】：据禀已悉。此股匪徒迭据滨州、蒲台先后禀报，当经分饬王统领、杨统带前往剿办。仰即于交界地段严密防范，认真弹压。倘有匪徒窜入境中，即就近会商该统领等拨队截击，以资守御而靖地方。缴。

三、乐陵禀二十二

郭中孚、刘义、郝廷显〔轩〕三名甘心为匪。庆云匪首刘书云因拿获刘义等有来报复之说。

【批】：据禀提讯匪犯郭中孚等暨哨探匪徒情形已悉。仰即遵照前批，讯明分别禀办。仍一面认真防范弹压。缴。

四、聊城禀二十二

张万有家被匪高传和等强劫牛驴衣物，并将张文炳架去。团丁杜广秀等被匪拒伤身死。获犯丁二讯明惩办。张文炳现由郝哨官找回，丁二已正法。

【批】：禀单均悉。郝哨官廷璧现将被架之张文炳找回，并拿获窝主，洵属勤奋有为，该哨官著记大功三次。其被匪拒伤身死之团丁杜广秀等三名，情殊可悯，共赏银百两，即先由该县分别垫发，以示矜恤。一面备文赴善后局具领归垫。团兵张文炳等四名均准赏给六品功牌各一张，随批饬发，仰即查收转给收执。一面关提匪犯梁瀛阁到案，提同班玉祥质讯确情，录供禀办。仍会同严缉逸匪，务获究报。缴。

五、高密禀二十二

初三，领官舒来君忽带兵至高密，哨弁列亚伯，洋兵七人，华人洋装九人。当家道士王教善、道士孙永霞、庄民张谟景全行带走，受伤身死。守门荆和成亦被殴伤。

【批】：禀单均悉。德员舒来既不认殴毙王教善，应由该牧拟函驳诘。仍一面将勘验缘由照例填格录供通详。缴。折存。

六、莱州府禀二十二

查明潍县矿局被匪焚烧草房七间。

【批】：据禀已悉。仰即饬缉此案匪徒，务获究报。仍随时认真保护弹压。缴。

七、方统领禀二十二

邱县贺钊镇，十三日有宋狮子等率千余匪乘坐车马，明执旗械窜入，声言合打威县赵庄，所需粮草，沿途借贷。仅有一哨在邱，由后营酌拨左哨驰往。

【批】：据禀已悉。仰即督饬该哨弁等会同地方官妥速筹办，相机剿捕。如嫌兵力单，仍由该副将查明情形，随时于前后两营酌量添拨，以资惩创而杜窜越。缴。

八、栖霞禀二十一

饬办保甲团练。城团六十人，按日以十人到局轮操，每名工食钱一百。东、西、南、北、东北五路，各派团长一人。

九、莱州府禀二十一

查复昌邑民人肖恒等殴伤马队杨得标一案。

十、城武禀二十一

防军右营七月初五日到防。徐镛山将巨野田家集之前哨移驻东南隅，哨官李清海。又分四棚驻天宫庙，距城二十五里。

十一、章邱祝廷琛、李诚保会禀二十一

酌设窝铺十一座，保护电线。并无拳厂。

十二、陈统带方清禀二十三

由肥到平，二十一日令张国太、李领官先同陈毓崧西往搜查。陈留肥，防回窜。拟于二更拨队会齐。

十三、莘县禀二十三

丁乃清奉饬严密购拿泗水、阳谷等县著名盗首讯办。已革阳谷捕役李元在阳谷境内相距莘界十有余里之顶水镇客店内住歇，是日五月二十四有集，李元正在聚众行抢，亲往拿获。中途有截犯者，又捕获高二即戴二大眼、张春、杨群、张双全、陈大秃等五名。李元同伙孙小二，顶水镇人，即孙金铎，现在阳谷盐店充当盐巡。

十四、冠县禀二十三

禀报十九日河北一带匪徒现仍盘踞。

行东昌府。

十五、又禀二十三

批：毋庸用手本。

十六、邱县禀二十三

赵三多在郈家庄。

札饬蒲台、王副将世清、张参将勋、左翼第二营左队宋领官金玉，张参将勋于二十一拨队赴滨州会剿。

十七、青城县禀二十三

已派雷管带振〔震〕春并拨马队会同滨、蒲各队往剿办。

【批】：据禀拟请停办团练缘由已悉。办团练之有流弊无流弊，只在地方官得人不得人。地方官得人，遇匪聚扰则激励团勇拿而歼之，其未聚扰之先，亦可责成乡团稽查牌保，擒治首要而使匪无所自匿。不得人则姑息养奸，因循误事，有信用劣绅而输诚于匪。亦有纵容土匪而趋之入团者。团与匪率混为一，必滋流弊。流弊既甚，又往往以操之过急即恐生变等词相挟制。庸暗之吏，不能治匪，其中病即在此，匪遂旋之愈炽。□□□□是直一木偶耳，又何团练可办不可办之足云也。该令既有所见，仰即由该县姑照此办理，以观是否有益。仍候札行司道核议饬遵。缴。

七月二十四日

一、馆陶禀二十四

募新旧马步练勇各四十名，发四百余金。七月十二，距城七十孙寨村连界之直隶元城、广平等县属沙乞塔村地方，有土匪数百人分窜入境。营汛把总郑殿成，于十三带队至北刘庄、鸭窝村、张井寨、房寨等村，均与元城接壤，遇匪四起，每起五六十人、三四十人不等，在各村滋扰。队至向西南逃窜，督追至十数里外，遇元城防营马队前来迎击。防营毙匪不计外，生擒十余名，夺获牛马多匹，带回元城审办。该营汛等随时折回。

【批】：据禀已悉。该县地段辽阔，所募勇队不敷分布，系属实在情形。姑准添募马勇二十名，作正开销。所需军械等项，候饬善后局核明酌发，仰即备文赴局请领。仍一面会同营汛认真防范弹压。缴。

行布政司、善后局。

二、蒲台禀二十四

十七日愈聚愈众。饬队长程增吉整备新募勇队六十名分防城关。城北大刀会匪首李凤梧与河北所住之拳首崔姓挟嫌。前数日李会首戕杀拳民数人，崔拳首聚众报复，将李会首困在夹河之内。十八日巳刻忽闻开炮，该令等登城遥望北岸，崔拳首拨船数只，从上流而下，持械登岸，在城西北沙领一带，与李会首见仗。李后路退败下堤。程队长率队轰毙会匪四十余名，余匪东窜。崔仍踞河堤之上，人数较多。亲往开导，至十九日申刻，崔方南北分退。李会首已轰死，余匪多系青州人。

【批】：据禀已悉。两匪互攻，何得引以为功。仰仍随时会同防营，设法解散，相机剿捕，毋任私斗滋衅。切切。此缴。

三、肥城、平阴会禀二十四

李天保、张国泰、陈万清二十二日马步全队开赴平阴，为平、肥东西要路，北通长清，南达东平。张家店里许有一陶山，深洞十数穴，即留崔哨官步队一哨在彼弹压。

【批】：据禀队伍开赴平阴暨酌留一哨暂驻张家店，以便截击各缘由均悉。仰即照所请，并遵照迭次批札会商办理。该令等既知匪祸之烈，贻误军国，毒害生灵，深为痛恨，誓予剪除，自不待本部院谆谆告诫也。并由该令分移知照。缴。

四、平阴禀二十四

二十一日子刻拔队赴平阴。二十五日接印。

【批】：据禀驰赴平阴会同防营设法剿捕缘由已悉。仰即将境内匪巢确切查明，认真搜捕，并将悍匪悉数歼除，毋留余孽，以纾后患。现在用兵紧要，万难久驻，务即会同各营队妥速商办，但能一处痛加剿捕，其余自瓦解矣。并即知照。缴。

五、东昌府禀二十三

聊城禀郝廷璧追获班玉祥等一案。

【批】：据禀已悉。此案昨据聊城曹令禀报，已批饬将郝哨官廷璧记大功三次，并分别恤赏伤毙暨出力团丁人等银一百两、功牌四张，以示矜恤在案。闵管带文章既系在事出力，亦著记大功二次。所请空白功牌二十张随批并发，仰即查收，以便随时酌赏。仍饬该县严缉逸匪周四等，务获究报。缴。

行营务处。

六、分防滨州北岸委员梁典史鲲二十三

【批】：据禀已悉。该员能于分防之时留心民事，据实禀陈，较诸滨、蒲牧令强甚。嗣后遇有缉匪事宜，仰仍随时确查具报。缴。

七、荣成禀二十三

办团练。

八、乐陵禀二十二

办团练曾守札。章程八条。

九、济阳会禀贺良辈，二十二

臬委查济南以东有外来匪徒。

十、齐东会禀贺良辈，二十二

臬委同上。

十一、张勋禀二十三，待查

前次查明黑牛王庄拳匪移据庆云，拟往剿办一案。十六日奉批：据禀进剿庆云，胆识俱优，勇于任事，惟彼众我寡，万勿冒险云云。任家桥一股，派前哨哨官彭殿元前往查询属实，即将包头等件销毁，刀械归公办团，立时解散。驻庆云之黑牛王庄一股及其余小厂，闻该巨厂就抚，大半随同解散。盐山一股仍回盐山最悍。东省阳、沾一股，本系流钟口漏网逸匪，至庆云往投未久，该处又愿散伙，遂复窜回王家集。现又分为两股：一窜赵家集，一窜阳信，致有十一日之战。赵家集一股已窜往沧州。庆云境内虽未肃清，然已聚匪无多。

【批】：禀单均悉。昨据蒲台裴令禀报，已饬派王副将世清、宋领官金玉等驰往剿办。仰即会同该副将等暨蒲台裴令妥筹商办，合力剿捕，以期滨、蒲、利一带早日肃清。另案请领本月余饷暨八月正饷等项银两，已行粮饷局核发矣。此缴。印领存局。

十二、邹平李诚保、祝廷琛会禀二十三

【批】：据禀拨队驻扎缘由已悉。匪徒窜扰，全在各州县防范弹压，消患未萌。时事如此艰难，安有如许兵力为疲玩牧令常川看守。嗣后如再不振刷精神，认真筹办，专恃防营以遂其姑息之计，定即从严参办。仍候王副将、张牧等会商酌拨。缴。

十三、黄守励中禀

【批】：据禀已悉。该守久不赴差，已改委德州宋牧森荫接办矣。仰俟宋牧交卸到省，即将原发关防移交。该守另候差委。缴。

十四、济南府会禀何令，二十二

【批】：据禀已悉。缴。

十五、临淄禀二十三

教民反教并未抑勒。

十六、临邑禀二十二

十六日夜，有击败土匪百余人窜入庞庄，驰往查拿，闻于天明业经窜散。洼里王庄教民王金保家被匪于十六日过午放火，烧毁土屋两间，并延烧教民王洛三、李世清土房各一座。王金保并被砍伤身死。

十七、【批稿】[1]

遇数百土匪，失械如此之多，用子弹如此之多，其为失机张皇败北情形无疑。如再发亦徒资寇，似应饬令找回失械。

[1] 前无禀文，不知所批为何州县或何营。

卷十二　光绪二十六年七月二十五日起至八月十六日

七月二十五日

一、曹县禀二十五

奉统率义和团王大臣札催，孙老家集孙锦镜等，立即驰回该县调团应用，迄已半月之久，未见回音。

【批】：据禀已悉。此案本部院未承准统率义和团王大臣来咨，未便核转，应将缴呈原札火票一并随批发还，仍由该县自行查明禀复。仰即知照。缴。

二、复曹州镇

觐宸仁兄镇军大人麾下：两奉惠书，备承一是。行军车辆章程，现又饬局速议具复，尊处应用车辆仅可先行购备。当此军务吃紧之际，不必谨守绳墨，即与定章偶有不合，仍可随时酌量增损也。账房由尊处自行制办最为简便，惟承示新募各队分扎各处，拟于月底仍行调集曹郡，以备征调，似觉太迟。昨得夏庚堂镇军来书，十五、十六两日，李鉴帅督率张、陈、万、夏四军，战于河西务迤西之逢仙镇、马头村等处，先后溃败。鉴帅于十七阵亡。十八，又在通州西南接战，仍不能敌，马景山、陈雨人两军迅开南苑，张、万两军伤亡过甚，不能成伍。盛杏荪京卿来电云：各国兵已于二十一日直犯京师，入东便、东直、朝阳三门，两宫车驾先一日西幸，庆邸留守云云。遥望神京，忧涕曷已。弟忝备东牧，亟谋提一旅之师奔赴行在，以备宿卫，而迭次恭奉保卫海疆之谕，势不能轻离官守。况且敌势方炽，战衅未已，威海、胶澳又有英、德兵队驻扎，更不得不严为之防。曹郡人心浮动，甚望随时镇督，妥行弹压。麾下忠诚过人，其所以消国难而策万全也。过山炮既不合用，俟到省再换。梁山一带十里铺漕船过境，由麾下筹派标防，严饬营兵妥为护送，当可毋虞。现当军事倥偬，驺从当可不必亲往。至于东昌、临清二处，已发饬东昌、临清防营接护前进矣。

三、青州府会禀查荣绥、乐安县刘炳勋

查验团练，器械尤为精备。

四、青州府会禀查荣绥、博兴县，二十三

兴复、博昌、利城、纯化四镇，地大物博，更较精壮。

五、青州府会禀查荣绥、益都县，二十三

八乡三十四约团长禀报办齐，城厢七团。

六、峄县禀二十三

募勇三十名，保护韩庄电局。

七、邹县禀二十三

并未抑勒教民反教。

八、惠民禀二十三

札饬访闻齐东、济阳、惠民等处尚多拳会，济、惠分属之十王家村系总拳会，系石人王家村之讹。石人王家村济阳民人王玉田、惠民民人王秉仁业已解散。十二【日】至距该村之十二里大碾陈家庄访查，实系撤坛归团。

九、黄县会禀截取知县王熙元，二十三

臬司委赴登州府属，赴各乡团开导愚民。

十、嘉祥禀二十三

偷窃电杆匪犯朱效实病故。

十一、临清州禀二十三

邓金铎移交后任讯办。

十二、临邑禀二十三

禀复解庄即谢庄，别无刘染房庄。

十三、鱼台禀二十四

议办工团，禀留缉捕委员章县丞勣。

【批】：据禀已悉。仰按察使速饬该县督同团长等实力举办。至请留缉捕委员章县丞勣帮办团捕事宜，尚属可行，并由司核明，分饬该印委知照。缴。

十四、安属转运局王令鸿陆二十四

【批】：据禀驰抵济宁接办安属转运局务缘由已悉。仰即妥为布置，迅速开运，并随时派勇护卫，以昭慎重。缴。

十五、禹城禀二十四

正犯张尚业等八名遵饬复讯，张尚业、王逢一正法；刘连贵病故免戮尸，尼佟八、赵三仔、王小仔被逼附从，监禁三年；杜清林、高三仔误入法网，递解原籍。匪首聂文祥，务获另办。

十六、馆陶禀二十四

初四探临清白地、破庙等村，有土匪百余人夜聚明散，分起在各处抢掠。初四更余时分，郑把总巡至陈庄，适遇骑马土匪三四十人入庄，齐团捕拿，匪逃队追。获匪王西凡、李殿二名，马二匹，枪械多件。李殿供：临清党见寨人，听从在逃之临清贺王庄人李三，白地村人王学文、王金凌，现获之破庙村人王西凡，纠数百人赴威县打教，受伤败回，李三等向在白地村王学文家窝住。初五三更，郑把总折回陈庄，探明白地村距陈庄十五里，潜往，果见李三等在王学文家，当督勇团围击，当场轰毙李三，并将匪首王学文、从匪马文魁拿获，起获原赃。

【批】：据禀会同郑把总殿成督率勇团，枪毙匪首李三一名，生擒王西凡等四名，讯明后分别正法，并起获枪械暨赃物多件。具见缉捕勤能，殊堪嘉尚。该令与郑把总著各记大功一次。出力练勇团丁既经该县分赏，应再赏空白功牌二张，随批饬发，仰即查收，择尤填给，以示鼓励。一面将获犯讯供缘由照例通详。缴。

十七、平原禀二十四

十三日，民人蔺怀亭呈称：十一日午，扛子李庄杨传文率二十余人至家，言伊子前曾习拳，勒令出外打仗，并勒索金钱二十千。谬以好言诓留，夜半集庄众捕拿，杨传文被格伤拿获身死，并获伙匪卢希文、刘金荣、张振禄三人。

【批】：禀单均悉。匪徒卢希文、刘金荣既经该县讯明实系讹索当场拒捕之犯，自应按照土匪章程，不分首从，就地正法，以昭炯戒。张振禄讯无为匪不法情事，准交伊父领回，严加管束，仍照例录供详报。民人蔺怀亭邀集庄众当场格毙匪犯一名，生擒三名，并夺获枪刀等件，甚属奋勇，著赏银一百两，以示鼓励。先由该县筹垫给领，一面赴善后局具领归垫。仍严缉逸匪，务获究报。缴。

七月二十六日

一、巨野禀二十五

批解姚三。

【批】：据禀已悉。仰饬札发济南府，督同谳员研讯确情，录供禀办。缴。解批即发。

二、陵县禀二十四

徐家店拳民复聚又散。二十四日午前，一律驱散出境。

三、乐陵禀二十五

南皮潞灌地方有总拳厂一处，聚四五千人。十八日往宁津柴胡店抄干字拳厂一所，获财物十二车。沧州陈家林庄聚匪一二千。盐山县城北四五里之红庙庄聚千余人，再北四十里旧城聚二千余人。

四、九江道申二十四

英女教士柳清芳赴山东等省游历。

五、费县禀二十四

【批】：据禀已悉。该县境自六月至今迭出抢劫案件多起，并未随时勘讯禀报，获犯黄九、高六等亦未讯实惩办，殊属有意宽纵。著记大过二次，仍勒限严缉逸匪李二皮袄等，务获究报。嗣后再遇有匪徒寻仇焚杀之案，务即立时勘报，一面严拿匪犯归案讯办，毋再饰延，致干严议。切切。此缴。折存。

六、【密札】

为密饬事。照得本部院访问该县民王一勋，上年曾因聚众闹教，几酿巨衅，经莱州曹守驰往讯结在案。现在王一勋又有纠党闹教情事。当此时事艰棘，迭奉谕旨照约保护教士教堂，该县境又在环界之中，何得任听此种不安分之徒闹教构衅。除分行外，合亟密饬。札到该县即便确查王一勋有无纠聚闹教情事，随时设法严加管束，妥为安置，毋任在外纠党闹教，遇事生风，以滋口实而启衅端。仍将遵办情形报查，毋违。切切。此札。

七、【札】

为札饬事。案查七月初八日恭奉谕旨，照约保护各国教士教堂。当经恭录转行该道查照办理在案。现据登莱道李道希杰电禀：有人函称，胶、即一带现又有民人王一勋等纠党闹教，恐滋巨衅等情。当此时事艰危，该州、县境又在环界中，何得任听此种不安本分之徒闹教构衅。亟严札饬各该地方官遵奉谕旨，严行禁拿。除分行外，合亟札饬。【札】到该州、县即便遵照，毋任民教滋生衅端，并随时亲赴四乡妥为防范弹压，以维大局而靖海疆。切切。此札。

八、致平度、胶州、即墨、高密公函

〇〇仁兄大人阁下：密启者，顷据登莱道李道电称：有人密告胶、即。遇有交涉，请谕各牧令格外留意保护教民，恐德人生心干预，有碍东省全局。即墨民王一勋，请先管押，免在外滋事挑衅等语。已由职道密札胶、即牧令矣。仍乞再赐密札等情。现在京师万分危急，大局已不堪设想，东省如再有愚民任情聚众挑衅，横生枝节，更难收拾。现胶、即、平、密均在百里环界之内，强敌偪处，朝发夕至，尤属防不胜防。李道电陈必非无因，望〇〇阁下随时格外留意，但能禁约愚民不妄挑衅，彼自无隙可乘。否则根本已摇，枝叶又动，非但于大局安危有碍，即〇〇诸君子外有守土之责，内多家室之累，其利害亦正与大局相维系也。语云：不备不虞，不可以师。彼果无故犯我边陲，驰入租界之外，我自出其不备，以与之角胜负之命，而有所不避；若未尝我犯，而我故为挑衅，以速其战，虽则于主客劳逸之计，曲直胜壮老之谋，有不相背而驰者矣。时局艰危，全在各府州县补救一分为一分。区区苦衷，尚希亮察，并颂升安不具。名另具。

九、张勋禀二十六

率领左右两哨并挑前后两棚精壮二棚，于二十二抵滨州晤萧牧，知蒲台县匪自相攻杀，十九日由城外分窜各乡。二十三八点抵蒲台，匪在县城东南双台地方，滨州马店匪首金玉胜率党数百，于本日亦到双台，共有七八百人。二十三夜一点钟，拔队往双台，中隔一河，渡过已四点，分扑玉皇阁。台基高八丈，前面有坡路一道宽五尺余，尚有四五丈濠沟，水深数尺，后面埋有梅花桩，为该匪布置退路。台边四周均有砖砌围墙，中为玉皇阁，高约二丈余，阁顶四角均有大炮。挑奋勇十名（每各二十两）仰攻，伤五人，左肩右腰均受砖伤，将守台悍匪击毙十数人，跃登，队伍继上。匪徒藏于阁内，墙厚五尺，夺路冲入，共毙匪五百余名，匪首金玉胜、军师李姓亦在其中。生擒二百余名，大炮四尊，劈山炮八尊，火炮十六杆，刀械、包头无算，马二十九匹，牛一只，驴两头，大车二辆，衣服、粮食无算，火药五坛。左哨官马新元腿受砖伤，受重伤正兵二十名，受次伤正兵十一名。以百六十人击七八百匪。十六岁以内之匪概行释放，仅余六十二名押回县城。内有大师兄祁姓，小匪首数名，半途因伤身死六名。余五十六，半系海丰、流钟口、阳信三处漏网悍匪，字号均系第一千字。

【批】：据禀已悉。该参将督率两哨勇丁往剿蒲台双台悍匪七八百名，身受砖伤，犹复夺路先登，不避危险，竟先后轰毙匪徒五百余名，匪首金玉胜等即在其中，又生擒从匪二百余名，并获匪首祁姓，起获枪炮、刀械、衣物、牲畜多件，各处漏网悍匪悉数歼除。有此一战，滨、蒲、利等地方当可安谧。实属胆略出众，谋勇兼优，殊堪嘉奖。际此时局艰棘，全在将领得人，本部院所望于该参将者固甚大且远也。马哨官新元亦受砖伤，应由该参将一并觅医妥为调治。其受伤正兵十三名，应照章领养伤银。该参将所挑奋勇十八名，应照格领赏银八十两。均已札饬先锋粮饷局分别核发，即由该参将先行备文赴局具领。其余出力弁勇，应俟该印委禀到日，再行分别从优给赏，以示鼓励。所获匪犯祁姓等，即饬蒲台裴令讯供禀办。该参将仍回海丰驻扎，以期兼顾。所筹甚善，仰均照所禀办理。此缴。

七月二十七日

下午传见。缙平、密、胶、即信。

札一件：札饬武定府，查复马玉茌队伍是否过境。

又一件：札饬沿边各州县，查复客军过境迅速禀报。

一、复马天恩信二件[1]

马主教阁下：连接两函，备悉一切。此次直匪倡乱，波累山东，幸而本部院先事预防，派兵剿捕，尚易扑灭。然各处均有外匪阑入，仍属防不胜防，其中一切为难情形，有非笔墨所能尽述。而本部院始终极力保护，当亦贵教中人可共见共闻。承示临清小营教堂被烧，本部院现已另派干员前往接署，必可设法保卫。乐陵一带前有匪徒滋事，当经拨派马、步队先后拿办匪徒多名。临邑、商河窜聚匪徒亦即拨队捕治，并在陵县刘家寨一带击毙匪徒一百余名。又在海丰、沾化、阳信三处，先后共击毙匪徒七八百名。蒲台双台所聚匪徒，复经派队剿捕，击毙五百余名。其余如平阴、肥城、利津、滨州、惠民、茌平、淄川、博兴、邹平、禹城、新城等处，闻有零星窜匪，均经营县会同剿办，并各捕拿著名首要，均于讯明后批饬就地正法。此三月中共计擒捕匪徒二千余名，以上各处地方可望逐渐安谧。保护教堂告示已一再饬发各州县张贴，均经呈报有案。至教民反教一节，此系一时权宜，此事本部院初并不知之，迨后访闻，亦经严札饬禁。现据各州县申发，并无刑责逼勒之事，地方亦逐渐敉平。本部院督饬各防营州县极力保护教堂，认真惩办匪犯，一切详细情况，他日贵主教等重莅省会，教会中人必能为贵主教详言之。

二、曾守启埙禀二十六

准假一月，暂交曹守妥为经理。

三、平阴县会禀二十六：

张、李、陈万清二十二到平，并无匪踪。城南教堂一案，获犯谢梅魁等三名，已讯供禀报，获原赃三十三件。

四、崔守正鼎禀二十六

查东昌府匪徒情形，以冠县、馆陶、恩县最为吃重。

五、高苑详二十六

办团请领枪炮。

---

[1] 正文只有一件。

六、阳谷禀二十六

或求改发德勒克斯。如无毛瑟，先批发林明敦二十杆。

【批】：据禀请领枪枝缘由已悉。候行善后局核明饬发，仰即知照。缴。

七、沾化禀二十五

城关不计，阖境共二十五里，每里联为一团，城关合为一团。每团设正副团长各一人，每庄设正副甲长各一人。章程十条。[1]

【批】：所拟团练章程十条尚属妥善，仰武定府转饬该县，督同团长人等认真举办，以收实效而靖地方。缴。折存。

八、济南府禀二十五

长清匪犯陈洪山讯明正法。

【批】：据禀已悉。仰按察司转饬知照。折存。

九、济南府禀二十五

长清匪犯袁得普、孟五讯明正法。

十、益都详二十五

孙连开砍伤石凤鸣家办饭女工李李氏、高韩氏。

【批】：此案已札饬青州府提案讯办矣。仰即知照。缴。赃册图结均存。

十一、张星源会禀二十七

查出匪尸十六具。

【批】：禀单均悉。该牧会同裴帮带家兴、刘令思诚在临邑梨行庄一带巡缉，猝遇匪徒，当场击毙悍匪数名，并夺获刀矛、旗符多件，余匪均即散逃，缉捕尚属得力。裴守备著记大功三次，赵哨官炳元、金副哨普荫暨该牧各记大功二次，刘令记大功一次。在事出力弁勇，赏银一百两、功牌四张，以示鼓励。另单禀陈添赏刘家寨案内在事出力步队弁勇功牌十张，一并随批饬发，仰即查收，分别给领。赏银仍由商河李令就近垫给，一面备文赴善后局具领归垫。余悉照所禀办理，并由该牧移令裴管带、刘令知照。缴。

行两司、善后局、营务处、王统领、商河县。

[1] 章程十条未见。

十二、登州府禀廿七

招远、黄县交界慈口村，有匪徒结伙造言生事，并闻电局巡丁被缚。

【批】：据禀已悉。仰候分饬各该县迅速查拿，务获究报。缴。

十三、荣成禀廿七

日本鱼雷艇于初五在青岛触礁，有二三十人上岸支棚居住，看守破船。初六、七日等日，英国兵船来装军器子药。

十四、东昌府禀廿六

二十日动身赴临。

【批】：仰俟抵临后，迅将查办事件并会同筹商防剿情形，随时禀报查考。缴。

十五、邱县禀廿六

拳民宋狮子入贺钊镇在冠县梨园屯、威县赵家庄之中，于十七日至威县东北关住宿。十八日未刻，一千余匪自威县城至古城营村邱县属，向团借车四辆送至曲周县，并未停留。十二三岁童男八十余名，马二十余匹、骡十余匹、大炮六尊、抬枪十余杆、黄旗四面。二十日，探报县属镇东堡，于十八日申酉，闻有外匪千余由古城营村至曲周过堡，至曲周城外，向县官借银千两，北上攻打洋人。

【批】：禀单均悉。兵至则散，兵去又聚，是匪惯技。如不设法剿办，任其出没如入无人之境，惟于事后张皇补苴，势不至疲于奔命不止。仰饬会同该哨弁等扼要并扎，勤加哨探。遇有股匪窜入，务即迎头截缉，设伏兜剿，以示惩创而净根株。缴。

十六、泰安禀廿六

十五日，跑马庄被匪烧民宅改作教堂一座，被抢教民十家、平民一家，抢掠粮食、衣物、马匹，被架男女八口放回。匪由马庄退往泰、肥接壤之过村游弋。队伍将到次日，匪于午后尽数北窜平阴白云峪。十八日，匪在肥城西北界黄瓜店早饭，由毛家铺冷饭店子而北。十九日，由栾湾至万狗山，尽渡黄河。

十七、陈万清禀廿六

二十一【日】二更赴平，二十三【日】上午十一点到平，匪已散。

十八、平阴禀廿六

戈什孙发祥在白云峪被获。现传张德福、王泗海、杨第四、张光业四名到案，押交后经讯办，云孙借宿。

十九、登州府会禀蓬莱县、王游击，廿七

本道电，马姓、魏姓授徒造言，自营口来，密拿禀办。二十日，获马柱仔，又名马吉。

【批】：仰登州府速饬蓬莱县迅将马柱子〔仔〕提案讯明，从重惩办，毋稍宽纵。仍一面会督营县严缉逸犯魏姓等，务获究报，并移令王游击知照。缴。

二十、汶上禀

宋清太于七月十二获犯靳得卜、得胜，曾习拳。

【批】：据禀提集匪犯靳得卜等讯供缘由已悉。仰仍将该犯等提案严讯禀办，切毋姑息养奸，自贻伊戚。此缴。

二十一、邹平禀廿六

二十四日东关外有八九十人执枪械，在费山庙内安设，驱逐不散。

【批】：据禀匪徒在黄山庙私设会厂各缘由均悉。查此次匪徒乱民，误国病民，大局已不可收拾，尚复作此妄言，假托忠义，殊堪痛恨。该令身为民牧，事前既不能防范，当场又不敢捕拿，实属恇怯无能，应记大过三次，以示惩儆。仰仍设法驱逐解散，如再违抗，即行从严拿办。并候雷管带震春由长山绕赴该县，会同剿捕，以惩凶暴而靖地方。缴。

二十二、峄县禀廿六

请复台庄营防兵二百名查照旧章支饷。

【批】：准一百名。咨兖镇查照转饬知照，行善后局。

二十三、青城禀廿六

请停办团练。

行司道核议具复。

二十四、高苑禀廿六

田镇系邹平、青城、滨州、高苑四县管辖，于二十二日晚由北镇来匪五六百名，并有扰杀教民情事。

【批】：禀悉。已饬雷管带震春驰往该处剿办矣。仰俟督队到日，迅速会同剿捕，毋任窜扰滋患。一面查明田镇被扰情形，另行详晰具报。此缴。

行雷震春。

二十五、莱州府禀廿六

即、密教案，白教士请缓办。

行洋务局。

二十六、邹平县禀廿五

二十五日，探报田镇有匪窜扰。

【批】：派雷震春带队由长山前往。

七月二十八日

一、孟领官禀廿七

直匪情形。

行德州、德平、海丰、陵县、乐陵。

二、平阴禀廿六

拨教堂地亩价值二百三十二两一钱六分六厘。

【批】：仰布政速议饬遵。

三、潍县会禀王可培，廿六

臬委劝禁居民禁习拳会。

【批】：仰按察司分饬知照。

四、定陶县禀廿六

臬司晓谕改邪归正告示。

五、长清禀廿六

奉札查苾庄拳会及土杭庄商姓被匪焚劫架赎。七月初十，土屋庄平民曹文贵被匪抢劫衣物钱文，烧房并将伊掳捉。其余各庄并未习拳。

六、青城禀廿六

雷【震春】马队二十四到县，步队二十五到，炮车二十五申刻到。

七、乐陵禀廿七

【批】：据禀已将匪犯郝廷轩、刘义二名正法示众，并提讯革生郭中孚等各缘由均悉。仰即照例录供详报，并迅将革生提案复讯，研取确供，照章禀办。缴。

八、清平禀廿七

十八日，抢教民南化行衣物并架走逃回，该匪向博平冯家营逃窜。

【批】：据禀魏家湾教民被匪架抢情形已悉。仰即迅将勘讯缘由照例详报，仍会同博平县严拿此案首要匪犯，务获究办，毋得彼此推诿干咎。切切。此缴。

九、乐陵详廿七

详革文生郭中孚。

七月二十九日

一、段领官芝贵电禀

饬各属拿匪犯徐元禄。

【行】按察司、登莱青三府。

二、滋阳详廿七

防营拿获本府讯供饬发之犯孙继均在监病故。

三、临朐禀

七月初七，卧牛石官庄张洪路被匪放火焚烧房屋。

【批】：仰按察司速饬将勘讯缘由录供通详。一面勒缉逸匪，务获究报，并由司通饬截拿。缴。

四、兰山禀廿八

办团请枪百杆，长矛腰刀各二百。

【批】：候行善后局暂为核发给领，以资应用，俟事平后即行交还。仰即知照。缴。行局。

五、张国泰禀廿八

东天宫练厂，获匪首刘大之父，及其同院一人。东天宫观音堂庙内练厂，搜获俗僧四人、枪刀等件。僧供本庄熊、李二姓为首，尹姓亦在其内，皆逃。惟在尹姓家获大炮一尊。该厂尹士和、邢方征为首。初十日曾抢王家庄王国臣家，经庄长说和，给钱三百千，已付百六十【千】。十二日，又抢前当铺邱姓家。

【批】：据禀拿获东天宫等处匪徒，并起获枪炮等件移送平阴收审缘由已悉。此次出力弁勇存候汇案给奖。仍严缉匪首刘大等，务获究报。并候檄饬陈令提犯严讯禀办。缴。

六、城武禀廿八

七月初一，往捕，当场格毙匪犯二名，格伤一名，拿获匪犯李锡云、王根田、张二、张三、刘记蓝五名发回曹县监禁十年，并被胁同行之刘汶章、刘汶贵、刘干光、邹牌香、张黑、张显、李二元、王二等九名递籍保束。听从在逃之张和尚掳掠事主马守善等家。初三，又获匪犯宋得柱、张百盈、邓双臣、郭心念、陈百修、祝玉登、孙东超等七名，又被胁并非同行之郭登峰等十名递籍保束，并起获被架冉玉溪、曹玉洁二名。又在九女集拿获匪首张和尚，均正法。王合义、傅宜江、张守平仍戮尸。

【批】：禀单均悉。该县督同队长冯书铭拿获匪犯张和尚等，讯明后分别正法拟办，并当场格毙悍匪多名，办理尚属妥速。该令著记大功三次。冯队长准予存记汇保，以把总分标尽先拔补。出力团勇既经由县分赏，应再赏银二百两、空白功牌八张，以示奖励。赏银先行由县筹垫，一面备文赴善后局具领归垫。功牌同团长朱承焕等所请五品奖札各一张，随批并发，仰即查收，分别填给转发。一面将获犯讯供缘由照例通详。逸匪刘明德等候行司通饬截拿，仍照所拟办理。缴。各折存。

七、蓬莱禀廿七

奉饬保护电线，添设窝铺。

【批】：据禀已悉。仰仍随时认真防范弹压。缴。

八、乐陵禀廿七

魏家仓获犯郭中孚、郝廷轩十人，又获刘义等二人。郝廷轩、刘义在庆云从张进功学练拳棒。郝廷轩、刘义供认劫杀，郭中孚不认。王玉金、郭林元等保释。

【批】：仰按察司速饬将勘念缘由填格录供通详，并严缉逸犯刘书玉、郭成全等，务获究报。缴。

九、章邱禀廿七

奉札访闻济阳、惠民、章邱、齐东等处尚多拳会。

【批】：仰即会同济阳、齐东等县妥商会捕事宜，毋分畛域，实力禁缉，俾免彼拿此窜。

十、章邱县【禀】

教民反教并未抑勒。

【批】：据禀已悉。仰仍随时认真防范弹压。缴。

十一、恩县禀

七月十六日，十余匪至民人安钟文家抢去钱文衣物。小胥庄胥秃深、胥满常二人自首云，被齐河人张蛮子、李二等邀约同行，情愿帮拿张蛮子等赎罪。

【批】：禀悉。该匪既同行上盗，自应照章，惟既据各首事具保，该令又讯无为匪情事，尚可诿曰一时糊涂，特准监禁待质。仍一面严缉张蛮子等到案，质讯明确，再行禀办，毋稍延纵。切切。此缴。

十二、兖沂道督同兖州府滋阳县禀

兖城周围十六里有奇，户口不及三千家。修城，修理东门外金口坝石闸工程，经费银一万二千两，领到六千，除用尚存三千八十五两八钱。此项工程因水势不消，禀请缓修。

【批】：移缓就急，事属可行，仰即督饬该府县妥速筹办。其石闸工程，仍俟大局砥定，随时查看情形禀明办理。并分饬知照。缴。

十三、商河禀廿八

城内六乡共计设立三百二十一团，壮丁一万五千五百四十名。大庄三四庄为一团，每庄出壮丁百人；中庄五六庄为一团，每庄出壮丁五十人；小庄七八庄为一团，每庄出壮丁三十人；城内四隅各出壮丁二十人，四关各三十人。西北各乡丁壮势齐，乡团以西方为最。选募壮丁百二十，派公正团首四人，每一人带三十人在于四乡边境常川巡缉。城内募壮丁四十人，以备巡城查夜之用，选派队目一名管带。公团计口授食，捐廉二百两，陆续绅捐一千六百两之谱，可敷三个月用。如地方平静即将公团撤去。如不敷用，拟将捐存积款、河工两项生息暂资挹注。拟添招马队十名，札委李把总守富带团练。

十四、滋阳禀廿八

请发乡团执照。仿曾文正办法。

【批】：据禀刊发乡团执照缘由已悉。仰候札饬按察司核议通饬遵照，仍一面由该令先行酌量试办，以收实效而杜流弊。缴。

十五、江督咨廿八

陈凤楼禀，所部兵丁并未在郯城滋事，请饬查。

行洋务局委员查。

十六、常镇道申

美国人泰德师携眷游历山东、江苏、安徽、江西。

十七、雷管带震春禀廿九

【批】：禀单均悉。该管带督同王帮带汝鉴等在田镇地方生擒匪徒二十余名，并当场格毙五十余名，匪首徐姓即在其中。具见诱战得法，勇于任事，殊堪嘉尚，著各记大功三次。其受伤勇丁按等给赏，饬由先锋队粮饷局核发。在事出力弁勇另赏银三百两，饬由善后局核发。仰即备文分赴各局具领，查明给赏。并随批饬发空白功牌十张，择其尤为出力者，分别填给，以示奖劝。提讯匪犯王景孔等五名，既经供认焚抢重情不讳，自应先行就地正法，以昭炯戒。余系被匪诱胁，应准由县保释。并趁此剿捕得手之际，迅将皂李、台李二庄踞匪痛加惩创，以戢凶暴而尽根株。所需子药等项，并即饬属派员运送，借资接济。余悉照所禀办理。此缴。

十八、李天保禀廿八

【批】：据禀已悉。现据陈统带万清禀报，该管带会同张管带国泰督饬弁勇先后拿获匪犯十一名，移县讯办，巡缉尚属认真。已将该管带暨张守备国泰各记大功二次，崔哨官振标、梅哨官恒玉各记大功一次，并共赏功牌十张，交陈统带转发各营，分别择尤填给，以示鼓励矣。仰即知照。缴。

十九、陈万清禀廿八

【批】：据禀已悉。该参将督同各营队先后拿获匪徒多名，送县讯办，办理尚属认真。该参将暨张守备国泰、李守备天保著各记大功二次，陈哨官鸿逵、崔哨官振标、梅哨官恒玉各记大功一次，并随批饬发功牌十张，查明出力弁勇，择尤填给，以示鼓励。所获匪犯候札饬平阴县讯供拟办。该统带即拔队回泰安，并分饬各员弁知照。余仍查照前檄办理。缴。

二十、陈万清禀廿八

【批】：禀悉，已于二十七日禀内批示矣。仰即知照。缴。

二十一、章邱禀廿七

奉札访闻齐东、章邱、惠民、济阳等处尚多拳会。禀复流入拳会诚所不免。

【批】：仰即会同济阳、齐东等县妥商会捕事宜，毋分畛域，实力禁缉，俾免彼拿此窜，致滋后患。切切。此缴。

二十二、张参将勋廿九

【批】：禀单均悉。受伤勇丁刘全德恤赏银二十两，已饬善后局照发，应即备文具领。徐凤林、刘全德均准补赏六品功牌，又吴示训等三名赏给六品功牌一张，一并随批饬发，仰即查收，分别转给收执。吴、詹两管带均驻北镇地方，遇有匪徒滋事，观望不前，殊属非是，候行河防局严行申斥，并即知照。缴。

七月三十日

一、巨野禀廿六

解犯姚三到省。

已发济南府讯办。

二、高唐州禀廿八

教民反教并未抑勒。

【批】：据禀已悉。仰仍随时认真防范弹压。缴。

三、平阴禀廿九

【批】：据禀会同各营队搜捕匪徒缘由已悉。王成英、孙吉安二犯，经该令讯明实系著名首要，即照土匪章程，先行就地正法，办理尚属妥速。仰仍提集余犯程立会等讯取确供，分别禀办，并会同防营严饬逸犯，查封会厂，以杜勾结而尽根株。缴。

四、平阴禀廿九

【批】：据禀招募勇队暨请领军械各缘由均悉。该县地段辽阔，伏莽孔多，现驻营队不敷巡防，尚系实在情形。应准如所请添募勇步队百名、马队二十五名，分派哨弁管带认真操防，以资得力。所需经费准其作正开销，并即行司立案。其应领军械子药等项，已饬局查照来禀如数核发，俟事定后仍将原领军械交局，并准免交子药银两。共用子药若干随时禀报查考。马守备铭钟所带马队一哨，应与马哨官佩兰所带马队一并驻扎平阴，已札饬管带右翼防军右营李镇福云查照办理矣。仰即知照。缴。

行布政司立案。

行善后局，迅饬军械所委员查照来禀请领枪械子药数目，发交来弁领回。

行李福云，迅饬马守备铭钟即率马队一哨，驰赴平阴驻扎。

五、即墨营县会禀廿九

【批】：据禀德兵来城情形已悉。此案前据该令禀报，业已批饬查照在案。查曹州教案条约载明，离胶澳海面潮平百里内作为边界，准其过调兵队。该县境系在边界之内，自应查照约章，妥为因应，以维大局而弭衅端。缴。

六、即墨营参将禀廿九

【批】：据禀德兵来城各情形均悉。已于该营县会禀中批示矣。仰即知照。缴。

七、复河南藩司

月汀仁兄大公祖大人执事：顷奉惠书，敬谛六七两月协饷已承筹解，具征东济邻疆，维持全局盛怀，至为感谢。东省库款向本支绌，今年夏间奉旨改练先锋队二十营，较之原饷增多一倍。六月抽调六营北援，本省又先后添募八营，饷重增巨，幸经贵省协济，尚可挹彼注兹。惟贵省库款支绌亦正与山东相同，并以灾祲，丁粮多难如额，山东即以遽难筹拨，又何敢俾大公祖独任其难，稍为展缓，敬当从命。惟当此时局艰危，军务万紧之际，黄河天险，山东实与河南共之，山东为藩篱，河南为堂奥。关、洛之道，山东实首当其冲。守山东即所以守河南，两省安危唇齿与共矣。大公祖大人，公溥之诚，笃唇齿之义，是又不待弟之渎请而有悬筹所当惓惓也。专此布谢，祗请勋安，敬慰全谦，诸维垂察不庄。治愚弟。

八、致胶、即、平、高四县

径启者：昨寄密函谅青览。兹接即墨许大令来禀来牍，得悉七月初五日有外兵入城，旅即退回，并因闭城枪毙民人赵姓一名之事。查曹州教案条约载明，距胶澳海面潮平百里内作为边界，准其兵队过调云云。是凡百里边界内原准过调，兵队无可阻止。即墨密迩租界，其在百里边界内，自不待言，而其兵队之来亦非一次。此次既止马兵二十余人，其非有意寻衅可知，自可毋庸关城。譬之宾客至室，既无喧嚣夺主之势，遇之以礼，自是交际之常。如彼本无喧嚣，而先以恶客待之，闭门不纳，未有不损交际而成嫌隙。即墨之事颇类乎此。此因出于绅民惊惶，而仍在诸君子平时善于敷陈，临时善于无因，庶可折冲樽俎间也。时局艰危，强敌窥伺，其叵测自不可不防，然防之在无形，而待之必有礼。彼既无违约之事，我仍应事事照约待之。偶有兵队来往百里环界中，应由胶州、即墨两处就近探实，随时飞函预为告知，俾传谕民人无所因此惊惧。一面由地方官接见带兵官弁，处处以礼款迎之，防闲之，使其无隙可乘，无衅可挑，彼自废然思返。如一闻兵至，动辄闭城，我既疑彼，彼亦有以此疑我，小事即可酿成大事矣。惟诸君之慎图之。

九、青城禀廿九

水牛李庄，于七月十二日被匪放火烧教民郭德纯家房屋，延及邻居教民于学芹、平民焦振铎家。

【批】：仰即会同雷管带震春迅将此股匪徒跟踪追捕，毋留余孽，致滋后患。仍一面将勘讯缘由照例详报。

十、即墨禀廿九

并未筹办反教。

十一、泰安禀廿九

二十二三日，匪两起各百余人窜入安驾庄，先后由平阴越肥城境内小径入境，分住两店，称系齐河、茌平、恩县、临清、平阴人，为首系齐河人。有马六匹、旗二杆，名片写“义和团刘中甲、孙士宏、孙金兰、孙士荣稽拜”。由下汇河口渡汶河南去，汶南即宁阳境。

【批】：据禀匪徒窜入安驾庄暨渡汶河出境各缘由均悉。此项匪徒纠党执械，寻仇焚劫，即是土匪乱民，亟应遵旨严行拿办。仰即禀承石守，商调勇队迎头截缉，跟踪追捕，并候檄行宁阳、济宁等州县一体扼要堵剿，俾免彼拿此窜，致滋后患。至如遇有通匪村庄暗相徇庇，并由该令等随时确查严办，以杜煽惑而净根株。切切。此缴。

八月初一日

一、札饬并先电饬

札饬登莱道、莱州府转饬，掖县朱家庄、平度□□庄、即墨□□庄设厂延师习拳，速查禁。

二、兖镇咨廿九

二十四日，匪窜扰宁阳耿家平六村，掠抢教民耿传典、耿元敏家车驴、衣物、粮石，晚宿白马庙，距城二十里。派前营哨官崔至江、谭秉功各带本哨勇四十名，马队哨官王鹍龄带马二十匹，正任宁阳汛外委傅秀田驰往剿办。二十五日申酉刻，探闻有二百人在白马庙，获匪探一名，当场格杀二十余名，由店后越墙逃走。共格毙三十七名，生擒匪首王子荣一名，又匪十九名。县队马勇受枪刺二名。夺得马六匹、牛二、驴一、大旗一杆，枪炮甚多。

查崔哨官等在白马庙拿获匪首王子荣等二十名，当场格毙三十七名，并夺牛马枪炮旗帜多件，余匪逃散，地方一律安谧，实属调度有方，认真缉捕。田镇记大功三次，崔、谭、王三哨官记大功二次，宁阳县陈令、正【任】宁阳汛傅秀田、署宁阳县汛裴中和【记大功】一次。功牌十张，受伤二人照等给赏。牛马驴变价充赏。

三、莒州禀

【批】：据禀已悉。前于六月二十一日、七月初八日恭奉谕旨，照约认真保护教士教堂，其假托义民寻仇劫教者即是土匪乱民，查明相机剿办，均经恭录转行，自应钦遵查照办理。仰俟陈统带万清率队到莒、沂后，会商筹办，认真防范，严密稽查。一面先由该牧驰赴四乡常川巡缉，实力保护，遇有土匪滋事及设厂聚众散邪言者，均即获案照律惩办，无所因其瞻徇也。此缴。

四、滨州禀廿九

【批】：禀悉。该牧会同张参将勋，另禀拿获小范家等处匪犯张锡九等，尚知愧奋，应宽免奏参摘顶处分。已将顶戴赏还矣。仰即知照。缴。

五、平度州禀初一

【批】：据禀已悉。孙田显等十三名既经讯明并无放枪拒捕等情，自应从宽保释。案经议结，原卷亦毋庸缴呈。仰即知照。缴。

六、何守国禔禀卅

【批】：据禀侦探匪踪暨防营剿办土匪缘由已悉。仰仍随时会同防营认真查缉，并一面责成在工各员弁，务将各渡口船只一并调泊北岸，以资截缉而断匪踪。缴。

七、曹镇禀三十

【批】：来牍备悉。匪犯秦留凤、袁焕勤现经讯明，照章就地正法。杨守义、杨银山二名暂交菏泽营监禁，拟候拿获匪首杨云飞到案，责讯明确，再行分别惩治，以成信谳，自应照办。希即督饬各营【缉捕】杨云飞，务获究报，毋任远飏滋事。缴。

八、张参将勋会禀卅

【批】：该参将会同萧牧在马店搜获匪首王俊等二名；又在小范家格毙匪徒百余名，匪首王立言即在其中，并生擒高密逸犯张锡九等。本地悍匪李臣兰等三十余名，会讯明确，即将李臣兰等九名照章就地正法，余系被胁未久，量于保释。并起获枪械赃物多件。此次拿获邻境要犯，俾免互相勾结，别滋巨衅，办理甚属妥善。该参将著记大功三次，方牧记大功一次，萧牧尚知愧奋，准即赏还顶戴。出力弁勇随批饬发功牌二十张，择优填给，仍存候汇案核奖。至此股匪徒，既讯明系由高密来此勾结，前往寻仇，彼处恐仍有漏网首要匪徒匿聚未散，候行高密县加意防范查拿，并由该参将移会方牧、萧牧知照。缴。

九、张令文林禀卅

【批】：据禀请发六月分一等报费暨公费银两缘由已悉。此项银两已据另文檄饬善后局核发，仰即派差前往具领。缴。

八月初二日

一、札委候补知县曾硕儒赴山西、陕西一带坐探

为札委事。照得探闻外兵北犯京师，乘舆西幸，本部院现未承准军机处字寄，不知圣驾驻跸何处，焦灼万分。除另派大员奔赴行在恭叩圣安，并筹解饷银以济要需外，亟应另派妥员驰赴山西、陕西一带

坐探。兹查有候补知县曾令硕儒堪以委派，除行司局查照外，合行札委。札到该员迅即束装兼程前进，驰赴山西、陕西一带坐探，【探】明由排单呈报。如有电局处所，即先电禀大概情形，仍一面详晰具禀，随探随报，毋稍迟误。该员应支薪水津帖，由善后局照章支给。其应领川资公费等项得由善后局先行酌发银两备用，俟事竣回省核实报销。切切。毋违。此等项并由该局先行酌发银两交该员携带备用，俟事竣销差回省饬令实用实销，即由本部院印发排单五十张，发交该员备用。

二、札博兴

查北关外距城十二里杨家庄有教堂一座，庄内教民五十余家，外来教民藏匿者甚多。教士爱天理，法国人，屡经府县劝其远避，不听；现修围墙，埋有地雷，以备防守。

城西花园一带金屯、新桥各处义和团，于二十九日天未明即北去。闻该团有称石统领者，自腰站来，将各团挑带赴吴桥县桑园一带，其余先令散回各家候信。该团北去，走至城北曲六店，分住该店东王大前庄、西杜路口子各处。又探花园案内有司姓名砚田者，系该庄团首，又向茌平各处去了。

行平原、禹城、德州、茌平、恩县、齐河、高唐。

三、方致详禀初二

【批】：据禀已悉。该参将会同洪守、翟令等在梨园屯等处生擒积年流网匪首阎书勤等九十七名，会讯明确，即将匪首阎书勤等二十九名，各照章就地正法，其余被胁各犯分别保释，发县讯办，并夺获枪炮等件，办理甚属妥善。著将该参将前记大过一并销去，仍与程守、程令、闵千总各记大功三次。受伤勇丁拨医妥为调治，并按等给赏，饬由先锋粮饷局核发，仰即备文赴局具领。出力弁勇随批饬发功牌二十张，择尤填给，仍存候汇案核奖。枪械等项由营备用，所获马匹即由各营变价充赏。并由该参将移会洪守、程令、闵千总知照。缴。

四、雷震春禀初一，此禀另抄。

【批】：据禀已悉。该管带督同王帮带汝贤等，在皂李庄生擒匪徒李法容等四十余名，分别正法保释，并当场格毙匪多名，匪首徐立疆即在其中，办理甚属迅速。该管带著记大功三次，王统领世清、王帮带汝贤、马队哨官谢允卿，步队哨官王茂文、许武魁、刘启城各记大功二次，沈领官、聂先锋官各记大功一次。其受伤勇丁按等给赏，饬由先锋粮饷局核发。在事出力弁勇各赏银二百两、功牌二十张。赏银饬由善后局核发，仰即备文分赴各局具领，查明给赏。功牌随札饬发，并即查收，择尤填给，以示奖励。惟查夺获枪械共不过数十件，而禀称格毙匪徒一千余名，恐系弁勇查报不甚核实。该管带既能勇于任事，总宜处处详细查明再行禀报，庶可毋负委任，勉之。此缴。

五、焦宗良禀初一

【批】：禀单均悉。仰即会商登州府查照旧章妥慎筹办。另单禀称李宝卿自言滥邀厚赏，断无此理，其为土匪乱民假托冒充可知。现据登州府禀报，已由黄县萧令等当场将该匪格毙，并拿获余党徐殿华归案讯办矣。仰即知照。缴。

六、何守国禔禀初一

【批】：据禀皂李等庄剿匪各情形均悉。此案现据王统带、雷管带等先后禀报，已分别核给奖赏矣。仰仍随时督饬在工员弁，会同防营实力查禁，毋任匪徒夺船竞渡，窜扰滋患。倘再查禁不力，即查取该段员弁衔名，禀候撤办。切切。此缴。

七、惠民禀初一

何守函，闻有滨入惠民曹、贾二庄者毗连滨青，查明并无。请拨队分扎惠、滨、青交界地方。

【批】：据禀已悉。仰候札饬王副将世清查看情形，会同酌拨，以资镇慑。缴。

八、方致详禀二十八

【批】：已于该副将等会禀中批示矣。仰即知照。缴。

九、平原禀初二

二十七日晚，团首王清河、张光候、范桂清言，奉王大臣招团，已有千余名由东昌起行，路过平原，暂在腰站新桥一带安住。次日仍未走。

【批】：据禀已悉。查六月二十日、七月初八日先后恭奉谕旨，凡有假托义民寻仇劫杀者，即行查明，分别惩办，均经恭录转行，自应钦遵查照办理。至冒充义民托名报功，此系匪徒惯技，该令慎毋为其所愚，仰即限令三日内解散出境。如再持众盘踞，逾限不散，务即会同各防营合力兜拿，认真举办，毋任逗遛生事。并先移令各防营严密戒备，以遏匪势而靖乱源。缴。

十、张奉先禀初一

【批】：据禀侦探西北两路匪踪并分赏功牌银两缘由已悉。仰仍随时勤探讯报，并妥为防范弹压。缴。

十一、福山禀初一

【批】：禀悉。查陈小明等二人虽无横行抢劫情事，而妄布邪说，左道惑人，律例所载罪名甚重。既经报案，自应按律问拟。仰登莱道讯即转饬该县提犯研讯确情，拟议详办。并务缉逸犯姜娃等，务获究报。缴。

十二、登州府禀初一

格毙磁口匪首李宝卿等四名，获徐殿华一名。黄县会同冯春山。二十三。

【批】：据禀已悉。仰即速饬该县提犯研讯确情，录供禀办。并分饬各属严缉逸犯，务获究报。仍一面认真防范弹压，毋任此拿彼窜，致滋后患。切切。此缴。

十三、蒲吕禀初一，徐丞

【批】：据禀获犯会讯议结暨请示遵办各缘由均悉。所拟均尚妥洽，仰即如禀办理，并移令徐直牧际鸿知照。缴。

十四、张勋禀初一

【批】：禀悉。此案已于该参将会同萧牧禀内批示，并分别记功核奖矣。仰即遵照前批办理。该参将督率所部迭剿滨、蒲大股匪徒，颇著贤劳，应由阳、沾巡缉回防，借息兵力。仍会同管令随时妥为防范弹压。缴。

行善后局。

十五、王世清禀初二

台子李庄。

八月初三日

一、【札平原】

为严申札饬事。照得本部院风闻该县境内匪踪充斥，会厂林立，花园、新桥一带麕聚匪徒甚多，时有焚抢掳劫案件。该县漫无觉察，不能禁缉，迭经本部院严札饬办，仍复置若罔闻。似此疲玩因循，深恐别滋巨衅，应将该令先记大过三次。勒限半月严缉匪徒，务获究办，所有私设会厂一律标封充公。倘再阳奉阴违，逾限无获，致令匪徒日聚日多，别酿巨案，宜即从严撤参不贷。除行司注册外，合行严札申饬。札到该令迅即凛遵，妥速办理。一面将遵办情形禀报。平原。

二、阳信县会禀初二

【批】：据禀已悉。查直隶庆云一带匪徒现仍麕聚未散，该县等禀请酌拨队伍于交界地方扼要屯扎，相机缉办，自是固圉要图，惟本省东北两路处处设防，兵力终嫌单薄。仰候札饬王副将世清、张参将勋会同查看情形，妥筹酌办。仍一面责成各该县认真防范弹压，以资巡缉而靖边陲。并分移乐陵、海丰等县知照。缴。

行王世清、张勋。

三、兰山县禀初二

邢康年病故。

【批】：据禀已悉。仰按察司速将验讯缘由填格录供通详。仍令严缉逸匪尤秃爪龙等，务获究报。缴。

四、费县禀

教民反教，听其自便。

【批】：据禀已悉。仰仍随时认真防范弹压。缴。

五、青城县禀

教民于劈仔等被伤身死。

【批】：据禀已悉。仰按察司速饬将勘验缘由分别填格录供通详。一面勒缉此案凶犯，务获究报。缴。

六、【札】初三

为札饬事。照得本部院访闻吴管带志宏、侯管带占元均驻扎北镇地方，遇有匪徒滋事，该管带等并不督队弹压，竟观望不前，致酿巨患，殊属非是。合行札饬。札到该局即便查照，分行申斥。并一面严定驻工防营，无论本段邻段，遭有匪徒窜扰，观望不前，致滋贻误处分，通饬遵照办理。毋违。此札。

行河防局。

八月初四日

一、札聊城曹令

青岛来电，阳谷坡李庄福总铎恳大人借快枪五十杆，为防备贼匪。沂水方公催教士出境，乞大人准该教士在沂水王庄存住。白总铎。

二、致胶、高、即

【稿一】：密启者：顷闻胶州高侍卫府有拳匪四十余人，匪首即西关木匠铺之高二，其家藏有黄旗。又城北周家村刘姓名碰头将军，亦系著名匪首。韩格庄教民韩金坡赴青岛德署，禀胶州各府皆有拳匪。德兵遂于二十六日赴营房村按户查抄，所有器具尽行摔，情形甚为狼借。增埠头内有小火轮一只，民船经过概行搜查。并散【布】闻有派队赴胶高一节，所有拳民之处尽行抄拿等语。是否属实固不可知，然既远道传闻，事必非无因。应请阁下就近确查详复，一面亲赴各乡社，晓谕绅民，务将所有拳厂概行查封；若有拳匪，概行拿办，庶免予人口实，别滋巨衅。否则匪势会聚，后患无穷。譬如自己子弟，不加管束，在外滋事，任人获住殴打，登门辱骂，噤不能答，驯致家败人亡，同归于尽，未免太不智矣。时局艰危，民情嚣动，全在三五良有司为之教养而绥抚之，庶几补救一分好一分。不然愈嚣动愈艰危，大局恐有不堪设想者矣。

【稿二】：密启者：近日访闻胶、高、即一带拳匪充斥，会厂林立，地方官不为查禁，以致愈聚愈多。七月二十八日黎明时，胶州湾住洋兵五十多名，又往高密，内有兵官一名率同前往。并云青岛有信拟派兵队赴胶、高、即一带，所有拳匪之处尽行抄拿，将如胶州营房村故事。盖二十六日，洋兵已至营房村抄拿数次，居民财物强半残毁，其情形甚为惨酷云云。是否属实，固未可知，然既远近传闻，事必非无因而已。应请阁下。❶

三、复夏庚堂

庚堂仁兄镇军大人麾下：前奉八里庄所寄书，因道路梗阻不知军麾进驻何所，故未裁答。本日得初一日所寄书，则知军麾已抵保定矣。京师不守，乘舆西巡，主忧臣辱，肝胆摧裂。大局败坏至此，正不知如何收拾。所禀尊部精锐犹存，尚可与共缓急耳。来书陈述战状详晰无遗，麾下以孤军战于畿甸之间，以接应无人，未获一奏奇功，殊为愤愤。然治军以全师为第一要义，当众军溃散，独能屹立不动，名将固有责也。承示添募千二百名，如到防请先就原额填补，如已填补即练成新军两营。前述荣中堂现驻扎保定，诸希就近禀商办理。军衣闻已做好，俟所招队伍到省，当令一并携去。饷银子药如需接济，望随时示知，以便设法运送。至于贵部或赴直省或调回山东，应俟复商荣中堂，再行附片奏陈，恭候谕旨。

四、邹平禀初三

【批】：据禀查拿东西两关匪首缘由已悉。仰候雷管带驰抵该县后，迅即会同妥速缉办，毋得先期漏泄，致令远飏。该令以朱二等现未滋扰，意存宽纵。不知持械聚众，律有明禁，俟其滋扰而后拿办，则所伤者更多，纵之适以陷之耳。此缴。

五、青州府禀初三

【批】：据禀查探高、苑一带情形已悉。田镇窜聚匪徒，已经雷管带震春等分投击散，擒斩甚多。滨、蒲一带匪徒亦经王统带世清、张帮统勋等驰往擒拿，次第歼除矣。仰即函令杨统带等随时妥为防范弹压。缴。

六、临邑禀初三

十七日窜入洼里王庄焚毁教民王保全家土房两间，并教民王洛三、李世清土屋各一座。

七、兰山禀初三

---

❶ 原文止此。

查明匿名传单由天津来。

八、黄县禀初四

【批】：该令会同冯管带、谢令等，在招远县磁口地方，督率勇役，不分畛域，格毙匪首李宝卿等四名，生擒匪徒徐淑华一名，提讯明确，即行照章就地正法，以明炯戒，并起获枪械等件，办理尚属妥速。该令与冯管带著各记大功三次。弁勇赵寿等五名均被匪拒伤生〔身〕死，殊堪悯恻，照章核给恤赏银两。在事出力弁勇著赏银二百两，并由该县垫发，一面备文赴善后局具领归垫。并随批饬发功牌八张，择尤填给，借示鼓励。仍将验讯缘由分别详报，并勒限严缉逸匪，务获究办。即由该令移会冯管带、谢令知照。缴。

行司局，登、莱道，登州府、李提督。

九、平阴禀初三

【批】：匪犯王成英、孙季巷二名前经该令禀报，于讯明后即行就地正法。当经批饬录供详报，并提余犯讯供禀办在案。兹讯明各犯，皆系被胁未久，准即保释，仍严缉逸匪朱二等，务获究报。缴。折存。

十一、宁阳禀初三

【批】：此案昨准田镇呈报，业将在事出力员弁分别记功给赏，并将该令记大功一次，行司注册在案。匪犯王子荣等九名，既经该令讯明，实系抢掠居民、抗拒官兵正犯，应按照土匪章程即行就地正法，枭首示众，以昭炯戒。从犯田文升等六名分递原籍，监禁三年。吴小二等二名既未随同上盗，应准递籍取保，严加管束。郑世亭等二名并准保释。张顺青一犯既讯无确供，应再提案严讯，务据确情另行禀办，毋稍延纵。仍俟移查肥城县报案到日，摘叙各犯供词，通详备案。此缴。

行臬司。

十二、济南电报局禀初四

齐河、晏城失电杆三根。

【批】：记过一次，勒限半月缉匪，并添设窝铺。

行齐河、两司。

八月初五日

一、青城禀初四

河北匪徒两股未散，请拨留队伍防剿。

行王世清、徐丞际鸿会商酌办。

二、潍县绅孙佩卿作劝诫歌

【批】：通饬各属，每州县百张。

三、叶世克电

虎头崖抽税。

行东海关、莱州府、掖县。

四、矿务公司函

共索赔三十八万七千四百六十二元四角。

【批】：札委方守驰往查办。

行潍县。札饬沂州府、博山县查明。行洋务局。

五、王中书禀初四

平原王东全庄有匪二百名，初一带队往剿，匪已散。匪首武生侯振廷房屋焚烧。侯振廷曾率党在四女寺与官兵打仗，又在陵县打仗。手下散目侯立智、侯带子、侯那子、侯立廷、侯顺廷均走。

行平、恩、德、陵、茌缉匪。

行平原提讯王朝春即王老叩，讯明会营正法。

六、姜翼长督同潍县禀

【批】：来备〔禀〕备悉。幼童学习邪拳，必有匪徒暗相煽惑，谭没圩等远赴北镇学习，亦必有人勾结，应由营县随时遴派勇役严密查拿。一面饬由该县提同谭汉圩等到案，讯取确供，从重责惩，以昭儆戒。并希会督营县妥为防范弹压，仍行该县知照。缴。

七、观城禀初四

七季马地方拿巩秃海【等】十名。朱兆铮永远监禁。巩秃海【等】四名又张胖一名供抢劫。史二狼等四名保释，行查原籍。

【批】：吴令记大功三次，赏银百两，功牌十张。六品军功郑殿魁准以把总拔补。

八、雷振春禀初五

禀报初三拔队启行，赴邹、长。

九、文登禀初四

划界案内，民人被英兵击毙，乞抚恤。

十、曹镇禀初四

【批】：来牍并另单均悉。哨官赵勤礼等迭次报获匪犯多名，具征贵镇督捕认真，操防得力，殊堪嘉奖。所有在事出力弁勇应如所请，先行发给奖札，存俟汇案咨保，现在兵部官吏不知已否奔赴行在，一时未便核咨。所获匪犯，并俟分行各该州县讯明惩办。希仍督饬各弁勇，认真巡缉弹压。此复。折存。

十一、督办军务荣崇咨初四

夏军留防保定。军火、粮饷、军衣。

行善后局、先锋粮饷局。

十二、大名镇王咨初四

行方副将、东昌府、临清州。咨会直督部堂、曹镇。咨复大名镇王。

八月初六日

一、聊城禀初五

【批】：班玉详、梁濕搁均准发交茌平县监禁三年，察看情形，再行办理。仰即备文签派妥役，迅将该犯等解赴该县衙内投收。仍一面会同严缉逸匪周四等，务获究办。缴。

二、夏津禀初四

【批】：队长王福元既据该令禀称屡次获犯出力，应准以把总尽先拔补，存记汇保；一面取具该队长出身履历造册，呈候核咨。匪犯张凌轩、田二应即解回原籍，照拟监禁，并将张根等六名分别递籍保释。仍饬严缉逸犯田文龙等，务获究报。缴。册存。

三、德州禀初五

【批】：据禀查缉匪徒、收复溃勇各缘由均悉。仰仍随时妥为防范弹压。缴。履历存。

四、齐河禀初五

【批】：匪犯李廷芳胆敢纠众持械，抢劫焚杀，实属愍不畏法，既经该县提讯明确，自应按照土匪章程，即行就地正法，以昭炯戒。一面将讯供缘由照例详报。缴。

五、平原禀初五

【批】：据禀匪徒由王东全庄悉数出境缘由已悉。仰仍遵照前檄，严缉匪首侯振廷等，务获究办，并随时妥为防范弹压。缴。

六、海丰禀初五

七月二十五，由直境窜入交界之芦郭庄地方抢掠居民，俟查明再行另禀。

【批】：据禀侦探邻境匪徒窜扰缘由已悉。仰即驰往查明，迅速据实禀报。仍一面会同防营扼要堵缉，认真剿捕，毋任久聚滋事。切切。此缴。

七、青城禀初五

【批】：已于雷管带震春禀内批示，并分别记功核奖矣。其请酌留队伍一节，昨据该令另禀札饬王副将世清、徐丞际鸿等查看情形，会商筹办。仰即遵照前次批饬办理。缴。

八、张勋禀初五

【批】：据禀已悉。受伤头目徐凤林等六名，应准以副哨官记名遇缺补充，并随批补发功牌三十张，仰即查收，择优填给。仍取具该弁勇履历，造册呈送来辕，以便汇咨，并候札饬先锋营务处存记注册。缴。

九、平度州会禀王可培，初五

臬委查莱州府属匪徒阑入习拳。

【批】：仰按察司转饬该印委知照。缴。

十、日照禀初五

白总铎电，并未抑勒教民反教。

十一、诸城禀初五

白总铎电，诸城县拿办教堂司事。并无发给教堂教民告示谕单，亦无刑逼押办情事。

十二、荣成禀初五

日本看守破鱼雷船三十余人，于七月十四日搭轮船去。

十三、海丰禀初三

请领北营庄抚恤钱文。

行赈抚局。

八月初七日

一、致祝司务、姜翼长、吴统带

密启者：迭接湖北张制军来电，德国新派使臣已抵上海，并据述德国政府之意，此次用兵专为办仇害洋人之匪，如各省督抚能保地方，愿仍敦睦谊等语。张制军等又以李中堂系直隶总督，奉旨兼充全权大臣，此次用兵直隶地方，即可援地主之义，先与德使就近筹议，并可由德使转商各国。一面由李中堂檄行直省将吏抚恤教民，约束溃军，剿办土匪，俾与东省联络一气，仍随时请旨办理，此盖中外安危之一大转圜也。惟此次匪戕德使，故德人恨匪甚深，东省如有匪徒滋扰地方，不为拿办，必构巨衅。办匪即所以保全东省，保全东省即所以维持大局，安危所系，间不容发。况现在正与李中堂、张制军、刘制军等共图补救之策，更宜坚持是见，以遵旨剿匪、遵旨保教为第一要图。麾下、阁下夙以忠义自期，必有□我心之所同然者。希即会同祝司务、姜翼长、吴统带暨各牧令等妥速商办，遇有匪徒，务即实力捕剿；遇有教堂，务即实力保护，切毋稍涉瞻徇致滋贻误。如有不肖州县从中梗阻，并希密示以凭劾治。盖及今时，保我军、保地方，全在剿匪，别无办法。我不剿，外人亦必从而剿之，则干预争竞之端起，而大局愈【不】堪设想矣。畿甸不守，乘舆蒙尘，主忧臣辱，肝胆摧裂。肇此大乱，全在邪匪。宗祀安危，兆民祸福，胥系于此，弟敬意诸君子之有以匡翼而赞成之者也。

二、掖县会禀王可培，初六

并无外匪传拳。

三、海丰禀初六

交界西乡芦郭庄，二十五日闯入教民回匪百数十人执械，因高维均等五家与拳匪往来，特报复，衣物抢掠一空，焚烧房屋无存十间，赵青山、赵柱、地保赵得胜、高希曾等与其父高子修并被拒伤，庄外放牧各家驴马五十五匹一并牵去，向庆云西北一带逃。

【批】：仰按察司速饬将勘讯缘由录供详办，并严缉逸匪等，务获究报。缴。

四、德州禀初六

按日具报。

【批】：据禀已悉。

五、张国泰禀初六

【批】：据禀会同邹平桂令在黄姑庵地方生擒匪徒十六名，当场格毙二十余名，并起获刀枪等件，办理尚属妥速。该管带著记大功三次，桂令记大功二次，受伤勇丁按等给赏，在【事】出力弁勇另赏银一百两，均饬由善后局核发，一面备文赴局具领。并随批饬发空白功牌十张，仰即查收，择尤填给，造册具报。至交县收审匪犯五名，已据雷管带震春禀报，会同桂令讯明，分别正法、保释矣。

六、雷震春禀初六

【批】：据禀会讯匪犯王丁仔等分别正法、保释、监禁缘由均悉。仰将该处余匪搜捕完竣，即行回省，并酌留马队一哨驻扎邹平、长山、青城一带，借资镇慑。至惠民等处，候分饬王统带等会同严办，以杜窜扰而尽根株。缴。

七、恩县禀初六

二十九日，匪由南来，窜入县境，踞平原新桥五里之太平驿，杀教民二人一男一女，徐茂修、徐李氏母子，牵牛一只、驴一头。折回四女寺，渡河北上。

照会孙镇。

八、安丘禀初六

【批】：据禀获犯讯供缘由已悉。该令迭获积匪刘小虎暨昌乐匪犯孙玉得两名，捕务尚属认真。仰仍随时悬赏购线，严缉各案首要匪犯，务获究办。缴。

九、济阳禀初六

札饬查明境内尚无拳会。东关闹市场杨疸瘩店有七八幼童习拳。

十、平阴禀初六

【批】：据禀会同陈统带等在孙顺庄等处拿获匪犯多名缘由已悉。匪犯柳士庵既经该令讯明，情节较重，应与前次拿获之程立会一并提案复讯，研取确供，照章拟办。其廉保和等僧俗八人均系被胁未久，准即释放。仰仍随时会同各营队妥为巡缉弹压。缴。

十一、复夏庚堂

庚堂仁兄镇军大人麾下：邹弁回东，接到惠书，承示直境粮运不通，谋调贵部回防。本省兵力甚单，弟亦甚愿麾下东归，共筹防守，惟现在既奉荣中堂、崇尚书咨文，留防保定，似仍应暂行驻扎，候大局少定，再行函商荣中堂具折请旨。至所需军饷子药等项，已饬粮饷、善后两局筹备。军衣一项，闻已由贵营承办后路转运兵弁制办完备，俟道路疏通，当一体设法运解，以资接济。仍望随时将前敌情形详晰示知。专此奉【复】。

十二、王副将世清会禀初六

【批】：据禀会讯匪犯李彦温等分别斩枭、保释缘由已悉。仰即趁此剿办得手之际，迅将滨、利一带逸匪严拿惩办，毋任漏网，以杜窜扰而尽根株。并由该副将移会徐丞等知照。缴。

十三、雷镇春禀初七

【批】：据禀查复在皂李庄捕匪情形，并解到子药日期各缘由均悉。该管带前禀均需核实，已经本部院派员查明矣。仰仍遵照另禀批示办理。缴。

十四、又禀初七

【批】：准如所请，酌留马队，会同查令荣绥在邹、长、清一带认真查缉。该直牧俟地方平静，即遵前檄，率队回省。并移会张把总、查令知照。缴。

十五、王副将会禀初七

【批】：据禀查探匪踪暨预筹善后各缘由均悉。仰即会同印委各员，迅将北镇附近暨滨、利一带逸匪赶紧搜捕完竣，所有会厂一律查禁，庶可一劳永逸，不致再烦兵力。至所筹善后事宜，不为无见，惟一时当难猝办耳。并由该副将移会徐丞知照。缴。

十六、两江刘督咨

出示拿富有票犯。

行司道。

十七、行粮饷局拨八月、润〔闰〕八月饷银。行善后局拨发枪子十五万粒。行转运局派员运解。

八月初九日

一、闻新城韩家庄有匪徒图扰，未据该令禀报。

行新城、济南府、青州府、雷管带。

二、东海关禀初九

【批】：据呈德领事信函一件已悉。将复信仍送德领事收照。缴。

三、叶领事函

洪家楼近暂安静，惟匪人造谣并未全消。昌乐、安丘、临朐交界之处有匪百余人聚集，被抢者已有五村庄。

【复叶领事】

敬复者：顷由东海关道递到惠书，备悉一切。查东省各属匪徒，迭经本部院饬派防营会同各该地方官认真缉办，其当场轰毙暨批饬正法者先后凡二千余名，著名首要现已歼除殆尽，各处均渐安谧。所有教士教堂教民，亦均严饬各该地方如约照常认真保护。贵领事近驻烟台，当已有所见闻。兹承示临朐、安丘各县交界地方聚有匪徒，已有五处村庄被抢；洪家楼教堂近暂安靖，而谣传并未全消等因。此案未据该县等禀报，是否属实，自应澈查。现已分饬各该地方官认真查办，并出示谕禁矣。先此奉复，顺颂时祉。

四、陵县禀初八

访闻徐家店聚匪，二十日出境。

五、宁阳禀初八

境内电杆三百五十三杆。防范电杆。

六、王世清会禀初九

查蒲台裴令禀报刀拳相哄，二十三日抵蒲。匪十九【日】分窜。二十四【日】会剿双台匪，二十九【日】剿台子李庄、包袱李庄。

崔拳首名崔曰勇，系匪中军师，窜往田镇，由雷震春剿办。

会首李凤五，蒲台人，立会聚百余人，与拳匪范永昌不睦，十五日夜赴滨境小街杀死范永昌等数名。范姓约拳党千余人报复，李凤五亦率党在蒲台北关河滩隔河用炮。十八日拳匪于上下游分渡过河，将李凤五格毙。十九日始各分窜，拳民过河杀良民大小男妇百一十五口。本部院访闻尚不止此数。

七、泰安府禀初八

请饬拿郝虎臣。

【批】：密札东昌府缉拿。

八月初十日

一、为咨呈事。案查光绪二十六年六月初四日，承准军机大臣字寄，六月初二日奉上谕，现在京师情形吃紧，兵力尚属不敷，著饬令龙殿扬迅速招募团勇，筹给饷械兼程北上等因。钦此。遵旨寄信前来。承准此，当即恭录咨令龙镇钦遵查照办理。旋经龙镇来省面商，拟在曹济等属招募健勇四营，一俟成军，立即督率北上赴援，饷项仍照东省旧口支领，均经分别奏咨各在案。嗣准该镇呈报，于七月初一日成军，所需粮饷军器尚须陆续筹办，一时未能告齐等情。当以据报札行。先后札饬善后局，迅将该镇所需饷项及置办军器车辆等项照数核发；一面咨催该镇赶紧筹备开拔。旋奉旨严催各援军迅速北上，复经恭录飞咨。该镇以队伍甫经募成，诸未齐备，迟至本月初间，始行举队开拔来省。并据称所募四营须改照武卫各军、先锋队饷章。如即照准，每月所增饷项甚巨，东省实难供亿。因查现在外兵扰及近畿，乘舆西幸，该镇即率四营北上，亦属无补事机。且闻直隶转输维艰，军食不继，所有东西各省营队均已先后遣回。该镇所部四营又系新募之兵，未经训练，即令驰赴直境，似亦猝难得力。而东省饷源支绌，武卫各军月饷一时又无的款可拨，辗转挹注，筹措綦难，如再添此四营悉照先锋队章程开支，每月又增一万余金，饷力实有未逮。况登州镇夏镇辛酉现率所部驻扎保定，月饷应由东省筹解，如再添此四营饷项，恐有顾此失彼之虞。该镇在曹镇任内缉捕尚属认真，如该镇统带原有四营责成办理曹州捕务，或于地方尚有裨益。至此次添募四营，如可毋庸北上，拟即就近遣散，以节饷糜。是否有当，相应咨呈中堂，谨请鉴核，赐复施行。

二、张国泰查令会禀初十

新城东乡邢家扒匪聚滋事。

三、青州府禀初十

遵查博兴杨家庄教堂一案。

四、济阳禀初九

办团练保甲、修城、募勇，约须京钱一千串。原有十五名，再添十五名。另募马队十名。

【批】：据禀已悉。仰即督同绅董人等认真筹办，以收实效而靖乱源。缴。

五、海丰禀初九

【批】：据禀盐山匪徒窜入距城七十余里芦家马村焚烧杀掠缘由已悉。仰即会同张帮统勋督队跟踪追捕，毋任远飏滋患。仰一面将勘验缘由照例详报。缴。

六、武城禀初九

城东北十五里李官屯、二十里之李官屯有匪徒五六百名。

【批】：据禀恩县境之李官屯等处匪徒聚众窜扰缘由已悉。仰即飞报方统领，速饬靳营官驰往该县会商办理。一面先由该令会同留防哨弁扼要堵缉，以杜窜扰，并候飞饬恩县秦令协力筹办。缴。

七、邹平会禀张国泰，初九

初二到邹平，剿黄姑庵匪一案。

【批】：禀悉。已于张管带禀内批示，并分别记功给赏矣。仰即查照前批办理。缴。

八、平原禀初九

王中书获送王东全庄王文明等被抢案内匪犯王老靠子，正法。另获送匪犯张清连、李士敬二名讯办。

【批】：仰按察司速饬将该犯张清连等提案研讯确情，分别录供禀办。仍令严缉逸犯，务获究办。缴。

九、平原禀初九

右翼步队第三营都司李进才，初一日在大李庄见匪徒在彼抢扰，与庄众合拿骑马匪首王传盈、魏连中二名，马二匹，正法。在逃吴传仁另缉。

【批】：仰按察司速饬该县严饬〔拿〕逸犯吴传仁等，务获究办。缴。

十、高唐州详

附生于鸣谦以贡生刘永清为匪诬陷。

【批】：据详已悉。仰济东道核饬遵照。缴。

十一、为照会事。前准贵大臣照称，英员步哲于本年五月二十八日在黄河内淹毙，如贵部院能将步哲如何淹死情节确查见复，尤深钦感等因到本部院。准此，当经商询陕甘总督部堂魏咨传代为饬查，而电复贵大臣各在案。

八月十一日

一、东海关道禀十一

【批】：据呈驻烟英领事信一件已悉。仰将本部院复信一件转送英领事查收，仍申报送到日期备查。缴。

二、复英领事

敬复者：顷由东海关道递到惠书备悉一切。查武定府所属之惠民、滨州、蒲台、乐陵、沾化、海丰等县，前有直境匪徒窜入滋扰。当经本部院饬派马步队伍，会同所委各员暨各该地方官认真查办。先后在乐陵魏家庄、黄街、朱家寨剿办匪徒，捕拿著名首要匪犯郝廷轩等二百余名。又于海丰南关击毙匪徒五六百名，沾化之刘〔流〕钟口击毁总拳厂一处，拿办匪首靳盛然党多名。又在蒲台之双台击毙匪首金玉胜，毙五六百名，擒二百余名。青城之田镇八十余名。水牛李庄、皂李庄。惠民之十王家村拆毁总会厂一所。滨州之小范家、马店三十余【名】。台子李庄、北镇。阳信城内边家庄。利津大郭家匪首高姓。先后在乐陵朱家寨、魏家仓、孔家庄、黄街等处击毙悍匪二百余名，生擒四十余名。又在海丰南关击毙悍匪五百余名，生擒五十余名。又在沾化之流钟口、惠民之王家村两处各拆毁总拳厂一所，生擒匪犯十余名。又在蒲台之双台击毙悍匪五百余名，生擒二百余名。又在青城之田镇、水牛李庄、皂李庄共击毙悍匪一千余名，生擒百余名。又在滨州北镇小范家、马店、台子李庄、包袱李庄共击毙悍匪六百余名，生擒五十余名。又在阳信城内暨选家庄共击毙悍匪五百余名，生擒五十名。又在利津大郭家生擒匪犯十余名。武定府属各州县总共击毙悍匪三千九百余名，贵领事单开著名首要匪犯多在其中。其当场拿获各犯，但系积案，讯实者亦均即批饬正法，余亦分别监禁递转管束。各处逐渐安谧。所有教堂、教士、教民亦严饬各该地方官如约照常认真保护。贵领事近驻烟台，当必早有所闻。兹承示单开武定府属各州县之会厂及各匪首姓名，想系未经查办以前之事。浸礼会教士相距尚远，不知近日已经严办情形，故特详细奉闻。惟既承尊嘱恐仍有漏网逸犯，根株尚未尽绝，亦未可知，已分饬该处各营县认真查拿惩办，如遇有设会厂并饬令一律标封。专此奉复，顺颂时祉。

行洋务局、王世清、武定府、徐丞、惠民、蒲台、滨州。

三、乐陵禀初十

初一、初二情形。

又禀

初三、四情形。

又禀

初五、初六情形。

【批】：据禀侦探盐山匪徒徙聚庆云各情形均悉。查邻境匪徒聚散无常，难免不乘隙窜扰滋衅，亟应会同防营严密筹备。如其人数众多，务即扼要稳扎，以守为战，毋轻出队。一面飞速禀报，以便添拨防营驰往接应。切切。此缴。

四、昌邑县会禀段芝贵，十一

【批】：禀单均悉。该犯徐元和。

行按察使。

五、张都司奉先禀初十

【批】：据禀侦察西北两路匪踪缘由已悉。仰即会同何令、孟领官等严密布置，加意防范，以杜窜扰而资戒备。仍一面将侦探情形随时禀报查考。缴。

六、沂州府禀初十

【批】：据禀惩办匪首王景善等并分赏功牌各缘由均悉。禀内所称饬属妥办教案，严缉惯匪各节，尚属允协。要知挑衅遭敌，所失甚大，京津足为殷鉴，该守务坚持之。此缴。

七、泰安府禀初十

【批】：据禀拟留陈统带驻队暂缓赴沂缘由已悉。查沂州为海防重地，南北中枢，前经批饬陈管带万清督队驰往择要屯扎，原为捍卫海疆起见。该府距省甚近，即有股匪窜扰，仍可随时电禀派兵接应。本省兵力单薄，不敷分布，轻重缓急之序，固不能不与该守等详筹之也。仰即知照。缴。

行陈统带。

八、莱州府禀十一

【批】：据禀已悉。候饬洋务局委员前往该州，查明禀复到日再行核办。仰即知照。缴。

九、阳谷禀十一

【批】：据禀已悉。前据该县禀请饬发枪械，当经行局核发，并批令赴局请领在案。仰候饬善后局迅即核发给领，仍随时认真防范弹压。缴。

行善后局照发。

十、章邱、济阳会禀初十

【批】：据禀已悉。应仍随时会同认真巡缉，毋稍懈弛。仰章邱县移会龚游击等知照。缴。

十一、福山禀初十

【批】：据禀已悉。仰按察司转饬该印委知照。缴。

八月十二日

一、【札】

为札饬事。照得本部院访闻惠民县境内尚有匪巢，必须一律捕除，并将其房屋标封充公，以安闾阎而尽根株。现在本省兵力甚单，亟须先将境内匪徒次第肃清，始可另调队伍以作他用。除分行外，合亟札饬。札到该丞、令、统带即刻会同该地方官，会同王副将世清、徐丞际鸿确切查明，随时会同剿办，毋得逍遥河上坐误迟延。迨至煽聚既多，再行张皇请兵，为时已晚。直省前事，足为殷鉴。仍将查办情形迅速禀复备查。切切。此缴。

行徐丞、王副将、惠民县。

二、新城县禀十二

请饬张管带督队到县缉匪。

行张国泰、查令。

三、益都会禀李诚保，十一

【批】：据禀已悉。仰仍随时认真巡缉弹压，并移会李令知照。缴。图存。

四、平原禀十一

访闻花园一带有匪，查明由东全庄向西北一带而去。

【批】：据禀已悉。仰仍随时会同防营认真防范弹压。缴。

五、齐河禀十一

会团获犯李廷芳一名，八月初七在监身死，遵即戮尸枭示。

【批】：据禀已悉。仰按察司转饬知照。

六、乐陵详十一

七月十二日，张奉先【在】孔家店拿炉主郭中孚一名，追获陈梅、苏套、郭福堂、郭成四名。孟领官在庄外获郝廷轩、郭林元、刘秀德、郭丕功、马付五名。队勇杨宝顺等在庆、乐交界刘双全庄获匪徒刘义、王玉金二名。七月二十一，正法枭示郝廷轩、刘义两犯，郭中孚另讯，余责释。

【批】：如详立案。仰按察司仍饬严缉逸犯郭成全等，务获究报。缴。

七、【札】

为札委密查事。照得武定府各属，又济南府属之新城、长山、邹平等处，所有剿办匪徒实在情形，暨现在有无匪徒窜聚，是否设立会厂，迭据各印委禀报，仍然不实不尽，亟应委员驰往密查。兹查该员请以札派。札到该员迅即改装起程，驰赴武定府所属各州县暨济南府属之新城、长山、邹平等县，不动声色，严密饬查各防营、州、县剿办匪徒各情形，究竟共剿几股匪徒，共击毙匪徒若干，共拿获首要若干，标封禁会厂几处，现在尚余存逸匪会厂若干，分别查明，据实详晰禀复，以凭核夺，毋稍饰徇。切切。此札。

八、【札】

为札饬事。兹派江县丞朝宗驰赴东路一带公干，应由该局照章支给薪水川资，以资办公。除札委外，合行札饬。札到该局即便支给列报。毋违。此札。

九、登莱道禀十一

【批】：据禀送到德领事包封信件，已照数验收矣。仰即知照。缴。

十、青城县禀十一

大师兄徐立疆毙于皂李庄。

【批】：此案前据雷管带等禀报，已分别记功核赏矣。雷管带现由邹长一带巡缉回省。该县禀请酌留队伍，前已檄饬王副将世清、徐丞际鸿等就近查看情形，会商筹办。仰即遵照前禀批示办理，毋庸多渎。此缴。

十一、青州府禀十一

【批】：据禀婉留潍绅陈守暨呈孙京卿所撰劝戒歌词各缘由均悉。前已将劝戒歌通饬各州县照式刊刷张贴矣。仰即知照。缴。

十二、昌乐会禀李诚保、祝廷琛

【批】：据禀拿获赵有祥等从重枷责缘由已悉。既经该令讯明实系被胁未久，并无为匪不法情事，应准如禀分别办理。仍随时认真巡缉弹压，并移会祝司务、李令知照。缴。

十三、济阳禀十一

三十日，垛石桥地方匪数十人查找教民杜瑞宣未获，拥进景文杂货店内硬向要人，将周景文架去。

【批】：该团长周佐龙带领团丁人等，拿获匪徒，将被架之周景文追回。追至夏口镇地方，轰毙匪徒数人，殊属奋勇可嘉。随批饬发六品功牌一张，仰即查收，发给该团长收执，以示鼓励。仍勒缉此案逸匪，务获究报。缴。

十四、蒲台县禀十一

十八日，拳匪刀会互哄，内伤毙良民男六十八名，苇坑内淹毙妇女二十一口，受伤不能移动者二十名，每名【抚恤】二千。受伤身死妇女十七口，小八口，外有受伤妇女八口，每名【抚恤】二千。已死者大口京钱六千，小口减半，共百四十二千。沿堤一带被害共七十一户，死者捐给棺木并当给予抚恤外，其余五十四户，每户再加给京钱四千，共放京钱三百六十六千。连前共放京钱三百九十八千。

【批】：据禀已悉。缴。

十五、高苑禀十一

教民共凑付京钱二十千。二十二夜，闻又由滨、蒲阑入大股拳匪五六百人，头目系西街邹平辖境之武举孙振龙。七月二十三日，三府四县所辖之田镇地保禀称，二十二晚，有匪二三百由北镇突入该庄内，有本街人崔曰永又名崔会，咸呼为巽字号大师兄，是夕将教民张立合、张孙氏夫妇杀死。并伊侄孙宗仁、孙维柯自名干字号，大喝崔曰永是黑团，互斗逾时，将崔化领子媳崔游氏、崔德禹两幼孩一并杀死，焚毁房屋二所。

二十五日，匪又由大李、皂李等庄，蒲台傅庄等处突入大庄焚抢，并杀死任河一命。立即往拿，约有匪二三百人，所带兵役不满百人，枪毙匪二名，余匪有受伤者。

【批】：该令督饬勇丁在大庄地方击散匪徒，并格毙管家美、李连德二名，起获刀械等件，缉捕尚属认真，记大功一次。其在事出力人等随批饬发功牌二张，择尤填给，以示鼓励。仰仍勒缉逸匪孙振龙等，务获究报。

行两司。

十六、文登县禀十一

本道前饬将租界内应划钱粮逐一查明，开具花名、顷亩、银数清册，绘图贴说，呈送司道汇办。按地核粮窒碍甚多，以庄核粮弊窦较少。现值农忙，俟秋后再办。

七月初八日，凤林集因买牛起衅，印度兵百余名前往掠掳，并捆去十人。措洋五百元，赎回八人，下余二人，钱未付清，尚未放回。

【批】：禀单均悉。候行登莱道李道核饬遵办。另单禀请知会英员饬令约束洋兵等情。现在外兵北犯京师，乘舆西幸，迭奉谕旨，保守疆土，自应钦遵，妥慎筹办，相机应因，以免别滋衅端。此案仰候大局平定时，再行酌核办理。仍一面由该令督饬绅董，剀切劝谕界外各庄民等，设法开导，各安本业，切勿借端滋事，以维大局而固海疆。缴。

十七、济宁谢庭芝电禀

资遣德州难民。

行德州电局傅县丞。

八月十三日

一、青岛（德督叶世克电）

急。济南抚院袁鉴：顷接电禀，昨有德国武官二员带兵二十名，由棠村向即墨一带梭巡，距该处东北六里许，突遇执旗四五百人攻扑，我兵当即还攻，华人中约有三四十名毙命等因。本大臣据此不能不疑该党系属拳匪，因官府公庇团练，故若辈借演习团练为名，胆敢滋扰，已迭次函嘱附近德境各地方官，如即墨已嘱。当此时艰孔亟，四乡势难再有团练，果仍容隐，本大臣必须竭力设法消弭。此函亦屡达清听矣。兹已派兵驻扎即墨，并饬设有聚众欲攻等弊，立即从严解散，并请咨部院速简管莱府道员或另有道衔精明历练之员，前赴胶州或即墨，候会本大臣所委之员，查明昨逢仗之事是否该党径行，抑或暗窥地方官举动所致，若果必须科罚。此布。尚祈电复。德督叶。文。印。八月十二日青岛来电。

行莱州府、即墨县。

【批】：查禁办匪徒以遏乱萌，迭经文函交驰，不啻三令五申，何至又有聚众突攻之案。是否匪徒径行滋扰，该令、地方官猝不及防，亟应澈查严办。现已札派莱州裘守驰往，会同叶大臣所派德员筹商办理，不得因循瞻顾，以滋事端。除电饬并分行外，合亟札饬。札到该令、守迅即驰至胶州会同德员，随同裘守妥速查办禀复。并一面出示晓谕停办团练，俾免奸民借端滋事。仍一面妥为弹压，毋任聚众滋衅，以维大局而固海疆。切切。此札。

二、【札】

为札饬事。照得即墨现有匪徒。查筹办团练以缉禁土匪，今不但不能缉禁，土匪佥假托团练，聚众滋事。现在土匪仍未禁绝，□□是否团练□不□□□□。该州境在环界之中，更多窒碍，应即暂行停办。除札派莱州府裘守驰往查办，并分行外，合亟札饬。札到该州县即便遵照出示晓谕境内暂将团练一律停办，以维大局而安民生。仍将遵办情形报查。

三、致莱州府裘

仁兄大人阁下：径启者，昨接叶督文电，当即电知并请阁下驰往查办，当已首途矣。查来电词气尚属和婉，当可议结，从权了结。惟议项中有云是否该党径行，抑或暗窥地方官举动所致等语，是为全案紧要关键。但许令纵暗，似尚不至怂恿容隐。以理势计之，必为该党径行无疑。阁下往查必须认真著意于此。况东省此项匪徒，现在严饬各府州县会同防营认真剿办，为数甚多，首要拿获，地方可冀逐渐安谧。胶、即一带因在百里环界内，未便派兵队前往巡缉，然亦尝再四严饬该地方官认真禁办，不啻三令五申。至团练与拳匪本属两途，其聚众情事即当照匪法例从严惩办，官府断不致纵而庇之，或者事出仓猝，不及先防，则未可知耳。时局艰危，祸变未已，近日迭接函电，知大局当可望转危为安。俄国已允将兵队撤退天津，并可托其转商各国，但应仰李傅相赴京津与各国筹议，即可望有收束。惟当此安危转圜之际，东省万不可别滋事端。阁下驰抵胶州，务祈查看情形，相机因应，妥为商结，以维大局，幸甚。团练派费甚多，率即分饬环界内各州县一律停办，是亦调停之一策也。

四、惠民县禀十二

【批】：据禀已悉。除暴原以安良，如果系良民何必惊恐。倘涉惊恐，当系平日与匪昵比，情虚畏罪，必非真正良民。仰即认真禁查，切实诰诫该庄民等，知有匪踪即行禀报拿办，或即由庄长团长查明捆送，由官讯办，何致波累。如有知情容隐及勾结附和情事，即与匪徒无异，不得任其以游词耸听，稍涉宽纵。该令尤不得任意朦混，支吾敷衍搪塞，致干严参。至于各防营剿捕匪徒，毋许株连良民，并不准纵容胥役借端扰累，迭经本部院谆谆示禁，远禁【近】共见共闻，若辈当不敢以身试法也。切切。此缴。折存。

五、张勋禀十二

【批】：据禀已悉。所陈办法甚有见地，但高粱尚未收割，匪徒易于逃匿，姑稍缓。俟高粱收割后，即添队加炮前往会同剿捕，以杜窜越而尽根株。仰随时认真防范弹压。缴。

六、张勋禀十二

【批】：据禀已悉。仰即认真巡缉弹压。缴。此禀漏盖关防，应补禀备案。

七、济阳禀十二

【批】：禀悉。仰按察司速饬将勘讯缘由录供通详。一面剿缉逸匪，务获究报。缴。

八、昌乐禀十二

【批】：禀悉。仰按察司速饬将勘讯缘由录供通详。一面勒缉赃盗，务获究报。缴。

九、莱州府禀十二

【批】：据禀已悉。仰洋务局转饬知照。缴。

十、昌乐会禀李诚保，十二

【批】：据禀已悉。仰仍随时巡缉弹压，并移李令知照。缴。

十一、博兴禀十二

【批】：据禀已悉。仰仍随时妥为保护。缴。

十二、巨野详十二

【批】：如详立案。缴。

十三、札饬德州、恩县、武城、平原

缉拿匪徒。即行房办。

十四、潍县会禀李诚保

保护电线。

八月十四日

一、【复马主教】

青岛。马主教台览：七号电悉。新城韩庄、邢家扒匪徒，前派防营驰往剿办，已于初十在东营庄附近击散，拿获匪张连仔、孟二仔两名，当即讯明正法。并枪械多件。十一日，又至苏王庄将匪击散，获匪赵仲仔一名。该营现又驰赴长山县韩家窝查办，大约不久即可次第平谧也。特电复。

二、平原会禀十三，步队第三营右队李守备进才

王中书英楷获犯王老叩、魏连仲、王传盈三名先已讯明正法、张连清地保四名，续获高振德，讯明一并正法。

【批】：仰按察司仍分饬严缉逸匪王朋玉等，务获究报。缴。

三、高密禀十三

会同督操营务处马龙标、宿营官王开福，七月廿五到秦家岭庄祠堂，均已逃散。

【批】：仰即勒缉秦汝昌等，务获究办。缴。

四、黄县会禀十三

李保卿案内请奖。

【批】：查此案报获匪犯无多，折开请奖名数过多，应择尤为出力开列在前之把总赵厚发、外委尚广恕存俟汇案酌保。并赏给勇目王玉升、路福临、齐恒田七品功牌各一张，随批饬发，仰即查收，转给该勇目等具领，以示奖励。

五、王世清会禀徐丞，十三

【批】：据禀缉获匪犯数名，并请抚恤被扰村庄各缘由均悉。仰将所获各犯，迅即会同地方官提案研讯确情，录供禀办，毋稍轻纵。兵以卫民，何得稍涉扰累，自应饬由各将领随时申明约束，以严纪律。至奸民容庇外匪扰害乡闾，极堪痛恨，故不能不痛加剿办。而炮火所至，焚之如祸，恐亦难免，但须格外矜慎耳。所有各属被扰村庄情形困苦，应量予抚恤，候分行司局查明办理。仍由该副将移会徐丞知照。缴。

六、东昌府冠县禀十三

格毙悍匪二十八名。匪首阎书勤暨匪犯二十九名均已就地正法。于合等六十三名取保开释，左臂刺一月牙形。李得山等六犯供情狡展，带县讯办。府县勇队获三十名，闵千总马队获二十七名、阎书勤一名。方副将步队获三十九名。

【批】：严缉宋狮子务获。

七、乐陵县禀十三

【批】：据禀侦探盐山、庆云匪踪各缘由均悉。仰即知会马步营队

驰赴三间堂一带巡缉弹压，仍随时兼顾城防，毋得稍涉疏懈。切切。此缴。

八、张国泰会禀十三

【批】：据禀剿办东营苏王等庄匪徒情形已悉。该管带会同查令等，督率勇丁在大卫子北苇塘内拿获匪徒张连会、孟二子二名，起获刀械等件，当将张连会、孟二子讯明就地正法；旋于苏王庄外又搜获赵仲子一名，送县管押办理，甚属妥速。该管带着记大功二次。查令、孙令、韩把总、严哨官、高哨长着各记大功一次，出力弁勇随批饬发功牌六张，择尤填给，借示鼓励。仰即率队驰赴青城、长山一带巡缉，并迅将韩家窝窜聚匪徒严密查明，悉数拿办，毋任远飏滋患。并移会查令等知照。缴。

八月十五日

札查新城韩家庄被匪围困。行张国泰、查令、新城县。

未办事。

八月十六日

一、烟台德领事电

顷奉本国暂驻上海钦差大臣穆电：饬转传贵部院，内开：德国驻烟台领事官，前将贵部院阳电转达本大臣阅悉。贵部院用意治理，地方复得安谧，心忻之至。惟贵部院所云是否确实，正有可乘之机。因现在阳谷县玻璃厂有本国教士被土匪逼迫甚难，贵部院可设法妥实保护，须将罪犯严行惩办。所有贵部院竭力助办，地方平靖，本大臣深愿申报本国政府。而本大臣亦常力怀于贵部院永敦睦谊等因。奉此，用特转达，即希查照。德领事连。咸。

二【复德领事】

烟台大德国连领事鉴：咸电述贵国钦差穆大臣来电拜悉，甚为欣幸。查玻璃厂即阳谷之坡李庄教堂，迭经本部院严饬地方官会同派去防营，妥实保护。六月十八日，坡李庄迤南闻有匪徒焚抢教民房屋，当即出队捕拿，轰伤悍匪多名，并当场格毙不少。二十三四两日，又在阳谷境内拿获轰伤悍匪多名，当场格毙十余名，并生擒匪首刘广田等十七名，当将匪首讯明正法，余亦严行惩办。自经此惩创后，坡李庄一带遂逐渐平静，仍饬该营县随时认真巡缉弹压。今又承贵大臣电嘱，当再严饬各该文武地方官，务将坡李庄教堂教士竭力护助。其余各属教堂教士教民，亦均饬属一律照约保护，以期治理地方，即以表明深愿彼此永敦睦谊。希将以上复文转电贵国钦差穆大臣垂察，并希贵领事查照为幸。

三【复叶世克】

青岛。叶大臣鉴：来电敬悉。查停办团练一节，事前并未准贵大臣函电预商，所寄之函恐系中途遗失，希查明办理。自接文电后，已饬附近租界各州县一律停办团练矣。再接七月十三日来函，知单辅政司至即墨议办该县事件，该县失于款接，以致误会，甚属可惜。惟闻闭城一节，系出于绅民惊疑之意，尚非该县令自专。兹亦已饬知该县，嗣后当彼此以礼接待也。再七月十三来函，迟至七月十六始到，未免太迟，以后如赐函件，请专送胶州张牧，加六百里排单径送省城，三两日可到，似较妥速。余函达。

四、【复】叶大臣

敬复者：顷接七月十三日惠函，敬悉一切。单辅政司至即墨会议事件，自应彼此以礼相待。许令失于款接，致以误会，殊属可惜。惟闻闭城一节，系出于绅民惊疑之意，当非该令自专。本部院现已饬知该县转谕绅民，总以互敦睦谊，互尽礼仪为是，毋庸彼此疑虑防闲，以尽睦邻善交之义。并请贵大臣饬知单辅政司等，嗣后如再赴内地会议事件，毋妨先一二日驰函告知该地方官，俾知会议缘由，可以转谕绅民，借释群疑而便款洽，似亦两有裨益也。

再，此函系于七月十三日缮发，八月十六日始到，邮程积滞，未免太迟。嗣后如赐函件，希即专送胶州张牧，加封填六百里排单递送省城，三两日内可到，似较妥速。

再，顷据日照县缪令润绂禀报，该县属长洛口、曹家村、金家沟等处，迭被海盗抢掠。现据实【报】该盗党匪尹盛山等，匿聚浮山所台东镇，及附近之青山、黄山、包岛、会泉、包家、鸡茶各岛暨杨家山、张家楼等处，时赴沿海一带抢扰，恳请查办等情。查现在正筹堵缉土匪之时，该匪党等在租界内外出没，自应会商缉办。除张家楼等处在租界以外，应饬由各该地方官缉办外，所有薛家岛等处在租界内，应请贵大臣转饬严拿究办，不但于地方有益，即于租界亦有益也。专此布达。

五、日照禀

海盗尹盛山等，在浮山所台东镇附近之青山、黄山、包岛、会泉、薛家、鸡茶各岛，杨家山、张家楼等处恃为渊薮。于七月二十五六七等日，三十余人扑犯涨洛口、曹家沟、金家沟。涨洛附近之胜洛，商贾云集亦成名。

【批】：据禀已悉。查曹州教案条约载明，百里环界内调派兵队，仍须先商德督，何况浮山所在租界内，断不能容我派兵前往剿捕。姑函商德督，嘱其捕禁。俟和议稍有头绪，再派兵船巡缉沿海一带，以清盗薮而安民商。缴。

六、咨请直督廷点验夏军。

恭录廷寄移会夏军，募补足额。

咨呈军机处、荣中堂、两江总督，行各营务处、粮饷局。

卷十三　光绪二十六年八月十六日起至闰八月初三日

八月十六日

一、日照县禀十六

请缉海盗。

【批】：据禀已悉。查曹州教案条约载明，百里环界内调派兵队，仍须先商德督，何况浮山所在租界内，断不能容我派兵前往剿捕。姑函商德督，嘱其捕禁。俟和议就绪，再派兵船巡缉沿海一带，以清盗薮而安商业。缴。

二、高唐州禀十四

获犯梁得功。

【批】：据禀已悉。该犯梁得功即梁殿功，讯系著明匪首，应按照土匪章程即行就地正法。刘沨岭等拟请分别监禁保释，未免稍涉轻纵，仰再提案严讯确情，另行录供禀办。仍勒缉逸匪李漏魁等务获究报。缴。

三、海丰禀十五

芦家马村被匪焚烧。

【批】：据禀已悉。该县芦家马村被席金岭等勾结直匪越境焚烧房屋八十余家，杀毙良民三十余名，殊属猖獗已极，断难稍事姑容。仰即会同张参将，须用马步炮队若干，迅速禀复，以便添派队伍前往越境剿捕，务将该匪席金岭等悉数歼除，以申法纪而靖边陲。缴。

四、海丰禀十五

获幼女席当姐四名。

【批】：据禀拿获幼女席当姐等，现经城乡各绅请释缘由已悉。幼女学习妖术，其为管束不严可知，该绅等尚有颜求保耶！姑限半月，责令该家属勒缉王云姑交案，借以自赎，即【将】四女释放。逾限不交，即发官媒充役。仰即查照办理。缴。

五、兖沂道会禀十五

讯办匪犯胡善考等。

【批】：禀悉。此案既经该道督同讯明，仰即转饬兖州府迅即〔将〕胡善考即胡先好照章就地正法，以昭炯戒，余犯悉如禀办理。并饬缉逸犯韩成怡、梁善路等，务获究报。缴。折存。

六、张勋禀十五

泊头集格毙匪徒十五名。

行布、按，先锋营务处。

【批】：据禀已悉。该参将等在泊头集地方格毙匪徒十五名，生擒六名，又在李家寨拿获红灯照幼女等五名，并起获刀炮多件，办理尚属迅速。该参将暨管令著各记大功二次，勇目李茂胜以副哨官哨长记名拔补。并随批饬发功牌十张，择尤填给出力弁勇，以示鼓励。惟禀内声称生擒六名，因无为匪确据，已同王席氏均予保释。盖此项匪徒善于碰头，凡额上变色者即系真匪。俟后如有拿获，务须认明再释，俾免轻纵。一面将席金岭房屋即行拆焚。幼女席当姐四名学习妖术，亟堪痛恨。仰即勒令各家属饬限半个月迅将王云姑缉获，即将四女释放。倘逾限不获，即发官媒充役。仍会同严缉各逸匪，务获究报。并由该参将移会管令知照。缴。折存。

七、乐陵禀十四请赏银。

【批】：禀悉。此项银两前已札饬善后局查照给发归垫矣。仰即知照。缴。

八、乐陵会禀孟领官恩远、张奉先、乐陵汛，十五

走队巡缉。

【批】：据禀走队巡缉暨追获马铁匠庄民武丕承家被抢各物情形均悉。仰乐陵县迅将勘讯缘由录供禀报，仍会同马步营队择要巡缉弹压。并分移张帮统、孟领官等知照。缴。

九、青州府禀十五

【批】：禀悉。查韩家庄有谓系长山县境、新城县境者，又有谓临淄县境者，大约是两县交界地方。当此时事艰棘，总以不分畛域，合力筹办为是。现据张管带国泰、查令荣绥禀报，该处聚匪无多，已酌派弁勇驰往缉办矣。仰即知照。缴。

十、张国太禀查令，十四

马寨拿获匪犯。

【批】：据禀在长山县境马寨地方拿获匪徒耿经义等缘由已悉。此案已于长山县许令会同该管带查令禀内批示，并分别记功核赏矣。另单禀称，侦探韩家窝窜聚匪徒，仰即遵照前檄办理。仍由该管带移会查令知照。缴。

十一、长山会禀张管带、查令，十四

前由。

行两司、营务处。

【批】：据禀已悉。该令会同张管带、查令等督率勇丁在马寨地方拿获匪徒耿经义等四名，当将耿经义、耿法洸、马光清三犯会讯明确，照章就地正法；耿法亮既讯无为匪不法情事，由县保释，办理尚属妥速。该令与张管带、查令著各记大功一次。在事出力弁勇，随批饬发功牌四张，仰即查收，择尤填给，以示奖励。仍随时会同巡缉弹压，毋任窜匿滋患。并移张管带、查令知照。缴。

十二、利津禀十四

领赏银。

【批】：据禀已悉。此案赏银二百两，仰新任贺令迅即派差备文赴善后局具领，禀商吴道分别核赏。一面勒缉逸犯王文升等，务获究报。并移会黄令知照。缴。册存。

十三、商河禀十四

侦探匪踪。

【批】：据禀侦探吴桥、盐山匪踪各缘由均悉。仰仍随时认真巡缉弹压。缴。

十四、张奉先禀十五

走队巡缉。

【批】：据禀走队巡缉情形已悉。已于该帮统会同孟领官、乐陵县汛禀内批示矣。仰仍会同认真防范弹压。缴。

十五、掖县禀十五

朱家庄并无习拳。

【批】：据禀已悉。仰仍随时认真防范弹压。缴。

十六、平原禀十五

杨传文纠抢一案。

【批】：据禀已悉。仰按察司速饬将勘讯缘由录供通详。一面勒缉逸犯杨三唐仔，务获究办。并由司通饬截拿。缴。

十七、蒙阴禀十四

并未抑勒反教。

【批】：据禀已悉。仰仍随时认真保护弹压。缴。

十八、张勋禀十四

拿获席家庄匪犯。行善后局。

【批】：据禀已悉。此案已于会禀内批示矣。勇目李茂胜缉捕出力，应准以副哨官哨长记名遇缺派充，以示鼓励。仰即知照。缴。

十九、方致祥禀十四

补领恤赏银两。行粮饷局。

【批】：据禀已悉。正兵毕连贵既系在梨园屯拿获匪犯阎书勤等案内被匪拒伤身死，应饬由先锋粮饷局照章补给恤赏银两。仰即备文赴局具领可也。此缴。

二十、临淄详十五

复讯孙连开第十号。

【批】：据详已悉。仰按察司速饬医痊具报。缴。

八月十七日

改作移会夏镇续募勇丁一千二百名填补缺额，毋庸另立两营。

一、平阴县禀十七

前县会营获柳士庵，虽学拳两次，尚无讹劫情事，当堂试刀受伤，已准予保释。王亭居从匪首杨得心学习拳，请监禁三年。谢梅魁从匪首邢兆陆学拳，先后共劫十一家，请正法。谢金魁入伙管账，已交移原地方官管束。程立会从凌兆辰学拳，事后分赃，请监禁二年。

【批】：据禀已悉。妖民土匪何分首从，又有何情可原？该令似此宽纵，殊属大负委任。仰即先将匪犯谢梅魁就地正法，枭首示众。一面提集王亭居、程立会两犯复讯确供，分行拟办。嗣后如系真正匪犯供讯确凿者，不得故以游词巧为开脱。仍严缉逸匪邢兆陆等，务获究办。缴。折存。

二、复洪守信

兰揖仁兄大人阁下：顷奉惠书，备悉一是。昨得德国新派公使穆大臣来电，亦以保护坡李庄教士为言，并云有匪。当即另具公牍奉闻，谅已查照办理。该教士等既不愿赴通商口岸，亦只好听其自便。此处教堂关系甚大，其地虽归兖州管辖，弟仍以此堂全托阁下，务祈不分畛域，就近督饬叶令妥为弹压，切实保护。该处附近现住有兵队若干，希即查明。如兵力较单，可由阁下酌量调拨，或禀商田镇就近添派亦可。现当议款之际，千万不可再生枝节。德国新派穆使来电，词气甚属和婉，并以示敦睦为言。彼初次即以坡李庄教堂为托，如无以应之，势必事事棘手，而大局愈无以收束矣。至于谣传之言，多不足据。不但私相报复，教民决不敢出此，即云直东两省在其掌握，彼国亦无此力。彼之兵队现至胶澳者并不甚多，即使陆续增调，我省能自治土匪、乱民，事事照约保护，彼自无词可借。弟之坚持捕匪之议者正以此耳。

庆邸初十日回京，与李、荣两中堂共筹议款。荣中堂现赴大同行在，李中堂日内即由上海赴津。俄国已允将兵队退至天津，并可托其转商各国。但使各省匪患早熄，大局当可转危为安也。赫虎臣或是诬攀，亦未可知，仍请随时查看。所需枪械子药，已饬局照发。专此布复，顺颂政安。

三、致夏庚堂

庚堂仁兄镇军大人麾下：前寄复书，谅邀台览。饷银四万两、子药十五万粒，饬局派员起解，已另具公牍移知。惟查军衣一项，只是号坎，并非棉衣，询之后路承办员司，云一时实赶造不及，请由麾下在保定就近制办。好在今年多一闰月，缓之九月自尚不至迟误也。前承示添慕勇丁一千二百名，拟即另成两营一节，弟初议亦以贵部添此两营兵力较厚，故已复函照办，新慕各军均拟遣撤。东省饷项支绌，所有龙镇添募四营，亦拟就近遣散，俾腾出饷项，以备接济行在要需。贵部情事总同，自应一律查照办理。弟现已电饬尚道，俟张管带士德等率队到德州时，即就近酌量资遣。遣费先由道局垫发。仍留壮勇七八百名交该员等带赴保定，以备填补各营缺额之用。麾下前函云，尚有七八成队伍，大约足敷填补。至此恭奉廷旨，应由麾下移饬各营截清住支起支日期，造册呈供点验，业已另文移会，即希钦遵查照办理。

四、【复马主教】

青岛马主教台览：兹据新城县禀称，查明韩家庄现无匪徒滋事，地方安静如常。经营队剿办获犯正法后，邢家扒等处亦均安静等语。特再电复。抚院袁。啸。印。

五、新城会禀张国太、查荣绥，十六

初八队伍到新城，连日大雨。初十追捕大股匪已远窜，散匪追至北乡苇塘，湖水宽阔数里，当场拿获张连会仔、孟二两名，供明在田镇打仗，正法。邢家扒匪未攻入，并有还击伤匪情事。东营庄烧毁房屋十数间，被害老幼妇女五人。

另单，韩把总占魁在吕庄随同高苑县勇役拿获匪首崔日永一名。

另单禀，查复韩家庄距城八里，七十二户，无教民，并未滋事，地方安静。

六、寿光县禀十四

【批】：据禀已悉。东省兵力单薄，碍难处处设防。该县地方如遇有大股匪徒窜扰，迅即就近禀商驻扎青、潍防营，派拨防营驰往会捕。仍一面责成该令妥为防范弹压，不得徒劳兵力。此缴。

七、乐陵禀十六

初十日巡防，均尚安堵。

八、王副将世清会禀十三

札饬青城朱令禀称：河北杈子吴家庄、秋子庄聚匪二千余人；台子王家庄聚匪五六百，两股均在河北，各庄首事环求免剿。河之南北业经安静。饬查博兴境内刘家集，距北镇八十余里，有匪杀劫。博兴与滨、蒲接壤，约沈领官于十三酉时出队。

九、王副将禀十六

札饬此札未见。河南一带虽经稍清，而河北来源尚未断绝，惠民拳厂尤多，滨、蒲次之，应痛加剿办，万不可虚掩故事。徐直牧接柳令函云，拳厂已散，地方安静，不烦兵力。

八月十八日

十三【日】，德员一名带德兵二人到城外铁路公司一看，即往乡间查访拳匪。

初六奉札巡缉高、潍、昌、平四处拳匪。

一、【札】

为札饬事。案据该营务处武卫右军会办执法营务处祝司务廷琛禀称：本月初八日，会同署高密县知县吴令保和在秦家岭拿获匪首秦汝昌一名。十一日，又会同吴令暨宿管带延庆、王管带田福，酌带马步队勇前往龙王庙庄抄拿，当【场】拿获匪犯许五一名，搜出坏枪二杆、坏剑一把。十二日，访闻城外真武庙设有会厂，复商同马帮统龙标往查，查获纵子学习邪拳之王四、生员李会芝二名，均送县枷责。王四复供出，城外二里余之王庄有官九设厂教习。二更后复往抄拿，未获，仅将其兄官五获案，限两日交出官九。十三日早，又据探报距城十五里南曲地方聚匪千余名。当即会商吴令，王、宿两管带同往，经马帮统酌定宿管带同左哨哨官带兵八十名作为前锋，前哨哨官带兵八十名作为接应，王领官带兵二十余名两面包抄。于午后两点钟开队，行离该庄四里之谱，前临交〔胶〕河，该匪约有四百余人，即有百余人过河开枪拒敌。我马步队均奋勇上前，还枪痛剿，匪即过河退入庄内。宿、王两管带即督队过河剿捕，当场击毙悍匪二十余名，斩首八级，生擒五名，受伤者约有数十名，余匪四散逃跑。因天色已晚，未敢四处搜捕，夺获抬炮四杆、铡刀一把、单刀七把、花枪二杆、红黄头巾二十余条、红兜肚七个、贼骡一匹。我兵未伤一人。是役也，宿、王两管带均能督队上前，各兵均奋勇痛击，故能擒斩伤毙甚众等情到本部院。据此，查该管带、县令等会捕悍匪迭著勋劳，自应给予奖励。该员、帮统、管带、该令著各记大功三次，左、前两哨哨官各记大功二次，在事出力弁勇共赏银二百两，功牌十张。高密县七班总役孙占魁随同剿匪，甚为出力，应准酌赏功牌。此项赏银先由该、吴令垫发，一面备文赴善后局具领归垫。功牌随札印发，择尤填给，以照激劝。

前获匪首秦汝昌，由该、吴令讯明，即行就地正法。续获之匪犯许五等六名，并由吴令提案，讯取确供，从严惩办。仍勒令官五迅交其弟官九到案究惩。并严缉逸犯，务获究报，以杜窜扰而尽根株。除分行外，合亟札饬。

照会任统带、姜翼长，行宿、王两管带，马帮统、祝司务、高密县，布、按两司，善后局、右军先锋队、全省营务处。

二、萨令承钰禀十七

臬委赴武定府属查保甲团练。

【批】：据禀查明青城、滨州等州县会同防营剿办拳匪，并照章办理保甲团练各缘由均悉。缴。

三、蒲台禀十七

请留防营暂驻。

【批】：据禀已悉。剿办股匪可以会合防营，查拿首要仍须责成州县。仰即趁此兵队未撤之际，悬赏购线，严缉著名匪犯，务获究办，以资惩创而尽根株。各营尚须兼顾边防，未能久驻该县境内也。此缴。

四、惠民禀十七

盐、庆一带土匪来境勾结。

【批】：据禀已悉。直隶庆、盐一带匪徒，胆敢伪造黄帖，越境煽惑，殊堪痛恨。仰仍随时侦探明确，禀候筹办。一面由该令认真巡缉弹压，遇有越境勾结匪徒，务即查拿严办。张宗信知情容隐，应酌定监禁年限，以资惩戒。缴。伪帖存。

五、裴帮带家兴禀十七

驰往临邑查办土匪。

【批】：据禀查办临邑匪徒缘由已悉。仰即会同刘令督率勇队驰往痛剿，无留余孽，以杜窜扰而尽根株。缴。

六、查令荣绥会禀十七

驰赴青城查匪。

【批】：据禀驰赴青城查明境内照常静谧，暨由章邱拨队回省各缘由均悉。仰由该令移会张管带知照。缴。

七、李进才禀十七

【批】：据禀匪犯张清连、高振德均已由县讯明正法，并遵饬禁止收补溃勇各缘由均悉。缴。

八、临邑禀十七

拿获匪犯庞玉仔二名。

行两司、善后局，咨曹镇。

【批】：禀单均悉。该令会同署汛崔把总维翰督率兵役在朱家胡同格毙匪徒三名，拿获庞玉仔、朱言仔二名，起获枪械多件，牛驴两头，当将庞玉仔讯明，即行就地正法，缉捕尚属认真。该令与崔把总着各记大功三次，崔把总并遇有缺出，首先拔补，候曹镇注册。出力勇役赏银一百两，先行由县垫发，一面备文赴善后局具领归垫。并随批饬发功牌二张，仰即查收，择尤填给，以示鼓励。所有朱生管仔产业变价充公。仍将朱言仔提案复讯，录供禀办。并勒缉匪首朱生管仔、庞围等，务获究报。缴。

九、郯城禀十七

并无勒令反教。

【批】：据禀已悉。仰仍随时认真保护弹压。缴。

十、沂水禀十七

并无勒令反教。

【批】：据禀已悉。仰仍随时认真保护弹压。缴。

十一、茌平禀十七

查无司砚田等窜扰。

【批】：据禀已悉。仰仍随时认真防范弹压。缴。

十二、昌邑禀十七

风闻设厂习拳，饬查拿。

【批】：据禀已悉。仰仍随时认真防范弹压。缴。

十三、按察司会详十七

团练不宜停办。

【批】：如详饬遵。仰按察司分移知照。缴。

十四、兰山详十七

教民盛同德等，不知被何人砍伤，各身死。

【批】：仰按察司速饬选差勒缉，并移会营汛邻封一体协拿逃凶，务获究报。缴。各图结存。

十五、【札】

为札委、饬事。照得管带右翼防军右营马队李总兵祈云调省另有差遣，所遗该营事务查得、有营该升用游击魏领官得清堪以接充管委带。除饬委并分行外，合亟札委、饬。札到该员迅即驰赴泰安一带，俟李总兵祈云移交原领关防暨存营勇丁、军械、粮饷、文卷等项当即分别接收册报，并呈报任事日期，一面督同各哨官认真训练，以期捕务抚防两无贻误。分别造网〔册〕移交魏游击接收，并呈报交卸营务日期，即行来省听候差遣。切切。此札。

十六、【札】

为札知事。照得管带右翼防军右营马队李总兵祈云调省另有差委。

行营务处、善后局，咨田镇。

十七、照得直隶盐山、庆云一带聚有大股土匪，屡次扰犯海丰之北营，乐陵之朱家寨、三间堂、黄街等村庄，剽掠无遗，焚杀极惨，殊堪痛恨。迭经本部院饬派营队闻警追剿，该匪等动辄望风先逃入直隶界中，遂分匿老巢不出；兵队一去，旋又率众出巢，屡为边患。势必不分畛域，酌派大队越境痛剿。【否则】不但无以安东省边境，即直隶沿边各州县亦恐复难固。现经本部院电商直隶总督部堂李，意见相同。拟由东省挑派营队驰往盐、庆一带严行剿捕。一面咨商统领新练军前贵州提督军门梅，随时酌量派队接应，以资夹击而杜窜越。兹拟派帮统先锋后路各营兼带后营张副将勋充北路防剿营务处，即督率所部后营步队，又加派陈管带泰交所部提标后营步队一营、沈游击金玉所部右军左二右队一队、商都司德全所部先锋中路左营炮队一营、孟守备恩远所部右军马步队一队，赴海丰会齐。前所派去各队悉归该帮统张副将勋节制调遣，不得违误。该帮统应即督同各管带迅即驰赴盐、庆一带，侦探明确，相机剿办。所有大股悍匪暨著名匪巢务须次第歼除，一律肃清，以纾边患而遏乱萌。各营转运军火、粮食，随时添雇车辆，准应由张副将核实开报，营务处支解。除分别咨行外，合亟札饬。

八月十九日

一、致沂州府

〇〇仁兄大人阁下：密启者。德国以公使被戕，愤恨甚深，风闻现已派兵两万七千来华，其意殊难揣测。东省内地交涉总须格外慎重。现在庆邸已于初十日抵京议和，李傅相亦已北上，如东省稍生枝节，必至牵动全局，大失公忠体国之道。特为布达。请即密饬所属各州县，凡有教堂务须认真保护，俾免别滋衅端。莒州、沂水等处现仍有德人在彼侨居，并请密商陈统带、蔡管带等，遴派弁兵，严密保卫，切毋稍涉疏虞，致生枝节。昔贤所谓祸变之来，必先谨其小者、近者，而后大且远者，应即因之而弭。殆今日之谓矣。附请筹安不宣。

二、致莱州府

仁兄大人阁下：密启者。德国以公使被戕，至俾免别滋衅端。又前接德督来函，云其辅政司单维廉率兵百余人，至即墨会晤许令议办事件，即墨众绅闭门不纳，是以敌人待彼，请饬查禁云云。查百里环界内准其兵队往来，此为曹州教案条约所载，自应照约接待，何用闭城？万一因此滋生衅端，更是自寻苦恼。并请函知各牧令，城门应由营县派人看守，嗣后如遇德员来城拟办事件，仍随时以礼接待。一面传谕绅民毋庸妄生惊惧，彼之酌带兵队，系为自行保护起见，为数亦必不甚多，使彼无词可借，自是弭患无形。否则本欲弭衅，反以挑衅，智者所不为也。

三、致即墨、胶州、高密、平度

仁兄大人阁下：密启者。前有德员至即墨议办事件，即墨绅民闭城不纳，几酿巨衅一案。当即函致尊处，嗣后如遇德员来境，毋庸惊惶闭城，谅已知照办理。兹接叶督来函，至谓闭城是以敌人待彼，殊与原约不合，请饬查禁等语。查曹州教案条约载明，百里环界内准其过调兵队，是凡遇德员带兵来城议办事件，自当照约以礼接待。应由尊处随时剀谕绅民，无庸妄生惊惧，彼之酌带兵队，系自行保护起见，决不致无故轻开衅端。当此时局艰危，凡事当先求其在我者，我不予之以空隙，彼自无隙可乘。风闻德国派兵二万七千名来华，其意殊难揣测。附近胶澳各州县凡遇筹办交涉，务宜格外慎重。如有德员暨洋商、教士来往境内，认真保护，切毋稍涉疏虞。城门应由营县遴派兵役管理，不得任绅民擅自启闭，改紊定章。

庆邸现已于初十日回京议和，李傅相亦已北上，东省此时千万不可别生枝节。所谓以一隅而系全局安危之重，殆其是也。

四、致各州府

同前稿。俾免别滋衅端。

五、【札】

为札饬事。照得前据署阳谷县知县叶令汝源禀报：拿获匪犯刘广田等十七名案内，讯明此次谋抢坡李庄教堂系总头目毕文祥起意，邀集匪党四百余人，在侯家楼会齐。该犯等当于二十四日被官兵拿获。匪首毕文祥暨副头目张凤海、郑兰堂、孙姓等一并在逃，当经行司、道饬截拿在案，迄今未据报获，亟应悬赏购拿。除径饬分行外，合亟札饬。札到该道、司、州、县即通饬各所属遴派干役，分投勒缉。并悬赏银二百两，有能将该头目毕文祥等拿获到案讯实者，立由该地方官先行照数垫发，一面备文赴善后局具领归垫。副头目张凤海等拿获者，亦即酌予赏银，以示鼓励。

六、威海步大臣电

本日接到七月十六日照会，拜悉一切。该县越界拘传姜立志，并唆民罢市，殊属不合，务祈鉴涵。现已札饬东海关道派员从严查办，俟查明后，定即酌量办理，以副雅嘱。再，嗣后如有公牍，希就近交东海关道封寄省，以期迅速。特先电复。

电登莱道。

七、高苑禀十九

获犯崔日永七名。

行两司、善后局、张勋、惠民、青城、乐陵、海丰、博兴、乐安、新城、蒲台、利津、滨州。

八、【札】

照得曹州府城教堂被匪拆毁，前据该、郡守禀报，当经记过勒缉在案。迄久未据报获匪犯，殊属延玩。现当奉旨认真保护教堂，所在要案，未便久悬，应由该道转饬该府、县悬赏购线，认真踩拿。再勒限半月，务将此案首要匪犯拿获究办。逾限不获，即照例题参。除分行札饬外，合亟札饬。札到该司、道、府、县即转饬遵照办理，并由司、道饬各属一体截拿。切切。此札。

九、【咨】

为咨会事。至〇〇〇。相应咨会贵领，请烦查照。希即督饬承缉营汛各员会同该府县如限勒缉，倘再逾限不获，并希查取该营汛官阶职名，咨候题参，以警玩泄，望切施行。

十、【札】

照得济南府属之邹平、长山、新城、齐河、德州、禹城、临邑、平原、陵县、长清，东昌府属之博平、茌平、清平、冠县、馆陶、恩县，泰安之泰安、平阴、肥城，武定之惠民、阳信、海丰、乐陵、滨州、利津、沾化、蒲台、青城、商河，临清之武城、夏津，兖州之宁阳、阳谷、汶上，沂州之兰山，曹州之菏泽、濮州、郓城、城武、巨野，济宁之金乡、嘉祥，登州之黄县、招远，莱州之平度、潍县、高密，青州之益都、博兴、临淄、高苑、安丘各州县迭被匪徒滋扰，均经本部院先后派拨防营，会同各该地方官缉办各在案。惟查大股匪徒仓卒滋事，各州、县兵力不足，自不能不会合防营，击散匪众。至既经击散之后，各防营均须兼顾边防，何能常川分扎各州县境中，亟应责成各州县地方官擒拿首要，搜捕伏莽。至既经击散之后，随时整顿捕务暨筹办地方善后事宜，仍是各州县专责，终与防营无涉。防营既防边境，又顾海疆，何能零星驻扎，专代各州县缉匪。防营既不能代州县缉匪，州县又不自行缉办，势必仍蹈兵至则散，走又复聚之弊。匪何日能熄！地方何日能安！

本部院日夕筹维，以为维持大局，其要先在保全东境，保全东境，其要先在断绝匪踪。大股之匪既经各州县会同防营陆续剿捕殆尽，所余零星小股暨漏网未获各匪徒，亦即州县力所能办。亟应责成各该州县先就禀明在逃各首要，暨续行查明著名各头目，以及迭次饬拿要犯，并各犯供明同伙逸匪，各就地方情形，悬赏购线，分投踩缉，协力会捕，四面兜拿。各该州县务将境内所有匪徒一概拿办，所有会厂，一律标封，或将房屋充公，或即酌量焚拆。根株总须划除净尽，邪术自可从而革除，不但地方乂安，农商复业，下民受福，即各府、州、县亦可从此一劳永逸。然后出示晓谕乡民，凡有被匪胁从而真能改悔者，咸从宽典不予深究。一面设法调和民教，抚恤流亡，并次第筹办善后各事宜，亦可省却无数浮资，释却无数隐忧。竟此一篑之功，以待四境之治。此本部院所朝暮孜孜，愿与良有司共图之也者。除分行外，合亟札饬。札到该府、道、司、州、县，即便转饬所属遵照办理。并限文到五日内，先将该州县筹办大概情形禀复，一面查照实力奉行。倘能迭获著名首要匪徒，定即从优甄叙；其有视为具文，缉办不力，驯至营队撤防之后，匪徒复行充斥者，亦即从严撤参。毋违。切切。此札。

十一、【电】

【批】：巧电悉。盐山、庆云向多匪，吴桥拳民亦多，直力有所不及，执事自应派队寻剿，勿分畛域。若令东队随时知会梅提督，更当合力，现明谕责成直督剿匪。另拟二十一【日】航海赴津接任，再筹调度。鸿。效。印。

行张勋、四管带、全省营务处、武定府，海、乐、惠右军先锋队，咨梅提督。

十二、泰安府禀十八

请留马队一哨。

【批】：据禀已悉。右翼防军右营马队已改委魏游击得清管带，并饬仍照前檄拨防矣。查潘守前任斯缺并无兵队，该守才具尚可办事，现已招募兵队两哨，似亦足资捍卫，何仍呶呶增兵？岂自问尚不如潘守耶？仰即督饬所属，认真整顿捕务，勿专恃兵力。切切。此缴。

十三、滕县禀十八

教民王敬璧被匪抢。

【批】：据禀王敬璧家被匪抢去钱物，伊叔王玉琛并被拒伤身死各缘由均悉。仰即严缉逸匪暨查找被架之陈锁等，务获究报。并候移咨江苏抚院暨徐州镇道一体饬缉。仍饬将勘验缘由填格录供通详。缴。

咨江苏抚院、徐州镇。

十四、蒲台禀

【批】：据禀已悉。该令督率练勇驰抵利津擒获匪犯程守训等二名，又在半途拿获李学富一名，缉捕尚属认真。该令著记大功一次。出力勇目赏给功牌二张，随批饬发，仰即查收，择尤填给。匪犯李学富胆敢持刀拒捕，实属目无法纪，应与程守训等一并讯明，就地正法，枭首示众，以昭炯戒。一面将获犯讯供缘由照例详报。缴。

十五、高唐州禀

【批】：据禀查无匪徒窜匿缘由已悉。仰仍随时认真巡缉弹压。缴。

十六、利津详十八

案犯高桀等正法。

【批】：据详已悉。仰按察司转饬知照。缴。

十七、利津详十八

案犯高桀等。

【批】：据详已悉。仰按察司仍饬严缉逸匪高奴才等，务获究报。缴。

八月二十日

一、【札】

为札饬查事。照得六月二十一日、七月初八日迭奉谕旨，照约认真保护教堂。本月二十一日，又承准庆亲王咸电开：奉旨会同李相议和，即经开议，希严饬各属竭力保护教堂等因。均经前后通饬遵照在案。查东省境内各州县各有教堂若干所，究系何国教士修建，近来共被匪徒拆毁焚毁若干所，其焚毁之教堂共有若干间，是否洋式抑是华式，堂中所存物件是否一并毁坏无存，抑犹有存者，限文到日迅速查明，即日由六百里排递详晰禀复，毋得疏漏乖错，致滋延误。除分行外，合亟札饬。札到该直牧、州、县迅即遵照办理。切切。此札。

二、【札】

为札查事。照得本部院访闻该州县境内土匪、乱民仇杀教民、平民甚多，焚抢掳掠之案亦复不少，前任牧令讳匿不报，内有报者亦复叙列失实，避重就轻，于报案既不诣勘，又不缉犯，以致土匪愈聚愈多，焚杀之案愈积愈多，不但教民极受疮痍，即平民亦惨遭荼毒，言之殊堪痛恨。经本部院饬派营委会同各该地方官认真剿捕，所有著名首要匪徒歼除殆尽，地方当可逐渐安谧。亟应札饬该牧、令迅将前任未报各案确切查明，分别详晰禀复，毋稍饰延。该牧、令系接缉之员，无所用其回护。此等案件均照土匪章程办理，亦与疏防旧例有关参限情形不同，尽可据实胪陈，毫无窒碍。本部院系为清〔理〕匪案起见，切毋迁就瞻徇。除分行外，合亟札饬。札到该牧、令迅即遵照办理毋违。切切。此札。

三、【札】

为札饬事。照得直隶盐山、庆云一带聚有大股匪徒，迭次扰犯海丰北营乐陵朱家寨、三间堂等村庄，焚杀抢掠，格外惨酷，亟应派队越境剿办，以维大局而靖边陲。现经本部院电商直隶总督部堂李，意见相同。当即札派帮统先锋队后路各营张副将勋兼充北路防剿营务处，督率所部右营，又派陈管带太交所部提标前军步队后营，商都司德全所部先锋中路炮队左营，沈领官金玉所部右军左翼步队第二营左队，孟领官恩远所部右军马队第一营右队，一并驰赴盐、云〔庆〕一带剿办匪徒。所有各营队均归张副将节制调遣，以一事权。当经分别移行知照在案。惟查乐陵、滨州、蒲台一带均为该直【匪】南窜要路，该统带、帮统所部驻扎乐陵、滨、蒲，应即扼妥驻扎，以资策应。除分行外，合亟札饬。札到该统带、帮统即便查明，督率所部驻扎乐陵之三间堂，以防直匪南窜。仍查缉附近一带漏网逸匪，并随时察看情形接应前敌，庶应于防剿两有裨益。切切。毋违。此札。

四、曹县禀十九

【批】：禀单均悉。兹据阳谷叶令电禀杨鹏霄已在该县境内拿获，当即电饬叶令从严惩办，胁从乡民从宽递籍。现在奉旨剿办拳匪，此案即可拟结。该令办理甚善，无愧循良。仰仍随时严缉著名拳匪，务获究报。缴。札、照等件存。

五、吴道承恩禀十九

【批】：据禀已悉。仰仍会同王副将等妥商筹办，并随时督饬河防各营，认真防范弹压。缴。

六、沂水县禀十九

【批】：据禀已悉。仰仍提集该犯马本等讯取确情，录供禀办，毋稍枉纵。缴。

七、蒲台禀十八

获犯程守训等。

【批】：禀悉。已于该县会同王副将等报获匪首于和等禀内批示，并分别记功给赏矣。仰将获犯讯供缘由照例详报。并严缉逸匪，务获究办。缴。

八、蒲台会禀十九。前由。

【批】：据禀已悉。该令等先后拿获犯王二牛暨匪首于和等六名，均经讯明正法，具见缉捕勤能，殊堪嘉尚。该令著赏还顶戴，宽免奏参处分。王副将、徐丞、方牧、沈领官各记大功二次。聂先锋官记大功三次。在事出力勇役赏银一百两，赏银先由该令垫发，随即备文赴善后局具领归垫。功牌随批饬发，仰即查收，会同王副将等择尤填给。仍饬严缉逸匪，务获究报。迅由该令分移知照。缴。

九、天津府禀十九

在沧州办拳匪。

【复】：来牍备悉。此复。

十、陵县禀十九

【批】：据禀已悉。该令督率团勇在庞家庄格毙匪首张心田、赵德基，生擒匪犯张春仔、刘奇二名，并将被架之王如仄等六人追回，夺获枪械等件，尚知愧奋，应准赏还顶戴，宽免奏参处分。在事出力团丁随批饬发功牌四张，仰即查收，择尤填给，借示鼓励。该犯张春仔、刘奇既经提讯明确，应即照章就地正法，以昭炯戒。嗣后如获此等误国病民匪徒，迅即按照土匪章程，从严惩办，不必请示。仍一面严缉匪首王德茂等，务获究报。缴。

十一、临邑禀二十日

获犯朱生管仔十名。

【批】：禀单均悉。该令会同裴帮带、崔把总在毛家寺庄格毙匪徒十四名，擒获匪犯朱生管仔等十名，当将匪首朱生管仔等四犯讯明即行就地正法，刘宝树、尚日城二名讯系被胁，责惩保释，办理尚属妥速。该令与裴帮带著各记大功三次，赵哨官炳元、许哨官熊发、金副哨官普荫、崔把总维翰各记大功二次，出力弁勇加赏银二百两，由县垫发，一面备文赴善后局具领归垫。该县所备充赏银两应准收留，分赏弁勇。所获马匹、驴头亦即变价充赏。杨山岭等四犯既系当场拿获，仍应按照土匪章程，不分首从，一并正法枭示，以昭炯戒。并移裴帮带知照。缴。

十二、蒲台会禀十九

请斥革武生刘奎文。

【批】：据禀已悉。武生刘奎文学习邪拳，不安本分，候咨请提督学院斥革武生，交地方官管束。并由该令分移王副将等知照。缴。

八月二十一日

一、【复夏辛酉】

庚堂仁兄镇军大人麾下：顷奉惠书，备悉一是。前饬局筹借饷银四万两，枪子十五万粒，业经派员起解，另文移请派队迎提。北地早寒，闻贵部尚未筹备棉衣，特饬局拨解三千套，以资军士御寒之具，但不甚完好矣。解到时，并希照数验收。

荣中堂现赴行在，贵部驻扎保定，无所禀承，自以仍回东省为是。好在庆王已于初十回京议和，李傅相亦赴津接任，和议当可冀有成。请俟和议定后，再行函商荣中堂，附片奉陈可也。

张士德、许清文各募勇丁一千人。张士德所募千人已先日过德。前承示添募勇丁一千二百人，或留境补缺额，或另添两营，其时弟以贵部居前敌要衝，添此两营，兵力较厚，故特函请酌办。现在既有和议，自与以前情形不同，即添两营亦属无济于事。目前东省饷项支绌，龙镇新募四营亦拟遣散，以便腾出饷款，接济行在要需。贵部自未便另添两营，致与遣散新军办法不合。昨经电询尚道，始知张管带士德所募千人业已先日到队，到防后请即于此千人中择其强壮者尽数填补各营缺额，如有盈余，仍即遣散。至许管带清文所带千人，于二十日始到德州，当即电饬尚道，就近督同遣散，每名酌给川资银一二两，饬令迅速回籍。遣费即暂由道库核支。前次来函云，各营队伍尚有七八成，大约有张士德所募千人以之增补缺额，当有盈无绌也。至此次恭奉谕旨，饬令各军截清住支起支各日期，造册听候照验，业已另文恭录移会，并希钦遵查照办理为荷。

二、东昌府禀十九

【批】：据禀查明阳谷教堂情形已悉。仰候分别咨行兖州镇、道，严饬该文武地方官认真保护巡防。并仍由该守随时督饬叶令妥为防范弹压。缴。

三、【札】

为札查事。照得本部院访闻蒲台境内拳匪与大刀会匪互相仇杀案内，沿堤一带伤毙平民男妇甚多。昨据裴令禀称：沿堤被害共七十一户，内伤毙良民男丁六十八名。苇坑内淹毙妇女二十一口，又受伤身死妇女十七口，幼女八口。此外，又有受伤不能扭动者男丁二十名，妇女八口。均由该令捐廉酌给抚恤，共用京钱三百九十八千等情。核其所报数目，似有不实不尽。滨河民情困苦，遭此惨杀，亦不知酌给抚恤有无向隅，亟应专札饬查。

四、邱县禀廿

绅耆捐助经费。

【批】：据禀已悉。该县城乡绅耆捐助练勇经费，具见好义急公，殊堪嘉尚。应准赏给五品空白功牌四张，六品空白功牌四张，随批饬发，仰即查收，择尤填给，以示奖励。仍取具各绅耆出身履历造册，呈候汇咨。缴。

五、诸城县禀二十一

请领枪枝子药，并备价银交局。

【批】：禀单均悉。前据该县禀请饬发枪械，当经行局核发，并批令赴局请领在案。仰候札饬善后局迅即核发给领。仍随时认真防范弹压。缴。

六、直隶督标中军张副将士翰禀二十

抄呈李傅相电稿。

【复】：来牍备悉。此复。

七、萨令承钰禀

查明蒲台拳匪情形暨赴利津。

【批】：据禀查明蒲台县会同防营剿办拳匪情形已悉。缴。

八月二十二日

一、德领事电马主教电

行泰安府、东平州。

二、美领事电

行青州、临朐、寿光。

三、阳谷禀二十一

查明坡李庄教堂。

【批】：仰候札饬洋务局酌核办理。仍随时认真保护弹压。缴。

四、济宁州禀二十一

【批】：团丁吴玉琴既非邪拳，又实系拿获匪犯马作则等案内在事出力，应准赏给八品功牌一张，随批饬发。仰即速饬鱼台县查收，转发该团丁收执，以示鼓励。仍饬将匪犯马作则等五名提案讯取确情，录供禀办。并随时认真防范弹压。缴。

五、【札】

为札饬事。照得本部院此次札派该副将越境剿匪，各营队均归节制调遣，责任不为不重。亟应责成该副将严明纪律，认真约束所有派去营队，务随时严密稽查，毋任勇丁沿途滋生事端。所需车辆等项，已札饬东省各州县，并由天津府林守转饬盐、庆两县妥为筹备照料。仍由各营照发价值，不得稍有抑勒，致坏军声。捕匪之时，除匪赃外，不得索取民间一物，违者即于军前正法，以昭炯戒。现当秋禾登场之际，并严饬马勇不得任行践踏。该副将办事尚属认真，且在本军有年，深知军规严肃，当能随时妥慎办理。所有禀报剿匪情形暨击毙匪徒数目，尤应核实禀报，毋任稍涉虚饰，实为至要。合行札饬。札到该副将即便遵照妥实筹办，毋负委任。并分饬各营一体懔遵毋违。切切。此札。

六、【札】

为恭录札知事。光绪二十六年八月十四日内阁奉上谕：朕此次恭奉銮舆暂幸太原，当经先后派出荣禄、徐桐、昆冈、崇绮、阿克丹、裕德、敬信、溥善、那桐、陈夔龙充留京办事大臣，复令庆亲王奕劻回京，会同李鸿章与各国议办一切事宜。此案初起，义和团实为肇祸之由，今欲拔本塞源，非痛加剪除不可。直隶地方义和团蔓延尤甚，李鸿章未到任以前，廷雍责无旁贷，即著该护督督饬地方文武严行查办，务除根株。倘仍有结党横行、目无官长、甚至抗拒官兵者，即责成带兵官实力剿办，以靖乱源而安氓庶。钦此。抄行到东。除分别咨行外，合恭录札知。札到该司、道即便转饬所、各属钦遵查照。迅将已获义和团匪未经定谳各犯提案讯明，即行就地正法。并即饬令遵旨严行查办。惟被匪胁从、未犯重案已经遵谕悔过者，始准量予自新。其系甘心为匪、结党横行、目无官长、私习义和拳、私设义和团者，概行查拿到案，不分首从，讯明即行就地正法，无留余孽，以资惩创而除根株。并饬将遵办情形飞速报查。[1]

行善后局刊刷。

七、即墨禀二十一

初六，德员舒来带兵百余名来城索银四千两，住文庙。交付。带来叶函并告示。

【批】：据禀德员暂驻县城缘由已悉。仰仍随时以维大局而固邦交。缴。折存。

八、札洋务局

函知福教士。

九、胶州禀二十一

在租界拿获匪犯薛盛运等二十八名。

---

[1] 下有1. 札司、府、县；2. 札臬司、济南府、历城县；3. 札府、直牧、州、县；4. 札处、管带、统带、营四通札稿；5. 照会军门、镇稿；6. 告示阖省军民稿，均与上札相同，只改动几字，均从略。

咨登镇，札胶州协，札赵安邦。

【批】：禀单均悉。赵千总安邦既迭次捕盗出力，应准归标候补，仍在胶州营差遣委用，并暂缓验看。除径札饬并咨会登镇查照收标外，并随批饬发六品空白功牌十张，七品空白功牌十张，仰即查收，在事出力弁勇，择尤分别填给，借示奖励。一面取具出身履历造册，呈候汇咨。缴。折存。

十、王统领世清会禀滨州、蒲台、徐丞、沈领官，二十一

在蒲境郝家拿匪犯郝凤田等。

【批】：禀单均悉。该统带等先后在蒲境郝家拿获匪犯郝凤田一名，又在乐、博境内李佛燕等处拿获李天成等，暨在滨境石庙罗家擒获赵教化等共十名，复在寿境羊角沟捕获高风池一名，分别正法保释，并起获刀枪等物，办理甚属妥善。该统带与沈领官、徐丞、方牧、裴令暨聂先锋官、周哨官、顾副哨官、晋训导、王县丞著各记大功一次。出力弁勇赏给空白功牌四张，仰即查收，择尤填给，借示奖励。匪首商鸿逵既经会讯明确，自应照章先行就地正法，一面将首级解赴犯事地方枭示具报，以昭炯戒。并移会乐安查照暨由该统带分移知照。缴。

十一、济同知会禀长清

挨查保甲团练。

【批】：据禀已悉。仰按察司分饬知照。缴。

十二、张令庆堂禀二十一

【批】：据禀勘办临清所属团练保甲情形已悉。缴。

十三、萨令承钰禀二十一

【批】：据禀查明利津县剿办拳匪情形已悉。缴。

十四、潍县禀二十一

【批】：据禀下乡巡缉晓谕暨张贴劝诫歌词各缘由均悉。本部院现又撰发四言简明告示，仰即遵照迅速张贴。现已奉旨剿匪，再不悔悟，仍罹法网，其罪固无可贷也。此缴。

十五、阳谷禀二十一

查复坡李庄教堂。

【批】：禀悉。该令公忠为怀，必能为国息事，保全东省即所以保

全大局也。仰仍随时保护弹压。缴。

十六、胶州协禀二十一

八月初一夕，东关殷户徐本台被洋兵枪毙，门丁刘姓受枪伤，徐本范等三人被洋兵送州署。

【批】：据禀州城东关民人徐本台等被洋兵轰毙拒伤缘由已悉。仰俟该州张牧禀报到日再行核办。缴。

十七、海丰详二十一

匪犯李从善将盖天一尸身撩弃灭迹。

【批】：据详已悉。仰按察司仍令严缉逸匪王金梁等，务获究报。缴。

十八、登州府详二十一

招募练勇两哨，月支七百九十七两二钱。

【批】：据详已悉。仰善后局核议详复饬遵。缴。册领存。

十九、泰安县详二十一

教民王锡尧家被匪抢焚。

【批】：据详已悉。仰按察司速饬选差勒缉，并移会营汛邻封一体协拿逸匪，务获究报。缴。

八月二十三日

一、札机器局

刘守办事认真，派其常川驻局；遇有员司工役怠惰舞弊，分别撤参严办。

行按察司、潘道、刘守。

二、札张勋等移孙镇

准湖广总督部堂张电咨请会缉南皮一带匪徒。

三、庆亲王电

饬令荫昌来京。

移荫，咨呈庆王，照会各大国总统联和〔合〕军队提督大臣。

电文：副都统荫昌闻在山东，希转嘱兼程来京，有要事面商。勿违。盼切。

四、钦差大臣督办军务大学士军机大臣荣二十三

五、【致曹州龙镇台】

曹州龙镇台鉴：顷接荣中堂咨文，尊处新募四营，应在东省就近遣散，已附片奏闻等因。除转咨外，特电达，希即查照办理。此四营成军未久，且系土著，可毋庸另给遣饷。如有相距原籍较远者，或略给川资亦可，希酌办示复。

六、咨曹镇

行营务处、布政司、善后局，即便查照。

【批】：所有该四营应领物饷，应俟龙镇另报散遣日期，即于已散之日停止支发。至该四营前后共领过饷银若干，即由该局查照东省定章，分期报销，以清数目。其有应缴军衣等项，并俟呈缴到日，饬局验收。毋违。切切。此札。

七、复梅军门东益、张观察莲芬

八月十五日夕，距城数十里之王官屯、七里淀地方聚匪六七千人，赴沧州旧县攻剿。十四又毙七十余名，路毙匪一千有余。

〇〇仁兄军门大人执事：顷奉惠书，备承一切。前次执事歼除德州踞匪，固已勋威炳然；此次又于王官屯、旧州等处迭次拿捕悍匪多名，益足威慑远迩。沧南一带胥受其福，即东省沿边各州县亦随恃公为屏蔽矣。佩慰！佩慰！

东省武定府属匪徒迭经弟饬派营队驰往剿捕，先后亦击毙悍匪数十人，著名渠寇似已芟夷殆尽。惟乐陵、海丰与盐山、庆云接壤，乐陵之朱家寨、三间堂，海丰之北营迭被匪徒越境扰犯，焚杀剽掠，备极惨酷。德州又与吴桥境地相接，亦以孙老爷庙等处为逋逃薮，此拿彼窜，几于防不胜防。弟久谋派队出境与尊处合力会捕，只因境内余匪未清，未遑兼顾。兹幸内匪剿办就绪，因与李傅相往返电商，意见相同。遂由弟处派先锋队前去，又张副将勋督率马步炮队一支，先驰赴盐山、庆云一带剿办，再由盐庆而及南皮之双台及沧州。呈稿寄辕，并将傅相原电抄呈冰案。即希尊处查看情形，酌派队伍，由沧州、南皮以达吴桥、盐、庆，两路夹击，使敌腹背受敌，当可扫穴擒渠。抑或各办一路，使其首尾不能相顾，亦足以制胜出奇之。公之勋威，固已为匪所惮者矣。张副将在武定屡获胜仗，匪党亦甚惧

其人。

今八月十四日恭奉谕旨，以此案初起，义和团实为肇祸之由，今欲拔本塞源，非痛加剪除不可等因。特另纸恭录寄呈。李傅相、廷护督均奉旨。严行剿办匪徒之谕，日内亦必有公牍咨达军次。执事坚忍学聪，于□□□□亦独能为人所不能为。多赏酬，商酌指顾，内事固无所用其顾虑也。孙老爷庙一股，弟亦已电饬孙镇金彪查探明确，即率德州所驻防营驰往掩捕，以防奔窜。倘能三路并举，区区乌合之匪当不难平。惟军情旦夕不同，尚希执事察看现时情形，究之该匪蠢聚之处，以何处为最多最悍，就近与张副将勋、孙镇金彪等分别函商，谋而后动。但能乘其不备，乘瑕抵隙，先攻其最多而又最悍者，其余小股可不战而屈矣。诸恃董筹，以资匡益。幸甚！幸甚！

八、蓬莱禀二十二

马住仔拟监禁二年。

【批】：据禀已悉。仰即遵照前檄办理。并严缉逸犯魏姓等，务获究报。缴。

九、安丘禀二十二

吉林匪犯马淦等。

【批】：据禀已悉。仰按察司速饬青州府，俟该犯马淦等解到，迅即提案研讯确情，妥拟录供禀办。并行该县知照。缴。

十、严道洪禀二十二

【批】：据禀租界附近民情安谧缘由已悉。现当议款之际，东省万不可别生枝节。仰仍随时剀切劝谕弹压。缴。

十一、高密禀二十二

查剿南曲庄拳匪，获张有等讯供。

【批】：禀单均悉。此案前据祝司务廷琛具禀，当经分别记功给赏，并行知该县在案。仰即遵照前檄办理。一面将南农〔曲〕庄庄长、首事人等严拿到案，质讯禀办。所称僧人师徒等，已分饬祝司务、胶州张牧会同协缉矣。逸犯曹掌等并候行司通饬截拿。缴。

十二、济南府禀二十二

请发姚三犯事案卷。

【批】：禀悉。所有匪犯姚三等案卷，仰候饬承抄录另行札发。缴。

十三、德平禀二十二

请就近拨队。

【批】：据禀办理巡防情形已悉。仰候移行孙翼长暨张帮统奉先查照。该县境内如遇有大股匪徒窜扰，迅即就近函商，派拨勇队驰往会捕。仍一面责成该令妥为防范弹压。缴。

十四、掖县禀二十二

草帽辫暂缓抽厘。

【批】：据禀殷令创办草辫抽厘，前已批准暂行停业，仰善后厘税局分饬该印委知照。缴。

十五、登州府会禀二十二

团练。

【批】：据禀已悉。仰仍会同查照旧章妥慎筹办，并移焦守知照。缴。

十六、乐陵禀二十二

获犯耿荣升讯供。

【批】：据禀会缉匪犯讯供情形已悉。该犯耿兰亭即耿荣升，既经讯系拳匪，毋庸复讯，仰即就地正法，以昭炯戒。现在奉旨严行查办，务除根株，业经恭录转行。嗣后如获义和拳匪，迅即遵旨严办，毋稍轻纵。缴。

十七、济同知会禀临邑，二十二

【批】：据禀已悉。仰按察司分饬知照。缴。

十八、聊城禀二十二

事主侯见高被劫，团丁侯见有轰伤死。

【批】：禀单均悉。仰按察司速饬将勘验缘由填格录供通详。仍一面勒缉凶盗，务获究报，并由司通饬截拿。缴。

十九、齐东禀二十二

访闻济、惠、章、齐有匪。

【批】：据禀已悉。仰仍随时认真巡缉弹压。缴。

二十、招远禀二十二

黄县冯春山拿匪。

【批】：据禀已悉。仰仍随时认真防范弹压。缴。

二十一、安丘禀二十二

登莱青主教尝函称：县境与昌乐、临朐毗连之处有匪百余人，被抢五村庄。现无被扰之案。

【批】：据禀已悉。仰仍随时认真保护弹压。缴。

二十二、胶州禀二十二

李道电禀，胶、即一带，现有民人纠众闹教。

【批】：据禀已悉。仰仍随时认真保护弹压。缴。

二十三，昌乐详二十二

事主崔清家被劫。

【批】：据详已悉。仰按察司速饬选差勒缉，并移会营汛邻封一体协拿赃盗，务获究报。届期不获，照例详参。缴。结存。

八月二十四日

下晚赴洋务局，回寓。

一、行胶州

严拿匪首刘大碰即碰头将军、周家村小炉匠、周家村高二、辛疃魏五、辛疃孙际全、孙家村孙等子。

佃口村有匪八十多名。八月十三日洋兵至城东北三十余里辛疃，因匪起事，击毙匪数十人，放火烧屋。

二、惠民、乐陵、海丰、阳信会禀二十四

五百里飞禀，请就近拨队下县驻扎。

【批】：据禀已悉。派队越境剿匪，即是以剿为防，该匪何敢来援东境。该令等可就近与张副将勋等妥商办理。况乐陵驻有张都司奉先所部右路左营，滨、蒲一带又驻有王副将世清所部前路前营，均距各该县不远，此两营即可专顾后路，遇有匪警，亦可函商。至欲处处设防，兵力必致愈分愈单，非守边之策也。仰即知照。缴。

三、登莱道禀二十三

【批】：据禀已悉。张牧树勋、李令舒馨、李令于锴均能仰体时艰，认真缉捕，著各记大功三次。谢令全忠协缉匪首有胆有识，应准给予尽先拔署二次，借资奖励。刘令桐荫于磁口匪徒设坛聚众，毫无觉察，迨经饬查，复一味因循推诿，应将该令记大过三次，停委三年，以示惩儆。除行注册外，仰即分饬知照。缴。

行两司。

四、登莱道禀二十三

【批】：禀单均悉。该道委派谢令全忠驰赴黄县，会同萧令、冯管带拿匪犯李宝卿等，讯明正法，消患未萌，具征督率有方，殊堪嘉慰。谢令暨在事出力员弁已分别记功给赏矣。韦守备文蔚、梁汛官于各地方官剿办匪徒之际，并不帮同捕拿，反而从中阻挠，殊属不成事体，应候咨会登镇迅将该守备等先行一并撤任，听候严参。至所称各属团练局动辄恃其声势抗违官长，流弊如此，殊与练团本意不符，仰即分饬所属迅速停办。并将焦守调回，俾免别滋事端。缴。

行登镇、登州府、焦守。

五、寿光禀二十三

【批】：据禀已悉。匪犯高凤池已据王副将世清会讯明确，就地正法矣。仰即知照。缴。

六、张勋会禀海丰，二十三

【批】：据禀已悉。此次越境剿匪，已札派该副将充北路防剿营务处，督同派去各营队妥速筹办，以专责成矣。如嫌所派太多，即可饬令沈领官金玉仍回青州驻扎。惟盐、庆一带聚匪正多，既做步步为营之法，似乎多有两营队伍，可以分投剿办，并可兼顾后路，较为得力。仰该副将就近察看情形，督饬各营相机剿办。并移海丰县知照。缴。

八、曹县禀二十三

【批】：禀悉。孙鹏霄，已据阳谷叶令禀报在该县境内拿获，当即电饬从严究办，并于该令前禀内批示矣。仰即知照。缴。

九、萨令承钰禀二十三

【批】：据禀查明海丰、阳信、沾化等县剿办拳匪情形，并照章办理团练保甲各缘由均悉。缴。

十、恩县禀二十三

【批】：据禀已悉。现又恭奉谕旨，严行查办义和团匪，务除根株。当经恭录转行，并出示晓谕在案。仰即钦遵查照办理，毋稍纵延。此缴。

十一、【四言告示】

各国传教，　载在约章，　迭奉谕旨，　准建教堂。
劝人为善，　远涉重洋，　认真保护，　圣训煌煌。
民教一体，　均是编氓，　各安生业，　何用参商。
纵有屈抑，　赴诉公堂，　持平审断，　官为主张。
毋得私斗，　自取祸殃，　毋习邪拳，　至乱纪纲。
托名仇教，　实扰善良，　自相残虐，　流毒四方。
教民杀戮，　何啻自戕，　教堂焚毁，　终须赔偿。
教产攘夺，　还要追赃，　祸延军国，　衅启列邦。
兵凶战危，　业废农桑，　千里为墟，　怵目心伤。
现议和局，　派使妥商，　严拿拳匪，　诛锄豪强。
调和民教，　抚恤流亡，　根株除尽，　嫌怨胥忘。
教堂林立，　附近村庄，　庄长首事，　守卫周详。
教士来往，　保护照常，　责成州县，　实力巡防。
同效康乐，　共迓休祥，　倘再违犯，　毋任远飏。
拿获正法，　以警披猖，　噬脐何及，　履冰坚霜。

十二、复田镇

鼐臣仁兄镇军大人麾下：昨奉惠书，获审勋祐日隆，起居安全，甚慰。八月十四日奉旨，严行查办义和团匪，务除根株。当即恭录咨行，希即督饬标防各营，钦遵查照办理。但系义和拳匪，不分首从，均可聚而歼之。此种误国病民、罪大恶极之匪徒，固无所用其姑息也。济宁南阳一带暨韩庄、台庄等处，均已饬派弁勇驰往查办。又于沿河各要隘添派弁棚，认真稽查，具征布署周密，甚为佩慰。东省境内拳匪，迭经尊处所派营队暨弟处所派营队分投剿办，歼除著名首要多名，内患似已稍纾。惟直隶之盐山、庆云与乐陵、海丰沿边迭次扰犯，极为边患。昨已电商李傅相，已派张副将勋督率马步炮队越境合剿，但能将盐、庆叛匪击散，边患亦可因之可弭矣。

庆亲王于初十日回京议和，李傅相亦已于二十一日由沪赴津接任，但冀大局早有收束，而后外患可弥。然其要总在认真剿匪耳！坡李庄教堂德使尝有电来，托为保护。昨已另牍咨会麾下，请就近查看情形，会同彭道妥商办理。坡李庄如未驻扎兵队，应由尊处酌派队伍赴该庄附近一带常川驻扎，以资巡缉。盖现当议款之际，东省万不可别生枝节也。专此布复，只颂勋安。愚弟袁顿首。

八月二十五日

一、高密县禀二十四

获犯秦汝昌讯供。

【批】：据禀已悉。该犯秦汝昌既经讯系义和团匪，仰即就地正法，枭首示众，以昭炯戒。现在奉旨严行剿办，务除根株，业经恭录转行。嗣后如获义和团匪，应即钦遵查照办理，毋稍轻纵。

二、高唐禀批二十四

复讯匪犯刘灢岭。

据禀已悉。该犯刘灢岭既经讯系著名教头，自应按照土匪章程就地正法，枭首示众，以昭炯戒。其被胁之郭汶成等姑准照拟分别监禁。但现在奉旨查办义和团匪，痛加剪除，业经恭录转行。此后凡为学习义和拳者，应即遵旨严拿正法，以除根株，毋稍轻纵。仍严缉逸匪李灢魁等，务获究报。缴。

三、张参将勋禀二十四

报奉到营务处差使委札日期。

【批】：据禀奉到北路防剿营务处委札日期已悉。仰即督饬各勇队驰往该处，认真剿捕。现奉谕旨严行查办，务除根株，当经恭录转行。该副将应即钦遵查照办理，以安边境而靖乱源。缴。

四、乐陵禀二十四获犯郝受讯供。

【批】：据禀会缉匪犯讯供情形已悉。提讯该犯郝受即郝之栋，既经供认曾经学习邪拳，应即就地正法，以昭炯戒。现在恭奉谕旨严行查办义和拳匪，务除根株，但系曾经学习之人，即当遵旨严办，以期拔本塞源。仰即遵照。缴。

五、济同知黄丞禀二十四

【批】：据禀查明济南所属团练保甲情形已悉。缴。

六、商河县禀二十四

追散匪徒情形。

【批】：据禀督饬团勇追散匪徒情形已悉。武生王安方、外委张汝平督带团勇在枣园击散匪徒，夺获器械多件，尚属奋勇。仰候存记汇案给奖，仍随时认真巡缉弹压。现在恭奉谕旨，至○○○在案，自应钦遵办理。嗣后如遇此等匪徒结党横行，目无官长暨私相传习者，迅即会同邻近各防营、州、县，不分畛域，合力掩捕，痛加剪除，务〔毋〕留余孽，以安边境而维大局。缴。

七、昌邑会禀二十四

查无拳匪。

【批】：据禀已悉。仰按察司转饬该印委知照。缴。

八、李总兵福云禀二十四

到防日期。

【批】：据禀开拔到防各日期缘由已悉。缴。

九、莱芜县禀二十四

张贴告示处所。

十、巨野县禀二十四

行上跕各州县。

【批】：据禀接准嘉祥转函，张、陈两军南下，不日抵巨，应预备车辆等项缘由已悉。查张、陈两军南下，当不由此经过，仰候分饬上跕各州县务须探明知会，俾免错误。缴。折存。

十一、【电】威海【步大臣】

步大臣鉴：本日接准八月初十日照会拜悉。所有租界杨家疃有五人因命案在文登县被押等因，已电饬烟台道转饬该县解交贵大臣矣。特电复。

十二、【电】烟台【李道台】

李道台：顷准威海步大臣照称，租界杨家疃有五人因命案在文登县被押，本大臣已函嘱文登县令将此五人解交本大臣讯办等因。请即转嘱文登租界，此五人既系租界内，应即解交步大臣讯办。仍查明禀复。

八月二十六日

一、沂州府禀二十六

行两司、营务处、善后局。

【批】：据禀已悉。该守购觅眼线暨派马哨官文志督带勇队在石梁头村地方当场格毙匪犯杨二一名，生擒苗风瑞等十七名，并夺获枪炮等件，办理甚属妥速。该守著记大功三次，兰山杨令、马哨官各记大功二次。出力勇丁赏银一百两、功牌八张。赏银先饬由兰山县垫发，一面备文赴善后局具领归垫。功牌随批饬发，仰即查收，择尤填给，借示奖励。现在奉旨严行剿办义和团匪，务除根株，应将所获匪犯苗风瑞等提案讯明，立即按照土匪章程一并就地正法，以昭炯戒。仍严缉逸匪伏在新等，务获究报。缴。

二、济河县禀二十五

【批】：据禀已悉。该令拿获李传来等三名，并起获符纸神轴等物，办理尚属迅速。该令著记大功一次。出力勇役赏给功牌二张，随批饬发，仰即查收，择尤填给，借示奖励。该犯李传来等既经讯系拳匪，朋比为奸，自应一并就地正法，枭首示众，以昭炯戒。现在奉旨严行剿办义和团匪，务除根株，业经恭录转行在案。嗣后如获此项匪犯，应即钦遵查照办理，毋涉轻纵。一面悬赏严缉逸匪王井等，务获究办。仍将勘讯缘由照例详报。缴。

三、武城县禀二十五

【批】：据禀已悉。该令拿获匪犯赵四匪类，讯明后即行就地正法，并起获枪刀等件，办理甚属妥善。现在奉旨查办义和团匪，痛加剪除，业经恭录转行在案。嗣后凡有学习义和拳者，应即遵旨查拿，不分首从，一律正法，以除根株。逸匪徐和尚等，仰候行司通饬截拿。缴。

四、陵县禀二十五

【批】：据禀已悉。该令会同刘把总殿甲【在】王良庄地方格毙匪犯一名，并夺获马匹等物，缉捕尚属认真。该令与刘把总著各记大功一次，出力勇役存候汇案核奖。文生王连茹已咨请学院先行斥革，仰即严缉，务获究办。一面查找庄长王殿成下落，并候行司通饬截拿。缴。

五、日照禀二十五

【批】：申斥胶州据禀海盗劫掠王家滩等处缘由已悉。前据该县禀陈，已函商德督酌办矣。不但租界之内我之兵不能往捕，即百里环界中，亦不便选派练勇访缉，前已明白批示。该令慎无轻信张牧所言，致生枝节。仰候德督函复到日，再行酌核办理。一面由该令于县境滨海附近一带认真巡缉可也。陈统带万清等现已开赴莒、沂一带驻扎，并即知照。缴。折存。

六、孟领官禀二十五

行张勋。

【批】：据禀拔队日期暨侦探盐山匪踪各缘由均悉。仰即随同张副将勋驰往盐、庆一带相机剿办，并由张副将就近移会盐山县孙令，迅将匪首马得胜等悉数交出，讯明正法，以昭炯戒。仍严缉总匪目耿泉声等，务获究办。缴。

七、蓬莱禀二十五

【批】：据禀已悉。美教士赫士现既由烟仍回该县教堂居住，仰即随时妥为保护弹压。缴。

八、博山禀二十五

【批】：禀悉。仰候札饬淄川县确查详复，以凭核办。缴。

九、省提塘禀二十五

【批】：据禀已悉。仰按察司核饬遵照。缴。

十、兖州府禀二十五

贴歌词。

【批】：据禀已悉。缴。

十一、乐陵禀二十五

【批】：据禀已悉。仰候汇案核办。仍责成该令妥为保护弹压。缴。

十二、泰安禀二十五

【批】同前。

十三、惠民禀二十五

【批】：据禀已悉。仰仍随时妥为保护弹压。缴。

十四、高唐州禀二十五

【批】同前。

十五、兖沂道禀二十五

张贴告示。

【批】：据禀已悉。现又恭奉谕旨严行查办义和团匪，务除根株，业经恭录转行，并函示晓谕在案。仰即钦遵查照转饬所属，如遇此项匪徒，迅即获案讯明，不分首从，一并就地正法，毋稍纵延。切切。此缴。

十六、萨令承钰禀二十五

【批】：据禀查明乐陵防剿情形并筹办保甲团练各缘由均悉。现已委派北路防剿营务处张副将勋督率各营队驰往盐、庆一带相机剿办矣。仰即知照。缴。

八月二十七日

一、临清州禀二十五

【批】：据禀遵饬筹办暨州境近日大概各情形均悉。为政之要，固以厚民生，达民隐为亟，而今尤以靖民心为第一要图。该直牧具有吏材，颇达治体，则汲汲以严缉匪徒、调和民教为当务之急，而又处处能以实力济之，为其政固严，为政固不难也。以副厚望。此缴。

二、【札】

为札饬事。本月二十五日，准德国总理胶澳租界事宜叶大臣电称：顷接驻玻璃传天主教士称，刻有银两欲由青岛运往内地，请派兵护送前来。本大臣拟洋兵一队护卫该押银教士至高密县城，亦请贵部院饬派兵队赴高护送前途，以便我兵交替，祈速电复等因到本部院。准此，查现值淫期未息，且派兵送银诸多不便，已电商以道途雨水甚大，计程又远，如系日用所需，可由省就近酌量借拨，以期便捷。旋准德督来电，拟代借二千两，路□平定，由德督设法归还等因。应由该局筹拨。除电复外，合行札饬。札到该局即暂向藩库于杂款项下借拨银二千两，解交阳谷坡李庄教堂，交该主教士查收，并即拿取收条，即存该局备查。仍一面将收到日期呈报来辕，以凭转电叶督知照。毋违。切切。此札。

三、【电】青岛【叶大臣】

叶大臣鉴：接准初二日惠函并抄件均已拜悉。即墨许令办事多不合宜，实不胜任，诸乞鉴涵。现已札饬布政司迅将许令撤任，一面遴派妥员驰往接署即墨县篆，俾彼此同意，以期敦笃邦交。特先电复。

四、高苑县禀二十六

吕日恩等正法。

【批】：据禀已悉。吕日恩、刘保清二犯既经供认杀人攻城，岳春田、沈绪修二犯亦经供认入伙，均系甘心为匪，罪无可逭，仰即一并就地正法，以昭炯戒。惟傅正心、陈长发二名讯系被胁未久，姑准从宽保释。现在奉旨查办义和团匪，务除根株，业经恭录转行在案。嗣后如获此等拳匪，讯明后即行正法，不必请示。治乱民用重典，无所用其姑息也。此缴。

五、高苑县禀二十五

【批】：据禀捐廉募勇请发枪械缘由已悉。该令缉捕颇力，候行善后局择其坚整者核明发给，以资应用。仰即备文赴局具领可也。此缴。

六、肥城县禀二十六

【批】：据禀遵饬保护教堂、教士，暨由业主赎回孝里铺被焚教堂各缘由均悉。

七、齐河县禀二十六

【批】：据禀已悉。匪徒袁付海习拳滋事，屡经差缉未获，现既获案，自应立即就地正法，以昭炯戒。仰即遵照办理。缴。

八、肥城县禀批二十六

整顿保甲团练。

【批】：禀悉。已于另禀批示矣。仰仍妥为保护弹压。缴。

九、海丰县禀二十六

盐山回匪勾结滋扰。

【批】：据禀已悉。仰候札饬张副将勋就近查看情形，酌拨队伍扼要驻扎，以顾后路。仍责成该令认真巡缉弹压。缴。

十、临朐县禀二十六

【批】：据禀已悉。该犯张小旺等讯明如系拳匪，仰即就地正法，枭首示众，以昭炯戒。现在奉旨严行剿办义和团匪，务除根株，业经恭录转行在案。嗣后如获此项匪犯，应即钦遵查照办理，毋涉轻纵。一面严缉逸匪，务获究报。缴。

十一、青州府禀二十六

【批】：据禀查复临朐县教民锺德吉等家被抢缘由已悉。查此案现据郑令报获匪犯张小旺等，已批饬讯明一并就地正法，以昭炯戒。仰仍督饬所属随时认真巡缉。缴。

十二、乐安县会禀沈金玉，二十六

【批】：据禀已悉。查匪犯郝凤田、商鸿魁前据王统带等拿获具禀，当经批饬分别正法，并令移知该县查照在案。仰仍随时严缉逸匪，务获究报。并由该令移知沈游击知照。缴。

十三、邱县禀

【批】：据禀已悉。该令督率勇役在桃寨地方当场格毙悍匪王大头一名，生擒王连成等四名，缉获吕孬仔等四名，均经讯明分别正法，并夺获枪刀赃物多件，办理尚属妥速。该令与吴千总著各记大功二次。勇目齐占元赏给五品功牌一张。出力勇役另赏空白功牌四张，一并随批饬发，仰即查收，择尤填给，以示奖励。一面严缉逸匪韩光久等，务获究报，并候行司通饬截拿。缴。

十四、张奉先禀

剿办土匪情形。

十五、阳谷禀二十六

拿获匪犯孙鹏霄等。十九获。

十六、乐陵会禀

各庄无设厂习拳。

十七、莒州禀

并无抑勒教民出教。

十八、金乡禀

并无抑勒反教。

十九、郯城禀

并无矿务公司存放物件。

二十、济阳禀

并无教堂。

二十一、禹城禀

现在教堂情形。

二十二、茌平禀

教堂现未焚烧。

二十三、东平州禀

教堂并未拆毁。

二十四、邹县禀

教堂数目。

二十五、海阳禀

团练章程。

二十六、恩县禀

保护洋人教堂

二十七、平阴禀

戈什孙发祥被教民获住看守情形。

二十八、乐陵禀

追获武丕承家被匪抢掠各物。

二十九、文登禀

王熙元会查登属匪徒情形。

三十、莱阳禀

前由。

八月二十八日

一、庆云县夏声乔、张勋会禀，二十五到

张勋左腿洞穿一穴。二十二拔队，二十三黎明抵黑牛王庄，毙三四十名，生擒十余人，带伤逃逸百余人，追获撰〔巽〕字号总军师李文成。

谢代批：咨直总督、汉中镇，行两司、先锋营务处，陈、商、孟、沈，先锋粮饷局、善后局。

二、叶世克电二十七

云派莱州府查办与原意不符，碍难派员会查，请饬莱州府自行查办。

行莱州府、胶、即。

三、裴帮带禀二十七

临邑余匪逃往济阳境内。二十四商河来信，云德平李家洼又聚匪二三百人，距商较近，嘱为防范。

【批】：据禀现拟剿捕济阳窜匪暨德平踞匪各缘由均悉。临邑匪徒经该帮带会同刘令分投剿捕，斩获多名，余党胆敢窜往济阳，自应及时督队追捕。商河、德平、陵县一带如有匪徒匿聚，亦应随时相机查拿。惟虑地段绵长，分布不易，特添派执法营务处护卫马队哨官周树森即率哨队前往，随同该帮带认真拿办。并委派查令荣绥来营，以便商同办理。仰即会同临邑刘令、商河李令暨查令等妥速筹办。如获匪犯，应即不分畛域，商同该印委等就近会讯严惩，毋庸辗转移提，致滋贻误。仍将会同查办情形随时报查。毋违。此札。

行全省右军先锋营务处、王副将世清、济南府、武定府、济阳、临邑、商河、德平、陵县。

四、【札】

为札委事。照得临邑境内匪徒，迭经帮带先锋前路前营裴守备家兴会同临邑刘令击散，斩获多名，此股余匪探闻窜聚济阳境中。又据该守备禀报，德平李家洼一带亦有匪徒窜聚。该处与商河密迩，地段绵长，亟应会同该守备添派马队随同该帮带认真剿捕。前查行该哨官札该令，慎以委派。除分行外，合亟札派。札到该哨官、该令迅即督率所带哨队驰赴该处，会同裴帮带暨各该地方官务将临邑、济阳、商河、德平、陵县一带窜聚匪徒挨次认真剿办，悉数歼除，毋留余孽，以杜煽惑而除根株。所获匪犯即著该令会同该地方官暨裴帮带等会讯严办，毋庸辗转提解，致滋延误。该员应支薪水，仍照例由善后局支领，以资办公。

行周哨官树森、查令、王德芳、何宗莲、善后局。

五、复姜翼长

○○仁兄镇军大人麾下：昨奉惠书，并承抄示马帮统龙标与德员舒来往复函稿。复函自"足可弹压"以下语多不妥，当即电改。该帮统以彼来信外示好意，我亦应婉和答之。不能合剿一节，只可意在言外，不可径露。且"足可弹压，已有不必合剿之意"，以下大可不说。嗣后作书切须小心，可请解洋务者详酌为要。该函何日复去，有无来书，望查明速示等语。该帮统谅已查览。兹代该帮统再撰复函稿一件寄上，希即尊处迅派专马驰送该帮统查收，嘱其从速照呈送交。并希转嘱该帮统，嗣后与洋人通函，务须格外慎重，字句之间均宜斟酌。

盖自古外交词命为重，所以草创、修补、讨论、润色之功，固阙一不可也。近日东路情形如何，仍希随时见示为盼。专此布达，祇颂勋安不宣。

六、代马帮统再复德员舒来君函

径复者：前接惠函，当即裁复，并声明随时禀请抚帅示遵等情，谅邀台览。复函后旋将一切情形禀明抚帅。兹接抚帅复谕内开，久仰阁下盛名，甚为倾慕。已饬即墨县随时妥为照料，如来高，即令弟等优礼接待，并遇事和衷妥筹，以表明彼此互相敦睦实意。现在高密地方尚属安静，可以不须兵力，即责成弟等会同地方官认真巡缉弹压。倘日后遇有聚众滋事情形，应即就近函会阁下前往合办等因。奉此，弟等接奉此抚帅函谕，不胜欣幸之至。盖弟等前奉惠函，即从阁下不分畛域，笃敦邦交，甚为欣幸。阁下之互敦辑睦怀，是弟等近接邻光，因可喜承请诲矣。特将接奉抚帅函谕暨弟等欣幸私诚，再行备函具复，诸冀查证。顺颂日祉。

七、复叶世克

敬复者：昨接惠函并抄件均拜悉，当即电复，谅邀雅鉴。即墨许令于贵大臣托查各案，尚未认真查办，亦未奉复，而于单辅政司往商要公，又复任听绅民惊惶闭城，是其办事舛方，实有诸多不合，殊堪惜憾。现已札饬布政司遴选明练之员前往接署该县印务，俟新令到任，即将许令撤省，听候查办，并当严惩，或能改过而不知。

自上年至今，本部院与贵大臣议办交涉事件，彼此均以力敦辑睦，永笃邦交为宗旨，处处和衷商办，共事愈久相信愈深。迭次札饬环界附近各州县亦均以力敦和睦，永笃邦交为勖，盖恐其办事偶有不合，即无以副贵大臣和衷商办之诚意也。即墨许令于境内窃案、抢案，不但于贵大臣托查者未能缉办一犯。○饬新令遇有交涉，和衷商办，以酬贵大臣敦笃邦交盛怀，并希指教一切，尤□感谢之至。盖自上年至今，本部院与贵大臣商办交涉事件，均是彼此互敦辑睦，久而弥笃，甚愿两国所派官员皆能循守此意，亦愈久愈和辑也。顺颂日祉，诸冀鉴涵。

八、【电】烟台美领事

美领事鉴：前承电示临朐拳匪日胜一日，十七村教民并劫粮，请饬临朐、寿光县查缉等因。当经缉查去后。兹据青州府查复，六月间临朐东北境有匪窜扰，临朐令报获匪犯张小旺等讯明正法后，该县地方现已安静云。除严饬该守令随时保护弹压外，特电复。

九、直督廷电二十六下午六点发，二十八下午九点到

咨梅，行张勋等、营务处。

十、乐安县禀二十六

【批】：据禀已悉。此案前据王统带世清等拿获匪犯商鸿魁等具禀，当经批饬分别正法，并令移知该县查照在案。仰按察司速饬将勘验缘由填格录供通详。一面严缉逸匪，务获究报，并由司通饬截拿。缴。

十一、高苑县禀

【批】：据禀已悉。该县所请加营务处衔，应即照准。至田镇地方紧要系属实情，仰候札饬王副将世清酌拔勇队前往驻扎，以资巡缉。缴。

十二、陵县人马国选呈二十八

【批】：据呈该县境王良家等庄习学邪拳，王连榜等设厂授徒，聚众抢劫等情，如果属实，殊属大干法纪。候札饬巡缉委员查令暨裴帮带按照词〔呈〕内单开村庄姓名，逐一确切查明，迅即会同陵县前往缉办，悉数获案，讯明从严惩治，以杜煽惑而安闾阎。并录批申报司府知照。粘单附。

十三、临邑县会禀二十七

获匪黄猪仔等分别讯办。

【批】：据禀已悉。该令等会同崔把总维翰等在宋家庄搜获枪刀等

件，又在弥陀寺苇湾地方当场格毙匪犯二十二名，先后拿获黄猪仔等十一名，分别正法、保释、禁押，并起获刀矛多件，办理尚属妥速。该令与裴帮带著各记大功二次。金副哨官、赵哨官、许哨官、强哨官、崔把总各记大功一次。出力勇役赏银一百两，功牌四张。赏银先由该县垫支，一面备文赴善后局具领归垫。功牌随批饬发，仰即查收，择尤填给，借示奖励。一面将该犯刘贵轻等提案讯明惩办。并即驰往济阳一带追捕此窜逃余匪，以除根株而靖地方。缴。

十四、张副将勋禀二十七

拟办邻匪情形。

【批】：据禀已悉。该副将所受弹伤现已用药医治数日，即可痊愈，阅之甚慰。嗣后剿办匪巢，只用炮轰，毋轻猱升，以昭慎重。仰俟各营队到齐后再行出剿。伤虽痊愈，总宜多调摄数日，毋过于汲汲也。此缴。

十五、平阴县禀二十七

【批】：据禀挨庄张贴《四言告示》缘由已悉。该令现将此项告示刊刷成本发各庄，随时讽诵，以期家谕户晓，办理尚属认真。仰即督饬实力奉行，毋任日久生玩。并候行司通饬各属遵照办理。缴。清折、样本均存。

十六、朝城县禀二十七

查明教堂处所并请拨队。

【批】：禀单均悉。该县既有哨队驻防，即可借资巡缉，别无另外可拨之兵。仰候咨会曹镇查看情形，随时接应。仍责成该令妥为保护弹压。缴。

十七、肥城县禀二十七

【批】：据禀拟请李守备明远在籍办理团练，应即照准。仰候咨明河东总督部堂饬营查照。缴。

十八、黄令玉成禀二十七

【批】：据禀遵限拿获首要匪犯缘由已悉。该令尚知愧奋，应准赏还顶戴，宽免奏参处分。仰候行司查照。缴。

十九、登莱道禀二十七

【批】：据禀奉发各函业已分送，并呈英领事复函各缘由均悉。缴。

二十、王副将世清会禀二十七

【批】：据禀慰悉。仰仍随时会同各该地方官认真稽查，并由该副将分移知照。缴。

二十一、惠民禀二十七

【批】：据禀已悉。仰仍随时严密访查。缴。

二十二、曾令硕儒会禀二十七

【批】：据禀押解饷银驰抵平定州到境各缘由已悉。仰候抵晋交纳，即行呈报，并分移知照。缴。

二十三、登莱道禀批二十七

草辫抽厘。

【批】：据禀已悉。殷令志超创办草辫抽厘，前已批准暂行停止矣。仰即知照。缴。

二十四、兖州府禀二十七

保护寿张教堂。

【批】：禀悉。仰仍随时督【寿】张等县妥为保护弹压，毋得稍涉疏虞。缴。

二十五、沈领金玉禀二十七

开赴盐、庆日期。

【批】：据禀已悉。该领官迭获要犯，懋著勤劳，殊堪嘉尚。仰即随同张副将勋驰往盐、庆一带相机剿办，以弭后患而竟前功。缴。

二十六、王副将世清会禀二十七

【批】：据禀查明匪首迭经拿办暨驰往惠民日期各缘由均悉。仰俟驰抵惠民后，仍随时会同柳令认真巡缉弹压，并分移知照。缴。

二十七、临邑县禀二十七

提讯许伦仔等。

【批】：据禀已悉。既经该县等会讯明确许伦仔年甫成童，应准量予末减。刘桃仔、陈照夺二名被匪诬扳，并未随同上盗，并准从宽保释。仰即遵照办理，并移会裴帮带知照。缴。

二十八、平原禀

教堂并未被毁。

二十九、蒙阴禀
尚无拆毁教堂。
三十、清平禀
并未拆毁教堂。
三十一、德州禀
向无教堂。
三十二、泗水禀
向未设立教堂。
三十三、禹城禀
贴过告示。
三十四、蒲台县会禀
地方安静。
三十五、利津禀
拿获高桀等三犯正法。
三十六、新泰禀
遵办教堂情形。
三十七、兖州府禀
保护德国教士。
三十八、蒲台会禀
驰往惠民日期。
三十九、孙镇呈复颁发告示。

八月二十九日

一、胶局张文林禀
送上谕，日照缪令指为假报。
【批】：缪令记大过一次。
行两司、日照。
二、沙河电局李国昌禀
平度州十里铺万家町获锯电杆匪犯吴姓。州官不办。
【批】：行平度州查复。

三、济阳禀

陈家庄陈云阁被匪焚烧房屋。

四、田镇呈二十九

派现驻汶上马村之右翼中营前哨哨官宋清太即日拔队前往坡李庄附近一带驻守。

五、直督李咨

请由东海关拨发海容船练饷。

六、复烟台道此函系初一写，误载于此

幼云仁兄大人阁下：日昨两奉惠函，封寄驻烟英领事复函一件，寄日本青木宣琿函一件，又萨都统寄德领事连梓信一件，均已送去。又寄来驻烟英领事复函一件，驻威英国步大臣公文一件，均已收到。正拟裁复间，本日又奉到所惠密函并清折一扣，均已拜悉。阁下筹办交涉，能见其大且远者，持论亦复平正通达，与鄙见辄多不谋而合，公忠体国，佩慰良深。附近租界各州县地方官倘能曲体盛怀，恪遵指示等，非但不致受外人凌轹，大局亦可恃以保全矣。弟前已迭次饬该令遇有交涉事件，相机因应，设法维持。转商之藩司，将潍、平、即三处量予更换。兹又切实分饬该牧令等，德兵至即墨向有闭城及在栾村拒伤乡民情事，是许令实于海疆要缺不甚相宜。现已饬司撤省，另委王令万甡前往接署。潍县、平度改委萨令承钰，亦已先后饬赴新任。兹又密饬该地方官，现正当议款之时，东省千万不可别生枝节。登莱各属团练承示颇滋饷费，亦已一律停办。再行转电阁下补救，或可冀有转圜。来书所谓切实调护民教，认保路标、窝铺、物料等事，为尽其我之责。即间执吹求之□，诚属精卓不磨之言。尚冀阁下随时督饬沿海各州县，查照迭次文牍，妥慎办理。须知保全东省即所以保全大局。大局之安危，亦即与该牧令身家之忧竟亟相维系。若辈即不为大局计，独不以身家为计乎。时局艰难，人材湮没，欲得三五闳达忠勤之吏与之□□，竟乃□□不可多得。奈何，奈何！只请政安，附□台□不庄。

七、费县禀二十九

并无公司设厂办矿。

八、沂水禀

前由。
九、棲霞会禀王熙元
并无匪徒。
十、潍县禀
教堂被焚情形。
十一、青城禀
境内教堂数目。
十二、滨州禀
奉发上谕，照刷张贴。
又禀：劝诫歌诫遵办。
十三、德平禀
并无教堂。
十四、齐东禀
前由。
十五、高苑禀
教堂并未拆毁。
十六、濮州禀
并无教堂。
十七、范县禀
并无教堂。
十八、新泰禀
教堂并未拆毁。
十九、滋阴禀
教堂并未拆毁。
二十、张奉先禀
亲带两哨驻扎三间堂。
二十一、德州禀
获匪犯家属孙连升等。
二十二、孙镇呈
出队击毙匪目一名，并缉获匪犯家属。
二十三、东平州禀

教案随时查办。

二十四、日照禀

筹办团练情形。

二十五、昌乐禀

边境聚匪，前已剿散。

二十六、高苑会禀孙绍曾

查办保甲团练。

二十七、阳信禀

缉获匪犯杨胜得。

八月三十日

一、青州府禀二十九

【批】：据禀已悉。该犯田小杏既系年甫成童，被匪诱胁，应准如所请，监禁五年，以示惩戒。仰即速饬益都县遵照办理。缴。

二、惠民县禀二十九

会同武定营。

【批】：禀单均悉。仰仍随时认真巡缉弹压，毋得稍涉疏虞，并移该游击知照。缴。

三、汶上县禀二十九

【批】：据禀查办土匪保护教堂缘由已悉。仰仍随时认真保护弹压，毋得稍涉疏虞。缴。

四、徐丞际鸿禀

【批】：据禀查明蒲台抚恤沿河伤毙贫民各情形均悉。缴。

五、萨令承钰禀二十九

【批】：据禀查明惠民现无匪徒暨办理保甲团练各缘由均悉。缴。

六、又禀二十九

【批】：据禀查明商河查办拳匪暨办理保甲团练各缘由均悉。缴。

七、长山县禀二十九

责成州县剿办拳匪。

【批】：禀单均悉。仰仍随时认真筹办，不得徒以一禀了事。

此缴。

八、臬司详二十九。

【批】：如详饬遵。缴。

九、张勋禀

各营出队日期。

十、乐陵禀

迭次报获拳匪，未经定谳各犯。

十一、平原禀

现在匪徒旋即遁出。

十二、平原禀

筹办拳匪情形。

十三、惠民禀

会同王世清剿匪情形。

十四、王世清禀

巡缉惠民情形。

十五、王世清会禀

获犯索开龙等。

十六、武城禀

续获逸匪刘老印正法。

十七、商德全禀

巡缉济阳一带设厂情形。

十八、沂州府会禀

前军左右两营到防日期。

十九、乐陵禀

现有匪徒剿办情形。

二十、邹平禀

教堂未毁。

二十一、章邱禀

前由。

二十二、寿光禀

前由。

二十三、阳谷禀

教堂数目。

二十四、滋阳禀

办理团练情形。

二十五、博平禀

保甲团练。

二十六、平原禀

奉发告示张贴处所。

二十七、朝城禀

奉发歌词告示。

二十八、济宁州禀

奉发上谕示稿。

二十九、沂州府禀

前由。

三十、章邱禀

并无报获匪犯。

三十一、嘉祥禀

保甲办齐。

三十二、长山禀

责成州县办拿余匪。

闰八月初一日

一、通饬札发告示。

二、荆宜施道于差官禀

请缉匪。

行高密县。

三、致胶、平、高、潍

密启者：前以德兵驰赴即墨，许令仓皇闭城，几酿巨衅，当经驰函密达，谅已省览。嗣于八月十二日准德督电称：有德国武官二员带兵二十名在栗村附近又遇执旗华人四五百名攻扑，当即击毙华人三四十名，是否该党横行，抑或暗窥该地方官举动所致，若果，必须科罚等因。当经电复并即札派莱州裘守驰往查办。裘守尚未到境，即据许令禀称：德员已带兵来城，驻扎文庙，并向索银四千两，以作兵队费用，现已照数支付等情。正在核办间，又准叶督来函，所述派兵发款情形，大致与许令原禀相同。并声明以前屡托许令查办窃案、抢案，许令均未查办，亦未函复；德兵至城，又闭门不纳，似以敌人待之，当时未用枪击门、未将该令带青监禁者，因以敦笃邦交为重云云。查百里环界内原约载明准其过调兵队，许令闭城以拒，是其办理不善，已属咎无可词〔辞〕。而于该地方内又不能认真保护弹压，迭出掳窃案件，德员函询查办，该令既不拿犯，又不复函，驯至德兵驰往栗村自行查办，击毙华民多名，仍是该令偏执因循，酿成此祸。至其身受凌轹，罚及多金，更属咎由自取。

现当议款之时，东省千万不可别生枝节，彼既云以敦笃邦交为重，我当力尽其保护巡缉之责，使彼无隙可乘。凡彼所挂路标及所建窝铺，所储物料等件，务宜随时饬派勇役会同庄长妥为看管。其兵队来往环界以内，既为原约所有，亦应照听其自然。遇有彼兵官务须接以礼貌，知有兵队要到，可先期传知庄长，毋得惊恐。现既奉旨剿办匪徒，团练又经停办，至如再有聚众竖旗情事，自当认真实力查拿。彼知我遇匪即拿，即可不至从中干预。杀一惩百，保全更多。遇有交涉，事事与彼和衷妥商，随到随复，字句之间斟酌尽善，亦足弭患无形。一面抄录函电各件密寄尊处。

现当议款之时，东省千万不可别生枝节。嗣后筹办交涉，务宜格外慎重，万不可再蹈许令覆辙。果如德督函中所云，罚纳多金，或带赴青岛监禁，不但辱身，亦且辱国，公私之义两失之矣。况现已奉旨剿办拳匪，各属团练又饬停办，如再有聚众出械竖旗情事，即是真正匪徒，即查明妥速缉办。彼知我缉办甚力，自不致有纵任之说。杀一惩百，保全实多。此外保护教堂，调营照料路矿公司局厂物料、标桩，皆是原约原案所有，并须随时认真巡防，和衷商办。如有函办事件，尤须随到随复，力求简善。自古外交以词命为重，折冲樽俎，亦足弭患于无形也。山东为南北奥区，保全山东即所以保全大局，而诸君子身家之安危，又实于大局之安危亟相维系。

四、济阳县禀三十

事主陈云阁被匪滋扰一案当经禀报。于二十九日早，据探先后回县报称：该匪等约有四五百人之数，仍在东乡玉皇庙内聚而不散，风闻均被各邻县追击所致。现又抢安家庙教民两家，沿途设探，预防官兵。请速拨马步队二营下县。

【批】：据禀该县东乡匪徒滋扰，并请派兵往剿各缘由均悉。兹据裴帮带禀报，临邑击散匪徒窜入该县境内，当经添派查令荣绥暨马队哨官周树森会同裴帮带驰往剿捕矣。仰即会商查令妥速筹办，毋稍纵延。切切。此缴。

五、右军先锋官总兵衔尽先副将两江补用参将张凤岭禀三十

【批】：据禀查看商管带所部勇队出境剿匪缘由已悉。缴。

六、莱芜禀三十

奉上谕，提监禁人犯正法。无犯。

七、海丰禀三十

同上。

八、日照禀三十

无矿局存留物件。未开办。

九、肥城禀三十

饬办善后。奉上谕，提监禁人犯正法。无犯。

十、青城禀三十

阎哨弁凤鸣，二十二巡缉到境，于二十三日赴邹、长一带巡缉。

【批】：据禀已悉。仰即会同认真巡缉弹压。缴。

十一、安丘禀三十

查明教堂若干。

十二、昌乐禀三十

同上。

十三、掖县禀三十

同上。

十四、学院咨三十

斥革文生王连茹。

行陵县。

十五、黄县禀

查明教堂数目。

闰八月初二日

午，王万甡来谈。

一、济阳禀

击毙大头目等四五十名。

二、【委倪嗣冲】

委前陵县倪令嗣冲赴济阳、商河、临邑、德平、陵县剿匪。

行各县、周哨官、裴帮带。

三、济阳禀初二

匪一千余人，击毙头目二名、匪四五十人。步队伤亡三四十人，查令无下落。

【批】：禀悉，异常惊悼。刻已派马步炮队驰往，惟查令下落务赶紧查访，设法救护，并悬重赏为要。缴。

四、复叶大臣

【叶大臣】鉴：冬电拜悉。足征贵大臣雅量恢宏，邦辑睦诚意。

五、叶大臣电初二

行两司、洋务局、登莱道、莱州府、王令万甡。

六、昌乐、潍县会禀

宋仁平脱逃，请饬截拿。

七、【札】

为札饬事。照得本部院前访闻济阳境内窜聚拳匪多名，当经专札行查。于八月初六日据该县知县沈令逢龙禀称：距城十八里之葛家庄一带，有愚民六七人或八九人在彼学拳，现已改悟前非。其相距八十里之王坡镇系惠、济交界之处，该拳会等亦经惠民柳令切实劝谕，一律解散。初九日，又据禀称：境内学拳者现均已改悔，照常安分过度。初十日，又据会同章邱杨令禀称：地方尚系安谧，并无拳会匪徒潜伏构煽，亦无外匪持械过河不服盘诘情事。十一日，又于禀报石桥周鼎元杂货铺被抢案内，据称外来匪徒仅只数十人，当经团丁追击，向西边纷纷逃窜。十二日，又于禀报徐家庄张永太家被抢案内，据称系路过拳民所为，迭经追捕，该匪业已去远。二十六日，又于禀复教堂并未被扰案内，据称此次拳匪在附近之武定府所属滋扰，该令严加防范，扼要堵截，幸尚未窜入县境，并经先事预防，不准拳匪入境。并谕饬各该庄首事团长人等帮同县署所派勇役设法严拿，该拳匪闻风远逃，得以化险为夷各等情。此皆该令先后禀报境内无匪窜人，外匪均经该令击散之情形也。

嗣据裴帮带家兴会同临邑刘令禀报：迭次击散境内股匪，探闻余匪均窜入济阳境内，请饬查办。又据商管带德全禀称：在该县境内拿获匪犯一名，并在曲堤镇搜获炉厂、铁炮、火药等件。经札查，如于三十日据该令禀报，据各探报称，该匪约有四五百人之数，仍在东乡玉皇庙内聚而不散等情，核与首禀已属大相径庭。本日又据该令禀报，该匪等已聚有一千余人之数，当经派去马队哨官周树森等当场击毙匪目二名、匪徒四五十名，马队无一人受伤，步队伤亡三四十人，委员查令荣绥查无下落，现拟会同周哨官等保守城池等情，又与三十所禀情形迥异。

查该县境内既经窜聚匪徒多人，该令身任地方，自应迅速缉办，一面据实禀报，以便酌拨队伍驰往接应，庶免贻误事机。该令既讳饰于先，又复回护于后，忽而禀称匪经拿斩，或匪已被该令解散，忽而禀称数十匪，忽而禀称有匪四五百人，又忽而禀称一千余人，任意捏报，有以贻误，殊属办事颟顸。应记大过三次，撤省察看。并即另行委员接署，以重职守。除再添拨马步队伍，并另派倪令嗣冲驰往该处会同剿办外，合行札饬。札到该司即于候补人员中酌选明练各员，驰往接署。

八、方守蒸申禀

查办矿务失物情形。

九、临淄禀

向无教堂。

十、曹县禀

德国洋教士并未建堂。

十一、诸城禀

教堂数目。

十二、夏津禀

教堂数目。

十三、博山禀

教堂未毁。

十四、金乡会禀

团练办齐。

十五、清平禀初一

筹办情形。

闰八月初三日

初三，午拜客。早传见未见，下晚传见。

一、复福若瑟信

敬复者：顷接贵主教来函，拜悉一切。前据兖沂道禀报贵主教已由兖郡南行，甚为悬念。前接青岛白总铎来电云，贵主教有至坡李庄之说，尚未知确实与否，因派洪运司恩湛前往坡李庄代本部院问候贵主教起居。昨接该运司来禀，今又接到惠函，始悉贵主教已安抵坡李庄，一切平安，甚为欣慰。贵主教在东有年，远近悦服，自此诸事安吉，皆自天佑福，贵主教乐善之诚所感召也。

承示范、观、朝、兰、郯、莒、鱼七县教民困苦情形，阅之殊堪悯惜。本部院爱民如子，何忍听其焚溺水火之中，故自去冬到任以来，迭次檄派文武地方官严办匪徒，调和民教，以期安顿，当为贵主教所深知。自今夏直匪披猖，此数月内，山东深虞波及，本部院复又迭派马步防营队驰赴东武定府属之海丰、乐陵、阳信、沾化、青城、蒲台、滨州、利津，东昌之清平、冠县、馆陶、恩县，济南之德州、长山、邹平、新城、禹城、临邑、平原、长清，沂州之兰山，济宁之金乡、嘉祥、鱼台，兖州之阳谷、宁阳、曲阜，曹州之濮州、郓城、单县、城武、巨野，泰安之平阴、肥城，临清之武城、夏津，青州之益都、高苑、博兴、安丘，会同各该地方官先后当场击毙悍匪，并曾正法匪徒共四千余名，著名首要多在其中。地方可望逐渐安谧。兖、高、沂、齐各属，又迭经札饬该道、府、州、县认真查办教案，严拿逸匪，并招抚教民回家安业，俾免流离。各该州县均已遵饬办理，先后禀复前来。

兹奉惠函，再严札饬沂州、曹州两郡守，济宁李直牧，并分饬兰、郯、莒、范，观、朝各县令，详查现在教民困苦情形，设法安辑，实力保护，一面责成各防营一体巡缉弹压。并饬营县查明已革武举张从泰等，严拿讯办。谕禁沿边村庄团众等，不得聚众，滋生衅端。倘各属再有匪徒聚众滋扰情形，定即获案讯明正法，不稍宽贷。地方官如缉办不力亦即撤参。本部院抚治山东，除莠安良，本是分内应为之事。惟此数月，贵主教来函奖誉过情，愧不敢当，然亦足见□□□□。贵主教暂住坡李庄教堂，当即拨派马队赴附近顶水镇一带驻扎。又吊调兖镇抽调步队驰往巡防，以资保护，请释盛衷。贵主教持论平允，实于公理相吻合也。再前准青岛叶大臣来电云，贵堂需用银二千两，本部院当饬洋务局照数拨送贵主教查收矣。专此布复。

二、济阳禀初一

开仗不利，请拨大炮。

三、临淄禀初一

现无匪徒。

四、恩县禀初一

查办匪徒及善后事宜。

五、张奉先禀初一

王德堡剿匪情形。

【批】：据禀李哨弁在王德堡会剿匪徒情形已悉。此案前据乐陵何令禀报，当将该哨弁等分别记功核赏，并行该帮统知照在案。惟被拒伤之宋殿柱、王胜云二名，应即送省医治，以冀速痊。并候札饬先锋粮饷局核明按等给赏。马勇王永标因公殒命，应准优加赏恤，仰即分别备文赴该局具领。该营用过枪子数目，已札饬善后局转饬军械所知照矣。此缴。

行先锋粮饷、善后局。

六、邹平县禀初一

请添募练勇。

【批】：据禀已悉。前已酌留马队一哨在邹、长一带扼要驻扎，以资巡缉。所请添募练勇作正开销之处，应毋庸议。仰即知照。缴。

七、兖沂道禀初一

保护坡李庄教堂。

【批】：据禀已悉。仰仍督饬该县暨宋哨弁清泰等认真巡缉保护，毋稍疏虞。缴。

八、德平县禀初一

获犯丁澣仔正法。

【行】两司、德州营。

【批】：据禀已悉。该令会同营汛刘把总振德督带勇役拿获抢劫黄廷风家正盗丁澣仔，当饬讯明正法，原赃饬领，办理尚属妥速。该令著销去前记大过三次。刘把总著记大功一次。余犯李莫毛、曹佃卢二名，既经讯明均无为匪不法情事，应准从宽保释。仰即遵照办理。并严缉逸匪曹在仔等，务获究报。缴。

九、登州府禀初一

条陈地方事宜。行臬司。

【批】：据禀已悉。所陈专责成、勤会哨两端，洵为当务之急，堪备采择。仰即督饬所属各州县实力奉行，并候札行按察司核明通饬各属遵办。缴。

十、昌乐县会禀批初一

潍县会缉情形。

【批】：据禀已悉。该令等会缉边境逸匪，捕务尚属认真。仰按察司速饬临朐、安丘、昌乐等县，严缉逸匪宋仁平等，务获究办，并由司通饬截拿。此缴。

十一、孙令绍曾禀初一

【批】：据禀查明寿光巡缉情形暨地方安靖各缘由均悉。缴。

十二、登州府禀初二

团练情形。

【批】：禀悉。该府属团练前已饬令暂行停办矣。仰即督饬所属整顿捕务，以消隐患而清盗源。缴。

十三、陈管带泰交禀初二

行张副将勋。

【批】：据禀已悉。南北武营两处踞匪亟应妥速剿办，仰候张副将勋督队回防后妥商办理。仍一面严缉海丰境内余匪，以防窜扰而尽根株。缴。

十四、平阴县禀初二

【批】：据禀已悉。遴派弁勇续获匪目翟小二一名，提讯前获匪犯王亭居，讯明后一并就地正法，办理尚属妥速。仰仍将程立会、曹振清等提案复讯确供，另行禀办。并严缉逸【匪】邢兆陆等，务获究报。缴。折存。

十五、海丰县禀初二

地方情形。

【批】：据禀已悉。直境盐、庆一带匪徒现经剿捕殆尽，惟南北武营两处尚为匪徒蜂聚，应俟张副将勋督队回防后，迅即会同妥商办理。仰随时于交界地方认真防范弹压。缴。

十六、安丘县禀初二

【批】：据禀筹办善后缘由已悉。仰仍随时实力奉行，毋稍疏虞。缴。

十七、德州禀

探明杨运司军装中途被抢。

十八、天津府会同张勋禀

获拳匪拟办情形。

十九、张勋禀

督同各队攻破盐山小酆家老巢。

二十、盐山会同张勋禀

攻破小酆家。

二十一、惠民禀

连日赴乡巡缉情形。

闰八月初三日　附载于此。[1]

二十二、兰山禀

教民黄凤祥被匪扰害。

二十三、崔正鼎禀

复查东昌各属情形。

二十四、沂州府禀

刊刷四言告示。

二十五、兰山禀

示禁聚众。

二十六、孙绍曾会禀

寿光团练。

闰八月初三日　附载于此。[2]

二十七、孙绍曾禀初三

查办安丘情形。

二十八、冯德华禀

查访茌平情形。

二十九、洪锡湛禀

赴坡李庄教堂。

三十、临朐详

教民张洪路被劫粮食。

三十一、临朐详

教民钟德吉被劫牛羊。

三十二、沂水禀

保护教堂。

三十三、茌平禀

保护教士。

三十四、阳信禀

查探匪踪情形。

---

❶ 此段共五条，原写在闰八月初一日后。

❷ 此段共十三条，原写在闰八月初二日“六、昌乐潍县会禀”条后。

三十五、聊城禀

教堂已〔并〕未拆毁。

三十六、金乡禀

习教处所。

三十七、蓬莱禀

教堂数目。

三十八、临邑禀

遵札严缉匪徒。

三十九、新城会禀

韩家庄实未被匪围扰。

卷十四　光绪二十六年闰八月初四日起至闰八月二十一日

闰八月初四日

一、马队前哨哨官阎凤鸣禀初四

十九奉委赴长山、邹平、新城三县巡缉。据周村电局函称：石步庄、韩家窝、静山寺三处有匪百余名。至韩家窝遇匪十余人，用枪轰伤七名，下余五六名逃至石步，鸣罗〔锣〕聚众，约有百余名。此村树木太多，下马督战，彼此开枪，轰伤拳匪二十余名，获六名。阎哨官被文生韩春发用长枪扎伤左手。旋将韩春发获住。该村系淄川所管，距城四十五里。未及会禀。

二、【札】

为札饬事。案据马队前哨哨官阎凤鸣禀称：敬禀者至合先驰禀等情到本部院。据此，并据呈送起获黄八卦衣、包头、兜肚、扎腰、刀械、枪炮等件，禀请查验前来。查该哨官督同弁勇在韩家窝、石步庄等处击毙匪徒二十余名，生擒匪首文生韩春发等六名，余匪逃散。该哨官所带勇队无多，竟能以少胜众，办理甚属妥善。该哨官著记大功三次，被匪扎伤左手应即赶紧敷调。哨长张九卿查明职衔呈候汇案保奖。在事出力勇役赏银一百两。正兵张鸿恩等共赏给六品功牌四张。赏银先由长山县就近垫给，一面备文赴善后局具领归垫。功牌随文印发，查收转给。仍取具该正兵、弁勇履历、籍贯呈候汇咨。所获匪犯六名，匪首韩春发是否确系文生，即饬淄川、该县移学【院】查明，迅速禀复，以便咨请学院斥革归案严办。其余五犯均系当场拿获，讯明后即行就地正法，以昭炯戒。石步庄系为淄川辖境，韩家窝、静山寺究归何县管辖，应即查明禀报。此案未据各该县禀报，殊属玩误因循，应先将淄川、该县摘去顶戴，勒饬严缉逸犯，务获究报。其石步庄、韩家窝两处俟查明后，再行酌核办理。除分行外，合亟札饬。札到，

该府即便转饬遵办理，并饬查明迅复，毋稍饰延。
该司即便查照记册，并即分别抄行该管道府，转饬遵照办理。
该处即便查照记册，并即转饬该营知照。
该县即便查照办理，并将韩家窝、静山寺两处查明究归何县管辖，迅速禀复。
该局即便查照。

嗣后境内如遇有匪徒复聚滋扰情事，应即设法缉办。一面据实禀报，以便酌拨营队驰赴弹压，毋再饰延干咎。

三、【札曹州府】

为札饬事。照得本部院风闻该府所属范、观、朝三县境内仍有拳匪聚众抢劫，教民转徙流离，不敢回家安业。其迭次被匪掳掠焚杀、家产荡尽及饿莩者，不可胜计，情形极为困苦。赴官呈报，概不勘讯，亦并不据实禀报各等情。查教民亦系中国百姓，迭奉谕旨认真保护教堂，抚辑教民有案。如该令等仍前玩饰，其何以安良民而靖地方！并据人禀称：观城已革武举张从恭暨张玉恩、张玉清等纠党抢掠，劣迹昭著，该令并不拿办，以致匪势愈纵愈猖等情。如果属实，亟应严饬认真查办，实力捕拿。一面传谕各教民迅速回家安业，查看情形，量予安辑。如再有寻仇劫杀情事，饬即获案，照土匪例讯明就地正法，不得稍涉轻纵。并饬查明境内各村庄有无纵匿聚滋，据实申报。倘再有以讳饰，激酿焚掠重案，则经发觉，定即从严撤参。切毋视为具文，徒以一禀具复了事。

四、【札沂州府济宁州等】

为札饬事。照得本部院风闻（该州所所属鱼台县 / 该营 / 该府所属兰、郯、莒 / 该州）境内拳匪仍复时聚时

散，聚众抢劫，教民流离转徙，不敢回家安业。其迭次被匪掳掠焚杀、家产荡尽以致饿莩道路者，不可胜计，情形极为困苦。赴官呈诉，概不勘讯，亦不据实呈报等情。查教民亦系中国百姓，迭奉谕旨认真保护教堂，抚辑教民□□□□等情各在案。该令等如不实力奉行，其何以安良民而靖地方！并有人禀称：该州境逍遥庄有直隶武探庄关某，现纠党徒多人，累处扰教，教士罹祸，教民立逼反教等情。如果属实，亟应认真查禁，分别捕拿。一面传谕各教民迅速回家安业，即由该府查看情形，量予安辑。如再有寻仇劫教情事，饬即获案，照土匪例讯明就地正法，不得稍涉宽纵。并饬查明境内各村庄教【民】是否陆续回家，有无匪徒匿聚滋事，据实申报。倘再有以讳饰，以致酿成焚杀重案，则经发觉，定即从严撤参。切毋视为具文，徒以一禀具复了事。

五、安丘禀初三

获犯刘小乙。

六、蓬莱禀初三

代刊四言告示。

七、利津禀初三

分别刊刷告示张贴。

八、滨州禀初三

刊刷四言告示。

九、利津禀

境内并无教堂。

十、沂水禀

教堂并未拆毁。

十一、莘县禀

教堂并未拆毁。

十二、东昌府禀

拿获土匪宫五等。

十三、陈泰交禀

拿办匪犯秋鳖仔等。

十四、徐鋆会禀

沂州府属团练并土匪情形。

十五、平度州会禀

会剿王庙山土匪情形。

十六、登州镇禀

查拿逃弁于凤鸣等。

闰八月初五日

一、德州禀初四

奉饬严拿逸匪遵照宪札密拿董成文等，并筹办善后事宜九条：添勇队、挑捕役、挑盘巡、清保甲、饬团防、联邻封、调和民教、解胁从、联络营汛。

【批】：据禀已悉。前以该牧到任已逾一月，初未能实力剿捕，一味空言搪塞，甚失所望。现经奉旨严行剿办义和团匪，剪除根株。但系学习义和拳暨设立拳厂者，即当严密捕拿，尽法惩办。仰即遵照批札，妥速缉办，毋再饰延，致失委任。切切。此缴。

二、倪令嗣冲禀初四

【批】：据禀查明查令被害情形，极为悯惜。现已札饬济南府迅将该故员灵柩运送回省，并饬善后、先锋粮饷两局筹拨恤银五百两发交该家属具领治丧，并候汇案奏请优恤。该匪徒等如此惨酷，殊堪痛恨。仰即会同济阳张令查明，凡系境内习拳之家，所有房产查封入官，所有会厂一律焚平。玉皇庙村庄之庄长、地保先行提案严办。一面会同各营队跟踪追捕，务将正凶获案，尽法惩治，以申法纪而慰忠勤。切切。此缴。

三、【札】

八月十九日奉上谕：朕钦奉慈喜〔禧〕端佑康颐昭豫庄城寿恭钦献皇太后慈舆暂时西巡，所有与各国应议事件，已派王大臣等妥为商办。各省将军督抚，务当照常办事，镇静民心，勿令扰乱；保守疆土，勿稍疏虞。于交涉事件，仍遵迭次谕旨，按照条约办理。倘有各种匪徒借端生事，啸聚焚杀，意图乘机作乱，著即派兵立即剿平，勿令滋蔓，扰动大局。各该将军、督抚受恩深重，自当共济艰难，消弭隐患，用副朝廷谆谆告诫至意。钦此。除分别咨行外，相应恭录札

知。札到，

该直牧即便钦遵查照办理，并即转饬所属一体遵照。两直隶州、三司、四道、十府、一百零五州县

该府
该道
该司　　即便转饬各属一体遵照。
该州
该县

行洋务局、交涉局严道、各营务处、何道昭然、各营、三镇、孙镇、姜镇、李提督。

四、【告示】

为此示仰阖省官吏军民一体知悉。尔等须知，交涉事件务仍钦遵电〔迭〕次谕旨，按照条约，妥慎办理。倘有匪徒麕聚焚杀和抢劫教民者，本部院立即遵旨派兵驰往剿捕，决不稍涉宽纵，以维大局而固民心。

出示，行善后局，刻告示。

五、夏镇请拨毛瑟枪七百二十五杆，噶拉斯枪三百六十杆。

六、【咨】

为咨、移会事。前准武卫右军先锋军左翼翼长统领左路各营兼节制前路各营山东登州镇总兵夏镇辛酉呈称：各营自接战之后，除逃遁、阵亡、阵迷外，每营约剩队六成半之数。队伍既不足额，枪械亦即缺少，核计数目，亦六成半之数。现既填补队伍，仍恳再赏发毛瑟枪七百二十五杆，噶拉斯枪三百六十杆，以符原额等情到本部院。准此，查东省毛瑟、噶拉斯两项枪支，局存无多。自本年添募先锋队二十营概改用毛瑟、噶拉斯两项枪支，提拨殆尽。兹准前因，当即饬局筹拨，如局存不敷拨补，或于内地各营设法匀拨，尽数凑解。先后札饬两次。据该局委员面禀，实属筹拨不易。惟查东省上次筹解前敌坚利造后膛抬枪四百余杆，业经改解保定收，似可就近领用，俾免迟误等情。除再札局设法筹拨部堂外，相应移咨/令贵部堂/镇请烦查照，希将东省上次拨解坚利造抬枪悉数发交夏镇填补队伍领用，抑或暂由尊处借拨后膛洋枪发交夏镇领用，俟东省抬枪解到，再行拨还之处，均希即就

近妥商，酌核转饬遵照办理。并咨直隶督部堂廷，即将东省上次拨解保定坚利造抬枪发交先锋营左路各营填补队伍暂行领用，抑或先由直省另行借拨后膛洋枪，以资应用，俟东省枪枝解到，再行拨还之处，并希酌定，妥商办理。

七、平原禀初二

李士诚父子逃逸。

八、夏津禀初一

队长王福元履历。

九、金乡县禀初五

【批】：据禀已悉。筹办会匪暨善后事宜各章程均尚妥善，具见任事实心。惟酌准伙匪投诚，务须格外慎重。会厂酌改公所，无论大小概须入官。其余即由该令随时酌量办理，以收实效。另折汇开各案未获逸犯姓名、住址，仰候札行按察司通饬各属一体严缉，务获究办。并饬查照办理。缴。折存。

十、海丰县禀初四

【批】：禀悉。此案昨据陈管带泰交禀报，当经札饬该县会同严缉逸匪从五等，务获解究在案。仰即遵照前檄办理，毋稍纵延。缴。

十一、长山县禀初五

【批】：据禀近日查办情形已悉。仰即会同阎哨官等，随时认真巡缉弹压。缴。

十二、章邱县禀初四

【批】：据禀侦探济阳匪徒情形已悉。此股匪徒探闻现已分路逃窜，仰仍不分畛域，随时会同邻近各州县防营设法堵缉，并于沿河渡口，妥为防范稽查，毋任窜扰滋患。切切。此缴。

十三、莘县禀

拿攻打阳谷教堂之张凤海。

十四、冯德华禀

聊城情形。

十五、杨辰选禀

曹属各州县保甲团练。

十六、潍县禀

地方拿获匪徒情形。

十七、高苑禀

目下筹办情形。

十八、海丰禀

教堂未毁。

十九、临邑禀

并无教堂。

二十、兰山禀

并未抑勒教民。

二十一、陕督咨

英人步哲淹毙情形。

二十二、德州禀

筹办缉匪情形、

闰八月初六日

一、王英楷呈初六

霍家庄获犯霍有子一名，讯明正法。前在黄家桥获正凶黄士祥之子一名，讯明正法。犯产充公。

行两司、济南府、商河、济阳、倪令、王营务处、徐统带。

二、【札】

为札饬事。照得济阳县知县沈令逢龙，于境内窜聚匪犯讳匿不报。迨经本部院专札访闻行查，该令仍复回护，以多报少，致滋贻误。当将该令行司撤任，听候参办在案。

查东省各属匪徒，迭经本部院分饬各防营、州、县合力剿捕，先后报获首要多名，残存余匪本易缉办，其窜聚滋事者多系外匪勾结而成。是各该地方官会同防营实力拿办，固不乏人，而因循迁延，希图欺蒙粉饰者，亦所在多有。亟应通饬各属各牧令等，但能于其勾结纠聚未成之时，严密搜捕，可消患未萌，原极省事。各牧令中整顿捕务，认真查办者固不乏人；其疲玩因循，阳奉阴违，不肯实力查办者，亦复不少。合行札饬。札到该州县务即遵照迭次批札，认真筹办。

嗣后如遇有零星匪徒聚集，希图滋事，应由该州县随时访明，率带勇役迅往剿办。如系外来匪徒窜扰，亦应查明，据实报究。其每股有若干人，匪首是何姓名，现由何处窜来，聚踞何处村庄，有无焚杀抢掠情事，先将大概情形由六百里排单飞速禀报，不准再有一字虚诬，以凭酌量情形，拨队剿办。但能陈明实在情形，会同营队缉办匪犯者，所有该州县以前疏防处分仍可酌量宽免。倘因规避处分起见，仍前讳匿不报，抑或以多报少；遇有事主呈报焚杀抢掠各案，概不查勘；遇有匪徒传帜设厂，纠集党众，概置不问，因而滋酿重案者，一经发觉，定即照惩办济阳沈令例先行檄司撤任，一面专折奏参，以为玩视民疾，罔顾大局者戒。

自经此次严饬之后，勤慎者固当力加奋勉，怠惰者尤宜振奋有为。倘再积习相沿，不知改过，牢不可破，本部言尽于此，亦无法再为各牧令曲贷也。以致境内匪徒愈聚愈众，初则朦蔽该牧令等，继则该牧令等又朦蔽本管上司，以为此等零星之匪断不至于滋事。不知滋事拒捕重案，仍即因此酿成。禀报不真，往往误事，吏治何日能有起色，匪患何日可望敉平？除再责该管道府随时严密稽查，认真举劾外[1]

三、刘传经探报初六

胶澳情形。仲格庄、前后孙庄、十二滩均有义和拳。拳首廪生孙某住后孙庄。

行胶州查。

四、石守夹单禀初六

宁阳人赵二不安分，在汶上、巨野聚众滋事，已聚有数百人。

咨曹、兖镇，行兖州府、曹州府、兖沂道，汶、巨、宁三县。

五、平度州申初六

店子庄并无匪徒滋事。

六、【札平度州】

为严札申斥事。照得昨据该牧会同祝司务禀称：在龙王庙一带缉办匪犯，当场格毙七十余名，斩首十六级，生擒二名，起获枪械、包

[1] 原文止此。因系文底，此札文末段有相互重复参差之处。

头多件。又声明李哥庄、二贞台等处聚匪尚多。并据祝司务禀报前由。又声明崔营河、上庄、南村、王母阁等处亦有踞匪，拟即调队分投剿办各等情。该州境内拳匪既如是之众，蔓延复如是之广，如非有设厂、延师传习该拳情事，试问如许匪徒从何而来？即谓奉查之店子庄实无匪徒，亦应切实声明，并将现有匪踪各村逐细详复，方与原案相合。何得蒙饰含混，率行照例具申。若非有意欺蒙，即属办事草率。该牧二者之咎，必执其一，虽经卸事，仍应记大过三次，以示惩儆。除分行外，合亟札饬。札到该牧即便查照。嗣后如遇委查事件，务须据实禀报，倘有饰蒙，定即从严参办不贷。

七、乐陵县禀初五

【批】：据禀北营回民乘机构乱缘由已悉。仰候札行张副将勋迅速核议，禀候核办。仍责成该令会同邻近各防营州县，不分畛域，妥为防范，扼要堵缉，毋任窜扰滋患。切切。此缴。

八、恩县会禀彭游击金山、初五

【批】：如禀办理。仰仍随时会同巡缉弹压，并移彭游击知照。缴。

九、泰安府禀初六

【批】：已据禀函复法领事查照矣。仰即速饬迅将未结各案分别勒传集讯，持平究断具报，毋稍偏倚，致滋口实。仍一面责成该牧令等妥为保护弹压。另单禀称，宁阳县人赵二在汶、巨等处潜谋聚众滋事，候即分饬查办。缴。清单存。

十、博兴县禀初六

【批】：据禀已悉。仰候札饬青州府妥为保护。并行洋务局函致爱教士，嗣后若赴各庄稽查教民，务须先期知会地方官，俾得派拨勇役随时保护，以昭慎重。缴。

十一、菏泽县禀

【批】：据禀已悉。仰仍随时妥为筹办，期收实效。一面严缉首要各犯，务获究报。并遵照前檄迅将教堂处所查明具报。缴。

十二、平阴禀

办理缉捕情形。

十三、商德全禀

随同张勋剿办盐、庆匪徒。

十四、冯德华禀

查明博平、清平、高唐等处情形。

十五、肥城会禀

保甲团练。

十六、城武禀

洋教将图泄忿。

十七、博兴会禀

团练办齐。

十八、黄县禀

刊刷四言告示。

十九、武城禀

两次奉发示稿，一律刷印。

二十、兰山禀

查明教堂被毁。

二十一、阳谷禀

教堂处所。

二十二、峄县禀

教堂未毁。

二十三、城武禀

前由。

二十四、费县禀

教堂数目。

二十五、泗水禀

严办拳匪情形。

二十六、濮州禀

筹办地方事宜。

二十七、乐陵禀

筹办善后事宜。

二十八、郓城禀

筹办善后事宜。保甲章程。

二十九、泰安禀

并陈筹办情形。

三十、潍县禀

接任后遵办地方情形。

三十一、青城禀

拳匪烧毁教民于荣光房屋。

闰八月初七日

一、札倪令、王营务处、徐统带

速查明匪踪具报。

二、德州禀初六

沥陈感悚下忱。并请饬孙翼长速拨防勇百人驻扎临边镇。走队，州队只来福炮二十杆。

三、惠民禀初六

前访闻济阳仁丰镇有匪。兹探玉皇庙匪势甚炽，督队驰赴石人王家庄集团巡防，并约王世清派队会剿。

【批】：据禀已悉。此股匪徒探闻现已窜往商河一带。仰仍不分畛域，会同邻近各防营、州、县扼要堵缉，合力剿办，毋任窜扰滋患。切切。此缴。

四、观城禀初六

高尚申控刘金太，因伊侄高郭存折其地内粱穗，喝令其孙刘凤舞等，在家私用非刑熬审，致高郭存右胳膊骨环脱出一案。福教士函请释放刘金太等。

【批】：据禀已悉。仰即迅将刘金太等提案，讯取确供，照例拟办。一面将此案验讯详细情形函复福教士知照，并嘱其不必干预可也。此缴。

五、高唐州禀初六

请领刘金兰案内赏银一百两，又杨立坡六品功牌一张。

【批】：据禀已悉。此项赏银已札行善后局核发矣。随批饬发杨立坡六品功牌一张，仰即转发收执。缴。

六、茌平禀初六

获犯曹寅解省，朱红灯案内。

【批】：据禀已悉。仰候札发济南府督同谳员研讯确情，录供禀办。仍严缉各案逸犯，务获究报。缴。批回印发。折存。

七、荣城禀初六

请领枪子，招募团勇，呈《劝民勿习邪会歌》。

八、张勋禀初六

庆云粮台三所，分设城内、黑牛王庄、小阳家三处。盐山原共三所，城关两所，小鄚家一所。同月初一拔队，上午抵庆。距庆云八里杨家庄均系回匪。杨万德屡犯巨案，初二搜捕，已远飏，将房屋查封。初二午回海丰。

咨直督。

另单禀：盐山县令不交犯事。

九、张勋禀初六

查明并无蔺太平、张庆荣补充正兵。在双台收降匪陈永山一名作线。

十、裴家兴会同临邑禀初六

八月二十五日，带队追至济阳张家油坊一带，匪已先散，匪首庞围、宋浩、李兴太仍已远逃。沈令来函，云有匪在东乡一带聚众，探实再往。

十一、徐统带邦傑、倪令嗣冲会禀初七

徐初二至济阳，初四追至惠民之支桥，不见踪迹。倪初三至济，访得距玉皇庙东三里之官道陈庄人陈云岭为首。

十二、【札】

为札饬事。案据统带右翼第三营徐游击邦傑会同随办营务倪令嗣冲禀称：敬禀者至〇〇〇合并陈明等情到本部院。据此，查此案匪徒既已逃散远飏，各营队在彼驻扎自无用处，应由徐统带先带右翼第三营左队回省，留左队左哨哨官王玉山带原去之兵归并该营后队，均听先锋中路炮队雷管带振春调遣。炮队右营留炮二尊、兵一半，随雷管带留防，余交王帮带德贤带回操练。马队或酌留吴管带凤岭。张管带国太一人带马队新旧各一哨会同雷管带、倪令搜捕。其周树森一哨由王中书酌留若干匹，随同马队管带立功自效。王中书俟大概就绪，亦可回省。所有原访暨续访各匪姓名，其在惠、阳、滨、乐等处者，一面知会各该县及王统领世清、张帮统勋、孟领官恩远等分投勒拿；一面开单禀候径饬遵办。其在商河、德平、陵县、临邑等处者，即责成雷管带、倪令等会同各该县暨裴帮带合力缉拿，仍可就近约同驻扎禹城之左翼第二营前队何领官宗莲、右翼第三营前队王领官德芳，随同会哨，四面合力巡缉，务尽划除根株。

查该匪徒等，此次胆敢戕官伤兵，情形极为惨毒。既据该倪令、统带、令等查明首犯系官道陈庄之陈云岭、三教堂庄之孙九龙，应即会同济阳县拘传该两庄首事、地保等，限十日内查交该两犯送案。倘逾限不交，又无实在下落，即将该地保讯明严惩，该村全行毁平。并先将该两犯窠厂毁平，家属送县扐禁。附近玉皇庙既查有拳厂六处，除三教堂、官道陈庄两庄外，尚有东西霍家、鞠家、徐家及无坛厂之载店，共五庄，习大刀会者共三十余家，均由该印委确切根查，勒令各该庄首事、地保勒限查交，所设拳厂概行毁平，田产查明充公。玉皇庙左右所埋贼尸，所插椽签五枝，既已记明系惠民县，是否记有姓名，应再验明具报。自玉皇庙至支桥一带埋有贼尸七八处，应即一并刨开，戮尸枭示，以申法纪。

所有酌留营队著即分驻玉皇庙附近，以便详查一切实在情形。随时传集土人追究匪踪，购线踩缉。如能缉获此案匪犯，务即严讯，追伙匪姓名、住址，互相供证，自可依次缉拿，有所借手。否则横空追缉，愈追愈远，队伍所至，匪已先逃。打草惊蛇，于事何济。具结等事更是具文。该印委等务须遵饬妥慎办理，不得稍涉疏忽。除分行外，合亟札饬。札到，

该帮带、管带、统带即便会同倪令暨各该地方官妥商遵照办理，并将遵办情形随时报查。
该员即便分别遵照办理，仍将拨留队伍情形暨填防日期迅速报查。
该令即便会同各贵县妥商遵照办理，固不得稍涉贻扰，尤不准有意相因。
该县即便转饬各该县会同各营委妥商，遵照办理。

十三、【札】

为札饬事。案据统带右翼第三营徐游击邦傑会同至〇〇〇等情到本部院。据此，查匪徒现已逃散至〇〇〇划除根株，以申法纪而靖乱

源。除分行外，合亟札饬。札到，

该令、领官即便遵照，不分畛域，会同各营队严缉此案匪犯，务获解究，毋任远飏。切切。此札。

该统带、副将即便遵照，会同各该地方官探明此案匪犯，有此案正犯窜匿滨、乐一带者，务即购线密拿，合力兜剿，毋任远飏。切切。此札。

该领官即便遵照，随时与酌留济阳马步营队订期会哨，一面协缉此案匪犯，务获解究，毋任远飏。再，该领官巡防禹城一带，何以久无禀报，不知在彼所司何事，殊属疏忽。嗣后著每三日将地方情形暨捕缉犯事禀报一次，以凭查考。切切。此札。

十四、阳信禀

查明教堂。

十五、东平州禀

刊刷四言告示。

十六、郓城县禀

张贴四言告示。

十七、武城禀

办理地方情形。

十八、费县禀

查办拳匪情形。

十九、棲霞禀

教堂未毁。

二十、寿张禀

前由。

二十一、郯城禀

被毁教堂估值。

二十二、汶上禀

查封会厂，整顿捕务。

二十三、平度州禀

获犯吴振付，正法。

闰八月初八日

暂行六条章程，通饬各属。

一、陵县禀初七

县队二十余名，现又添六十名，把总阎凯、五品军功叶继昌分带。匪首王莲茹自击退之后，现仍纠集匪伙四五十人，常在德州、吴桥一带窜扰，并有潜回卑境王良庄之说。二十六日行至康庄地方，闻踞此二里许有马贼五六名，步匪三十余人，缚一老者，在彼饮马，当即追获老者，系王良庄庄长王殿成，被匪掳缚。匪已北窜。王德茂一股中多积匪，前经击退四散，现又潜聚。

【批】：据禀已悉。匪犯王莲茹等现仍纠集多人在直东沿边一带不时窜扰，亟应严拿惩办，以杜勾结而绝根株。姑再勒限半个月严缉该犯等，务获究报。如逾限不获，定将该令撤参不贷。仰候分行各营县一并遵限协缉。缴。

二、汤令宗翰禀初七

查郯城教堂，细加访查，该营于闹事之先，有派出探路及上街买物之人；值闹事时均在其中，实该营官未能觉查耳。幸赖仓令设法弹压，民无恙，地方旋即安靖。

【批】：据禀已悉。该令所查各节甚属糊涂，殊不胜任，应即停委一年。仰洋务局另行委员前往该县确查详复，以凭核办。并转饬该令知照。缴。

三、淄川禀初七

德商葛呢格斯美德曾在黄家庄租赁马俊远家房屋，时来时往，并无设有公司及矿务局。后闻该洋人于五月间外出，临走将屋门锁闭，交房主照管。屋内有无存储物件，无从查验。

【批】：据禀已悉。仰仍随时督饬，加意防范，毋稍疏虞。缴。

四、饬谢允卿率马队回省，丁道派一营赴坡李庄换防。

行东昌府、阳谷县。

五、行青州府淄川县

查石埠庄等处监生韩英阶等，聚众备械闹教。洪家楼教堂泰安人韩姓送到此信。

六、行青州府、淄川、长山

查办淄川周村一带匪徒。

行裴帮带、孟恩远。

七、王英楷禀初八

查委员三十日申刻带右三左队左哨哨官王玉山，访闻匪在距城五十五里玉皇庙，即带县役二名引路，周哨官于亥刻带马兵到济。查令饬马队由陆北上，自带步队乘船，约至玉皇庙西南三里之霍傅庄齐集。马队于初一黎明先到，步队辰刻到。人马均未食饮即出队，马前步后，查在步队后。匪分左、中、右三路，约千余人迎拒。马队先伤匪二三十。马队闪开，步【队】上前放枪，亦伤匪二三十。王哨官派目兵陈鸣玉、王金山保护查委员至霍傅庄以南半里，坠马不能上，兵同被戕。匪追，毙正兵迟东海等六名，正兵魏成殿等三名受伤。此时步队与匪交锋，马队官兵仍在两翼截击，在路又毙匪数十名。戕护勇一名、目兵三名，受伤二名。直追至十八里之鄢家渡以南，始退去。步兵上船，马步始归队，时已午刻。共毙匪首一名、匪八十余名，伤匪二十余名；失枪十六杆。初四，周哨官获黄士祥之子黄五十子一名。初五，又访获霍有子一名。

【批】：据禀已悉。仰即督饬该哨官等会同地方官严缉此案正凶黄士祥等，务获究办。缴。图存。

八、中路马队左营千总闵文章禀初八

驻韩官屯后哨哨官尹裕水来茌平防次，面称：有匪黑虎臣传帖千余张，将至韩官屯滋事。后哨分驻堂邑梁家浅两棚、博平城一棚，韩官屯只余弁勇三十余名，闵千总即带左哨前往剿办。初六日早八点钟，行抵韩官屯东南六里之镇桥，遇匪三四百人，拒捕。

【批】：据禀自带左哨马队并督同尹哨官所带马队三棚在博平韩官屯附近之镇桥剿办大股匪徒，击毙悍匪二十六名，匪首李长林、王小文即在其中，又生擒王立中等十八名，夺获枪刀、黄纸、符咒多件，余匪散逃。当即提讯所获匪犯，先将当场拒捕暨受伤过重之十一名一并就地正法，余犯王立中等七名移交博平县讯办。此次勇丁虽有伤亡，然能以少胜多，具见缉捕奋勇，殊堪嘉尚。该管带著记大功三次，尹哨官记大功二次，均存候汇案保奖。出力弁勇共赏银一百两，功牌十张。赏银先由博平县垫发，一面备文赴善后局具领归垫。功牌随批饬发，仰即查收，择尤填给，取具履历造册，呈请汇咨。阵亡什长李占标，正勇于得功、李鸿祺、马天海存候汇案优恤，并与受伤之正勇杨长治、王棋桐先行饬由先锋粮饷局分别核给恤赏、养伤银两。李占标等有无职衔，并饬查明具复，以凭核查。镇桥所有匪巢著即查明毁平，并由该地方官将该庄庄长、地保获案讯办。移县讯办之匪犯王立中等七名，讯明后即行正法。此股匪徒拒捕戕兵，殊堪痛恨，必须探明匪踪所在，悉数捕治，毋留余孽。仍一面严缉匪首黑虎臣，期在必获，尽法惩办，以杜煽惑而除根殊〔株〕。

博平彭令姑息养奸，禀报不实，应先摘去顶戴，勒限半月严缉此案逸匪，务获究办；逾限不获，定即从重撤参。东昌府洪守并记大过一次。速即酌派队伍会同剿捕，毋任远飏。缴。

行博平县、洪守、两司、善后局、全省营务处、粮饷局、先锋执法营务处。

九、昌乐详初五

郑峨家被劫，并遗火延烧房屋。

十、张副将勋禀初八

赴惠、商一带堵剿情形。

【批】：据禀已悉。此股逸匪现已分窜惠、阳、滨、乐各处，仰即确探姓名、住址，迅督营队扼要堵缉，分投查拿，以杜窜扰而除根株。缴。

十一、裴帮带家兴禀初八

【批】：据禀侦探匪踪暨开赴陵县各缘由均悉。仰即查照前檄，会同雷管带、倪令暨各该地方官确探匪踪，认真剿捕，毋任漏网远飏。缴。

十二、临朐县禀初八

【批】：据禀已悉。仰仍随时妥为保护，并严缉逸匪，务获究办。缴。

十三、平度州禀初八匪犯刘祥永讯明正法。

【批】：据禀已悉。仰仍勒缉逸匪李金保等，务获究办。缴。

十四、济阳县禀初八

【批】：据禀获犯司荣贵，讯系游勇，并搜有结伙盟单，罪应斩枭。仰即移交新任张牧提案研讯确情，照章严办，以昭炯戒。缴。

十五、张都司奉先禀初八

【批】：据禀督饬弁勇先后拿获匪犯高大文等四名，交县讯办，并起获刀枪等物多件，缉捕尚属勤奋。该都司著记大功二名〔次〕，左哨哨官秀斋记大功一次。出力勇丁赏功牌二张，随批饬发，即查收择尤填给，借示奖励。嗣后获犯但讯系拳匪，应即就地正法，以昭炯戒。所设坛厂毁平，房屋充公，毋得稍涉宽纵。缴。

行先锋营务处、乐陵县。

十六、曹州府禀初八

【批】：禀单均悉。仰即督饬菏泽县讯将该犯田玉春即田继斌设法严缉，务获究报。缴。

十七、淄川县会禀阎哨官，初八

获犯韩春发等讯供，委甘令本源前往查明后，再赴县会讯，并由善后局支给薪水。咨学院斥革文生韩春发讯办。

【批】：据禀已悉。此案前据阎哨官凤鸣等禀报，系韩春发等聚众拒捕，该哨官手指亦系被韩春发用长枪扎伤，因而当场拿获，并有搜获刀械多件，即可作为凭证。兹据禀称讯取韩春发供词，核与前禀迥异。查前禀声明韩春发已自供为匪首，何又云不知何人抗拒？该令即以此等游供率行具禀，其为有意纵庇可知。仰候咨请学院斥革。一面委派甘令本源驰往该县，会同提集该犯等到案讯取确供，据实禀办。韩澄发等均系当场拿获拒捕要犯，讯明后应即就地正法，以昭炯戒。切切。此缴。

闰八月初九日

一、裴家兴禀初九

请饬临邑刘令拿匪首宋浩庞等。

札临邑勒限半月严缉。

二、牛清泉禀初九

惠民王家集匪首王惟仔。

札惠民勒限半月严缉。

三、益都禀

并无拳厂。

四、泰安禀

严缉逸匪。

五、益都禀

查明教堂。

六、泰安禀

张贴四言告示

七、朝城禀

张贴告示。

八、招远禀

查明教堂。

九、新城禀

查明教堂。

闰八月初十日

一、叶大可禀初九

阎速、计玉兰发回汶上监禁三年，限满核办。魏银才、魏义亨、魏广顺重责，暂予锁押，俟有切实连环妥保，随时核办。魏先亨、高化常、梁远心、陈怀良交保领回管束。

二、平度州禀初九

讯明道士王祥江等。

【批】：据禀已悉。道士王祥江既经讯明尚无窝匪情事，应即赶紧驱逐。并将幼孩丁小立同释，交其父兄领回严加管束。一面先将龙王庙毁平，俾免匪徒潜聚滋患。仰即知照。缴。折存。

三、惠民县禀初十

近日匪徒情形。

【批】：据禀已悉。仰即不分畛域，仍随时驰赴交界地方，认真侦缉此案逸匪，务获究办。缴。

四、何守国禔禀初九

委查匪首徐铁头，札惠民县缉办。

【批】：据禀已悉。仰仍督饬在工营委随时踩缉匪首徐铁头，务获解究。并候札饬惠民县严行查拿。缴。

五、临邑县禀初九

访获张刘氏讯供。

【批】：如禀办理。仰仍选差勒缉匪目尹姓，务获究办。缴。

六、张副将勋禀初九

回防日期。

行先锋粮饷局，补记功。

【批】：禀单均悉。周帮带正德、朱哨官万林、梁哨官国栋、吕哨官长顺、高哨官文贵，既在小酆家剿匪案内出力，应准各补记大功一次，以示奖励。仰即分行知照。一面饬令商都司德全督率所部勇队，迅速回省操练。仍留小炮二尊，随同该营剿匪。此缴。

七、倪令嗣冲禀初九获犯黄士祥。

【批】：据禀获犯黄士祥恃无质证，任意避就，殊属狡展。仰再提案严讯确供。仍一面会同勒缉逸匪，务获质讯究办。缴。

八、嘉祥县禀初九

提讯阎速等供，拟办。

【批】：据禀提讯匪犯阎速等分别拟办各缘由均悉。既经该令一再严讯，所供均系实在情形，应准如禀办理。仰即知照。缴。

九、莒州禀

并未毁教堂。

十、日照禀

前由。

十一、巨野禀

拿获拳匪并筹办情形。

十二、德平禀

督队巡防。

十三、孙绍曾禀

查明益都并无土匪。

十四、范县禀

张贴告示。

闰八月十一日

一、临邑禀

讯明杨山岭等分别正法。

二、王副将禀

巡缉各处实在情形。

三、乐陵禀

约束队勇。

四、平阴禀

获匪首邢兆陆等讯供。

五、蒲台禀

拿获匪首郝魁英。

六、张奉先禀

初一至韩沙周家庄剿捕，获任子普等四名。初四【在】二马苏家获犯白继荣六名，送交宁津讯办。初三在石家寨获犯大师兄李海年等二名。初六日奉札：直隶团匪窜入东境，不敢显著红黄头巾、腰带，而于辫绳、襟袖作黄红暗记，留心盘查。

七、登州府禀

访获潘喜令，因疯妄言。

八、商河县【禀】

柳官庄获犯张二仔等十一名。

九、临淄禀

严拿拳匪，并张贴告示。

十、邹县禀

查办义和团。

十一、安丘禀

并未监禁未定之犯。

十二、乐陵县禀

查明教堂并未拆毁。

十三、利津禀

筹办地方情形。

闰八月十二日

一、平原县禀十二

行张牧怀芝。

【批】：据禀已悉。该县境内拳匪竟敢戕害正兵二名，猖獗可知。该领官不肯承认，未知其意何居？仰候札饬张牧怀芝确切查复。该处庄长、首事、地保必知此股匪徒来历，应由该令先行拿禁严追。一面勒限半个月会同防营踩缉此案凶犯伙匪，一律殄除，务获究办。倘逾限不获，定行撤参不贷。切切。此缴。

二、张牧怀芝禀十二

【批】：据禀勇目刘长升等被匪戕害缘由已悉。此案现据平原县姚令具报，已札饬该牧确查详复矣。仰即知照。缴。

三、青州府禀十二

【批】：据禀率队赴高、博、乐一带巡查各缘由均悉。查爱教士天理前据博兴县田令具禀，当经檄饬该府县妥为保护，并行洋务局函致该教士在案。兹据前情，仰候仍行洋务局查明致函后，该教士有无复函，再随时具函劝阻，并由本部院电达法国驻烟领事官查照。至钟德吉等如有诬控情事，提案讯明，即当反坐。并即知照。缴。

四、张副将勋会禀、阳信县，十一

行两司、营务处。

【批】：据禀已悉。该帮统会同谭令督率各营队在流坡坞拿获回匪马顺等十余名，又督饬陈管带等在大穆家庄缉获匪首张青苓等十余名，先后起获枪械赃物多件。当将匪首张青苓等四名与回匪马顺等五名会讯明确，一并就地正法，以昭炯戒，余犯张青兰等讯系被胁未久，即与讯无为匪之马五辰等量予保释，办理尚属妥速。该副将与谭令、陈管带、孟领官、顾哨官、汤帮带、周先锋官著各记大功二次。出力弁勇随批饬发空白功牌　张，仰即查收，择尤填给，借示奖励。一面迅将拳厂一律毁平，拘传该庄庄长、首事、地保严行惩办。并勒缉逸匪冯玉贤等，务获究报。仍由该副将移会该令等知照。缴。

闰八月十三日

傍晚传见。

一、复法领事[1]

敬复者：前准贵领事电称，东平州有教民七名被人抢掠，该处李州官并不查究等因。当即札饬署泰安府知府石守祖芬确查禀办去后。兹据石守查明禀复：奉札后即经檄委候补知县周令庆熊驰往该州严密访查。兹据周令禀称，奉委后即束装驰赴东平，会晤东平州知州李牧维諴，检查收呈号簿，调齐案卷，详细考察，并无教民呈报被抢七处，亦未有七名被人抢掠案件不为查究情事。惟日前有教民侯元渭、王景虞等呈报被窃之案三起，均系寻常行窃案件，并非抢案，当已饬差严缉窃犯，务获究办。此外尚有李绍玉与李福存等呈控乡民安宗太及吴绍平等五案，或言将其衣物、牲畜牵拿，或言将伊家具器物搬运，或言将其地内禾稼窃割，或因账目纠葛彼此口角。皆系指名控究，应归寻常词讼办理，均已分别轻重拘传讯断。到案者已为讯断责押，未到者仍为勒传集讯，并无不为查究之处。即如控失物者，皆因前者各处拳匪仇教，各教民闻风逃避，仓猝搬移，以致家具器物等件不无稍有遗失。各处平靖，回家安业，该教民等亦不能指为何人耳。其事亦不为无因。惟一经该教民等控呈，李令身任地方，本有抚辑民教之责，无不代为查究之理。况迭奉宪札，饬令实力保护，更当格外认真周全。随复赴乡密查，亦委无教民被抢及不为查究情事。理合据实禀复，并将该州现办控案信单附呈，禀由石守核明转禀前来，并据东平州李牧禀同前由。本部院详加查核该印委禀复各节，均系实在情形。现又严饬该州遇有民教控案，速为查究讯结，并认真保护教堂教民。倘有疏虞，定即将该州牧撤参，以副尊嘱。特此奉复，祈颂日祉。

二、淄川禀

讯明拳匪韩春发等供词开折，呈请委员下县会讯，抑或提省审办由。

---

[1] 在下右方有“王自新”三字。在下左方有“未缮，已电复”五字。

为札委密查事。查前据马主教天恩电称：韩家庄被匪围困甚险等情。当经札饬张管带国太、查令荣绥就近查办。兹据该管带禀报：新城之韩庄现无匪徒围困。惟访闻淄川之韩家窝有匪众潜匿，当派阎哨官率同队下严密查察，俟探明再行剿拿等情。正在批饬核办间，旋据淄川王教士禀，由青岛马主教缮函寄省，由洪家楼教堂滕教士送呈，内开：石埠庄监生韩英阶等纠同韩家阿暨同族多人，焚抢山旺庄教民、教堂，恳请查办各等情。旋即札饬青州府、淄川县确查禀办。并据马队阎哨官凤鸣禀报：于初一日准周村电局函称，石步庄、韩家窝、静山寺三处有义和拳匪百余名，当即督队至韩家窝查拿。遇匪十余人拒捕，用枪轰伤七名，余五六人逃往石步庄，鸣锣聚众，约有百余名拳匪。该哨官开枪轰击，拳匪亦放洋枪、马枪抵御。轰伤拳匪二十余名，捕获六名。文生韩春发用长枪扎伤哨官左手小指，因而就获。韩春发并自认为匪首等情。当经本部院记功核赏，并饬淄川县王令先提所获五犯会讯明确，就地正法。韩春发既系文生，应拟监禁归案讯办。又以该令事先并未查报，殊属疲玩，固须先行摘去顶戴，并勒队奋力严缉逸匪，务获究办。

旋据王令会同阎哨官禀称：提讯匪首韩春发供称，前习邪拳早已改悔，实无聚众贴帖，欲图焚扰电局情事。今奉访拿，不知何人出而抗拒。【韩】春发等供词亦极狡执等情。当以该令复讯与阎哨官所讯供词实不符，特委甘令本源驰赴淄川会同讯办。一面咨请学院先将韩春发文生斥革，以便归案严申，均经分别咨行各在案。兹又据王令单衔禀称：提讯拳匪韩春发，供称因病在家，被官兵赤身拖出，阎哨官如何被伤，伊不知情，黄八卦衣系姓曹遗留，刀械枪炮系民团留存。韩澄发亦不承认习拳，并在坡工作被获。该令明查暗访，实无为匪伙聚拒捕情事。并经该令勘明韩长文等酒店住宅各有被烧搜翻情形。该哨官原禀遇匪开仗各节与该令所查不同等情到本部院。据此，查韩春发既系供认学过邪拳，遵奉八月十日谕旨，严行查办，务除根株，即属法所不贷，何况抗拒。

该令前次会禀据称，韩春发供称不知何人出而抗拒，是系为韩春发开脱。韩春发供明，系韩奋发跟其学习，此次并将此语删去，是其有【意开脱】。果系无人抗捕，兵士系从何而来？黄八卦衣果系曹姓留遗，试问存之何用？既云并未抗拒，为何禀中又有不知系属官兵，持械出而盘诘暨鸣锣击鼓，点放火枪相应等词？试问鸣锣击鼓，持械放枪不为抗拒，孰为抗拒？该令自谓明查暗访，与该哨官原禀情形不符外，即鸣锣击鼓，则该哨官原禀谓其鸣锣聚众属实矣。该庄持械放枪，则该哨官原禀谓其开放枪炮为实矣。何况伤痕决难伪作，非该庄拒捕，该哨官何敢纵兵扰民？即使该哨官约束不严，该令勘讯得实，事在本月初三，该令身任地方之责，何不据实禀报，详请查办，而于初五犹与该哨官合行具禀？至禀称因系大概合禀，未便详叙查访各情，为何不及时单衔具禀？直至奉到摘去顶戴，勒限严缉之札，乃于初十日率行补禀。除不但与该哨官原禀不符，即与会禀亦多歧。其会禀中谓会同勘毕，当夜扎驻石埠庄，次日早一同驰抵周村，此次缮禀则谓勘毕即抵周村，即此一项虽属于案情不甚相关。该令语多蹭空，希图卸过。本部院执法一公秉大，该哨官如果管束不严，本部院断不用为宽贷。惟该令奉文查办匪案，始则讳匿，继则观望，终且诿卸，实属有意欺瞒。如不派员严密根查，撤府根究，殊无以肃官方而恤民谟。

【批】：据禀已悉。该革生既经供认学习邪拳，钦遵八日十四日谕旨，严行查办，务除根株，即已属法无可贷，何况抗拒官兵。黄八卦衣即系曹姓所遗，该革生留之何用，且曹姓六月来境传习邪拳，正当本部院出示严禁之时，该令迭次禀复均云境内并无拳厂，何以又有曹姓传习情事？虽经庄长驱逐，何以讳匿不报？此次如非聚集拒捕，官兵何致受伤？既经持械出而盘诘，又复鸣锣击鼓，点放火枪，尚非抗拒而何？该令既经访查，又何以不将勘讯情形当即禀报？迟至初十始行具禀，其意何属？现已札派甘令本源驰赴该县会同讯办，仰即遵照提集该犯，防〔分〕别研讯，务得确情，录供禀办，以成信谳，毋稍轻纵。切切。此缴。

三、惠民县禀十二

【批】：据禀已悉。该令自信太过，信人亦太过。仰俟该营委查明后再行饬知。缴。

四、惠民县禀十二

【批】：据禀直东交界之左二庄，现有匪徒聚众滋事缘由已悉。此案昨据海丰管令暨张副将勋先后禀报，已分饬勒缉矣。所请酌留二营于海丰等处扼要驻扎，虽是常事，惟在得恃守令认真捕务，毋迁就，毋瞻徇，庶可弭患无形耳。此缴。

五、王营务处英阶禀十二

【批】：禀单均悉。匪犯黄士祥既经商河县拿获，候札饬该县提案讯明解省审办，并将该庄庄长、地保从严惩治。仰即知照。缴。

六、陵县禀十二

格毙李顺仔等三名，拿获张幅苓一名，正法。

行两司。

七、冠县禀十二

格毙项得胜，拿获高小麻仔一名，正法。

行两司。

八、平原县禀十二

拿获刘长有等三名，又获张继槐等二名。刘长有正法。

行两司、右军营务处。

九、张副将勋禀十二

【批】：据禀已悉。仰即查探明确，迅督营队分投剿办，合力掩捕，毋任匿聚滋事，以除后患而竟前功。缴。

闰八月十四日

一、东海关禀十三

派员查明威海租界民人姜立志被抢一案。

【批】：已据禀照会英国步大臣查照矣。仰仍督饬文登县，遇有交涉事件，随时按照议租威海专条妥慎办理。缴。

二、【照会威海英大臣】

为照会事。光绪二十六年八月二十日，准贵大臣照会内开：现闻文登县派壮役擅入租界，任意横行，唆民罢市，请烦从严查办等因。当经电饬东海关道派员前往查办，并一面电复贵大臣查照在案。兹据东海关道李道希杰禀称：当经委派候补知县谢全忠前往确查。该员旋即驰赴文登，提集壮役严行审讯，实无其事。当将该役等看管，并即会同该令折赴威海道窑夼村详查。有教民姜立志于六月十二日被人勒出大钱二百文，并无抢去衣服、家器之事，其人亦并非县差形状。当即会同至刘公岛，谒见贵大臣陈明查讯情形，并询明闯入姜立志家之人自称县差，并无票据。其两人一姓丛，一姓姜名文胜，而检查县中壮役名单，亦并无丛姓及姜文胜其人。显系匪徒冒充公役，借此抢劫无疑。至唆民罢市一节，系出自谣传，遍查亦无其事。当经谢令等据实陈明，仰荷贵大臣明察，允将此案了结，谢令即回烟销差，由该道核明禀复等情到本部院。据此，除禀批示外，且复贵大臣，烦请查照。

三、冠县禀批十三

【批】据禀已悉。教士向不干预民事，现又远避，无从函商。惟在该县严治拳匪，调和民教，以戢隐患。一面由县出示晓谕，不准教民寻仇擅杀，违者亦以匪论。惟拳民聚众往攻，准即格杀勿论。其民教互控案件，仍由该县随时持平审办，两无偏倚。一面严缉匪首宋狮仔等，坚获究报，以杜煽惑而便抚辑。缴。

四、利津县禀十三

（可怜）行王副将。

【批】：据禀已悉。仰即迅将匪犯戴士恭讯取确供，拟议禀办。一面严缉逸匪潘汉三等，务获究报。并候札饬王副将世清督率勇队，分投协缉，毋任漏网远飏。缴。折存。

五、商都司德全禀十三

【批】：据禀剿办流坡坞等处拳匪缘由已悉。此案已于张副将等会禀内批示矣。仰仍随时认真巡缉弹压。缴。

六、洋务局详十二

【批】：此案昨据汤令禀复，词意甚属支离，当将该令停委一年，并饬该局另行委员确查详复矣。仰俟查复到日，再行酌量核咨。缴。

七、冯令德华禀十三

【批】：据禀查明莘县缉匪情形已悉。缴。

八、胶州禀十四

行莱州府。

【批】：禀悉。已札饬莱州府俟犯解到提讯严办矣。仰即迅将该犯周明亮签派妥役，迅速解赴掖县投收，听候提审。缴。

九、高密县禀十三

行两司。

【批】：据禀已悉。该令办理甚属妥善，著记大功三次，候行司注册。绅衿焦子傑等应否赏给功牌，仰由该令酌量禀请核发。缴。折存。

十、滨州会禀蒲台、利津，十三

【批】：据禀已悉。王副将世清所部营队并无调防之说，仰由该牧移会黄令等知照，仍随时会同妥为巡缉弹压。缴。

十一、乐陵县禀十三

【批】：据禀已悉。该犯高大文既无焚抢掳杀重案，学习又无多日，枪刀从何而来？仰再提案严讯明确，录供禀办，毋任狡避。仍一面严缉逸匪，务获究报。缴。

十二、济阳县禀十三

【批】：据禀已悉。仰新任张令即将已报未报各案，迅速勘讯缉办，据实具复，毋稍迴护饰延。切切。此缴。

十三、惠民县禀十四

行倪令嗣冲、雷管带震春。

【批】：禀悉。庄长王秉仁等已分饬倪令、雷管带提案确讯，录供禀报矣。仰即知照。缴。

十四、【札】

为札饬事。照得本月十三日，据武卫右军会办执法营务处祝司务廷琛禀称：窃于上月二十九日剿办龙王庙拳匪后，当经分赴李哥庄、崔家营等处，次第搜捕。现在各处习拳者多已逃逸，其不习拳者均各安居，并由各庄首出不敢再练册结。平度拳匪似可期化莠为良。惟二贞台一股系积惯抢匪冒充，若不全数剿除，终为平、莱、即墨三境之害。屡次派探往查，均云自兵队到后，即逃藏在即墨县境，因地系环界，且德兵尚在即墨，故未敢孟浪往捕等因。据此，查此股积匪逃藏即墨县境，实借环界为逃薮，以便影射，乘间四出劫掠，实堪痛恨。合行札饬。札到该令仰即遵照遴派干役，速为设法缉捕，务获逮案惩办，以靖乱源，毋稍疏纵。切切。此札。

一札即墨令，准此。

闰八月十五日

一、复龚分统

○○仁兄大人麾下：顷接来函并庞庄教堂函一件均悉。详阅此件，并非安信，可由该处觅便径送，毋庸由省另译。惟既许人保护教堂，剿办拳匪，便应会同该县认真搜捕匪徒，俾免贻人口实，况且办匪本是营县应尽之责，即无此信，亦应搜捕也。至云续报南口屯、管庄、贺屯三分堂被焚，暨所开被难教民及各处匪党名姓，恐有不实不尽一节，应即会商尚道分饬各县查办，仍一面汇同具复。此时不得其详，固无从核办也。原信发还，望查收转交。现已电达美使，告以该处安辑情形矣。

二、复孙少襄

绍襄仁兄大人麾下：两奉惠书，并庞庄教堂王者香所开被匪拆毁焚烧会堂九处清单一纸，其中有已报者，有未报者，现已分饬行查矣。该处暨芋路口范围一带，本为匪徒出没之区，现虽暂时安谧，惟不可恃。而庞庄教堂又久为远近匪徒所垂涎，理宜防范严密。应请督饬彭管带会同恩县秦令、平原姚令随时妥为防范，认真巡缉。并饬酌定每月会哨几次，以资联络，不为差保蒙蔽。李帮带玉霖会同秦令驰往查看情形何似，俟其禀复到日，并希详晰示知。际此时局艰危，总以严办拳匪，保卫教堂，为弭乱保邦至计。大局一日不定，东防终一日不能懈。右营所悬勇额，一时可不忙募补。并以奉复，只颂。

三、致姜翼长

汉卿仁兄镇军大人麾下：径启者。十五日接德督来电，拟续修高密路工，自派兵队在环界内保护，我军均撤至环界以外驻扎，向系按照条约办理，当即电知尊处。本日，又将马步分扎丈岭南流一带布置情形，电请酌量筹办。因恐电码内有错误，特将德督原电，暨十五、十六弟致尊处两电，一并抄稿寄呈，以便核对，希查照电开各节办理。但弟系按图遥揣，如此布置，究竟如何相宜，仍请麾下酌办，分饬边境。如能亲赴丈岭一行查看尤妥，并安示复。专此布达，祇颂筹安不宜。

四、【德督电】

山东巡抚部院袁电鉴：本大臣现拟将铁路再行兴办，暂且修到高密县城。所应保护一节，我兵自行办理，故贵兵再无用于彼。相应请将贵部院所部各兵，限毕本月十九日全行从百里外界撤回。马市矿务亦应再行兴办。本大臣明日由津回青，候到青后，一切事务再为详细函知。又请贵部院电复青岛。德总督叶电。印。闰八月十五日天津来。

五【致姜桂题电】

姜翼长：密。高密兵撤回丈岭，其岭东二十里在环界外。范家郜一带，仍须酌派马队一哨巡护此段路工，兼作侦探。该官长必须遴精细者，不可擅入界内。遇有德兵出界，可照常周旋，切毋构衅。段步队、王马队驻丈岭作为前锋，宿营及各队均驻南流作为右队。其丈南中间之太保庄、刘戈庄等处，酌扎一二哨作为通气，并节节巡护路工。按图遥揣布置如此，至究竟如何相宜，请麾下酌办分饬，并先复。能亲赴丈岭一行查看尤妥。铣。印。十六日发。

马、宿等步队十八撤回，丈岭马队十九撤。

六、兰山县禀十四

行沂州府。

【批】：据禀已悉。匪犯刘秀贵等供词狡展，应准提府申办。仰候札饬沂州府，迅将该犯等提案讯取确情，录供禀办。仍严缉逸匪王长苓等，务获究报。缴。

七、博平县禀十四

【批】：据禀已悉。匪犯王立中等既已供认学习邪拳，自应严行讯办，何得借胁从未久等词任其狡避。似此一味姑息，贻误地方，殊堪痛恨。惟既经解府审办，仰候札饬东昌府提集该犯等严讯确情，拟议禀办。至此案获犯缘由，前据闵千总等禀报，业经札饬该县勒限严缉黑虎臣等，务在必获，尽法惩治。应即如限缉办，毋再纵延干咎。切切。此缴。

八、徐令鋆禀十四

【批】：据禀查明沂水旺庄等处现尚安辑情形已悉。缴。

九、平阴县禀十四

【批】：据禀马哨官佩兰所带哨队拔队回省日期已悉。缴。

十、阳谷县禀十四

行臬司。

【批】：据禀已悉。张沨海既经讯明正法，应将缉办缘由出示晓谕，并酌量函告坡李庄教堂福教士知之。至拿获匪犯讯供确凿者，即行就地惩办，毋庸辗转解审，前经通饬各属遵办有案。仰即查照前檄办理。仍一面妥为保护坡李庄教堂，并严缉逸匪毕文祥等，务获究报。缴。

十一、天津府禀十四

【复】：来牍备悉。希仍督饬盐山、庆云等县与海丰、乐陵各防营、州、县，查照旧章，随时酌订会哨并协捕章程，俾免余匪窜扰滋患，以安边境而靖乱源。此复。

十二、长清县详十四

行善后局。

【批】：据详已悉。垫发赏银，候饬善后局照数发给，仰即备文前往具领。缴。

十三、冯牧德华禀十四

【批】：据禀查明馆陶缉匪情形已悉。缴。

又禀十四：查明冠县缉匪情形。

闰八月十六日

一、倪令禀十六

【批】：据禀缉办玉皇庙戕害官兵案内匪徒，并另禀密陈查明接仗各情形均悉。仰即会同雷管带、王中书、徐统带暨各该地方官，严缉此案凶犯孙玉龙、陈云岭暨在逃各匪犯，悉数弋获，质讯严办，毋稍纵延。切切。此缴。

二、倪令、雷管带会禀十六

【批】：禀单均悉。匪犯陈锁仔等所供伙犯住仁风街附近者甚多，自应暂驻该处，以便就近缉办。仰仍严讯王传森等，务令著伊家属遵限交出此案凶犯等，质讯严办。一面派勇驰赴高苑、青城、蒲台、利津、商河、惠民各等处，分投密缉，毋任远窜漏网。该管带等俟将仁风街附近匪犯缉获到案，迅即会提前获各犯严行质讯，务得实在踪迹，以便跟踪踩缉。其惠民境内各犯，并候严饬柳令勒缉严拿，务获解究。此案凶犯均在石人王庄，济阳之丁字庄两处。此两处余匪必多，应即拨队驰往该两处剿捕，务将匪首孙玉龙、陈云岭、于光华等暨在逃各匪犯悉数获案严办，以申法纪而尽根株。缴。

三、【札】

为札饬事。案据随办营务前陵县知县倪令禀称：访得济阳、商河、惠民、青城、齐东各坛口均在济阳、惠民交界之石林王家庄领香。所有在该处领香之坛口、拳匪姓名、住址皆有底账。于初十日天将明时，同徐统带邦傑等带同眼线至该庄，拿获王传森、王丙仁、王兴阁、石良仔四名，当即提犯会讯。据王兴阁供称：伊系莱州府人，前年逃荒来此。五月间该庄首事派在伊家立坛，王传森为大师兄，王玉田管账，王丙仁为拳首事。外有郭背惠仔、张拴仔、杜姓二名、萧姓等习拳是实。王丙仁供称：八月初九日，有惠民城西孙庄大师兄孙玉龙、济阳官道陈庄大师兄陈云岭二人至伊庄，约集玉皇庙。系王玉田写的帖子，孙玉龙、陈云岭、王传森出名，张拴仔下帖。至二十三四日，该庄赴玉皇庙打仗者只有王传森、张拴仔、郭背惠仔，伊并未去是实。余【供】与【王】兴阁同。王传森供称：系石林王家大师兄。查委员受伤阵亡，系赵希贤即长斧仔跟随查委员之马后，持举单刀将查委员砍落马下，众人持刀乱砍殒命。至于学拳的姓名、住址、底账，皆系王玉田经管，现王玉田已闻风远逃。余供与王丙仁同。石良仔供称：青城石家井子人，向在济阳丁家庄丁之文家学拳，大师兄系齐东县的于光华。上玉皇庙打仗系于光华约伊同去，伊因眼色不济，未曾上前，听说孙玉龙、于光华、赵姓等杀了一官，遂各往东北分逃是实各等供。晚住长王庄，复会同李令提王传森等复讯，各供前情不讳，并求援限数日，情愿著伊家属交出杀害查令及为首各犯等情。

又据倪令会同管带先锋中路炮队右营雷牧震春禀称：续获陈锁仔、董元仔两犯，提同王传森等研讯。据陈锁仔供称：系济阳甜水井人，在仁风街拳坛学拳，先是刘吉子大师兄，后又改换张木仔。由石林王家庄王玉田家领香，学习两个多月。玉皇庙打仗是孙大师兄纠合，小的身受枪伤。查大老爷是孙大师兄杀害的。并据供称在逃匪徒孙玉龙等多名。又据董元仔供称：系李洪廷家庄人，学拳两个多月。大师兄孙玉龙是武定府人。玉皇庙打仗聚有一千多人，小的是陈云岭师兄传帖请来，身受重伤，实难同逃是实。又据王传森供称：在逃匪徒王福田等人。又据王兴阁供称，匪徒王玉田等年貌与诸犯所供大概相同。当将陈锁仔等先行拘禁，俟拿犯质讯后再行惩办。董元仔暨石良仔既已供认伙同抗拒官兵，董元仔受伤甚重，且所供在逃伙匪无多，毋庸质讯，将该等于十三日先行就地正法，以昭炯戒。并请分饬各县严缉在逃匪犯，名单粘抄各等情到本部院。

据此，查前据该令禀报石人王家庄现已革面洗心，联庄拳练与拳匪为敌，且玉皇庙之役亦因该首事王秉仁预为禀明，该令得以督队前往，溃匪未被窜入，是该庄长不至再入匪途，似尚可信等情。当经批饬俟倪令等讯明禀报，再行饬遵。兹据前项禀词，核各该犯供词。王兴阁则供明在伊家立坛，王传森为大师兄，王丙仁为拳首事。王丙仁则供称，孙玉龙等在伊庄约集赴玉皇庙，系王玉田写帖，孙玉龙、王传森等出名，王传森并与张拴仔等赴玉皇庙打仗。王传森则供明，实系本庄大师兄赵希贤持刀追杀查委员，众人持刀乱砍殒命。并据各犯供明，在逃匪犯之籍该县境者即有十余名之多，其未供出者尚不知凡几。但此案传帖聚众设厂即起于该县境之石人王家庄，匪首孙玉龙及在逃各匪亦均匿聚该县境内。众供明凿，毫无讳饰，该县犹一再以境内拳匪均已改邪归正，不至再入匪途等词代为掩饰，及至派队【前】往捕拿，仍复函请从宽，即非有心徇纵，亦即受其所愚。本应严予处分，姑念该令平日官声尚好，姑予限半月勒缉单开在逃各犯，悉数拿获归案讯办。其匪首孙玉龙务须首先拿获，不得任其漏网。倘再不知愧奋，逾限无获，定即严行参处，决不稍涉宽贷。

四、张副将勋禀会海丰十五

行按察司、先锋营务处。

【批】：据禀已悉。该副将督同陈管带泰交饬派许哨官兰洲率领勇丁在边境崔家城州庄格毙匪首崔哲甫一名，缉获匪犯从九常、崔成第二名，起获马二匹，并枪械子药多件。当将该犯解经该副将等会讯明确，即与前获奸细王得成一并就地正法，以昭炯戒，办理尚属妥速。

许哨官著记大功三次。勇丁徐得功、姚福田二名，随批饬发□品功牌各一张，仰即查收，转【给】收执，借示奖励。所获马匹由营变价充赏。仍督饬严缉余匪，务获解究，并分别移行知照。缴。折存。

五、雷管带震春禀十五

【批】：据禀查缉匪徒暨拨队驻防各缘由均悉。仰即会同倪令等迅提所获各犯，严讯伙匪姓名、住址，跟踪踩缉，质讯严办。余仍遵照前檄妥速办理。缴。

六、阳信县禀十五

【批】：据禀会缉流坡坞、大穆家庄等处匪犯，并分别讯办各缘由均悉。此案已于会禀中批示矣。仰仍会同防营，认真严缉各逸匪，务获究办。缴。

七、张都司奉先禀十五

【批】：据禀遵饬查缉匪徒缘由已悉。仰仍随时严密查拿，认真训练，期于操防两有裨益。缴。

八、茌平县禀十五

【批】：据禀已悉。仰仍随时认真禁缉弹压。缴。

九、惠民县禀十五

【批】：据禀已悉。仰即遵限严缉该匪犯王惟仔，务获究办，毋稍违延干咎。缴。

十、禹城县禀十六

行按察司、右军营务处。

【批】：据禀已悉。该县会同何领官督饬弁勇在郅辛庄拿获匪犯郅丑仔等，分别正法、保释，缉捕尚属认真。邱哨官长胜、李哨长得龙著各记大功一次。勇目刘鸿伦应准赏给□品功牌一张，仰即查收，移送何领官转给收执，以示奖励。余悉照所拟办理。仍会同严缉逸犯郅住仔等，务获究报。缴。

十一、峄县禀十五

【批】：据禀该犯李齐掌讹索钱文，掘毁坟墓，现被阖族呈控缘由已悉。仰候该犯病痊即行提案研讯确情，迅速按例惩办，不得因系教民，稍涉宽纵。缴。

十二、平度州禀十五

【批】：据禀已悉。仰即迅将该犯李秋等，提案研讯确情，录供禀办。缴。

闰八月十七日

一、东昌府禀十七

博平王令禀请查办尹哨官缉匪一案。

二、德州禀十五

【批】：据禀已悉。龚营获送尹二一名，既经该牧提案讯明并未入会习拳，亦无为匪不法情事，应准量予保释。仰即遵照办理。仍严缉各匪，务获究报。缴。

三、冯牧德华禀十六

【批】：据禀查明堂邑缉匪情形已悉。其马队在博平韩官屯缉办匪徒，已据该营县先后禀报矣。仰即知照。缴。

四、沾化县禀十六

【批】：据禀已悉。仰仍随时巡缉弹压。缴。

五、张牧怀芝禀十五

【批】：据禀查复勇目刘长升等被匪戕害各缘由均悉。王领官于该队勇目被匪戕害，既不查报，又不承认，殊属荒谬，现已将该领官撤换矣。仰即知照。缴。

六、徐令鋆禀十五

【批】：据禀查明莒、日等处并无匪徒缘由已悉。缴。

闰八月十八日

一、雷震春、倪令禀

济阳西小庄获到萧七金仔，十八岁，仁风西街人。章邱王三庄获到大师兄刘吉仔，十七岁，仁风街人。桑家渡获到肖小钱仔，二十岁，仁风西街人。【萧七】金【仔供】：章邱县头目李五云，住老□李家庄，带二十余人。齐东县头目王敬典住西马头庄，带三十余人。蛇庄郭书卿带十余人。商河县头目两人：李顺彦住长王庄；蒋正德阵亡，住宁仓寺，带百余人。惠民县头目三人：王生才住王家集，王正南住田家集，李同芳住曲家庙，带百五十余人。【刘】吉仔供：济阳县头目霍清普住霍家庄，田荣刚住许家庄，陈根仔住陈庄，陈乃义住戴家店。王盘镇、石林王家两处，王生才大师兄，二五仔、王啕气仔、张拴仔、王传森。

【批】：据禀续获匪犯萧七金仔、刘吉仔、肖小钱仔三名讯供缘由已悉。该犯等所供著名首要，现已分饬各该州县严缉，务获解究。仰即酌派弁勇驰赴各该处会同协拿，并将所供济阳境内各匪徒设法堵捕，归案质讯，毋任漏网。随批发去搜获匪徒私刻离字伪印两纸，又曲堤镇匪犯自缮名单一纸，该管带查阅后，即寄惠民柳令一阅，即由柳令备文缴呈存案。一面查访单上所列各犯住址，分别购拿。可见济阳仁风、曲堤镇暨惠民之石人王家庄其为匪薮，固无庸议也。此缴。

二、惠民禀十八

获犯王惟仔。

【批】：据禀已悉。王惟仔是戕官案内重犯，必须详审严究。仰即妥派勇役迅将该犯解交倪前令等归案质讯，以凭核办。仍遵限严缉首犯孙玉龙，务获解究，毋稍纵延。此缴。

三、平阴县禀会茌平、长清，十七

【批】：据禀已悉。此案办理甚属妥善，已于该令单衔禀内批示，并分别记功给赏矣。仰即遵照前批，会同张令迅将查封之炉厂、田房、财产一并估计变价，详细具报，以凭核办。一面严缉逸匪谢保吉等，务获究报。并移豫令、张令知照。缴。折存。

四、登州府禀十七

【批】：据禀已悉。该守查明栖霞县境现有拳匪聚众煽惑，当派哨队驰往会缉，筹办甚善。仰即督饬该县暨王哨官等，迅率勇役，严密查拿，务获严办，毋稍宽纵。切切。此缴。

五、福山县禀十七

【批】：据禀已悉。高瑞生虽经该令讯无为匪不法情事，究属入伙同行，应俟将逸犯姜姓获案后，再行保释。仰即遵照办理，并勒缉该逸匪等，务获究报。缴。

六、陈参将万清禀十七

【批】：禀单均悉。分布营队尚属妥洽。惟现在钦奉谕旨保护教堂、教士，又正值议和甫开之时，文教士安多既欲赴莒传教，但宜承认保护之责，不可催其回胶，以致别滋口实。切切。此缴。图存。

七、德州禀十七

【批】：据禀已悉。仰按察司转饬知照。缴。

八、青州府禀十七

【批】：据禀已悉。缴。

九、文登县禀十七

【批】：据禀已悉。缴。

闰八月十九日

一、文登县禀十八

【批】：据禀已悉。此案昨据登莱道查明禀复，已据情照会英国步大臣查照矣。嗣后遇有交涉事案，仰仍随时按照议租威海专条，妥慎办理。缴。

二、恩县禀十八

【批】：据禀查明庞庄近日并无匪踪缘由已悉。仰即会同李帮带等随时妥为保护弹压，毋稍疏虞。缴。

三、临淄县禀十八

【批】：禀单均悉。所拟办法尚属持平，仰仍随时剀切劝谕，妥为抚辑，以和民教而弭衅端。缴。示稿存。

四、鱼台县禀十八

【批】：据禀已悉。仰仍随时妥为保护弹压。缴。

五、东平州禀

张贴告示。

【批】：据禀已悉。缴。示存。

六、莱州府禀十八

行臬司。

【批】：据禀已悉。该守讯办此案尚属妥洽。周敦厚、周米既经尽法惩办，王家福等应准监候待质。所称二贞台地方现有匪徒啸聚，昨据祝司务廷琛查明禀复，已札饬即墨王令遴派干役，设法兜缉矣。仰即转饬遵照，并严缉逸匪周敦礼等，务获究报，仍候行司通饬截拿。缴。折结均存。

七、昌邑县禀十八

【批】：禀单均悉。所请密码电本随批饬发，仰即查收备用。缴。

八、平阴县禀

行臬司。

【批】：据禀已悉。该令饬派弁勇督同团丁拿获匪犯李同太一名，讯明照章就地正法，捕务尚属认真。队长毛贵春、团长千总陈冠三各赏给五品功牌一张，随批饬发，仰即查收转给收执，以昭激劝。仍严缉逸匪刘玉堂等，务获究报。缴。

九、利津县禀十八

行臬司。

【批】：据禀已悉。该令会同防营拿获匪犯戴士恭一名，讯明照章就地正法，捕务尚属认真。出力练勇随批饬发功牌二张，仰即查收，择尤填给，以示奖励。仍严缉逸匪王文升等，务获究报。缴。折存。

十、冯牧德华禀十八

【批】：据禀查明清平县缉匪情形已悉。缴。

又禀十八

【批】：据禀查明高唐州境内安静缘由已悉。缴。

闰八月二十日

一、电复叶大臣

青岛叶大臣鉴：前接准八月文电内开，贵国兵队在栾村一带遇执旗华人攻扑一案，请派员查明，此逢仗之事，是否该党径行，抑或暗窥地方官举动所致等因。当即电饬莱州府裘守驰往查办，电复在案。兹据莱州府禀称：查明栾村、辛疃等庄前有往来拳匪窜入滋事，当由胶州张牧饬派勇役驰往巡缉弹压，又会同营汛赴沿边一带分防。并提讯该庄庄长等供称：即墨匪犯王义训纠合滋衅等情。该牧旋赴店口，传齐辛疃等与即墨附近之谭夏等庄二十余庄庄长、地保人等，严行申谕，一体保护教堂、教民，如有外匪窜入，赴报查拿。各该庄均遵示具结。办理甚为认真，其非暗窥地方官举动可知。至王义训一犯，已经即墨许令会同贵国兵队拿获，并在鲁东一带拿获孙廷奎、孙廷维二名。该府于闰月初三由胶抵即，提讯王义训，供认实系该党径行，与地方官无涉。当将该犯就地正法。又访明此次滋事，实由周敦厚暨伊子周米、伊党王家福、金凶焊、矫扶准、矫思谈等，挟嫌诬告周家町民人王承仓为大刀会，领同贵国兵队前往搜捕，周敦厚等即乘隙仇杀周田等九命。旋被贵国兵官看破挟仇诬枉情形，即将周敦厚、周米、王家福等六名拿发该府讯明，立将周敦厚、周米杖毙，王家福等四名以其并未杀人，当重责后暂行监禁，俟获周敦礼后质讯再办。此项事起仓猝，确系该党径行，许令又帮同拿犯，自无暗中布置情事。惟该令才具太疏，不胜繁剧，现已撤任调省，应毋庸议。即墨附近各村庄庄长、地保人等，并该守传集面谕，不得再任外匪窜入滋事，一并出具甘结存案。所具之结，并由该守函送贵大臣存查。至孙廷奎、孙廷维二人，讯系开设酒馆营生，实无学习拳会，亦未被控闹教，实是安分良民，应准量予保释各等情。据此，查此案现据该守查明，实系外匪窜入滋事。王义训既勾结于先，周敦厚等又诬指于后，以致构成衅端。该地方官等实无从中布置及该匪暗窥地方官举动各情事。王义训、周敦厚、周米现经讯明正法，各村庄又经出具永不滋事切结，即可相安无事。即墨许令既已撤任，仍由本部院严饬胶州张牧、即墨王令认真巡缉弹压，遇有交涉事件，并饬会同贵大臣所派官员随时筹商办理，以答贵大臣敦睦邦交，力顾大局盛怀。特电复。

二、莱州府禀二十

查明胶州张牧并无从中布置，据情转禀，并呈送甘结。

【批】：据禀已悉。已会同该令查明即墨境内匪徒径行滋扰，并无地方官从中布置情事一案，摘叙大概情形电复叶大臣查照矣。仰仍督饬该牧、令等，遇有交涉事件，随时按照约章，妥慎办理，并严行查缉拳匪，毋任窜扰滋衅。缴。结存。

三、莱州府禀二十

王义训正法，孙廷奎/维请保释。

【批】：据禀已悉。王义训聚众滋事，迭酿巨案，既经讯明正法，应即录供通详。孙廷奎、孙廷维既讯无为匪不法情事，惟系由德兵交拿，应由该守备录供词，函致德员，再行取保开释，俾免别滋口实。缴。

四、闰八月十一日上谕

銮舆行至义安村地方，突有民人郭敦源自称义和团头目，异言异服，冲突仪仗，实属不法已极，著即行正法，以昭炯戒。介休县知县陈日稔于此等匪类并不查拿，其平日纵容义和【团】可知，著即行革职永不叙用。钦此。

通饬各属。

五、倪令、雷管带会禀二十

惠民赵庄获赵铲子，沙窠赵庄人，十六岁；赵连升仔，大师兄，十三岁。商河大仁河获魏辈仔，十八岁；张木仔，仁风街人。张庄获赵大稳仔，仁风街人，二十一岁。小仁河获董狗仔，仁风街人。

行长山周村赵振邦，行济阳衙役张朝。

【批】：据禀已悉。正凶魏辈仔、匪犯董狗仔，仰即选派弁勇护解来省，以凭讯办。其续获之赵铲仔、赵连升仔、赵大稳仔、张木仔暨前获之萧七金仔、肖小钱仔、王传森等七名，其中如有应行复质要犯，应暂行押候质讯，余悉讯明就地正法，毋庸解省。仍严缉逸犯孙玉龙、陈云岭等，务获究报。缴。

六、【札】

为严札申饬事。照得该县境与济阳毗连之石人王家庄，为济阳、商河、惠民、青城、齐东各坛口之总匪厂，此次拿获之王传森即系该庄大师兄。其余如赵庄、王家集、田家集、曲家庙等处亦有匪徒窜聚，私设会厂。迭经本部院访闻，查得该县均饰词禀复，境内所有习拳村庄，久均一律改邪归正，而于石人王家庄回护更力，谓决不至再入匪途。及至派队驰往同捕，拿获王传森等四名，该令犹呶呶渎陈不已，甚至谓玉皇庙之役，亦因该首事王秉仁等预为禀明，该令得以督队前往，溃匪未敢窜入。一若该庄之人之甚忠于该令也者。及至倪令等提讯王传森、王丙仁、王兴阁等，所供历历如绘，玉皇庙之役出名约人者则该庄之王传森也，管账兼写帖者则该庄之王玉田也，充首事者该庄之王丙仁也，设坛厂者该庄之王兴阁也，拿获拒捕者该庄之张拴仔、郭背惠仔、石良仔也，而孙庄之孙玉龙实为此案之总首，赵庄之赵希贤又实为此案之帮凶。前次拿获之匪犯王传森、王丙仁、王兴阁、石良仔皆住石人王家庄。二次拿获之匪犯赵铲仔、赵连升仔又皆住该县沙窠赵庄。该令屡谓境内无匪，何以获匪如是之多？该令屡谓境内之匪并不滋事，何以滋事如是之巨？该令屡谓玉皇庙之役系由石人王家庄首事赴县报信，何以报案之人即系案内之人？假令该令遵饬禁查境内拳厂，早为缉办，决不至酿此戕官拒捕重案，亦决不至辗转煽惑如许匪徒。该令谓借保全地方而地方受其害，谓系徇庇拳匪而拳匪亦冀速其死，是皆由该令敷衍迁就之心、粉饰欺蒙之术而有以致之也。本应严行参办，姑念该令平日官声尚好，又遵限报获匪犯王惟仔等，从宽记大过三次，以示严惩。仍勒限半月严缉匪首孙玉龙暨上次单开各匪犯，悬赏购线，期查必获，始赎前失。倘再不知愧奋，一味因循搪塞，逾限无获，暨再有私设拳坛嗣经发觉情事，仍即从严撤参。本部院课吏向严，决不因保荐在先，稍涉回护。除行司注册外，合行严札申饬。札到该令即仍遵照办理，毋再饰延，自干未便。切切。此札。

闰八月二十一日

一、爱天理函二十日局送来

风闻博兴、沾化交界地方私设拳厂多处。

行武定、青州府、博兴、沾化县。

又临淄境内仍有拳厂，并有枪伤教民四人一案。

行武定府、临淄县，行右军营务处派员查复。

二、文登、荣成会禀二十

遵饬合议租界钱粮等项善后各事宜，缮具条陈清折。

【批】：据禀已悉。该县等遵议租界钱粮，拟照英员按庄不按地原议核办，固属简捷，然其中流弊甚多，且有窒碍难行之处，仍不如随地划粮分别先纳为是。如租界外人有地在界内，其应征钱粮耗羡，由文、荣两县查明实数，移请英员代征转交文、荣两县照收。其租界内人民有地在界外者，其应征钱粮耗羡，由英员查明实数，移请文、荣两县代征，转交英员照收。钱粮词讼事本相因，似此随地划粮，可省许多周折，并可杜许多流弊。然仍以附近租界之文、荣两县为断，将来与英员合订简明规条，即须随案声明，不得如该令等禀报所开，但以租界外三字浑括其词，转致漫无限制。至英例征耗羡，或将代征界外地亩之耗羡划抵，仍当另行设法抵拨。仰登莱道就近查看情形，悉心妥筹详复，以凭核夺。似此变通办理，仍与该道原议由威海同知居中移令代催大概相同，不过勿庸另行派员居中代催，更为直捷。其余一切应行筹议事宜，均应以期折衷至当，简易可行。仰登莱道就近查看情形，悉心妥议，详晰具复，以凭酌核，分饬遵办。缴。

三、【札】

为札饬事。照得前据济阳县知县沈令逢【龙】禀报：县境玉皇庙聚集匪徒百数十人，四出滋扰等情。当以匪徒为数无多，饬派候补知县查令荣绥，率同武卫右军执法营务处督马队周哨官树森所带马勇一哨，又右翼第三营左队左哨王哨官玉山所带步队一哨，驰往查办。该令于八月三十日申刻率队到济阳县城，当夜兼程前进。闰八月初一日黎明，即抵玉皇庙西南三里许之霍傅庄。该令因恐匪徒闻风远飏，人马连夜趱行，均未食饮，即行出队。讵料沈令探报不实，该处匪徒列阵抗拒，实共有一千余名之多，经步队极力抵御多时，击毙悍匪五六十名。终以众寡不敌，且击且退，查委员坠马被匪戕害，并伤护勇一名、目兵十一名……

四、【札】

为札饬事：照得前据济阳县知县沈令逢龙禀报：委候补知县查令荣绥在县境玉皇庙督队剿匪，落马被戕，并毙护勇一名、目兵十一名，受伤目兵五名各等情。当因该令禀报不实，行司撤任。札委候补知州张牧星源驰往接署，并派武卫右军执法营务处王中书英楷、随办营务前陵县知县倪令嗣冲、统带右军右翼第三营徐游击邦傑、管带先锋中路炮队雷牧震春先后督队驰往该处，会缉此案正凶匪犯。并饬确查是日接仗暨查令遇害实在情形，以凭核办。旋据王中书英楷禀报：查明查令于八月三十日申刻带同右翼第三营左队左哨王哨官玉山、抚标亲军马队周哨官树森所部马步队各一哨，驰抵济阳县城。探闻距城五十五里之玉皇庙现有匪徒聚集其中，当即连夜兼程前往，于闰八月初一日黎明，马步队先后驰抵距玉皇庙西南三里许之霍傅庄。连夜趱行，人马均饥疲未食。查令因恐匪徒远窜，即令出队围捕。马队在先，步队在后，查令在后了望。讵队伍出庄未远，该匪已分三路猛扑拒敌，约共有一千余人。王哨官当于庄东北半里将队散开，按设埋伏，周哨官带马队前进，约行二里许，距中路匪不远，喊令开枪，连放排枪。

五、【札】

案据署理济阳县知县张牧星源禀报：敬禀者至禀复鉴核等情到本部院。据此，查此案前据济阳沈令禀报，当因该令讳饰因循，致滋贻误，行司撤任，听候参办，遴委张牧驰往接署。并派武卫右军执法营务处王中书英楷、随办营务前陵县知县倪令嗣冲、统带右军右翼第三营徐游击邦傑、管带先锋中路炮队雷牧震春，先后驰往会缉此案凶犯，并确查是日接仗暨查令遇害实在情形，以凭核办。先据王中书、徐统带、倪令查明陆续呈报。本部院恐尚不甚详尽，以张牧系接任人员，访查较多，又札饬该牧按照原查各节详加复查。兹据前情，核与王中书、徐统带、倪令等查复各禀均属相符。是此案实在情形，均已详晰查明，毫无遁饰，应即拟办。

查该故员勇于办事，驭下极严，于八月三十日申刻驰抵济阳县城，当夜率队兼程前进，于闰八月初一日黎明即抵玉皇庙西南之霍傅庄。人马饥疲，未遑休息，即行督队进剿。及至步队开前迎敌，该匪分路抄袭，绕到队伍之后，该故员落马被戕，死事甚烈，殊堪悯惜。现已筹拨恤赏银两，发交该故员家属治丧，仍由司移请汇案奏请优恤，以慰忠荩。至随同该故员前往之马步哨队，现经张牧、王中书、徐统带、倪令等查明，并详报所经战【况】。步队王哨官玉山当日迎战甚力。马队周哨官树森亦与步队互相援应，并张两翼，设法进抄，先后共击毙悍匪八十余名，又毙匪首一名，伤匪二十余名，其并未退缩可知。只以玉皇庙聚匪一千余人之多，并分左、中、右三路猛扑，马步各队正与匪之大队奋力抵御，而匪徒另以小股绕向霍傅庄之后，以致查委员仓卒被戕。王哨官派往护卫之目兵陈从玉、王金山亦同时遇害。当时首尾截断，势难兼顾，系实在情形。

报获匪犯黄士祥、黄五十仔、霍有仔暨正凶魏辈仔等多名，归案讯办，尚属深知愧奋，理应各记大过三次，以示严惩。仍勒限半月严缉匪首孙玉龙、陈云岭等，务获究办，毋再迟延。惟遗失步枪十六杆，应令设法查找。又访闻马队有新招马勇数名遇匪败退情事，是否属实，仍著王中书督饬周哨官确切查明。如查实即将败退之马勇讯明正法，该哨官等亦有应得之咎。除分行外，合亟札饬。札到，

该管带、该令即便知照。
该统领即便知照，并饬遵照办理。
该处即便遵照办理。
该司即便遵照办理。

此札。

济阳沈令禀报不实，致滋贻误，前已饬司查明，听候参办，应即归入本案办理。

据禀查复玉皇庙戕官拒捕，暨拿获案内匪犯刘腊仔各缘由均悉。该令复查情形既与王中书、徐统带原禀相符，此案自无遁饰，仰候分别拟办。所获匪犯刘腊仔应即提案严讯，是否戕害查令及各目兵正凶，李景纯以在官人役窝留拳匪，尤属不法，讯明后应即一并就地正法，以昭炯戒。仍严缉匪首孙玉龙、陈云岭等，务获。

卷十五　光绪二十六年闰八月二十二日起至九月十四日

闰八月二十二日

一、雷管带、倪令禀廿三

获犯孙九龙。乐陵大许家庄许墨林家，陆吉陈家庄刘成吉家。

【批】：据禀拿获匪犯孙九龙缘由已悉。该管带驰赴乐陵缉获著名首要，具见缉捕得力，著记大功三次，存候汇案核奖。倪令记大功一次。在事弁勇暨捕役杨某赏银百两，杨某并加赏空〔功〕牌一张，随批饬发，仰即查收填给，以示奖励。该犯孙九龙即行妥解来省，听候发审。仍严缉匪犯孙玉龙、陈天雀等，务获究办。缴。

二、徐邦傑禀廿二

【批】：据禀查明前队右哨头目刘长生等被匪戕害并缉获正凶各缘由均悉。仰即会同平原姚令等提集正凶李士诚、李全仔、李盛仔隔别研讯，务得确情，并追出同案各犯，分别严拿，呈请惩办，毋稍宽纵。张管带查办竣事，著即先行回省，并由该统带督饬王领官占元速将该前队营务切实整顿，随时具报查考。缴。

三、复夏庚堂

庚堂仁兄镇军大人麾下：顷奉惠书，借悉一切。麾下驭兵以严肃称，而治事又极有条贯，所至军民和辑，最为人所难能。荣中堂暨廷方伯遇事倚重，足为东军生色，佩慰何似。唯联军已至保定，枪炮军械全行挪移。贵部进驻涞易之间，其分驻长沟者且距琉璃河为近，道路既虞梗阻，转运更属艰难。保定既不能有余力以赡客军，而东省饷粮又复无从拨兑，孤悬危地，何以持久？

弟于前日曾以东省防务紧要电奏请旨饬麾下迅率所部回东，迄今尚未奉旨。兹读来信，驰系惟殷。然军情瞬息不同，前路究系如何情形，发信后又恐别有更变。行军以全师为上，是在麾下随时审机度势，妥酌办理，弟不为遥制也。专此奉复，祗请勋安，不尽所裁。

四、【致夏辛酉函】

庚翁镇军大人麾下：两奉惠书，渥承记注。俗冗盈集，久悬载誉，甚愧。承示制办棉衣一节，因未奉钧函之前，抚帅已饬局筹解，故未再办，计日谅早已收到矣。抚帅于接济贵部饷械棉衣等项，筹办极为周挚，盖其体恤将士有如子弟，因与麾下同荐符节也。兹读麾下上抚帅禀，顷知贵部已移扎涞水之石亭暨房山琉璃河附近之长沟等处，是且距京师不远矣。联兵现至保定，三面皆有阻隔。军械挪移殆尽，久戍于此，粮饷匮乏，保定既不能接济，东省又无法拨兑，何以赡军。不但不才闻而悬之，即抚帅亦极为顾虑。前者曾虑及东防紧要，请饬贵部仍回东省，而至今未奉电旨，抚帅自未便嘱麾下东归。然以不才之私言之，愈久则归路愈有阻滞，倘能及早由满城山道取径于唐县定州一带，节节由南而东以达于东境，当可越过保定，是为稳著。惟麾下既奉荣相批饬移驻涞易两处，又准廷护督公牍分扎房山，东省又未奉到回防明文，能否舍之而归，仍乞麾下随时查考情形，酌量办理最妙。莫如借一事故，得有保定大府公文，向西南一带，可与东省通气之后，节节移扎，最为妥善。能回便回，不能回即暂驻于彼，亦可资东省接济，似较之孤军深入之为愈耳。时事艰危，迅退迅归，是在麾下实□□□，□□□□，谨贡愚诚。复请勋安，言不尽意。

再，如能东归，所携军械能一并带回最妙。否则先设法移运妥处，俾免遗失，购备甚难。大炮如不能运回，或暂存距保定较远、不近大道之州县署中，将炮闩取下带回，炮队即可随麾下同行也。

五、恩县禀廿一

教民纠众杀掠，李凤珠被架，并请队伍。

【批】：禀单均悉。仰即速将被掳之李凤珠等查找务获，并查明此案起衅缘由，迅即秉公办结。一面先行出示晓谕，严禁教民聚众杀掠，如敢抗谕不遵，即与习拳聚众者并以匪论。所请派队驻扎，安有许多兵力？并候咨行孙镇、龚镇查看情形，随时酌核办理。仍责成该令妥为巡缉弹压。缴。

六、督粮道会禀廿一

孙镇、龚镇查明恩县庞庄并无匪徒，并派队驻扎。

【批】：据禀已悉。仰仍随时会同各防营并督饬各州县认真保护弹压，毋稍疏虞，并分移知照。缴。

七、临邑县禀廿一

朱言仔保释。

【批】：据禀已悉。查该犯朱言仔既经该令讯明实系受雇服役，并无为匪不法情事，姑准照拟枷号，俟有妥保再行开释。仰即遵照办理。缴。

八、巨野县禀廿一

查明并无赵二滋事。

【批】：据禀查明境内委无赵二聚众滋事缘由已悉。仰仍随时巡缉弹压。缴。

九、临邑县禀廿

【批】：据禀该县境内现在安谧缘由已悉。仰仍随时认真稽查，毋任日久生玩。缴。

闰八月二十三日

一、曹镇禀廿二

【复】：来牍拿获匪犯尹景旺等解交菏泽县讯办各缘由均悉。希仍督饬弁勇严缉逸匪，务获解究。此复。传帖存。

二、商河县禀廿二

会倪令嗣冲。黄士祥讯明正法。

【批】：据禀已悉。该犯黄士祥既经讯明拒捕戕害官兵，实属目无法纪，仰即就地正法，枭首示众，以昭炯戒。惟该犯既非戕官正凶，所有赏项即应扣发，并由该令移会倪令知照。缴。

三、滕县详廿二

斥革武生张成身。

【批】：据详已悉。武生张成身候移咨学院查照斥革。仰即提案讯办。缴。

四、青城县禀廿二

戴家庙系齐东境。

【批】：据禀查明戴家庙系齐东辖境缘由已悉。仰候札饬齐东县查缉逸匪于光华归案讯办。该令仍应不分畛域，一体协缉，务获解究。缴。

五、郯城县禀廿二

教民并无转徙流离，亦无聚匪。

【批】：据禀查明境内并无匪徒匿聚，教民均各回家安业缘由已悉。仰仍随时剀切【谕】禁，妥为抚辑，以安民教而弭衅端。缴。

六、高苑县禀廿二

起获念珠解局。

【批】：如禀存案。仰详务局转饬知照。缴。

七、德州禀批廿二

七屯教堂安谧。

【批】：据禀已悉。仰仍随时妥为保护弹压。缴。

闰八月二十四日

一、滨州禀

查明拳匪仇教各案。

【批】：据禀已悉。仰即会同防营严缉各案逸犯，务获究办。嗣后如有续报案件，仍即遵照前檄查明，详晰具报，不得过于简略，致涉含混。此缴。折存。

二、乐陵县禀廿三

刘振河等分别正法保释。

【批】：据禀已悉。仰按察司转饬知照。缴。

三、博平县禀廿三

请展限缉黑虎臣等。

【批】：据禀已悉。姑准展限半个月，严缉逸匪黑虎臣等，务获解究。仰即遵限办理，毋再违延干咎。切切。此缴。

四、东阿县详

王腊月收禁日期。

【批】：据详已悉。仰按察司转饬知照。缴。

五、平原县禀

拿获戕害官兵正凶李士诚等。

【批】：据禀已悉。查该犯李士诚等，昨据徐统带邦傑具禀，已札饬该县暨王领官占元、江县丞朝宗会同提集各犯，研讯确情，尽案法惩办在案。仰即遵照前檄办理，一面将该犯曹振仔等并讯办。仍严缉逸匪王桢等，务获究报。缴。

六、杨令辰选禀廿三

【批】：据禀检查菏泽等处团练保甲缘由已悉。缴。折存。

七、机器局详廿三

监生邵逢春请开铅矿，

【批】：如详照准。仰即分饬淄川县及委员吴令增劢就近弹压照料。缴。

八、机器局详廿三

郝令崇峻请赁机器。

【批】：如详办理。仰即分饬印委妥为稽查弹压。缴。

闰八月二十五日

一、城武县禀廿四

获犯陈月料正法。

行臬司，河、单、巨三县。

【批】：据禀已悉。陈月料既经该令提讯明确，仰即照章就地正法，并将格毙之刘二麻仔等戮尸，一并示众，以昭炯戒。所获马匹，变价充赏。仍严缉逸匪郭六等务获究办，并候行司通饬截拿。缴。折存。

二、恩县禀廿四

查明焚毁教堂。

【批】：据禀已悉。仰即选差勒缉各案逸犯，务获究办。仍随时妥为保护弹压。缴。

三、登州府禀廿四

查复姜立志一案。

【批】：据禀已悉。此案昨据登莱道查明禀复，已据情照会英国步大臣查照矣。仰即知照。缴。

四、冠县禀廿四

张天根等分别禁释。

【批】：如禀办理。仍严缉首要匪犯，务获究办。缴。

五、济宁州禀廿四

筹办善后情形。

【批】：据禀已悉。仰仍随时督饬所属认真禁缉，实力弹压，毋任日久生玩。缴。

六、王副将世清会禀廿四获犯张全久等讯供。

行臬司。

【批】：据禀已悉。该犯既在常庄搜获，谓非该庄知情容隐，其谁信之？仰即移会倪令嗣冲查复该犯张全久是否系济阳县戕官案内凶犯。如系正凶，应解交倪令归案讯办。否则俟复到日即行就地正法，以昭炯戒。李振岭既系因嫌被扳，姑准交由方牧取保开释。仍会同严缉逸匪冯化南等，务获究报，并候行司通饬截拿，暨由该副将移会方牧知照。缴。

七、商河县会禀

获犯程狗仔等正法、保释。

行两先锋营务处。

【批】：据禀该令会同裴帮带督率弁勇在程庄地方先后拿获匪犯程狗仔等多名，分别正法、保释，办理尚属妥速。该令暨裴帮带著各记大功二次。出力勇丁赏给功牌二张，随批饬发，仰即查收，择尤填给，借示奖励。至该犯许七仔等既经讯明抢劫属实，自应一并照章就地正法，以昭炯戒。余犯程劳靠仔等姑准照拟办理，并由该令移会裴帮带知照。缴。

八、菏泽县禀廿四

【批】：据禀查拿匪犯陈殿奎即陈云岭未获缘由已悉。仰候分行王营务处暨济阳县会同复讯该犯张诺仔具报到日，另行饬缉。缴。

行王中书、济阳县。

闰八月二十六日

一、冠县禀廿六

阎书勤等、高小麻子等先后拿获。

教民甫经次第旋里，辄行四出搜杀拳众以随心意。教民闻仍寻仇，将红桃园李姓家抄掠一空，逼令全家逃出，站〔占〕【其】房屋。

红桃园、梨园屯聚匪三四百人，教民亦有一百余人在小李固庄屯聚，彼此相持不下。拳匪又四出搜寻。

二、章邱禀廿六

报获李五云即李维云。发县行府。

三、倪令、雷管带禀廿五报解魏辈仔、董狗子

发县行府。

【批】：禀悉。正凶魏辈仔、匪犯董狗子已发历城县收禁听候讯办矣。仰即知照。缴。供折存。

四、据章邱禀行

【批】：查此案前据倪令嗣冲等禀报，当即分饬各该州县严缉单开逸犯，务获解究，迄今未据报解。章邱杨令首先报获匪犯李五云一名，具见缉捕得力，不分畛域，殊堪嘉尚，著记大功一次，以示奖励。仍一面严催各该州县迅即遵照前檄，严缉各犯，期在必获，不得稍涉纵延。

【行】齐东、商河、邹平、长山。

五、江朝宗禀廿六

访闻临邑盘河匪首庞围、洪广洞，德平逸匪刘统领及刘二长腿、

杨小五。

行雷管带、倪令，抄发张挪仔、魏白仔、董继有。

六、【札】

为札饬事。照得恩县庞庄一带地方紧要，并设有洋式教堂。前派该营分拨一哨驻扎，旋又由龚分统派拨一哨。现拟将龚分统所拨一哨调归原队，即于该营再拨一哨移扎庞庄。其余两哨，仍由该管带督带去武城郑口一带巡防，以专责成。除分别咨行外，合亟札饬。札到该游击即行遵照选派得力哨弁带往，并饬会同该地方官认真巡缉，实力保护，毋得稍涉疏虞。仍将移防日期报查。

移孙镇，照会龚分统。

七、【札】

为札饬事。照得该闵千总所带马队一营，系由骧武营马队改为先锋中路马队左营，悉照新章支发薪饷，原为调省归入新军操练。改章后该营奉调分驻东昌一带巡缉，一时未能来省归入新军督操。旋经本部院另募抚标亲军马队一营，于七月二十日点验成军，委派吴守备凤岭管带。因该守备巡缉未回，即饬张管带国太暂行代理，薪饷马干等项系按照先锋队章程暂由善后局开支。查此营虽亦不时派出巡防，究竟在省之时较多，应可改为先锋中队马队左营，以便就近督同操练。即以该闵千总所带之左营改为抚标亲军马队，仍令驻扎东昌一带巡缉弹压。似此量予转移，似于操防可两有裨益。惟查现在银价日涨，年谷较登，该闵千总所带马队一营既已改为抚标亲军，不归新军调操，应即查照原案，仍改照东省旧章，由善后局支领；其由抚标亲军改为先锋中路之马队左营，应仍按照新章，改由先锋粮饷局支发，均于九月初一日起支，以清款目而便造报。所有原领关防，应由该管带等备文互换，旗帜号坎仅将营名字样更易。其余所领军械等项，均著名仍其旧，以省纷更。除分行外，合亟札饬。

八、登莱道禀批廿五获犯王中礼。

行臬司、莱州府。

【批】：据禀已悉。该勇目王长林缉获匪犯王中礼案内出力，应准赏给六品功牌一张，随批饬发，仰即转给收执，以示奖励。仍督饬所属严缉逸匪尤子富等，务获究办，并候分饬截拿。缴。折存。

九、兰山县禀廿五

获犯徐孝信讯供。

【批】：据禀已悉。仰即迅将该犯徐孝信与前获之徐玉珍一并提案研讯确情，录供禀办。并严缉逸匪赵三和等，务获究报。缴。

十、德州禀廿五

获犯李士诚等解交平原讯办。

行平原。

【批】：据禀已悉。该牧督饬弁勇拿获邻境戕害官兵重犯，缉捕尚属认真。仰候札饬平原县俟犯解到之日提案研讯明确，尽法惩办。所有在事出力之勇团人等，应准赏给功牌一张，随批饬发，仰即查收，择尤填给，以示奖励。缴。

十一、雷管带震春、倪令会禀廿五

获犯郭书卿。

行臬司、邹平、齐东、济阳。

【批】：据禀已悉。匪犯郭书卿既经获案会讯明确，仰即照章就地正法，以昭炯戒。仍会同督饬弁勇严缉逸匪朱丕有等，务获究办，并候分饬截拿。仍由该管带移会倪令知照。缴。

十二、陈管带泰交禀廿五

分哨驻防。

【批】：据禀已悉。仰即督饬弁勇严缉逸匪从凤照等，务获解究，不得徒以空言塞责。缴。

十三、淄川县详廿五

韩春发斥革。

【批】：据禀已悉。此案前据该县会禀，已咨请学院将文生韩春发斥革，并委甘令本源亲往会同讯办矣。仰即遵照前檄办理。缴。

十四、冠县禀廿六

贺钊镇匪徒聚众。

【批】：禀悉。已飞饬方统带致祥督饬勇队驰往该处剿办矣。所请分拨一营驻扎干集之处，碍难照准。仰俟勇队到日，迅速会同相机剿捕，务将匪徒悉数弋获，毋任聚众滋事。并即剀谕教民亦不得寻仇擅杀，致干并究。切切。此缴。折存。

十五、济阳县禀廿五

获犯张利仔等。

【批】：据禀会营先后拿获匪犯张利仔等缘由已悉。所有折开匪犯，除魏辈仔等二名现经解省，陈锁仔等四名已由营正法外，其余各犯，仰即会同雷管带、倪令等于讯明后一并就地正法，枭首示众，以昭炯戒。其有供明案内首要逸匪，必须押候获犯提同质讯者，即着摘出暂行缓决，候质讯后再行正法。仍将斩决匪犯人数、日期暨监刑衔名循例报查。一面严缉逸匪孙玉龙、陈云岭等，务获究报。缴。折存。

十六、惠民县禀廿五

获犯李山猫仔等。

【批】：禀单均悉。该令于奉批后即能按单拿获案内要犯多名，并不自怙前非，尚属深知愧奋，著将前记大过三次销去。至李山猫仔既无被匪勾结滋事，应准从宽免究。王惟仔等三名既经解营，所有续获之于雨仔等两名，著一并解营归案质讯。仰候分行倪令、雷管带查照办理。一面由该令悬赏购钱，严缉逸匪孙玉龙、陈云岭等，务获究报。缴。

十七、邹平县禀廿五

查明孙维科一案。

【批】：据禀已悉。仰候札饬雷管带震春查复再行饬遵。缴。

十八、周玉芳禀廿五

试办淄川煤矿。

【批】：禀悉。已行洋务局查明具复矣。仰即赴该局呈递试办章程，以凭查核。俟查复到日再行饬遵。缴。

十九、李家寿禀廿五

【批】：已于周玉方禀内批示矣。仰即知照。缴。

二十、李游击金书禀廿五

【批】：据禀筹办团练保甲，前经本部院通饬各属分别举办矣。仰即知照并准如禀销差。缴。

二十一、方副将致祥禀廿五

巡防情形。

【批】：据禀已悉。缴。

闰八月二十七日

一、【札】

照得东省各属拳匪，迭经本部院酌派营队，会同印委各员陆续剿办大股匪徒多起，著名首要次第报获。当经分别功过，申明赏罚，借昭激劝。并通饬各属，严缉逸匪，务获究报各在案。

现在探闻各国兵队已抵保定一带剿匪，诚恐该匪潜窜东境，互相勾结滋患。亟应再饬各该地方官勤加查访，不时驰赴四乡，认真巡缉，务将各逸匪获案严办，不得稍涉宽纵，致令死灰复燃，以期尽除根株。除径饬、分行外，合将所定功过章程抄单札发。札到该司、道、府即便转饬遵照办理，该州县即便遵照办理。仍先将奉文遵办日期报查毋违。此札。

缉匪功过章程

一、各地方官有拿获本境拳匪首要一名者，记大功一次；拿获本境著名首要者，记大功三次；如拿获现在仍习邪拳之从犯五名，抵首要一名。

一、各地方官如督率勇役扑灭大股拳匪，应随时酌量情形，分别记功，不拘获犯数目。

一、获首要拳匪一名，准该地方官请领功牌一张，发给出力勇团。其著名首要，另加赏银。

一、凡记大功十次以上者，实缺人员由简调繁，署事暨候补人员提前酌署优缺一次；二十功以上者，保荐循良。

一、各地方官或封禁或拆毁拳匪所设分厂一所者，记大功一次；总厂，记大功三次。

一、记功之后，如再记过，功过准其相抵。

一、自此次专定章程之后，该境如仍有拳厂，各该州县未能禁办又未能查明禀报，一经发觉者，即遵照闰八月初二日谕旨惩办山西介休之例，从严参办。

二、【札】

为札饬事。昨据该县禀称，自拿办匪首阎书勤、高小麻子后，教民陆续回里，辄行四出搜杀拳众，并将红桃园李姓抄抢一空等情。当经批饬分别查禁在案。

查拳匪寻仇劫杀，因〔应〕当剿办，教民如有寻仇抄杀，其事亦即与匪无异，仍应一体查禁。兹特撰就示稿，随札抄发。札到该县即便饬属照缮多张，代标代印，随行张贴晓谕。仍一面查明示内事理，督饬庄长首事妥为劝谕，以期改悔。

【告示】

为出示晓谕事。照得东省各属拳匪聚众滋事，寻仇劫杀，目无法纪，迭经本部院饬派营队，会同各地方官分投缉办，所有著名匪首，均已次第获案正法，其余逸匪仍饬各地方官购线察拿。并谕知各村庄，有确知匪踪者，准即获案质讯，并准闻风报信，帮同指拿，讯明后均酌给赏银功牌，以示鼓励。惟不准挟嫌诬指，不准寻仇擅杀，违者并以匪论。迭经出示晓谕在案。尔等既是安分良民，深知拳匪聚众滋事、寻仇劫杀之案，即当引以为戒，何得私相报复，率干法纪，致失本部院辑善安良至意。

现在本部院风闻恩县境内有教民纠众杀掠，并将李凤珠架走。冠县境内又有教民聚众仇教〔杀〕，并将红桃园李姓抄掠一空各等情。似此辗转寻仇，祸患伊于胡底！拳匪罪恶昭著，固属法所不贷，凡有受其扰害，当据实禀官勘讯，遣派勇役驰往捕拿，或凭庄众捆拿到官，亦应由官讯办，何得寻仇擅杀，聚众抢掠，致干法纪。

除饬县查禁外，合行出示剀切晓谕。为此谕仰军民人等一体知悉，尔等勿论在教与否，须知擅杀罪人，已干禁令；聚众滋事，显犯刑律。除遇有拳匪行凶抢劫焚杀者，准其当场格杀勿论。其如在事后，即应遵示禀官究办，不得私自聚众寻仇，抢掳焚杀，以图报复。自示之后，饬即解散，倘敢故违，并因而获案者，即照土匪例一律惩办。本部院言出法随，勿谓言之不预也。

三、淄川县、甘本源会禀廿六

【批】：据禀已悉。韩春发以文生学习邪拳，并代曹姓收存黄八卦衣，即拟以重辟，亦属罪有应得。姑念到官即行承认，情同自首，应如所拟，从宽暂行监禁，以示惩儆。韩澄发等五名既经讯明并未习拳，应免枷杖，一并开释。余悉如所拟办理。该县前摘顶戴，亦即赏还并宽免奏参处分。惟嗣后遇有拳匪入境煽惑，务即遵饬严行查禁，不得任其起灭自由，以致别滋衅端。即如此案，曹姓既在该庄设厂授徒，韩澄法等纵不习拳，其习拳者决非韩春发一人可知。一经查拿，即行远飏，匪徒伎俩大率如此。惟既经该印委等查明开枪拒捕，实系彼此误会，姑免深究。应俟吴管带查明营队缉匪情形禀复到日，即将此案酌量注销。仍严缉匪首曹姓，务获另办。并由该县移会该令知照。缴。折存。

四、莘县禀廿六

获犯石槐树，请正法。

【批】：据禀已悉。该令督饬勇队缉获邻境著名巨匪，捕务尚属认真，着记大功一次。被匪拒伤之勇丁夏振标，赏给□品功牌一张，随批饬发，转给收执，借示奖励。该犯石槐树，既经供认结伙攻打阳谷坡李庄教堂暨抢劫重情不讳，仰即照章就地正法，以昭炯戒。一面将获犯讯办缘由移会阳谷县叶令函达坡李庄教堂福主教知照。缴。

五、章邱县禀廿六

获犯李五云解省。

【批】：据禀已悉。该犯李五云已据该县申解到省，当经札发历城县提案讯办，并将该令记大功一次，分行知照矣。仰仍严缉逸匪丁二仔等，务获究报。缴。

六、昌邑县禀廿六

会同祝司务查无拳匪。

【批】：据禀已悉。仰仍随时认真巡缉弹压。缴。

七、平原县禀廿六

查复看水等庄教堂情形。

【批】：据禀已悉。仰仍严缉逸匪，务获究办，并随时妥为保护弹压。缴。折存。

八、高唐州禀廿六

查复西关教堂并无拆焚。

【批】：据禀已悉。缴。

九、曹镇禀廿六

马集一带安静。

【复】：来牍所陈马集地方现尚安静暨护送漕船入运各缘由均悉。希仍督饬弁勇认真查缉，妥为防范，以固运道而靖地方。此复。

十、汶上县禀廿六

境内安谧。

【批】：据禀该县境内现在安谧各缘由均悉。仰仍随时认真巡缉，妥为弹压，以绝匪踪而靖乱源。缴。

十一、历城县禀廿六

刘四保解益都监禁。

【批】：据禀已悉。仰按察司速饬益都县，俟该犯刘四保解到，照例锁锢监禁，免滋后患。并行该县知照。缴。

十二、惠民县禀廿六

孙玉龙解营讯办。

行司、雷管带、倪令、善后局。

【批】：据禀已悉。该令督率勇役拿获匪首孙玉龙等，并起获马匹，具见缉捕勤能，殊堪嘉尚，着将以前所记大过一并销去。出力勇役赏银二百两，由县先行垫支，一面备文赴善后局具领归垫。所请奖札功牌等项，并准随批饬发，仰即查收，择尤填给，以示奖励。匪首孙玉龙等候行倪令等归案严行讯办。缴。

十三、济阳县禀廿六

获犯田荣刚归县讯办。

【批】：禀悉。匪犯田荣刚已札饬孙千总兆钦解赴该县归案审办矣。仰候押解到日，迅即会同提案质讯禀报，并由该县移会倪令知照。缴。

闰八月二十八日

一、平阴禀

批示祗遵。

二、复王连三

○○仁兄大人麾下：顷奉惠书，借悉台从由威县、清河一带绕赴临清、冠县等处会同巡防，具征懋著贤劳，甚感！甚感！惟道阻且远，未能遣使远迎，一尽东地主人之义，殊为愧疚耳。

梨园屯、红桃园夙为匪徒渊薮，自今夏报获匪首阎书勤正法后，始稍敛迹，而根株从未尽除。盐庆之黑牛王庄、小鄚庄等处匪巢，毗连乐陵、海丰，久为边患。是役由弟处派队越境会剿，皆已聚而歼之，是边患即当会缉。前日得贵部移防其间，而该处又为麾下旧镇，□□□□以靖边陲，直东两省父老暮〔日〕盼夜望久者矣。现已分饬方副将及该牧令随时禀承钧示，妥商办理。仍希严而教之。

联军前至保定后，又有分兵至正定之说。东省边界相距甚近，其来与否，仍为不可知。惟有遵旨严剿而又保护教堂、教士、洋商尽其在我者，似或弭衅之一道也。

三、复田恩来

黼臣仁兄镇军大人麾下：径复者，顷奉密函，借悉一切。湖团构衅已非一次，既有拳匪在彼匿聚，岂能任该地方官讳饰回护。承示威谢，已作为风闻严饬该县拿办矣。仍祈就近查看情形，派队往拿，能否得手，即请酌量办理，盖徒恃州县捕匪，恐不可恃也。拳匪误国病民，罪恶昭著，万不能因其党势甚盛，遂恐激成事变不为查拿。大局败坏至此，胥误于此邀和议抚。不知匪之生事，非激而成，实纵而成之也。愈纵则聚党愈多，大局亦因而愈坏。明之流寇，本朝之发捻各匪，皆前鉴也。彭道来当为彼痛切言之。联军至保定后，又有分兵至正定进窥固关之说。大局一日不定，后患□一日不能弭，奈何！

四、复龙殿杨

觐宸仁兄镇军大人麾下：顷奉惠函，借悉饬派妥弁截收溃勇所携枪械，现已收获毛瑟枪四杆并枪子等件。此事关系紧要，具征硕画精详，极为钦佩。希即督饬各营县认真办理。差役人等借端讹诈，此事亦颇有关系，自应从严查办。防营弁勇派往各乡办案，似亦应责成各管带申明纪律，一律稽查。缉匪所以卫民，如反从而扰之，转令纵匪者有所借口矣。至于在官人役私习邪拳，比匪党尤堪痛恨，前已一再通饬严禁。尊处如有侦访确实者，仍希随时密示，以便提省严办。虎而冠者庶无城社之可凭也。专此奉复。

五、【札】

为密饬事。照得本部院迭次札饬各属查办拳匪，并颁发暂行章程七条，原系遵旨务除根株以靖乱源起见，故立法不得不严。然法未行而弊先滋，是则奉法者之过而□法固无与也。本部院现在访闻，各属庄长、首事、地保、差役人等，有并不认真办匪，私自下乡借端讹诈钱财，得财则正犯亦纵之使逃，不得财则平民亦受其恐吓，甚至查抄匪产，暗饱私囊，标封厂房，曲为掩匿。本官稽查偶懈，若辈即勾通串合，遇事诈赃。纵未必处处皆然，惟既有所闻，不能不密饬查禁。更有在官人役，私通匪党，潜习邪拳，往往营县驰往捕拿，若辈即先期漏泄，以致窜逸。种种奸弊，法令几有时而穷。势非查明提省，立正典刑，不足以资惩创。除分行外，合亟札饬。札到该府立即查明转饬所属，该州县立即查照严密稽查。倘有讹赃、通匪各情形，应即提案讯明，禀请就地正法，以昭炯戒。该管州县如有故为徇隐及失于究察情事，查明定即分别参纠不贷。切切。此札。

六、【札】

为札饬事。照得本部院访闻，该县境内湖团阎家集匿聚拳匪甚多，该处董事亦为之徇私，并有拆毁该处教堂，移取砖石修筑圩门等情事。兵队往捕则散，去又复聚各等情。查前据该县禀报，境内并无匪踪，与访闻情形迥不相同。为此札仰该县速即驰往湖团，严密查办，据实禀复。一面悬赏购线，设法查拿，务获惩办，不得回护前禀，仍以地方安静、并无拳匪等词敷衍掩塞，致干严议。切切。此札。

七、【札】

为札查事。案查本年六月间宋牧森荫任内，距该州八里河西沿第三村聚有拳匪一百余人，杀伤摆渡船人一名，迭经驻扎该州各防营先后禀报有案。而宋牧并未验讯，亦并未禀报。民命至重，该牧隐匿重案不报，不知是何居心！亟应札查。札到该牧即便查明此案实在情形，详晰补报，并检核州卷，事主曾否报案，宋牧曾否诣验详报，一并随案声明。

再，访闻五、六月间该州境内焚杀案件未经勘报者甚多，并饬该牧详细访查，检卷比核共有拳匪焚杀抢劫案件几起，其中未经事主呈报者几起，经事主呈报而宋牧并未勘验者几次，经宋牧勘验而未通禀者几起，其已通禀者几起，一并查明，分缮清单，迅速汇同呈复，以凭核夺。如查案检卷尚需时日，即先禀复八里河渡船命案一起，余案另禀申复，借免稽延。该牧系接任之员，固勿所用其回避也。切切。此札。

八、平阴县禀廿六

获犯贾得溪、孔现功二名正法。

【批】：据禀已悉。该令督饬弁勇缉获匪目贾得溪、孔现功二犯，提讯明确，即行照章就地正法，以昭炯戒。捕务认真，殊堪嘉尚。仰仍严缉逸匪刘玉堂等，务获究报。一面将获犯讯供情形移会东平州、肥城县知照。缴。折存。

九、平阴县禀廿六

获犯王振江、王惐旺父子，正法。

行两司。

【批】：据禀已悉。该令连获巨犯，具见缉捕认真，着记大功一次。在事出力弁勇，赏给功牌二张，仰即查收，择尤填给，以示奖励。一面严缉匪首熊方岱等，务获究报。仍由该令将讯供情形移会东平州知照。缴。折存。

十、冠县会禀廿六

元城、大名、馆陶互送空白印票，径行缉匪，在斜店会哨情形。

行沿边各州县、按察司。

【批】：据禀已悉。所拟会哨协缉事宜甚属妥善，仰候分饬沿边各州县一体遵照办理。仍由该令分移元城、大名、馆陶等县知照。缴。

十一、长山县禀廿六

勒缉赵长命仔。

【批】：据禀已悉。仰即勒令武生赵兴隆，严追赵长命仔到案质讯禀办，毋稍纵延。切切。此缴。

闰八月二十九日

一、文登、荣成祝令、曾令同览

威海租界粮册速即造送，并先将查明情形电复。

二、王中书、历城会禀廿九

行自省至曹州东、西路各州县，菏泽县。

【批】：已据禀分饬自省至曹州东、西两路各州县一体严拿逸匪陈云应即陈殿魁，务获解究矣。仰即移会王中书知照。缴。

三、临邑县禀廿八

获犯尹候友请示。

行按察司。

【批】：据禀已悉。该犯尹侯友既经该令讯明实系抢卖民妇正犯，仰即照章就地正法，以昭炯戒。缴。折存。

四、齐河县禀批廿八

获犯萧吉太请正法。

【批】：据禀已悉。该犯萧吉太既经供认抢劫焚杀重情不讳，仰即照章就地正法，以昭炯戒。仍严缉逸匪邢姓等，务获究报。一面将讯办缘由移会禹城县知照。缴。

五、东昌府禀廿八

未经定谳各犯讯明正法。

【批】：据禀已悉。仰按察司转饬督缉逸匪张雨清等，务获究报。缴。折存。

六、兖沂道会禀廿八

东昌府缉犯赵二。

【批】：据禀已悉。仰仍督饬查拿匪犯赵二等，务获究报。缴。

七、章邱县禀廿八

查缉李五云。

【批】：禀悉。已于该县报获该犯禀内批示矣。此缴。

八、临清州禀廿八

获犯李知藻等正法。

行臬司。

【批】：据禀已悉。该直牧督饬勇役拿获匪犯李知藻，提同前获之王大小质讯明确，照章就地正法，捕务尚属认真，准如禀立案。所请空白功牌十张，随批饬发，仰即查收。仍严缉逸匪张金声等，务获究报。缴。

九、惠民县禀廿八

李同芳讯供。

【批】：据禀已悉。匪犯李同芳等昨据该县禀报，已饬倪令等归案讯办矣。仰即知照。缴。

十、茌平县禀廿八

会哨情形。

【批】：据禀已悉。仰仍随时会同认真巡缉，务期有犯必获，有获必惩，以杜煽惑而尽根株。并由该令移会清平等州县知照。缴。

九月初一日

一、马天恩来电

行冠县。

抚台鉴：恩县、武城、德平、临邑等县，均请派官员兵丁防御大刀会，缘因冠县红桃园教民被戮者有十九名。

二、复马天恩函

青岛马主教鉴：初一电悉。恩县、武城、德平、临邑等处，现均派有官兵在各该州县防御弹压。冠县红桃园，前据该县禀称有外匪在彼窜聚，并有教民一百余人屯聚小李固庄，彼此相持不下，互相寻仇劫杀等情，惟未据禀报教民被戮十九名情事。当即飞饬方统领率队会同程令妥速查办务获，将匪严办。并剀劝教民解散，禀官作主，不可寻仇擅杀。兹获来电，又飞札饬查，俟禀复到日再奉闻。

三、【拿办富有票告示】

廷寄。

拿办富有票。承准此，当经恭录转行在案。仍应遵旨出示一体严拿逆党孙汶等，务获解究，以申法纪而靖人心。除分饬外，合将所撰告示随札钞发。札到，该司、道、府、州、县即行转饬所属所部各营队一体遵照办理。并饬将奉到：查该逆党等在于沿海沿江散放富有票，勾结各处会匪，意图煽惑人心，扰乱大局，殊堪痛恨。其逆党唐才常等虽经两湖督部堂张在湖北汉口一带获案，讯实正法，难保不遣其余党于北五省地放票勾结。查原奏内称，富有票乃仿照哥老会散放票布办法，其票系上海洋纸石印，写刻篆印皆极精工，横书“富有”

二字，直书“凭票发足典钱一串”，文前有编号，后有年月，背有暗口号图章二颗，极易辨认。亟应遵旨出示悬赏，一体严拿。有拿获散放富有票匪者一名赏银五百两，奏请给奖；有访闻散票匪徒下落，因而拿获者，赏银二百两；有误买此票送官缴销者，赏银二十两，亲验明确，均各就本地方官衙门发给赏银，以示奖励。除通饬各属遵办外，合行出示晓谕。为此谕仰阖省军民人等知悉，尔等须知，散放富有票，勾结会匪，图谋不轨，实属罪大恶极。如有此种匪犯来境煽惑，务即禀官拿办，照格给赏，不得私相容隐，致被查究。即有误买此票之人，并准缴票领银。自示之后，尔等务即钦遵谕旨，勉为□□。倘再有收买此项富有票及代为散放等情，即是甘心从逆，一经查觉，定即照会匪例从严惩办，决不宽贷。其各凛之！

四、法领事函

博兴爱教士只身出外，请先知会地方官。

行知洋务局、青州府、博兴县。

五、【札】

为札委事。兹据督粮道尚道其孚电称：〇〇〇等因到本部院。据此，亟应遣派妥员，随同尚道前赴各州县会同筹办。当于□□委派外，除札委并行司暨尚道查照外，合行札知、札委。札到该员即行来省启程驰赴德州，听从尚道差遣委用。该司即便知照。务须会同地方官清查教民被匪扰害情形，相机安抚，妥为绥辑。抵德州即由该道酌量派赴各州县查明，禀由该道汇核办理，以期妥速而征绥辑，毋留其余。该员应支薪水，即就近当由尚道酌量核发以资办公。切切。此札。

六、复孙镇

获拳匪范房仔一名，交平原讯办。

绍襄仁兄大人麾下：两奉惠书，借悉公忠体国，慷慨筹边，何其壮也。尊目翳红，当是操劳已甚，不审进药不曾？甚念！王春秀既能医病，即可留作眼线，探确匪踪，即可往拿。亭子庄匪徒戕害官兵，此风断不可长。尊处所获匪犯范房仔暨河牧所获李士诚等，均已札饬平原县姚令会同江委员、王领官从严讯办矣。俟转复到后，尚道即驰赴边境，亲往□□，所筹甚是。麾下督军驻扎，查缉过往，亦无不可，然总须与龚军常通军报。今日接李傅相密电，俄德两使相继入都，不日即可议和，似又与前数日情形不同。筹办交涉事宜与筹办军事，均是往往瞬息变动甚大，总在临时查考情形，妥慎办理。总之，现当和议初开，断无自我开衅、率动全局之理。然如他人犯我疆防，据我土地，有守土之责者，其势不能轻让。即明知其不能取胜，亦惟有拼此身以报国耳。倘系零星弁兵前来查探匪踪，又是一说。仍须格外慎重，随时电商办理，要在不失土地为主。如因彼此误会驯至开衅，则又非所以昭慎重也。此意曾一一密致信会臣两兄。至于某某以攻教堂而召兵，某某以戮教士而速衅，是直谓之误国可耳，可胜叹恨。专此布复。

七、倪令、雷管带禀初一

【批】：禀悉。匪首孙玉龙等八名已发交首府县讯办矣。仰仍严缉逸匪陈云岭等，务获究办。缴。

八、范县禀廿九

查无拳匪。

【批】：据禀已悉。仰仍随时认真查办，妥为抚辑，以安民教而弭衅端。缴。

九、高苑县禀廿九

会哨情形。

【批】：据禀已悉。仰仍随时会同认真巡缉，务期有犯必获，有获必惩，以杜煽惑而尽根株。并由该令分移青城等州县知照。缴。

十、徐令鋆禀廿九

【批】：据禀查明郯境安静并无外匪窜匿缘由已悉。缴。

十一、平度州会禀廿九

【批】：如禀销差。仰按察司分饬该印委知照。缴。

十二、督粮道禀廿九

【批】：据禀派直隶景州等处侦探各情形均悉。探报随时排递，愈速愈妙，无庸衔版夹单，以期简便。遇有要事，仍由电达。此缴。报抄均存。

九月初二日

一、马天恩电

派孟恩远、王治馨查临邑、德平、恩县、武城有无庇护大刀会匪。

二、复安治太

安主教阁下：敬复者，重洋远阻，驰企维诚。兹接□电，敬悉台从安抵青岛，不久即可重图良□，曷胜欣慰。驰企之余，弥深欣慰。自贵主教回国后，七省拳匪构乱，事变纷纷，殊非意料所及。谅贵主教闻之，当亦同深惋惜。东境自本部院到任后，凡遇拳匪，一意主剿，旋又奉旨查办，故尚不至披靡。先后会同各地方官拿诛匪徒约共有四千余人，即著名首要阎书勤等为贵主教所知者，均已次第伏法，是以东境尚称安谧。所有一切情形，谅已早达清听。惟本省本是瘠土，勿论民教，自经此次事变，益复上下交困，所以一切办理棘手情形，谅邀贵主教明察。本部院抚治此土，勿论是教是民，一视同仁，均设法妥为安辑，意者或与贵主教为善之心有不谋而合者。承示赴津后即来东省，本部院甚为欣盼。惟天津至东，沿途诸多不便，似不如仍由天津回青岛，再由青岛来省。应候贵主教由津回青岛后，先行电知，本部院接电后，即与贵主教函定日期，当即分饬沿途文武地方官妥为照料护送，并酌派兵队随行，以昭慎重。好在一路所经均归本部院管辖，可以力任保护之责也。

三、张副将勋禀初一

回防日期，查明匪踪。

【批】：据禀已悉。仰仍随时会督各营队认真巡缉，严密查拿，以杜窜扰而尽根株。缴。

四、王副将世清禀初一

会缉匪犯潘汉三等。

【批】：据禀已悉。仰仍会同各州县探实逸匪潘汉三等踪迹，务获究报。缴。

五、宁海州禀初一

查无焚烧教堂。

【批】：据禀已悉。仰仍随时妥为保护弹压。缴。

六、临清州禀初一

前由。

【批】：据禀已悉。缴。

七、雷管带震春禀初一

剿办匪徒。

【批】：据禀在济阳境内剿办匪徒各缘由均悉。现派孟领官恩远驰赴德平、临邑一带巡缉，张管带国泰已札饬督率勇队回省操练矣。仰仍严缉逸匪陈云岭等，务获究报。缴。

八、泰安府禀初一

【批】：禀单均悉。缴。

九、济阳县禀初一

获犯孙九龙等分别禀办。

【批】：据禀先后会缉匪犯孙九龙等分别禀办各缘由均悉。缴。

十、善后局详初一

【批】：据详已悉。缴。

九月初三日

一、【告示】

为出示严行事。照得查办各属拳匪，迭经本部院剀切谕禁，惩劝兼施，原为慎重民命、绥靖地方起见，故立法不得不严。其系被匪诱胁、见示悔罪者固不乏人，而始终怙恶不悛、聚众抢掠、寻仇劫杀者亦复所在多有。甚至济阳县境玉皇庙有戕官拒捕，平原县境亭子庄有杀兵灭迹重案。似此愍不畏法，形同叛逆，其中必有漏网巨首，设立拳厂，希图扰害地方。亟应严定章程，认真捕治，塞源拔本，于拳厂则一律毁平，于犯产则充公具报。有拿送者，给予重赏，有隐匿者，罪坐。庶几火烈而畏，保全实多。除通饬各属遵办外，合行抄录章程，出示晓谕。为此谕仰军民人等一体知悉，尔等须知，拳匪误国病民，罪在不赦；戕官拒捕，死有余辜。其庄长、首事、地保、邻佑各项人等，知有拳匪设厂聚众情事，应立即禀官严拿，照章给赏。仍随时出示晓谕，不得再习邪拳。倘敢故违不改，私相隐匿等情，即与匪犯同例。若系威逼胁从，并非甘心为匪，准于示到五月内悔过自首，从宽保释。如有借仇诬告、希图讹诈扰累者，亦应据实严究。尔等务须各安本业，遵奉示内所列章程七条，实力奉行，互相诰诫，勉为良善，自保身家。应勿负本部院防莠安良至意。其各凛遵，毋违。特示。

二、美领事德勒电

安丘县吴、临朐县郑办事懈怠。前贵抚院有札饬，以教民被抢等事查明定案。兹该两县有教民前去禀报，两县亦不理会，并不遵贵部院札饬。

三、长清县禀初三

获犯朱启明一名。

行两司。

【批】：据禀已悉。该令督带勇役在朱家桥庄拿获匪首朱启明一名，缉捕尚属认真，着记大功一次。出力团长、勇役人等，并准查明，择尤禀请发给功牌，以示奖励。该犯朱启明久稽显戮，殊堪痛恨，既经提案讯明，仰即就地正法，枭首示众，以昭炯戒。一面将讯办缘由照例详报。仍严缉逸匪徐登弟等，务获究办。缴。折存。

四、沾化县禀初二

获犯张二金等。

【批】：据禀已悉。仰武定府迅将该犯张二金等行提至郡，研讯确情，录供禀办。仍饬严缉逸犯，务获究报。缴。

五、平原县禀初二

获犯李兴秀。

【批】：据禀已悉。该令督饬勇役续获匪犯李兴秀等。所有出力勇役，赏给功牌二张，随批饬发，仰给查收，择尤填给，借示奖励。所获匪犯李士诚、李全仔、李盛仔、李兴秀、范狗仔等，应俟江委员到日，迅即会同提案讯明，酌留一二人，候获首犯质讯，余均先行就地正法，以昭炯戒。仍严缉匪首李兴珂等，务获究办。缴。

六、彭游击金山禀初二

李兴秀解平原讯办。

【批】：据禀已悉。匪犯李兴秀已批饬平原县提案讯办矣。仰仍督饬弁勇协缉此案匪首李兴珂、王贞，务获解究。缴。

七、陈管带泰交会禀初二

杆草庄击散匪徒。

行司、先锋营务处、营务处。

【批】：据禀已悉。该管带等会同在杆草庄地方巡营之众，击窜匪徒二百余名，格毙不过二十余名，生擒亦仅三名，殊觉不甚得力。姑念该管带等闻有匪徒即行前往会剿，究与延纵不办者不同，该管带与管令、部先锋官得胜、张先锋官凤岭各记大功一次。出力弁勇赏给功牌三张，随批饬发，仰即查收，择尤填给，以示奖励。一面由管令将所获匪犯提案研讯确情，录供禀办。仍严缉逸匪，务获究报。并由该管带移会管令知照。缴。

八、孟领官恩远会禀初二

分队移防日期。

行乐陵县。

【批】：据禀分带勇队移防日期并讯办匪犯宁长有各缘由均悉。已另札饬派该领官驰赴德平、临邑查办匪案，并饬张管带督队回省。仰即分别查照办理。该犯刘恩普即刘连，候札饬乐陵县提案讯明，就地正法。仍由该领官查明捆送该犯之庄民系何姓名，禀请给予功牌，以示奖励。仍一面督饬弁勇严缉逸犯朱小秃，务获解究。并由该领官移会张管带知照。缴。

九、曹州府禀

张玉恩并无勾匪情事。

【批】：据禀已悉。增生张玉恩既据讯明并无勾通外匪、勒讹教民情事，仰即递解回原籍，暂行保释。仍分饬各属妥为巡缉弹压。缴。

十、莒州禀初二

查明境内教堂。

【批】：据禀已悉。仰仍随时妥为保护弹压。缴。

十一、淄川县禀初二

韩以长等一案。

【批】：禀悉。此案已据青州府朱守查明禀复矣。仰仍严缉逸犯韩以长等，务获究报，并候行司通饬截拿。缴。

十二、济南府禀初二

褚侯麟讯供情形。

【批】：据禀已悉。查褚侯麟既据讯明并无收买拳匪抢粮存储情事，应准发回该县取保开释，以免拖累。仰即遵照办理。缴。

十三、临邑县禀初二

【批】：据禀已悉。仰按察司速饬研讯确情，填格录供通详。缴。

十四、洋务局详初二干集聚有匪徒。

行督粮道。

【批】：据详已悉。此案昨据冠县程令具禀，当经飞饬方统带致祥督饬勇队驰往该县会同剿办，并剀谕教民不得寻仇擅杀在案。仰候再饬督粮道委员前往会同查办。缴。

九月初四日

一、致郯城县

○○世叔大人阁下：自阻阔仪，弥殷驰企。回忆三十年前侍先大夫官济南日，胜衣就傅，佩觽谒宾，如亲典谒，固历历如昨日事也。往冬来济南，冀可重承明教，而世叔适宰剧邑，无暇至省，极为眷眷不尽。然每闻循声遍布闾泽，又窃为老辈□□于今未坠，是又侄所奉为规式而可借以为群吏劝也。侄忝以门荫，妄窃高禄，持盈戒满，旦夕只愧。而又适际艰屯之会，更无周济之方。日庸庸然，如朽索之驭奔马，而不知其终能任意致远否耳。世叔如不忘先大夫之好，尚祈进而教之，幸甚。侄下车之始，即延访与先大父同官耆旧，冀以倾陈得失，敬修宾谒，以毋失先大夫交道之重，且以匡掖侄之疏□。已往之事，其时侄年甫成童，亦不甚记忆。世叔倘能便中将东省现在实缺、候补人员中有与先大夫旧日同官而有交谊者，分别用单密示，俾思以追论旧德，不渎宾礼，是亦世叔之所以善教也。感甚，感甚！眷怀故旧，良觌何时。秋时渐寒，伏惟为国珍卫不宣。

二、沂州府禀初二

获犯张二庄户、李寅等。

【批】：禀单均悉。仰即迅将该犯李寅提案讯取确供，与供认抢劫重情不讳之张二庄户分别惩办，以昭炯戒。被匪拒伤暨在事出力之勇丁王福瑞等，赏给□品功牌二张，随批发由该守择尤填给，借示奖励。安主教现已有函来东，请派队迎护，但伊此时尚在天津，似来东亦尚须时日者。此缴。

三、滨州禀批初四

查明被扰村庄

据禀已悉。仰候札行赈抚局迅速核明饬遵。缴。

四、齐东县禀初二

李思圣等查缉未获。

【批】：据禀已悉。匪犯李思圣等既经查明住址，何难悉数弋获。该令并不认真跟踪踩缉，致使逃逸，复以该匪等均因该庄不敢久停，随即逃走等浮词支吾搪塞，殊属不成事体！仰即勒限半个月，严缉逸匪陈十五仔等，务获究办，毋任远飏，致干重咎。切切。此缴。

五、潍县禀初二

请委王县丞照料路工。

【批】：据禀已悉。该县铁路现尚不办，所请王县丞移驻南流照料路工之处，仰俟开工时即行委派。缴。

六、督粮道禀初二

【批】：据禀梅统领具复张香帅电稿缘由已悉。缴。

七、长山县禀初三

【批】：据禀匪犯赵长命仔经惠民县拿获讯明正法缘由已悉。缴。

八、单县会禀初三

会哨情形。

【批】：据禀已悉。仰仍随时会同认真巡缉，务期有犯必获，有获必惩，以杜窜匿而尽根株。并由该令移会砀山令知照。缴。

九、德平县禀初三巡缉地方情形。

【批】：据禀已悉。仰仍随时会同孟领官认真巡缉弹压。缴。

九月初五日

一、【札】

为札饬事。照得闰八月十五日，准德国总督胶澳租界事宜叶大臣电称：现拟兴办铁路暂至高密县城，所应保护，我兵自办。又于十八日电称：兹派德兵前至高密，不再前进，仅欲保护重修路工勿碍各等因。当经电复并分饬遵照。旋据高密吴令电禀，于二十三日，德兵官康裴第等带马步炮队二百余名驰赴高密县城暂驻，勒令铁路两旁各廿里、濠里各三十里村庄圩墙一律拆毁，并罚濠里各庄银二千两。旋又商由叶大臣电复，只拆张庄、雷庄、辛庄、鲁庄四处圩墙，余概不拆，定于二十四日开工毁圩。二十五日德员至验濠里各庄圩墙，张庄、雷庄、辛庄、永丰庄圩甫拆动，当即击毙十余人各等情。二十七日，又往东乡许村、鲁村、单屋、鲁庙四处大掠、轰击各等情。正在电饬妥商查办间，又据叶大臣电称，二十九日德兵梭巡经过李家营庄，并未惊扰，无故开炮，轰伤武员并一兵丁，故于次日即派德兵攻抄。更有光兰庄地方聚众备御，亦经攻抄。两处共诛二百余名。深盼民知炯戒，已饬兵官查看，悔者不究，不抗拒村圩免村〔拆〕等因。复经电饬吴牧剀切晓谕，妥为弹压各在案。兹又访闻环界内庄民复与拒击被焚各村传帖界外，勾结应和，深恐别滋巨衅，牵动全局，所伤尤多。何忍任听愚民相率自误。况建造铁路，载在条约，保护商务，本省□□。现当大局艰危之际，断不可再生枝节。除电饬外，合亟札饬。札到该州县即便会同各州县、各防营剀切开导，密查有无传帖勾结等情形，随时妥为防范。倘敢抗不遵谕仍前，亦须从严究惩，维大局而安善良。仍将查办情形妥速报查。

二、致诸牧令

密启者：德人修造铁路，费大工巨，既经修造，万无中辍之理。此次接修高密境内铁路，自行派兵保护，并限令濠里各庄拆毁圩墙，勒罚巨款，又派队焚击数庄，击毙十数人，其为有意报复前憾可知。李家营庄、光兰庄又无故开枪伤其武员、兵丁各一名，以致德兵前往攻抄，轰毙居民二百余名，实属咎由自取。访闻界内各庄又复传帖抗拒，倘界外居民与界内应和生事，引敌深入，势必牵动全局，不可收拾。联军十余万，近在津沽，我则根本动摇，处处失险。现在初开和议，正冀有所补救或可转危为安。若再轻启衅端，势必因山东一隅，和议又至中梗。两宫蒙尘在外，士民构祸于内，如稍有天良者，扪心自问当亦不安，何况各牧令、诸君子并各有身家之累、官守之责也。除一切情形备具公牍外，特再驰函密达，务乞格外慎重，先事周维。督同各绅耆于附近边境各庄亲往剀切晓谕，怵以利害，动以情理，俾有以洞其惑、烛其愚，不至为三五奸民勾结煽惑，激成事端，则幸甚矣。事关全局安危，关系至重，愿诸君子妥慎图之。并将办理情形详细具复为盼。

三、【札方统带、冠县】

为札饬事。照得前据冠县知县程令禀报，红桃园一带聚有匪徒，与教民互相寻仇劫杀等情，当经札饬该统带驰往会同查办在案。兹查红桃园附近之梨园屯、干集地方，现有匪徒窜聚滋扰，亟应饬营就近一并剿办，以安良善而尽根株。除行方统带、行县查明外，合行札饬。札到该统带即便派拨队伍，该县即便会商方统带，驰往干集、梨园屯一带，认真缉办，设法捕拿，务将匿聚各股一律歼除，毋留余孽。倘再查办不力，再有聚众相劫情事，定惟该统带、该县是问。至该处应否酌拨队伍驻扎之处，并由该统带、该县会商，妥筹办理，并将遵办情形报查。毋违。切切。此札。

四、王领官占元禀初四

【批】：据禀会缉匪犯暨整顿营伍各缘由均悉。仰即迅速选募精壮，照格充补。仍将会讯匪犯李士诚等供词另文具报，并严缉此案逸匪李清源、王贞等，务获究办。缴。

五、陵县禀初四

会张国泰、孟恩远到防巡缉情形。

【批】：据禀已悉。仰仍随时会同认真巡缉，务期有犯必获，有获必惩，以杜窜匿而靖根株。并由该令分移孟领官等知照。缴。

六、东平州禀初四

已未结教民控案。

【批】：据禀已悉。仰即迅将未结王思俭等四案勒传复讯，持平断结。仍随时妥为保护弹压。缴。折存。

七、蓬莱县禀初四

【批】：据禀已悉。仰洋务局转饬知照。缴。

八、平原县禀初五

查封拳厂，充公抚恤。

【批】：据禀已悉。仰仍随时督同公正绅耆查明境内如有为首拳匪及再学习邪拳者，均可将其房屋田产变价充公，以资抚恤。惟不得假手胥役地保，别滋扰累。缴。

九、闵千总文章禀初四

尹哨官在镇桥剿匪。行博平。

【批】：据禀查复尹哨官在镇桥地方剿匪各情形均悉。此案已饬派丁守驰往查办矣。匪犯杨富贵，仰候札饬博平县勒令该庄长交出讯办。缴。

十、洋务局详初四

查办熊方岱保释缘由。

【批】：据详已悉。仰候札饬济南府查明，具复到日再行饬知。缴。

九月初六日

一、海丰县禀初五

匪犯孙柱讯供情形。

行按察司。

【批】：据禀已悉。匪犯孙柱既经该令等提案会讯，供认焚掠重情不讳，仍即照章就地正法，以昭炯戒。一面会督勇役严缉匪首从风照等，务获究报。并移陈管带泰交知照。缴。

二、何守国禔禀初五

孙舱长兆钦获犯田荣刚请奖。

行济阳。

【批】：据禀已悉。孙舱长兆钦拿获匪犯田荣刚一名，缉捕尚属得力，著赏给□品功牌一张，随批饬发，仰即查收，转给收执，以示奖励。并候札饬济阳县，俟犯解到，提案讯办。缴。

三、德州禀批初五

查复马玉祥被匪杀死一案。

【批】：据禀查复前任未报船户马玉祥被匪杀死一案缘由已悉。仰即迅速前往补勘，照例填格，录供详报。缴。

九月初七日

一、雷管带震春禀初五

【批】：据禀查明孙维科是否株连一案缘由已悉。既经搜有信单账本等件可凭，仰候札发邹平县，提集孙维科到案，严行讯办，毋任狡展。缴。

二、徐令鋆禀初五

【批】：据禀查明兰、费等县现无匪徒潜聚滋事缘由已悉。缴。

三、郓城县禀批初六，会哨情形

【批】：据禀已悉。仰仍随时会同认真巡缉，务期有犯必获，有获必惩，以杜窜匿而尽根株。并由该令移会锡令知照。缴。

四、恩县会禀批

查办干集等处匪徒

【批】：据禀已悉。仰督粮道就近督饬该印委妥速查办。缴。

五、洋务局详批

请拨经费。

行布政司

【批】：据详已悉。所请加添经费银两已饬司如数筹拨矣。仰即按月前往具领备用。缴。

九月初八日

一、【奏】济阳玉皇庙戕官一案

窃据济阳县知县沈逢龙于本年八月二十九日禀报，现有外来拳匪一百余人窜聚该县境玉皇庙内，四出抢掠等情。当经委派候补知县查荣绥率同哨官周树森等所带马步队各一哨，驰往缉办。查荣绥于三十日申刻驰抵县城，因探闻匪党众多，恐其闻风远飏，即于是夕三更率队前进。闰八月初一日辰刻驰抵玉皇庙西南之霍傅庄齐集，查荣绥即在该庄照应后路，饬令该哨官率队出庄向前迎剿。讵玉皇庙共聚有匪徒千余人，竟分三路列队抗拒。该哨官等开枪轰击，当场击毙悍匪三四十名，匪势稍却。正拟麾队抄击，而该匪已由间道直指霍傅庄南，查荣绥猝不及防，被匪拒击坠马，旋即遇害。其随护勇丁，亦同时被戕。维时，三路之匪均已麕集。正在吃紧之际，迨闻后路警报，督队回援，势已无及。该匪等乘势迎拒，更觉腹背受敌，以致伤亡勇丁十二名。该哨官等督队回击，又毙匪四十余名。旋复分路追剿，该匪等亦即夺路窜匿。臣旋复添派徐游击邦傑、雷牧震春、倪令嗣冲各率勇队，驰往查缉，先后拿获匪首王玉龙等四十四名，讯明后即照土匪章程就地正法。另行汇案奏报。

惟查候补知县查荣绥以死事【于】勤事，合无仰恳天恩俯赐照阵亡例从优议恤，以慰忠荩。济阳县知县沈逢龙于境内聚集匪徒，讳匿不报，以多报少，以致酿成戕官拒捕，实属恇怯无能，应请以示惩儆。所有应请优恤并参劾庸劣不职之知县……

二、冯直牧国璋、龚镇、孙镇、尚道会禀初八

【复】：来牍备悉。东省四面受敌，兵力不过万人，必须确探敌情，审定去向，方可调拨。如闻警即调，深恐顾此失彼，徒劳兵力，且恐声东击西，堕彼术中。至德州兵力太单，本部院再四筹画，已非一日，故省中常屯精兵三千，专备西路接应。平原、禹城分驻两队，即为通气之兵。盖以德州为前敌，以省会所驻之兵为大队；武定、临清、恩县、武城分驻各营则为游击策应之师，遇警即可汇集。倘若真有战事，尚可凑集六千人，由本部院亲督迎敌。但未得准信以前，不可轻调，且恐敌人疑我增兵要击，反足引其来犯。当此大局未定之时，总以勤探迅报、毋误援应为主。现在必须镇静。至接战地方，原难限定，如兵未集齐，亦不妨暂退毋战，其要仍在临时电商。军情瞬息不同，断难预测，成算不尽可持，尤贵随时审识。惟尚道所任截堵败兵二节，筹议甚善。其余一切布置，此时姑难定准。如有小队来境窥探，亦可不理，必须有大队来犯，意在占我土地，始可调队与之一决耳。

省中已备快炮二十余尊，似可足备一战。道库所存中造快炮，不知适于用否？惟既有拉火，恐即非快炮。傅相现在京城，不易通电，希由贵镇函托吕、刘两君妥筹办理。并希分移龚镇、尚道、冯直牧知照。此复。

三、巨野县禀初六

【批】：据禀张教士来县开堂传教缘由已悉。彼既由福主教委派，必有凭据。仰即就近验明，如可开即任其开办，毋庸阻止。所请出示弹压，即将前次札发四言告示代标代印，转发张贴。仍随时妥为保护。缴。

四、雷管带震春禀初六

【批】：据禀抽派各营队分别巡缉回省缘由已悉。该员仍拟驰赴长山、博山一带侦访逸匪陈云岭实在下落，设法缉办，期在必获，具见办事认真，应即如禀办理。缴。

五、詹管带占元禀初七

孙舱长获犯出力。

【批】：禀悉。此案已于何守禀内批示并赏给该舱长功牌，发由何守转给收执矣。仰即知照。缴。

六、夏津县禀初七

查缉拳匪。

【批】：据禀已悉。仰即遵照前檄随时认真办理。缴。

七、福山县禀初七

地方情形。

【批】：据禀已悉。仰仍随时会同标防各营认真查缉，毋任匪徒窜扰滋患。缴。

八、冯营务处国璋会禀初八

到德州会商情形。

【批】：据禀到德后与龚镇等会晤筹酌各缘由均悉。仰仍将筹办情形随时禀报查考，并由该直牧移会杨部郎知照。缴。

九、张管带国泰禀初六

【批】：据禀巡防商河等县日期各缘由均悉。仰即遵照前檄，迅速回省听候差遣。此缴。

十、方守燕申禀

【批】：据禀该守胞弟材堪任使各缘由均悉。仰候随时酌量委派。该守仍赶紧延医调治，以冀速痊。此缴。

十一、临淄县禀初七查讯民教控案。

【批】：据禀已悉。嗣后遇有民教互控案件，仰仍随时持平断结，两无偏倚，以和民教而正乡俗。缴。

十二、平原县禀初八

戕害官兵案内获犯讯办。

行臬司、徐统领邦傑。

【批】：据禀已悉。此案匪徒共有七八十人，除首犯外，凡系此股逸匪，仍须随时缉办，不得因现将李兴秀、李士诚、范狗等三犯讯明正法，遂谓此案已议结也。刘长胜一犯既讯无证据，着即暂行监禁，候获首犯质讯另行核办。李兴枝亦应暂行监禁，勒令该家属迅将王贞、李兴柯等依限拿获，再行酌量办理。倘逾限不获，该犯仍须正法，以昭炯戒。李付成仔亦应押，令李玉安勒限交案。余悉如所拟办理。并由该令分移江县丞、王领官知照。缴。

十三、济阳县会禀初六

【批】：据禀已悉。该令等两次报解匪首孙玉龙暨匪犯魏辈仔等十一名，又章邱杨令报解匪犯萧五云一名，先后发交济南府督同历城县讯办。除萧七金仔一犯被胁勉从，旋即逃回，且供出各匪首姓名，因而拿获，情尚可原，另行议办外，匪首孙玉龙罪恶昭著，形同叛逆，已即凌迟处死。匪犯魏辈子〔仔〕等亦已一并正法枭示矣。匪犯江根仔等三十四名同恶相济，该令等讯明业经照章就地正法。应俟将刘腾仔、李景纯两犯正法枭示后，即将各犯供开折禀报。该役张朝端即张兆端，如果讯明确系通匪送信正犯，亦应从严惩办。其解回各县讯办之许墨林等九名，应候分饬各该县提案严讯，若讯有窝匪实据，应即分别严惩，均无稍纵。所有在事出力之雷管带震春、倪令嗣冲、惠民柳令堂暨该令着各记大功三次。王中书英楷、徐统带邦傑、商河李令、章邱杨令各记大功一次。折开之丛领官金贵、张管带国泰各记大功二次，并与李哨官鹏扬、刘哨官占标、张哨官金全、马哨官玉魁、刘哨官裕发、王哨官茂元、王哨长允忠、赵哨长福兴、李哨长家泰、申哨长士魁、丁哨长得胜、王哨长锦标、王哨长保臣、史哨长清林、冯千总作鹏、刘外委振玉、江外委溶，均赏给五品奖札。原有五品军功倪哨官朝玺、张哨长玉贵、刘副哨金章、杨军功光友、张军功从清、方军功同馨各记大功一次。九品顶戴傅富五、赵营务玉和、苏差弁振标、王差弁福海各赏给六品功牌一张。仍各存记，以应升之缺汇案保奖。奖札功牌随批发，由该县转给收执，以示奖励。至请将周哨官树森、王哨官玉山顶戴赏还之处，一时碍难照准，应饬将逸匪陈云岭等会同报获后，再行酌核办理。查令荣绥业经奏请优恤，以彰忠勚。应候另行钞稿行知，并先将此案办理情形通行各属知照。缴。各折存。

行两司、三道、十府、二直牧、三营务处、乐陵、齐东、惠民、雷震春、徐邦傑。

九月初九日

一、乐陵县禀

获犯刘中正正法。

行司、营。

【批】：据禀已悉。该县会同城汛，督饬勇役，越境缉获匪首刘中正，讯明后即行正法，办理尚属迅速。着与丁千总富荣各记大功一次。出力之勇役许振亭等赏给□品功牌一张，随批饬发，仰即择尤填给，借示奖励。一面将讯办缘由照例通详备案。缴。

二、乐陵县禀初八

高大文管押。

【批】：如禀办理。仰按察司转饬知照，并严缉逸匪傅金标等，务获究报。缴。

三、肥城县禀初八

禁缉情形。

【批】：据禀已悉。仰即遵照前檄随时认真办理，并于各渡口妥为防范稽查。缴。

四、孟领官恩远禀初八

【批】：据禀巡防陵县等处日期各缘由均悉。仰即遵照前檄迅将饬查事件查明，另行据实具复，并于各县境会同巡缉弹压。缴。

五、赈抚局详初八

行两司、三巡道、十府二州、各州县。

【批】：已据详通饬各属查照办理矣。仰即知照。缴。

九月初十日

一、复沂州府

〇〇仁兄大人阁下：敬复者。顷接来牍，借悉一切。教士仍回内地传教，自系不用兵之凭证，似亦不好久阻。应由阁下函复布教士，问其究由何道来？如由青岛乘船赴日照登岸来沂，应由该处派队往迎护；如由高密、潍县等处来沂，可由阁下密达省会，以便饬昌潍所驻防营拨队往护，然仍以日照一路为便。俟得复后，再行随时酌照办理可也。

二、张副将勋禀初九

巡缉回防。

【批】：据禀已悉。仰即会同管令赶紧办理清楚，另候调遣。此缴。

九月十一日

一、复安治太

安主教阁下：敬复者。前奉闰月二十三日惠书，当于本月初五日裁复，谅邀台览。顷又接到二十六日惠书，并钞寄二十三日函稿，并悉一切。本拟电复，因闻贵总统现赴北京，由天津至北京，闻系军务电报传递不甚便易，故仍函复。并将初三日复函附钞一份寄呈，希即查照前函办理。

至准由何处来东，应请贵主教酌定示知，以便酌商照办。如由天津折赴青岛，再由青岛来省，似较妥便。应请到青岛后，先行电知本部院后，即与贵主教商定动身日期。一面即可分饬沿途文武地方官妥为照料护送，并可就近酌派兵队随护。现在各属匪徒敛迹，内地本甚安静，惟既承函嘱，不能不格外认真保护，以敦睦谊耳。仍请酌复为荷。专此布复，顺颂日祉。名另具。

附钞本月初三日复函稿一件。

二、【札】

为札委密查事。照得本部院前访闻淄川县石埠庄监生韩英阶等，有焚抢韩家窝山旺庄教堂，杀毙教民施曰怡，并聚众备械，欲图闹教一案。当经札饬青州府朱守、淄川县王令确查禀办。

旋据王令禀复：现获韩英阶、韩英珍、韩汝继等到案，讯据供称，教堂、教民房屋系因传闻外匪欲来焚烧，庄民恐被连累，商同在逃之韩以真等，暂将教民各家空房门窗砸坏，不必拆动房顶，过后亦好赔偿。但期示之外人，免被匪徒借口焚扰。韩以真等当于六月十五日分领数人前往砸坏，韩英珍仅与同谋，并未前往；韩英阶、韩汝继均未在场。后闻施曰怡系因当夜匆忙越墙跌伤身死，被韩以真等私行掩埋。伊等实不知情，亦无聚众备买枪械图扰教堂，并在周村抢掠杀人情事等供。该县勘查相符各等情。与朱守面禀情形诸多不符。

复经札饬朱守另行确查禀办，一面又另行派员驰往密查。兹据查明禀复：韩家窝民人韩贵发领人至周村抬去季忠义钱柜，并打伤东伙三人。韩福云等七八月间曾在静山寺延请新城县拳师学习符咒，时常聚匪数百人撞钟竖旗，以放炮为号令。计有新城县搬来一百余名，韩家同户一二百名，外有不在拳教之匪百余人，谋毁各处教堂，并将堂内书籍教具等件悉行掠去。又庄长韩英阶曾使人打死施曰怡并将该庄在教民人逼走，粮物悉行抢去，家具分卖，田内粮食均被收割。又据胡以勤等供称：施曰怡系被韩家一党赶上，用枪扎死，曳回胡以勤猪圈内掩藏。马德繁系被地保打伤，各教民均纷纷逃避等情。核与该县所禀更不相符。查人命至重，该县事前既不知禁止，迄今仍不知抚恤，遗人口实，犹复饰词捏禀，亟应另委妥员驰往确查，据实详复，以凭核办。除行局发给薪水外，合行札委。札到该令即便束装起程，驰赴该处确切查明。事关民命，不得稍涉瞻徇，致负委任。切切。此札。

札发原函一件、淄川县禀一件、密查清折一件。

三、青州府禀初十

饬属并委查安丘等县各案。

【批】：据禀已悉。仰即督饬各印委确切查明，详晰禀复。并饬勒限严缉各案要犯，务获究办。缴。

四、青州府禀十一

遵饬查办各案，请委冯令廷栋赴东当差。

【批】：据禀遵饬查办缘由已悉。冯令廷栋既据禀称明白耐劳，已委赴东路听候该守差委矣。仰即知照。缴。折存。

五、利津县禀初十

【批】：禀单均悉。仰即遵照前檄随时认真办理。至由局领到拿获高桀案内赏银，准即暂存县库，惟只能作为捕匪赏号，不得移作别用。并由该令呈报吴道知照。缴。

六、阳谷县禀初十

缉匪暂行章程。

【批】：据禀已悉。仰仍随时严密稽查，认真巡缉，以维大局而靖民心。缴。

七、泗水县禀初十

同阳谷。

八、潍县禀初十

【批】：据禀遵饬示谕乡民均各相安，并祝司务赴丈岭日期各缘由均悉。仰仍随时剀切晓谕，毋使滋生事端。切切。此缴。

九、昌邑县禀初十

地方情形，私收军械。

【批】：据禀已悉。仰仍体察现在情形，随时妥慎办理，总以督同绅耆，剀切劝谕为主。至严追私藏军械以〔似〕难做到，且恐别滋扰累，所请通饬之处应毋庸议。此缴。

十、临邑县禀初十

饬缉庞围请展限。

【批】：据禀已悉。仰仍遵限严缉匪首庞围等，务获究办。缴。

十一、临邑县禀初十

巡缉情形。

【批】：据禀已悉。仰仍随时会同认真巡缉，毋使外匪窜扰滋患。缴。

九月十二日

一、【札】

为札饬事。案据武卫右军执法营务处王中书英楷会同先锋队执法营务处丁守镫禀报：敬禀者至〇〇〇实为公便等情到本部院。据此，查此案前据阎哨官凤鸣禀报，于八月初一日至韩家窝缉办匪徒，当场开枪轰伤七名，下余五六人逃往石埠，鸣锣聚众约有一百余名，开枪拒捕。当场轰伤拳匪二十余名，拿获六名。该哨官被文生韩春发用枪扎伤，旋即将该文生拿获，自供为匪首等情。当即分别记功核赏。并以未据淄川王令查明禀报，殊属疲玩因循，摘去顶戴，勒限严缉逸匪，一面咨请学院将文生韩春发斥革归案严办。旋据王令会同阎哨官禀报提讯韩春发，供认曾随外来曹姓在静山寺学习邪拳，韩澄发等亦跟其学习，旋被地保庄长查封，将曹姓驱逐，即已改悔不习，此次不知何人出而抗拒。提讯韩澄发等供称并未习拳，亦无持械拒捕等事。当即带犯回城，另讯禀办各等情。核与该哨官原禀情形不符，当即委派甘令本源驰往会讯。复据王令禀称，复讯韩春发，据供被获时因病在家，被官兵赤身拖出，阎哨官为何被伤，伊委不知情。起获黄八卦衣、包头、兜肚、扎腰，系曹姓临走匆遽遗下，刀械枪炮系民团存留公所以备巡更看坡之用。复讯韩澄发等坚供并未习拳，与韩长俊均系务农为业，有在坡工作被获，有在家被获，并无为匪拒捕情事。该令复集各该庄及邻近村庄首事人等，逐加咨询，谓当时马队来境，韩家窝庄无人出问，亦无拳匪抗拒拦阻。该马队由金山寺庙内查看后，即闯入石步庄开放洋枪，搜拿焚烧庄内人民。[1]

二、【札】

查此案前据阎哨官凤鸣禀报，于八月初一日由韩家窝追缉拳匪至石埠庄，当聚有匪徒一百余人，鸣锣开枪拒捕，当场轰伤拳匪二十余名，拿获文生韩春发等六名，该哨官手指并被韩春发用枪扎伤等情。

---

[1] 此稿止此未完，下稿内容与此稿相同，详略有异。兹一并收录以供参考。

当经分别记功核赏。并以未据淄川王令禀报，摘去顶戴，勒缉逸匪。一面咨请学院将韩春发文生斥革归案严办。

旋据王令会同阎哨官禀报提犯讯供情形，核与该哨官原禀不符，复经札委甘令本源驰往会讯。甘令尚未起程，又据王令单衔禀报，提犯复讯暨传集各该庄及邻近村庄首事人等咨询情形。核与该令前次会禀更多不符，又委派王州判治馨、吴领官凤岭先后驰往确查。

旋据甘令本源会同该令禀称，复讯犯供，革生韩春发曾经习拳并查获应禁旗纛等物，拟请严行监禁三五年，察看果能改过自新，再行讯明禀请释放。韩澄发等五名讯无为匪不法情事，究属形迹可疑，拟酌照不应重律杖八十，各拟杖八十枷号一月，满日折责发落等情。经本部院批饬，革生韩春发特准从宽监禁，韩澄发一并保释；该令前摘顶戴赏还，俟吴管带凤岭查复到日，即将此案酌量议结等因。旋据吴管带凤岭、王州判治馨等先后查复禀复前来，核与该令前禀情形又复两岐，碍难议结，因传阎哨官凤鸣暨营兵张九卿、勇丁张鸿恩等六名来省，发交该中书等会讯。兹据前情并详核确查供招，虽与吴管带凤岭、王州判治馨所查情形大抵相同，究系一面之词，亦未足据以定谳。

查此案关键，应以石埠庄韩姓是否习拳、是否拒捕为断。现不但该中书等所讯供词、甘令所讯供词暨吴管带、王州判所查情形，均有曹姓在静山寺开厂授徒，韩春发等曾经随同习拳，缉匪之时，庄民又曾持械出诘，并点放火枪轰伤队下马匹前胸各等情，即王令前两次禀中，亦曾叙有在庄巡查团丁持械出问盘诘，并有鸣锣击鼓、点放火枪相应各等语。查既已习拳，即是为匪；既已鸣锣击鼓、点放火枪，即是拒捕，何况当场搜获黄八卦衣、道帽、红腰巾、黄扎巾、兜肚暨枪械刀剑等项，多系违禁之物，其为匪不法可知。该令既不能禁止于事先，又不能消弭于事后，迨经派队驰往查办，该令复又不会同缉拿，伤毙匪徒仍不立时验报，直至奉文摘顶以后，始与阎哨官会禀。禀经批驳以后，始又单衔具禀，而前后所禀情节又各不符，巧于诿卸，实属显而易知。本部院办事一秉大公，不囿之成见，阎哨官等果有派勇扰民情事，但能讯出确据，自当从严参办，决不姑宽。如其确有开厂习拳、聚众拒捕情事，王令身任地方，亦难辞咎。兹特将全案札发该司秉公研讯，以成信谳。

除禀批示外，合亟札饬。札到该司即便传集阎哨官凤鸣等到案讯供禀办，一面即由该司札饬淄川王令迅带犯卷来省，一并归案质讯，以期水落石出，两无偏倚。切切。毋违。此札。

三、王英楷、丁镗禀

【批】：禀悉。此案已札发臬司复讯矣。仰即传解阎凤鸣等前赴臬署听候质讯。缴。供折存。

四、吴凤岭禀

【批】：据禀查复阎哨官凤鸣在淄川石埠庄缉匪各情形均悉。此案已札发臬司复讯矣，仰即传解阎哨官等前赴臬署听候质讯。缴。折存。

五、利津县禀十一

抚邮教民。

【批】：据禀已悉。仰仍随时剀切劝谕，妥为抚辑，以安民教而弭衅端。缴。

六、潍县禀十一

查办拳匪。

【批】：据禀查办拳匪庄长人等尚无舞弊缘由已悉。仰仍随时严密稽查，认真约束，毋任借端蒙混扰累，致干查究。切切。此缴。

七、泰安府禀十一

请免查匪产。

【批】：据禀遵饬刊刷缉拿票匪告示，并另单请免查办匪产各缘由均悉。查标封拳厂房地及查抄拳匪财产等项变价充公，即以此款作为抚恤之用，本部院原为一惩一恤，事属两得。且惩此误国病民之匪，立法不得不严。火烈则畏，水懦则狎，盖亦辟以止辟之意耳。察核来禀，情词殊未达立法本意。至于勇役邀功、仇家扳指，只是法外之弊。是在奉法者随时认真厘剔，未可因防弊而遂废法也。仰即督饬各属，遇有拳匪财产，仍遵前檄，严行查办，不得使志在抢掠、破人之家肥己之产因而终享其成，庶有以挽颓风而正民纪乎。此缴。

八、洋务局详

【批】：据详已悉。缴。

九月十三日

一、江县丞朝宗禀

【批】：据禀查缉亭子庄戕兵案内正犯各缘由均悉。仰即查照另檄，会同平原县协缉此案首要匪犯李兴珂、王贞暨案内余党，按名弋获，严行讯办，毋稍延纵。至查复沾化流钟口匪犯蔺成太等一案，不关紧要，一时毋庸前往，俟此案缉办完竣后再行酌办可也。此缴。

二、金乡县禀十二

周羊请监禁。

【批】：据禀已悉。该犯周羊既经供认曾入刀会，学习邪术，应即暂行监禁一年，以示惩戒。仰即遵照办理，并严缉逸匪高崇元等，务获究报。缴。

三、汶上县禀十二

查缉匪徒。

【批】：如禀办理。仰按察司速饬严缉逸匪，务获究报。缴。

四、张副将勋禀

黑牛王庄出力弁勇请奖。

【批】：禀单均悉。黑牛王庄在事出力弁勇，既经该副将查明禀请赏发功牌廿张，应准补发。仰即查收，择尤填给，并取具该弁勇履历造册呈候汇咨。缴。

五、乐陵县【禀】十二

请领赏银。

【批】：禀悉。此项赏银前已行知善后局照章支发矣。仰即备文赴局具领可也。此缴。

六、泗水县禀十二

查恤教民。

【批】：据禀已悉。仰仍随时认真查禁，妥为抚辑，以安民教而弭衅端。缴。

七、方副将致祥禀十二

查办地方情形。

【批】：据禀已悉。仰仍会同各州县随时认真巡缉，妥为防范，以固边圉而维大局。缴。

八、胶州禀十二

赵德和正法。

行臬司。

【批】：禀悉。匪犯赵德和前已电饬正法矣。仰即遵照办理，一面将讯办缘由照例详报备案。缴。函稿存。

九、即墨县禀十二

德员舒来出城日期。

【批】：据禀德员舒来等先后督队出城，并该令驰抵青岛会晤叶督日期各缘由均悉。至议将电报改用高密密码，尚属可行，仰即查照办理。缴。

十、观城县禀十二

地方情形。

【批】：据禀已悉。仰仍随时严密稽查，认真巡缉，以维大局而靖民心。缴。

十一、泰安府详十二

【批】：据详已悉。仰即转饬销案。缴。

十二、洋务局详十三

【批】：据详已悉。缴。折存。

九月十四日

一、【致】文登、荣成

祝令、曾令同览：迭送租界粮册仍以按地为便，惟地在界内，人在界外者，应由地方官代收转交英员；地在界外，人在界内者，应由英员代收转交地方官，以便催科而归简易。前电译码将界内、界外字样颠倒，应更正照办。

烟台李道同。

二、荣成禀十四

沥陈租界划粮，以地划粮实属窒碍难行，请仍照英人原议论庄不论地之法办理。

【批】：据禀已悉。前议按地划粮，原系地在界内，人在界外者，由地方官代征转交英员；地在界外，人在界内者，由英员代征，转交地方官，以便催科而归简易。发电时译码偶有乖错，致将界内界外字样互相倒置，文义遂亦因之而异，已另电更正矣。勿论按地按庄，总以便民为重，本部院原无成见。不过按地划粮，似剖析较清，界限亦较严。按庄则有笼统之嫌，恐滋牵混之弊。征粮与租地，事相表里，该令等身任地方，见闻较确，按地划粮如果有窒碍难行之处，仰候札行东海关道另行核议饬遵。该令等仍一面会同文登祝令体察民情，即就近禀承该道妥筹办理。缴。

三、致法领事函

烟台大法国领事鉴：初八函拜悉。前闻冠县红桃园有教民与外来逸匪互相仇杀，当即委派营队驰往查办。旋据查明，该处自获匪首阎书勤等二十九名就地正法后，地方本已安靖。旋因教民寻仇，将该处李姓抄掠一空，逼令全家逃出，占其房屋，致招外匪互相仇杀。自派队去后，匪即已散逃。现仍酌留哨队巡防，以资保护。至恩县、德平、禹城、临邑等处，迭次获匪严办，久无练习大刀会之人。本部院五次派员弁驰往密查，均云实无大刀会匪，地方一律弭平。请纾廑注。

四、致德领事

敬复者：顷奉本月初八日惠书，当即电复，谅邀青览。查冠县红桃园毗连直境，民教结仇甚深，时有匪徒从中煽惑其事。今年七月间，本部院派东昌府会督首县驰往剿办，拿获多年漏网匪首阎书勤、高小麻子等二十九名，各均讯明就地正法，地方逐渐安谧。不意教民回家未久，复又搜杀拳匪，冀复前仇，并将红桃园李姓抄掠一空，逼令全家逃出，占其房屋，以致激成众怒，复又勾串外匪，辗转寻仇，私相斗杀。地方官驰往查禁，一面禀请派队弹压。旋经本部院派队前往查办，甫至中道，匪即闻风散逃。现据该府县禀报，地方仍照前安谧。仍酌留哨队在该处巡缉弹压，以资保护。一面出示严禁寻仇擅杀，并劝谕民教务宜互敦辑睦。前接马主教电报，亦与尊函情形相同，当即电复，应请贵领事再转致马主教。函嘱保护教民等情，凡事由地方官认真保护，一切均安。

恩县、禹城、德平、临邑四处，自将匪严办后，久无练习大刀会之人。本部院先后遴派员弁驰往密查，至五次之多。所查情形，均复相同。各该县地方一律弭平，并派有队伍常川往来巡缉，堪纾仰注。马主教所言当系六七月以前之事也。本部院查办会匪极为严肃，恩、禹、德、临，近在咫尺，如有匪徒，岂有不办之理。

卷二十五 光绪二十七年四月初九日起至四月十七日

四月初九日

一、平度州禀

【批】：据禀商结州境被毁美国教堂各缘由均悉。查潍县美国洋式教堂、医院规模宏敞，内储器物恒多，此次经洋务局总办唐道绍仪与狄教士乐播得商办，尽以四万五千金议结。该州并无似此著名大教堂，事前亦未详晰查实，何得尽据楼教士等约略估计之词，即以议结。又何得与原估一万二千九百余两之外，事隔数月，另增银二千余两之多。该牧身任地方，既知东省财匮民贫，筹款维艰，亟应于议结时竭力磋磨，分别核减，以期减一分赔款，即多纾一分民力，方是慎重交涉办法。否则，各州县现正商办教案，如均似此草率，任其开单索赔，并不详加勘查，逐款核减，即行照单筹给，以图从速了结，各处援以为例，试问从何筹此巨资。仰即遵饬会商该教士等，相机因应，认真驳查。务令按款开具实在数目清单，详晰核查，认真估计。仍照上年数目商结，再行减让，从速议结，并续立议结合同，禀候核示。一面会督官绅就地妥筹此款，即于议结后分期交付，并将筹款情形据实核查，毋任胥役持强指派，致滋扰累。至该教士请饬吴牧分认赔款一节，查吴令已因此案撤任调省，如须分认赔款，应即饬令吴牧仍回本任，庶可就近筹办。此缴。禀函存。

二、青州府禀初七

官庄距金岭镇十六里，前数年有人开过煤井。城西附郭青龙山距城四十五里，距郭庄五里，光绪十一年开过银矿。黄山距城西南三十里，距黄马庄二里，光绪十一年开过银矿。

【批】：据禀查禁矿地暨筹办矿务缘由已悉。所筹均甚有见地，仰候檄行洋务局会同商务局速订办矿章程，分行各属遵照办理。仍一面由该守督饬各属不动声色，妥慎筹办，其有矿产处所，并著随时劝谕绅民自行试办，以厚生计而保利权。缴。折存。

四月初十日

下午潘仲年观察召饮于洋务局。

一、致阿理文

三徽双龙三等第三宝星。

径启者：查胶州新关于二十五年五月二十四日，即第一百五十六镇之首开办，由贵税务司经理，拟归洋税项下开报。所有此项税银不知每年共征多少，□□是否解归东海关道汇收，现在收数转解，抑尚在关存储由尊处径解，即希查明示知。又前于二十四年十月初十日，准总理衙门咨，据总税务司面陈，青岛既设洋关，所有海关、内地向设常关征收民船税课，均可由税司代办收款，缴归关道等语咨行到东。仍饬东海关道会同贵税务司体察情形，斟酌妥办等因。不知此项民船税课，自二十四年至今现共代征税银多少，是否缴归东海关道核收，抑仍在尊处，亦乞分别查示。又二十四年四月十一日，据东海关道禀称，闰三月二十六日准德国驻青岛水师总统罗绅达函称，本部实已派员在青岛沧口及沙子口等处收税，其税账及收款均暂时存库，俟两国另订章程再行酌办等因。所有此项税账自两国另订章程开办海关后，不知是否曾准德员与贵税司妥商酌办，存库银两亦不知如何办理，并祈查明示复为荷。

二、复布总铎恩溥沂州

径复者：顷接惠函，拜悉一切。宋副将年满例须交卸，业经委派刘参将前往署理，未便反汗，俟有机会再为筹之可也。

三、洋务局详初九

【批】：据详已悉。该局交涉日繁，亟须筹定的款，以备拨用，自系实在办理，应准如详办理。候檄行东海关道，按年报到照费一万两，可作为常年经费。其马坛湖押租钱文仍照原案，由局催令按年扫数报解。矿务经费，应候该总办等酌议，禀复到日再饬藩司另案筹拨，仍由该局具领，分别转输，以清款目而便造报。所有单开办理矿务局之杨部郎每月原支薪津一百六十两，再酌加六十两，共为二百两，其原领兼办铁路之车马费一百两暨帮办铁路视司务运课所领之津贴银五十两，一并停支。德文翻译委员沈琦现由铁路公司加给津贴，其月支薪水八十两即著减为五十两。俄文翻译姜彭祺之薪水改由洋务局支给。洋务局英文翻译王良登原支薪水一百四十两，著减为八十两。其余各翻译、各委员照章支给，并由该局分别移行知照。缴。折均存。

八日十一日

夕传见。是日姜翼长来省。

一、【咨】

为咨会事。案查钦遵谕旨，遴派贵军门率队北上，暂行驻扎京城，会同在京旗营以备迎銮，已经另文咨知在案。兹现已派定武卫后军左翼第一、第二步队两营，又先锋队右路左、右步队两营，又武卫后军马队第一营、右队一队、右翼炮队一哨，均归贵军门统率北上。并即奏派兼充山东全省翼长，统领武卫大军北路马步各营，并饬局刊刻木质关防一颗，随文呈送，以昭信守。每月酌加公费银五百两，由先锋队粮饷局核发，借资办公。其余各营薪饷，仍在武卫右军粮饷局暨先锋队粮饷局照章分别支领。除附片分别奏明，并分行查照外，相应咨令贵军门，烦请查照，希即督队北上，并希将启用关防暨到防各日期见复施行。

札左翼第二营杨业泰，右路左营窦从周，右路右营马廷襄，右队马队孟恩远，右营炮队统领段琪瑞，右军粮饷局、先锋队粮饷局，右军、先锋队营务处、全省各军营务处，先锋队左、右翼翼长，兖、曹两镇。

二、唐道禀初十

议结乐陵教案。

【批】：据禀已悉。乐陵朱家寨教堂赔款，经该道竭力磋磨，削减一万余两，筹办尚属公允。所有第一批应交之一万两，照所议办理。仰候行司届期由折漕耗余项下悉行借拨，交由该局转发美国教堂聂会东代收，并饬善后局于海防捐项内拨还。其余二万八千两，饬由何令就地筹集，分批交付。全案即可作为完结，汇案附片奏陈。另檄抄稿行知。

三、【札】

查该处教堂共计三所，并附有婴院，经营三十余年，储器物甚多。上年夏间，由宁津突来匪徒数千，焚劫罄尽。该教士等据称：损失滋巨，尚系实在情形。此次经唐道极力磋磨，再三核减，于原索四万九千余两内商减一万余两，共计减去四分之一。所有教民房屋被匪焚劫者，亦议由地方官自行抚恤，该教士不得过问。筹备甚属公允，应即照所议办结。所有第一批应交一万两，即饬该司于折漕耗余项下暂行借拨，交由洋务局转发美国教堂聂会东代收；其余二万八千两应饬何令就地筹集，于本年十二月内及二十八年内分批交付，全案即可作为了结。查各属教堂，均系由本地官民分认赔偿。此次因该处距直境不数里，游众滋事，非尽拳民，是以量予体恤，准由国库暂行仍于海防捐款内拨银一万两作为津贴，以备归还该、藩司拨借第一批垫款，籍以少纾民力。应著何、该令明白晓谕，俾令士民咸知感奋，第二、三【批】赔款自易分筹。至何、该令身任地方亦属责无旁贷。惟今朱家寨距城较远，何、该令曾迭次会营剿捕，功过尚足相抵，因亦免其分赔。该令务当激发天良，当顾大局，速将第二批银一万两，第三批银一万八千两，妥速就地筹集，分期交付，勿稍愆误。至境内教民前经何令会同委员一再抚恤，均经禀报有案。此次究应如何量予加恤，已饬何、该令确切勘察，应俟勘察明晰，再行饬令量力酌办。除禀批示并分行外，合亟札饬。

四月十二日

午传见。

四月十三日

夕传见。

四月十四日

下午传见。回家祭祀。

一、乐陵禀初十。

【批】：据禀已悉。该县朱家寨教堂已由洋务局唐道会商□教士议结，并声明所有教民抚恤应归地方官自行办理，教士不得过问。禀经本部院批准照办，并另檄行知在案。查各属议结教堂赔款，均系地方官民自行捐筹，此次因该令缉捕认真，并未责令分赔。筹拨海防捐款一万两借资津贴，实属曲于体恤。所有教民被匪焚抢各案，既经该县确切查明，应即查照唐道原议，饬由该县就地筹款，自行抚恤，造册具报。查考前次查追匪产余剩之款，即可拨为抚恤项下动支。就地分筹，总在地方官体恤情形，秉公而办，庶有以资倡率而便观感也。

八月十五日

下午传见，照寄到。夕过干亭司马处谈琐事。

一、致兖沂道

径启者：前接来牍，以兰、郯、莒、日等州县教案尚未办结，当经批饬督催沂州胡守，率同各州县妥速办结具报。旋准全权大臣咨称，准德使转据安主教治泰函称，尚有三处教案未结等因。当即指兰、莒、日等处而言，亦经另文分行尊处暨胡守督催商办各在案。昨日安主教又经来省面商，各州县教案既已办结，仅此数处当可从拟商办。惟莒州文教士索赔至七万八千贯之巨，州牧允给二万贯，文教士犹未首肯。兰山布教士索赔之数亦多至六万七千余贯，叶令等商给二万贯，布教士仍□允□数务请贵主教量予减让，庶易了结等语。安主教当面甚为欣诺，并谓此等小事尽易商办，大约系该教士等过于拗执，容即谕令商同地方官秉公办结，以酬盛谊云云。据其语意甚属周到，将因势利导。嘱其回兖后，即会同阁下驰赴兰、莒、日等处秉公查明，督同该府县等妥速从拟办结，以期一了百了。安主教今日即启行回兖，用再正函布知。俟到兖时，即乞拨冗同往各该处妥商查办，相机磋磨，但能多减一分赔款，即可多纾一分民力。好在安主教既允减让，易受商量，再经阁下妙于斡旋，必可从拟妥速办结。但能按照曹兖各属核宽删减，两得其平，即请妥议合同，以期了事，俾免辗转迟延，致滋延误。然此系就各属尚未办结而言。若此数月中，胡守督同各州县次第妥商办法，则毋庸另行商办矣。希即驰赴沂州，面询胡守，随时相机妥筹办结。幸甚，祷甚。

二、沂州府禀十五

【批】：据禀议结兰山教案尚未定议缘由已悉。安主教治泰现已来省，据云兖、沂、曹、济各属教案均已次第办结，仅剩兰、郯、莒、日数处，不难从拟商办。本部院现已请其转饬各教士，会同地方官秉公办结。一面饬兖沂道彭道会同该主教驰往各该州县确查妥办，从实核减，以期一了百了。安主教已欣然允诺查照办理。如该府可以督同各该州县迅就商减原数相机办结，仰即与该教士等议立合同，分饬各该州县就地筹款，分期交付，毋庸候彭道到郡再行商办，俾免日久迁延。如该教士等仍所望甚奢，一时难就范围，则候彭道会同安主教到郡时，再行分赴各属会督妥商议办，以维大局而敦睦谊。缴。

四月十七日

四更夕雨。

一、三司会详初四

【批】：据禀已悉。仰候酌核章程，另檄分行知照。缴。

二、【札】

为札发、饬、知事。案据署藩司、胡藩司会同安臬司、营运司详称：为会议详复事。所拟章程六条均尚切实可行，复经本部院详加酌裁，另行改订七条，力求简易详明，以收实效而储吏材。除详批示外，合行札发、饬。札到该守、道即便查照本部院酌定章程，禀承该司等克期开办，认真经理，毋稍延误。仍须咨部立案，以便解饷报销。切切。此札。

【该】道、府、县即便知照并传知/传知/知令在省候补各员一体知悉。毋违，切切。此札。

三、复潍县楼教士

径启者：前由平度州萨牧送到来函，备悉一切。查平度州境内，上年被匪扰累，虽经本部院派队驰往查拿，先后缉办匪犯多名，谅已为贵牧师所知。至教堂受累失物各情形，亦经札饬该州查明据实抚办，应请贵牧师就近与萨牧妥商办理。前在潍县传教之狄牧师、方牧师等均以善好为怀，且均极体会民力艰难，二月结潍县教堂一案，曲加体恤，秉公商结，本部院甚为佩感。贵牧师在平度传教有年，深悉该处民情，谅必曲加体恤，俾民教可永远相安也。至议令前任吴牧摊赔一节，查吴牧已因案撤任调省，如欲令其摊赔，似须饬令回任，筹任方□就绪。并以附闻。

四、复陶万里

径启者：前接惠函，承示平阴县民马振东等勾匪抢掠情事，请饬查传讯办一节。当即札饬平阴县令查办，并函复贵副主教知照在案。前据该令禀称：迭提马振东、郑武艺、丁辉起、丛孝成及孙登传、邹庆余提案严讯，均不承认；加以刑吓，极口呼冤。按照贵副主教函开各节，分别讯究。据马振东供，并无挟制官长、勒逼教民反教各情事件，所开高益成杂货铺内，并无存有抬枪，亦无授拳攻击教民等语。随经派人驰赴附近一带访查，佥称马振东确无存放抬枪及授拳攻教等情。又据郑武艺供称，伊素与教民往来，实无督匪抢教情事。至称调和拳、教，勒用教民银两至七百余两之多，如果属实，何以教民并未赴县控告，事属乌有，不辨自明。又据丁辉起、丛孝成供称，伊等委无与匪接党及抢折教民堂房情事；即与孙登传亦素不相识，并无勾结捆殴教民勒赎等语。质之孙登传，供亦相符。又据邹庆余供称，伊系教民，实无纠拳焚抢情事。查核丁辉起等及邹庆余等供，均非狡遁〔谲〕。盖教民如果被伊等殴勒焚抢，自必来县控告检查，并无控案，甚为传闻偶误可知。旋据各乡绅董朱学韶等，以查明马振东等前与教堂细故龃龉，现已深知悔悟外，令服礼以释前嫌等情，具禀保释；并准法国教士宿仁林函同前由，嘱即免究各前来。自应从宽拟结，将马振东等一并取具切实保结，暂予省释，以示体恤等情。据此除批饬照准外，特将查讯情形函复贵副主教查照为荷。

四月十九日

传见。

四月二十日

午传见。

四月二十一日

下午祝撷三、杨嘉宾来。

四月二十二日

夕传见。夕答拜马拱宸观察。廿三日事误书于此。海受风寒，延孙先生诊视。

四月二十三日

傍晚回家，海疾已愈。

一、札武城

传教士拟赴该县，札查是否安静。

二、复安治泰

敬复者：前者台从来省，获图面觌，借慰侧怀。方以匆匆未尽地主之情，甚为歉仄。乃承赐书奖饰，具征礼意殷勤。展诵之余，其益愧感。昨得彭道及胡守来禀，知兰山教案业已办结，莒州亦将筹办就绪，此皆贵主教□睦谊，体恤民艰，处处曲予斡旋，和衷商办，而后有此。不但本部院，即该地方官绅士民亦无不感颂贵主教之盛善也。俟文教士等至兖，当尚祈贵主教会同彭道等，即将莒州等处未结之案一并妥商，酌量办结，则更感谢无既矣。

三、复陶副主教

径启者：顷接来函，拜悉一切。查长清赵兰田等被杀案，前承函示，业已札饬该县查办在案。兹准前因，应与章邱陶教民被抢之案，再行札饬各该县分别查明缉办可也。马主教目疾颇重，甚为驰念，不知近日已渐愈否？祈代为问候，总以静养为要。专此布复。

四月二十四日

复法领事

敬启者：昨由贵国纽约喀长老会书记邦雅德送到惠函，并承拜询，相晤甚欢。雅【嘱】书记拟赴济宁、沂州、潍县等处游历，自当转饬各属一体优体相待，以酬雅嘱矣。

四月二十七日

出南门吊徐秀川，送至湖广义园。拜徐孟澜、孔少沾、夏庚堂。

四月二十八日

一、兰山县禀廿八

【批】：据禀矿务制造公司测勘矿苗各缘由均悉。俟会商清丈明晰，粘给单税清单，仍将副单呈候查核，余悉查照前次批札妥慎办理。至福时戴等至于家泉测勘矿苗，应即就该县所募马步勇队中先其所急，酌派得力弁勇驰赴该处常川驻扎，妥为照料保护，不得稍涉疏虞。该县如虑兵力太单，他处不敷分布，著即或暂令来往梭巡，以期呼应，或即酌量添募一二十名以补不足。并应如何设法协济之处，均著查案妥议，禀候核夺。缴。

二、青城禀廿八

【批】：据禀该县教案尚未办结缘由已悉。查各州教民被匪扰累，毁失房屋物产等项，均系就地筹款，妥为办结。洋务局函饬各节，亦系责成地方官自行妥筹酌办，不贻口实，外人自可不必过问，并非概作罢论，悬宕不办，欲省事反至多事也。此案既经陈令拟以三千串议结，尚未见结，可见教民被匪扰累等案，应由该县再行确切勘查毁失实在数目，即行就地筹款，妥速核办完结。切切。此缴。折存。

三、青城禀廿八

【批】：据禀已悉。郝教士既云自修不甚相宜，料物又经购齐，自以赶紧赔修完结为是。王所伦为该县教民，何敢阻抗官工，恐系地保石廷元等挟嫌蒙禀，亦未可知。仰仍传谕该教长赵盛邦等据实查明，妥为核办。一面督匠赶紧修建完工，如果有阻抗及草率了事等情，即行传案究惩可也。此缴。

四月二十九日

一、复法领事

来电拜悉。昨已严饬保护教务，州官须查有实据方能酌换。姜作宾一案，应按中国律例秉公讯办，亦已札饬该管官遵照矣。统俟查明办结。另复。

二、复德领事

尊电拜悉。偓承谦谢，具征贵领事辑睦盛怀。俟该制造公司开办时，当饬各属照章程妥为照料保护，以答盛谊。特复。即颂勋祉。

三、【致】青岛【都大臣】

都大臣鉴：勘电拜悉。本拟派员代本部院往贺，尚未成行，乃承贵大臣先施，欣感之至。贵辅政司单君等命驾有期，祈谕示知，以便饬沿途文武优礼款待，借酬盛谊。

五月初二日

【致】烟台【德国领事官】

大德国连领事官鉴：顷接电唁，不胜感激之至，望风稽颡叩谢，并请勋安。棘人袁〇〇〔世凯〕。冬。

五月初九日

午传见。下午护院传见。

五月初十日

午传见。是日护院接印，下午见护院。

五月十一日

夕传见。

五月十二日

下午至贡院。

五月十三日

复孙少襄

少襄仁兄镇军大人麾下：敬复者，两奉惠书并钱令报禀一纸，均已拜悉。此案前承尊处电示，当即电饬德州程牧知会邻封，并会同贵部员弁严缉逃犯曹中福等，务获究办，并电咨北洋大臣饬属一体截拿。旋据程牧禀报，并奉先后赐函，备极详审。具征麾下捍卫边圉，辑安民生盛意，曷胜钦佩。民教积仇日重，祸患相寻，掳掠抢焚，所在皆有。官府遇事粉饰因循，酿成重案。即经慰帅通饬各属，办理民教互控案件，只分良莠，不分民教；匪徒如持械聚众强抢教民，固当照土匪例惩办；教民持械聚众抢掠平民，亦即照例办理。并出示剀切晓谕。此数月中，民教遂逐渐相安，亦不闻复有抢掠行事。此次系由直境阑入，而德州又与景州、故城等处相距甚近，其适为民教相仇，匪徒出没之区。该处教士既允详为查明，自应俟其复到时，再与程牧妥商办结。惟理案总以愈速愈妙，如其迟延日久，而恐要犯远飏，协缉更难。应请麾下会商程牧，不动声色，密派得力勇役，悬赏购线，分投踩缉，总以早获案内正凶为是。程牧已专札行知矣。至于沿途要隘、毗连直境者以何处麕集教民为最多，并请饬委员驰往查明，再行酌派勇役挨段巡缉，毋任越境滋事。并谕由庄长首事随时声同劝谕，但有聚众情形，设法调和，立即驰赴营县呈报，以便添派队伍驰往弹压解散。不但可以安顿民教，亦即利以查禁匪徒。麾下威望素孚，治理精密，当有以铲其平而善其后也。

四月十六日

一、复安治泰

敬复者：顷奉唁函，并承惠奠，谨即告献灵帏。厚谊隆施，殁存均感。〇侍奉无状，罹此鞠凶，抢天呼地，百身莫赎。苫块昏迩，苟延残喘，哀恸罔极。乃蒙朝廷恩礼之重，良友慰唁之殷，勉襄大事。惟当强忝□身，以慰劬劳之重。拟伺百日假满，大局渐定后，再行吁恳天恩俯准愚悃，赏假治丧，聊尽人子私诚，尚不知能邀愈允否。专此，祗颂近祺。

再启者：承示兖郡议设学堂一节，日前台驾来省时曾经述及此事，已函请兖沂道彭道台就近与贵主教商办，并由洋务局唐道台详为复达，谅查察。迄今多日，尚未据彭道台禀奉前来。尊处学堂既将落成，应仍请由贵工部就近与彭道台妥商办理，以期迅速，无不乐观愿成也。并此布复，再颂近祉。

二、复陶副主教

径复者：昨承雅教，甚慰渴怀。顷展惠书，又辱奖饰，回环展诵，惭谢殊殷。欣维贵副主教暨马主教来华传教有年，处处与人公正和平，所奉教规向称极严肃，历任抚院商办教案，亦无不以敦厚睦谊、恪守约章为重，本部院甚为欣佩也。本部院恭承恩命拟护理抚篆，所有筹备交涉事件均系商同正任袁抚院查照旧章秉公办理，所有各该州县滋事拳匪，久经袁抚院分饬缉办根株。兹既承示，亟应再查案分行各属，如有漏网逸匪，自当随时认真查拿，从严惩办，俾免死□，以副雅嘱。至□□每亩派捐银两一节，曾经饬局查明，现在并无其事。惟此次赔款滋巨，嗣后国家或须设法筹款，亦未可知，似与平日各村庄摊捐杂派情形不同。平民教民均是朝廷赤子，尚不乏急公好义之人，如果一体输转，势难强为分别。但果系困苦穷民，无论在教与否，方矜恤之不暇，似亦不至苦以所难耳。

四月十七日

一、复安治泰

径启者：顷接来函，承示朝城教民王遂珩提省讯办一案。查此案于上年十二月间据朝城县知王令惟灿禀报，当经行提犯卷至省发交臬司。王遂珩为王玉安之养子，自幼抚育成立，早已聚妻生子。王玉安之族侄王东成垂涎王玉安家产，设计欲将王遂珩逐回，继伊为嗣，因此结嫌。王遂珩随邀同刘小黑等将王东成殴伤毙命。报经验讯，王遂珩到案供认不讳。正在数讯拟办间，继接福主教来函嘱托，当将王遂珩实系殴伤王东成身死案内正凶，业经供认，候禀请批示遵办等情。当经正任袁抚院批饬，提解犯卷至省发交臬司秉公讯办，迄今尚未据臬司详复。兹接函示，容即移催臬司，迅速据案秉公讯结。至应如何拟办，现正发交臬司，照例由该司照律定拟，非本部院所能过问也。诸事涵亮为荷。专函布复，顺颂日祉。

二、复法领事

敬复者：顷接惠函，拜悉一切。查沾化李时氏呈控李宝峰一案，前经正任袁抚院发司讯办。旋因李宝峰生病甚重，暂行保释回家医调，俟病愈后，原告指明案内要证，再行提案秉公讯办，一时确难了结。李宝峰之有罪无罪，既未讯明，亦即确难指实，俟妥证到齐，质讯明晰后方能判定，业经正任袁抚院详细函复贵领事查照在案。兹接函示，当即商明正任袁抚院，仍应查照原案办理。李宝峰向有之武生既经斥革，归案讯办，此时案未讯结，自亦遽难开复。总之，此案系由李时氏呈控，业经发司结讯，尚未拟结之案。李宝峰因病保释，是所权宜，一俟病愈，仍即有司传案质讯，此系按照中国律例办理，本护院固确难过闻也。诸希函谅为荷。

三、复业领事

敬启者：前由正任袁抚院交到惠函，备悉一切。查此案前准贵领事电示，当由袁抚院电复教务，已饬属认真保护。平度、观县办事不谐，已饬该管官查明禀复，如果有不谐实据，再行酌量更调。至姜作宾被控一案，既经该地方官传案讯办，应按照中国律例秉公办理等因，谅已早邀聪听。兹承函示，饬该管官查明札复未甚禁悉一节，查禁字即系禀字，想系电码错讹。袁抚院原电所谓饬该管官查明禀复者，系已札饬莱州府查明蒋牧有无办事不谐暨与教士不甚和睦情事，电文简略，故未详叙。此案现尚未据莱州府查复前来。❶

❶ 原文止此。

卷二十六[1] 光绪二十七年五月十八日起至六月十九日

五月二十一

一、【复奕劻电】

北京，庆亲王钧鉴：号电敬悉。当即商诸袁抚，东省德人交涉异常繁难，而通德文者本只荫昌、杨晟二人。荫昌已于上年遵调进京，杨晟现派总理华德矿务事件，本难遽易生手，惟闻荫昌已随醇邸出洋，京约关系全局，应即饬令杨晟暂行遵调北上，恭候任使。所办矿务派员暂为兼理，一俟京约告成，仍求饬令回东当差。谨电复。胡○○谨肃。箇。印。

二、【致杨小洲等电】

潍县杨部郎、潘道台览：顷奉庆亲王电开，现因德文翻译需人，希饬在东差委之工部员外郎杨晟迅速来京，以资任使等因。当即商诸慰帅，贵部郎经理矿务，诸多妥洽，似未便遽易生手，惟闻荫副都统已随醇邸出洋，京约关系全局，只好暂请遵调北上。所遗矿务，即请选员暂行兼理，并电复庆邸，一俟京约办竣，仍即回东云。除另文移

---

[1] 此卷为端折纸方本，封面题“筹笔偶存卷二十六”，又题“辛丑五月十八日起”。本卷至六月十九日止，主要是发函电底稿。时袁世凯丁忧，布政使胡廷干护印。文中的“胡○○”当即胡廷干。称“棘人”者是袁世凯的函电。

令外，特电达，即希查照移交接收，以便启程北上。并希电复。胡。

五月二十二

【复奕劻电】

北京，庆王爷钧鉴：本日承准全权大臣五月十六咨袁抚文牍一件，内附德国穆使照会一件，当即送交袁抚阅看。准袁抚称，所有德使指勘矿地五处一案，前准烟台德领事来电，当于三月十四日、四月□日，先后照录来往函电各稿，咨呈大署，请即查明有无商准案据，迅赐见复。迄今尚未承准复示。兹准德使照会前来。查指勘地界，关系綦重。袁抚云，未奉大署咨示办法，不便径复，应电请王爷迅赐查明有无此项案据，望与克使商办。一切情形，谨请咨复到东，并先电复，以便有所遵照转复穆使，俾免与原案两歧。谨代电复。胡〇〇。

五月二十三日

复德领事

敬复者：昨奉惠函，承示贵国教士人等在内地传教游历，其赴迤西诸郡者，比蒙贵领事饬其随时知会地方官，以便妥为保护。其登、莱、青地方尚属安靖，则仍照旧章办理。具征贵领事慎重交涉盛意，应即查照办理。除分饬各州知照外，特此布复。顺颂日祉。

五月二十五日

大雨倾盆，拟访少襄未果。

复陶万里

径复者：昨接惠函，承示在平境内又有匪徒杀害教民情事，闻之殊堪痛恨。现已商明正任袁抚院飞饬东昌丁守，督同马队驰往查明严缉，务获究办，以齐法纪而尽根株矣。

五月二十六日

一、复德国穆大臣

敬启者：本年五月二十日，承准北京全权大臣寄到贵大臣照会一件，拜悉一切。棘人丁降服忧，业已交卸抚章，现在假中，未便核复，已将贵大臣来牍移送护理东抚院胡核明照复矣。专此布达，只颂勋安。

二、为出示剀切晓谕事。照得上年拳匪构祸，中外骚然，荼毒生灵，祸延宗社，罪大恶极。东省各属拳匪迭经正任抚院袁饬派文武各员分投剿办，并屡经出示晓谕劝禁，严定缉办章程，通饬各州，认真搜捕，毋留余孽。风行雷厉，原为绥静地方保卫良民起见。尔等自应互相诰诫，毋得再入迷途，贻及身家。乃自本部院到任以来，风闻东昌、武定所属各州县村庄，又有私习邪拳，购置器械，希图伺隙滋扰情事。似此梗顽不化，尤属罪不容诛。查本部院只奉恩纶，暂护抚篆，所有一切应办事件，均系按照正任抚院袁成法办理。况正任抚院袁现在虽因丁降服忧，蒙恩赏假百日，业经恭奉谕旨，遇有要事仍著随时会商妥筹，是即与正任抚院袁在任时无异。如有漏网逸匪，敢于勾结滋事，及有随同附和、聚众持械、巧于其间者，本部院定即按照正任抚院袁所定章程，饬派营县从严剿办，决不稍涉宽纵。尔等幸毋以身试法，自贻伊戚。除禀明正任抚院袁，分印禁办拳匪章程告示，札发各处分别张贴一体遵行外，今再出示剀切晓谕。为此谕仰阖属军民人等一体知悉，自示之后，务仍各安本分，勉为良善。如有私习邪拳，聚众持械，结党滋扰等情事，定即严办。本护院言出法随，毋谓不教而诛也。其各凛遵毋违。特示。

五月二十七日

一、复德国武员侯璧尔

径复者：顷接惠函，备聆伟论，并过承奖誉，殊愧恧不敢当耳。棘人现丁母忧，蒙恩赏假百日治丧，暂行交卸抚篆，所有营务等事件亦系饬由营务处按照向章办理。东省饷项支绌，一时亦并不添练新军，知注并闻，诸希亮察为幸。专此布复，顺颂勋祉。

三、复杨来乐

敬复者：顷接惠书，远承唁吊，隆情厚谊，感逮殁存。棘人侍奉无状，罹此鞠凶，抢地呼天，百身莫赎。只以内承遗训，渥荷恩纶大义，不能不以身报国。实则眷恋私爱劬劳之义，终以未能扶柩回籍守茔□葬为负疚滋甚耳。一俟大局渐定，仍当请假。前者台从过东，礼□简亵，方以为憾，乃承赐书申谢，□勉有加，展读之余，益深歉仄。然亦足见麾下用情之厚，垂爱之深也。专函布谢，只颂勋安，诸维矜鉴。

五月二十八日

下午慰帅传见。

五月二十九日

余立之来谈。

其王阶、侯赞廷、侯一山、侯韶武等均系抢掠李宝峰案内被告。王阶并盗卖李宝峰家酒曲麦子等项，为数甚多。李宝峰赴省呈诉，伊等遂串通防营架唆等语，是否确有证据，应饬县分别核办。

五月三十日

倪丹臣同斗赡来谈。

一、径复者：前接惠函，借悉一切。当经商明正任袁抚院，以沾化民妇李时氏呈控李宝峰仇杀其夫李宝云一案，其中情节颇多，迭经业领事、陶主教先后来函，均经详细函复在案。兹又准来函，已饬洋务局分别饬查，并核明转复商办矣。此复。顺问近好。

二、为移文事。案据爱教士天理函称：日前趋谒贵署，至○○○亦可俟业领事日后办理等情，函本护院。据此，当经商明○〔袁〕正任抚院，以此案系由民妇李时氏控诉李宝峰仇杀其夫李宝云命案，照本国律例必须传审。李宝峰以武生到堂候审，例须先行革衿。原被告均未输服，照例不能结案。案既未结，李时氏是否诬控，李宝峰是否冤抑，亦即无从剖断。如但凭教士听教民一面之词，越俎干预，又断无依之定案之理。应由贵局查明案据，逐一指驳。

查此案牵涉甚广，情节极多。李宝云是否实被李宝峰杀害，李宝峰等被蔺占鳌等抢掠财物是否属实，亦应饬同地方官查勘所值，估计赔价有无一万二千金之多，缉犯追赔，为首抢案办理。

又谓张三即张连有，系抢掠冯王庄教民之拳犯，用舟运赃颇多，经冯王庄教民在县呈控七八纸之多等语。是否实有其事，亦应饬县查复。

又谓该县绅士薛继文、吕云阁等指明，李宝峰去年六月间避拳远出，李宝云实系被拳杀死，有供单为证等语。薛继文等是否教民，有无供单在卷。

又谓李宝峰被控案内曾获犯姜二兴、张甲梅等十数名提府官押。去年十月初四，伊等方将所抢各件交还教民，其已费用变卖之物估价八百千，息结。旋因李宝峰提省审办，钱文未定而止。姜二兴等今春亦未经退原赃与议赔钱项，竟开释回家等语。此案是否办结，仍允行府查明详办。

又谓李时氏之女与王营官作干女，郭委员肄之专饬待查，与王营官谒商，公同捏禀。郭委员在县署承审，指刑威吓，陪审王员并未问话，王营官、郭令应一并量予惩处等语。查王营官回省在先，郭令委查在后，何能谒商。此节既虚，他事可想。如不查明确实劣迹，何能予以议处，应即移令营务处查明王营官回省日期，酌量驳复。

其余如有应行指驳及应行查复之处，即希贵局核齐司局全案，详晰□□，分别核办。并希转复该教士酌商办理。除商明□抚院径复以移由贵局核明转复外，相应移令贵局，即祈分别移行营务处后施行。

六月初二日

晨有所梦。是日辰，有变故。下午，赴电局为菊叔报捐。

六月初三日

一、【电即墨裘守】

即墨裘守览：冬电悉。溽暑载途，地方紧要，应请毋庸进省。所查事由排递禀复。〇。江。印。

二、【电李道台】

烟台李道台：风闻台从有来省之说，现在时局尚未大定，口岸关系重大，请暂毋庸进省。切祷。〇。江。印。

三、【复烟台德领事】

烟台德国业领事鉴：初三电备悉。当即商之正任袁抚院，以此案系李时氏控诉命案，照本国律例，必须传审。李宝峰以武生到堂，例须先行革衿。原被告均未输服，照例不能结案。案既未结，李时氏是否诬告，李宝峰是否沉冤，亦即无从断定，功名亦即遽难开复。前据爱教士天理来省，面呈长函，已行局核明商办矣。应俟办结日再行详细函达。特先电复。诸希涵亮为荷。

六月初五日

一、复东昌府丁守

径复者：顷接来牍，备悉一切。马队利于常动，不宜驻扎一处，况该队尚未练成，分防互染习气。所拟暂留郡城一节，似难照准，现已由禹城所驻防营中挑拨步队两哨移扎茌平，以期兼顾矣。崔庄教民崔日高在马家坊客店被戕一案，王令所禀情形，甚属含糊。兹商之护院，□具文牍，请电尊处确查另复，候韩令作森查明后，希即据实复陈。并希督饬各该营、县委员分投严缉，务获正凶，讯明究办。牛文纲既经飞禀呈控有案，亦应随时访缉究惩，俾免由匪煽惑，死灰复燃。此次既经执事督队周巡，秋稼又可冀丰收，地方自当逐渐安谧。然思患预防，终以督饬各县防营常川梭巡，认真禁缉为要。弟仰蒙恩遇，羁留此邦，因无日不以维持大局、奠安民生为念也。专此布复。

二、【复烟台德领事】

烟台大德国业领事官鉴：初五电备悉。此案于上年十二月、本年正月、二月迭经正任袁抚院函复贵领事，语极详晰。请贵领事细阅前三函，便悉此案原委。兹准来电，本护院已饬洋务局查核酌办矣。特再禀复。护抚院胡。语。印。

六月初六日

傍晚回家，接孙友堂、丹秋、老四、八太爷等公函。乘舆访丹叔不遇。

一、复潘道

径复者：迭展惠函，并悉一是。丈岭既有徐县丞在彼照料，拟将分局移设南流，应可照办。马笔帖式永发，既系工于测算，自应添派，以资得力。温翻译德魁前已商由护院札饬遵调前往，如尚未到，当再饬檄。矿务提调一员，本拟即派陈令公亮前往，因该令已由营务处委赴沂州办理土药厘税，而执事又有电复□□。拟商派程令云诒，因又行局核商，以收指臂相维之效。又接杨小洲部郎来函云，一俟经手事件结案，必将即行移文尊处接收。路矿为交涉要政，一是诸仗荩筹，俾弟稍纾东顾忧。复函密示各节，盖无不因应咸宜也。并此布复。

二、复杨部郎

径复者：两展惠函，拜悉一切。路矿为交涉要政，方恃执事精心果力，代为综画，可以上尊国体，下便民生，弟亦可借以纾东顾忧。而不图译事又将相扰也。京约关系紧要，自未便勉强慰留。而东省熟悉中外交涉情形人员，实不可多得，私心惓惓，执事其不我遐弃乎。于维持利权办法，极中肯綮，皆可见诸施行，然不得其人，徒法仍无以济。然亦足见执事之倦倦此邦，初不以行止异其志。为忠勤国事，承示俟与矿务公司新办事人熟习各事件清楚后，再行交卸晋省。具征慎始图终盛意，感佩无既。尊牍已行潘道知照。再承密示一节，亦已心识之矣。

六月初八日

观宸仁兄镇军大人麾下：前者台从过省，快接清谈，甚慰夙慕。窃维麾下经文纬武，超跨□沱。而处处关心民瘼，尤属难能可贵。宜乎曹济之民，无不颂肤功而感怀明德也。曹属各州县议结教案赔款，前准尊函，业已行知赈抚局照所定数目筹拨，并一面札饬各属分别妥筹。此等事固不宜失之太宽，亦不可失之过严，情法得中，事集而民不扰，是在牧令之得人耳。曹庄重案戕毙人命甚多，昨已商之慰帅，当照教案从严办理。秦令、监点、守备实全已一并摘顶，勒限一月缉犯。并另具文牍咨达办案矣。希即督饬该守备，于附近各营县悬赏购线，严缉凶犯归案讯办，不但可杜口实，亦即所以整饬地方也。贵部兵弁缉捕向称得力，此犯当不难可就获也。偶遇有此等交涉事件，可以互相参考，且可知今日筹办交涉之难。而□界所戍之兵，固未易商令撤退也。

六月初九日

致即墨裘【守】王令

密启者：即墨东福、海润两乡聚众抗税一案，昨据禀报，已飞饬莱州府裘守驰往督同查办矣。旋因劣绅既已聚众滋事，难保其不挺〔铤〕而走险，潜至青岛，捏词耸听，届时如须酌拨兵队，又必须商明德督。因于初三日电告一切起乱缘由，并告以如未能办结拟酌派兵弁五六十名，前往弹压之意。旋准都大臣复电，谓派兵弹压势属难阻滞。□查办妥结，否则即墨县亦可添募勇役等语。揣其词意，似不愿于租界增兵。好在此次所聚之众业经解散。但如妥为办结，原可不烦兵力，俾免彼亦借口派兵。兹特商明正任抚院，将来往两电一并抄寄，望即商同裘守，酌量办理。如须添募勇役，务必预为电商妥协，再行函告德督，庶不致别生枝节也。

六月初十日

电沂州胡太守览：据孟哨官致曾禀称，日照杨家庄暨丰社三十六庄社长丁义轩，在野鸡寺聚众仇教。于本月初二日率子到土小庄毁坏德国教堂三间，架去教民一名，打毕放回，教民均逃往青岛。初五日又有小头目密带一百余人，至土小庄劫教民孙姓等四家。利头庄团练七百余人，庄长外号大庄客，至杨家庄与丁义轩伙谋等情。此案关系甚大，应请阁下迅即酌带亲兵前往查办，飞速禀复。并已电饬孟哨官致曾同往矣。

六月十一日

一、胶州送即墨裘守、王令览：灰电悉。所谓株连者何人，应分别查明，妥慎办理。此案总以惩办首要，胁从罔治为妥。如启衅在差约，必须查实并禀，以安愚民方妥。该府事是无所昭徇办理，不至甚棘手也。

二、为照会事。光绪二十七年六月初十日，准贵大臣咨开等因。准此，当经商明正任袁抚院，以查本国律例，互斗因伤身死之案，与盗匪大有区别，须按定例审办，未便通融。此案既系在威海城内互斗，凶犯又系界外人，业由威海司潘巡检缉获解交文登县讯实监禁。自应仍照本国定例，由县审拟解赴府司各署勘转，按律定罪方足以成信谳，亦决不至久延时日。来照拟请札饬文登县将该犯迅速就地正法一节，中外均无此例。所请通饬臬司及该管道府毋庸提讯，亦与定例不符，碍难通饬。诸希涵亮。除秉公讯明，札饬文登县按照例限从速解审外，相应备文照会贵大臣，请烦查照。须至照会者。

六月十二日

一、复兖州镇田

鼐臣仁兄镇军大人麾下：径复者，两接惠函，备悉一切。现值青纱幛起，而东昌之茌平，兖州之巨野，又各有戕杀教民重案，自不能不妥为巡防。麾下懋著贤劳，亲督各防营前往济宁、汶上等处，挨次查缉，并派余都司咨各营管带，于鱼台迤东近湖一带分投梭巡，认真防拿，以期消患未萌。具征擘画精详，曷胜佩慰。巨野曹庄一案，至戕杀男女七名，殊属疏于防范。昨据该署县禀报，已将巨野秦令暨驻扎该县防营黑管带一并摘顶，勒限一个月严缉凶犯，务严究办。麾下见安主教，可先告之，此案凶犯俟报获后，必当从严惩治也。并此布复，只颂勋安。愚弟袁世〇〔凯〕。顿首。

二、复陶副主教

径复者：前接惠函，承示茌平县崔庄教民崔日高在茌平马家坊开店房，五月二十二日，被拳首李梦耕等杀死，住店车夫一人亦同时被杀，已经尸亲喊控一案。当即商明正任袁抚院，飞饬东昌府丁守，督同马队驰往查办，并先函复贵副主教查照在案。兹据东昌府丁守禀称，奉札后即委候补知县韩令作霖往查。旋据报李梦耕同其子李传为已经获案，禀请提讯。该府当于六月初四日驰往该县，督同茌平王令提讯李梦耕。据供伊与子向开小车铺生理，从无为匪不法，亦未习过拳棒情事。与教民崔日高素识无嫌，是夜听说马家坊店内出有人命一案，起身往看，伊实无杀害崔日高情事。此外亦不知情等语。质讯李传为更属茫然。提讯地邻人等，供辞大略相同。惟杨清臣系推送女客陈郝氏晋省，必知确切。当即传案质讯陈郝氏，据供：聊城县人，雇杨清臣所推小车由东昌进省。是晚伊住崔日高店内，伊在南屋居住，崔日高与杨清臣住院内。三更时分，忽听杨清臣喊叫，伊即坐起，不敢出门，于月光下见有一人越墙逃逸，事后出门往看，余概不知。尸妻崔翟氏供称：伊夫与李梦耕素好无嫌，李梦耕父子均是好人，请另缉正凶究办。并称凶手到店以及出店均系越墙，始终并未启门。伊等事后亲自启门，出来喊救等情。该府察明案情，采访舆论，众供佥同。其为李梦耕父子并非正凶，毫无疑义。除将李梦耕饬押，李传为先行省释，一面遴派郑管带闵千鸿设法侦缉正凶，务获究办【外】，理合先行驰禀查核等情。据此，查李梦耕父子，既据东昌府丁守讯明，并非此案凶犯，自应批饬另行速缉正凶，务获讯办。至据眼线庞辰供称，此案系徐平叶、李三义、张全所为。徐平叶现已获案，提讯多次，坚不承认，是否实系此案正凶，应俟拿获逸犯，再行提同质讯，以成信谳。至茌平王令，人地不甚相宜，已饬司调省，另行委员前往接署矣。专此布复，顺颂日祉。

六月十三日

札洋务局

当经商明正任抚院，以前准业领事来函，曾将此案实在情形迭既派员访查，并行司提省讯办，两造皆未输服，一时实难议结各情形，一再函复业领事查照在案。兹又准业领事函称前因，如仅据以相驳，恐不足以折服，应再遴派办事妥慎、有见有识之员驰往该县，会同地方官传集李宝峰近村居民，细细访查。是否李宝峰曾经习拳纠人，在张姓书房将李宝云捉去，在流钟口杀害？抑系李宝峰起意纠人架抢，并未在场动手杀害，暨有无被人抢掠家财□至□□各情形，饬抄原案，逐细详查，据实禀复，以便秉公议结，再行函复业领事查照，以昭大公，而免枉纵。除先行函复现已派员另查外，相应移行贵局，烦请查照。希即选派妥员，备文见复，以便同本护院商明正任抚院，径行札委派队慎查。望切施行。

六月十四日

复业领事

敬复者：顷接惠函，备悉一切。李时氏呈控李宝峰一案，前经由司提讯，两造俱未输服，一时实难议结。李宝峰所革武生，亦即绝难开复各情形，函复贵领事查照在案。兹接来函，又申前请，按照本国律例，全案既未议结，实有难于饬司照办之处，殊为可惜。再李宝峰现已因病保释，其叔李元顺亦由沾化县释放，并未招供，亦并未虐及其家人，自难科以重罪。惟既承函示控案仅一妇人，且无甚切要见证，即有一证而供词确不可靠等语。现已商之正任抚院，另派委员驰往该县，会同地方官分别确查，据实禀复。应候查复到日，再行行司，秉公讯结，期无枉纵。谅贵领事亦必以为然也。至李宝峰被人抢劫另是一案，前已行县饬拿匪犯，务获究办。前又另文行催，惟与此案不相涉耳。专此布复，只颂日祉，诸希亮察。

六月十七日

照复英领事

为照会事。顷准贵领事照会内开：案查五月十二日至〇〇〇并望见复等因到本护院。准此，当经商明正任抚院。查得此案前据教士郝馥兰昔来禀，当即商同委派吴营官凤岭、陈令公亮带队驰往滨州查办。旋据该营委查明禀复，该州地方尚属安靖，并无閙教谣传，教民亦无逃避情事。惟逸匪僧人广生，前曾由外潜回，难保无私图煽惑情事。当由该营委悬赏购线，即将广生拿获提案，讯实禀办。现已批饬就地正法，并严缉逸匪张元风等，务获究办。又以滨州方牧缉匪不甚得力，行司撤任留缉，暂委阳信县陈令毓崧就近兼理。一面檄司速委妥员前往接署，以安民教而靖地方。

至之利津贺令，办理教案未善，甚恨教民，为匪徒藏械造谣各等情。前据郝教士等来禀，即派下游督办关道煜确切查明，据实禀复，以凭核办，迄今未据复到。兹准前因，复经另文饬催。是否果有拳匪头目在境藏匿，及有办理不善之处，应候查复到日，再行分别核办。再查贺令署事期满，例应交卸，前饬司另行委员接署，以符简章。至人地是否相宜，似无所其斟酌。

惟查武定一府，毗连直境，上年由境外窜扰者固属时有所闻，然均经正任袁抚院饬派马步营队分投剿捕，先后共击毙著名悍匪五千余名。即以滨州、利津两处言之，滨州吕子李庄、小范家两处，先后共击毙悍匪王北斗等六百三十余名。又在李家庄、石庙、罗家、马店、常庄等处，缉获匪首索开龙等六十五名，一并讯明正法。利津本无多匪，亦经该营县在大郭家等处拿获匪首高桀等三名，贺令到任后，续经报获匪首戴士恭一名，亦均讯实斩枭示众，皆有案牍可查。上年并承来文过誉，具见贵领事论事一秉大公，因亦早有所闻也。

现在滨州、利津两处均据查明地方尚属安靖，仍饬该文武加意防范，认真弹压。利津本已派有下游抽练河防营在彼暂驻，滨州前有吴营官所带马队查办竣事，仍须回省，现又饬阳信陈令酌带马队，驰往查办。一面札饬武定郝守督同巡缉。如有私藏枪械者，令收缴入官充公。似此所有境外漏网匪徒，必不敢窜入境内造谣生事。现复面饬各该州县到任后务须认真禁缉，剀切劝谕，民教当可逐渐调和。贵领事雅嘱既以敦笃邦交，亦即借慰雅嘱。除分行遵照外，相应照会贵领事，烦请查照，核夺施行。须至照会者。

六月十八日

一、清江张漕台鉴：复电拜悉。峄煤归东，现暂派曾令云屏前往设局，是否开办，尚未具报。此次煤船既无执照，应仍请尊处照收，以杜绕越。俟曾令具禀开办，当再咨达。

二、复业领事

径复者：昨接惠函，备悉一是。当经商明正任袁抚院。查平度姜作宾被控一案，前已分饬该府县确查禀办。兹据莱州府裘守、平度州萨牧先后禀复前来。据称此案尚未讯结。又本年三月二十九日，复据报州境姜家屯地方，有天主教民与耶稣教民互殴情事，该牧当即亲往弹压。即据耶稣教民妇姜陈氏呈称，伊夫姜中良被天主教民姜丙喜等纠众寻殴等情，恳请讯究。提验姜中良，被殴属实，故传被告姜丙喜等，均经走避。查讯村邻、乡地人等，佥称姜丙喜即姜作宾之父，因姜作宾被人控州传押，挟嫌寻衅。众供佥同。查姜作宾前因附和匪徒，向耶稣教民寻衅滋闹，被控传案，讯供狡执，尚未定谳，暂将姜作宾押候讯明，秉公核办。现在前案未结，其父姜丙喜又复挟嫌寻殴。当此调和民教之时，如任该教民等彼此私相寻仇，深恐别酿巨衅，是以当时不得不差传两造到案，以便当堂剀切开导，持平断结，借弭后患。现在姜丙喜等既已避匿外出，未经到案，亦即无从断结，应候姜丙喜等回籍，再行分别传案，质讯办理各等情。据此，当经批饬俟姜丙喜传到，即行解省讯办。一面正拟函达贵领事查照间，适准函示前因。查姜作宾被控一案，前已由正任袁抚院函复贵领事查照在案。此案既未讯结，而其父姜丙喜复纠众寻殴，传案又避匿不到，地方官一时自无从办结。惟此案既已被控多日，应即从速秉公讯断，现已饬县侯姜丙喜到案，即将原被两造一并解省，以便发司妥为讯办，持平断结，期无枉纵而免稽延。谅贵领事亦必以为然也。专此布复，顺颂日祉。

六月十九日

一、袁帅复德领事

敬复者：顷由东海关道递到尊函，并原抄华德矿务公司章程一本，又贵领事另附华德文一纸，均已收到。本部院于四月二十九日丁降服忧，早经交卸抚篆，未便核办，已将尊函暨附送各件送交胡护院核复矣。诸希亮察为荷。专此布复，顺颂日祉。

二、【复德领事】

敬复者：顷由正任袁抚院交到贵领事来函，并原钞华德矿务公司章程一本，又贵领事另附华德文一纸，均已拜悉。查此案只能按曹州教案条约第二端第四款，在铁路附近三十里内，指定各地段，允准德商开挖煤斤等项一节核办。故现山东盐业公司与矿务制造公司同系德人，应同照上年二月内所订合同，援案办理。至该制造公司另指五处，系在曹州教案条约之外，亦在上年原订章程之外，本省断无置议之权。正任袁抚院曾于本年二月二十二日养电内切实声明，附载矿务章程之后。本护院接印后，又曾于承准本国外务部文开各节，照会贵领事查照各在案。兹准前因，相应照会贵领事，希即查照办理可也。

三、致全权大臣

王爷、中堂钧座：敬禀者，窃于本年六月十三日，准德国驻扎烟台领事官业国麟函称，顷接惠函，借领一是。为沾化李宝峰一案至办理矣等因。准此，查接管卷内，此案系于光绪二十六年十月初八日，据沾化民妇李时氏来省呈控，其夫堂兄武生李宝峰向随洋教，与伊夫李宝云结有宿嫌。于是年五月内，因义和拳起，李宝峰又改入拳会，在直隶境内接来拳匪赵姓，在家设厂。其兄弟子及李小等，均在厂。[1]

[1] 原文止此。

卷三十一 光绪二十八年四月初七日起至七月初四日

四月初七日

砚香是日卸差出署。邹申甫兄来署。陈燮卿来谈。

一、复叶领事

烟台大法国叶领事官鉴：尊报拜悉。前因直匪滋事，本部院当即派兵驰往边境，妥为防范。现接直电，该处匪徒已由直军击溃矣。至茌平豫令一节，前接尊处电函，当即行司查办，迄今尚未查复。容再饬催，俟查复到日，人地如不不〔合〕宜，自当秉公撤调，另委妥员接署。本部院与贵领事共事有日，互敦友睦，遇事尚希和衷商办，当知本部院弭患之心，固已处处筹之熟矣。

二、叶电初五下午一点二十分到

函示拜悉。刻直省毗连东省广宗教堂，教民法教士罗遇害，所关紧要，东省急宜防范。如茌平豫令必当离任，不再留省差委，方可弭患。请熟筹预备为盼。本领事以为十分紧切，如不以为然，后有极大关系，将谁执其咎。法领事叶。印。

四月初八日

是日下午，似楳请食饭。

四月初九日

拜陈夔卿。

一、【电】青岛都大臣并电潍县

都大臣鉴：庚电拜悉。已电饬该地方官妥为保护矣。护照容即缮寄。抚院张。青。印。

二、【电】青岛铁路公司锡总办

青岛铁路公司锡总办鉴：霁、青两电均拜悉。承示潍县铁路售票等因，拟即派洋务局会办辜部郎前往代贺，所送喜幛亦由辜带交。惟尊处备办供应，殊愧不敢当耳！特先电复。并贺发轫新喜。抚院张。印。

三、锡乐巴电

顷接都大臣函称：二十五【日】潍县售票，适有要公不克往，用特电达。锡。青。

四月初十日

一、复连领事

敬复者：顷接惠函，获悉贵领事拟于十二日荣行，惜别匆匆，殊深眷念。本部院拟于十一日上午十点钟诣行馆答拜，并即恭送行，届时尚希屈候分盼。

二、复都大臣

敬复者：两接电示，据武官韩纳满、博士罗文斯先后禀称：拟由青岛驰赴潍县、青州、济南一带游历，请饬保护等因。当因为期甚迫，先行电饬各该地方官妥为保护，并电复贵大臣查照在案。兹特将武官韩纳满、博士罗文斯所请护照各一纸，一并缮就，专函寄呈。即希查明，分别转交为荷。

再，嗣后如遇有游历人员，务祈饬令先期呈请护照，本部院接到尊函，即可随时核发，并预饬沿途各地方官查照保护，似较临时电达更为周妥。谅贵大臣亦必以为然也。

三、复外务部

中堂、王爷、大人钧鉴：敬肃者，顷奉台谕，敬悉一是。查拟请赏给德国主教安治泰头品顶戴，并请赏给法国署主教陶万里三品顶戴等因。前由北洋大臣承准本部钧谕转咨到东，当即遵照办理，于三月杪电请本部代奏。旋于本月初一日承准钧电，恭奉恩旨俞允。旋即恭录，分别咨行钦遵查照矣。只请钧安，伏乞垂鉴。

四月十一日

一、排　递

据禀德国矿员福时戴赴该县查勘矿产，现已婉为驳阻各缘由均悉。查福时戴即傅士代，系华德采矿贸易公司派往沂州、沂水查勘矿产之员，前经本部院分饬该府县妥为照料保护在案。惟查该公司系呈请勘办沂州、沂水、烟台、诸城、潍县五处矿物，与华德煤矿公司在相距铁路附近三十里内勘办矿物系属两起。该公司系于二十五年夏间，在总理衙门呈请勘办五处矿物，由德使与总理衙门会订章程，未及订妥，旋因匪乱中辍。二十七年秋间，德使又派烟台连领事官偕同该公司总办贝德斯来省续订章程，迄今仍未订妥签押。因该公司矿员久已到东，电由外务部量予通融，允准该公司于章程未经订妥以前，先行查勘沂州、沂水、宁海[1]三处矿物情形，惟不得遽行开采。至诸城、潍县两处，虽亦在呈请五处之内，而查照原订章程，每开办一处，系以十个月为限，须依限陆续呈请勘办，五处不得同时并开，庶于通融之中仍寓限制之意。此项章程虽未签押颁发，业由本部院与连领事官当面商订妥协，一俟外务部核复咨行到东，即可签押颁行各属查照办理。该县虽不知此案原委，而据理婉阻，办理甚是。嗣后该矿员如再到境重申前请，仰即查照此次批饬，婉词理阻，嘱其从缓勘办。并告以沂州、沂水、宁海三处先行查勘试办，系由外务部电准有案，各该地方官均曾奉有行知。诸城虽亦在五处之中，并未奉有勘办明文，遽议勘办，殊与现订新章不合，应俟章程订妥，行知到县，届

[1] 前为烟台，下同。

时再行勘办，当必照章妥为保护云云。毋庸牵涉华德煤矿公司旧章。切切。此缴。

四月十三日

拜运台。

一、【复函】

敬复者，顷接惠函，承示订期会晤。兹拟于本月十五日下午三点钟，在署恭候台驾，祈聆雅教。

二、复外务部

中堂、王爷、大人钧鉴：敬肃者。昨奉密谕，敬悉一切。查山东大学堂西学总教习赫士，即康使文内所称之海总教习。当聘充时，曾经升任袁抚与之订立合同十条，载明应听巡抚节制；该学堂只可讲习功课，他项教务概不准牵涉在内各等语。此项合同曾经海总教习亲笔签字。所有学堂暂行试办章程亦即系海总教习与袁抚彼此商订。查第二章第一、三两条内载明，大学堂内恭祀至圣先师孔子暨本省诸先贤先儒，每月朔望由中学教习率领各班学生行礼，孔子诞日亦同。又第二十一节载明，学生有违犯堂规者开除名额。并于学堂所具结状式内载明，倘有不遵章程所载毕业年限，托故出堂暨不守规条，不服约束，致被学堂摈逐等情，应按每年一百两计算，赔缴学堂公费各等语。以上各节，均载在奏定章程之内，前经海总教习商订妥协，并无异词。而章程第三章第八节内载明，各国学堂亦以伦理为重，其研求伦常性理诸学复甚精备，而恪守国宪尤为学中要义。原奏内并切实声明，学堂教法，当以四书、五经、纲常大义为主，课士之道尤以礼法为先，而崇圣尊王，尤为要义各等因。是即学堂恭祀至圣先师孔子，每月朔望由教习率领该生行礼之原委也。

〇到任后，因迭据学堂总办暨教习等禀称：堂内学生有逢恭祀孔子托故不到者，外面人言借借，颇有目学堂为教堂之谣。恐滋生事端，转饬由该总办查照奏定章程，传谕诸生必须恪遵功令。凡遇万寿千秋圣节、孔子诞日、每季开学日期、每月朔望，所有学生均应遵照定章敬谨行礼。如再托故不到，一次记过，三次不到即将该学生革除，以肃纪纲而维礼法等因。此项谕示亦由该总办等送交海总教习阅过，海总教习亦无异辞。然〇只是为靖息浮言，维持大局起见，并非区别民教，更未逼迫阻挡。

查至本年堂内开除违犯堂规之学生，亦并非专为行礼一事，而为行礼开除者，则只从教之张奎文一名。因自二月初八开学至三月十五日，凡遇行礼日期，屡屡托故不到，该总办等始查照定章，商明海总教习秉公开除。此外如因嗜好开除之李汝谦、杨金墀，因争殴开除之王养霆等，均不从教，其非故意逼迫教民可知。又如学生魏义韩、孙丹臒、董大德、刘相臣、葛鸿久等，访闻未入学堂以前，均系从教，旋因朔望随班行礼，教堂即将此五人一并开除，不令从教，是则由彼自行开除，而非学堂之逼迫阻挡更可知矣。

总之，国家振兴学校，原为培养人材，勿教〔论〕平民、教民，自当一体恪守国宪。而以崇圣尊王为重，庶几成就远大，可备国家缓急之用，可泯民教异同之迹。即以西国人士言之，如美国教士丁韪良，前在北京同文馆大学堂，之后充当教习有年，何尝不令学生谒拜孔子。又如德国教士安治泰，现在兖州设立中德学堂，函陈所拟办法，并载明所有教门书籍概不与其诵习，以致有玷肄习等语。兹特将原函另折抄呈，可见教是教，学是学，两事迥不相合，西国人士亦尚能分别言之，而未行勉强牵涉也。何况海总教习于所订合同暨声明不牵涉他项教务，于所订章程详载应行规条，而其所行于学堂，所诉于美公使者，则反是，甚而诋为逼迫教民。

〇到任后，凡遇教案交涉等项事件，处处均和平妥商。数月以来，与德、英租界办事大臣、各国领事暨各教士等，均甚浃洽，各属亦并未出有教案。海总教习虽遇事存有意见，不易受商，但凡无甚关紧之事，亦必婉商，以顾大体。惟学堂恭祀孔子为中国三四千年至重典礼，而山东又为先圣桑梓之邦，似未便遽为更张，致遭清议。况且东省土俗强悍，民教虽暂且安谧，邦风终未释然，如为民教各自相为区别，似更导之以争，恐亦非教会幸福。何况且学校为中国内政，本与交涉无干。当初聘请海总教习，系由袁抚自行访聘，更与教务不相干涉。教民入堂肄业原欲为他日致身通显。试由他日通显之后，朝觐祠祀应行典礼甚多，如一执定非真神不跪拜之说，其于国家典章制度何！是又于恪守国宪之有窒碍也。

四月十八日

一、【复诸城管令】

胶州送诸城管令览：寒电悉。福时戴系指勘办沂州等五处之采矿贸易公司矿员一案。本部院现尊奉外务部电，准先勘沂州、沂水、烟台三处，诸城、潍县两处应俟章程议妥，再行陆续勘办。与米海里承办距铁路附近三十里之华德煤矿公司情形不同，已于前禀内明白批示。著仍查照前批妥为婉阻。现又饬局晤商德国梁领事，电嘱该公司总办贝德斯转电福时戴，令其从缓勘办矣。特电复。

二、管令来电

前因德商来县试办矿物，具禀尚未奉批。现该商不听理阻，强往勘办，卑职不得不随往照料。如需租买地亩，拟婉阻，速电示。倘应阻止，乞速照会该国矿务总办，饬该商遵行。诸城知县管得泉。寒。禀。

四月十九日

一、致袁慰帅

慰庭宫保四弟大人阁下：敬启者。前由大学堂总办周道呈送尊处复函，借悉一切。正由周道与赫教习妥商酌办间，适承准外务部来函，并粘抄美使照会一件，亦系诘列此事。据周道云：赫教习已知美使照会外务部，并知外务部已有信来，故执前说甚坚，不易受商云云。查此事前由老弟与之订立合同，声明不牵涉他项教务，而奏定章程内，亦经载明学堂学生必须祀拜孔子，立法本极详慎。兄敬当萧规曹随，遇事妥为遵照办理。赫教习似此坚执，殊与前订合同章程不甚相符。兹特将外务部原函并粘抄美使照会，又敝处拟复外务部函稿，一并另纸抄寄，并希有以教之。

四月二十日

一、致袁慰帅

慰庭宫保四弟大人阁下：前展惠复并接尊电，承示广宗建只村匪巢于初二日已攻破，并击毙匪徒多名，余党解散等因。以为经此一番惩创，似可相率敛迹，地方当可逐渐安靖。不意李村又有捆缚委员、抗拒官军之事。有自该处经过目击其事者禀称：李村在威县东北五十余里，自将委员等拦截捆缚。清河道即函嘱营务处倪道查明酌量办理，倪道遂派段军往剿。段军著带马步炮千余人，于十二日往攻该村。团众撤至村外东北二里许之掌史村暂扎，段军跟踪往攻，当将掌史攻破，擒斩百余名，焚毁李村、掌史房屋甚多，夺获枪炮百余件。十三日，自掌史、潘固、柏叶等村相连七八里之内，民团约聚有数千人，抬枪执械，似有以死抗拒之势。十四日，又在威县之李庄，南宫之程庄、吴村、大侯等村与官军接仗，团匪共伤亡三百余名。现在愈聚愈多，均在李庄一带屯扎不散。并据禀称：当此事初起时，清河道查明商请倪道酌办，而倪道未免操之过急，遽然派队往剿，掌史等村亦被毁，遂至附近各村相率聚众。此时似仍以剿抚兼施为是，否则互相勾结，势如燎原，恐难收拾。又大名、正定两镇练军时有掳掠情弊，附近庄民颇滋怨望各等情。

兄以所禀得自目击者居多，似尚可资兼听，用特密函奉布。不知尊处亦有可闻否？鄙意以抗官滋乱之匪，固在所必剿，而里民凡被胁者，似宜分别安抚，予以自新。倪道如果不甚洽，可否于两可中遴派一员驰往？

至于大名、正定两镇，果有掳掠情事，似亦以责令严加约束为是，但使兵民相安，则办理善后事宜自一切顺手矣。拙见所及，越分僭陈，是否有当，尚希酌裁。

二、都大臣电

铁路公司火车定于本月二十五开至潍县，是日特约武官数员，官服乘车，同至潍县，以应初开之典。理合奉闻。此布。

三、复都大臣

都大臣鉴：号电拜悉。承示等因亦已委派洋务局会办辜部郎驰往潍县代为致贺，并令约同孙镇军、洪道台就近偕往矣。特此电复。

四、照复梁领事

为照复事。光绪二十八年四月十九日承准贵署领事照会内开：照得本领事至〇〇〇实为公便等因到本部院。准此，查此案前经贵国连领事照请，拟于勘办沂州、沂水、烟台、诸城、潍县五处地段中，先行查勘沂州、沂水、宁海三处矿产。当经本部院电商贵国，承准外务部电开，现只能通融允其先勘三处。惟章程未经定妥以前，只准查勘，勿遽开办，以符矿章等因。当即照复连领事，并准连领事上次函送该公司派傅士代等先行沂州、沂水、宁海三处查勘矿产。又护照六纸，一并随文附送。一面分饬各该地方官照料保护各在案。兹准前因，查所拟章程第一款内载明，该公司在允开矿五处内以十个月开办一处为限，陆续指定地段开采等因，是五处不能一齐开办可知。上次连领事照请先行勘办三处，已属格外通融。今该公司总办贝德斯又拟在诸城勘办矿物，本难照准，惟既经贵领事备文代为申请，本部院亦不便不量予通融，以敦友睦。兹拟仍查照外务部上次电饬办法，准该公司于诸城县原指地段内先行察看矿产，惟章程未经签押颁行以前，不得遽然开办，以符矿章。除札饬该地方官妥为照料保护，相应备文照复贵领事请烦查照，转饬该公司总办贝德斯查照办理。并希饬令该公司将派往诸城查看矿产洋员之姓名函报敝处转署，以便照章缮发护照，以昭慎重而便保护。

四月二十一日

夕得电，安帅调豫抚，二十二辰禀贺。

一、【电外务部】

北京，外务部钧鉴：宥密。顷准德国署梁领事照称：现据本国总办贝德斯自青岛来电，拟在诸城县开办矿务，请饬属照料保护等语。据诸城管令禀称：德商福时戴、意贝那等，已装运器具小车四辆前往该县，拟即试办，一再婉阻，坚不听从等情。查上次连领事拟请开办沂州、沂水、烟台三处矿务，已奉本部电准先行查勘。兹该公司又于三处之外拟在诸城试办，并未经请领护照，遽然自行前往，恐滋生事端。且查沂州、沂水、烟台三处地段本院已准查勘，所余诸城、潍县两处地段较小，始终必须勘办，即先准其查勘，似亦无甚出入，拟仍遵照上年订约，电照复该署梁领事转饬该公司，仍准其在诸城县原指地段内先行查勘矿产，其章程未经签押以前，仍不得作为开办，应示限制。是否有当，恭祈请迅赐电复，以便遵办。

再，贝德斯已至青岛，前赴本部议定章程第二十款所载抽税、报效两节，是否议成，并请核示为盼。

四月二十三日

一、复青岛都大臣

都大臣鉴：养电拜悉。已电饬地方官保护矣。护照容即函寄。抚院张。漾。印。

二、【复潍县郭令】

潍县郭令览：准德督电称：驻青律师施图利巴拟于二十五赴潍县、莱州府、即墨等处游历等语。请即照章保护，并飞移下站知照。

三、复都大臣

敬复者：前接四月初九日惠函，并承迭寄德文官级，均已拜悉。具征贵大臣敦笃睦谊盛意，曷胜佩慰。又接四月初十日续函，又代寄和、昆二牧师原函并德文各一件，亦已拜悉。查该牧师等创设德华书院，造就人材，卓著成效，本部院佩慰殊深。兹为书院姜、丁两教习呈请奖励，又承贵大臣代为荐擢，但凡可以办成，本部院本拟酌照办理。惟学堂教习、学生应如何奖叙，举人、附生准其一体乡会试，以示奖励之处，尚未准礼部核定章程，一时似尚格于成例。与其奏而不能邀准，似不如存俟议定学堂出身章程，通行各省遵办后，届时再为奏请，庶有济益。仍一面将姜、丁两教习履历备案存记，以便将来援案奏保。谅贵大臣暨和、昆两牧师必均以为然也。

兹有寄复和、昆两牧师函一件，即希转交。又承寄前护理青岛办事大臣格镇军之介弟格里斯特维多君信一件，内封格镇军小照一幅，奕奕如生，弥增惋慕。兹有寄格里斯特维多君复函一件，又有寄和、昆两牧师函一件，并希贵大臣分别代为转交，臻费盛心，极为感谢。

并此汇复，祗请勋祺。

四、复格里斯特维多

敬复者：顷接尊函并令兄格镇军遗照一幅，英姿飒洒，奕奕如生，追忆良朋，曷胜惋惜。然而令兄勋绩留于海滨，美名播于大陆，英灵未泯，千秋弗朽也。承转赐遗像，敬当珍藏，以志弗谖。本部院上次薄具微仪，聊申敬奠，以尽区区友睦之谊，乃数承驰书言谢，惭恧殊深。贱照本拟遵示寄呈，因山东省城一时尚无善于印相之人，而本部院又调抚河南，不久即匆匆就道，是以未能邮寄，容俟到河南后，再将印成小照，函托都大臣转交可也。

四月二十五日

一、【稿】

查山东交涉日益繁重，而与德人往来酬酢，非熟悉德文尤繁该员熟悉德文，才堪肆应。

二、复赫教习

径复者：昨接惠函，借悉一切。此事初不知之，旋于二十四日接到德国梁领事照会，并附送德人费里斯西文禀一件。现已查照第一章第十三节章程照复梁领事，请其径向贵总教习商办。至费里斯之学问人品是否堪充教习，即由贵总教习照章查明，秉公遴荐可也。兹特将梁领事原文并费里斯原禀一并捡交，即希查阅，仍送还备案为荷。

三、【复盛宫保】

上海，盛宫保鉴：宙密。文电拜悉。烟台银行拟代铸当十、当五铜元，洵于东省财政有益。本拟遵示妥商核办，因未接电以前，已函商袁慰帅，拟由直东两省合铸银元、铜元，以资流通。顷接慰帅复函，亦颇以合办为然。烟台银行所请代铸一节，似不能不暂从缓议。如将来直东合办之局不克办成，届时当再由周玉帅与公妥商办理也。因候慰帅复函，是以电复稍迟，乞谅之。

四、盛来电

各省制钱短缺，私铸日多。江、鄂、闽、广奏办当十铜元厘市通行，足维圜法。烟台中国银行商董呈请总行垫本购机，设局代铸当

十、当五铜元，背面刊明山东省造字样，赋课厘税与现钱相辅而行，铸本银余酌提报效等语。事关东省财政，台端酌剂盈虚，以为可行，或允拨助官本，拟即批准，咨请援案奏办。请核复。宣。文。

五、复法领事

敬启者：昨接四月初五日惠函，拜悉一切。查直隶广宗、巨鹿等处匪徒，于本月初二日经直隶防军攻破建只村匪巢，并击毙匪徒多名，业经电达贵领事查照在案。现接边境探报，于十二、十四、十六等日，又经直隶防军在威县之李村、掌史、南宫县之程庄、吴村、大候等村庄邀击多次，又陆续击毙匪徒多名，余党已一律解散，死灰当不至复燃矣。东省临边各村庄教堂教民，均经派出之防营会同各该地方官妥为保护弹压，民教甚为调和，地方一律安靖，堪以足慰廑注。至在平豫令一节，前两次接到尊电，均已奉复，谅邀台鉴。本部院与贵领事遇有商办事件，自当随时留意，妥为定夺，向系一秉大公，无所用其瞻顾。专此布复。

六、复锡乐巴

敬复者：顷接惠函，承示将来济南车站尚未定局，拟派总司测量白伦克来省测量后□再行晤商一节，具征贵总办实事求是盛意，甚为欣佩。不日即拟出示晓谕关厢绅民、省城附近商民一体知照矣。辜部郎已于十八日前往潍县代为致贺，并馈微物，借达鄙忱。乃承驰书逊谢，殊增惭歉。然亦足见贵总办之谦尊有光也。

四月二十九日

一、诸城禀十九

【批】：据禀德商福时戴等来县试办矿务各缘由均悉。已于四月二十七日续禀中批示矣。仰即查照办理。此缴。

二、诸城禀二十七

【批】：据禀德商福时戴等现已折回胶州各缘由均悉。查此案昨准德国梁领事照会，据华德采矿贸易公司总办贝德斯电请勘办诸城县矿务，请饬保护等因。当经本部院照复，核与定章不符，确难邀准，应候电商外务部核复遵办。旋准外务部电复等因。承准此，除照会梁领事查照外，仰即遵照外务部复电妥商等因。该公司所派洋员如来境查勘矿务，务须切实声明只准查勘，不得遽行开办。至欲租赁房屋、地亩，以资查勘之用，应即查明沂水等处办法，代为租赁。并一面出示晓谕庄民，妥为照料弹压，毋任滋生事端，是为至要。切切。此缴。

五月初四日

【致陶方帅】

广东陶方帅鉴：宙密。敝处于二月奏调潘道培楷，已蒙俞允，旋经手事件，尚因未交代，承示暂缓东来。现在○已调任河南，潘道如来山东，恐无可位置，且亦未便再调赴河南。仍由尊处奏留粤东当差之处，谨请酌办，电复为祷。

五月初七日

袁仲卿到东。

一、复陶副主教

径复者：昨接惠函，承询沾化李宝峰开复武生一节。据臬司禀称：此案尚未据该县禀复到司。现已饬催，一俟该司接据县禀转详到院，当即迅速办结也。先此奉复。

二、复梁领事

敬复者：昨接惠函，承示代荐德文教习费里斯一节，具征贵署领事振兴实学，敦笃友睦盛意，曷胜感谢。本部院当即转询大学堂总办周道暨赫总教习等，并将费里斯原禀交赫总教习阅看。旋据禀称：该堂应用德文教习，前由赫总教习禀明，袁升院于上年初欲在上海选聘，因学堂未经修竣，是以迄今尚未来东。该堂创办之初，经费支绌，一时拟暂不添聘等情。本部院查核所禀均系实在情形，□□□□。拟俟将来扩充学堂，需用教习时，当再敬托贵领事代为择聘也。特将费里斯原禀随函送呈，即希鉴谅为荷。

三、复叶领事

敬复者：顷接惠函，承示平度州吴牧常有毁谤教友情事一节，殊属非是，现已饬由洋务局严行申饬矣。尚希涵谅是荷。

五月初八日

一、复都大臣

昨承电示，已派武官二员前赴诸城购马等因。当即飞饬该地方官妥为照料保护，并先电复贵大臣查照在案。兹特将应领护照缮就专函寄呈，即希查收转交为荷。

二、胶济铁路公司总办锡乐巴呈请代奏谢恩片

再，华德胶济铁路公司总办锡乐巴，于光绪二十八年二月十五日奉旨赏给二等第三宝星，当由外务部照章制就宝星一座，并缮就执照一张，一并咨行到东，由臣敬谨验收，饬交总理会同勘办铁路事宜候补道洪用舟，转给锡乐巴祗领去后。旋据锡乐巴禀称：已于三月二十五日祗领，所有感激下忱，应即呈请代奏叩谢天恩等情前来。除咨外务部查照外，理合附片具陈，伏乞圣鉴。谨奏。

五月初九日

武备学堂开学，大帅亲往。

【片】

总办商务局道员朱锺琪详称：据天津县商人吴金印禀称：迭次恭奉谕旨，整顿农工商务，均经钦遵办理在案。前在德州一带创办藤草帽一项，中外称美，销路甚广。现拟在德州城东南抬头寺立庄收买，并在天津设行出售，禀请拨予专利年限，以劝工业等情。当经该局查明，所制藤草帽制造精□，洵属工料精实，应准其专利试办一年，如能因势办有成效，再行查照定章，拨予专利年限。并经该局核定帽税，不论粗细，每顶纳银元三分，每百顶纳银钱三元，准其作为税捐，即由该局派员征收。并由局刊刻印花暨保运单，每顶印花一张，三十顶装一盒，发给封条一张，十盒发给运单一张，单内载明经过各省关津局卡，持单点验，一切税厘概不重交，验明立即放行。其在专利年限以内，地方不得私行仿造，以保商利而劝工业。由局呈请奏咨

立案等情前来。

查现当恭奉谕旨，整顿农工商务之时，该商既能推陈出新，创办藤帽，运销各埠，土货出口之数日见加多，实于小民生计大有裨益。自当拨予试办专利年限，以推广商务，振兴工艺者劝。并就东省税捐一项发给印花运单，沿途概不重交，以期易于流通。除咨外务部立案外，理合附片。

五月十二日

十一夕大雨。辜洪铭十二下午起身，由羊角沟至烟，由烟至香港省兄。

复叶领事

敬复者：昨接惠函，拜悉一切。具征贵领事持论公允，崇尚宽大，曷胜欣佩。惟茌平豫令前已由司详委调署费县，所遗该县篆务遴委黄令经藻前往署理。黄令留心时务，人颇明练，嗣后遇有民教案件，持平办理也。特此禀复。

五月十四日

【奏】

奏为东省办理洋务教案出力人员拟请分届汇保，先行奏明立案，恭折仰祈圣鉴事。窃查山东洋务向未设立专局，遇有教案交涉，均由济东道办理。自光绪二十四年德人议租胶澳，英人议租威海以后，交涉日多，教案日多。前抚臣张汝梅奏明在省城设立洋务局，遴派候补道潘延祖等经理其事，并酌派委员在局随同办理。所有分划租界，款待洋员，议结教案等事，均经办理裕如。续于裁并局所案内，又经前抚臣张汝梅附片奏明，洋务局归并机器局内，仍由潘延祖就近兼理。旋因机器局远居城外，洋务事关紧要，未便迁延致误，仍改为本局办事，以期呼应灵通，并添委本省司、道入局办事。

二十五年春夏间，沂州、日照、高密等处迭有扰乱重案，高密又有铁路工人与乡民争执阻筑路工，均经该局委员会同地方官妥为办结。秋冬间，拳匪起，各属焚拆教堂、抢掠教民之案凡数百起。升任抚臣袁世凯到任后，一面分派营队剿办；一面仍饬该局派员分赴各属查明被抢户口，优予抚恤，并会同地方官迅将未结教案次第设法议结。

二十六年夏秋间，直匪谋乱，东省各属匪徒又复蠢动，先后据报教堂被毁、被焚，教民被掳、被抢、被讹、被杀之案，共有一千余起，仍由该局派员分投勘查，重加抚恤，并派员会同各该地方官捕拿匪党，保卫教堂。所有教堂教士以及住居内地各洋人，均经该局设法护送出境，仍一面派员查点教堂所存物件多少，分别封存，派人看守。迨至大局平定以后，各国教士陆续回堂，由该局派员点交，各教士验收。凡所保全，为数甚巨，否则，东省议结教案，固未有如是之易者也。

教士回堂后，即纷纷来省议赔教堂赔款兼请抚恤教民，所开失单，动逾巨万。即以法国教堂而论，竟索至七八十万金之多。当经该局派员驰往各属次第勘查，核实估计，再代辩护，几于舌敝唇焦。及至议结之时，德国、法国议结偿款，均较原索之数减让颇多，甚有减至数十倍者。不仅有裨公家，且亦稍纾民力。至英美两国教案，升抚臣袁世凯任内业已议结大半，迨臣抵任后，复经督饬该局遴派妥员分往各属，妥速查明，次第办完。所有东省各国教案，现已一律办结。其分期应偿各款，亦已由臣督饬各局转饬各属议结筹付，以明大信。间有民力拮据之处，并查照前次奏案，即于海防捐款项下酌拨津贴。

所有各属民教词讼案件，臣到任后，即经通饬各州县随时持平讯结，毋任积压，并饬该局不时派员驰往密查，俾免贻人干〔口〕实，滋启干预。各国教士亦均浃洽，并不时诰诫教民不得干预词讼，教民亦遂因而调和。自臣到任迄今，并未出有教案，固属士民奉公守法，亦该局筹办得力也。

各国洋员因公往来，以及各国游历人员往返东省者，均经臣饬由该局派员分别接待，照料保护，并饬该局明定接待洋员章程。是以此数月中来往洋员均甚称便，是亦交涉之一得也。其余各国交涉事宜，凡由该局承办者，臣均饬令随到随办，按照条约分别准驳。当驳者，固不得故示以限制；当准者，亦即不必故示迁延。所有各国洋员因公往来，以及各国来东游历人员，络绎于途，较前多至数倍，均经臣饬由该局派员从优接待，妥为保护。并饬该局明定接待章程，通行各属，裨有遵守，既以尊家国，亦以广播皇仁。此数月中，各国来往洋员均甚称便。而德国驻扎青岛督理租界事务之都沛禄以及驻扎烟台各国领事官、内地各国教士，与该局办事人员均甚浃洽，民教亦即因而调和，地方亦即借以安谧。是则该局人员办事出力，□□□□□□□之也。臣查山东为南北咽喉，水陆冲要。当二十六七两年大局未定之际，办理交涉教案偶一不慎，牵动大局。该局员等自二十四年开局至今已及五年，其中承办教案交涉，现已一律办结。

臣查南洋以及沿江沿海各省，凡有洋务省分，随办洋务出力人员，定章三年保奖一次，历经遵办在案。东省洋务局系于二十四年正月议结，三年之期久已届满，应按照异常劳绩，每届三年，准将该局出力人员分别异常、寻常，择尤汇保一次，以昭激劝，出自逾格鸿施。除咨外务部立案外，理合恭折沥陈。

再，该局系于二十四年正月奏议，至二十七年正月即已三年届满，如前俞允，应俟奉到朱批，即行汇案奏保，合并声明。

五月十七日

一、复都大臣

敬复者：顷接惠函，拜悉一切。具征贵大臣绥靖地方，敦笃友睦盛意，曷胜慰谢。所获盗犯李登英、方文十两名，希即就近送交胶州张牧验收，以便移送海阳等县归案讯办。本部院现已分饬各该州县查照办理，仍饬随时访缉逸犯，以期绝此凶徒根株，借副盛谊。尚希贵大臣饬捕协同严缉，尤深感纫。专此鸿谢。

五月二十一日

一、【复都大臣】

青岛都大臣鉴：兹据驻防潍县先锋队翼长湖南永州镇孙镇军金彪呈称：请饬由潍乘火车赴青岛附换轮船赴上海等情。特此电达。到日尚希推爱转饬照料，是所至荷。抚院张。箇。印。

二、【复孙绍襄】

潍县孙绍襄军门鉴：箇电悉。已电达德督矣。余即照尊电办理。

五月二十二日

【奏】

奏为迭次救护中外失事轮船出力各员照章恳恩奖励，恭折仰祈圣鉴事。窃照总理各国事务衙门续议保护中外船只遇险章程，嗣后文武各员遇有中外船只在洋面遭风触礁，瞬将沉没者，果能奋身冒险，救出至三十人以上，准其比照异常劳绩奏奖，每次不得过两三员等因。山东登州府属洋面，岛屿纷歧，礁石林立，素称奇险，历年船只多有失事。曾饬各该州县在于沿海紧要口岸设立拯济局，多备船筏，设法救护，并由东海关道遴派委员司事驻局，协同经理。历将救护出力人员随时分别保奏，均经恭奉恩旨，著照所请钦遵暂在案。

兹查接管卷内载，迭据东海关道总督登莱青道李希杰转据各该印委禀报：于光绪二十五年九月十一日，浙江乐仁富商船在蓬莱解宋庄洋面遭风触礁，瞬将沉没，经蓬莱县县丞田作霖会同该县拯济局委员分省试用盐运判许正邦驰往救护，登时救起船中客商、水手四十一名。又于二十五年九月十二日，宁河李同安聚恩顺商船两只，在黄县屺㟂岛洋面遭风触礁，瞬将沉没，经黄县厘局委员分省试用县丞萧仁麟，会同黄县拯济局委员彭念宓、山东候补知府徐际鸿驰往救护，登时救起客商、水手、华人九十一名。又于二十六年三月初一日，日本东京丸轮船在蓬莱长山岛洋面遭风迷雾触礁，经登州府知府端谨，督同蓬莱县拯济局委员分省试用县丞江学韩、湖北试用县丞陈名发驰往救护，登时救起搭客、水手、华人一百二十一名。又于二十六年十二月十四日，日本龟鹤丸轮船在福山县八角口洋面遭风迷雾触礁，瞬将沉没，经福山县知县李舒馨，会同该县拯济局委员山东试用县丞陈锦琦、山东试用府经历卢澍澜驰往救护，登时救起船中执事人并搭客、水手、华人一百二十一名。又于二十六年十二月十四日，日本龟鹤丸轮船在福山县八角口洋面遭风迷雾触礁，瞬将沉没，经福山县知县李舒馨会同该县拯济局委员山东试用县丞陈锦琦、山东试用府经历卢澍澜驰往救护，登时救起船中执事人并搭客、水手、日本人十八名，华人一百零十八名。[1] 又于二十七年十月初八月，掖县姜元兴、同合茂浙江施万兴商船三只，在蓬莱长山岛洋面遭风触礁，瞬时沉没，经代理蓬莱县知县朱行祺，会同天桥口厘局委员指分河南试用府经历殳肇彬、山东试用同知荣俊业驰往救护，登时救起姜元兴船中华人四十七名，同合茂船中华人三十六名，施万兴船中华人三十二名，共救起客商、水手一百十五名。又于是年十月初九日，奉天于同兴、掖县朱顺兴商船二只，在蓬莱县长山岛洋面遭风触礁，瞬将沉没，经驻扎该处管带沿海防军中营副将衔候补游击王步清，会同登州府拯济局委员浙江试用同知徐鄂、指分山东试用典史胡兆銓驰往救护，登时救起于同兴船中客商、水手、华人二十五名，朱顺兴船中客商、水手、华人三十二名，共五十七名。又于是年十月二十一日奉天许喜光商船在蓬莱小黑山岛洋面遭风触礁，瞬将沉没，经登州镇标中营游击韩恩庆，会同登州府拯济局委员山东拔贡试用知县范铠、指分浙江试用府经历刘景栻，驰往救护，登时救起船中客商、水手、华人四十四名。均经随时禀详有案。

窃维该员等在蓬莱县解宋庄、长山岛、少黑山岛，黄县属屺岈岛，福山县属八角口等洋面，先后救护中外失事商船十一只。当时或迷雾触礁，或遭风折桅，人皆落水，危在顷刻，该印委等于大雾迷漫、狂风骇浪之中，不避危险，奋身前进，督率勇役各驾船筏，登时救起各该船舵工、水手、搭客人等，共六百三十五名。如逐案分计均在三十人以上，捞起货物逾六成，实属异常出力，自应照常奖励，以昭激劝。兹据东海关道总督登莱青道李希杰禀请具奏前来。谨将各案出力人员缮具清单，恭呈御览，合无仰恳天恩俯准将单开之候选道登州府知府端谨等一并照拟给奖，以示鼓励，出自逾格鸿施。除将各该员履历分咨外务部、吏部、兵部查照外，理合会同北洋大臣直隶总督臣袁世〇〔凯〕恭折具奏。

再，救护中外商船出力人员，本应随时分案请奖，因二十五年秋

[1] 此处重复，原文如此。

后，正值山东各属拳匪滋事，至二十七年秋间，筹办洋务、议结教案之时，大局亦未十分平定，前任抚臣袁世○〔凯〕未及核办，移交到臣。窃现当【慎重】邦交之时，救护中外失事商船，似与恭奉谕旨保护各国事同一律，是以汇案补请奖励，合并陈明。伏乞皇太后、皇上圣鉴训示。谨奏。

谨将迭次救护中外失事商船在事出力各员拟请奖励缮具清单，恭呈御览。

计开：

候选道山东登州府端谨，请仍以道员归候补班在任候补。

三品衔山东候补知府徐际鸿，请俟补缺后以道员用，并俟徐道员后加三品衔。

山东候补同知荣俊业、在任候补知县蓬莱县县丞田作霖、指分浙江试用同知徐鄂，以上两员均请免补本班，以知府仍留原省补用，并加三品衔。

蓬莱县知县李于锴，请随带加三级。

代理蓬莱县知县朱行祺，请以直隶州在任尽先补用，并加四品衔。

在任候选同知福山县知县李舒馨，请免选同知，以知府在任遇缺即选。

分省补用盐运判许正邦，请免补本班，以同知分省补用，并加四品衔。

山东试用府经历卢澍澜、单以诚，河南试用府经历殳肇彬、指分浙江试用府经历刘景栻，酌请免补本班，以知县仍留原省补用，并加同知衔。

山东试用县丞陈锦琦、湖北试用县丞陈名发、分省试用县丞萧知衔仁麟、江学韩，酌请免补本班，以知县仍留原省补用，并加同山东拔贡试用知县范铠，请免补本班，以知州仍留原省补用，并加四品衔。

指分山东试用典史胡兆銓，请仍以典史归候补班，遇缺最先补用。

副将衔补用游击王步清，请免补本班，以参将仍留原省尽先补用。

登州镇标中营游击韩恩庆，请以参将在任尽先补用，并加副将衔。

以上共文武二十一员，均系救护在山东蓬莱州等处洋面遭风触礁、瞬将沉没中外船只，督率勇役，奋身冒险救出搭客、水手三十人以上在事异常出力人员，核与总理衙门续议保护中外船只遇险章程相符，合并察明。

五月二十三日

一、威海骆大臣电

风闻祝令期满调省，于令接署。如祝有要介，即勿庸议，否则请留。办事大臣骆电。

二、【复威海骆大臣】

威海骆大臣鉴：尊电拜悉。文登祝令调省另有要差，接署之于令向充洋务局委员，熟悉公务，到任后尚希随时关注为荷。

五月二十六日

一、【复都大臣】

青岛都大臣鉴：昨承电示贵大臣偕同夫人游历东瀛，大约不久即可安返心岛。贺镇军处并已驰电致贺矣。特此布复，并颂行祺。

二、【贺贺镇军】

青岛贺镇军鉴：昨接都大臣电，已知贵镇暂护督篆，甚为欣慰。特此电贺任喜。抚院。

三、都大臣来电

本大臣拟偕同内子游历东瀛，已委贺镇希达暂护督篆。专此奉布。德督都。有。印。

六月初七日

复陶万里

敬复者：顷接惠函，拜悉一切。已饬局转行该县迅即查明核办矣。专此奉复。

六月初十日

一、贺贺大臣希达

敬复者：两展惠函，承示贵国武官库合资函称：拟带同德人跟役前赴潍县、青州、济南、东昌、兖州、阳谷、曲阜、济宁、沂州、莒州、胶州等处游历，请领护照。又顺和行伙撒斯禀称：拟时常往返高密、潍县、青州附近铁路各处，以及济南府附近等处游历，请领护照各等情。应请饬缮护照，从速寄青，以便转给祗领各等因到本部院。准此，除分行各该地方官妥为保护外，特将缮就护照二纸一并随函寄呈，即希贵大臣查收，分别验领为荷。并此布复，祗请勋安。并贺任喜。

二、【照复】

为照复事。兹准贵署领事照会内开：现接华德贸易公司贝总办来函内辩论矿务一事，各地方官时常为难，多出意外，租房、买地各契，至数月不与盖印。在兰山县，地契半年未曾盖印。又云：在数处有华人自行开矿，大约有济南府官兵帮助买地开工，似此甚有碍德公司利益，违背章程。又云：兰山县办法第一不盖印，如地契一事，据云系无纸张，须在济南府购纸，竟迟至半年不到。甚望严饬地方官实在保护，遇事勿再为难。若官商人等私自开办矿务，有碍德国公司利益者，一经查出，即照会贵部院，请从速严行查办等因。并准附送德文一纸到本部院。准此，查华德采矿贸易公司应订详细章程，于光绪二十七年十二月二十二日，由本部院督率洋务局会办候补道杨道台晟，会同贵国正任连领事官暨该公司总办贝德斯，在官署共面订章程二十一款，声明此项章程须候外务部核准，再行签押。并声明二十款系载抽税、报效两节，今暂将此款空白，俟外务部在京议妥，再行补入等语，均经连领事、贝总办商允在案。

嗣于本年二月，贝总办赴京议订抽税、报效两节。旋准外务部来电，云贝总办赴外务部议订，并未议妥，旋即出京等语。贝总办迄今亦未来省。此皆以前议订章程之事，案牍具在。贵署领事一经核收，当可洞悉，毋庸本部院再行续陈。惟贝总办此次所云各节，本部院详核原案，诸多未符，亦有不能已于言者，特敬为贵署领事详陈之。

查章程第四款内载明，每次查定地段，应绘一份二万五千比例之布置形势图，送呈山东巡抚，以备稽查。呈图后始准买地，俟地买妥，始准修盖所需各处等语。文义本极明晰。前次奉外务部复电，只能通融允其先勘三处，惟章程未经定妥以前，只准查勘，勿遽开办，以符矿章等因。当即照会连领事并分饬各该地方官妥为照料保护，本是通融办理。所有租赁地亩、房屋，以便勘查之用，迭据该地方官禀复均已代为照料，并无时常为难情事。

至发给买地印契一节，查章程第四款内载至〇〇等语。可见买地必在章程签押颁行、开办工程以后，尚俟呈图稽核，似与此时查勘情形不同。至未经订章以前，该公司德商福时戴包尔等所买之地，准俟丈量明晰，先行发给地契，亦是格外通融，并经声明须截至未经议章以前为断，至议章以后，即须查照章程办理。该地方官均已奉饬遵办，又何至有半年未有盖印情事？此中恐另有别项情节亦未可知。

又有华人私行开矿，官长帮助买地开工之事一节，此事本部院亦未据各地方官禀报。查章程第十八款内载，在五处外，勿论谁何，系未经山东巡抚允准，不准私自开矿等语。是未经禀明即行开矿之事，自可信其必无。又章程内载，在五处内除华人外，只准德人开采矿产，凡经华人已开之矿，应准其办理等语。是五处之内华人原均可开采，已开之铁路局矿产更应准其办理。贝总办所云或系指华人已开之矿而言，亦未可知。

总之，准其先行查勘，只是一时拟定之举，该公司如已查勘，倘有头绪亟拟开办，总以从速议定章程，签押颁行，庶几彼此均可照章秉公办理，自不至于迟延。

上次贵署领事来函云，拟俟新任周抚院到东，即行妥商等因。具征卓见。好在周抚院于七月初即可抵东，届时当可妥商一切。

至于酌定章程已历数年，甚可清楚云云，则与全案情形不甚相符。此项章程上年十二月二十日甫经订妥，而其中第二十款载抽税、报效两节，则迄今仍未议定。贝总办既欲从速开办，似宜嘱其早来省城，以便随同贵署领事与周抚院从速商定章程。早商订签押一日，该公司工程即可早开办一日，似较之彼此断断争辩较为有益也。

发给地契一事，本部院只能查照上次所拟办法办理。如该公司所置地亩在议订章程以前者，自应严饬地方官速为发给地契，以示□情；其在议订章程以前〔后〕购置者，仍应照章办理。

六月十一日[1]

【奏】

奏为续保东省曹属一带剿办匪徒在事尤为出力各员恳恩奖励，恭折仰乞圣鉴事。窃查东省剿办济、东、泰、武、临各属滋事匪徒在事出力文武各员，曾经升任抚臣袁世○〔凯〕择尤汇保，恭奉朱批，著照所请单并发。钦此。钦遵转行在案。兹据曹州镇龙殿扬呈称：光绪二十六年夏间，直匪肇乱，东省济、东、泰、武、临一带与直境相接者，固属到处蔓延。而曹属素号老团，其与直境接壤之区扰乱尤甚。该镇于六月初六日赴省商办防务，初八日即有外匪勾合土匪已革书吏田遇春等，焚拆曹州府城教堂，当经防营督队击散。旋又纠党分赴城武、观城、濮州、单县、朝城、范县各属，四出滋扰，掳掠教民。其拆毁房屋、掳掠财物、杀戮人命之案共至数百余起之多。维时，又有著名匪首杨云飞、荣三悬、郜秃仔、尹景旺等各纠党徒，与田遇春会合一处，其势尤猖獗。而曹县境之匪首孙顺富、陈治芳、陈明伦，巨野县境之匪首韩邦海，郓城县境之匪首牟石头，亦各纠党徒千余人、数百人，闻风响应，互相勾结，其势岌岌不可收拾。维时，济、东各属匪势正炽，升任抚臣袁世凯遴派武卫右军专顾东北一路，遂敦促该镇兼程围防。该镇以营队尚未招齐督部勇队仅千余人，而会匪遍地皆

[1] 六月十一、十二、十三日所记，原稿在六月十五日后面，今提之于前。

是，各州县纷纷具禀请兵，分则力单，合则难以兼顾，若徒恃兵力，分投剿捕，转恐顾此失彼，不可收拾，因定捣坚。[1]

六月十二日

午雨。到洋务局。

【复□领事】

敬复者：昨展惠函，拜悉一切。查洋务局详请明定交际章程，仍是查照现行约章规条摘要编列，俾各州县得以遵照办理，并与交涉无甚关系，是以该局未经奉达。嗣后如遇有关交涉事宜，自应随时知会贵领事备案，并饬各局一体查照。

再，承荐教习沙尔，具征关注盛意，本拟遵命延听，因创办伊始，规模尚隘，所用武备教习有限，已由南北洋咨调来东，一时似尚无须聘请。俟规模扩充，添聘教习时，当再奉托汲荐也。方命之处，尚希鉴谅为荷。

六月十三日

【电张牧】：

胶州张牧览：江电悉。同大森烧石灰一事，所有办法云已另禀，迄今尚未接到。著即照会沿途挨站查明，仍一面补禀排递。毋延。

六月十五日

赴先锋队。

一、复叶领事

敬复者：昨展惠函，承示平度吴牧歧视民教一节，如果属实，殊属非是。现已饬由洋务局查复，并严加申斥矣。尚希格外涵谅，是所至荷。

---

[1] 原文止此。

二、复贺大臣

敬复者：顷接惠函，渥承宠谢，具征贵大臣辑睦邦交、绥靖邻疆盛意。展诵之下，感谢殊深。除饬胶州提犯严行讯办，并饬随时认真协缉外，相应函复贵大臣查照。专此布复，并达谢忱。祇颂勋祺，诸维管察。

六月二十二日

一、【致胶州电局张大令】

胶州电局张大令览：济密。震电悉。交卸在即，火药事俟周郁鸿到任后再核办。

礼和洋行罗廷俊素识洋务局杨道，罗云：有德火药千箱，如帅意需购，愿立合同保险运交。伏候钧裁密示，请派妥员商办。林关探务飞闻，不敢干预。林禀。六月十二日到。

六月二十六日

一、复锡乐巴

敬复者：前接惠函，拜悉一切。具征贵总办维护商务不分畛域盛意，曷胜佩慰。本部院现已札饬洋务局，督饬各府州县出示晓谕招集股分，约计总数在十万两内外，爰共可购买股票若干，希俟寄到尊处时，代为酌留。本部院现已函知周抚帅，届时本部院已交卸北上，即请会同周抚帅妥酌办理可也。并希兄为贵公司招股章程办法先行钦寄，以便转饬查照。

七月初四日

一、复梁领事

敬复者：前展惠函，承示如有紧要公文，自当仍用德国文字等因。具征贵署领事慎重交际盛意，曷胜欣佩。惟查敝署现无熟悉贵国语言文字之人，如用德文辗转翻译，恐多延误，似不如仍用华文为便，即希酌裁。幸甚。本部院前与贵署领事在粤，诸承惠爱，极为快慰。方冀一方共事常承教益，不意又将远行，临别匆匆，殊深慊仄。本部院现拟俟新任周抚院到后，即行交卸北上，所有德华采矿贸易公司勘办五处矿产一事，俟周抚院接印后，当将全案一并移交，即希贵署领事会同周抚院按照原议接续商办。以愚见总以函请贝总办来省，将上年十二月二十二日当面商订章程一切实在情形详告，并将第二十款留载抽税、报效两节，亦照原议请贵署领事从速商定，汇总签押，庶几全案可早日办结也。忝承厚爱，用贡愚忱。专此布复。

癸卯卷 光绪二十九年十二月十九日起至三十年二月初四日

二十九年十二月十九日

一、复威德尔

敬复者：昨接惠函，旋又承送到贵国提督德文函一件，均已拜悉。内特君来东绘图，方以照料不周，深为愧歉。乃承贵国提督专函布谢，礼意殷勤，只诵之余，益增歉仄。兹特送上复函一件，即祈加封转寄贵国提督查收，费神谢谢。特此布复，附颂近祉。

二、复德国远东提督

敬复者：昨由贵国威委员送到贵国提督惠函一件，敬悉一切。内特君来东绘图，方以照料未周，深为愧歉。乃承贵提督专函布谢，礼意殷勤，捧诵之余，益深歉仄。绘图诸员明年如能来东，即祈先行函知，以便从优接待，饬属妥为保护，借答盛意。

至承示所绘舆图尚未造印告成，一俟印成即行寄赠，备征厚谊，感谢良深。特此布复，祇颂勋祺。

三、致威德尔

敬启者：前于本年九月十一日接准贵国梁委员函称，现据华德采矿贸易公司总办贝德司来函内称，查有德国人名梅腾者，同二十余工人在诸城境内查勘矿务，闻尚有人名司道次同伊办理。梅腾言伊已禀济南府官准其查勘，敝总办曾明告以敝公司情形饬其他去，转饬地方官不能准别人查勘，庶免生事。又于九月二十五日，续准梁委员函称，现据贝德司来函，内称：敝公司现在诸城查勘系料质，近有华人在青岛售卖料质甚多，大概同梅腾系一事。按诸城所产料质，均应是敝公司之物，别人不能私挖擅卖，如果有他人运卖，则是地方官不保护之过，敝公司吃亏多少尚不能知。现就已查出之数，不下三千元等语。应请转饬地方官赔补三千元，或交青岛该公司，或交本委员均可。地方官亦可查明何人售卖，追偿此款各等因到本部院。准此，查此事前据诸城县禀报，当即檄饬会勘路矿局洪道台派员令县查复。旋据复称，梅腾到诸城时，自称为青岛工局人员，要取十扣比密达花连石应用，迭经该县阻止，梅腾等初犹不肯停工，复经该县力阻，梅腾等始允折回青岛，然已搬取料石不少，其非地方官之过可知。

再，梅腾等试采取石料，并未赴济南禀候核准；都大臣咨梁委员函令其赴内地游历，亦并未领有中国官护照，辄往诸城县秘行开采料石，殊违背约章，亟应秉公究办等情。正在批饬核准，经梁委员函开前因，当本部院将查复情形据实函复梁委员查照。维时都大臣赴东洋未回青岛，经本部院函电贺大臣请其饬查梅腾、司道次等是否实系青岛工局人员，因何违约私赴诸城开采料石，究竟已卖若干，得价若干，请先一并查知。一面派官审问，秉公究办。如有华人在内，请并提质讯。一面将价石交还诸城县山主，一面治梅腾等应得之罪。如系另有华人在青岛卖料石，不与梅腾同事，望将此华人押交胶州，转解诸城县归案讯办。旋接贺大臣复函，允俟都大臣回青岛后核办。嗣于十二月初六日，接准都大臣复函内称，梅腾现已乞假回国，至其往挖料石并未奉有本署明文，谅彼自系不明情节，旋经贝德司告明该公司之情形，当即遣回，酌计该员现在已抵欧洲，但此事近来并无议闻，意已自然结局各等因。查东省各属勘采矿产，须照章先行禀明，候核准始可查勘，梅腾此次赴诸城私采料石，并未预先禀明，不但大背约章，且恐因此激生事变，地方官无法保护。

适本部院查明后，函请都大臣秉公讯办，并请查封所存石料，所售石价一并交还山主。如应议罚，即罚梅腾等照数交出，以期儆戒将来。所议办法原极公允，不能因其已回欧洲，即可听其自然结局。况且梁委员来函谓该公司索地方官赔偿三千元，又谓可查明何人售卖，追偿此款。今既查明是梅腾售卖，自应向梅腾追偿此款，而来函并未提及。惟本部院与都大臣向称辑睦，都大臣之意既欲从宽免究，本部院亦不便十分苛求，只好暂照来函将就了结，下次不得据以为例。嗣后勿论中外商人再有呈请采矿产等事，自应遵照定章，预先禀明，不得私自径行开采，致滋事端。

再，查华德采矿贸易公司呈请查勘五处矿务，本系贵国克大臣与总理衙门未经商定之事。五处地名亦系克大臣自行列入，所拟章程草底第一款内，总理衙门始终并未允准，迨后东省续议章程草底亦未列入五处地名。章程草底的首款虽载有抄照原议五处绘就地图一语，而此项章程究未签押，准提议五处先行查勘，俟勘明矿产若何，再各指定一处地段禀候核准，始能购地开采，然亦须在章程签押以后。此时仍只准其查勘，并未准其开采，亦并未允将五处地方悉准该公司勘采。据贝总办来函，有五处地方不准别人查勘，又谓诸城所产料质均应是该公司之物，别人不能私挖擅卖各等词，语近垄断，殊与原议不符。

查五处地段绵长，矿产甚多，该公司每开办一处仅止十个月限制，安能将五处境内矿产悉行勘采。其余地段尚多，既不能悉行勘采，勿论是何矿资，别人仍可呈请勘办，何能指为悉是该公司之物。惟该公司未经勘定以前，务先尽其在五处查勘，乃梅腾此次之错只在未曾禀候核准，并与该公司无涉。都大臣谓，顷德司告以该公司情况，梅腾当即遄回等语，彼此仍是误会。为此，函请贵委员函致青岛德国官商，嗣后如再遇有呈请查勘采矿产等事，勿论在五处地段内外，均须预先禀饬本部院核夺，如再私自勘采致滋事端，地方官即不任保护之责，并请祈饬华德采矿贸易公司知照。本部院已允该公司在五处查勘，自当预饬地方官妥为保护，惟该公司亦只能在五处地方先行查勘，俟勘明后，即于五处内各指定一处地段绘具图说，呈候查核，再行酌定。矿界大小，亦仅够用为止，籍示□□，不能将五处全境悉作为该公司指定矿界，致启纷争。好在此事，谷承钟、外务局饬发原案，所有克大臣与总理衙门商订之章程，暨山东张抚院与连领事续订章程，两项草底虽系未经签定，而原稿具在，不难互相检核也。

四、复锡乐巴

敬启者：接展惠函，承示昌乐至洱河一处，已经三次割锯电杆电线。本月十二日夜，又在尧沟西二百二十八启罗米达处，被匪锯断电杆一根、电线一百五十米罗长，双线共三百米达，并盗去已成铁轨底下枕板五块。又岞山、周村、淄川等处已经铺成铁枕板或桥下衬铁均被窃去，非令附近村庄赔偿，实不足以弭此患各等因。并承附寄修复工料价值清单一纸，俱已领悉。查沿路铁板物料以及电线电杆等项，迭承函示被窃情形，均经严饬各地方官认真查缉，并饬巡警局遴派正巡官窦令以理驰赴东路，会同各地方官妥商巡护之法，饬由各地方官拨派勇役庄长交由窦令督率训练，挨段设拨，实力巡防，并责成庄长帮同防护，立法不为不严，而竟仍有窃失杆线铁板事案。致劳清问，抱歉良深。而地方官之巡缉不力即此亦可概见。本部院现已将境内迭出窃案并未报获赃犯之各地方官，分别撤任记过，以期雷厉风行，有案必获，有犯必惩，以昭儆戒。至查缉窝户以清盗源，原是正办，本部院现又遴派妥员驰赴东路，密访迭次窃案赃犯踪迹，并饬访查容留匪人窝户住址，据实开具清单，呈复来辕，以便严饬各县照单指拿，以期无枉无纵。一面饬查各地方官承缉各案是否得力，如再查有巡缉不力人员，仍当随时撤换，以重地方，决不任其空言搪塞也。

已承示前两年间，东路各州县遇有铁路被窃物料各件，即令失事附近村庄查交贼犯，否则照数罚赔一节。查附近村庄耳目较灵，责令帮同访查赃犯原无不可，惟责令附近村庄代为罚赔，中国向无此例，似未便习照办。且闻勒令罚赔，易滋事端。况且贵公司处处宽大和平，其沿路绅民均极辑睦，谅亦格外原谅也。

五、【复】烟台何道台

宙【密】。卦电悉。各国若准商船照常出入，纵无匪徒贩货接济战国，终恐谣言传入致烦口舌。是以饬转登、莱、青、武定等府各海口一体严密稽查，除打鱼〔渔〕小船取有的保准其出入外，其余中国商民大小船只，有载无载概不准无端出海。即外来民船过境，亦应扣留，免致租往战地。如实有民船载货，由中国此口至彼口，在沿岸海边行走，亦须查明无粮煤食牛诸食物及一切军需禁物，仍取具的保方准出海，并登册存记，违者将船货归官，商人、舵工、水手并惩。并由尊处督饬登、莱、青三府，速派文武员弁赴各海口各码驻扎查禁，仍一面派轮船帆船给予护照，赴沿海一带梭巡。至局内局外各国轮商照常通商，其余饬遵外部所颁条规办理，昨已备文分【别】进行。兹承电旨，特再摘要电达。照此办理，不过严断接济，并非一律禁止商船出海，似不至十分有障国家税课、贫民生计，只要地方官奉行得法，亦当不至别滋借口，仍希随时督饬妥筹照办为要。

六、复穆使

敬复者：昨接惠函，并承钞示在外务部之声明说帖底稿一件，具征贵大臣辑睦邦交，维持大局盛意，至为佩谢。本部院前奉谕旨，日俄两国失利用兵，应按照局外中立之例办理。又承外务部饬发局外中立条规，当即转饬地方文武严守局外中立之例，不得稍有疏误。又饬各文武地方官钦遵上年十二月二十七日上谕，保护各国人民财产，严缉造谣滋事匪徒，一面出示剀切晓谕，并酌派员弁督率勇役，于有路矿有教堂处所认真巡缉弹压。现在山东境内极为平安，堪以仰慰雅注。再，本部院深明本国守定局外之例，为至重之事，况承稔知，是本部院认定之意，固与贵大臣所见正相同也。特此复谢，只颂勋祺。

敬再复者：接展另函，承示贵国梁委员病故后，由敝处派员照料，并护送该故员柩眷赴青岛一事，渥承贵大臣暨贵国政府专函致谢，具征礼意周备。本部院与梁委员共事年余，诸微辑睦，此次派员照料护送，不过聊尽地主之义，辱承齿及，愧歉殊深。特此并复，再颂台祺。

七、密致商务局

密启者：上年十二月二十七日敝处曾函致外务部，以胶济铁路两个月即可修到济南，现在迭据青岛德商威斯等呈请在济南开设洋行，与华商伙开行栈，核与约章不符。惟胶济铁路不久修成，青岛德商欲来开行栈者势日多一日，明禁而实不能禁，与其专利德商而他商无所与，不如由我自开商埠较为有益各等因。函请外务部核示。兹于本年正月十二日，承准外务部密函，复准亦以自开商埠可保自主之权，并嘱咨取三都澳、岳州府、秦皇岛、吴淞等处自开商埠，所定一切章程，以便奏明办理。除俟电直隶、江苏、福建、湖南各省先抄送章程，另行妥筹具奏外，特将山东外务部商办来往函稿先行照抄函送，会同洋务局通筹拟细察情形，随时详候核夺。抄函恳希密存为妥。

八、【致福州、湖南、直隶、南京】

福州李勉帅鉴、恩艺帅鉴，湖南赵巽帅鉴，直隶袁宫保鉴，南京魏午帅鉴：昨准外务部函称，秦皇岛、岳州府、三都澳、吴淞口自开商埠，闻系极合宜之地，指划一区各国公共居住，不立专界，所有工部局、会审公廨、巡捕房均归自设，一切章程由我酌定，不失主权，办理极为得法。东省胶济铁路二月内即可告成，青岛德商觊觎内地商务者日见其多，昨已密商外务部拟援照三都澳等处办法自开商埠。兹接外务部复函，请将三都澳自开商埠所定一切章程速烦抄寄，以便酌核奏明办理，不胜盼祷。

九、复都大臣函

敬复者：本月十八日匡医官来省，接到惠函，欣悉贵大臣一时暂不回国，仍可常承教益，甚为快慰。承示火车开至济南后，仍拟择适中之地会晤，用以举商两国人民利益事件，鄙人甚愿乐从。届时即请贵大臣订期电知，鄙人当仍照前约在潍县拱候。至承示免却款待，俾免有碍详商事体，亦当惟命自从，惟台驾既莅临敝境，亦不能不略尽地主之义耳。再承示已饬毛营官将兵队撤回仍驻兵房一节，此事拟俟会晤贵大臣再行妥商。鄙人前以铁路迭被窃失物料，特派专员办理巡警，并饬各州县添派巡役庄长帮同巡护，缉获窃犯到案讯实，即从严惩办。昨又饬由陈翼长拨派兵队，于环界以外沿路划分地段，昼夜巡防，并派马守祥光前往督查。似此雷厉风行，沿路窃失物料之案当可渐次禁绝。至环界以内各州县，此时虽未筹设巡警，亦已饬各该州县遴派巡役庄长一体严密巡护弹压，谅亦不致别滋事案，请纾廑系。

再承示日俄战争，尊处已奉贵国相国晓谕，业将该示登于青岛官报，特照录一纸寄示等因。遍查来函并无此项告示，咎系发函时未给封入，现已由鄙人另觅见青岛官报所载局外告示，抄行沿海各州县一体知照矣。已承示本国皇帝谕旨暨外务部所颁局外条例，亦经饬登官报，俾在青岛华民知所准禁一节，具征维持大局，不分畛域，盛意至为佩慰。匡医官昨已来见，因医院另备之房屋尚未备齐，特候暂居洋务东局，其余一切仍照前函办理。鄙人已饬由中西医院绢办，陈道台妥为照料矣。珂总医官已令其即日到省，可与陈道台面商一切。应俟到省时，饬陈道台与之会商。将来济南内地医学昌明，民人均获康济之益，固莫非贵大臣之所赐也。

敬再启者：本月十八日接展另函，承示已派武员冯克同募翻译至潍县祭奠梅故军门，并承宠赐花圈，具征厚谊，不但梅故军门暨其部曲同深感激，即鄙人等亦共佩敬笃友睦盛意高义矣。

十、复胡惟德

馨吾仁兄星使大人阁下：敬复者，前展惠函，如亲雅教，名言谠论，悉本忠诚。方诸充国筹边，博望持节，不□乎其上矣。远企高风，弥殷执恭。俄日近已宣战，东三省铁路当更恃为行军奥区，我之主权几至全失，旅顺、大连湾之已议租者更勿论也。我国严守局外中立，弟已查照外务部所颁中立条规，通饬沿海各州县一体遵照，不得稍有歧误，致滋口实。东民在旅大作工者甚多，现已封港不能西渡，弟迭经饬东海关道设法资雇商轮，前往运救，并电请外务部商之驻京俄使，亦无成议。海外饥鸿，不死于锋镝即归于饿莩，殊可悯也。俄京有何紧要消息，尚祈随时密函为盼。再，承赐寄路图四幅拜领，谢谢。再，承示此项路图如资印百幅只需库平银五十两。此图甚为有用，敝处拟请尊处转托代印一百幅，印成寄东。其价汇交何处，敬候示知照办可也。

十一、复翟主教

敬复者：前接惠函，示台驾已于上年十月二十九日安抵潍郡，甚为快慰。惟贵主教莅东时，未获从优款待，略尽东道主人之义，乃承书函致谢，殊惭歉不敢当耳。前由申主教交到贵主教惠赠留声机器一部，至为精美，拜领谢谢。此物系鄙人托购，本应奉价为是，而申主教再三不要，云是贵主教私意特赠，只好不再奉价，并已托申主教代为致谢矣。他日台驾如再来东省，本部院当扫榻以待，借酬雅谊也。再，承示已于致吴方伯函中代为通候，费神，并谢。特此布复。

十二月二十四日

一、复威德尔

敬复者：本月廿三日接展惠函，承示接烟台领事电称，去岁西历十二月二十日，有土匪六七十人，在南顶、博山铁路桥梁公司持械抢去多物，并焚烧房屋，拆毁桥梁，彼时虽请登莱青道缉办，至今未有端倪，请饬从速办结各等因。当经饬交合勘路矿局洪道台查复。旋据洪道台复称：此案系在淄川境内之南定地方，并不在博山境内，亦无土匪六七十人持械赴桥梁公司拆毁桥梁、烧房抢物等事。系于上年十一月初三日，准铁路公司分办锡贝德函称，据桥梁公司豪工程师面称，淄川县境之南定邓家庄有高辉举者，偷去大铁二十四块，经该作工把头朱国经获犯。旋于昨夕，竟有伙党将把头拿去，请饬知该县查办等因。并据该处作工看门人面禀前情。当经札饬淄川县张芝祥、兼办淄川铁路分局委员式云妥速查办。旋据该分局禀称，此案□十二月初四日，据县民高辉龄以私刑控窃烧房栽害等情呈控到县，正在查传讯办间，适奉宪局札饬前因。当即传提高辉龄到案，供称高辉举系伊堂兄，被朱同金挟嫌诬窃拿去吊打刑逼，嗣后因搜赃未获，暗令众伙烧房潜逃，希图栽害。质以朱同金现在何处，则称于初四日与董存典同回卢法尧店中。质之卢法尧、董存典则称，初四日晚间，突来朱同金伙计三四人，连夜往干沟河，并有拖欠小工孙四卯工钱文由董存典承耽各等语。是朱同金行止自由，并非被人拿去已可概见。被烧既在搜赃未获之后，伊父与众伙逃走又在木棚正烧之时，自非传集朱同金等三面环质，不足以成信谳。随即派差押令董存典等，获朱同金并看棚之小工人等送案复讯。旋据该原差等以在长山县境之干沟河撞见朱同金之弟朱五，唆令做螺丝之洋工程师豪斯耐放枪威吓，将伊等轰散，亦不知高辉举下落等情具禀前来。除勒差查传高辉举到案质讯外，应请函嘱锡分办转饬干沟河管工之工程师即日将朱同金并看棚小工赵可福、刘恩等交县讯办。

又据该印委禀称：查得南定在淄川城迤北三十余里，董庄在其南里许，店子庄在其东，相与毗连。高辉举系董庄人，十月初间至铁路闲游，见有铁螺丝拾起观看，小工疑为偷窃，喊知洋人。其时洋人正在工次，开枪两次未经击中，高辉举即倒身滚入铁路下沟内，当经拿住，被洋人鞭打，经董庄人保去。

十月底间，桥梁工人言及失去铁栏杆一段约长十米达，把头朱同金嘱各庄地保找寻。南定地保董存典向不安分，平时与朱同金往来，言及高辉举前曾偷过螺丝，此事彼必知情。十一月初一日访知高辉举进城赶集，董存典、朱同金带领小工多人赶至城外，将高辉举拿住，带回店子庄铁路小工居住之卢法尧店中，吊打拷问，并用香火烙烧。高辉举受刑不过，随供称是伊窃取，放在族兄高辉龄家，往搜无获。又言放在族侄高纯继家，朱同金复带领小工往搜，亦未搜着，随折回店子庄。高辉龄向在棠镇做生意，距家数十里，闻信赶回，于初二日晚，约同族多人赴店子庄寻找朱同金说理，经街邻劝散。董存典、朱同金随同赴董庄高纯继家中用言恐吓，高纯继惧势，请朱饮酒了事。次早，同至黄庄徐哨长处，高辉龄面诉冤苦，并言伊弟不知下落。董存典言已逃跑。朱同金言，洋人既已知道，伊虽欲了事，止不能作主。徐哨长当将地保董存典审斥。伊等复又折回高纯继家居住不走，索酒索食，日日供应，并有讹诈钱文等情事。初四日，高辉龄赴县呈控，朱同金、董存典等恐问实不了，随于初五日晚间一同赴赵店子庄，向店主卢法尧借钱五百文，令朱同金逃往干沟河藏匿。再，初二日晚，高辉龄寻朱同金讲理时，工人等闻知董庄来人不知何事，均已逃走。朱同金父寻子不著，随于工人等分赴公司报信，桥旁木房子内上栏是夜焚。以上系查明此案肇衅实在情形。

再，访问铁路螺丝有在途运载大意遗失者，及至送到地方要用时始知短少，工人恐受罚不敢声张，即往公司控报被匪窃去，希图诿过。又有不安分之工人假将铁件藏匿，希图讹索钱文者。然究未如此案，吊打刑逼按赃，甚应请传提朱同金等到案质明究办各等情。

当即函致铁路公司锡□□总办暨古城铁路公司锡分办，请其速饬干沟河管工之桥梁公司，速将把头朱同金并其弟朱五暨看棚之赵可福、刘恩等送交淄川县归案拿办。并请将前在安丘枪毙三命、此次又在干沟河放枪轰击淄川县差役之工程司〔师〕豪斯耐从速辞退回国，俾免别滋事端。迄今两月有余，并未据该公司将朱同金送案质讯，以致久悬难结。兹奉饬查，理合据实禀候核夺各等情。

据此，查此案前经本部院派员查访，亦与洪道台所禀大概相同，并查得朱四即朱同金，系胶州人，现逃往青岛。其弟朱五现仍在长山境之干沟河铁路做工，昨已饬由洪道台函致锡贝德派人访拿归案究办。至豪斯耐前在安丘枪毙三命重案，并未了结，此次又在干沟河开枪轰散淄川差役，袒庇案犯，殊属不安分，已饬由洪道台函致阁下，速饬豪斯耐回国，不得仍在山东境内逗留，俾免别滋事端。并请阁下转饬铁路公司速将把头朱同金交案讯办，以成信谳，不得任其在外妄□，以致重案久悬难结。

上次承准外务部来咨，准贵国驻京钦差穆大臣函令烟台领事尽管登莱两府，济南等遇有交涉归阁下商办。查淄川县归济南府属，此案自应饬由铁路局与阁下妥商办理，烟台领事似可不必干涉。再淄川县并非登莱青道所辖，承示特饬登莱青道从速办结一节，亦即毋庸置议可也。

二、复威德尔

敬复者：昨接惠函，承示枣园庄桥梁公司，于正月二十六日晚八点钟，突来匪徒多人持械入其寓所，抢去京钱票一万三千吊，又抢走洋钟、时辰表、戒指等件，并将路役捆缚，庖人额受枪伤，请速饬缉办一节。查枣园庄系在章邱县境内，相距秘山不远，迭经本部院严饬该县暨巡警军于公司人员所住各处妥为防护弹压，乃竟出此重案，殊堪诧异。现已将石令、县令、正巡官、窦令严行申斥，并各记大过一次，勒限一月严缉此案赃贼，务获究办。至所失零星各物件究有多少，即祈贵局转饬该公司据实开单赴县呈报，以便勘验明确，上紧踩缉，俾免正盗远飏。俟报获正盗讯实后，定当照章从严惩办，以昭儆戒。仍一面饬电巡警、路矿等局督饬印委妥为保护巡防，不准再涉疏虞。

又，承示前数礼拜，铁路公司锡总办因公司失物请历城县缉办，历城县应允而无回信。前二日，又因失物，请巡警营办理，竟辞不问一节，亦已分饬历城县巡警局速将报失之案缉犯严办。并饬嗣后遇有此案事案，须即从速缉办，一面函复公司查照，不得稍涉诿延。

又，承示铁路司二外国人晚由东门入城，见先有数中国人进城，外国人随之及门，而门军闭门拒，呼叫不应，只到返走一节。查城门启闭有时，向归城守营、巡警局派员管理，似非门军所敢闭拒。惟既承示及，亦已饬巡警局查办，如果门军有任意歧视情事，自应从严惩办，以示儆戒。

又，承示济宁州亦有土匪滋事一节。查济宁州屯民因抗交屯田价，聚众挟制官兵，业经该州官妥速办结，屯民当夜即散。现据该处文武等禀，地方安堵如常。此外，东省各处业闻有不安静之处，不过东省民俗强悍，盗风素炽，本部院到任尝当极力整顿捕务，一时终难尽熄，然较前时已安静多矣。本部院不敢谓地方官办理各事均属妥善，惟自本部院迭次严札责成地【方】文武，督率加派拨营兵巡勇加意保护铁路矿务公司，以及各国教堂教士暨赴内地游历人员，实属不遗余力，其有办理不善之地方官亦均随时撤任参办，并不稍为袒庇，谅贵委员亦必有所闻也。

再，承示胶约第三项，凡山东省内如有开办各种事务，中国应许先问该德人愿否承办一节。查胶约所载系指国家开办各项事务而言，中西医院系由东省官员酌量捐助而成，本系善举，似与胶约所载各节无涉。兹据医院总办陈道台面称：匡医官未到以前，西医药料等件系由医员钟文邦自行酌量购办，为数甚微，并非专向英、美购买，只因医院经费支绌，不能不买价钱较廉物品。现在匡医官既已来省，嗣后如需添用药料等情，自可商由匡医官先向德国访问价值，择要购置。本部院昨晤匡医官，亦曾谈及此事，据匡医官所称，如向德国购买较现购之价应低三分之一云云。现已饬知陈道台与匡医官随时妥商办理矣。

又，承示大学堂拟往他国购化学格致机器一节。曾经传到高等学堂总办陈道台询问，据称，学堂教洋文功课系分请英、德、日本三国教习教授三国语言文字，如教英文自须由英美教习，购用英文书籍等件，以便使用。自延请德国教习教授德文之后，陈道台托人向德国购买德文书籍等项，现在共计已有数百元，将来如再需用德文、化学机器，自应随时向德国商购等语。本部院查核陈道台所禀均系实在情形，已饬其临时与费教士等妥商办理。此等细事原与胶约无涉，因承函询，一并及之。特此布复。

三十年二月初四日

复威德尔

敬复者：昨接惠函，承示接据华德采矿贸易公司贝德司来文内称，西历二月派人赴第三处矿务查勘，该处绅民多方阻挠，曾两次致书胶州，皆置不理，恐系尚未周知，函请转饬各地方官妥为保护商办，勿任绅民与公司为难，滋生他事各等因。查华德采矿贸易公司此次派人赴第三处勘矿，并未预先知会该处地方官，又未知会合勘路矿局分行知照，即本部院亦未接准，并未见诸城县官、贵委员函牍禀报，无从转饬。查照该地方官未奉明文，自亦无从照料保护，其非官绅故意与公司为难可知。惟昨据胶州州官余牧来省禀称：该公司曾于中历正月间派人赴胶州花林山购买民地，自竖桩橛，声言须在该处勘矿。余牧因未奉明文，该公司未便遴派洋员擅前往内地勘矿，地方官亦未便擅允，特饬地保商令暂将桩橛卸去，候禀明省宪再行核办。并据禀称：贝德司于本年正月初七日曾有一函致胶州州官，内附京钱票一千吊，云系捐助学堂经费，并云将来可以借重学堂人才之力，为期度当不远等语。当经余牧以胶州开办学堂，系由本地筹集经费，概归绅董管理，经费现尚敷用，该堂等均不敢承领，交由青岛辅政司单君处照数送还等情复之。检查贝德司来函，并未提及在花林山购地勘矿之事，事先亦并未据该公司将此事另函详达各等情。

查第三处查勘矿界，原文载明，系在诸城县城外西北十里开算，顺三十六度向东直抵德国租界西，由诸城县西北十里开算转而向南直抵海边，东南两面均至黄海边并德国租界为界等语。其中并无胶州字样。该公司上次请赴诸城勘矿，系经该公司呈明贵前任梁委员函商张护院核发前往矿员护照，一面将矿员姓名暨启程日期转饬地方官知照，是以遇事并不为难。此次该公司又派人赴第三处勘矿，既不呈由贵委员函转本部院核发护照，亦未知令合勘路矿局暨该地方官，而购地勘矿之花林山又在胶州境中，究不知是否在原指第三处勘矿界内，何能责备官绅置而不理，多方阻挠。鄙见以为，第三处原文既有度米方向，应饬由会勘路矿局洪道台遴派熟悉测量人员前往该处，按照原文测量第三处，分图划定界址，俾免争执。一面请由尊处转饬该公司迅派矿员前往会同商办，以昭核实。如果该公司此次在胶州花林山拟勘之矿，在原指第三处查矿界内，自应准其查勘，并俟查复到日，仍由尊处开示派往该处矿员姓名，以便填给护照，一面行知地方官妥为保护照料。如不在原指第三处界内，亦应作为罢论，以符原案。拟请贵委员转饬该公司，嗣后无论赴何处勘矿，总须先期函令路矿局暨地方官，所有租地赁房等事，亦应与地方官妥商办理，一面将所派矿员姓名暨往某处勘矿，报贵委员函致本部院核发护照，俾得据以转饬保护，千万不可自赴内地勘矿，致生他事，是为至妥。本部院系为慎重保护起见，谅贵委员亦以为然也。

附录：山东抚院收电簿残卷

【编者按】：这份资料系在中国第一历史档案馆所藏《山东巡抚衙门档案全宗》内发现。现残存一册，卷首无题名，毛边纸墨书，辑录文稿均属各地方官吏致山东巡抚衙门函电。因与山东义和团运动有关，兹照原格式整理，附录于此，作为参考。标题为编者所加。

一、【光绪】二十四年三月二十七日 （收总署电）

济南抚台：顷吕使电：准德外部文称，即墨命案，德兵三名，因拆德律风须工价，向村内换钱。游民拥挤，认德兵钱多，跟追图劫。德兵惊惶自护，遂成团结。德兵被扭一名，即枪毙来扭之人，余匪散去。至换钱系按市价，并无欺骗，请速达总署，严办犯事人等语。应由县详查所毙系铺东抑游民，当被抢时有无秋〔揪〕扭，毙于钱铺内抑毙于街市，是何时刻，统希饬查速覆为要。

胶州董彦方案：德外部已允将凶手拟死罪人格外抚恤其家。设因即墨案翻议前说，尤不值。已电吕使分别商论，再电达。宥。秋字加手旁。印。

二、【光绪】二十四年三月二十八日 （收总署电）

济南 抚台：顷德使来言，两日内连接济宁主教、报馆访事、德国兵官电报，均言大刀会匪近又滋事，请中国设法弹压保护。言外之意，中国若无切实办法，德国即派兵前往。上年来照已累言之。现令兵官赴济宁查探，即为自行派兵张本。曹济各属向多盗，刀会啸聚，尤易滋事滋乱。但营县一查，模棱禀复，难免讳饰。驯至谣传日逼，德国自行派兵驻拿，更不成政体。山东如召募新勇，饷力甚难。章高元撤留勇队尚有若干，如能挑选精锐二三营归臬司统领带赴曹郡驻扎，以遏乱萌，以杜德国自行派兵之害。毓臬司曹郡情形最熟，当能妥办此事。非特派大员驻办，不能消弭。特电商候复。仍先将曹济情形电。感。印。

三、【光绪】二十四年三月三十日　（收即墨县电）

抚宪鉴：查所毙系铺东仇维义胞兄，因德兵换钱带走，在街争执，向护毙命，时在申刻，并未揪扭。前已据实函会青岛都督办。现接回函，据已就此结案。即墨县。绣。印。

四、【光绪二十四年】三月初九日　（收总署电）

济南　抚台：都察院据山东举人孔广謇、黄象毂等呈，代奏本年正月朔日，德兵入即墨城，毁坏孔庙圣像，挖去先贤仲子双目，该令何以不报，应饬查复，以凭诘问德国。

又德国主教安治泰自德来华，今日赴东商建济宁、巨野、曹郡教堂及三处教屋。已告台从阅武公出，如其请谒，希与妥商。统电复。佳。印。

五、【光绪二十四年】三月十五日　（发登州平度电）

登州平度：抚台京来，即墨圣像事，东省公车请察院奏旨总署知道。刻下外省亦欲公呈，已议请，何无奏报，可否速电奏。旱。印。

六、【光绪二十四年】三月十六日　（收总署电）

济南　抚台：即墨圣像被毁，前发佳电请饬查复，尚未据报。兹都察院代奏，湖北等省举人因此案联名呈请查办，奉旨电催查复，希速查明确实情形，即日电复，以凭诘问德使。咸。印。

七、【光绪二十四年】三月十九日　（收总署电）

济南　抚台：即墨一案，物论哗然。如果查无其事，亦应将查勘情形切实声叙，未便仅据县禀尚无毁像挖目情事轻笔出之，遂为了事。希再饬查明确，详悉电复，以凭复奏。效。印。

八、【光绪二十四年】四月初二日　（收总署电）

济南　抚台：奉旨：前谕总署电饬张○○，将即墨毁像一事查明具复。数日以来，尚未复到。如果查无其事，自应切实声叙，以释群疑。著即电复。钦此。东。印。

复：已饬该府确查，俟禀复到即电达。另电饬该府速禀复。

九、【光绪二十四年】四月初二日　（收总署电）

天津　总督、济南　抚台：法使来言，直隶东昌交界地方，有土匪滋事，声言毁教灭夷，乞切实弹压保护。希饬营县切实查办，勿任生衅。仍将现办情形电复。东。印。

即行知东昌府确查禀复，勿稍延。

十、【光绪二十四年】四月初四日　（收电）

济南　抚宪钧鉴：委查即墨文庙，确有毁伤。详细由递径禀鸿宪。涵敬禀。江。

且俟禀到，再俟府禀到再酌行。

十一、【光绪二十四年】四月初五日　（收总署电）

济南　抚台：东电悉。德教堂地亩由东指拨，若非官地，自应给价，以示体恤。该价可以作正开销，却不宜动用地丁。希察照。支。印。

即行司饬遵行，并札饬曹州府县。

十二、【光绪二十四年】四月初五日　（收总署电）

天津　制台、南京　制台、济南　抚台、开封　抚台：奉旨：据张汝梅电，山东直隶交界有新立义民会名目，传单直、豫、苏，欲与洋教为难等语。直隶东明、山东冠县，其民多习拳勇。现既讹言繁多，出有传单宣播，难保匪徒不闻风滋事。著王文韶、张汝梅、刘树堂各派妥员，严密往查，并饬地方官预为之防，毋任煽动。江苏相距较远，然饥民众多，易于勾串，并著刘坤一饬属严查，以防滋蔓。钦此。支。印。

十三、【光绪二十四年】四月十二日　（收总署电）

济南　巡抚：法使照称，山东迤北匪扰教堂，梨园屯案未结，教堂教民受累，官未阻止。请电山东：一、将官所素知罪魁十八名，限三日全获。二、迤北教堂受累，应偿银二万两。三、东昌洪守与教士为难，应撤任。四、以张道换吉道云。查罪魁十八名，迤北教堂如何受累，洪守如何与教士为难，署皆无案。法使现为永安州教案正在作难，恐其言有因，希详查据实电复，幸勿空言搪塞。文。印。

十四、【光绪二十四年】四月十七日　（收总署电）

济南　抚台：奉旨：即墨毁像一案，得自传闻，前经电谕饬查，始据张〇〇两次电报，均称并无其事，业经总署抄电呈览，即与复奏无异。乃迟至数月，又称派员查复，竟有残毁情形，前后大相矛盾。张〇〇办事洽漫，著传旨申饬。并著责令地方官将各庙宇工程一并赔修。俟奏到后再候谕旨。钦此。洽漫二字借音。印。

十五、【光绪二十四年】四月二十六日　（收陈宝箴电）

济南　张中丞鉴：密新。近阅各报章，有言传闻德国弁兵毁伤即墨至圣祠像者，是否果有其事，乞电复为感。宝箴。有。印。

复以有其事，已据实具奏矣。四月二十六日。

十六、【光绪二十四年】四月二十九日　（收总署电）

济南　抚台：梨园屯案，法使谓十八魁所在官民皆知，现已至孙庄杀害教民一名，吓死一名，洪守仍不拿究，应请撤任。教堂地基虽还，未赔所抢物料；教士收养教民二百人口，并饬须赔二万两。泰安府、淄川县两案，亦宜完结云。除咨行外，先电闻。拿犯、赔款两事希速酌办电复。勘。印。

十七、【光绪二十四年】四月二十九日　（收陈宝箴电）

济南　抚台张翰帅台鉴：密新。廿五电未奉复示。湘中传闻德国弁兵毁伤即墨文庙圣像，士民纷纷具禀。是否果有其事，乞速电复以凭晓示。不胜感祷。宝箴。艳。印。

十八、【光绪二十四年】七月初一日　（收总署电）

济南　巡抚：奉旨：德使称济宁有匪徒将聚众生事，教堂甚虑攻击，已由署电该抚保护。著即严饬地方官认真防范，勿稍疏懈，致滋事端。钦此。东。印。

十九、【光绪二十四年】七月初三日　（收电）

济南　抚宪鉴：遵谕保护。昨惟德华盛以民武怀亭等六人诮骂，教民争闹，劝散，函请训斥传讯。众供及原信均无欲杀教士语，亦无拿获九人事。备详另禀。

武姓案现和息，飞查三县，亦无案。晤询德华盛云，一时误电至京，已无事矣。望庚禀。七月初三日。

达总署，系该堂一时误电至京，现已无事。

二十、【光绪二十四年】七月初六日　（收总署电）

济南　抚台：临淄县属尧王庄教民滋事，已据支电照会英使，令教士勿得袒庇。此案应由地方官秉公提审，希即饬县将此案妥为讯结。鱼。印。

二十一、【光绪二十四年】六月二十九日　（收总署电）

济南　抚台：德使照移济宁教堂电，该堂现甚危险。昨有匪徒聚众，意将生事，经地方官拿获九人，均自认意欲教士。该教堂甚恐仍有攻击之事，请电饬设法弹压保护等语。希电饬地方官查明，妥速弹压保护，勿滋事端。即电复。勘。印。

二十二、【光绪二十四年】九月十五日　（收临清电）

济南　抚宪鉴：威境沙柳寨拳民聚众滋事，衅起威县，获一拳党。教士王德昌来请营，已专马禀陈。现探拳民又在冠威交界忽聚忽散，欲肆劫夺，乞如教士请，迅拨营保护。寿朋。

二十三、【光绪二十四年】九月十五日　（收直督电）

山东　抚台翰仙中丞鉴：咸电敬悉。刻已电饬大名镇道就近酌拨马队，派员前往。并饬该县会同东省营印实力弹压解散，以期消患未萌。禄。删未。印。

二十四、【光绪二十四年】九月十九日　（收方致祥电）

济南　抚宪鉴：电谕谨悉。换防队已发，滋事弁勇亦派员查拿，并排递详禀在案。致祥。铣。印。

二十五、【光绪二十四年】九月十七日　（收冠县电）

济南　抚、藩、臬、道、府、洋务局宪鉴：盐电谨悉。乞速换防，倜来赵，拳远走直境，闻其尚知感悟。十五会威令派人前往劝谕。本约谕到即散。因十六早小里固教民将屋自焚，借端生事。又怀疑不定，乞暂不派兵。仍由倜催令剀切劝散，免其滋蔓。冠县倜禀。篠。

二十六、【光绪二十四年】九月十八日　（收冠县电）

济南　抚宪钧鉴：林部整饬，乞拨郝弁带嵩骑一哨来冠预防，设拳散，乞改常川弹压。倜禀。篠。

二十七、【光绪二十四年】九月十九日　（收冠县电）

济南　抚、藩、臬、道、府、洋务局宪钧鉴：拳民一律解散，直东边境民教安，详情另禀。冠县倜叩。皓。

二十八、【光绪二十四年】九月十九日　（收方致祥电）

济南　抚宪鉴：电复谅到。顷临防营电称，直匪赵洛竹十二日散，十六日复聚，在直东滋事。恐酿巨案，拟带队亲往察办，乞电示。祥。巧。叩。

已由曹令禀，人教无事，无须前往。九月十九日。

二十九、【光绪二十四年】九月二十日　（收冠县电）

济南　抚、洋务局宪钧鉴：威拳十八解散，忽有广平拳民姚洛奇等勾通红桃园匪类，于黎明放火并杀害教民二名、受伤一名。现已诣验，派队追缉。匪走曲、威一带，乞电直省会拿。倜禀。哿。九月二十日。

即电达直督速派人缉拿弹压。

电告曹令作速拿人。

三十、收临清电

济南　洋务局宪鉴：抚宪巧电谨悉。近日拳民不动，有绅董说事渐妥。寿朋连日小□，寄电稍滞。省队来酌量驻扎，先与威、冠途多阻，近渐通。抚宪前乞代禀。寿朋。

三十一、收临清电

宪鉴：箇电谨悉。即转冠县。今日冠营队并调小芦。飞虎营追匪至威境沙柳寨，杀一获十，送曹令讯余匪。并闻该县昨获匪一。抚宪前乞代禀。寿朋。箇。

三十二、【光绪二十四年】九月二十一日　（收直督电）

济南　抚台张翰仙中丞鉴：迭据大名万道电禀，直东交界威、冠等县拳民聚众。十三日，在冠县红桃园、邱县柳疃众二三百人。十四，在曲周大寨邀人借马至临清龙上固住宿。十六七日，在龙上固及临清杏叶村等处。现查龙上固一股聚有五六百人往红桃园等处，杏叶村一股聚有三四百人，往曲周白果树、辛庄等村。所聚多系匪徒，安分拳民均不肯随。各处尚无滋事。已约邱、冠两县设法防抚，集团互卫。惟党众地宽，亟当防抚兼施，或免滋蔓等语。现已添派盛军马队驰往威、曲等县扼防，并饬大名吴镇酌带练军，会督地方文武弹压解散。应请尊处飞饬山东营印会同筹办，防抚兼施，以期消患未萌为要。裕禄。箇午。印。

三十三、【光绪二十四年】九月二十一日　（收直督电）

济南　抚台张翰仙中丞鉴：顷发一电，想邀览。箇电诵悉。已电饬大名镇道督率派出队伍，会同各该地方官跟踪兜拿，务期速获。余详前电。禄。箇未。印。

三十四、【光绪二十四年】九月二十二日　（收冠县电）

济南　抚、藩、臬、洋务局宪钧鉴：辰刻率队会同飞虎等营追匪至沙柳寨，首犯姚洛奇纠众拒捕。当将姚洛奇拿获，并获从犯及格毙多名，俟查明讯供禀办。倜叩。马。

复以前经访问，该哨勇有滋事，已函告该镇换防驻扎，饬即赶紧解散，并查该勇系何哨之勇，哨官系何姓名，赶【紧】将滋事之勇查获惩办。

三十五、收临清电

宪鉴：拳民已解散，边境渐安。省队今日到，酌量驻扎后再禀。抚宪暨各大宪前乞分告。寿朋。效。

三十六、【光绪二十四年】九月二十二日　（收临清电）

济南　抚宪、洋务局宪鉴：抚宪箇电谨悉。拳民为首赵洛珠，实于十九日散归，余党亦散。独广平素不安分之拳民姚洛奇，即怂恿赵拳者，心怀怏怏，仍常与伊党聚会，并有伊滋事仍是赵拳之意。故又胁同党勾匪类于二十日赴红桃园杀烧滋事。数探皆如此说。曹令来函亦略同。仍俟其讯明犯供再禀。现在匪散走。寿朋。祃。

三十七、【光绪二十四年】九月二十二日　（收冠县电）

济南　抚宪钧鉴：箇电谨悉。教民系住冠境红桃园。犯获民安。倜禀。祃。

三十八、【光绪二十四年】九月二十三日　（收直督电）

山东　抚台张翰仙中丞鉴：漾电敬悉。冠县拳匪经东省营县追获首徒各犯，甚以为慰。余党已否解【散】，仍望时电示。禄。漾酉。印。

三十九、【光绪二十四年】九月二十九日　（收胶州电）

急。济南　各大宪鉴：顷据日照县何姓民人到电局称，因县属西南百里之汪岩地面民教不和，有数百人与洋人为难，已将教民家具毁坏等语。要电青岛德署求救，卑职文林未与发电，嘱令回日，求县弹压。卑职承燮现派赴日往探虚实，未敢顶定。事关大局，合飞电闻。卑职承燮、文林谏禀。

四十、【光绪二十四年】十月初三日　（收阿城电）

济南　抚宪：薛、夏二位教士在日照县被虏，求大人快办。安主教。

已于前日飞饬查办，再札询该府查明，作速禀报。并将起衅原由一并查明。即行。

四十一、【光绪二十四年】十月初六日　（收总署电）

南京　总督、山东　巡抚：奉旨：直东边境拳民时与教民为难，隐患甚巨。兹据裕禄电称，广平拳民姚洛奇于冠县、威县一带勾匪闹教，业经拿获审办。该党结会众多，一旦借端滋事，势将不可遏抑。著张〇〇密饬地方文武加意弹压，随时防范，以弭衅端。仍著裕禄将抚恤保护一切事宜妥筹办理，毋稍大意。钦此。鱼。十月初六日。

即将此次直境拳民无端滋闹教堂，焚杀东境教民，由曹令带同防营追拿，拳民拒捕，先开枪炮，伤勇多名。经各队击散，将为首姚洛奇当场拿获，并拿获某某名，由县讯明禀报。已饬将姚洛奇正法。并将被害教民查明，妥为抚恤。现均相安。除一切细情咨行外，请先代奏。

四十二、【光绪二十四年】十月十二日　（收总署电）

济南　抚台：德使照会，据安主教声称，该国教士薛田资同教氏〔士〕一名，在山东日照县境被贼擒去等语。此事如确，必多轇轕，希饬迅速查办，设法将教士觅获，即电复。文。印。十月十二日。

即据沂州府禀，此案已办结，现民教相安。

四十三、【光绪二十四年】十月十五日　（收总署电）

山东　巡抚：元电悉。海使照称，据安治泰电，薛田资身体刺伤无数，肘臂打破，非由官唆使，即保护不力，即电本国请示等语。意在要挟。希查明酌恤，向安治泰切实商结，取据纹海[1]借口。仍查拿滋事之人，并电复。咸。印。

已由该县与福立具合同了结。十月十五日。

---

[1] 纹海二字疑误。

四十四、【光绪二十四年】十月二十三日　（收总署电）

济南　抚台：海使交阅薛教士亲供称，被殴伤情形甚重，归咎知县，面请昭雪四端，意存要挟。希派妥员确查实情，严拿滋事要犯，速电复，以杜口实。又海称，潍县闻有殴伤德国匠师事，俟查明再请办，先请饬认真保护游历德人等语。希饬办。漾。印。

四十五、【光绪二十四年】十月二十九日　（收总署电）

济南　抚台：出使大臣电称，德外部言，德兵二人偕两华人由青岛赴潍县勘路，华民将德兵殴辱，华人毙。❶沂案未结，又出此事，德主甚怒，请嘱东省出示切实保护，严拿凶犯等语。此事德使海电彼国，谅非无因，何以径电云并无其事？希再严切查办为要。艳。印。

行查。

四十六、【光绪二十四年】十一月初十日　（收胶州电）

济南　大宪鉴：顷奉本府札询境内有无德兵赴潍被殴，饬禀等因。遵查卑境向无其事。惟初七日有德员顾乃斯由诸城来胶，云在诸境被抢。卑州当派人护送回岛矣。谨闻。承燮。蒸禀。

即据电札问诸城县据实查明速禀复，作速拿犯，勿延取咎。并札行该府。

四十七、【光绪二十四年】十一月十二日　（收烟台美领事电）

济南巡抚鉴：据义〔沂〕州美教士电称，有匪徒将犯义〔沂〕州教堂，业经曹州两天主教士已被杀害。祈部院速电饬各属加意保护人产，免生他端，实为公便。并望电复。美领事傅电。

四十八、【光绪二十四年】十一月十三日　（收总署电）

济南　抚台：美使称，接烟领电，沂州曹庄打毁教堂，天主教德教士二人受重伤，存亡未卜；耶稣教堂亦危险。领事业请派兵弹压，恐兵少不济事，请速电设法保护。即希迅饬派出之兵妥为保护，并电复。元。印。

四十九、【光绪二十四年】十一月十四日　（收胶州电）

济南院、司、道、局宪鉴：顷准德副主教福若瑟告知岛，日照在

❶ 此句有误，参看下电。

〔土〕山总教堂被抢，云祸甚烈。事关大局，是否谨闻。承燮。寒禀。十一日十四日。

据电飞札日照县查明有无其事，作速禀复。札行兰山县查明有无其事，速禀复。

五十、【光绪二十四年】十一月十四日　（收烟台美领事电）

济南　巡抚鉴：兵何时从济南起身赴沂州，有多少，该处兵丁过少不敷弹压。沂州只有一百兵，如部院尚未加该处护城守兵，务请立即多派兵丁前往。现在事务狞阆，迅速严办方能了事。美领事法电复以又加派马队三哨前往弹压，并札该府城守兵丁一体妥为保护。十一月十四日。

即派李福云带三哨马队前往。

五十一、【光绪二十四年】十一月十四日　（收彭虞孙电）

济南　抚宪鉴：日照事与安晤商四次，竭力辩论，恤款减至二万五千两，不能再将〔减〕。安立等定议起程，乞速电示遵。虞孙谨禀。寒。印。

复即照数定议。十一月十四日。

五十二、【光绪二十四年】十一月十五日　（收高村电）

济南抚宪鉴：曹县现无教士被杀事，仍饬属确查，并加意保护。照。删复。

五十三、【光绪二十四年】十一月十五日　（收彭虞孙电）

济南　抚宪钧鉴：日照土山庄一带教堂教民又有匪徒抢掠情事，并掳去女教士。安主教云，请电禀宪台速为派队保护查办。除飞饬沂州定守亲往确查外，虞孙谨电禀。寒。印。

五十四、【光绪二十四年】十一月十六日　（收彭虞孙电）

济南　抚宪钧鉴：咸谕谨悉。遵即飞饬该府县认真遵办。街头案本可议结，因土山事中止，昨已飞陈。虞禀。铣。

五十五、【光绪】二十四年三月三十日　（收烟台电）

济南　抚宪钧鉴：闻德亲王廿六抵沪，住三日赴胶澳少住，即赴津。过烟无停泊之信。英舰廿艘尚泊烟未开，亦尚安谧。禀闻。金彪、希杰禀。卅。印。二十四年三月三十日。

五十六、【光绪】二十四年又三月初八日　（收总署电）

天津　制台、江宁　制台、广州　制台、福州　将军、济南　抚台、杭州　抚台、苏州　抚台：美日决战。顷准日葛使照称，香港报声明为局外之地，请中国出示亦居局外，毋碍两国和好，违万国公法，以敦辑谊等语。希饬遵转行各报馆登报，中国亦为局外之国，沿海商民务饬无私自接济美日两国军需为要，并希电复。阳电。

五十七、【光绪二十四年】三月十四日　（收电）

河照美日战事不得其详，惟转闻日国已败。烟复。又三月十四日。

五十八、【光绪】二十四年三月二十一日　（收烟台电）

济南　抚宪钧鉴：昨德舰三艘进口，挂提督旗，经金彪、希杰等先电请北洋饬兵舰来烟，已如礼升旗敬炮。旋据税司函称，德亲【王】来烟。当函询德领事，据云系二等提督，并非亲王。想因口内泊有英、俄各船，不欲酬应，急于北上。彪等再三托德领事约时往见，尚未接复，而德【亲】王已【于】本日十一点率德舰三艘北上矣。金彪、希杰禀。箇。印。

五十九、【光绪】二十四年四月十一日　（收烟台电）

济南　抚宪钧鉴：德亲王率两舰初十辰刻到烟，希杰函约往见，复称即拟往别处不敢劳，于本日辰刻驶去矣。金彪、希杰禀。真。印。

六十、【光绪】二十四年五月十一日　（收张文林电）

济南　抚宪钧鉴：顷探青岛德藩十六日由青来胶、即墨游历。专禀闻。文林禀。元。

六十一、【光绪二十四年】五月十四日　（收电）

济南　各大宪钧鉴：顷探德藩今日四点钟到青岛。林禀。覃。

六十二、【光绪二十四年】五月十六日　（收电）

济南　抚帅钧鉴：德藩尚未到境，俟探确电禀。涵敬。咸禀。

六十三、【光绪二十四年】七月十二日　（收谢庭芝电）

济南　抚宪钧鉴：初十日确有英猎船由威海来烟，旋即开赴营口。庭芝禀。七月十二日。

复：如有续闻请其电知。

六十四、【光绪】二十四年七月十二日　（收谢庭芝电）

济南　抚宪钧鉴：顷据英访事人电致上海外洋报馆云：俄人欲踞

营口。昨英提督派兵轮往看动静。英正副提督在威海密商海疆划界事宜。德人并有欲踞劳山之说。电局兼侦探委员谢庭芝禀。

六十五、【光绪二十四年】七月十六日　（收谢庭芝电）

济南　抚宪钧鉴：文电敬悉。凡有关涉洋务之事确有可据者，遵即随时电禀。庭芝禀。

六十六、【光绪二十四年】七月十七日（谢庭芝电）

省各大宪钧鉴：顷有商人自营口来烟，据称俄人赶造自旅至营铁路物料，陆续运到不少。惟俄人勘定铁路经过之地，为英日商购去不少，借滋俄人口舌。英猎船因此赴营口观俄人如何举动，尚未回威，俟该船过烟密探实情，再行电禀。庭芝禀。

六十七、【光绪二十四年】七月二十一日　（收东海关道电）

济南　抚帅钧鉴：十九日晤日本领事云：前相伊籐侯来烟游历，约廿三四到，拟看炮台、医院等处。已禀经本道饬县届时接待。舒馨叩。号。印。

六十八、【光绪】二十四年七月二十二日　（收王宝华电）

济南　大帅钧鉴：据福山李令函称，日前相伊籐日内游历来烟，拟阅卑军台垒，是否可行，孙镇未回防，故代请示，候复只遵。王宝华叩。印。祃。

六十九、【光绪】二十四年七月二十四日　（收东海道电）

济南　抚宪钧鉴：日本前相伊籐今早十点钟到烟，当偕翻译登舟接待，旋登岸。伊遣随员至书院答拜。一点钟即乘肥后丸商轮赴津，各处并未游历。卑职舒馨禀。敬。印。芝代。

七十、【光绪】二十四年七月二十六日　（收总署电）

山东　抚台：函悉。德亲王东游，安治泰本有此说，相迓往济南，为教堂增重惠。未据德使言及，刻难拦阻，俟有信时再与商订。东水患涂路难行，自应详告德亲王毋跋涉。望设法与安言之为妥。宥。印。

七十一、【光绪二十四年】八月初九日　（收胶州电）

济南　大宪鉴：现有掖县人姜长庚称，奉德国罗总督派办矿，颇恣肆，当电李道转询。显系冒充，嘱拿追前给游历护照，并严办。除追照饬押另禀外，合先电闻。承燮禀。青。

七十二、收胶州电

济南 抚帅钧鉴：德藩昨日又抵青岛，专电谨闻。燮、林同禀。

七十三、【光绪二十四年】八月十八日 （收烟台电）

济南 大帅鉴：前日相伊籐于今晨返烟，站队近接，不见客。酉刻乘新济赴沪。华叩。啸。印。

七十四、【光绪二十四年】九月初一日 （收总署电）

各省 督抚、将军：奉旨：前经谕令各省保护各国教士。此事极有关系，各该将军、督抚务当严饬地方官于教堂所在及教士往来之处，一律认真保护，不准稍涉玩懈。如再有防范不力，致滋事端，定即【从】严惩处。钦此。东。印。九月初二日。

即据电谕转行。

七十五、发胶州电

胶州 张鉴：谏电悉。奉帅谕：速转日照，赶往汪岩弹压解散，严惩为首及滋事之人，安抚教民，勿任酿成大案。毁坏家具，务令教民开呈实单，速为了结，以杜轇轕。仍速电复洋务局。艳。

七十六、

济南 洋务局宪鉴：艳电谨悉。遵星夜飞转，卑州距日三百余里，前探未回，俟再电闻。乞禀帅座。承燮。陷禀。胶州复电。九月三十日到。

七十七、【临清来电】

济南 洋务局宪鉴：禀折发，朔到，乞转禀抚宪。倜印。临清来电。九月三十日到。

七十八、收临清电

济南 洋务局宪鉴：阮电谨悉。今日与傅教【士】商定抚恤教民房屋、衣物及杀两命、伤一人，包在京钱三千串文亦商定。惟教堂房屋十六间未电，主教却有函交州附寄，得复再议，并云决不致讹。寿朋。元。

七十九、收冠县电

济南 洋务局宪鉴：昨倜到临，顷转干集，约王直牧次早赴红桃【园】查议抚恤，偕至冠发禀。姚已正法。乞禀抚宪。倜叩。鱼。

八十、收临清电

济南　洋务局宪鉴：今晨冠境红桃园忽又被火烧屋，杀教民二伤一。据探系拳党，亦有匪徒与赵拳先合后离，且为贻害而出此着，现走曲、威一带。省队一哨驻小卢，专顾教堂，半哨驻下堡寺一带堵缉，半哨派往冠境听曹令调度追拿。镇队尚未到。抚宪前乞代禀。寿朋。咿。

八十一、【光绪二十四年】十月初五　（收美领事电）

济南　抚部院张：据民人吓言，明日在潍县、登州及别处有害外国人，有告示贴寿光，内开贵部院札饬，为署曹县。此示不独引诱，且惊吓各外国人，理当取去。不然，民人发险。因该处一带民人及官因此皆有深仇，教士、教民有险。又报寿光县将各教民之名皆钞去。平度及长宜县亦如此。请速办理。美领事法勒。

八十二、【光绪二十四年】十月初八日　（收总署电）

山东巡抚：潍县钻煤，照会德使转饬停工。兹据照称，开矿须先钻煤，若俟章程议定再办，未免耽延。现招华商合股，并随事小心，免再伤人。仍请饬县无庸拦阻等语。希饬该县照约准行。虞。印。十月初八日。

八十三、【光绪二十四年】十月初八日　（收烟台电）

济南　抚宪钧鉴：密。初七奉鱼电谕敬悉。适值礼拜。本日刻往晤美领事。据称因寿光县出示，内称奉宪札：曹县知县菱佣禀到任日期，并另禀与教士福若瑟详言教民作恶，与民结仇，倘事起仓卒，虽欲保护而不能等语。张贴示谕。该处教士因有地方官不能保护之语，遂致惊惶。先是该处谣传从教内有康党，声言驱逐，并云杀一教民得赏四十贯。此时适该县出示，又值该县密查从教人数，惊吓情形遂由此起。职道告以查明从教人数，乃总署行查明具报，以便保护。曹县之禀乃抚宪通行，决非寿光一处。该县出示访拿造言杀教民得赏之人，以安众心。至欲查从教人数，尽可明告教士开具姓名，较之密查尤为得实。并云从前民教极相安，此时人心惶惑，乃寿光出示之过。平度、昌邑交嘎查从教人数，致有惊惶等语。此转询该领事之情形也。谨禀闻。职道希杰禀。齐。印。

八十四、【光绪二十四年】十月十九日　（收青岛德督电）

济南　抚部院张鉴：风闻沂水县境内有西人二名被土人监困，跟役亦被打毙，应请贵部院速电查明是否实有其事。如属德人，请饬速放，并饬保送。仍祈电复。除电知潍县外，合电查照。青岛德督罗绅达电。

八十五、【光绪二十四年】十月二十五日　（收潍县电）

济南　抚宪鉴：查卑县并无德匠被殴受伤情事，遵饬切实保护。兹径禀。

即据禀复总署。十月二十五日。

八十六、【光绪二十四年】十月二十五日　（收总署电）

济南　抚台：俄员勘分旅附近水面界，欲连庙岛，本处力驳，谓非辽东所属。顷据杨使电外部称，如查庙岛确辖东省便作罢论等语。特电达。有。印。

八十七、【光绪二十四年】十月二十七日　（收总署电）

济南　抚台：密。本处现争庙岛系连南北城隍各岛言之，洋人称为庙儿群岛，非仅指登庙西北一岛。俄使已有允意。特述华洋异称缘由备查。沁。印。

八十八、【光绪二十四年】十一月初四日　（收总署电）

山东　巡抚：海使照称，山东拟办矿路，各德国公司订现派工程师数人前往勘验，以备开工，均归总监工锡乐巴领带，请转致饬下保护等语。希即转饬各该地方官，俟该工程师等勘验到时，务须照约保护为要。豪。印。

八十九、【光绪二十四年】十一月十一日　（收英领事电）

济南　抚院张鉴照：本领事近闻青州府人心摇乱，途言訾毁洋人。旋闻月内学院按临考试，士子齐集，难保无意外之虞。祈抚院出示严禁生童军民人等滋事，以保洋人产业，实为公便。并望电复。烟台英领事金电。十一月十一日。

即电复：已刻发告示遍贴晓谕，并行知青州府妥为保护开导。即电行青州。

九十、【光绪二十四年】六月初五日　（收陕督电）

急。济南抚帅钧鉴：兰省西路大雨，河水骤涨丈许，省城外河桥冲断。请知照。模。江。印。

复：谢承关垂，感甚。已饬河防营防范。

即飞饬各总办并崔镇预备料物，黄河汛【注】意防范。

九十一、【光绪二十四年】六月初五日　（收河南电）

济南　抚帅张鉴：顷准陕督帅陶江电，兰省西路大雨，河水骤涨丈许，省城外河桥三十倒，请知照等因。豫境平稳，令电知。树堂。歌。印。六月初五日。

复：谢同前。

九十二、【光绪二十四年】六月二十二日　（收电）

济南　抚宪钧鉴：据安山电称，黄河上游南岸黑虎庙漫决，溜由寿郓穿运东泄，趋东平、汶上、东阿一带，仍入黄河。容俟查明情形即另详禀。锦文禀。六月二十二日。

查是否即系濮州之民埝。

九十三、【光绪二十四年】六月二十五日　（收电）

济南　抚宪钧鉴：敬电祗悉。漫口情形早经派员详查，容俟查复到日另详禀。锦文叩。径。

九十四、【光绪二十四年】六月二十六日　（收电）

济南　抚帅鉴：南岸杨庄大堤廿一子刻漫溢，水入寿张集梁山一带，今由姜沟入黄，并不夺溜。已专禀详。扳瑞池禀。

九十五、【光绪二十四年】六月二十七日　（收电）

济南　抚宪鉴：二十夜上游南岸黑虎庙寿境杨庄大堤漫溢，决口四十余丈，水灌郓城。已另详禀。照。宥复。

九十六、【光绪二十四年】六月二十七日　（收电）

济南　抚宪鉴：上游南岸杨庄水漫大堤，廿二往勘，廿三禀报。职道廉禀复。印。

九十七、【光绪二十四年】七月初一日　（收电）

济南　抚宪钧鉴：昨抱病回乡，今丑接贾庄营委禀，二十八黎明堤为水漫，退守圈堤。长十里，勇力不支，民各自保。请款速济等语。闻信已委员解银赶往，合先禀闻。职道廉禀。廿九辰。印。

九十八、【光绪二十四年】七月初一日　（收电）

济南　抚宪钧鉴：今辰电禀贾庄急报，顷接详禀，悉水落溜注扫，因土少全失，节节抢险。所患款绌，已解银嘱尽购料土，设法保守。又接北岸禀，各岸加子埝，连日水消工稳。计南岸水落，尚易抢护。除详禀外，先此电闻。职道廉禀。廿九申。印。

九十九、【光绪二十四年】七月初四日　（收花凤魁电）

济南　抚宪鉴：寿境杨家井民埝廿一日漫溢，口宽十三丈余，向系民守，已排递禀复。花凤魁。

一〇〇、【光绪二十四年】七月初六日　（收电）

济南　抚宪鉴：贾庄圈堤现排桩挂柳，昼夜防守。刻下水落无虑，但工次无款，恐误大局。照微复叩。

即饬局发款去，即行总局速解款去。毋延。

一〇一、【光绪二十四年】七月十八日　（收电）

济南　抚宪鉴：遵电谕查湖地被淹，麻失收，如宽限约可办四五十，容尽力赶办。现价八千至九千不等，候示遵行。望庚禀。

由局查明定价若干，即电知赶收。

一〇二、【光绪二十四年】七月二十八日　（收电）

济南　抚宪鉴：麻价渐长，遵电谕赶办，分解何处，候示。望庚禀。

一〇三、【光绪二十四年】八月十一日　（收电）

济南　抚宪张大人：安禀徐属水灾重，麻失收，尽购不过二三十万。卑府璋禀。八月十一日。

尽力办可也。

一〇四、【光绪二十四年】六月初十日　（收豫抚电）

济南　抚台张翰帅鉴：江、东、豫交界地方有匪徒聚众倡乱，经敝处会合贵省练军击散。据获匪供称，党羽极众，现拟勾结大刀会起事。请饬属访捕治。树堂。蒸。印。

一〇五、【光绪二十四年】六月十九日　（收豫抚电）

济南　抚台张翰帅鉴：洽电祗悉。遵饬各防军及所属一体兜捕，以期尽绝根株。十一日业经片奏，稿已排递。树堂。效。印。

一〇六、【光绪二十四年】六月十九日　（收江督电）

济南　张翰帅鉴：洽电敬悉。已电饬徐州镇道分饬地方文武及驻防营旗一体合力兜拿搜捕矣。合电复。坤。巧。印。

一〇七、【光绪二十四年】六月十九日　（收总署电）

济南　抚台、南京　制台、开封　抚台、苏州　抚台：奉旨：张〇〇电奏阅悉。枭匪童振清在东豫交界之朱家集啸聚起事，虽经东豫各军会同驰剿将童振清拿获，所有此股逸匪，据称窜入江南荡山等处，难保不肆出蔓延。著刘坤一、奎俊、张汝梅、刘树堂迅急派兵一体兜拿，务期搜除净尽，以绝根株。钦此。巧。印。

一〇八、【光绪二十四年】六月二十日　（收电）

济南　抚宪均鉴：洽电敬悉。豫匪童振清一股，前据营县驰报窥伺砀境，当饬马步前剿，该匪已遁。恐肆横窜，已商同刘镇严防，请纾宪廑。嵩禀。效。印。

一〇九、【光绪二十四年】六月二十八日　（收江总电）

济南　张翰帅鉴：窃照大刀会匪赵天吉，迭准咨会转行饬缉，兹据苏防营派弁在徐州二湾地方拿获等情。除饬先行解交徐州道提审禀办外，合即电达。再前据徐州詹安禀，市民自阎克复以鱼台魏团占地失业无依，迭次京控争斗，旋即病故。其子阎宪铭家产全尽，无力号召，并未出头打团，请设法安置，用民众忿。当经批令遵照。现复该镇道以阎宪铭自行投案，禀请力为保全，免解赴东前来。应另〔如〕所请，另行咨达冰案，并以附闻。坤。感。印。

复以赵天吉拿获，欣甚。阎宪铭应如何办理，请酌夺，可无须解东。总以此后不再滋事为得宜。须取各甘结存案。

一一〇、【光绪二十四年】七月初二日　（收江总电）

济南张翰帅鉴：艳电敬悉。阎宪铭既承免其解东，自当饬令妥筹安插。并照电遵指饬取各甘结存案，以期妥慎。坤。东。印。

一一一、

谨将美国教堂处所缮具清折呈宪鉴。

计开：

长清县马家屯教堂一所　龙官庄教堂一所

辛店屯教堂一所　辛店屯南水坡教堂一所

下巴教堂一所　杨家庄教堂一所

翟家庄教堂一所　万德教堂一所

三官庙教堂一所　纸房教堂一所

齐河县大冀庄教堂一所　大城子坡教堂一所

杜家寨教堂一所　驿渡岸地方丁家庄教堂一所

辛家庄教堂一所　苏官屯教堂一所
禹城县张立店教堂一所　南店教堂一所
房家寺教堂一所　九圣堂教堂一所
兴国寺教堂一所　马家庙教堂一所
毛家园教堂一所　国家屯教堂一所
马家庄教堂一所　王彩武家教堂一所
窦家庄教堂一所　丁家庄教堂一所
孙家庄教堂一所　修家庄教堂一所
吕家洼教堂一所　千户屯教堂一所
各户屯教堂一所　历城县中宫教堂一所
葛而壮教堂一所　侯家庄教堂一所
王家辛务头教堂一所　忍耐庄教堂一所
小徐家庄教堂一所　章邱县名利庄教堂一所
十八户教堂一所　王家店教堂一所
平原县后卢庄教堂一所　陵县路家庄教堂一所
北栾家庄教堂一所　孙家庄教堂一所
北庞家庄教堂一所　临邑县张好北家庄教堂一所
小宋家庄教堂一所　南马家庄教堂一所
荆家庄教堂一所　范家楼子教堂一所
三里河子庄教堂一所　刘安邦家教堂一所
济阳县四王庄教堂一所　多石桥教堂一所
曲隄庄教堂一所　范家庄教堂一所
安家庙教堂一所　德平县马家庄教堂一所

一一二、

谨将美国教士姓名缮具清折呈请宪鉴。

计开：

教士包复祺现居东关青龙街，有总理衙门凭单。
教士韩维廉现居东关青龙街，有总理衙门凭单。
医士陆长乐现居东关青龙街，有总理衙门凭单。
女医士卞大夫现居东关青龙街，有总理衙门凭单。
泰安府教堂教士等情，可问伯教士、高教士。

济宁州教堂教士等情，可问莫教士、海林教士。
庞家庄教堂教士等情，可问傅大夫。
乐陵县教堂教士等情，可问韩教士。
沂州府教堂教士等情，可问方教士。
潍县教堂教士等情，可问方教士。
平阴县教堂教士等情，可问马教士。
青岛教堂教士等情，可问柏教士。
烟台教堂教士等情，可问韦教士、司教士。
平度州教堂教士等情，可问谢教士。
青州府教堂教士等情，可问法先生。
邹平县教堂教士等情，可问林教士。
黄县教堂教士等情，可问司教士。

一一三、【高唐州知州禀】

卑职于十月二十一日驰赴茌平县本道行辕面禀一切事宜，是日风闻卑境董官屯庄教民有被拳匪抢掠财物、焚烧房屋情事，卑职立即回州驰赴该庄弹压，该匪业经逃去。据教民马本敬、王贵方面称，伊等奉美国耶稣教传道，十月二十日晚有拳匪数十人突至伊家，将银钱、粮食、衣物全行抢去，并将伊王贵方西马棚二间、南屋二间放火延烧等语。查勘该数民马本敬、王贵方家被烧被抢属实。又据齐路小杨官屯民人臧吉太呈报，伊家于十月二十二日过午被拳匪勒去纹银四百两、京钱二百三十千文。又据教民高善政禀报，教民袁其顺、张立勋、张吉田、任福庆、彭玉魁等家，于十月二十四日被拳匪共罚去京钱二百五十千文。又据教民高善政禀报，石光吴庄教民赵玉堂家，于十月二十四日被拳匪抢去粮食若干、马一匹，罚去京【钱】一百四十千文。又据禹路堤子陈庄增生陈玉振呈报，伊家于十月二十五日被拳匪抢去京钱五百千文、棉花四千斤，并粮食衣物等件。又据平路张官屯民人王方宽呈报，伊家于十月二十五日被拳匪抢去钱财家具，并将伊掳至胡集，割去右耳始行放回，伊家屋被匪拆扒，地亩亦被匪价卖。又据教民高善政禀报，平路刘楼教民曲绍曾家，于十月二十七日被拳匪抢去钱财家具等物。又据平路何家庙文童刘世泽呈报，伊家于十月二十七日被拳匪抢去纹银九十多两、京钱二十三千文、烟土一包、驴三头、牛一只、骡子一头、轿车大车各一辆、棉花若干，并将伊弟刘世昌掳去，旋即逃回。又据禹路杨庄民人杨殿臣呈报，伊家于十月二十七日被拳匪抢去家具等物。又据教民高善政禀报，恩路五里铺教民高善章家被拳匪逼令摆席若干，罚钱数十千文。又访得在路徐官屯教民王连元家被匪讹去京钱二百六十千文，并牵去牛二只、驴三头、破车一辆。又该庄教民江迎春、江文祥家各被拳匪讹去京钱四十千文。又据夏路田庄民人田兆忠呈报，伊家十一月十七日夜被拳匪抢去京钱四十六千、驴二头、小车三辆、衣服被褥各件，伊弟田兆同并被拒伤各等情在案。

奉饬前因，查卑境教民被扰十三家，平民被扰七家，共二十家。惟教民王贵方一家被烧西马棚二间、南屋二间，余均未被烧害。受伤者惟田兆同、王方宽二人，现均医治平复。以上各案，均经卑职随时禀报在案。惟此项拳匪，各处皆有。前在卑境南镇、李集、涸河、蒋官屯分为四股，日以抢掠为事。经卑职于十月二十八日、二十九日两日会同本道派委文武员弁带队在涸河、李集连日剿捕，击毙首从十三名，生擒董元邦、于清水二名，夺获匪马多匹、器械多件，余匪纷纷逃窜，四境乂安。近闻名邻封复有拳匪聚众抢掠情事饬查，卑境尚称敉平。❶

一一四、【长清县知县禀】

谨将卑县教民赵蓝田等及平民郑继清等被拳匪抢扰家数查明，开折呈电。

计开：

一、小袁庄教民赵蓝田、郝家庄教民郝丙义两家，于本年九【月】二十八日午间，被拳匪赴庄骚扰，经人拦处，赵蓝田纳给拳匪京钱三十吊，郝丙义纳给拳匪十吊。

一、郑家营教民郑继先、郑继尹、郑继堂三家，于本年十月初七日早被拳匪拿去钱文衣物，并牵去牛马及砸毁器具，郑继堂家被烧毁草房三间。又郑继先等邻佑平民郑继清、郑好明，并在郑继先家寄居

---

❶ 核之《筹笔偶存》有关记载，此件似高唐州知州李恩祥于光绪二十五年十一月前后的禀报。

之郑好清、郑继荣四家，亦被拿去粮食衣物，均因失物甚微未报。

一、朱家庄教民朱宴阶、朱永玉两家，于本年十月十三日被拳匪拿去粗重器具。

一、张李家庄教民李公堂家，于本年十月初六日被拳匪抢去银钱、衣物、车辆、牲畜，伊父李凤来与伊弟均被掳去，用京钱二十千赎回。又于是月十八日被拳匪放火烧毁房屋十间。

一、徐家楼教民徐长明、李官屯教民李达两家，于本年十月十六日被拳匪索去银四十两。

一、老王庄教民宋彦臣家，于本年十一月十一日被拳匪勒索京钱二十千。

一、佛公店教民丑玉福、丑学礼两家，于本年十一月十二日早被拳匪拿去粮食衣被，并牵去驴头暨将丑玉福掳去，现已找回。

一、燕家窑平民孔兆凤、孔兆吉两家，于本年十一月十八日午后被拳匪擒去钱文衣物，并砸毁器具。

一、柴家洼平民关禄兴家，于本年十一月十九日早被拳匪抢去钱文衣物，并砸毁器具暨将关禄兴之弟关禄平捆缚，逼去银两。

一、三宫庙平民魏贞银家，于本年十一月二十二日早被拳匪抢去钱文衣服，并牵去骡驴暨砸毁器具。

一、封家庄教民陈大礼、陈大顺、陈大玉、陈大伦、陈曹氏、陈延凤、陈中田七家，于本年十一月二十二日傍晚被拳匪抢去粮粒、衣物、器具，陈延凤家并被烧毁房屋四间。

一、李家庄教民李王氏家，于本年十一月二十二日午后被拳匪抢去衣服、粮粒。

一、辛庄平民刘存榜家，于本年十一月二十五日午间被拳匪抢去车辆、衣物、器具，并将工人张希苓等殴伤，暨将刘存榜之弟刘存训掳去，勒令用银二百两赎回。

一、翟家庄教民李玉安，于本年十一月二十六日早被拳匪抢拿衣服牛只，经人处说，用银赎回。

一、薛庄平民房庆台家，于本年十一月二十八日午间被拳匪抢去银钱衣物。

以上教民赵蓝田等共被拳匪抢扰二十二家，平民郑继清等共被拳匪抢扰十家，并无焚毁教堂，理合登明。[1]

一一五、【盗案应参各例】

谨将盗案应参各例录呈钧阅。

一、地方呈报盗案，如州县官不亲诣查验，或竟将未曾目见之情形捏作亲诣填报者，革职。如已亲诣查验，仅止迟延一日者，州县官降一级调用，府州捕盗厅员降一级留任，道员罚俸一年。迟延二日者，州县官降三级调用，府州捕盗厅员降一级调用，道员降一级留任。迟延三日者，州县官革职，府州捕盗厅员降三级调用，道员降二级调用。倘该管道、府、州查出揭报题参者，道、府、州俱免议。

一、地方盗案，州县官于会营诣勘之后，限三日通禀。如延至十日始行具禀者，记大过一次，十五日记大过二次，二十日不禀罚俸六个月。倘有心讳匿不报，别经发觉，仍照讳盗例革职。

一、事主被盗未报，经本管州县查出补报，或拿获别案盗犯审出补报者免议。如由邻境获犯供出移查始行补报者，经该督抚查明并无讳盗情事，将州县官照所属地方有杀死人命不知情不行申报例，降一级留【任】。

一、城内被劫、关厢被劫及道路村庄如有一家连夜被劫或数家同夜被劫一门出入者，只作一家论，均扣限四个月查参，地方官降二级调用。关厢盗案离城五里以内，亦与城内失事同，五里以外照道路村庄论。

一、伙众行窃、伙众抢夺之案，贼犯已至十人以上，虽无拒捕伤人及赃逾满贯情事，或三人以上持械肆掠，均照盗案例按限四个月题参疏防。

一、白昼伙众抢夺，并未伤人，赃至十两以上之案，照窃案满贯例扣限六个月查参。计赃不及十两者免议。

一、凶徒放火延烧房屋，无论曾否致死人命，俱照盗案例扣限四个月题参疏防，其放火尚未延烧即被救熄，或烧人空间房屋及田场积聚之物，扣限六个月查参。

---

[1] 此件核之《筹笔偶存》内有关记载，似是长清县知县张瑞芬于光绪二十五年十二月份内的禀报。

一、城内被劫、城外官署被劫、一夜连劫及寻常盗案，并疏防至二三案者，于未满疏防例限四个月以前，经督抚奏请摘去顶戴或先行交议勒限严缉，或撤任勒限协缉，限满不获从严参办者，俟限满严参到部，将该地方官议以降一级调用。一二案并参者，每案降一级调用。如无勒限严缉及限满不获从严参办字样者，各照本例按限参处。

一、匪徒掳人勒赎，如有非理凌虐及被掳之人情急自尽者，地方官照盗案例题参四个月疏防。若因图利勒赎尚无凌虐重情，地方官失于查拿，降一级留任。按此条但云失于查拿即应降留，并无扣限四个月、六个月明文。惟近今部定新章，凡系结伙三人以上、持械入室倚强掳捉已成，无论有无凌虐情事，获犯罪名均照强盗不分首从例办理，其地方官处分亦系照盗案开参。

一、盗案疏防日期，在各官带印公出期内者，初参免其处分，应停升者仍停升。其二、三、四参仍各照限年缉拿之例办理。再查民间挟嫌寻仇互殴，乘便攫取财物，如已酿成人命，向照命案之例办理命案扣限六个月开参。其仅止伤人，虽有乘便攫物者，并无开参处分。惟民教寻仇，其初尚止互相争殴，近年竟至抢掠杀人，放火捉赎，又有拳匪名目，实与强盗无异。所有失事情重之案，地方官处分照盗案开参之外，别无专条。合并附陈。

一一六、光绪二十四年十二月初十日　（收总署电）

山东抚台：接吕使电，德君闻沂州不靖，拟派兵护教。辩说再四，外部允暂劝止。本署已据尊处电复之。仍希加意防护，免贻借口。又威海租约并无准募华民为英兵之文，约文另钞寄。蒸。印。

一一七、光绪二十五年正月初二日　（发烟台电）

烟台　登莱道李：顷接领事福纳电，请饬沂水县将所拿之人并教民送府审讯等语。除饬府提讯禀复核办，请即转致。再福纳系由洋文译出，是否法勒二字之讹。冬。印。

一一八、光绪二十五年正月初二日　（发阿城电）

阿城　送马景山军门鉴：表电敬悉。俟奉旨再电告。冬。印。

一一九、光绪二十五年正月初六日　（收烟台电）

济南　抚宪钧鉴：江电谨悉。已函致美领事法勒查照。顷据复称，福纳即法勒译音。谨禀闻。希杰禀。鱼。印。

一二〇、光绪二十五年二月二十六日　（发总署电）

北京　总署钧鉴：密。本日恭奉电旨：有人奏，近来山东民教不和，屡屡滋衅，亦实不免有虐待教民情事等因。钦此。

查东省民教不和，由来已久，迭径〇督饬各地方官剀切劝谕。近来各乡民亦知交涉棘手，惧起衅端，不敢有虐待教民情事。兹奉前因，即遵旨分饬地方官再行剀切晓谕，遇事持平办理，以期民教相安，并移交新任巡抚毓〇一体遵照。请代奏。〇〇谨肃。宥。印。

一二一、光绪二十四年九月十四日　（发曹县电）

曹县　送曹州镇台鉴：前闻临清防勇滋事，函请撤换，计当达览。顷历城县准冠县电称，住小卢防勇至威县沙柳寨拿牛肉起衅，拳民聚众，烧赵三多房屋，逼胁同赴直、东滋事等语禀知前来。希即查明该哨官系何职名，滋事之勇何哨所管，赶紧拿办。一面另派两哨速往临、冠两州县，仍照前函办理。盐。印。

一二二、光绪二十四年九月十四日　（发临清电）

临清　送冠县曹令：据历城县禀知，该县电称，防勇滋事等情，当饬电复，并由院电嘱曹镇迅速换队驻防，拿办滋事哨勇。该县仍速为弹压解散，勿任滋扰为要，并电复。盐。印。

一二三、光绪二十四年九月十四日　（发小站电）

小站袁侍郎鉴：元电敬悉。已分饬曹、济两属遵办。盐。印。

一二四、光绪二十四年九月十五日　（发直督电）

天津　制台寿帅台鉴：据临清州电禀，威禀沙柳寨拳民聚众，现在冠、威两县交界忽聚忽散，势欲滋事，已派营队前往弹压。地关两省交界，又有教堂林立，恐酿巨祸，亟须消弭。乞速派营赴威，并饬县会同东省营印并力弹压解散。至为感祷。〇〇肃。咸。印。

一三五，光绪二十四年九月十五日　（发临清电）

临清　王直牧：来电悉。已派队前往，并电请直省分饬营县一体弹压解散。咸。印。

一二六、光绪二十四年九月十五日　（发杭州电）

杭州　廖谷帅鉴：奉咸电，承一再汇款济赈，仍设法劝捐解济，仰见救灾恤邻，有加无已，钦感莫名。谨此肃谢。翰。印。

一二七、光绪二十四年九月十五日　（发临清电）

临清　王直牧：准直督电知，已电饬大名镇道拨派马队前往，望即知会冠县，会同直、东各营印并力弹压解散，免酿事端。翰。印。

一二八、光绪二十四年九月十五日　（发曹县电）

曹县　送曹州方镇台鉴：昨去盐电，计已达到。现据临清州电禀，拳民在冠、威交界忽聚忽散，欲滋事，请将派去换防之队速往弹压。如民情未安，除将滋事之勇查办，其余原设两哨仍旧暂扎缓撤，事寝再行酌换，并先电复。咸。印。

一二九、光绪二十四年九月十七日　（发小站电）

小站袁侍郎鉴：铣电敬悉。孙镇驻烟久，亦谙洋务，现又会办武备学堂。来电以东事为念，深佩盛谊，拟奏留，另咨达。篆。印。

一三〇、光绪二十四年九月十八日　（发临清电）

临清　王直牧：据冠县篆电，十六早小里固教民将屋自焚，借端生事，拳民怀疑不定，乞暂不派兵等语。惟曹镇换防队已发，到时自应换防。至省中派去两哨，仍由州调度，随时相机办理，毋使隔阂。巧。印。

一三一、光绪二十四年九月十八日　（发临清电）

临清　送冠县曹令：两篆电均悉。拳民怀疑，务即剀切劝散，免其滋事。省中派去两哨，归临清王牧调度，尽可由县就近商办。曹镇换防队已发，到后自可常驻弹压。至林部有事他往，所请饬派郝弁，应毋庸议。巧。印。

一三二、光绪二十四年九月十九日　（发曹县电）

曹县　送曹州镇台鉴：巧电悉。现据冠县电禀，人散无事，无劳亲往。皓。印。

一三三、光绪二十五年正月二十五日　（发总署电）

总署钧鉴：敬电祗悉。该府属叠出闹教之案，已严饬该管镇道带队亲往拿办，并令作速议结。俟禀到再详达。先此布闻。〇〇谨肃。径。印。

近代史资料专刊

鸦片战争时期思想史资料选辑
太平天国资料
太平天国文献史料集
太平军北伐资料选编
山东义和团案卷（上、下）
义和团史料（上、下）
筹笔偶存
庚子记事
杨儒庚辛存稿
辛亥革命先著记
鄂州血史
云南杂志选辑
云南贵州辛亥革命资料
辛亥革命资料类编
华侨与辛亥革命
徐树铮电稿
一九一九年南北议和资料
秘笈录存
五四爱国运动（上、下）
五四运动回忆录
陆海军大元帅大本营公报选编
陕甘宁边区参议会文献汇辑

近代史资料专刊（22种25册）由知识产权出版社（全国百佳图书出版单位）结集出版。